九 姓 渔 户 史 料 选 编

谢一彪　主编

浙江工商大学出版社
ZHEJIANG GONGSHANG UNIVERSITY PRESS
·杭州·

图书在版编目（CIP）数据

　　九姓渔户史料选编 / 谢一彪主编. — 杭州：浙江
工商大学出版社，2023.1
　　ISBN 978-7-5178-5167-7

　　Ⅰ. ①九… Ⅱ. ①谢… Ⅲ. ①渔民—风俗习惯—史料
—浙江—古代 Ⅳ. ①K892.455

　　中国版本图书馆CIP数据核字（2022）第199270号

九姓渔户史料选编

JIUXING YUHU SHILIAO XUANBIAN

谢一彪　主编

策划编辑	任晓燕
责任编辑	刘志远　　熊静文
责任校对	夏湘娣
封面设计	朱嘉怡
责任印制	包建辉
出版发行	浙江工商大学出版社
	（杭州市教工路198号　邮政编码310012）
	（E-mail：zjgsupress@163.com）
	（网址：http://www.zjgsupress.com）
	电话：0571-88904980，88831806（传真）
排　　版	杭州朝曦图文设计有限公司
印　　刷	杭州宏雅印刷有限公司
开　　本	710 mm × 1000 mm　1/16
印　　张	24.25
字　　数	500 千
版 印 次	2023 年 1 月第 1 版　2023 年 1 月第 1 次印刷
书　　号	ISBN 978-7-5178-5167-7
定　　价	125.00 元

浙江省哲学社会科学重点研究基地（越文化传承与创新研究中心）课题成果
（编号 2022YWHJD01）
绍兴文理学院资助出版

绍兴文理学院越文化研究院

（浙江省重点研究基地越文化传承与创新研究中心）

越文化研究丛书编委会（以姓氏笔画为序）

前　言

　　九姓渔户乃漂泊钱塘江数百年的"贱民",旧时属于与堕民、畲族并列的浙江三大"贱民"之一。清代官方文献三令五申,以区别良贱,严禁九姓渔户参加科举考试。九姓渔户作为贱民,终年漂荡于钱塘江上,官府严禁其读书,因此大都是文盲。学术界之所以较少关注该群体,除其冷僻之外,最重要的原因则在于史料奇缺。

　　明代史料语焉不详,清代地方史志有关九姓渔户的史料也很少,较为详细而系统地记载九姓渔户史料的自然是其"大本营"——建德。清代乾隆《建德县志》以及光绪《建德县志》均有九姓渔户的习俗及其所征渔课的记载。民国《建德县志》较为详细地记载了九姓渔户的时令节俗以及人生礼俗,特别是有关九姓渔户起源的几种不同观点:一为陈友谅所部。因与朱元璋争战,陈友谅大败,所部九姓被贬严陵滩头,世代以打鱼为生,不得岸居。二为南宋亡国大夫遗裔。相传南宋灭亡后,宋末都杭人士,酷爱严陵山水,以此避世。元朝建立后,遂甘为水居,以示不忘旧君。两桨一舟,以捕鱼为生,浅斟低唱,助人清谈。三为原属江山县富户的歌妓。明代缙绅之家,均可自蓄歌妓,富户殁后流落江上为妓。

　　钱塘江流域的衢州、桐庐、富阳、杭州、江干、汤溪、兰溪以及安徽屯溪方志,均有详略不一的记载。九姓渔户居留的华埠、清湖、梅城、富阳、桐庐等重镇镇志,也有涉及。特别是《浙江风俗志》《安徽风俗志》以及衢州、金华、龙游、江山、常山等县风俗志,对九姓渔户的习俗,均有较为详细的记载。以《建德交通志》为代表的钱塘江流域各县的交通志,记载了民国以及新中国成立后九姓渔户从事货运载客的史料。

　　以许奉恩和王韬为代表的清代文人,为九姓渔妓撰写了不少风花雪月的诗词以及笔记小说如《袁姬》《画船纪艳》等。还有大量肆意渲染清代宗室宝廷娶江山船妓为妾而罢官的艳事。然而，最有价值的九姓渔户文献，莫过于严州知府戴槃所刊的《裁严郡九姓渔课录》，考证了九姓渔户的来源：传为陈友谅所部九姓，明初被朱元璋贬入舟居，以渔为生，改业从妓。九姓有陈、钱、林、李、袁、孙、叶、许、何，原编伏、仁、义、礼、智、信、捕七字号，大小船只2031号，至道光、咸丰年间尚有一千数百，经过太平天国战乱，仅剩数十只船，300多户人口。这是已知的第一次也是清代唯一一次九姓渔户的统计资料。九姓渔户业妓有伤风化，戴槃遂请求免去九姓渔课，严禁九姓渔户业妓，改贱为良，得到浙江巡抚左宗棠等人的大力支持。九姓渔户原由建德县管辖，此后改由渔户所在的钱塘江各县管辖。沿江各县查明愿改贱为良渔户的姓名和人口中，造册报送共196户。凡改贱为良者，均颁发"执照"。渔户改业四世，身家清白，本族亲支也清白自守，方准报捐应试。并亲自撰写《裁严郡九姓渔课并令改籍为良碑记》。迄今为止，戴槃的《裁严郡九姓渔课录》，乃研究九姓渔户最为权威的资料。

民国史料中最有特色的乃是民国政府解放九姓渔户的资料。1912年3月17日，中华民国临时大总统孙中山向内务部发出指示信《开放疍户惰民等许其一体享有公权私权文》，训令解放九姓渔户、疍民、惰民、堕民等各种"贱民"，使其享有平等的公民权利。浙江军政府都督蒋尊簋于是年3月19日颁布《开放疍户惰民文》，转述南京临时政府解放九姓渔户等贱民的命令，要求钱塘江沿江各属地方政府，出示解放九姓渔户晓谕，享有一切公民权利。南京国民政府成立后，浙江再次掀起解放贱民运动。1928年6月，浙江省政府颁布《浙省废除特种民族之通令》，凡畲民、九姓渔户和堕民享有与平民相同的权利。浙江省政府与南京国民政府标榜所有人民一律平等，没有贵贱之分，但浙江内部却仍有三种所谓特殊民族，诸如堕民、畲民以及九姓渔户，为平民所不齿，执业卑贱，平民不屑与之通婚，且被剥夺受教育的权利，大悖人道，有伤国体。特殊民族应予废除，他们也应在政治、经济、教育等方面享有和公民一样的平等权利。钱塘江流域各县奉文后，就九姓渔户的现状，以及筹划教育渔户的办法，向省政府做了汇报。20世纪20年代末至30年代初，国民政府开展了声势浩大的废娼运动，浙江也予以响应，采取缓进政策，实行抽废办法，以便最终达到废除娼妓的目的，其中以兰溪实验县最为典型。1933年，胡次威来到兰溪建立模范的实验县，决定整顿花舫，并由县政府撰写《兰溪实验县县政府整顿城区花舫纪实》。随着胡次威的去职，实验县的取消，兰溪整顿花舫的成果也烟消云散。

中华人民共和国成立后，钱塘江各县的文史工作者整理出版了大量有关九姓渔户的文史资料。《教育新花水上开——屯溪镇水上小学见闻》《在水上小学的日子里》以及《船民自己办学校》《断奶》提供了弥足珍贵的关于专门为九姓渔户子弟创办学校的史料。蔡斌的《茭白船考》，将典型的兰溪茭白船的称谓以及游船提供的宴游、博游、清游三大服务，特别是茭白船的饮食文化，做了详细的介绍。方向的《富春江上的九姓渔户》，介绍了渔妓的专门词语、独特的规矩、四时风俗，白眉神信仰以及其起源。陈瑞芝与何永德撰写的《钱塘江的茭白船和江干的花牌楼》，详细介绍了清末民初杭州南部"花区"江干船妓由水居到岸居，由盛转衰的变迁史。邵弹声的《屯溪船民》，介绍了屯溪九姓渔户的来源、发展以及最终消失的简史。应该特别提及钱云才和许马尔两位渔户据亲身经历撰写的渔户资料。钱云才乃衢州的渔户世家，撰写了《我平凡的一生——衢江艄工回忆录》，还在报刊发表大量衢江渔户的历史资料。许马尔撰写了《山水推富春》，其中的《富春江船民文化》乃专门介绍富春江九姓渔户的史料。钱塘江的九姓渔户留下了珍贵的非物质文化遗产，被列入浙江省非物质文化遗产保护名录的有"九姓渔民婚俗""严州虾灯""桐江十六回切""富春江渔歌"。大量有关九姓渔户文史资料的出版，为研究九姓渔户提供了鲜活的史料。

目 录

方志资料

清代资料

民国资料

文史资料

后　记

方志资料

《重修浙江通志稿》

九姓渔船。戴槃《九姓渔船考》：建德县有九姓渔船，不知所自始。相传陈友谅明初抗师，其子孙九族，贬入舟居，以渔为生，改而业船。原编伏、仁、义、礼、智、信、捕七字号，大小船只二千三十一号。道光、咸丰年间，尚存船一千数百只。其船有头亭、茭白两种，其家属随船，皆习丝弦大小曲，以侑筋荐寝。船有同年嫂、同年妹之称。其实嫂、妹皆雇觅桐庐、严州人为之，世人误"桐严"为"同年"，故有此称。船只名为江山，实非江山船也。真江山船甚小，并无女子。又有船名为芦鸟，系义乌人所业，形制宽敞，同于茭白，惟无窗棂，殆不欲自同于九姓渔船也。余于甲寅秋九月，坐陈姓茭白船到严州。陈姓有请裁九姓渔课之请，适权严州府篆，遂详请裁革。各大宪俯如所请，并出示严禁窝娼宿弊，各船皆知敛迹。兵燹之后，茭白船只减少，改业芦鸟之人甚多。范寅《越谚》云：相传陈友谅部曲共九姓，明太祖锢之，不齿诸民。故其子孙无寸土，惟家于船，男作船户，女多流娼。同治间，严州太守有心化理，劝谕谆谆，弃船登岸。后以渔课无出，白大吏奏除，不数年仍家于船为娼。《射鹰诗话》云：茭白船，即江山船。船户凡九姓，不齿编氓。九姓皆桐庐、严州人，世传陈友谅既败，其将九人逃至睦杭间，其裔今为九姓船也。常山至杭州，山明水秀，客载其船者，江山丝竹，画舫笙歌，往往坠其术中。杨昌祚《游杭纪略》云：江干向有画舫，曰九姓渔船，俗呼江山船，又呼茭白船，又呼跳板船。相传为陈友谅部将后，明太祖贬入渔籍，多居钱塘江上游。其船女子，大率衢州产，而操严州音。初止供应徭役，清歌侑酒，嗣后风所趋，亦为故常。今其人皆舍舟登陆，居于花牌楼，有三十余家之多。或仍有画舫停泊江干，新自上游来者（按兰溪县对花舫早已登记取缔，设济良所收容。江干花牌楼之妓女，亦因杭市警局厉禁，纷纷自动脱籍，民国十九年已绝迹）。

民国浙江省通志馆编：《重修浙江通志稿》第十四册《民族》，方志出版社2010年版。

万历《严州府志》

卷之二十一《武备兵制》

城守江防丁夫议。一编置援应。照得本府居浙上游，控引徽饶，带襟衢婺，至桐庐以下，直达钱塘，尤为旷远。以建德境内言之，东港有小里、牙淇、大郎、乌石、胥口、张村、泠水，抵钓台，南港有桐溪，大洋抵三河，西港有晋潭、黄饶、下洼、洋溪抵白沙埠。旧时每埠竖旗一面，上书"巡警"二字，虽为保障，实系虚文。就而论之，由西港以溯淳安，滩高水峻，无长江巨川之泛滥，阻山临涧，无黄芦宿莽之幽深，《一统图经》称其"有水势之恶，无风涛之虞"，良有以也。南港之达兰溪者，地近婺衢，间有草窃，然溪河浅窄，居舍连绵，纵或疏虞，犹可扑灭。至于东港一带，自小里以至桐庐，虽近府城，而波连巨浸，倘遇江风、潮汐之便，则终宵可数百里，日则混舟于江中，夜则挂帆于江上。往时乌石滩下公肆劫杀，莫可盘诘，倏去忽来，类于鬼物。此江洋之地，所以为盗贼之区，而防范之严，尤当独异于诸港也。近蒙水利道添设水兵哨船，自浙江驿前至束港乌石而止，道途隔绝，巡警亦悚江上往来，几三百里，俟救不及，既难责之以雠渠之急，率然之势也。况建德一县虽有哨船，然东南止各一只，水兵不过六名，既无御寇之能，又乏乘潮之智，送迎使客，徒侈弥文，旅舫商舟，将焉收赖？窃意以为，却蚁者，去其膻；理梦者，清其纬，大抵不逞之徒，所以敢作敢为而无所顾忌者，恃有人焉，以为之地尔。盖超乘徒勇，不能踰邻保以袭人；挟纩虽雄，犹能藉乡导而入幕。何者？渔人生长波涛之中，兼谙地方要领，逐埠巡河，昼夜不息，率皆丁壮，尽可为兵。况所居埠头远者余十里，近者四五里，稍有警报，声息相闻，一苇可航，救援立至。今查建德县内，上下三港渔船约四五百只，编定号数，某甲住某埠，某乙住某埠。如甲埠失事，则甲当之；乙埠失事，则乙当之。仍于每埠轮拨二只，给以本府印信长牌一面，责于本港境内同水兵一体巡逻，如东港者自钓台，南港者自三河，西港者自白沙，俱抵富春驿前，五日更轮，周而复始。有警互相救援，论功给赏。如或势不能遏，密报府县，以凭剿捕。倘有疏虞，一体坐罪。已经呈请兵巡道转详军门，允示遵照如议，编立号数，递相防御巡逻。

［明］杨守仁修，徐楚纂：《严州府志》，万历六年刊本。

万历《续修严州府志》

卷之二十一

《古曲》

［唐］施肩吾

可怜江北女，惯唱江南曲。
摇荡木兰舟，双兒不成浴。

又

夜裁鸳鸯绮，朝织蒲桃绫。

欲试一寸心，待缝三尺冰。

[明]吕昌期修，俞炳然纂：《续修严州府志》，万历四十二年原刊顺治六年重刊本。

光绪《严州府志》

卷之三十《艺文中三》

百五岁老妪

[清]方粲如

妪陈氏本渔舟妇，渔舟凡九姓，男来女往，世婚姻如朱陈村。相传故陈友谅水军也，友谅败死，水军散走东下，其后杂隶衢、婺、睦三郡为舟师，所隶之郡官给舟符相检，校其名曰邮票，且征庸焉，匝一岁而更。妪舟隶于睦，故今为睦人，尝有子，先是康熙庚子逐大军火伴之闽中充厮养，卒，尔后消息不相闻。妪无所归，依外孙以居。外孙亦九姓渔人也。久之外孙死。复依其孙，浮舟往来。生前明崇祯四年辛未，迄今雍正十三年乙卯，盖百五岁矣。眼目厥枯，面著黑子，斑斑然，蓬发寸许，斜拂题然，尚善饭，有齿，决于肉间，犹佐篙师，一理楫云，又颇解道，革代间事，始妪年满百。郡侯蒋公欲表以人瑞，妪持不可。前谢曰：官置之妇八九十岁时，蒙恩例给肉帛，方以名上，里胥横指公费钱，凌杂百端，狺狺相索，其后所得不如所亡。今恩赐弥渥，即所费滋益多。吾无食无儿，一妇人安所名一钱。顾里胥终不肯，但已如旦暮来者，老妇且不获死所矣，愿官置之，俾老妇得苟过时日，即大功德高浮屠，言已，欲以首抢地。蒋公急止之，好语曰：诚有是然，我再不复令若忧里胥也，卒为申请如例，且月给粟肉云。余悲妪之遇，所谓寿者惛惛，久忧不死，顾其言类有知识者，而蒋公哀此茕独一破崖岸，以副圣天子问百年至意事，皆可书，非徒夸。其六百六十甲子为美谈而已。

[清]吴士进修，吴世荣增修：《严州府志》，光绪九年增修重刊本。

乾隆《建德县志》

卷之一《方舆志》

论曰：建邑山城，实为孔道，官差络绎，商贾往来，风帆辐辏。考他邑船户，半系居民。独建邑九姓渔船，以水为家，自相婚娶。间有女嫁居民，居民之女不与为婚。其俗丧尚浮屠，婚论财礼。男鲜识字，女不讴麻，家富子多则造船分驾，家贫子多则受雇他舟。亦有操小舟、养鸬鹚、结网打鱼为业者。迩来族类日繁，即有迁居别邑入籍，而熟路生涯忍不能舍浮泛，行踪难同编户，虽严保甲给由单，恐未足弭奸防患也。

[清]王宾修，应德广纂：《建德县志》，乾隆十九年刻本。

道光《建德县志》

卷四《赋役志》

船户陈、钱、林、李、袁、孙、叶、许、何九姓，编伏、仁、义、礼、智、信、捕七字号，大小船只贰千叁拾壹，原额丁伍百柒丁伍分，妇壹百捌口。

船庄册，每丁征银肆钱贰分壹厘贰毫口肆分壹厘，实征银贰百壹拾捌两壹钱捌分伍厘。通共实征银叁万陆千叁百壹拾捌两玖钱陆分玖厘壹毫捌丝柒忽伍渺陆漠陆埃叁纤，每两随征火耗银陆分。

九姓渔户课钞额征银玖拾肆两伍钱伍分捌厘（二共征银壹百伍拾两捌钱伍分捌厘），每年解司马械银捌拾陆两肆钱，解府充饷银玖两陆钱，解府修仓刑具陆两捌钱伍分捌厘，县给府马快工食银肆拾捌两。

卷二十一《杂记》

九姓渔户陈、钱、林、袁、孙、叶、许、李、何，以水为家，居民不与为婚，或有娶其女作妾媵者。其俗婚论财，礼丧尚浮屠，家富子多者，造船分驾；家贫子多者，受雇他舟；亦有操小舟、养鸬鹚、结网打鱼为业者。

谨案：建邑渔户，系与例载浙江各属之堕民、丐户及广东之疍户等，均不得与齐民齿，以其操业猥贱也。乃迩来族类日繁，踪迹渐异，或有迁居他邑，托业市廛；或有移入陆居，假途耕稼，历年稍久，辄混编氓，以至良贱互淆，户籍错杂。是在司牧者严申保甲编查之法，明示报官改业之条，庶几素习狠业者，不敢混冒；而改业为良者知所遵循矣。

[清]周兴峰修，严可均撰：《建德县志》，道光八年刻本。

民国《建德县志》

卷二《地理》

鸬嗉锐而长颈，能伸缩，喜啄鱼。胥口江一带渔户视同家畜，见鱼纵使没水少顷，以杵击砧，口中若歌若唱，山我夹应，幽韵横生，曼声既歇，衔鱼而上。渔人勒颈取鱼。百不失一。

卷三《风俗志》

建德风俗之淳，夙称于古，普通士夫之外，别有渔户及畲客二种，其俗与地著稍异，县人均外视之，然一为胜国遗黎；一为天家骄婿，沧桑屡变，种族递兴，人类平等，久为世界所公认，既有此种人类，自当缀其风俗，以资考镜，犹国史之分列遗逸及蛮夷也。

春节日（旧唐元旦）鸡初鸣，设香案展拜讫。卑幼以次叩节，平明互相致贺。城区则仅向门缝投刺，非至亲不开门。五日内市不贸易，儿女未成年者赠以百岁钱，近年改用铜圆五枚或十枚不等。渔户称贺亦然，惟衣冠不肃，畲客无此习，但喜在正月间作寿。

元宵节自十三起至十八止，街市悉张灯彩，银花火树，照澈通衢，花爆声陆续不绝。村童并骑走马灯，唱秧歌，以祝丰年。复有灯长如桥者名曰桥灯，亦名硬板龙，数十节或数百节不等。当晚家家和粉团以荐先祖。新妇之家行祭床礼，床坐五男二女，陈设糕饧，谓可以兆子嗣。渔户则于船头高扎竹竿，悬灯结彩，侈为美观。

七月七日，小儿女陈瓜果于庭，喃喃祝福，穿针斗巧，露坐深宵。是夜薄有红云或杂以五色者，群以为祥。渔户则江天水月，别饶风趣，故此风尤甚。

除夕换桃符，贴罢春联，燃岁烛，骨肉团坐，守以待旦。渔户于此夕，拢船南岸，互相欢庆，虽远必至。

冠礼不行久矣，儿初生三日，必集女宾，聚宴谓之三朝酒，弥月兼宴，男宾谓之做满月，晬盘周岁必举行之，谓之做周。入学则命以字，同等相谓，不称名，尊长则呼以小字，女子迨于归，始行笄礼。渔户沿陆居之习，间有行之者。畲客不谙此礼，故地著罕与为婚。

婚礼择门第相当者，倩媒通意允则媒，氏以女庚来，星家卜之曰吉，乃筮曰通柬，谓之缠红。次将币簪珥彩帛外兼馈白金，曰行聘；次请期，馈羊酒果饵曰送日，亦有纳币时并行者。临娶先期送羹礼，女家以祀外祖。娶之日，男不亲迎，专异彩舆鼓乐往导，女花冠盛服，绣帕蒙首，坐离筵含泪登舆进门。先拜天地，双鬟执烛前引，偕进新房，行合卺礼。夕设盛馔，宴女之父兄毕，送婿入洞房，喜事者乃故作谑语，以博新人欢笑，谓之闹房。次晨新妇谒祖，及舅姑戚属以序相见，曰拜堂。是日舅姑飨妇，使小姑持爵，谓之待新人。三朝外，家具启，延婿偕至女家，曰上门，亦曰回门，道远则择日柬邀。渔户婚礼相同，惟彼非陆居，诸事从简。娶时合两船为一处，置新妇于盆，由女船舁至男船，便成佳礼焉。

渔户无所谓丧礼，其有丰于财者，都与陆居相似。

渔户无祠，祭墓而已。

小儿曰贱哥，小女曰贱囡，男伴相怨之称曰前世爷，女伴相怨之称曰同年妹，以上为渔户特异之称。

卷八《食货志》

九姓渔户课钞额，征银玖拾肆两伍钱伍分捌厘，二共征银壹百伍拾两捌钱伍分捌厘（每年解司马械银捌拾陆两肆钱，解府充饷银玖两陆钱，解府修仓刑具银陆两捌银伍分捌厘，县给府马快工食银肆拾捌两，旋于同治癸丑由知府戴槃详请大府咨部裁革别簿抵补）。

卷十五《拾遗志》

建德有九姓者，即陈、钱、林、袁、孙、叶、许、李、何是也。前志称其世居建德江，以捕鱼为业，居民不与为婚。先为陈友谅部将，明祖即位，贬为渔户。逊清入关，沿明旧制，故至今贱视之。按明兵在建德与战者系张士诚部，友谅据九江，遇贬当在鄱阳。闻之父老，建德伎船唐已有之，与友谅原不相涉。（施肩吾诗："可怜江北女，惯唱江南曲。摇荡木兰舟,双凫不成浴。")或云此种渔户,皆亡国大夫遗种。宋末都杭朝士,爱严陵山水,避世于此。其不舍舟就陆者,犹是薇蕨首阳,以明不践土、不食毛之意(按广东疍户亦系亡宋遗黎,以张世杰等据崖山,联船为镇,居民皆以蛋纳税,故号疍户)。胡元入关,此辈遂甘为水居,不愿登陆,以示不忘旧君之意,因专以捕鱼度活,两桨一舟,自成眷属,浅斟低唱以外,别无他长,俗称"九姓渔船",亦曰"茭白船",言此能助人清谈而已。(清康熙南巡御制诗:"岸芳春色晓,松影夕阳微。寥寥深烟里,渔舟夜不归。绿江深见底,高浪直翻空。惯是江边住,舟轻不畏风。")钱塘梁应来谓,江山船妇曰"同年嫂",女曰"同年妹"。凡业此者,皆桐庐严州人,"同年"者字之讹也。不知江山船者,乃滥觞于江山县之富户(明制缙绅之家,皆可自蓄歌伎,富户殴流而为此)。九姓专指渔户而言,原一而二也(李经义诗:"娥眉队队斗妍华,九姓于今莫问他。如此江山怨良夜,相逢况是在天涯。""多谢群公为解嘲,烟花南部可怜娇。人间那有虬髯客,一角扶馀气已销。")。《后汉书·南蛮传》高辛氏有蓄犬曰盘瓠,衔犬戎将军首诣阙下,帝妻之以女,入南山其后曰蛮夷,自长沙武陵至交趾咸称焉。《浙江通志》顺治十八年巡抚朱昌祚因闽海交讧,乃迁粤民于内地。《处州府志》畲民由交趾迁琼州,由琼州迁入处州。近数十年畲客从处州迁至衢严两府者,约有数千,县属北区尤多。

夏日璈等修,王韧等纂:《建德县志》,民国八年铅印本。

《建德县志》

本县有陈、钱、林、袁、孙、叶、许、李、何九姓,世居建德江,以捕鱼为业,陆上居民不与通婚。据云,这些渔夫皆亡国大夫遗族。宋末时杭为京都,朝士爱严陵山水,亡后,避世于此。其不舍舟登陆者,犹是薇蕨首阳,誓不降敌之意。因专以捕鱼度活,两桨一舟,自成眷属,闲时浅酌低唱,以度岁月。所乘渔船亦称"茭白船"。

裁九姓渔课并改贱为良碑。清同治五年(1866)立于梅城南门码头。建德原有九姓渔户,世居江上,不准与岸上百姓通婚和上岸定居。同治五年弛禁,立此碑以纪其事。1960年列为省二等保护文物,"文化大革命"中失踪,现得断片两块。

九姓渔户婚嫁礼俗。九姓渔户虽属汉族,但受封建政治之苛遇,贬入舟居。浮家泛宅,水上生涯几百年,已自成风气。明初以来,九姓只能互相结婚,入民国弛禁,始渐与岸上百姓通婚。其船户自相联姻,水上仪节诸多从简,嫁娶时,合两家船于一处,新娘端坐于一大盆中,由女船舁(抬)至男船便成佳礼。其他与岸上人家同。

九姓渔户丧葬礼俗,较岸上百姓简易,但各种规模也略具备。原梅城有九姓渔户合祠,无论谁家死人,祭祖时一律公祭。

九姓渔户寿庆礼俗。基本上与陆上百姓相同,席上多风肉,为其菜肴特色。

九姓渔户岁时。一般与岸上人家同,元宵节自十三日起至十八日止,于船头高扎竹竿悬灯结彩。七月七日七巧节,儿童、姑娘皆上船头在月下穿针斗巧,露坐深宵。除夕夜渔船集中一处，互相庆贺过年，虽远必至。

建德县志编纂办公室编：《建德县志》，浙江人民出版社1986年版。

《建德市志》

九姓渔民。陈、钱、林、袁、孙、叶、许、李、何九姓，明朝初年被贬入舟居，至清同治五年（1866）才改贱为良，恢复原有身份。九姓渔民是在特殊的历史环境下，被迫居于水域，是建德姓氏文化中奇闻罕事。被贬入舟居的陈、钱等九姓，仅限于陈友谅部属将领的九姓族人，至于县城内的其他陈、钱等九姓，仍住在岸上，不受世人歧视。

九姓渔户。建德有九姓者，即陈、钱、林、袁、孙、叶、许、李、何是也。前志称其世居建德江，以捕鱼为业，居民不与为婚。先为陈友谅部将，明祖即位，贬为渔户。逊清入关，沿明旧制，故至今贱视之。按明兵在建德，与战者系张士诚者，友谅据九江，遇贬当在九江。闻之父老，建德伎船，唐已有之，与友谅原不相涉（施肩吾诗："可怜江北女，惯唱江南曲。摇荡木兰舟，双凫不成浴。"）。

或云此种渔户皆亡国大夫遗种。宋末都杭，朝士爱严陵山水，避世于此。其不舍舟就陆者，犹是薇蕨首阳，以明不践土不食毛之意（按广东疍户实系亡宋遗黎，以张世杰等据崖山，联船为镇，居民皆以蛋纳税，故号"疍户"。胡元入关，此辈遂甘为水居，不愿登陆，以示不忘旧君之意）。因专以捕鱼度活，两桨一舟，自成眷属，浅斟低唱之外，别无他长，俗称"九姓渔船"，亦曰"茭白船"，言止能助人清谈而已（清康熙南巡御制诗："岸芳春色晓，松影夕阳微。寥寥深烟里，渔舟夜不归。绿江深见底，高浪直翻空。惯是江边住，舟轻不畏风。"）。

钱塘梁应来谓："江山船妇曰'同年嫂'，女曰'同年妹'，凡业此者皆桐庐、严州人。'同年'者，字之讹也。不知'江山船'乃滥觞于江山县之富户（明制，缙绅之家，皆可自蓄歌伎，富户殁，流而为此）。九姓专指渔户而言，原一而二也（李经义诗："娥眉队队斗妍华，九姓于今莫问他。如此江山怨良夜，相逢况是在天涯。""多谢群公为解嘲，烟花南部可怜娇。人间那有虬髯客，一角扶馀气已销。"）。

三都渔村"渔家乐"。渔家乐坐落在富春江、新安江、兰江三江口南面，地处富春江、新安江等黄金旅游线中点，双塔凌云、七里扬帆、严陵问古分布在其周围。此处江面宽阔，有"野旷天低树，江清月近人"的意境。渔村依山傍水，风景秀丽，空气清新，果树成林，整个村落异常清爽整洁。相传明代九姓渔民的祖先被贬为贱民，不准上岸定居，其后代流落此地，靠打鱼为生，至今仍保留渔民特有的风俗习惯。2004年至2005年，渔村利用其独特的地理优势和特色风俗，建成休闲度假区。渔家乐渔村现有家庭床位90余个，分双人间、三人间、五人间，均有闭路电视、卫生间及淋浴设施。在那里，可参与渔家乐系列活动，尽享渔民生活；吃鱼宴、尝野味，和渔民同划船，共捕鱼，亦可垂钓。看渔民造船，观渔民特色婚礼。还可远眺双塔凌云，近观江上升明月，夜赏渔村古戏。

九姓渔民水上婚礼。旧传元朝末年，朱元璋与陈友谅争夺天下，在鄱阳湖决战。朱元璋打败陈友谅建立明朝后,将陈友谅的部属贬为贱民,流放到严州新安江一带水域,规定他们不得上岸居住,不准与岸上人通婚,不准读书应试等,数百年来,陈、钱、李、孙、袁、林、叶、何、许等九姓只能举家泛舟,生活在水上,以打鱼为业,天长日久,形成独特的生活习俗,其中抛新娘的水上婚礼最具特色。九姓渔民婚礼由迎亲船、送嫁妆、唱利市歌、喂离娘饭、抬新娘、拜堂、入洞房、抛喜果等情节组成。司仪先生在男船和女船间穿针引线,利市婆婆诙谐风趣说唱,生动展现了水上渔民的生活情趣。

1989年,建德中国旅行社在梅城首次推出具有浓郁民俗风情的九姓渔民水上婚礼特色旅游,使旅游者把观赏自然风光,游览名胜古迹同体验当地的民俗风情结合起来,受到国际旅游团队的欢迎。1997年,罗桐山庄在旅游和文化部门的帮助下,对九姓渔民水上婚礼进行重新整理包装,将这一具有民俗特色的旅游项目推向市场,成为本市特色旅游的拳头产品,被浙江省旅游局确定为浙江对外推荐的重点特色旅游项目,在省内外具有较大的影响,受到广大中外游客的好评。

建德市志编纂委员会编:《建德市志》,浙江人民出版社2010年版。

《桐庐县志》

江山船。明清时期,江山九姓渔民有从业航运者称"江山船",其船分头亭、菱白两种,形体宽敞如舫,客房布置精致整洁,乘船航行,有歌女侑觞荐寝。"水脚"昂贵,然往来富商大贾,往往非头亭、菱白不坐。若使臣、委员过境需要船迎送者,也用此船当差。太平天国运动后,江山船大减,多数改习芦鸟(一种货船)。民国后期,查禁绝迹。

桐庐县志编纂委员会编:《桐庐县志》,浙江人民出版社1991年版。

光绪《富阳县志》

卷十七《名宦志》

张震,乌程人,家洞庭,事亲至孝,少读书,长入行伍。道光十九年,扬威将军大阅补经制外委,尝署富阳汛。九姓船以贿进,骇曰:"此何物敢污我!"力拒之。与邵阳魏源、衡山陈钟英善。又与汪士骧、戴惇禧、李念孙、宗景藩结莲社于三一庵。后殉粤匪之难,荫恤如例。

卷二十三《艺文志》

富阳市鱼有官价,予为革之,作诗以告来者,期始终去此弊也。

渔人江上船为家,篷窗蜷曲藏如蜗。
船头牵网船尾宿,终年辛苦嗟生涯。
一叶横江风浪恶,每将性命换鱼虾。

穷民辛苦为生计,谁成陋习沿为例。

官民一体贵公平,渔独何辜受官累。

甚之假公以济私,借口殃民有更厉。

商贾贸易子母权,彼也空手无伤廉。

不知谋生渔独苦,风波历尽荒江湍。

问渠何事冒危险,甘冒危险畏饥寒。

最是三冬厉霜雪,爬沙手足龟纹裂。

举网棱棱冰有声,鱼虾常带指头血。

我家久住江之浦,髫年习见渔人苦。

昨来下车莅此邦,乃有生鱼饷官府。

间之颠末挥之出,数行申禁革旧习。

小惠或被旁观嗤,千舟庶可无人泣。

呜呼! 宁可每食嗟无鱼,不可渔人独向隅。

区区此举非要誉,后来贤者其鉴诸。

汪文炳撰,何镕等纂:《富阳县志》,光绪三十二年刊本。

同治《长兴县志》

卷二十三《人物》

周行骐,字桼文,号箭,云昱,侄少孤。道光辛巳,举于乡官,兰溪县教谕考课之外,训士以敦伦纪,饬廉隅,人敬惮之。兰溪大江,有江山船者,相传为陈友谅等九姓,贬入舟居,身操贱役,名为眷属,实则官妓,船故归学官管理,历任多额征之,所入颇不赀。行骐峻却之,使属于县尉,兰人至今称焉。

赵定邦等修,丁宝书撰:《长兴县志》,同治十三年修光绪十八年增补刊本光绪二十三年刊本。

民国《杭州府志》

卷一百二十二《名宦七》

张震,乌程人,道光十九年,杨威将军大阅补经制外委,旋署富阳汛,九姓船以贿进,骇曰:"此何物敢污我!"力拒之。后殉粤匪难,荫恤如例。

龚嘉儁修,李榕纂:《杭州府志》,民国十一年铅印本。

《江干区志》

钱塘江茭白船和江干花牌楼。清末民初,杭州城南沿钱塘江一带,闸口至南星桥"十里江塘"，常年舟船往来不绝，木行、过塘（转运业的前身）、柴炭等行业和各种服务行业兴起，逐渐形成一个商业区，尤以海月桥地段最为繁华。兰溪、建德（今梅城）一带水上流动的花船，也看中了这个闹区，顺流而下，常年停泊在这里，招来玩客。民初，由于玩客日增，娼业兴盛，原有的舟船已难适应需要，因此，船主连同家人陆续舍舟登岸，集中在一处建屋定居，开设妓馆，一些为妓馆服务的烟酒、裁缝、银匠等店铺，也先后在附近开设。每当华灯初上，笙歌不绝，烟酒牌赌，通宵达旦。当时杭人以"花牌楼"称之。

"花船"即"茭白船"的由来，有这样一说，据说元末，朱元璋尝与陈友谅于严州一带交战，久战不胜，损失惨重。陈部官兵均为严州人，以陈、钱、林、李、袁、孙、叶、许、何九姓居多。明朝建立以后，明太祖朱元璋记起前仇，下旨将九姓男女老幼，一律贬入舟居，只能在船上捕鱼捉虾，从事贱业，不得上岸居住，更不许读书求仕，世人称之为"九姓渔民"。这些渔民最早在衢江一带打鱼为生。因谋生困难，又沿江而下，投泊在兰溪、建德沿途港口，以运输为生。这些船民，均以船为家。其船均长10米以上，船主为招来顾客，加以悉心布置，做到窗明几净，有的还被隔成两三间，前舱可摆两席酒宴。这一来，一些富商大户，或经商外出，或游山玩水，也就乐于雇用这些船只。为了讨好雇主，船主备有鸦片、赌具等，供客玩乐。甚至不惜以妻女侍宴侑酒，以博客之欢心。一些富商大户或纨绔子弟常给以重赏。船主以此有利可图，于是不惜花钱收买年轻姑娘做船女，实则做妓女，以供接客。于是，这种船就成了花船。那时沿江各地州县的官员出差、旅游均征用民船。由于花船舱位宽大舒适，还有妓女侍奉，因此常被征用。有些被指定为常年应差的差船，挂上官府的牌子，故被人们称作"招牌船"。船上男女，大都为江山、兰溪、建德一带人，其方言"招牌船"，杭州人听来与"茭白船"相近，便称之"茭白船"。还有一种说法是这种船头尖尾圆，形如茭白，故名。又说因为茭白色白而味鲜嫩，别具风味，以此比喻花船。

民国初年，茭白船上的主要妓女开始舍舟登岸，在今复兴街海月桥至化仙桥一带开辟妓馆，这一地段遂被称为"花牌楼"。茭白船的名气渐被花牌楼所取代。花牌楼兴盛时期，约有妓馆二三十家，大都是一间或双开间的木板楼房，其中有墙门的较大妓馆，只有一二家。花牌楼妓馆，历来以"卖笑不卖身"标榜，当家养母（鸨母）把"招牌主"（妓女）当作"摇钱树"，平时管教极严，恐其一旦失身，丑名远扬，招致门庭冷落，"树"倒财空。如遇有为色所迷，不惜奉巨金以求一快之辈，鸨母也会见钱眼开，指使妓女献身承欢。也有一些富商巨贾，一掷千金为其相中者赎身，娶为小妾的。

花牌楼地处江干木茶商行附近，各地来此交易的商客，到花牌楼，一来便于交谈生意，二来也可在此饮酒聚赌，逍遥一番。因此生意兴隆。城内一些有钱人，也经常在此宴客作乐。花牌楼虽然外观并不引人注目，其名声在杭城却家喻户晓。在鼎盛时期，常去光顾的客人，除了各富商，也不乏风流雅士，他们在这里挥书作画，为妓馆增光添彩。约在民国十三年（1924）左右，有人突发奇想，纠集一批巨富小开、官僚子弟等，在杭州湖滨"大世界"举行"花选"。各妓馆的头牌妓女都浓妆艳抹，花枝招展，踊跃参赛。经过几天激烈竞争，结果花牌楼最大一家妓馆的头牌妓女名叫"龙凤"的，被戴上"花国总统"的桂冠。从此,这家妓馆就被呼为"总统府",一时贺客盈门,轰动杭城。

以沿江"菱白船"和江干"花牌楼"为标志的杭城"南部花区",自清末民初起,历时20多年。民国二十六年(1937)抗战烽起,杭城危在旦夕,市场萧条,人心惶惶,达官贵人,富商大户,纷纷逃避后方。此时,花牌楼妓馆已是门庭冷落车马稀,那些在钱塘江边游弋的菱白船,亦常被征作军用,难继旧业。不久,即作鸟兽散。有的妓女适人而去,有的嫁给国民党军官成为官太太。从此,一代"花"市终成历史陈迹。(陈瑞芝 何永德)

杭州市江干区志编纂委员会编:《江干区志》,中华书局 2003 年版。

民国《衢县志》

卷三十《诗文外编下》

定阳镫词

[清]郑桂堂

二月十日春气新,定阳镫尚闹重闉。
年荒未听饧箫唤,忙杀街头卖葛人。
山城雨意动微雷,待到更深火树开。
前巷烛光通后巷,百余人拥板龙来。
布裙新试凤头鞋,路滑偏生懒上街。
太息穷村小儿女,忍饥都去拾枯柴。
三里滩前九姓船,船娘娇小太生怜。
何如移得凌波步,分与红灯唱采莲。

郑永禧纂修:《衢县志》,民国十八年辑,二十六年铅印本。

《衢州市志》

禁娼:民国时期,衢县、龙游水运码头高板船和城内花茶店有娼妓,屡禁不绝。

中华人民共和国成立后,人民政府严加取缔,1949年下半年,专署公安局在市区取缔娼窝20户。并对娼妓、嫖客进行教育改造。此后基本绝迹。1987年,公路沿线一些个体食宿店出现嫖宿现象。公安机关立即采取措施。1989年,公安机关会同有关部门,对衢、龙、江、常、开5县(市)870家路边店全面进行检查整顿,查获卖淫嫖娼案16起。

性病:俗称花柳病。民国二十三年(1934)8月,衢县县政府发布检验花舫妓女令,同时颁发检验花舫妓女办法。二十三年至三十七年,衢县县立医院(县卫生院)门诊累计发现性病患者1092人(梅毒575人,淋病517人)。衢县有五所私立医院,三个私人诊所设立花柳病专科。三十年6月,卫生署在衢设立花柳病防治所,开展预防性病和卫生知识宣传及防治。1950年初，五县人民政府改造和取缔娼妓，对患性病者予以治疗，安排就业，使其成为自食其力的劳动者。1983年，衢县少数民族地区性病调查，受检9694人，确诊患梅毒16人，经抗梅治疗，全部治愈。1987年11月，恢复建立性病报告制度。1989年9月，衢州市性病监测中心成立，与市皮防站合署办公。1987—1989年，全市发现性病患者352人（1987年7人，1988年92人，1989年253人），淋病占86%。

衢州市志编纂委员会编：《衢州市志》，浙江人民出版社1994年版。

《龙游县志》

禁娼：民国初，驿前码头茭白船蓄有娼妓。三十年代，花茶店10余爿，多娼妓。民国期间，数次取缔，未禁绝。解放后，严令取缔，生活无着者，经教育后安排就业。中华人民共和国成立后，娼妓活动绝迹。

茭白船：民国初年，驿前码头还剩茭白船4艘，系12舱大船，两头设房，中间为厅堂，陈设华丽。每船有貌美年轻妇女六七人，授予丝竹弹唱及应酬艺术，其姣美者称"招牌主"，以芳名挂牌船首。官绅商贾，喜在船上摆酒，每客各点一女作陪，每桌赏银10元，归船主所有；也有留宿的，花钱更多。曾有一日本商人，要了一位船女，以造一艘新船作代价。三十年代以后，驿前航运一蹶不振，茭白船随之消失。

浙江省龙游县志编纂委员会编：《龙游县志》，中华书局1991年版。

《金华市志》

取缔暗娼。中华人民共和国成立前金华城区有五所妓院，兰溪城弄有花茶店40余家，花茶娘百余人，妓船50余只，暗娼妓女为数甚多。中华人民共和国成立后即予取缔，安排妓女劳动就业，至1951年暗娼绝迹。1981年后卖淫嫖娼又有抬头，公安机关认真查处，着重打击引诱、容留卖淫的教唆犯，清除卖淫窝点。

金华市地方志编纂委员会编：《金华市志》，浙江人民出版社1992年版。

民国《汤溪县志》

卷之十九《文征下》

雨过高桥村

［清］宋绍业

漠漠烟村暗绿芜，云山淡墨染模糊。

帆风更急飞茭白（金华小舟名茭白船），谁画春江一幅图。

丁燮等修，戴鸿熙等纂：《汤溪县志》，民国二十年铅印本。

《兰溪市志》

茭白船。中华人民共和国成立前，兰溪的茭白船与城弄花茶店，皆淫乐之处。茭白船为花舫的一种，他地少有。据《浙江通志稿》记：“《九姓渔船考》载建德县有九姓渔船，不知所自始。相传为陈友谅明初抗师，其子孙九族，贬入舟居，以渔为生，改而业船，原编伏、仁、义、礼、智、信、捕七字号。其船有头亭、茭白两种。其家属随船，皆习弦大小曲，以侑觞荐寝。船有同年嫂、同年妹之称，其实嫂妹皆觅雇桐庐严州人为之。世人误桐庐为同年，故有此称。船只名为江山，实非江山船也……兵燹之后，茭白船稀少。”兰溪茭白船长约15米，船尾特高。常年固定一处停泊，不行驶。或说应名“靠泊船”“高泊船”。船内陈设华丽，能办丰盛酒席，妓女都擅弹唱，是高级妓院。船头灯上写有主要妓女名字作招牌，此妓女称“招牌主”。嫖客多是富商和水客（外来采购的客商），在妓女弹唱侑酒中洽谈生意。九姓据清戴槃《裁严郡九姓渔课并令改贱为良碑记》载为陈、钱、林、李、孙、许、袁、叶、何。茭白船沿钱塘江上至衢州、龙游，下至严东关、杭州都有。但以兰溪最多，最盛时沿江停泊达60余艘。自浙赣铁路建成，兰溪批发行商逐渐移向金华，茭白船随之衰落，于抗日战争期间绝迹。

清除三害。民国时期，兰溪娼妓、赌博、吸毒流行，时称“三害”。中华人民共和国成立初结合清匪肃特，整顿社会秩序，对“三害”亦同时严予清除。

禁娼。中华人民共和国成立前夕，城弄有花茶店40余家，花茶娘百余人，花酒店及抗日战争期间由茭白船迁至岸上的娼妓为数亦不少。中华人民共和国成立后即予取缔，经教育后安排就业，至1951年基本绝迹。

兰溪市地方志编纂委员会编：《兰溪市志》，浙江人民出版社1988年版。

《黄山市志》

船民。源于九姓渔船。相传元末陈友谅兵败，子孙九姓（陈、钱、林、李、袁、孙、叶、许、何）家属被贬钱塘江流域舟居，从事撑船、背纤等苦活。黄山市境内新安江主、支流上漂泊的船民即为九姓渔民的后裔，以陈、叶、钱、汪四姓为多。陈姓来自浙江省建德东洲（徽港、婺港汇合处），叶姓来自浙江桐庐县。船民长期过着浮家泛宅的水上生活，受人歧视，并不得与岸上居民通婚。清同治年间，船民才开始与岸上居民通婚。中华人民共和国成立后，船民陆续实现陆地定居。后随着新安江木船运输量急剧减少，船民中一部分调往闽江等水系从事水上运输，一部分转入林业部门放运木筏，一部分登岸改行搬运或务农，极少数以撑渡船为业。

黄山市地方志编纂委员会编：《黄山市志》，黄山书社2010年版。

《徽州地区简志》

船民属于九姓渔船。相传元末陈友谅兵败，子孙九姓（陈、钱、林、李、袁、孙、叶、许、何）家属被贬钱塘江流域舟居，从事撑船、背纤等苦活。徽州境内新安江主、支流上漂泊的船民，为九姓渔民的后裔，以陈、叶、钱、汪四姓为多。陈姓来自建德东洲（徽港、婺港汇合处），叶姓来自桐庐。船民长期过着浮家泛宅的水上生活，受人歧视，不得与岸上居民通婚。清同治年间，渔民开始与岸上居民通婚。中华人民共和国成立后，对船民进行社会主义改造，实行陆地定居。同时，随着新安江木船运输量急剧减少，船民中一部分调往闽江等水系从事水上运输，一部分转入林业部门放运木筏，一部分登岸改行搬运或务农，仍以撑船为业的不多。

徽州地区地方志编纂委员会编：《徽州地区简志》，黄山书社出版社1989年版。

《黄山市徽州区志》

船民。源于"九姓船民"。相传元末陈友谅兵败，其子孙陈、钱、林、李、袁、孙、叶、许、何九姓家属被贬钱塘江流域舟居，从事撑船、背纤等苦活。徽州境内新安江主、支流上舟居的船民即为"九姓船民"的后裔，以陈、叶、钱、汪四姓为多。陈姓来自建德东洲，叶姓来自浙江桐庐。船民长期过着浮家泛宅的水上生活，受人歧视，并不得与岸上居民通婚。清同治以后，船民才允许与岸上居民通婚。中华人民共和国成立后，船民陆续实现陆地定居。

黄山市徽州区地方志编纂委员会编：《黄山市徽州区志》，黄山书社2012年版。

《黄山市屯溪区志》

船民风俗。源于九姓渔船。相传元末陈友谅兵败，子孙九姓（陈、钱、林、李、袁、孙、叶、许、何）家属被贬钱塘江流域舟居，从事撑船背纤等苦活。屯溪境内新安江漂泊的船民即为九姓渔民（实际上还有唐、汪、毛、吴、潘等姓氏）的后裔。以陈、叶、钱、汪四姓为多。船民世代浮家泛宅，衣食住行，生丧嫁娶，均在船上。由于长期与沿岸居民隔离，九姓渔民形成独特的语言、服饰和生活习惯。新中国成立后，陆续实现陆地定居。

居住。船民世代以船为家。家庭一船为四五人，也有三代同堂七八人者。民船为木结构，底平，头小成圆吻，尾稍翘，适宜于山区水上航行。船身选用上等杉、椿木打造，以葛筋、桐油、石灰嵌缝，内外涂刷桐油。船篷以竹篾夹箬叶制成，中舱船篷固定，其余可推拉。船只按腰梁大小分两三种规格，一艘长约二丈、宽七八尺，可挂帆。船内分六舱，前后设有木门各两扇。船头，是撑船和撒网之处，往后为柴窝，一边作厨房（烧柴炭），一边作通道。再后是货舱，有划桨台，既可装货，又作起居室、佛堂。腰梁后部称中舱，舱面为卧室，舱下作储藏室或货舱，宴请宾客时中舱与前舱贯通，众人席板而坐。中舱后为女厕,铺上面板后下面还可养猪,船篷外吊鸡鸭笼。后梢船尾为撑船站立处。船舱内无床铺,躺下即可睡觉,冬宿中前舱,夏睡船头船尾,白天铺盖收起,被子放在内篷边,箱柜藏在舱底。舱内无桌无凳,吃饭时或蹲或盘腿,故船民多罗圈腿。船民极爱清洁,舱内日日抹擦,一尘不染,油光铮亮,家用杂物摆放整齐。忌穿鞋上船,客人搭船也要脱鞋。

饮食服饰。旧时船民午餐多食米饭,早晚喜食"饭淘粥",将冷饭炒松伴适量稀粥而食。菜肴与岸上居民相同,唯餐餐离不开鱼,善烹鱼鲜。

无论男女常年着青布衣裤,裤脚肥大便于行船,头戴扁圆小笠帽,以彩色小串珠系于颈间。女子婚前梳长辫,婚后盘发结,妇女、小儿喜佩戴项圈、手镯等首饰。无论长幼四季赤脚,因长年风吹日晒,故大多体魄强健。

忌讳。与船民、纤夫聊天,忌说"翻""沉""倒""搁"等不吉利字眼。在船上用餐时,忌将筷子搁碗上,因其寓意"风倒桅杆"。喝酒时,忌将空杯底朝天,因其寓意"船底朝天"。船民忌说猫、蛤蟆,不捞死因不明之鱼,对跳入船舱的鱼要放生。清晨起床时,在船只之间不能高呼名字,不能互相借火。妇女不能走上船头,衣服不能晒在前舱,更不能高过篷顶。开木排时不能高声讲话,不准问去哪里。旧时开船前烧纸,抛茶叶和米,再抽跳板,跳板一抽,无论谁叫喊都不能答应。

婚嫁。船民世代栖居水上,受人歧视,生活困苦,并不得与岸上居民通婚。清同治后,船民才开始与岸上人通婚。新中国成立前,船民仍说"水上话"(船民方言)。婚配基本上还是在陈、叶、钱、汪四姓船民之间寻偶。船民婚嫁须经约媒纳聘,押八字、送节、送日子、行婚礼、三朝、回门等。新娘出嫁前坐船舱哭嫁,是夜新娘母亲也要开哭,婚嫁人家要请四姓中各一人主婚。婚礼当日以渡船代替花轿,四姓各派一人撑船。船民联姻由男方打造一条新船,新娘吃完上轿饭,在鞭炮、笙乐响过后,小夫妻在父辈舱内交拜天地,再由渡船送至男方新船完婚。新婚夫妻即居于新船,与父母分开生活。

丧葬、祭祀。船民卒后须将船头拖上岸,躺板停尸。入棺一般在前舱进行,船小的亦有在河滩搭棚举行仪式,家道殷实的也请道士做道场。因船民多漂无定所,在外亡故的即在当地下葬。父母去世后,子女要在船上设灵台祭奠。其他祭祀有:除夕要将船撑到河心,头朝下游,船上摆香案祭品,由父辈率全家持香焚纸叩拜天地和各路神祇,祈求风调雨顺,全家清洁无病,称作"谢年"。船民奉周宣灵王为司风雨之神。清末,船民立周王庙于阳湖下村,每年农历四月初八日在庙前河滩搭台唱戏酬神数天,亦在船篷内张贴周王画像,设小神堂供周王神位。船、簰经浙江省建德县鸬鹚湾陈孚佑侯(俗称陈老相公、陈公)庙、七里泷伍员(潮神伍子胥)庙时,船民要焚纸燃烛祭拜于江上。长干塝渡口岸边也有周宣灵王庙,1958年后庙为居委会办公场所(1997年之后拆除)。

船上话。屯溪境内的船民,原是活跃在新安江流域的九姓渔民,俗称"九姓渔船",以船为家,生活习俗与岸上居民有明显不同。中华人民共和国成立后特别是新安江水库建成后,船民大多上岸,组成"水上公社"。屯溪船民所使用的方言(船上话),与屯溪当地话也有较大的差别,如古全浊声母今读塞音塞擦音时多读送气清音,阴上不读短促调，"船"音[ɕi⁵⁵]，但因为与屯溪话长期共处，也有不少共同的特点，如分尖团音，有长元音韵母，有[n]尾型小称，等等。

船民安置。20世纪30年代，常年落户屯溪的船民有2700余人。抗日战争胜利后，船民编为屯航、屯渔、屯上3个保。1949年5月，3个保改为3个街。1952年，船民618户，2791人。1953年4月，3个船民街合并成立屯杭街人民政府。1954年5月，改为新安港人民政府。为解决船民收入普遍偏低的问题，新安港政府将阳湖五里亭一带数百亩荒山拨给船民开荒生产。1955年，船民组织生产互助组19个，由新安港政府领导。1955年年底至1956年6月，船民组织初级生产合作社7个，即先进、前进、团结、友谊、红星5个初级运输社和交通渡船社、先锋渔业社，入社船民463户，劳动力1413人（女性678人），部分船民迁出屯溪。1958年9月，7个初级社并为屯溪船民合作社。1961年10月，成立水上人民公社，与水上运输公司两块牌子合署办公，下设3个运输大队、1个副业大队。其间船民劳力工资收入逐年上升，1958年月人均工资18元，1959年增至24.71元，1961年为31.98元。1963年，水上公社有457户2707人，均城镇户口；水上运输公司职工1321人。1962年起，为解决船民就业难的问题，开始动员船民到徽州专区各县帮助水运工作或落户，其中1962年抽调劳力100人到太平县城关公社（仙源）。次年8月，徽州专署致函太平县人委，同意抽调40户（男、女劳动力80人，家属64人）长期落户太平县。1964年—1969年，船民127户628人到歙县、休宁、黟县、宁国等地落户，其中35户242人（劳动力104人）到休宁县流口、溪口公社落户（流口105人，溪口112人，其他地区25人）。1975年6月，水上公社调给市搬运公司69人（连同家属119人）。1979年，成立水上公社砂石厂，其后又办针织内衣厂、交通运输建筑队。至1979年7月累计外迁298户，留在屯溪的165户，剩余木船150艘，总吨位2725吨（可用船只108艘，总吨位2109吨），尚有劳力759人（男371人，女388人），以每船需劳力3人计，只需324人，富余400余人，另有按政策留城青年56人，退伍军人15人无法安置。皖赣铁路全线通车后，水运量骤减，船民生活来源大受影响，大多数船户靠做临工、借支度日。1985年，成立屯溪市第二搬运公司安排44人，并安排环卫工20人，养路人10余人，139位待业青年做临时工。1986年，组建屯溪航运公司，内设3个船队，有180人从事长江、富春江水上运输。1975年6月，在东杨梅山原屯溪市遣送站址建平房744平方米，解决船民上陆居住问题。1979年5月，在阳湖建2000平方米宿室，其余多居住在五里亭。1980年起，自1968年下放外地船民先后迁回屯溪。1981年5月，1964年外迁落户休宁的船民40余人上访要求回屯溪安置，经劝导于3天后返回。2002年航运公司开始改制，人员分流下岗自谋职业。

黄山市屯溪地方志编纂委员会编：《黄山市屯溪区志》（下），方志出版社2012年版。

光绪《丹徒县志》

卷二十一《纪闻》

浙江严州府建德县有九姓渔舟，其妇女名眷属，与校坊等，即前代之官妓。九姓则陈、钱、林、李、袁、孙、叶、许、何，盖陈即友谅裔。友谅率八姓与明太祖抗，久不下。及友谅平，太祖怒不息，贬九姓家属入舟居，操贱业，令岁纳丁口银二百一十八两零，又岁纳渔课银九十四两五钱五分八厘，此固明祖弊政也。雍正间御史年熙噶尔泰先后条奏，改贱为良。迨乾隆朝议准，凡山西陕西之乐户、浙江之丐户，概令除籍。盖自此无官妓，而此九姓丁口银先于雍正时摊入田地山塘，故乐丐两户除籍时，九姓之渔课未捐，因之其业未改，顾其籍实除，近百年来各船购买妇女作为眷属，名其船曰江山，以为营生。官吏亦以征其钱粮，视为官妓，而不禁止。同治间乡人戴涧邻先生檗守严州，深以维持风化为任，爰力请大吏裁免渔课，而清其源，复严禁其妇女再作娼妓，而节其流，于是九姓均为良民矣。呜呼如先生者，洵可谓良二千石也。

［清］李丙荣续纂：《丹徒县志》，民国七年刻本。

民国《丹徒县志》

卷十九《杂文》

浙江严州府建德县有九姓渔舟，其妇女与校坊等，即前代官伎。九姓则陈、钱、林、李、袁、孙、叶、许、何，盖陈即友谅裔，友谅率八姓与明太祖抗，久不下，及友谅平，太祖怒不息，贬九姓家属入舟居，操贱业，令岁纳丁口银二百十八两零，又岁纳渔课银九十四两五钱五分八厘，此固前明弊政也。雍正间迭经奏除贱籍，而九姓之渔课未捐，因之其业未改，名其船曰江山，以为营生。官吏亦以征其钱粮，视为官伎。同治间邑人戴涧邻檗守严州，以维持风化为任，力请大吏裁免渔课，以清其源，复严禁其妇女再作娼妓，以节其流，由是九姓均为良民。

张玉藻修，高觐昌纂：《丹徒县志》，民国十四年刻本。

《富春江游览志》

九姓渔船。九姓渔船系伎船，非富春江上之捕鱼船也。捕鱼者皆本地清白良民，且自来有四方积学怀奇之士，变姓名以遁隐于此者。片舟若寄，啸傲山川，聊以卒岁。不求人知，人亦莫之知也。十年前曾见一老渔翁写赊鱼账，书法极佳，殆此中人欤。唐张祐题《七里濑渔家》云："七里垂钓叟，还傍钓台居。莫恨无名姓，严陵不卖鱼。"清王贻上《咏桐江渔父》诗："孤舟冒雨归，箬笠斜覆首。深树有人家，得鱼将换酒。"其生活清闲如此。

九姓渔船，今名"交白船"。九姓即孙、陈、叶、许、钱、项、卢、赵、朱等。相传当元主宰割中华，此九姓助虐压迫汉人，为明太祖所罚，使世代操此贱业。常泊严子滩头，故名严州九姓渔船。船上蓄雏鬓一二人或三四人，装束入时，齿牙伶俐，习琵琶、胡琴并歌曲。客至，则与交谈，或清歌一曲以娱之，不及于乱。故曰"交白船"，女子则曰"交白主"。或作"招牌主"，实误。九姓互通婚媾，因九姓外之人耻与联姻也。船上娱客之"交白主"，皆本船女儿或媳妇，后亦收养异姓孤女。闻昔时所唱，皆朱熹《水调歌头》、苏轼《满江红》、方有开《点绛唇》等山光水色名世之作，惜予已不及见。今所唱者，《朱砂志》《李陵碑》《莲英惊梦》等京调及《无锡景》《四季想郎》等小曲，投俗好也。至生活向来如此，抑系后之转变，无从考证。王佃《桐江棹歌》云："娇小吴娃拢鬓年，轻衫窄袖舵楼边。抢风打桨生来惯，侬是严州九姓船。"似雏鬟最初亦惯抢风打桨，非如今弱不禁风、吹弹得破也。船形类大开艄，而尾特翘。篷腰设窗幔，似筠帘。门涂朱碧，舱设客座。房拢几席之属，布置精洁。酬客分茶围、酒筵、饭筵三种：茶围只给小账一元至二元；置酒每席十元至十六元，另给小账；置饭每席十六元至二十四元，另给小账。若征别船之交白主侑酒，每人给局费一元至二元。酒饭茶围之收入，悉归船主。酒阑雀战，可指名为某交白主抽头。船既泊严子陵滩头，名士才人听清歌一曲，打动诗兴，必多投赠。惜此辈不知世袭，客去即付诸东流。予百般搜罗，仅于韵梅（交白主名）船上得杨文莹楹联一副："如此江山好烟景，好好好，好亦雅游人，来桃叶渡边，杏花村里；凭他云水忆萧郎，忆忆忆，忆只仙家侣，有青莲台古，弄玉楼高。"写作俱佳，名人手笔，果不凡。此等船在清时有使臣、委员等过境，须备船迎送者，专以此供差。入民国，差使已无，但按月征警捐、育婴堂捐。革命时何应钦东下，尚以伎船迎接。迨军事底定，党政当局为废娼潮流冲动，屡加驱逐，遂致漂泊无定，生活日见困难。近在明珠船见明珠词长歌一首，系近人所作，描写革命后伎船生活，回肠荡气，不忍卒读。明珠船盖当日之欢迎何应钦者。其词曰："侘傺归来愁怨多，桐庐江上偶听歌。三十秋娘本素识，弹罢琵琶长太息。忆昔含睇垂鬟年，歌喉初试入管弦。娇声缭绕桐江涘，心境清如严滩水。阿母牵之习迎送，日致缠头不解情。十五盈盈情脉脉，涉江忽遇撷花客。一夜狂风吹绉眉，美人从此解弄姿。追逐浪花愁无限，对客能为青白眼。渔船歌板配红牙，冷落严陵卖酒家。生女不是赔钱货，钓鱼台下芳名播，一家醉饱暖绮罗，阿母何曾费甚么。财星高照客星吉，美人自有留髡术。停歌一笑百媚生，江上忽闻兵镝惊。官来捉船身战栗，押向上游迎渠帅。将军偏不解温柔，跃马弃舟向下流。江左名城垂手得，国旗一律改颜色。同志都知尊女权，新官有令逐伎船。普天之下皆王土，燕乱莺啼避何处。姊妹几人上陆栖，贬损胭脂堕污污。西望严陵泪偷落，闻撩管弦强笑乐。缠头不足致铅黄，背人咽泣典衣裳。韵华渐逐流光去，美人鉴镜感迟暮。阿母潜教觅归艭，朦胧月色上桐江。管弦轻按板轻拍，旧人惊赏尽头白。但人肯为诉之官，九姓渔船生计难。官亦悯伎官首肯，默许渔船泊近境。为君置酒当尽欢，渔歌依旧发严滩。诗人别有伤心处，一曲未完泪如雨。"但伎船终被公安局驱除。富春江上，失此点缀，实大煞风景事。

周天放、叶浅予著：《富春江游览志》，时代图书公司1934年版。

《浙江新志》

渔户。九姓渔户为陈、钱、林、李、袁、孙、叶、许、何九姓，相传陈友谅明初抗师，其子孙九姓，贬入舟居，不得有尺寸之土，因以渔为生，后兼业船。迄清代通令解放，有陆居务农者。

分布区域,渔户依水为生,故沿钱塘江上下游,如杭县、绍兴、桐庐、建德、兰溪、衢县、江山各县,皆有其踪迹,尤以桐庐、建德为最多,在昔船只有二千余号,至清季尚有一千余号,近则甚少,加以前清同治间,免收渔课,饬即改良职业,入民国后,浙江省政府又通令改良职业,并由兰溪等县严加取缔。

风俗。(衣)男子衣服多与普通人民同,女子广裙长袖,内衣绸缎,外罩布衫,近多改着时装矣。(食)饮食与平民同,惟善制一种风肉,他处所无。(住)前皆以船为家,近则多在陆赁屋或购屋居住。(岁时)元宵节自十三日起至十八日止,于船头高扎竹竿,悬灯结彩,竞为美观。七月七日之乞巧节,小儿辈于船头穿针斗巧,露坐深宵,江天水色,较之陆上小儿更饶风趣矣。(结婚)明初以来,九姓只能相互结婚,入民国弛禁后,始渐有与平民通婚者,其船户自相联姻,则水上仪节诸多从简,嫁娶时合二家船于一处,新妇端坐于大盆中,由女船舁至男船,便成佳礼。(丧葬)仪节较平民为简易,然各种规模略备,严州建有九姓渔户合祠,船民祭祖时常公祭焉。(职业)除为打鱼载客运货之外,其船兼为卖淫之窟俗,称为茭白船是也。船户之亲女或养女,多为妓者,商贾士人趋之若鹜,其收入较正业为特丰。(迷信)船户最畏雷神与潮神,六月雷盛时,妪妇多茹素,除酒船头常焚香燃烛以祀雷神,六月二十四日晚,船妓必至杭州吴山雷神殿,膜拜祝祷,盖以惧其水上生涯。必有亵渎神明之处。八月十八日为潮神生日,船又必拈香于伍员之庙,以祈呵护焉。

姜卿云:《浙江新志》,杭州正中书局民国二十五年版。

《梅城镇志》

九姓渔民。本为汉族,据民国建德县志记载:"九姓者,即陈、钱、林、袁、孙、叶、许、李、何是也。"前志称其世居建德江,以捕鱼为业,居民不与为婚。先为陈友谅部将,明祖(朱元璋)即位,贬为渔户,逊清入关,沿明旧制。世代以船为家。另据旧县志记载,全县共有渔民615人,每年征收税银218两。此外,在清同治五年(1866)以前,还要另征渔课银94.558两。严州知府戴槃(丹徒人)到任后,同情九姓渔民,"为之请于督抚诸宪,将九姓渔户课钞永远裁革","并准改贱为良","耕读工贾,应悉从其便,如有势豪土棍借端欺压讹诈者,严行查禁惩治",于同治五年十二月,在严州府衙(今冶金经济专科学校)内,立了一块《裁严郡九姓渔课并令改贱为良记》的石碑("文化大革命"中被毁,现尚有残缺碑文存文化馆)。中华人民共和国成立后,人民政府执行党的民族平等政策,汉族和各少数民族紧密团结,和睦相处,共同为建设祖国辛勤劳动,社会地位完全一致。九姓渔民部分从事航运、渔业,部分转入各条战线,绝大部分上岸定居,历史上留下的鸿沟,已经填没。

小学教育。1959年,建德县航运公社为了解决职工流动性大,子弟入学困难,创办了一所有食宿设备的航运子弟小学于原洁斋小学校址,学生入学最高曾达三百余人。

婚嫁。旧时梅城的九姓渔民不与岸上人通婚。渔民婚嫁，礼俗简朴，迎娶之日，两船合拢，新娘端坐木盆中，由其叔父、兄弟抬至男方船上，就算成婚。中华人民共和国成立后，渔民受到了党和人民政府的关怀，其婚嫁习俗随之而移易，船家、岸上没有区别。

浙江省建德县梅城镇人民政府编：《梅城镇志》，1985年版。

《兰溪城关镇志》

渔民。据老年渔民反映，本镇的江河捕鱼始于清代中后期。太平天国后，淳安茶园（现并入建德）、桐庐窄溪对面下江嘴头村一带，有陈姓、许姓渔民沿新安江、富春江、兰江捕鱼。以后又来了钱姓渔民。他们居无定所，日捕夜宿，有时就停泊在兰江各码头。由于兰江鱼类较多，渔民收入尚可。后来有部分渔民定居下来，自此本镇有了专业渔民。本镇渔民主要以捕捞为业，偶尔也经营客运。但一般渔户船小，生活没有保障。

旧兰城"三害"。本镇位于兰江、衢江、金华江三江汇合之滨，远在唐朝就是"万里之舶，五方之贾"的集散地，市况繁荣，商贾云集。富商行商骄奢淫逸，嫖赌吸毒之风，泛滥成灾，影响社会风尚，其害非浅。

花舫，又名"茭白船""靠泊船"，是一种高级妓院。据《浙江通志》载："戴槃《九姓渔船考》建德县有九姓渔船，不知所自始。相传陈友谅明初抗师，其子孙九族，贬入舟居，以渔为生，改而业船。原编伏、仁、义、礼、智、信、捕七字号，大小船只二千零三十一号。道光、咸丰年间，尚有船一千数百只。其船有头亭、茭白两种，其家属随船，皆习丝弦大小曲，以侑觞荐寝……兵燹之后，茭白船只稀少。"《射鹰诗话》："茭白船户九姓，不齿于氓。九姓皆桐庐、严州人。世传陈友谅既败，其将九人逃至睦杭间，其裔今为九族船也。"九姓据考为陈、钱、李、孙、许、袁、叶、何。茭白船沿钱塘江，上至龙游、衢州，下达严东关、杭州（杭州叫"花牌楼"）均有之，唯兰溪特多。民国初期，三伏炎夏，花舫备有小艇，晚上载游客荡漾兰江纳凉。从西门城下江边逆水上行，到兰荫山麓之横山潭，而后缓缓荡漾而回。艇内备有酒肴、水果，船娘陪客侑酒，弹丝弦、唱小曲，宛如秦淮河畔。邻县均无，唯兰溪独有。

兰溪茭白船大小不一，一般长30米，船头船尾皆有遮篷，船尾特高。常年固定一处停泊，不行驶。实验县时期（1934）规定集中停泊在城下西门溪边至南门溪下棺材弄一带（距水门码头200米处），普通民船一律不准撑入停泊。民国十八年（1929）时统计，有陈水南等妓船49艘。船内陈设华丽，可摆丰盛酒筵，船娘擅丝弦歌唱。每到华灯初上，船内灯火辉煌，歌声、笑声、雀牌声，萦萦在耳。船头灯上写有主要妓女名字作招牌，故俗称船娘为"招牌主"。嫖客多为富商和"水客"（外来采办大批货物的行商），他们利用侑酒、打牌时洽谈生意。自浙赣铁路建成，兰溪批发行商逐渐转向金华，再加实验县时期政府限禁，茭白船随抗日战火而衰落绝迹。

花茶店。兰溪人叫"茶馆"为"茶店"，沿江城上旧称"城弄"。从南门至张家码头、花茶店毗连。与城区正当茶店不同，店中雇有茶娘二三个陪客，故名"花茶店"。茶娘称为"茶馆婆""女堂倌"。她们以泡茶为业,也有卖淫者。茶娘多因在农村无法生活,辗转流入城市,间或有夫妻不睦在家受虐待而外逃者。来茶店喝茶者多为寻欢作乐,调情消遣。顾客进内入座,茶娘即泡上茶来。有龙井、雪蕊、雨前等几种。泡茶后随即捧出瓜子供客,每盆数十粒,按盆计价,茶钱虽不高,但瓜子所费却不少。淳朴者不敢从城弄经过,怕强被拉入,难以脱身。据兰溪实验县《商业概况》载,兰溪茶馆,素负盛名,全县城乡共159家,占全县商店总数的9%。以其对社会风化、治安影响甚大,政府曾明令取缔,并办平民习艺所予以收容,授以各种技能,使她们离所后自力谋生。中华人民共和国成立后即加以取缔。

旧兰城小街僻巷有几家花酒店,雇女招待侑酒陪客,其性质与花茶店相仿。

朱永林主编:《兰溪城关镇志》,浙江人民出版社1987年版。

《华埠镇志》

严州话亦叫船上话。明代严州渔民溯流而上至华埠,见山水秀丽遂定居于此。据民国八年《建德县志》云:"此种渔户,皆亡国大夫遗种。宋末都杭朝士,爱严陵山水,避世于此。其不舍舟就陆者,犹是薇蕨首阳,以明不践土、不食毛,甘为水居,不愿登陆,以示不忘旧君之意,因专以捕鱼度活,两桨一舟,自成眷属,浅酌低唱以外,别无他长。俗称九姓渔民,亦交白船。言止能助人清谈而已。"这些人讲的严州话,亦为华埠主要方言之一。

华埠镇志编纂小组编:《华埠镇志》,浙江人民出版社2003年版。

《清湖镇志》

花船,俗称菱白船,有美女陪酒,瓜果香茗,歌舞弹唱,彻夜灯明,陆上街坊,妓院多至十余家。猜拳行令,通宵达旦,烟花醉酒,蛊惑人心。

四月八。过去清湖人也较重视,旧县志载:"四月八日作青精饭。船户祀周孝子,近时诸礼之家多以是日陈经拜之。"按《本草纲目》云:"采南烛枝叶,捣汁浸米,蒸饭曝干,坚而碧,久服益颜延寿。道家谓之青精饭。"青精饭,俗称乌饭。此日,清湖镇上有乌饭出售,说是此饭用乌饭树叶捣汁制成。今已无人制卖。

《如此江山·江山船》(清·姚燮)鱼天眷属凫鸥约,一篷翠娇红软。处处为家,年年送客,夜夜玉樽银琯。钱塘月暖。更瀫渚烟明,桐江风缓。悄卷青帘,眉山隔镜儿痕断。

无聊诗梦催醒,画笺纤羽绿,屏隙双畴。守舵呼娘,补帆倩妹,学就杨花娇懒。泥灯歌婉。又移得愁侬,怀乡心转。萍水相思,暮潮流共远。

清湖镇志编纂委员会编:《清湖镇志》,天马图书有限公司2003年版。

《桐庐镇志》

渔民婚俗简介。迎娶时，男方渔船泊于上首，女方船泊下首，取"新娘嫁上不嫁下"之义。两船平列时，须留有距离，不得碰撞，其时男方由一健壮长者，探身将新娘抱过船来，随即将渔船驶至停泊地，拜天地，行婚礼，然后步经以袋铺成的舱面进入洞房，图"代代相传，一代高一代"之吉利。婚宴酬宾只办酒筵一席。孙姓渔民婚俗略异，接新娘时，是将其背上岸后再背入男方渔船。

渔业习俗。渔民每年于正月初三起开始捕鱼，先以香烛祀神，放爆竹，尔后开船。每次捕鱼行进中要噤声悄行，男张网、女划船，不得言谈，更忌与外人相互打招呼。渔民间对捕鱼地点、捕获量及经验秘而不谈，亦忌探问。禁忌外人登舱看鱼货。网具以麻丝织成，并分别以柿漆或桐油髹漆，髹大网时必至较高山麓进行，并不断念"千斤，万斤，千斤，万斤！"以图吉利。修理渔船，必将船头朝向上游；平时忌女性跨踏船头，以免亵渎"船头菩萨"。渔船平时载客，上行途中不捎搭女性，下行不搭男性，有"上不搭婆娘，下不搭和尚"之谚。捕蟹以糯谷为饵（现改用大网），捕量多时忌说"嘎许多"。每年捕获第一条鲥鱼必送县官老爷尝新，祭祀"芦茨菩萨"亦必备鲥鱼。每年腊月二十四日至次年正月半，禁向他人提供火种，否则要"走漏财气"，捕鱼不利。用膳筷子不得搁于碗上，因"搁起"寓意搁浅，为行船大忌。中华人民共和国成立后，封建迷信习俗已渐废，某些禁忌尚存。

旧时恶习，卖淫嫖娼。旧时淫风甚炽，有称"茭白船"者，系高级妓船，常泊于当店弄口或姚家弄口江边，船体宽敞，置有精致卧室和宴饮处，船头悬灯，书以主要妓女名字以招来嫖客，称"招牌主"；船尾特高，头尾均有遮篷。入夜，船内灯火辉煌，丝弦伴歌，笑语不绝，妓女则侑觞荐寝，不堪入目。逢使臣、委员过境，亦差遣之予以迎送。此外，暗娼活动频繁，嫖客与之至旅室奸宿，谓"包房间"。一批贫困女子被诱迫而沦为娼妓，并导致性病流行，风气靡烂。民国十六年（1927），北伐胜利后，"茭白船"已被取缔禁绝，而暗娼仍禁而不止。三十五年7月10日，《桐庐民报》揭露："芦茨戏"期间，大群娼妓麇集城区，东门惠宾、迎宾、华兴、桐江等旅社为彼等奸宿之所，甚至诱惑良家妇女与女佣供人奸宿，从中渔利。

桐庐镇志编纂委员会编：《桐庐镇志》，1994年版。

《富阳镇志》

渔业生产。境内历来无人工养鱼习惯，全凭渔民分散捕捞江鱼。民国二十年（1931）《浙江经济纪略·富阳经济概况》中记述："各户皆撑小船，是为九姓渔船，自严东关而下，各埠皆有停泊。在县界者九十余户，船以百数计，有一户两船乃至三船者，谓之子母船。捕得之鱼，随地出卖。"清光绪《富阳县志》载："渔人江上船为家，篷窗卷曲如蜗爬。终年辛苦磋生涯，每将生命换鱼虾。渔独何辜多官累，风波历尽荒江湍。最是三冬历霜雪,鱼虾常带指头血。"可见渔民的生产、生活之艰难困苦。

菱白船。明清时期,常有菱白船载船妓停泊在城西放马沙、城东馆驿里江畔。船形类似大开艄船而尾特高,舱内设客座,可摆酒席。客至,由船妓唱曲侑酒。一班豪绅富商、纨绔子弟,趋之若鹜。北伐时国民革命军底定杭州以后,菱白船被取缔。

富阳镇志编纂室:《富阳镇志》,汉语大词典出版社1994年版。

《浙江风俗简志》

九姓渔户,即指陈、钱、林、袁、孙、叶、许、李、何九姓,原编伏、仁、义、礼、智、信、捕七个字号。清朝道光、咸丰年间,尚有船一千多只。其职业除货运、捕鱼外,家属皆随船卖唱。清同治五年,严州知府戴槃看到这一败坏风俗的宿弊,呈报上司批准,"裁九姓渔课,准令他们改贱为良"。每家每户发了准予改贱为良的"执照"。民国后,也曾三令五申,方才逐渐绝迹。对他们的来历,一向有几种说法,一种认为他们的祖先是陈友谅的部属,明初抗师,后来朱元璋做了皇帝,把他们贬为渔户贱民,不准上岸,不能与平民通婚,不准读书应试,上岸不准穿鞋,官家有事,还要应召服役。此说较为普遍,亦有文字记载可稽考;一种认为是南宋亡国大夫,因爱严陵山水,带着眷属避世而来,捕鱼为生,一舟双桨,不与当地居民互通婚姻,以明不践元土之意。因他们都是世代望族后裔,平日娇生惯养,故谋生乏术,只好靠卖唱度日,年长日久,变卖唱为卖身。

九姓渔户是被人们所歧视的贱民,他们的文化水平较低,生活较苦,加以很少与陆居人们接触,故在风俗习惯上有自己的特色。

饮食。以米为主食,很少吃面。善制风肉。烧鱼喜用水氽,很少用油。

衣着。男人多穿蓝布粗衣,着短衫长裤,大襟,纽扣在右。妇女则广裙长袖,内衣绸缎,外罩布衫。在船上,男女多打赤脚,男子拉纤时穿草鞋,冬天则穿笋壳草鞋。改贱为良前,上街进城不准穿鞋。

住宿。以前多以船为家,清同治五年后,逐渐有上岸居住者。用具简单,无桌凳,很少有大型器皿。

婚嫁。明初以来,九姓渔户只能在九姓之内相互通婚,结婚仪式也较简单,嫁娶时由男家船接近女家船,保持三尺距离,新娘端坐木盆中,由女家船浮至男家船,便成婚礼。清同治以后,婚礼逐渐复杂,有以下婚俗。

婚姻由双方家长包办。订婚时,除讲明聘金外,还要送"十六盘"或"二十四盘",困难户也要送"八盘"。十六盘的东西主要有猪肉、鲜鱼、山粉、索面、馒头、布匹、全鸡(四盘)、猪蹄(四盘)、银元(二盘)等等。订婚后,男方每年要向女方送三节(即逢端午、中秋、春节送礼品)。

结婚前三天,男方要送二担柴、二担炭,以及酒肉给女方,以便准备嫁女之用。前一天,男方要请很多帮忙人,人数要逢双,一部分到女方,一部分在自己船上,还要请一对利市人(指父母双全、夫妻和睦、经济较好、有子有女的人),一男一女,女的到新娘船上服务，男的在自家船上。傍晚，开始送嫁妆，男女双方船只，并排停泊，中铺跳板，女利市人站在女方船头，手拿钩秤，帮忙人送一件嫁妆，女利市人喊一句："称一斤"，男利市人站在男家船头上，马上接应喊："长千金"，男船上的人就把嫁妆传来接到新房里，送一件，女方喊一句，男方接一句，声音洪亮，调子优美，喊的利市话有规定。嫁妆很简单，一般有子孙桶（马桶）、大小脚盆、红漆托盘，以及衣服、箱子之类。送妆结束，女方请男方的帮忙人吃晚饭。

结婚前一天晚上，新娘在自己家进行"谢礼"活动，整个船上，挂灯结彩，红烛高烧，两面开锣（大铜锣），男女船上各挂一面，齐声敲打十三下，整夜不息，新娘则对所有亲戚、父母、兄弟姐妹等等，边哭边拜，拜后每人都要拿出一个红纸包给新娘，称为"谢礼"。新娘哭时，母亲、姐妹等女眷都要陪着哭。新娘将要起身，岳母要教训女婿：不要欺侮她的女儿，夫妻双双要和睦。新郎听到岳母的话，要用很快的动作，从自己船上走到新娘船上，对着岳母的面，双膝下跪，口讲："听岳母吩咐，一定记住！"讲毕，就站起逃回自己船上，否则，要被女方亲戚朋友抓住，罚香烟、糖果。然后，由利市人为新娘梳头、绞面，参拜祖宗父母，接着坐在竹团筛中等候。起身前，要吃"离娘饭"，由利市人喂吃，喂一口，讲一句利市话。

男方接亲船，称为"轿船"，与女方船并排，但二船要相距一米，不得靠拢，否则认为不吉利。抛新娘的人站在女方船上，这个人要身强力壮，又要利市，他身穿新衣，腋下捆着阔带（带子由两个帮忙人拉牢，以作保险），一脚顶住船沿，一脚在后，作马步势。新娘吃好"离娘饭"，女船利市人即打招呼，喊："千金小姐送上来。"男船利市人接喊："皇孙公子站起来，珍珠凉伞撑起来。"在喊的同时，女方要放火炮三个，第一个叫"招呼炮"，第二个叫"动手炮"，第三个叫"结束炮"。男方这边也放两个火炮，一个叫"进门炮"，一个叫"胜利炮"。女船放第二个炮时，抛新娘的人动作敏捷地拖住新娘，一手托在背部，一手托在臀部，用力向男方船上抛去，男船接新娘的人马上拖住，让新娘站在船头铺着的袋子上，这时站在篙边的人马上就拔起竹篙，将船撑起打三个圈，向上游开去。

新郎、新娘站在船头，由两位姑娘手持点燃的蜡烛，站在两边陪着新人，帮忙人拿出准备好的百果盒，内放红枣、花生、桂圆、莲子、炒榧、松子等，摆在船头，点起香，对天膜拜，然后，男前女后，走到床前，对长辈进行跪拜，叫"分大小"，受拜的人都要拿出红纸包，作为见面礼。拜毕，两船又撑到一起，叫"并彩"。二船搭好跳板，来来往往。男方拿出肉圆酒，请双方亲戚及帮忙人吃。

入洞房时，新娘从船尾出阁，新郎要爬上船篷背，爬至船尾下来进船舱，才算入了洞房。结婚第一夜，大家闹洞房，好事者暗取新房里的东西，新郎、新娘不但要用红鸡蛋、香烟、糖果去索取，还要被人笑话。

三朝。新人双双到娘家拜见岳父母，叫"回门"，由岳父摆酒请新女婿。新郎去时要带一些红纸包，由小辈来见，都要分送一个红纸包。

生育。小儿出生前，外婆家要准备衣服鞋帽、抱裙之类去催生。催生时，担子要一头放在床上，一头放在船板上，意思是一上一下，祝愿"快生"。送去的鸡蛋，不能烧熟，取去"好生"。碰到难产，就要请一个人站在船篷上，手拿二根竹竿，在船篷上乱打；另一个人在船头上播茶叶米。传说凡生育时都有鬼来，一打船篷，鬼就会逃走；一播茶叶米，投胎的小孩也就会出来了。生育后，亲戚朋友送红糖、鸡蛋等礼物。

小儿取名，一是以地取名，即船到了哪里就冠以哪里的地名，如桐庐狗、马目佬、洋溪囡；一是以十二生肖取名，如老鼠、狗儿；有的以水产取名，如虾儿、买鱼等。

丧葬。人死之后，移入船头，盖上烧纸，约搁半天即放入棺内。过一天，让亲人再见一面，就封棺。封棺时，一家大小持香哭泣相送。经济条件较好的做一夜道场，困难的就烧点纸、锡箔之类的东西后，抬到山上埋葬。

节日。春节前一天，要贴周宣灵王像，挂"长生纸"（用红纸剪成，很长）、"元宝"、各处贴上红纸，以示吉利。把船撑到离码头较远的南峰塔下，排成扇子形，与岸上人隔离开过春节。年三十晚上供三牲，还年福时，凡妇女、小孩都要回避，不准讲话，为防止咳嗽，各人倒一杯水，不时喝一口。还年福毕，对天及在周宣灵前烧纸，然后才吃年饭。饭后给小孩分压岁钱。盛过荤菜的碗，都要洗得干干净净，准备第二天用。年初一妇女休息，由男的烧饭，不扫地，不切菜。早上吃年糕或面，中午吃素饭，晚上开荤。三四天后要去祖坟烧纸，叫上"新年坟"。从初一至元宵，每天早晚两次在周宣灵王像前点香烧纸。

元宵日。船头用红纸扎竹竿，悬灯结彩，晚上仍和还年福一样，供酒、饭、豆腐、一刀肉、一只鸡、一条鱼、一双筷、一把刀，点香烧纸后，大家团坐吃还福肉，叫"过小年"。

端午日，小孩子穿新衣，全家喝雄黄酒，吃大蒜、鸭蛋，吃一个鸭蛋要烧三根灯草火（用灯草火烧皮肤），有的害怕烧灯草火，只好不吃鸭蛋。

信仰。每只船都供有周宣灵王像，认为周宣灵王是司风雨之神，保护撑船人的。每月六月二十四日拜雷神。八月十八拜潮神。开船时在船上烧纸，沿途有庙也要烧纸。

禁忌。认为赶条鱼为棺材杠，鳗鱼为棺材索，忌食。鱼从岸边跳舱，忌食，应放生。鱼从江心跳舱，可食。妇女不准去船头。外人脚不洗净不得去船头。开船时不准讲话，更不准问到哪里去和什么时候到等类话。（肖瑟 程秉荣）

浙江民俗学会编：《浙江风俗简志》，浙江人民出版社1986年版。

《兰溪风俗志》

旧时富商淫逸，奢侈挥霍，影响社会风气，嫖妓、吸毒、赌博泛滥成灾。染此习者小则夫妻反目，家庭不宁，大则作奸犯科，家破人亡，时称"三害"。

嫖妓。妇女贫穷沦为娼妓，旧社会各地皆然，惟兰溪之"茭白船""花茶店"为外地少有。

茭白船，花舫之一种。据《浙江通志稿》云：戴槃《九姓渔船考》，建德县有九姓渔船，不知所自始。相传陈友谅明初抗师，其子孙九族，贬入舟居，以渔为生，改而业船。原编伏、仁、义、礼、智、信、捕七字号，大小船只二千三十一号。道光、咸丰年间，尚存船一千数百只。其船有头亭、茭白两种。其家属随船，皆习丝弦大小曲，以侑觞荐寝。船有同年嫂、同年妹之称。其实嫂、妹皆雇觅桐庐、严州人为之，世人误桐严为同年，故有此称。船只名为江山，实非江山船也。……兵燹之后，茭白船只减少。《射鹰楼诗话》茭白船即江山船，船户九姓，不齿编氓。九姓皆桐庐严州人，世传陈友谅既败，其将九人逃至睦杭间，其裔为九姓船也。

兰溪茭白船长约三十公尺，船尾特高，常年固定一处停泊，不行驶。或说应名"靠泊船""高白船"。是高级妓院，船内陈设华丽，能办丰盛酒席，妓女都擅吹拉弹唱。船头灯上写有主要妓女名字作招牌，此妓女就叫"招牌主"。嫖客多是富商和"水客"（外来采购大批商品的行商），在妓女弹唱侑酒中洽谈生意。亦叫"江山船"，俗说"江山九姓美人麻"之说，意思是江山船上美人像麻一样多而贱。九姓据考为陈、钱、林、李、孙、许、袁、叶、何。茭白船沿钱塘江上至衢州、龙游，下至严东关、杭州（杭州叫"花牌楼"）都有，但以兰溪最多，最盛时沿江停泊，比比皆是。自浙赣铁路建成，兰溪批发行商逐渐移向金华，茭白船随之衰落，于抗日战争期间绝迹。

花茶店，集中于沿江城沿，逐户皆是，俗叫"城弄"，店中雇有女招待陪客。顾客多为平民，"醉翁之意不在酒"，来此调笑消遣。顾客就坐，即捧出瓜子供客，每盆数粒，甚至空盆成叠捧出，按盆计价，故茶钱虽不高，而瓜子所费不少。女招待俗称"茶馆婆"，亦卖淫。倘从城弄经过，必被强拉入内，无法脱身。淳朴者视为畏途。乡村集镇花茶店较少。民国时曾登记取缔，设济良所收容，形式而已，至中华人民共和国成立后才彻底禁绝。

花酒店，雇女招待侑酒陪客，介于茭白船与花茶店之间，为数不多。

暗娼俗叫"私门头"，旧时多居住于铁领背、桃花坞。

兰溪县县志编纂办公室、兰溪县文化馆编：《兰溪风俗志》，1981年版。

《衢州风俗简志》

嫖妓。嫖的风气，旧日盛于城内。因为地主、资本家、公务人员、自由职业者和驻地军警都集中于城内，尤其是公娼，除水上花船外，城内也有，总之，昔时嫖的行为，在城内是公开的。

嫖的形式，五花八门，只能就其有普遍性的，说个梗概。

公娼。中华人民共和国成立前，西外门德坪坝下设有浮桥，横跨衢江，为城乡交通要道之一。浮桥两旁，帆樯云集，大部分是等待装卸货物，临时停泊的船只，其中另有十来艘非货船，停泊在固定地点，不轻易移动的，这就是当时闻名遐迩的花船，衢州人呼为"高牌船"。每船上有花枝招展的妓女七八人不等。管事的有一鸨母（俗称"老王婆"），全船事务，由其管辖。白天妓女们散坐在船头船尾，挤眉弄眼招揽过路行人。晚间则入舱陪客。

顾客有各种人等，大致可分为三类：

（1）临时前来住宿或取乐的。其中有小店员、公务员、官兵、游民无赖等等。住宿无定价，全凭鸨母和妓女的手腕来决定，少则三五元，多则一二十元不等。取乐的人还要点戏、喝茶或玩笑一番，付二三元而去。

（2）纨绔子弟前来，则挥霍无度，他们的主要活动是置设酒席，宴客作乐，一席酒菜最低是五元，多则十余元，席中有四菜或八大样，厨师经过特别挑选，他对煮、炸、烹、调，样样精心制作，每样菜都能获得顾客欢心，尤其是清炖鸽蛋，烹技更为高人一等。

有的顾客不待席终，可以随意到有熟人、熟妓或别的船上入席，席上每个嫖客有一个妓女在旁作陪。酒酣耳热时，点戏听唱。本船人手不够时，可以调用其他船上的人。席终，接着"打麻雀"（推骨牌）。从吃喝、陪伴、唱戏到打牌，每一活动，都得花钱。这一切所费不赀，都由鸨母收取，直至夜深人静，才分别散去。

离船时，鸨母和妓女，施展一些手腕，把某些"值得"留住的人留下"住宿"。

（3）地主资本家"包月"。一年中，重要"时节"前后，总有些地主资本家来船上指名（妓女名）包月的。包月，是指"放门帐"（睡觉），定时一个月，遇到生意兴隆，一般不能容纳大多顾客，可借用他船。一次包月，定价最低的是五十元，这还不是主要收入，因顾客在包月期间，时常宴请"良朋好友"，妓女则在枕上向顾客索取衣服首饰钱。一月开支可达数百元或更多一些。鸨母因收入是可靠的，故对包月的嫖客十分欢迎。

九姓渔民。元朝中期的元幼主阿速八吉即位，苛征暴敛，使人民难于忍受，群民四起，揭竿起义。有陈友谅者，沔阳人（即今陕西沔阳县），捕鱼为业，愤于元政之虐，因集众渔民群起反元。当初编属徐寿辉部下，后来陈友谅势力扩大，并徐寿辉军队南下浙赣两地，自行称帝，国号汉，后被朱元璋部队所袭，乱箭身亡。

明朝开国，友谅亲信中有九人，不投明，不种明朝地，不住明朝土，而愿长期住在水面上，漂泊于严子陵前，富春江中，及严州到衢州一带江面上，以捕鱼为业。沿至清朝，仍不准参加科举考试，不准上岸定居，不准穿长布衫，不准和岸上的人通婚。

最近查考，仅存钱、许、陈、王、孙、傅六姓了。而以钱、许两姓人丁最旺。

现在，六姓渔民都参加了衢州市渔业工会，以前所受的一切禁款桎梏，也早已全部废除了。

严家圩村是一个比较典型的集居地。这个村庄位于常山江与江山江汇合处的三角地带，明朝时还是一片淤积沙滩。最初是九姓渔民陈姓住到此地，他们白天在江上捕鱼、捉虾，晚上就在沙淤上栖息，晾晒鱼虾。平时与外地人不接触，后来被城市商家雇去运货，每逢年关，往往忙得回不了家。生活稍安定以后，就开始在这里种庄稼、盖房子，一些工匠也逐渐被招亲在此。因此，这个村的姓很复杂，至今已有五六十姓之多。他们的职业也随着时间的推移，从单一的渔业生产，发展到今天以农业生产为主，兼营手工艺和商业等各行业生产了，特别是橘子生产的发展，原来的沙滩已变成橘子洲了。现在，通过城市建设规划，将改成一座美丽的城中花园。至于相沿的风俗习惯也早已不复存在了。

中共衢州市委宣传部、衢州市文化馆编：《衢州风俗简志》，1984年版。

《金华市风俗简志》

旧时金华有嫖妓之陋习。自浙赣铁路建成后，大量批发商渐移金华，兰溪的花舫也随之而来。嫖客多是富商和"水客"(即批发行商),他们在花舫上于妓女弹唱劝酒之中洽谈生意。此种花舫相传始于明代,是陈友谅部下的后裔,被朱元璋贬到船上,不准上岸,称为"九姓渔户"。后来,花舫渐衰,抗战时绝迹。

祝根山主编:《金华市风俗简志》,1984年版。

《金华地方风俗志》

嫖妓。旧时嫖妓以兰溪为盛,除土娼外,主要有花舫和花茶店。花舫长约三十公尺,常年固定一处停泊,俗称"靠泊船",龙游称为"菱白船",船尾特高,是高级妓院。其陈设华丽,能办丰盛酒席,妓女都擅长吹拉弹唱,船头灯上写有主要妓女的名字作为招牌,俗称"招牌主"。嫖客多是富商和"水客"(即批发行商),他们在妓女弹唱劝酒中洽谈生意。此种花舫据传始于明代,是陈友谅部下的后裔,被朱元璋贬到船上,不准上岸,称为"九姓渔户"。花舫又叫"江山船",俗谚有"江山九姓美人麻"之说,意即江山船上的美人如麻一样既多又贱。此种花舫沿钱塘江上至衢州、龙游,下至杭州(其称为"花牌楼")都有,以兰溪最多,最盛时有四五十艘。自浙赣铁路建成后,批发行商渐移金华,花舫渐衰,抗战时绝迹。

九姓渔民。旧时衢州一带,有一个特殊的社会共(群)体"九姓渔民",以捕鱼为业。他们社会地位低下,清朝、民国两代世俗不准他们考举,不准穿长衫,不准上岸定居,不准和岸上人通婚。据传,他们是陈友谅部下的后裔。元朝,有陈友谅,以捕鱼为业,集众渔民起兵反抗元朝,初编于徐寿辉部下。后并了徐寿辉,南下于浙赣两路称帝,国号汉。后被朱元璋所灭,陈友谅被乱箭射于阵中。明朝立,陈友谅亲信九人,不投明,不种明地,不居明土,住在水面上,打鱼为生,漂泊于严州至衢州一带为溪江人,后来逐(渐)成了特殊的"九姓渔兵(民)"。最近查考,尚存钱、许、陈、王、孙、傅六姓,以钱、许最兴,如今傅姓集住于衢州市的黄坑,自成村落。所有人都十分好客,从门口经过必以茶、点心、饭招待,男客由男主人陪,女客则由女主人陪,家中有酒时,必殷勤相劝,至醉方休。所传是否真实,待考。

章寿松主编:《金华地方风俗志》,1984年版。

《龙游风俗志》

嫖妓——菱白船。旧时虽无公开的妓院,但半公开和秘密的暗娼仍不少。如城里有"花茶店",有女招待为客沏茶,名为卖茶,实兼卖淫。城弄僻巷有"半开门",卖笑诱客,拉人下水。娼妓中最高级者是"菱白船"。"菱白船"可能是兰溪"靠泊船"的变音。在1942年以前,驿前码头停有"菱白船"四艘。船身大小约十六舱,首尾高高翘起,中间构筑如房屋,栏柱门窗雕镂精巧,室内陈设华丽高贵。每船蓄幼女六七人,授以丝竹弹唱及应酬技艺,及年长,选其中姣好者为"招牌主",以其芳名,挂在船首,自是身价百倍。当时达官显宦互通关节，富商巨贾洽谈生意，往往到船上请"水果酒"。每桌需银元十二枚。每客可点一名妓女作陪。席罢以雀战为戏，每桌又赏银元十枚，归船主所有。船上掌握大权是鸨母，俗称"老黄婆"。船上的妓女以卖唱为主，有"卖口不卖身"的行话。经常与妓女往来，建立特殊感情的叫作"相好"。但欲合欢，往往非千金莫得，真是个销金窟，无底洞。妓女年长从良，娶者须付一定的赎金，举行婚礼，叫作"开门帐"。抗日战争爆发后不久，茭白船无形消失。

浙江省龙游县文化馆编：《龙游风俗志》，1985年版。

《江山风俗志》

嫖妓。旧社会，于城市偏僻处往往有妓院，专供无赖之徒嫖妓，妓女都是生活无依靠的女人。妓女在船上的叫"花船"或叫"交白船"，妓女在茶店的叫"花茶店"。

浙江省江山县文化馆编：《江山风俗志》，1986年版。

《常山县风俗志》

航运。据原常山驿运站登记，本县流动船只就有九百几十号之多，最大的一艘船有十二舱，载重量七万余斤；十舱船有三十多艘，每只载重五六万斤；八舱船最多，载重三四万斤。客运一般是"快船"，所谓"快"是无论逆水还是夜晚，也要做到当天到达目的地。

为了供有钱人享乐，常山港还备有"花舫船"，油漆精致，雕刻细腻，又谓之"高泊船"，舫船上还有歌妓、酒妓，供有钱人腐化享乐。

常山的撑船人以江山人为多，他们以船为家，以航运和地区为基础，同乡、同族和同行很讲团结和义气。一般是一船为一户，子女长大成婚后，要另买船（大多数是买条旧船，修理一下，可用就行），下水另寝，逐步单独起灶开业。船上人信奉"周王爷"（"舟"与"周"同音，指保护船户的神）和"青面将军"（指青蛙，说是周王爷名下的大将军，常出现于人世）。为此，一般开船之时，要进行祭祀，船头上进行礼拜，以求出船大吉。此时不准讲话，意为静候神的指训，精心于行船。凡遇危急，也要请拜"周王爷"灵像（红纸金粉印成）。如有青蛙跳上船来，那就是大喜临头了，要请邻船和亲友到船上跪拜。并放鞭炮，摆宴席，对"青面将军"来此"巡视和驱邪"表示感谢，有的还要请戏班去周王庙做大戏，认为从此以后有福气了。船过岸边佛殿时（如常山七里滩边山上的姜太公庙等），要在船头躬身以拜，并以清水泼船，称为"解邪"。另外，在过年和重要节日，不但在船上祭祀"周王爷"；上岸时，在岸边也要存放黄表纸帖（内装三枝香和纸钱），表示对当地"土地爷"和"社公爷"的尊重。过年要吃面筋，叫作"年年有余"，水上人家还有吃初一斋的，但当晚上就要开荤，表示"吃斋时除旧赶邪气，开荤是开春有福气"。

妇女有了孕，要"许红子"，即祭周王爷时，请求保佑平安，并许愿分红鸡蛋给邻船和亲友们吃。同时在生育前后几天,凡是有过交往的,都应请喝"血丁酒",人家喝了酒,就会承认已经洗去了"晦气"。逢年过节和开船之际,忌讳讲"船开反了""倒船过来""向反手去"(反手即左手)"船掉头呀"等语,表达上述内容时,只能互相做手势来表示。

拜青面将军。外地来常(山)谋生或外地祖籍者,也建有"保护自己"的神庙。例如东门外三里滩的"室灵王庙"是保护建德、严州人的;而万寿宫即江西会馆的佛神,当然是江西人所信仰的了。各地都有自己习俗的仪式,例如周王庙每年四月初八,有一种拜请"青面将军"的仪式,这天早起,"庙主"要在河边田沿抓一只青蛙,请到庙里,香案上备有栽着万年青的花钵,将青蛙放在万年青上面,并放鞭炮,鸣锣奏乐,上香点烛,摆酒设菜,热热闹闹地祭祀朝拜,晚上摆八仙,唱大戏,请来亲朋好友,同来庆贺,以示"周王"和"青面将军"已经认得大家,是会保佑的。

陈文鑫主编:《常山县风俗志》,1989年版。

《安徽省志民俗志》

渔梁亮船会。每年农历闰年的九、十月,在练江上用两只木船联成一对,卸去船篷,用竹木制成架子,外边包上纱布,扎成亭、塔、楼、牌坊、鲤鱼等,中间点上烛灯。灯旁是乐队,笙歌齐奏,锣鼓喧天,亮船一般六对,其后还有好几只木船尾随。会期在渔梁古坝上下各游弋一夜。波光灯影,十分优美。亮船又叫水游,同时还有旱游。也就是岸上乡民玩灯,敬各种菩萨。江面上,岸边,交相呼应,妙趣无穷,四乡百姓汇聚观赏,热闹非常。

屯溪龙舟。屯溪的端阳节龙舟竞渡历史久,以新安江船户为主。午时,秀丽的新安江两岸观者如潮,三条敞篷架上插满各色彩旗的龙舟,由罗汉松段江面起航,逆流而上。每条船上有20名精壮的水手,在锣鼓和鞭炮的助威下奋力挥桨。龙舟穿过屯溪大桥后,掉头泊于小澎湖江面。这时,高昂的龙嘴喷吐出一股袅袅的黄烟。站在桥上,岸上的大亨们便向水中抛洒银元、金币,龙舟上的水手开始大显身手,从2米高的木桥用各种姿势轮流跳入波光粼粼的江中,潜水寻宝。惹得围观的群众不时发出叫好声。江上岸畔,人潮声、击鼓声此起彼伏,非常热闹。

新安江船民联姻俗。屯溪抗日战争时有"小上海"之称,由于商业繁荣,许多渔船逐渐变为商船和民船,是新安江上的浮动民居。有独特的婚俗。屯溪船民婚嫁讲究"船户对船户",船民中有钱、程、汪、叶四大姓,也是新安江上四大船帮。凡是婚嫁的人家,都要请四姓中各一人主婚。婚礼是用渡船代替花轿。主婚人用渡船送新娘,四姓各派一人撑船将新娘送到男方船上。船民联姻不送什么厚礼和嫁妆。男女婚后,由男方打造一新船,从此小夫妻开始新的独立的水上生活。

安徽省地方志编纂委员会编:《安徽省志民俗志》,方志出版社1998年版。

《建德县民政志》

艰苦创业治穷致富,集体经济蓬勃发展——介绍建德县三都渔家村扶持移民发展生产的变化。

位于富春江、新安江、兰江三江口畔东岸的三都镇渔家村,是1970年富春江库区陆上定居的移民村,全村57户,201人,仅有山500亩,水面473亩,是完全靠吃国家定销粮的行政村。在党和政府的领导支持下,在人均二亩荒山、二亩水上做文章。全村干群齐心协力,发扬艰苦创业的精神,开垦荒山,治理水域,现在是硕果累累,渔业发展。尤其是十一届三中全会后,随着经济体制的改革,工农业生产发展,使渔家村的经济面貌发生了很大的变化,村民经济收入高,生活富裕,是我县扶持移民发展生产成效较好的村。

(一)

三都渔家村在1969年富春江水库形成以前,原是一个渔业大队,分四个生产队,分散在钱塘江、富春江、新安江、兰江、衢江等地捕鱼。那时一家一船,以船为家,吃、住、劳动都在一只不到五平方米的小船上。捕鱼不多,收入低微,劳动一天只有6角左右收入。1969年人均收入79元,生活十分艰苦,连一个月27斤定销口粮也无钱购买。渔民们描绘当时的情景是"小船两头尖,劳动累一年,无钱来过年"。

1969年富春江水库移民时,考虑到富春江电站建成后,水位提高,江面加宽,渔民不能以船为家,小船很难在库区捕鱼的实际困难,决定陆上定居,在三都镇俞家新建了渔家村,当时48户、312人,每人安排8平方米的陈旧泥木瓦房居住,并划拨500亩荒山由他们管理和经营。对于这个安排,不少渔民缺乏信心,说:"捕鱼的人,上岸种山,好比旱鸭子赶下水。"所以投亲靠友迁走了15户、97人。留下来的33户决心在党支部领导下自力更生,艰苦创业。1974年4月,掀起了群众性围坝造湖养鱼运动,经过三年的苦战,投工12万,投资14万元(国家补助6万元购买炸药、雷管),建起一条长1370米围坝,建了一个473亩水面的养鱼基地;1974年至1982年又相继开垦荒山种柑橘3400株;1977年办起了村拉丝模具厂,为改变贫困面貌打下了初步基础,但1982年人均收入还只107元。

(二)

党的十一届三中全会后,实行承包责任制,大大调动了渔民生产积极性,全面开荒绿化了荒山,现有林山320亩,木材蓄积量3200立方米;扩大了橘园,建起了柑橘基地;实行网箱养鱼,建起了渔业基地。尤其是从1987年以来,民政部门给予移民生产周转金10万元的扶持,建起柑橘灌溉配套渠道1500米,继续发展了柑橘基地,现有柑橘180亩,年产柑橘13万斤;发展和扩大了网箱养鱼,现有围坝大塘养鱼10万尾;网箱19只,面积3.8亩,养鱼4.75万尾;鱼种塘73.2亩,鱼种35万尾。由于生产的发展,收入逐年增加,改变了贫困面貌。1988年全村总收入68.65万元,纯收入31.05万元,户均收入4696.36元,人均收入1148元。今年7月虽遭特大洪涝灾害,被冲去大部分鱼种和部分成鱼,但渔业收入仍达65万元,柑橘可收入6万多元,预计全年总收入仍达到70多万元,比去年略有增长。

(三)

近几年来,渔家村由穷变富,面貌发生大变化。一是居住条件宽敞。过去的草瓦屋都改成了砖砌楼房,全村57户,有住房4536平方米,每人平均22.57平方米;二是家庭生活条件提高。过去每家每户唯一的是一条渔船,现在电风扇平均每户两台,家家有自行车,全村57户人家有电视机;三是集体经济巩固壮大,集体福利事业发展。村每年约有5万多元积累。去年集体花了4.4万元,给每户安装了自来水,又新建290平方米的村办公楼。现在全村喜气洋洋,一派大好景象。渔民们说:"渔民养鱼又挖山,漫山柑橘满湖鱼。家家富有人欢笑,全靠党的政策好。"

建德县民政局 1989年10月27日

建德县民政局编:《建德县民政志》,1993年版。

《浙江省兰溪市民政志》

济良所。始办于民国十七年(1928)10月。相传沿江一带,有九姓渔户寄居船上,元末陈友谅败死,水军散走东下,遂隶衢婺睦三郡为舟师,为郡官检校舟符(即邮票)。自明迄清业务不发,迫于生计,大部沦为娼妓,所有娼妓名曰"招牌主",停泊沿江以侑酒弹唱为生,被社会鄙视,生活贫苦堪怜。当时警察局长厉振宁认为,长此以往非但是侮辱女性,且也贻害青年,经省核准成立济良所,专收容该项娼妓,以资改良。济良所规模较小,组织简易,设所长1人,女教习兼管理2人,每日教国文、习字、缝纫及普通常识等,迫于经费困难,不能巩固,迨至民国二十二年(1933年)兰溪实验县政府将其并入平民习艺所。

兰溪市民政局编:《浙江省兰溪市民政志》,2006年。

《浙江省富阳县交通志》

绿渚江船民苦难史。绿渚江历来是新登、龙羊等地区唯一的交通运输线,沿江群众大都是祖祖辈辈依靠水上运输为业。

在"强者为刀俎,弱者为鱼肉"社会里,运输货源为少数人所把持,如绿渚埠的大川、陆元兴、国胜、聚源等五爿过塘行;新江一带还有坐行船、承包船等,广大船民是他们变相的雇工而已。

抗战以前,绿渚江有大小木帆船八十多只,约一千六百余吨,其中最大的是六十吨,可通外海,最小的只有四吨。船均从外县购入,船型五花八门。一般人货混装,但主要的是装运石灰、柴炭、桐(柏)油籽等山货,运往杭州、海宁等地,运进来的大都是食盐、农肥、小百货等,整个绿渚江年运量约在七千吨。

由绿渚到杭州九十公里航程,大船每月只能在初一、十五两次汛期行驶,顺风单程需三至四天,逆风则要十来天,逆水上溯需用人力拉纤。

当时物资匮乏,且要自己找货源,最好时一个月杭州来回两趟,停航等货是常事。此时,船民大都上岸挖野菜,下水摸螺蛳,油、盐、米不断档是上等户了。

遇到修船,就得借高利贷,一有天灾人祸,就倾家荡产。船民一家老小吃住在狭窄的船舱里,不幸翻船,即沉尸江底。船民常年过着漂泊生涯,子女无法入学,世代是文盲。

灾难最为深重的是抗日战争时期。日军几次经过,所到之处,实行"三光"政策,原来一千多吨船皮,烧的烧、烂的烂,一无幸存。除个别船民将船体残骸改制成半吨或二三吨的小船,就地搞短驳外(当时只有从闲林埠陆运过来的迷信纸等),其他船民,有的到处打零工,一元钱要做五天,还挨不到干,有的翻山越岭去挑私盐换米粮糊口。

此外,如遇国民党军队顺路抓夫,抓去的夫子为官太太抬轿子、挑行李,腹饥步难行,慢了挨打骂,真是暗无天日。

抗战胜利后,货源逐渐增多,改装的小船无法搞营运,于是,船民们又千方百计筹措资金,陆续置大船。时物价不稳,运价按大米折算。运杭州每百市斤运价一斤半,但俟货到杭州,一担米钱只能买三斤青菜。

民国三十六年(1947),新登县政府也曾出面,组织绿渚船业公会,统一安排货源,轮流装运。公会设理事、监事,理事长蒋关标。当时规定,以二十吨级为标准,运杭州一趟,运价六十元(余以类推)上交公会费一元五角。他们即利用合法权力,私吞公会费,有时因为内部分赃不匀而争吵不休。船民虽可免去自寻货源之苦,但在精神和物质上却多了一道关卡,生活上并未得到改善,总之,旧社会劳动人民苦,船民更苦。

富阳县交通局编:《浙江省富阳县交通志》,1986年版。

《桐庐县交通志》

桐江船民风俗。

过春节。旧时,桐江船民过春节,有其水上人家特有的习俗,农历十二月二十日后,一般船家都要停止运营,陆续回到各自的坐埠地,准备年货过春节。

除夕前,各船家都要把船洗刷得干干净净,张贴红纸,在桅杆顶端贴"大将军八面威风",前门两侧贴"生意兴隆通四海,财源茂盛达三江",顺风梁上贴"顺风大吉",在舱内有意把"福"倒贴,意在"福"到了,船首尾挂有用红绿纸剪成的"长年纸",意在常年万事如意。船头及尾,放着贴有红纸的青柴,尊称"青龙吉庆"。

除夕夜,船家都要将船撑至一定的地方去停泊,称"停椿"。城关本埠船,均要撑至放马洲去停椿,相传在洲上有一"金椿洞",谁家船的椿遇上此"洞",来年就可财运亨通。

停好椿后,船主就摆上祭品,开始祭神祭祖,然后全家围坐吃年饭,谓"尝年福"。是晚,最忌小孩说不吉利的话,故做妈妈的备有草纸一张,先擦小孩的屁股,后擦小孩的嘴,意在小孩再讲不吉利的话也无妨了。到子时,船主就要悄悄起床,洗净双手,拿着祭品,不动声色地走到船头去迎接"灶司神"降临。

大年初一,是妇女一年中最"享福"的日子,饭菜都由男人来做,早餐是吃糖粘年糕,以应"年年高"。餐毕,开始动椿,先鸣鞭炮三响,在船头摆上祭品,焚化纸钱祭神后,由长者拔椿,将船撑回原埠停泊好后,铺好跳板就上岸焚烧纸钱,用香向四周朝拜,以求神灵保佑平安无事。祭毕,家人可上岸娱乐,船主首先要到茶店吃"元宝茶",意在新年一早吃进"元宝"发了财,故茶店老板均在茶水中放入橄榄两粒,美称"元宝茶"。

现在每当老船员回忆起旧时过春节,颇有感慨地说:"求神一年年,发财梦里见。船破无钱修,日脚像黄连。"

成亲。旧时,桐江船民成亲,一般在船民或渔民之间进行,婚礼颇讲究。成亲之日,男女双方都各自将一至四艘船并在一起搭台,桅上挂着彩色红灯,男方船泊上水,女方船泊下水,男方聘有"理事公公"执事,女方请有"理事婆婆"料理。婚礼开始,男方"轿船"要撑到女方船旁二至三尺处停泊,此时,双方船上各站十余人,手执撑篙或青柴棍对峙,意在两船不得相碰,谁家的船要碰到对方的船,被碰方就被认为是受欺,就要挨吃青柴棍。稍时,新娘在"理事婆婆"的扶持下,走出船舱,跪在船艄,对着亲人,似山歌般地边哭边叙:"女儿出嫁后,父母多保重,兄嫂多照顾,弟妹要听话……"接着又面对婆家船亲人哭叙些"媳妇初上门,年轻不懂事,请公婆多吩咐,多关照,当作亲生儿女看"等类话。哭好后,新娘就走到船头,站在船舷的椅子上,此时腰束宽带站在新郎船舷的"理事公公"即刻跳到女方船上,一把抱起新娘,男方船就迅速撑开,然后新娘、新郎在用麻袋铺成的"路"上步入洞房(船舱)成亲。

放水灯。放水灯,亦称放鬼灯。旧时桐江每逢七月十五日夜晚,家家船民都要到江里去放灯,谓之祭"水神",成为惯例。放水灯,是由坐埠船的长者牵头,集资统一做灯。水灯用红、黄、绿、白等颜色纸,做成元宝形,用熟桐油浸之,晾干即可使用。不渗水,浮性好,灯内备有灯盏,用菜油浸灯芯或用小红蜡烛点燃。放灯时,两船并拢,上扎彩条,鸣锣,道士念经,边行边放,顺桐江而下,远望似"双龙嬉水""长蛇漫游",观者如潮。

社戏。相传,在离县城三十华里的芦茨庙中有一尊菩萨谓之"陈老相公",十分灵验。故凡在桐庐县城的商贾、摊贩及居民,每逢农历五月初五端午这天,都要出"份子钱",由地保主持,雇船派人前往芦茨去迎神,进城做"芦茨社戏"。

石子传奇。清道光年间,相传清渚江上有位钱姓古稀老人,划着一条破船,漂泊在富春江上,向船家兜售腐乳为生,孤苦伶仃,饥寒交迫,甚是凄惨。老汉生有五子,早年丧妻,都是他一把尿一把屎拉扯大的,五子成年后,相继娶妻成家,各自都有一条开艄船,日子过得都不错,可是谁都不愿供养老父。此情被他妻舅得悉,十分气愤,打定主意,非要好好教训这五个外甥不可。一天,他送给老汉两块银元,叫他到溪滩上去寻似银元大小的片石,每十块为一包,用大红纸包好,装入木箱,放在船头,老汉照计行事。此后,老汉每逢五个儿子的船到埠，就故意打开箱子，拿起两块真银元"叮叮当当"地敲打起来，一会儿放在耳边听听，一会儿放在嘴边吹吹，显得十分得意。兄弟五人见此情景，以为老父发了财，都想日后独吞这份"财产"，争着要供养他。最后，还是老人出了个主意，轮换接到自家船上去供养。三年后，老汉不幸病故，待办完丧事后，兄弟五人高高兴兴地回到老汉生前那条破船边去分"财产"，撬开木船一看，但见红纸包上有张醒目的纸条，上面写着："家有五子，养我石子，没有石子，饿煞老子。"再拆开纸包一看，全是石子，个个目瞪口呆，方知其中奥妙。此一传说，至今还被船家作为脍炙人口的故事来讲，使子女从中受到教育。

半条江。清末民初，桐庐临城江面停泊的船舶多达上千艘，可称"桅樯林立"。而其中崭露头角的要数陈、林两氏，素有"陈半江""林半江"之称。陈氏兄弟的船，逢年过节泊在溪埠头，数船并立，能达江心，故称"陈半江"。林氏兄弟三条大开艄船，乘东风扬帆并列驰行，大有遮掩半条富春江之势，故称"林半江"。"陈半江"性喜闯江湖，其船从桐庐装运柴炭到上海，再从上海装运洋松到江西九江，航程数千里，为桐庐航运业增添了光彩。"林半江"其祖系福建人氏，曾随郑成功战船东渡台湾，富有航海经验，在船民中享有威信。

桐庐县交通局编：《桐庐县交通志》，1990年。

《建德市交通志》

一所特殊的学校——记建德县梅城镇航运子弟学校创办始末。

1959年，由建德航管所（在梅城）牵头，经建德专区梁长庚专员亲自过问批准，在梅城创办了一所航运子弟学校，为全省三所航运子弟学校之一。

旧社会居住在建德"三江"的九姓船民，以操舟为业，世世代代航驶在水上，不准上岸居住，不准读书应试……年长久远，形成了一族目不识丁的"贱族"。由于船只漂泊无定，他们的子女根本没有读书的条件，终年只得用绳带在船头上，任其在船、水之间爬上爬下，致使小孩无安全保障。

1949年建德县解放后，九姓船民在党和人民政府的关怀下，陆续定居于陆地。但船民子女仍然无人照看，长年累月随船"远征"，不能就读。

1953年6月，完成了水上民主改革。当时正处于百废待兴，掀起社会主义经济建设的高潮，航运事业迅猛发展，水上运输靠摇橹背纤的时代已经过去，急需实现机械化和拖带化，提高船民的文化素质已迫在眉睫。据当时运输合作社的统计，定居入社在本县的船户有366户，1300多人，成人文盲占90%以上，年满40岁以上的占98%。如定居在新安江镇的许小根，其父兄弟6人，没有一个上过学。30岁以下的，也只有36人在梅城的八婺、大洋小学受过启蒙教育。

为了培养航运事业的建设人才，确保船民子女的安全，1959年建德航管所牵头，由大洋、梅城、新安江、交通四个航运合作社出资，经建德专区批准，创办一所特殊的航运子弟学校。入学的学生,小到五六岁,大到十六七岁;教师既当爹又当妈,既管教,又管吃、住、穿。在该校任过5年教师的方艳芬,写了一篇《断奶》的小说,得到省儿童文学创作一等奖,并计划搬上银幕,说的就是这所特殊学校的真实情况。

航运子弟学校的校址,选在原私立八婺小学,这是一幢杨村桥镇绪塘村大财主方吉占的庄园。八婺小学,是1947年金源昌烟厂老板金忠汉(系开明绅士,中华人民共和国成立后为工商联主委),主要为婺州八县来梅城的手工业者和少量的船民子弟入学而创办,他任校长,学龄儿童免费入学。1950年私立挈斋小学无力续办,又并入八婺小学,校址由金华会馆迁到南门庄园(航运子弟学校选定的校址)。金源昌烟厂办学6年半,支持资金28000余元,折合大米2800多担,为创办航运子弟学校提供了教学条件和教学经验。

航运子弟学校于1959年8月正式开学。入学的学生,从开始时的128人,逐步发展到1967年规模最大时的335人,班级从3个增加到7个,每个班级为40至50人,学生全部住校。教师从4人增加到9人(不包括航管所的领导和兼职行政人员),自始至终都配备保育员2人,炊事员2人。校长开始由航管所的领导兼任,第一、第二任校长由航管所的行政组长杨美娟和徐爱仙分别兼任,后来则由内行的教师担任,第三任便是教育局分配去的教师姜秀珍,最后一任校长是许小根,先后任教务主任(也称教导主任)是徐爱仙、金文铭、姜秀珍等教师。学校的教学业务归属梅城区校指导,主要课程是语文、算术、政治、体育等课,每星期定期举行一次教研活动。据教师回忆,当时在该校教书工作量大,没有节假日,虽有2名阿姨(即保育员)执勤值班,实在忙不过来,有的教师为孩子们理发、搞卫生,有的一年到头为他们换洗、缝补衣服,孩子们生病还得抱到医院看病、打针,一旦孩子住院,就要像爹妈一样日夜陪住在病房。

该校学生的学费、书杂费、医药护理费、伙食费,以及每季度一条肥皂等等,全由4个运输社出资,统一由航管所支付,每年要支出人民币一万余元,后来逐年增加。1968年12月组建建德县航运人民公社,实行政社合一,由建德航运人民公社管理学校支付一切经费。县教育局为办好这所特殊的学校,也竭尽绵薄之力,每年除拨出一二千元教育经费之外,就是把该校符合条件的部分民办教师逐年转为公办,以减轻该校的经费负担。后来学生大幅度增加,学生的伙食费由家长自己负担。船民家长非常高兴地说:"我们的孩子,有书读,有文化,又有人照顾,我们一百个放心。"

建德航运子弟学校,从创办到1986年由教育部门接管,前后经历了27年。航运部门除了提供校舍和活动场地外,共花去教育经费50多万元,为发展教育事业做出了奉献。"九姓船民"那顶文盲帽子摘掉了,还为社会培养了一大批德才兼备的建设人才。据知者介绍,在航运子弟学校就读过的学生中,有大学、中专、高中毕业生450余人。其中有部队的校级军官,有检察官、法官,有干部,有教师,有企业家,有技术人员等等。

1983年以后,随着水域条件的改善,航运已实现机械化和拖带化,加上陆路、铁路的四通八达,大量船民进工厂,办企业,有了固定的地址,其子弟就近上学更为有利。因而学生逐年减少,航运部门也限于资金,无力续办下去,经县教育局同意停止招收新生，原校舍改办梅城第二幼儿园。至1986年最后一批96名学生（4个班级）小学毕业而停办，校址转为梅城镇第二小学。

严郡九姓船民考。自明洪武年间始，在浙江严州府建德境内的新安江、富春江、兰江上生活着一批受压迫、受歧视的船民，他们就是所谓的"九姓渔民"。他们常年居住在船上，船只运输、捕鱼活动的范围以建德为中心，下至杭州，上至淳安、徽州，南至兰溪、金华，西至衢州、江山。所谓九姓，即陈、钱、林、袁、孙、叶、许、李、何九姓，清朝初期把他们编为伏、仁、义、礼、智、信、捕7个字号，有大小船只2013号。清朝道光、咸丰年间，尚存船一千数百只。公元1863年（清同治二年，太平天国十三年）三月十二日，浙江巡抚左宗棠率部进驻严州，大肆"围剿"太平军，严州府所属各县人口锐减，人财损失惨重，严州所处"三江"汇流之处，被清军烧毁，掳掠的船只甚多，至同治四年，九姓船民只留下几十条船，船民300多户。

九姓船民的祖先，相传是陈友谅的部属。明初抗师，被朱元璋战败，后来朱元璋做了皇帝，把他们的子孙贬入舟居，不准上岸居住，不准读书应试，上岸不准穿鞋，不准穿长衫，不能与平民百姓通婚，官家有事，还要应召服役。据范寅《越谚》云："相传陈友谅部曲共九姓，明太祖锢元，不齿诸民，故其子孙无寸土，惟船于家，男作船户，女多流娟……"如《南浦秋灯录》载："又有所谓江山船者，其户皆隶于建德，亦曰建德船，世言陈友谅既败于鄱阳湖，其党九人，逃之睦（睦州即严州）杭间，操舟为业，其裔乃流落为妓，今九姓自为族类……"船民中至今仍流传这样一首渔歌："老子严江七十翁，年年江山住船篷。早年打败朱洪武，五百年前威风。"可见船民自己也承认为陈友谅的后裔。他们常年漂泊在水上，爱慕新安江、兰江、富春江的山峰水色，风景迷人。当时的建德梅城，市场繁荣，商品生产甚为发达，号称"八省"通衢要道。如福建的土产、江西的瓷器、广东的洋货、浙江沿海的水产等等，都要经过严州（即梅城）。靠肩挑背驮的运输，远远不能满足市场发展的需求，加上以"三江口"为中心，南至大洋镇，西至马目埠，东至七里泷的鱼、虾、蟹、鳖、珍贵的鲥鱼等水产资源十分丰富。他们运用这四通八达的航运线路，以及捕捞的优越条件，即带眷属避世而来，主要以经营货物运输和捕鱼为生。

清朝以后，九姓渔民屡遭天灾人祸之劫难，生活维艰，有部分"家眷随船皆习丝弦大小曲，以侑觞荐寝"。因而，梅城、严东关三江口的水面上，常有装饰美观、船身宽敞、红灯高挂的荄白船，也叫"江山船"，内有客厅、卧室，似一座水上楼阁，实乃妓船。

清同治五年（1866）十二月，严州知府戴槃见此败坏风俗之宿弊，加上九姓渔民要求裁减渔课，由他撰文呈报上司批准，从同治五年起，"裁九姓渔课，准令他们改贱为良"。贴了"告示"，"勒石永禁"；还刻了"改贱为良记"的碑文，立在严州府衙内。批准改贱为良者，按户发了准予改贱为良的"执照"。在漫长的封建社会里，九姓船民为严州水上运输业的兴旺发达，起了极为重要的作用。明清至民国，浙西的货物运输，全赖于水运。因而梅城的南门外、严东关临江桅杆林立，船只穿梭在"五州"（即东至杭州，南去婺州，西转衢州，北上徽州，中心在严州）"十县"（即新安江、兰江、富春江沿岸的十个县)，都有九姓船民的船迹。梅城南门外的黄埔大街，早就成了满目琳琅的船具之街，人来客往,多数为船民和渔民,十分繁荣。

由于历史上的原因,社会上总把九姓渔民称为"贱民",处处受到不公正的待遇。凡70岁以上的船民,皆是文盲,中华人民共和国成立前,船民不准穿长衫马褂,即使天寒地冻,也只能穿一件短袄,还不准扣扣子,腰里只系一根带子。船民上岸只准把鞋子的后跟踏下去,拖着半只鞋子上岸,从不穿袜子。否则,陆地上一些豪绅,就要对他们进行侮辱。沿至民国时期,从未根绝。

1949年5月5日,建德解放,九姓船民也和全国人民一样,真正翻身做了主人,先后在建德陆地上定居的船民有366户1300余人,他们拥有各种运输船只1000多艘。1956年实行水上合作化运动,组织了大洋、梅城、新安江等三个木帆船运输合作社。在当时的汽车很少,铁路未通的情况下,水上航运发展迅猛,为振兴建德经济,支援工农业生产作出了贡献。1973年6月,三个水上运输合作社与"三江"交通船运输合作社合并为建德县航运公司,他们世代相传的摇橹拉纤的木帆船,都改为机帆船。

渔民在长期生产实践中,积累了不少宝贵的经验,他们对三江的水域情况,鱼类资源、鱼群习性等等,了如指掌,什么时候捕什么鱼,用什么工具,以及对鸬鹚(捕鱼的鸟)的孵化、饲养、管理、训练都有一套技术。有的身怀绝技,如80多岁的老渔民钱敬儿,昔日能在水下捉鳖,只要让他发现,就逃脱不了他的手掌。还有的船民探索出一套水獭、螃蟹活动的规律和范围,如看到水獭的粪便,就知道其出没的时间,准确地捕捉起来。在漫长的岁月中,九姓船民不仅在水运的发展史上有过贡献,而且为建德的水产事业也发挥了积极的作用。1956年渔民都参加了渔业生产合作社,并建立了渔业村,承担建德的水产养殖、捕捞任务。1958年在梅城创办了航运子弟学校,他们的子女都有了求学读书的机会,过去那种不准读书应试的时代已经一去不复返了。现在他们的后代中,有中学生、大学生,有国家机关干部,有国营工厂工人、工程技术人员,旧社会那种被歧视、被压迫的状况,已成为历史的陈迹了。

独一无二的船民婚俗。建德市境内的九姓船民,受封建政治之苛遇,贬入舟居,限九姓联姻,浮家泛宅,在水上运输生涯500余年,已自成风气。娶嫁时,合两家船于一处,新娘端坐于一大盆中,由女船舷(抛)至男船便成佳礼。形成整套的以船为主导独一无二的抛新娘婚俗,甚为奇特,引起文化界、新闻界的注目,拍成多部风光片和纪录片。

船民男女婚姻确立后,结婚前三天,要称嫁妆。双方船只并排停泊,相距5尺,中铺跳板。男方送柴、炭、酒、鱼、肉等到女方船上,喝完送妆酒,由男方请来的利市公、利市娘(条件是夫妻成双、有子女、家庭和睦的人)称嫁妆。由于运输船条件限制,没有大件,只有箱子、子孙桶(即马桶)、脚盆之类的小件嫁妆。所谓称嫁妆,也是由利市娘,手拿钩秤,对每件嫁妆用称钩一下,唱几句讨彩话,如:"称二斤,长万金;称三斤,三元及第;称四斤,四季发财……"

抛新娘是航运婚礼中最具特色的仪式。社会婚俗中,不曾见过。抛新娘前,一是新娘绞面化妆;二是谢礼,拜祖先;三是岳父母教育女婿;四是亲人女眷集体哭唱与道别;五是拜别高堂;六是坐竹匾,吃"高头饭"(也称离娘饭)。抛新娘开始前,男女双方船头并列，相距一米，两船挂灯结彩，红烛高照，鼓乐喧天，两面大开锣在各自的船头上，以10慢3快的节奏鸣锣开道。

抛新娘的男子汉站在女方船上，这人要求身强力壮，穿着整齐，雄壮威武。为了保险，腋下捆一条阔带子，两头由人拉牢，以防失足。他又开双脚，摆成马步。送亲船上的利市人即打招呼，高喊："千金小姐送上来。"这时，新娘由两位姑娘伴着，从"船尾出阁"。迎亲船上的利市人回话："王孙公子站起来，珍珠凉伞撑起来。"同时，女方船上要放三个鞭炮（当地人叫火炮），第一个叫"招呼炮"，第二个叫"送福炮"，第三个叫"团圆炮"。男方船上也要放两个火炮，一个叫"迎新炮"，一个叫"胜利炮"。抛新娘是女方船上点响第二个"送福炮"，男方船上放响"迎新炮"的时候，抛新娘的男子汉动作敏捷，双方托住新娘坐盆向新郎船上抛去，男方船上接新娘的壮汉马上接牢，再让新娘站在船头铺好的布袋上，利市娘高喊："一代传一代。"即由伴娘搀着新娘由船尾进门。这时守在船桩旁的人，迅速拔起船桩（起锚）把船撑开十多米远，在江面上连打三个圆圈，弄得满船客人像喝醉了酒似的东倒西歪，这才向上游驶去。船在江中缓缓航行，新郎新娘双双站在船头，拜天地。

拜完天地和长辈后，公婆、伯叔、妯娌、姑娘等亲人同洗一盆洗脸水，称为"洗和气面"。然后，男女双方两船又撑到一起，搭好跳板，叫"并彩"。双方亲友在跳板上来来往往，看新娘，闹新房，喝肉圆酒（肉圆是用葛根捣成的山粉，伴肉加料蒸制而成，香气溢人，非常可口，是当地的特产美食）。

吃罢婚宴，船上灯火通明，男方把船撑到原码头停泊，举行"洞房仪式"。新娘从船尾出来，再从船头进入船舱洞房；新郎要从船头出来，小心翼翼地爬到弧形的船篷背，称为"站彩台"。当新郎要爬上船篷背时，利市人即兴呐彩："新郎站彩台，状元出京来。"念毕，新郎从船尾进入船舱。仪毕，新郎手拿秤杆，挑开盖在新娘头上的大红方巾，利市娘随着新郎的动作，念道："手拿秤杆一条心，白头偕老万年春。"

过了"三朝"，新郎新娘双双把船撑到女方娘家停泊的船埠去拜见岳父母，叫"回门"。岳父母要摆酒设宴请新女婿，新郎上门要带糕点之类的礼品，孝敬岳父母。凡小辈来见，新郎要分给一个红纸包，作为见面礼，吃过"回门"酒回家，整个婚礼才宣告结束。

潘文达主编：《建德市交通志》，海洋出版社1996年版。

清代资料

《钦定学政全书》

卷三十一《区别流品》

乾隆三十五年覆准,查娼优隶卒专以本身嫡派为断,本身既经充当贱役,所生子孙例应永远不准收考,其子孙虽经出继为人,后者终系下贱,嫡裔未便混行收考,致启隐匿冒考等弊。

乾隆三十六年议准山陕之乐户、江浙之丐户,虽编籍由来无可确据,而其相仍托业,实属卑污。雍正元年因御史年熙、噶尔泰先后条奏,准令除籍改业,得为良民,正所以杜其邪僻之路,非即许其厕身衣冠之林也。嗣后应酌定限制,以清冒滥。如削籍之乐户、丐户,原系改业为良,报官存案,被濯旧污,阅时久远,为里党所共知者,自不便阻其向上之路,应以报官改业之人为始,下逮四世,本族亲支皆系清白自守,方准报捐应试。该管州县取具亲党里邻甘结,听其自便,不许无赖之徒,藉端攻讦。若系本身脱籍,或仅一二世,及亲伯叔姑姊尚习猥业者,一概不许侥幸出身。其广东之蜑户,浙江之九姓渔户,及各省凡有似此者,悉令该地方官照此办理。所有从前冒滥报捐各生,均行斥革。再此等甫经改业之户,惟不准遽行报捐应试,至于耕读工商,业已为良,应悉从其便。如有势豪土混,藉端欺压讹诈者,该地方官仍严行查禁惩治,以儆刁风。

[清]素尔讷撰:《钦定学政全书》,乾隆三十九年武英殿刻本。

嘉庆朝《钦定大清会典事例》

卷一百三十四《户部七·改正户籍》

雍正元年议准、山西等省有乐户一项,原属忠义之后,其先世因明建文末,以不附篡立被害,遂遭荼辱,编为乐籍,世世子孙不得自拔为良民,饬令各属严行禁革,令其改业,得为良民。

又覆准浙江绍兴府属之堕民,贱辱已极,实与乐籍无异,行令削除其籍,俾改业自新,与编民同列。

七年谕:粤东地方四民之外别有一种名曰蜑户,即猺蛮之类,以船为家,捕鱼为业,通省河路,均有蜑船,生齿繁多,不可数计。粤民视蜑户为卑贱之流,不容登岸居住,蜑户亦不敢与平民抗衡，畏威隐忍，局蹐舟中，终身不获安居之乐，深可悯恻。疍户本属良民，无可轻贱摈弃之理，且彼输纳鱼课，与民相同，安得因地方积习，强为区别，遂令飘荡靡宁。着该督抚等，转饬有司，通行晓谕：凡无力之疍户，听其住船自便，不必强令登岸；如有力能建造房屋及搭棚栖身者，准其在于近水村庄居住，与齐民一同编列甲户，以便稽查，势豪土棍不得借端欺陵驱逐，并令有司劝令疍户开垦荒地，播种力田，共为务本之人，以副朕一视同仁之至意。

八年覆准：江南苏州府属之常熟、昭文二县丐户，与浙江堕民无异，族居沿海，久陷沉沦，准其削除丐籍，同列编氓。

乾隆三十六年覆准：山陕等省乐户、丐户，原系改业为良，报官存案，如果拔擢旧污，阅时久远，为里党所共知者，自不便阻其向上之路，应即以报官改业之人为始，下逮四世，本族亲支皆系清白自守，方准报捐应试。该管州县取具亲党里邻甘结，听其自便，不许无赖之徒藉端攻讦。若系本身脱籍，或仅一二世，及亲伯叔姑姊尚习猥业者，一概不许滥厕士类，侥幸出身。至广东之疍户、浙江之九姓渔户，及各省凡有似此者，悉令该地方官照此办理。但此等甫经改业之户，惟不准遽行报捐应试。至于耕读工商，业已为良，应悉从其便。如有势豪土棍藉端欺压讹诈者，该地方官仍严行查禁。

嘉庆十四年谕：安徽省徽州、宁国、池州三府，向有世仆名目。查其典身卖身文契，率称遗失无存，其服役出户年分，无从指实，遇有捐监应考等事，则以分别良贱为辞，叠行讦控。而被控之家，户族蕃衍，不肯悉甘污贱，案牍繁滋，互相仇恨。所有该处世仆名分，统以现在是否服役为断，若远年文契无可考据，并非现在服役豢养者，虽曾葬田主之山，佃田主之田，着一体开豁为良，以清流品。

卷一百九《户部六十三》

乾隆三十七年奏准：民间妇女中有一种秧歌脚堕民婆及士妓流娼女戏游唱之人，无论在京在外，该地方官务尽行驱逐回籍。若有不肖之徒，将此等妇女容留在家者，有职人员革职照律拟罪。其平时失察，窝留此等妇女之地方官，照买良为娼，不行查拿例，罚俸一年。

卷二百六十三《礼部三十一·冠服》

乐户准用本色黄鼠皮帽，凉帽用线绢里绿绢缘边。

乐户准用杭绢绵绸葛苎梭布羊皮，不得用诸种缎匹皮衣。冠用本色骚鼠凉帽，用绿绢里，绿绢缘边。

卷四百十《乐部一》

雍正元年覆准除乐户籍，更选精通音乐之人，充教坊司乐工。

卷五百十四《兵部八十八》

(乾隆)三十五年奏准,在京在外有将秧歌脚、惰民婆、土妓、流娼、女戏、游唱之人,容留在家,有职人员革职照律拟罪,其平时失察窝留此等妇女之该管武职,罚俸六月。

卷五百九十《刑部七》

工乐户及妇人犯罪。凡工匠乐户犯徒罪者,五徒并依杖数决讫留住(衙门),照徒年限拘役(住支月粮,其斗殴伤人,及监守常人盗、窃盗、掏摸、抢夺,发配刺字,与常人一体科断,不在留住拘役之限)。其妇人犯罪应决杖者,奸罪去衣(留裈)受刑,余罪单衣决罚,皆免刺字。若犯徒流者,决杖一百,余罪收赎(谨案原文工匠乐户犯流罪,雍正三年奏准流罪不应概准留住拘役,改为徒罪并增注)。

乐户杂犯死罪,无力做工,流罪依律决杖一百,拘役四年,徒杖笞罪,俱不得决止,依拘役满日着役。若犯窃盗、掏摸、抢夺等项。亦刺字充警(谨案以上五条,均系原例,雍正三年奏准匠作等役犯罪,俱与常人一体照律科断,无做工拘役等例,五条俱删)。

谓天文生工乐户及妇人犯者,亦依律科断之。重犯徒流,或拘役,或收赎,亦总不得过四年。重犯笞杖,亦照数决之。谨案律文其重犯流者下,本有依留住法四字,雍正三年删,又于依数决之下,增注充军又犯罪以下十六字,末节小注工乐户上增天文生三字。乾隆五年查重犯军罪,已包在又犯罪之内。工乐户有犯,五徒各依杖得决,并不与天文生俱系加杖,且惟徒罪,照依原限留役。流罪原不在其内,至于徒罪不得过四年,及笞杖得决之处,已包在依律科断之中。因于律文各依数决之下,改注云:充军又犯罪,亦准此,其有加杖者亦如之下,改注云:谓天文生及妇人犯者,亦依律科之。

卷六百一《刑部十八》

各省乐籍并浙省惰民丐户,皆令确查削籍改业为良。若土豪地棍仍前逼勒陵辱,及自甘污贱者,依律治罪,其地方官奉行不力者,该督抚查参照例议处(谨案此条雍正三年定)。

卷七百七十八《都察院二十五》

又定凡唱秧歌妇女及惰民婆,令五城司坊等官,尽行驱逐回籍,毋令潜住京城。若有无籍之徒,容隐在家,因与饮酒者。职官照挟妓饮酒例治罪,其失察地方官,照例议处。

[清]托津等撰:嘉庆朝《钦定大清会典事例》,光绪朝版本。

嘉庆朝《大清会典》

卷十一《户部·尚书侍郎职掌一》

区其良贱。四民为良,奴仆及娼优隶卒为贱。其山西陕西之乐户,江南之丐户,浙江之惰民,皆于雍正元年、七年、八年,先后豁除贱籍。如报官改业后已越四世,亲支无习贱业者,即准其应考出仕。其广东之蛋户,浙江之九姓渔户,皆照此例。凡衙门应役之人,除库丁、斗级、民壮,仍列于齐民。其皂隶、马快、步快、小马、禁卒、门子、弓兵、仵作、粮差及巡捕营番役,皆为贱役,长随亦与奴仆同。其奴仆经本主放出为民者,令报明地方官,咨部覆准入籍。其入籍后,所生之子孙,准与平民应考出仕。京官不得至京堂,外官不得至三品。

卷二十五《礼部·仪制清吏司六》

各申以禁令。童生考试有冒籍、顶替、请代、匿丧、假捏姓名、身遭刑犯,及出身不正,如门子、长随、番役、小马、皂隶、马快、步快、禁卒、仵作、弓兵之子孙。娼优、奴仆、乐户、丐户、疍户、吹手,凡不应应试者混入,认保、派保、互结之五童,互相觉察,容隐者五人连坐,禀保黜革治罪。

[清]托津等撰:嘉庆朝《大清会典》,四库全书本。

光绪朝《大清会典事例》

卷一百三十三《吏部一百十七》

乾隆三十七年奏准:民间妇女中有一种秧歌脚堕民婆及土妓流倡女戏游唱之人,无论在京在外,该地方官务尽行驱逐回籍,若有不肖之徒,将此等妇女容留在家者,有职人员革职照律拟罪。其平时失察,窝留此等妇女之地方官,照买良为娼,不行查拿例,罚俸一年。

卷一百五十八《户部七·改正户籍》

雍正元年议准:山西等省有乐户一项,原属忠义之后,其先世因明建文末不附篡立被害,遂遭荼辱,编为乐籍,世世子孙不得自拔为良民。饬令各属严行禁革,令其改业得为良民。

又覆准浙江绍兴府属之惰民,贱辱已极,实与乐籍无异,行令削除其籍,俾改业自新,与编民同列。

五年谕:近闻江南徽州府则有伴当,宁国府则有世仆,本地呼为细民,几与乐户惰民相同,又其甚者,如二姓丁户村庄相等,而此姓乃系彼姓伴当世仆,凡彼姓有婚丧之事,此姓即往服役,稍有不合,加以棰楚。及讯其仆役起自何时,则皆茫然无考,非有上下之分,不过相沿恶习耳。应予开豁为良,俾得奋兴向上,免至污贱终身,累及后裔,钦此。遵旨议准:嗣后绅衿之家典买奴仆,有文契可考未经赎身者,本身及其子孙俱听从伊主役使,即使赎身本身及在主家所生子孙,仍应存主仆名分,其不在主家所生者,仍照旗人开户之例豁免为良。至年代久远,文契无存,不受主家豢养者,概不得以世仆名之,永行严禁。

七年谕:粤东地方四民之外,别有一种,名曰疍户,即猺蛮之类,以船为家,捕鱼为业,通省河路,均有蜑船,生齿繁多,不可数计。粤民视蜑户为卑贱之流,不容登岸居住,蜑户亦不敢与平民抗衡,畏威隐忍,局蹐舟中,终身不得安居之乐,深可悯恻。蜑户本属良民,无可轻贱摈弃之理,且彼输纳鱼课,与民相同,安得因地方积习,强为区别,遂令飘荡靡宁。着该督抚等转饬有司,通行晓谕:凡无力之蜑户,听其住船自便,不必强令登岸;如有力能建造房屋,及搭棚栖身者,准其在于近水村庄居住,与齐民一同编列甲户,以便稽查,势豪土棍不得藉端欺陵驱逐,并令有司劝令蜑户开垦荒地,播种力田,共为务本之人,以副朕一视同仁之至意。

八年覆准:江南苏州府属之常熟昭文二县丐户,与浙江惰民无异,族居沿海,久陷沉沦,嗣后削除丐籍,同列编氓。

乾隆三十六年覆准:山陕等省乐户丐户,原系改业为良,报官存案,如果被濯旧污,阅时久远,为里党所共知者,自不便阻其向上之路,即以报官改业之人为始,下逮四世,本族亲支皆系清白自守,方准报捐应试。该管州县,取具亲党里邻甘结,听其自便,不许无赖之徒藉端攻讦。若系本身脱籍,或仅一二世,及亲伯叔姑姊尚习猥业者,一概不许滥厕士类,侥幸出身。至广东之蜑户、浙江之九姓渔户,及各省凡有似此者,悉令该地方官照此办理。但此等甫经改业之户,不准遽行报捐应试。至于耕读工商,业已为良,悉从其便,如有势豪土棍藉端欺压讹诈者,该地方官仍严行查禁。

嘉庆十四年谕:安徽省徽州、宁国、池州三府,向有世仆名目,查其典身卖身文契,率称遗失无存,其服役出户年分无从指实,遇有捐监应考等事,则以分别良贱为辞,叠行讦控,而被控之家,户族蕃衍,不肯悉甘污贱,案牍繁滋,互相仇恨。所有该处世仆名分,统以现在是否服役为断,若远年文契无可考据,并非现在服役豢养者,虽曾葬田主之山,佃田主之田,着一体开豁为良,以清流品。

卷七百五十二《刑部三十》

各省乐籍并浙省惰民丐户,皆令确查削籍改业为良。若土豪地棍仍前逼勒陵辱,及自甘污贱者,依律治罪。其地方官奉行不力者,该督抚查参照例议处(谨案此条雍正三年定)。

[清]昆冈、李鸿章等修:光绪朝《大清会典事例》,光绪朝版本。

《清通典》

卷九《食货》

(雍正)七年谕:粤东蜑户以船为家,捕鱼为业,粤民视为卑贱,不容登岸居住,局蹐舟中,甚为可悯。蜑户本属良民,且输鱼课,与民相同,安得强为区别,着有司通行晓谕,准其于近水村庄居住,与齐民一同编列甲户,不得欺凌驱逐。是年,以广西宁明、东兰二州改土为流,免其编审。八年,以江南苏州常熟昭文二县丐户,族居沿海,久陷沉沦,准其削除丐籍,同列编氓。

（乾隆）三十六年，定削籍乐户、惰民、疍户、九姓渔户、丐户等，报捐应试，例自改业之人始，下逮四世，本族亲支皆系清白自守者，准报捐应试。

[清]官修：《清通典》，文渊阁四库全书本。

光绪朝《大清会典》

卷十七《户部》

区其良贱。四民为良，奴仆及倡优隶卒为贱，其山西陕西之乐户，江南之丐户，浙江之惰民，皆于雍正元年、七年、八年，先后豁除贱籍。如报官改业后已越四世，亲支无习贱业者，即准其应考出仕。其广东之疍户、浙江之九姓渔户，皆照此例。凡衙门应役之人，除库丁、斗级、民壮，仍列于齐民。其皂隶、马快、步快、小马、禁卒、门子、弓兵、仵作、粮差及巡捕营番役，皆为贱役。长随亦与奴仆同。其奴仆经本主放出为民者，令报明地方官，咨部覆准入籍。其入籍后所生之子孙，准与平民应考出仕，京官不得至京堂，外官不得至三品。

卷三十二《礼部》

各申以禁令。童生考试有冒籍、顶替、请代、匿丧、假捏姓名、身遭刑犯，及出身不正，如门子、长随、番役、小马、皂隶、马快、步快、禁卒、仵作、弓兵之子孙，倡优、奴隶、乐户、丐户、疍户、吹手，凡不应应试者混入，认保、派保、互结之五童，互相觉察，容隐者五人连坐，禀保黜革治罪。

[清]昆冈、李鸿章等修：《光绪朝大清会典》，光绪朝版本。

《清通志》

卷八十五《食货略》

（雍正元年）时山西省有曰乐籍，浙江绍兴府有曰惰民，江南徽州府有曰伴当，宁国府有曰世仆，苏州之常熟、昭文二县有曰丐户，广东省有曰疍户者，该地方视为卑贱之流，不得与齐民同列甲户。上甚悯之，俱令削除其籍，与编氓同列。而江西、浙江、福建又有所谓棚民，广东有所谓寮民者，亦令照保甲之法，案户编查。

[清]官修：《清通志》，文渊阁四库全书本。

《清文献通考》

卷十九《户口考》

（雍正）又令山西等省之乐户、浙江之惰民，俱除籍为良。山西等省有乐户一项，其先世因明建文末不附燕兵被害，编为乐籍，世世不得自拔为良民。至是令各属禁革，俾改业为良。又浙江绍兴府之惰民，与乐籍无异，亦令削除其籍，俾改业与编氓同列。至五年，以江南徽州府有伴当，宁国府有世仆，本地呼为细民，其籍业与乐户惰民同，甚有两姓丁户村庄相等，而此姓为彼姓执役有如奴隶，究其仆役起自何时，则茫然无考，非实有上下之分，特谕开除为良民。八年以苏州府之常熟、昭文二县丐户，与浙江惰民无异，准其削除丐籍。

（乾隆）三十六年礼部会同户部议准：陕西学政刘墫奏，山陕等省乐户丐户，请定禁例，案内酌议，削籍之乐户、丐户，原系改业为良，报官存案，如果被濯旧污，阅时久远，为里党所共知者，自不便阻其向上之路。应请以报官改业之人为始，下逮四世，本族亲支皆系清白自守，方准报捐应试。该管州县取具亲党邻里甘结，听其自便，不许无赖之徒藉端攻讦。若系本身脱籍，或系一二世，及亲伯叔姑姊尚习猥业者，一概不许滥厕士类，侥幸出身。至广东之疍户、浙江之九姓渔户，及各省凡有似此者，悉令该地方照此办理。但此等甫经改业之户，惟不准遽行报捐应试。至于耕读工商，业已为良，应悉从其便。如有势豪土棍藉端欺压讹诈者，该地方官仍严行查禁惩治，以儆刁风，以安良善等因。疏入，从之。

臣等谨按：山陕等省乐户，其先世因明建文末不附燕兵被害，编为乐籍，世世不得自拔为良民，相沿日久，至雍正元年荷蒙世宗宪皇帝沛宽大之诏，除籍为良。八年又以苏州府之常熟、昭文二县丐户，与浙江惰民无异，亦准其削除丐籍，盖俱已仰沐鸿恩，予以自新之路矣。至是因学臣之请复，蒙谕旨准于四世以后，令其报捐应试，且推及广东之疍户、浙江之九姓渔户等一例办理，凡此微贱编氓，抑何幸蒙圣朝之宽典也哉。

卷七十二《学校考》

又议准陕西学政刘墫奏称：山陕之乐户、江浙之丐户，虽编籍由来无不确据，而其相仍托业实属卑污。雍正元年，因御史年熙、噶尔泰先后条奏，准令除籍，改业得为良民，正所以杜其邪僻之路，非即许其厕身衣冠之林。嗣后应酌定限制，如削籍之乐户、丐户，应以报官改业之人为始，下逮四世，本族亲支皆系清白自守，方准报捐应试。该管州县取具亲党里邻甘结，听其自便。若仅一二世及亲伯叔姑姊尚习猥业者，一概不许侥幸出身。其广东之疍户、浙江之九姓渔户，及各省凡有似此者，悉令该地方官照此办理。所有从前冒滥报捐各生，均行斥革。

［清］官修：《清文献通考》，文渊阁四库全书本。

《皇朝通典》

卷九《食货九》

（雍正元年）山西等省民人，有因先世在明建文末不附燕兵被害者，其子孙编为乐籍，浙江绍兴府有与乐籍无异者，曰惰民，向例均不得为良。是年，俱削除令改业与齐民同。

（雍正四年）定江南、浙江、福建三省搭棚居山之棚民，广东省搭寮居山之棚民，俱令州县照保甲之例，按户编查入册。

（雍正五年）谕：江南徽州府之伴当、宁国府之世仆，及丁户、仆役无据者，均照乐籍惰民例开除为良。

（雍正八年）以江南苏州常熟、昭文二县丐户，族居沿海，久陷沉沦，准其削除丐籍，同列编氓。

（乾隆三十六年）定削籍乐户、惰民、疍户、九姓渔户、丐户等，报捐应试，例自改业之人始，下逮四世，本族亲支皆系清白自守者，准报捐应试。

官修：《皇朝通典》，四库全书本。

《清史稿》

卷一百二十《食货志一》

此外改籍为良亦有清善政，山西等省有乐户，先世因明建文末不附燕兵，编为乐籍。雍正元年，令各属禁革，改业为良，并谕浙江之惰民、苏州之丐户，操业与乐籍无异，亦削除其籍。

五年以江南徽州有伴当、宁国有世仆，本地呼为细民，甚有两姓丁口村庄相等，而此姓为彼姓执役，有如奴隶，亦谕开除。七年以广东疍户以船捕鱼，粤民不容登岸，特谕禁止，准于近水村庄居住，与齐民一体编入保甲。

乾隆三十六年，陕西学政刘嶟奏请，山陕乐户、丐户应定禁例，部议凡报官改业后必及四世，本族亲支皆清白自守，方准报捐应试。广东之疍户、浙江之九姓渔船，诸似此者，均照此办理。嘉庆十四年，又以徽州、宁国、池州三府世仆捐监应考，常为地方所讦控。上谕此等名分，总以现在是否服役为断，如年远文契无考，着即开豁。

赵尔巽等撰：《清史稿》，中华书局1977年版。

《裁严郡九姓渔课录》

戴 槃

九姓渔船考

严郡之建德县有所谓九姓渔船者，不知所自始。相传陈友谅明初抗师，其子孙九族贬入舟居，以渔为生，改而业船。九姓则陈、钱、林、李、袁、孙、叶、许、何，原编伏、仁、义、礼、智、信、捕七字号，大小船只二千三十一号。男每丁征银五分，妇每口征银四分一厘，建德县收其赋。道光、咸丰年间，尚存船一千数百只，其船有头亭、菱白两种，其家属随船，皆习丝弦、大小曲，以侑觞荐寝。船有"同年嫂""同年妹"之称，其实嫂妹皆雇觅桐庐、严州人为之，世人误"桐严"为"同年"，故有此称。船只名为"江山"，而实非真"江山船"也。真"江山船"甚小，并无女子，或在浅滩拨货，或搭肩挑过客。又有船名"芦鸟"，系义乌人所业，形制宽敞，同于茭白，惟旁无窗橹，殆不欲自同于九姓船也。

由钱江而上至衢州，号为"八省通衢"，而福建之茶纸、江西之磁纸、广东之洋货、宁波之海货，来往必由。富商大贾，非头亭、茭白不坐，豪宦亦然。沉溺倾覆，迷而不悟，耗费资财，诚不可以数计。观其妇女，并无珠翠锦绣之饰，花粉所资，半耗于衙前之需索，半耗于舟中之縻费，水脚较寻常船只已加一倍。而登舟后而无计可引，绝不与妇女通一语者，杂派各费，又加一倍。其扰害行旅，败坏风俗，未有甚于此者。历来地方长官以及往来贵客，既耳习以为固然，复目睹而无复过问。

余选授桐乡，于甲寅秋九月到浙，即委查看徽严交界防堵，坐陈姓茭白船到严州。陈姓有求裁九姓渔课之请，余未悉其详，漫应之曰："将来如有任严州府时，再行请革。"迨事阅十年，适余权篆斯郡，遂为之详请裁革，以践前言。今奉各大宪俯如所请，并出示严禁窝娼宿弊，现各船皆知敛迹，水脚之外无他费，亦如芦鸟船焉。而或者谓积习相沿，由来已久，恐欲禁而终不能遏也。余谓不然，今之时非昔之时可比也。昔则九姓各船须征课银，今则渔课全裁，其可禁者一也。昔则九姓止准舟居，而不准陆居，今则舟陆悉听其便，其可禁者二也。昔则九姓以渔为业，而不能改习他业，今则士农工商均准习业，其可禁者三也。况当此兵燹之后，船只止有数十号，九姓亦止存三百余户，茭白船只稀少，改业芦鸟船之人甚多，其中稍知向上者，必能改贱为良。间有不肖之徒，仍染旧习，地方官如能随时查禁，无难力除净尽旧染污俗，咸与维新，其在此时欤。

禀请奏裁建德县渔课由

敬禀者：窃卑府于地方应办事宜，无不悉心筹划。其中当兴者兴，当革者革，随时酌量禀办。查有严属建德县渔课一项，积习相沿已久，为害不可胜言。浙省各县有编征渔课银两，因地多水乡，渔人以捕鱼为业，是以照例完课。严属建德县九姓之渔课，则与各县渔人所完之税，大不相同。

卑府伏查：建德县之渔课，始于明洪武年间。九姓则陈、钱、林、李、袁、孙、叶、许、何。相传陈友谅明初抗师，子孙九族家属，贬入舟居。有明之所谓校坊，无以异也。由明至今，数百年来，渔课照完，舟中所居之妇女，名为眷属，无异官妓。迄今日久年深，九姓之姓常存，九姓之名已难遍考。近数十年来，船只名为江山，各船户大率在外构（购）买妇女，到船作为眷属，以此营生，而来往商民不能不坐此船，耗费日甚，淫侈者以致倾家荡产而不顾。船只愈添愈多，商民愈用愈困。船以奉官为名，官吏既征钱粮，即有不能禁止之势。渔课虽征银无多，胥役之在外浮收需索，加增无数。至咸丰十一年兵燹以来，江山船只焚毁者不下数百只，近只存数十只，现又渐次添造，仍沿旧习，牢不可破。刻下建德渔课尚未开征，而九姓渔船若不趁此时革除，地方穷苦已甚，商民仍竞为淫侈，势必更形困乏。

今欲禁百姓之淫侈，则必禁江山船之妇女；欲禁江山船之妇女，则必裁建德县之渔课。查《建德县船庄册》裁，原额征丁银二百一十八两一钱八分五厘，雍正五年已摊入田地山塘,均匀带征,毋庸议裁。惟渔课一项,仍照旧征收。内解藩司衙门马械银两,并卑府衙门给发马快工食,以及修仓、刑具、充饷等款,共计银九十四两五钱五分八厘。卑府拟将此项银两全行裁减,如有必不可少之款,另行筹补。九姓渔民课钞永远裁革,于国课无损,于人心有益。渔课一裁,不得以九姓为名,借口完课;船中之妇女不准再作娟妓,为害商民,庶数百年之恶习可除。严属渔课为数无多,拟请奏裁,是否有当,敬祈宪示遵行,肃具寸禀虔请钧安。

各批附

同治五年二月□日禀,奉巡道宪和批,既据通禀,仰候抚督宪暨臬藩宪批示,录报缴。

又奉臬宪杨批:所禀系为整饬地方风俗起见,既据通禀,仰候两院宪既巡道藩司批示缴。

又奉藩宪杨批:现据该府禀,奉抚宪批示,已会同臬司议详免征,并另札遵办在案,仰俟奉批另行饬遵,仍候督宪暨巡道臬司批示缴。

又奉督抚左批:仰浙江布政使司核议详办,仍候抚部院批示缴。

又于四月二十四日奉藩宪杨札开,查接管卷内奉抚宪马批:该府禀建德县渔课拟请奏裁,由奉批查江山船名目,自钱江起至金衢一带,所在皆有,贻害行旅,由来已久,自应严行示禁,因该府请免渔课,是否将该府渔课裁免之后,即可全行禁绝?仰布政使会同按察使核议,详覆饬遵。仍候督部堂批示缴,等因奉此。并据该府具禀到司。查该府禀叙建德县九姓渔课,始于明洪武年间,相传陈友谅明初抗师,其九族贬入舟居,承完各情,代远年湮,本无考据。况年征银九十四两五钱五分八厘,据称提解藩司衙门马械款,暨提给府衙门马快工食、修仓、刑具、充饷等款。检查司案,该县渔课银内,并无提解藩库马械款目,只有各府年解府地丁款,在各府以修仓、刑具、充饷等款名目,备具文批,解司作完府地丁款,汇入通省地丁题销案内造报。计考直同正项:该府有闰之年解银一十九两六钱七分一厘,无闰之年解银一十七两八钱一分,所禀提解银款数目,自系查叙之误。至提给府款历未造销,尤为外办可知。窃以渔课钱粮,顾名思义,完自捕鱼船户,原不准藉以窝娼,因年深日久以来,易船名为江山,装载客商,容留娼妓,屡禁终不能遏。现当百度更新,请求整饬之际,该府图挽敝习,维持风化,请将九姓年完渔课九十四两五钱五分八厘,奏明裁免,其有提解必不可少者,另行筹补,似应如禀办理。第此项渔课银内,惟该提解藩库府地丁一款,系属造报达部,其征解款目银数内外档案,又皆不符,自应毋庸奏咨,免多窒碍。即准自同治五年为始,永免征输,出示晓谕,使各船户周知。所有年额应解府地丁银两,永令于留给该府办公经费项下,按年提解,以符造报。此外可裁则裁,如有必不可裁者,亦令自筹解给。经此次免征渔课以后,并责该府将江山船窝娼为害宿弊,实力永禁,务使驱除尽净,毋托空言,徒裁额税。除会同臬司议详外,合亟札饬,札到该府,即饬遵照,仍候奉批,另饬遵办,毋违。

臬藩宪会详稿

布政使司杨、按察使司高为遵批核议详情事。窃奉抚宪马宪台批：严州府禀建德渔课拟请奏裁，由奉批查：江山船名目，自钱江起自金衢一带，所在皆有，贻害商旅，由来已久，自应严行示禁。惟该府请免渔课，是否将该渔课裁免之后，即可全行禁绝。仰布政使会同按察使核议详覆，饬遵。仍候督抚堂部批示缴，等因奉此，并据该府具禀到司。本司会查得该府禀叙：建德县九姓渔课，始于明洪武年间，相传陈友谅明初抗师，其九族贬入舟居，承完各情，代远年湮，本无考据。况年征银九十四两五钱五分八厘，据称提解本藩司衙门马械款，暨提给府衙门马快工食、修仓、充饷等款。查检司案，该县渔课银内，并无提解藩库马械款目，止有各府年解府地丁款，在各府以修仓、刑具、充饷等名目，备具文批，解司作完府地丁款，汇入通省地丁题销案内造报。计考直同正项：严州府有闰之年解银一十九两六钱七分一厘；无闰之年，解银一十七两八钱一分。所禀提解银款数目，自系查叙之误，至提给府款，历未造销，尤为外办可知。窃以渔课钱粮，顾名思义，完自捕鱼船户，原不准藉以窝娼。惟年深日久以来，易船名为江山，装载客商，窝留娼妓，历禁终不能遏。现当百度更新，诸求整饬之际，该府署戴守图挽敝习，维持风化，请将九姓年完渔课银九十四两五钱五分八厘，奏明裁免，其有提解必不可少者，另行筹补，似应如禀办理。第此项渔课银内，惟该府提解藩库府地丁一款，系属造报达部，其征解银数款目，内外档案又皆不符，应请毋庸奏咨，免多窒碍。即准自同治五年为始，永免征输，出示晓谕，使各船户周知。所有年额应解府地丁银两，永令于留给该府办公经费项下，按年提解，以符造报。此外可裁则裁，如有不可裁者，亦令自筹解给。经此次免征渔课以后，并责该府将江山船窝娼为害宿弊，实力永禁，务使驱除净尽，毋托空言，徒裁额税，是否有当？理合遵批会议，详覆请。伏祈宪台察核，批示饬遵。除呈抚督宪外。为此备由呈，乞照详施行。

同治五年四月□日，详奉抚宪马批：如详。办理此项渔课，准自今年为始，永免征输。仰即由司出示晓谕，一面责成各该府县，务将江山窝娼船只，实力查禁，驱除净尽。其非娼船仍不得借端勒索，至干拿究。切切，仍候督部堂批示缴。

又奉督抚左批：如详，饬遵办理。戴署府复禀请附奏：准渔户除籍改业。所见亦是。前已批示随案核议，详夺在案，仰即查照前批，核议详夺，毋迟。并候抚部院批示缴。

禀九姓渔户准令改贱为良由

敬禀者：窃卑府前查明建德县九姓渔课一项，详请裁革，业经详细具禀在案。卑府伏思：渔课如能奏裁，则九姓渔户之名即可革除，应准各渔户改贱为良，所有耕读工贾，悉从其便。查《学政全书》载明："乾隆三十五年娼优隶卒，专以本身嫡派为断。本身既经充当贱役，所生子孙例应永远不准收考。其子孙虽经出继与人后者，终系下贱嫡裔，未便混行收考，致启隐匿冒考等弊。乾隆三十六年议准山西、陕西之乐户，浙江之丐户，虽编籍由来无可确据，而其相仍托业，定属卑污。雍正元年因御史年熙、噶尔泰先后条奏，准令除籍改业得为良民，正所以杜其邪僻之路，非即许其厕身衣冠之林也。嗣后因酌定限制，以清冒滥，如削籍之乐户、丐户，改业为良报官存案，袯濯旧污，阅时久远，为里党所共知者，不便阻其向上之路，应以报官改业之人为始，下逮四世，本族亲支皆系清白自守，方准报捐应试。该管州县取具亲党里邻甘结，听其自便，不许无赖之徒藉端攻讦。若系本身脱籍，或仅一二世，亲伯叔姑姊沿习猥业者，一概不许侥幸出身。其广东之疍户、浙江之九姓渔户，凡有似此者，悉令该地方官照此办理，所有从前冒滥报捐各生，均行斥革。再此等甫经改业之户，惟不准即行报捐应试，至于耕读工贾，业已为良，应悉从其便。如有势豪土棍，藉端欺压讹诈者，该地方官仍严行查禁惩治，以儆刁风等因。"卑府查浙江九姓之渔户，准地方官照此办理。惟甫经改业之始，不准遽行报捐应试。如报官改业之人，下逮四世皆系清白自守，亦准照办。卑府现请裁渔课，拟革除九姓渔户名目，自应准令除籍改业，得为良民，以杜其邪僻之路，应请一并附奏。肃具寸禀，虔请钧安。

同治五年三月□日禀奉巡道宪和批：既据通禀，仰候督抚宪暨臬藩批示，录报缴。

又奉臬宪高批：既据通禀，仰候两院宪暨巡道藩司批示缴。

又奉藩宪杨批：查此案已据该府禀，奉抚督宪批示到司，另札行知矣。仰即查照，仍候臬司巡道批示缴。

又奉藩宪杨札开：案奉督宪左批：该府禀九姓渔户准令改业为良缘由，奉批。前据禀请奏裁九姓渔课业，经批司核议，详办在案，兹复具禀，请附奏准渔户除籍改业。所见甚是。仰浙江布政司随案核议详夺。仍候抚部院批示缴。

又奉抚宪马批：该府禀同前由，奉批。前据该府请裁渔课，即经批司议详在案。据禀前情，仰布政司会同按察司一并核议详复饬遵，仍候督部堂批示缴，等因奉此。除核议会详，仍俟奉到宪批，另行饬遵外，合行钞详札饬，札到该府，即便查照，毋违。

臬藩宪会详稿

布政使司杨、按察使司高为遵批议详事：

窃奉督宪左批：严州府"禀九姓渔户准令改贱为良"缘由，奉批，据禀请奏裁九姓渔课，业经批示核议，详办在案。兹复据禀请附奏，准渔户除籍改业，所见甚是。仰浙江布政司随案核议详夺，仍候抚部院批示缴。

又奉抚宪马批：严州府禀同前由，奉批。前据该府请裁渔课，即经批司议详在案。据禀前情，仰布政司会同按察司一并核议，详覆饬遵。仍候督部堂批缴，各等因奉此，并据该府具禀到司，除请裁渔课一案，先已核议会详，外本司等。会查《学政全书》内载"乾隆三十六年议准山陕之乐户、浙江之丐户，虽编籍由来无可确据，而其相仍托业实属卑污。雍正元年因御史年熙、噶尔泰先后条奏，准令除籍改业，得为良民。正所以杜其邪僻之路，非即许其厕身衣冠之林也。嗣后因酌定年限，以清冒滥，如削籍之乐户、丐户，改业为良，报官存案，祓濯旧污，阅时久远，为里党所共知，自不便阻其向上之路，应以报官改业之人为始，下逮四世，本族亲支皆系清白自守，方准报捐应试。该管州县取具亲党里邻甘结，听其自便，不许无赖之徒藉端攻讦。若系本身脱籍或仅一二世，亲伯叔姑姊尚习猥业者，一概不许侥幸出身。其广东之疍户、浙江之九姓渔户，凡有似此者，悉令地方官照此办理。所有从前冒滥报捐各生，均行斥革。再此等甫经改业之户，惟不准遽行报捐应试，至于耕读工贾，业已为良，应悉从其便。如有势豪土棍，藉端欺压讹诈者，该地方官仍严行查禁惩治，以儆刁风"等语。兹据该府禀请，革除九姓渔户名目，概令除籍改业为良，系为杜其邪僻之路，予以自新起见，应请如禀办理。第查九姓渔户，虽然除籍改业，非即许其滥厕衣冠，所有报捐应试，应仍以报官有案之人为始，下逮四世，果能清白自守，方准捐考，以符向例，理合核议会详。仰祈宪台察核，除详抚学督宪外，为此备由，呈乞照详施行。

同治五年六月□日，详奉抚宪马批，仰即如详，转饬遵办。至九姓渔户现有何姓？每姓现有几户？并即饬令查明造册，通送备案，以资稽考，仍候学督部院堂批示缴。

又奉督宪左批：即准概令改贱为良，复不准其报捐应试，必俟四世清白自守，方准捐考，虽系遵奉从前雍正年间谕旨办理，然未免仍涉拘泥。计自雍正元年至今一百四十余年，已历四世矣。此次既已准其改贱为良，若仍俟四世清白，方准捐考，是同治五年奉行雍正元年谕旨也，徒予势豪土棍欺压之柄，没渔户清白自守之实，于义无取。仰即悉心核议。改详备案，仍候浙学抚部院批示缴。

又奉学宪吴批示：会详。九姓渔户改业，下逮四世，果能清白自守，准其捐考等情，如详准行，仍候抚督部院堂批示缴。

藩宪札稿

布政使司杨札开：同治五年七月二十八日，奉督宪左批，本司等会议详核"严州府九姓渔户准令改贱为良"缘由，奉批既准，概令改贱为良，复不准其报捐应试，必俟四世清白自守，方准捐考，虽系遵奉从前雍正年间谕旨办理，然未免仍涉拘泥。计自雍正元年至今一百四十余年，已历四世矣。此次既已准其改贱为良，若仍俟四世清白，方准捐考，是同治五年奉行雍正元年谕旨也，徒予势豪土棍欺压之柄。没渔户清白自守之实，于义无取。仰即悉心核议，改详备案。仍候浙学抚部院批示缴。

又同治五年八月初八日，奉抚宪马札开：同治五年七月二十七日准督部堂左咨同前，由札司即便遵照各等因奉此。遵查《学政全书》内载"乾隆三十六年议准山陕之乐户、浙江之丐户，虽编籍由来无可确据，而其相仍托业，实属卑污。雍正元年因御史年熙、噶尔泰先后条奏，准令除籍改业得为良民，正所以杜其邪僻之路，非即许其厕身衣冠之林也。嗣后因酌定限制，以清冒滥，如削籍之乐户，改业为良报官存案，祓濯旧污，阅时久远，为里党所共知者，不便阻其向上之路，应以报官改业之人为始，下逮四世，本族亲支皆系清白自守，方准报捐应试。该管州县取具亲党里邻甘结，听其自便，不许无赖之徒藉端攻讦。若系本身脱籍，或仅一二世，亲伯叔姑姊尚习猥业者，一概不许侥幸出身。其广东之疍户、浙江之九姓渔户，凡有似此者，悉令该地方官照此办理"等语。推原例意，盖以捐考两途，须清流品。若今日改贱为良，即今日准其捐考，既难保无冒混之弊，且授地方以攻讦之端。刌捐考必开三代，正所以稽其来历。若三代中曾经服习猥业，其子孙即不准捐考，是以例载必自报官改业之人为始，下逮四世清白自守，方准报捐应试，不以从前定例之年为始也。此案：九姓渔户准其改贱为良，其捐考期限，似应请照前详办理，于义例庶为允协。奉饬前因，除详覆外，合行钞录。现详及前详札饬，札到该府，即便转饬遵办，毋违，特札。

同治五年十月□日札

臬藩宪覆详稿

布政使司杨、按察使司王为遵批核议覆详事：

窃奉督宪左批，本司等会议详覆"严州府九姓渔户准令改籍为良"缘由，奉批既准，概令改贱为良，复不准其报捐应试，必俟四世清白自守，方准捐考，虽系遵奉从前雍正年间谕旨办理，然未免仍涉拘泥。计自雍正元年至今一百四十余年，已历四世矣。此次既已准其改贱为良，若仍俟四世清白，方准捐考，是同治五年奉行雍正元年谕旨也，徒予势豪土棍欺压之柄，没渔户清白自守之实，于义无取。仰即悉心核议，改详备案，仍候浙学抚部院批示缴。

又同治五年八月初八日奉抚宪马札开：同治五年七月二十七日准督部堂左咨同前由札司，即便遵照各等因奉此。遵查《学政全书》内载："乾隆三十六年议准山陕之乐户，浙江之丐户，虽编籍由来无可确据，而其相仍托业，实属卑污。雍正元年因御史年熙、噶尔泰先后条奏，准令除籍改业，得为良民，正所以杜其邪僻之路，非即许其厕身衣冠之林也。嗣后因酌定限制，以清冒滥，如削籍之乐户，改业为良报官存案，袚濯旧污，阅时久远，为里党所共知者，自不便阻其向上之路，应以报官改业之人为始，下逮四世，本族亲支皆系清白自守，方准报捐应试。该管州县取具亲党里邻甘结，听其自便，不许无赖之徒藉端攻讦。若系本身脱籍，或仅一二世，亲伯叔姑姊尚习猥业者，一概不许侥幸出身。其广东之疍户、浙江之九姓渔户，凡有似此者，悉令该地方官照此办理"等语。推原例意，盖以捐考两途，须清流品，若今日改贱为良，即今日准其捐考，既难保无冒混之弊，且授地方以攻讦之端。刌捐考必开三代正所以稽其来历，若三代中曾经服习猥业，其子孙即不准捐考，是以例载必自报官改业之人为始，下逮四世清白自守，方准报捐应试，不以从前定例之年为始也。此案：九姓渔户准其改贱为良，其捐考期限，似应请照前详办理，于义例庶为允协。奉饬前因，理合遵批，会议覆详，伏祈宪台察覈批示饬遵。除呈抚学督宪外，为此备由，呈乞照详施行。

同治五年十月□日详奉抚宪马批：如详饬遵。仍候学督部院堂批示缴。又奉督宪英批示：如详办理。仍候浙学抚部院批示缴。

禀裁九姓渔课应请详禀者奏咨由

敬禀者：窃卑府前奉宪札内开"此项渔课银两，惟该府提解藩库府地丁一款，系属造报达部，其征解款目银数，内外档案又皆不符，自应毋庸奏咨，免多窒碍等因"，奉此卑府伏查九姓渔户课钞，载入《建德县志》并《赋役全书》。此时既奉裁革，必须详请奏咨，若由外办，恐日久仍复旧征，而此弊不能永除。且查雍正年间，议准山陕之乐户，浙江之丐户，除籍改业得为良民，浙江九姓之渔户，亦准照此办理。而其所以相仍托业，至今未改者，实因渔课未改之故。今既裁渔课，并准九姓报官改业，应以改业之人为始，下逮四世清白自守，方准报捐应试。此后须俟定案后，九姓各户方能报官存案。查九姓渔课，年完银九十四两五钱五分八厘，皆系严州府衙门支用之款。内除修仓、刑具、充饷等名目，作为府地丁按年解司题销，有闰之年解银一十九两六钱七分一厘，无闰之年解银一十七两八钱一分，仍照旧由严州府衙门于办公银款内，照数筹解外，其余银两向不报部，皆属可裁之款，应请全行裁汰。伏祈宪台察核详情奏咨，实为公便。肃具寸禀，虔请钧安。

同治五年九月□日禀奉藩宪杨批：查建德县年征九姓渔户课钞，抵解府地丁银两，前已会详两院宪奉批：自同治五年为始，永免征输，其府地丁银一款，由府于办公经费项下按年提解在案。今该守以"日久恐复旧征"，禀请奏咨，所虑亦是。仰候行令该府县存，俟修纂《志书》《全书》之时，续增备查，一面详请咨明户部，立案可也。此缴。

藩宪详稿

布政使司杨为详请立案事。窃查严州府每年额解府地丁款，无闰之年解银一十七两八钱一分，有闰之年解银一十九两六钱七分一厘，向归建德县编征。九姓渔户课钞银两，由府提解司库，汇入通省地丁银项下造报题销。渔户即习猥业之户，九姓则陈、钱、林、李、袁、孙、叶、许、何等姓。其款之来由，代远年湮，档案毁失，实已无从追溯。各渔户以船为家，藉完课钞，易船名为江山，装载严江过往商旅，并藉以窝娼妓，亦须由来有渐，地方官屡禁终难尽遏。兵燹之后，与民更新。前署府概令削籍改业，一律将年征渔户课钞禀请永免征解。奉饬议详，遵经本司会同臬司议，将是项渔户课钞，自同治五年为始，永免征输。其应解府地丁银两，永由该府于办公经费项下，按年提解，以补缺额。自此次免征渔课之后，并责该府将江山船窝娼宿弊，实力永除。详奉宪台批准，饬遵在案。兹复据前署严州府戴守"以年征渔户课钞，载入《建德县志》，并《赋役全书》，现既奉准裁免，若仅由外办理，恐日久仍复旧征，禀请转详奏咨等情"到司。据此本司查建德县年征九姓渔户课钞，抵解府地丁银两，即准于同治五年为始，永免征输。其府地丁银两，由严州府按年解补缺额，事涉更张，期垂久远。该府署既虑日久仍复旧征，应行请咨户部立案，仍饬该府县存，俟修纂志书之时，续增备查。除批示外，理合备文详请。

伏祈宪台察核府赐,咨部立案。为此备由,呈乞照详施行。

　　　　　同治五年十月□日详奉督宪英批:仰候抚部院核咨缴。

　　　　　　　　又奉抚宪马批:仰候咨部立案。缴。

抚宪咨稿

　　浙江巡抚马为详咨立案事。据布政使杨昌濬详称:窃查严州府每年额解府地丁一款,无闰年额银一十七两八钱一分,有闰年额银一十九两六钱七分一厘,向归建德县编征。九姓渔户课钞银两,由府提解司库汇入通省地丁项下造报题销。渔户即素习猥业之户,九姓则陈、钱、林、李、袁、孙、叶、许、何等姓。其款之来由,代远年湮,档案毁失,实已无从追溯。各渔户以船为家,藉完课钞,易船名为江山,装载严江过往商旅,并藉以窝娼妓,亦系由来有渐,地方官屡禁终难尽遏。兵燹之后,与民更新。前署府戴守概令削籍改业,一面将年征渔户课钞,禀请永免征解,奉饬议详遵。经本司会同臬司议,将是项渔户课钞,自同治五年为始,永免征输。其应解府地丁银两,永由该府于办公经费项下按年提解,以补缺额。自此次免征渔课之后,并责该府将江山船窝娼宿弊,实力永除。详奉抚部批准,饬遵在案。兹复据前署严州府戴守"以年征渔户课钞,载入《建德县志》并《赋役全书》。现既奉准裁免,若仅由外办理,恐日久仍复旧征,禀请转详奏咨等情"到司。据此本司查:建德县年征九姓渔户课钞抵解府地丁银两,既准于同治五年为始,永免征输,其府地丁银两由严州府按年解补缺额,事涉更张,期垂久远。该府署既虑日久仍复旧征,应行请咨户部立案,仍饬该府县存,俟修纂《志书》《全书》之时,续增备查。除批示外,理合详请咨明户部立案等情到本部院,据此相应咨明。为此合咨贵部,请烦查照立案施行,一咨户部。

　　　　　　　　　　　　　　　同治五年十二月□日咨

禀禁止江山船窝娼请饬杭绍金衢一体遵办由

　　敬禀者:窃卑府前禀请裁建德县九姓渔课,奉宪台札开,转奉抚宪马批开,如详办理,准自今年为始,永免征输,仰即由司出示晓谕,一面责成各该府县,务将江山船窝娼船只实力查禁,驱除净尽。其非娼船,仍不准藉端勒索,致干拿究,等因奉此。卑府伏查:九姓渔户设立,归于建德邑纳粮,向有颁给油票、门牌之例。其余别姓船只,即由该管县分办理。今渔课既奉裁减,九姓遵令改贱为良,名目永请革除,所有江山船只门牌,无容建德县颁给,自应由该管县分给予门牌收管。至窝娼宿弊,应令各县实力示禁。卑府现查江山船只,严郡建德县只有一号,系属陈姓,其余杭绍金衢四郡皆有,敬祈宪台通饬各府,一体严禁,庶可以挽颓风而除恶习。除卑府出示禁止外,理合据实禀明,肃具寸禀,虔请钧安。

附禀刊刻《简明告示》,移行各府一律颁给实帖由

　　再禀者:窃卑府前奉宪台批示,饬令禁止江山船只窝娼宿弊。卑府查得严郡止有一

只，其余杭绍金衢四府皆有，禀请通饬各府，一律禁止。卑府查九姓渔户船只，向归严州建德总管，现拟刊刻《简明告示》一道，分给各船实帖，俾得周知。除建德船只业经颁示外，所有杭绍金衢四府船只，即拟将告示移行各府，转饬各县并各船局，一律颁给实帖。谨将示稿抄呈，钧电是否有当，恭候宪示遵行。

又禀：同治五年五月□日禀奉藩宪杨批：据禀已悉，仰候札饬杭绍金衢四府一体严禁，此缴。

禀请出示严禁江山船只窝娼饬各府一体勒石由

敬禀者：窃卑府前请裁严郡九姓渔课并改贱为良，禁止宿娼宿弊，以维风化，已详奉宪台，通饬沿江各府，一体查禁在案。卑府伏查：九姓渔户窝娼，积习由来已久，其扰害商旅，败坏风俗，莫此为甚。自奉宪示后，各船皆知敛迹，所有严州原征渔课，沿江地方以及杭州府之钱江、绍兴府之义桥、金华府之兰溪、衢州府之西安，向系各船集处，犹恐日久弊生，复蹈从前故习，亟宜勒石示禁，以垂久远。伏祈宪台给示，通饬杭、绍、金、衢严各府，一体勒石永禁，肃具寸禀，虔请钧安。

同治六年二月□日

禀奉臬宪王批：已如禀，札饬各府转饬勒石示禁矣。仰即知照缴示钞发。

又奉藩宪杨批：仰候通饬杭、绍、金、衢、严五府，即将现颁告示，勒石永禁，并候臬司批示，缴。

移杭绍金衢各府文

移知事，照得敝府详请奏裁建德县九姓渔课，已奉各府批示，并奉抚宪批准在案，此次免征渔课以后，并责敝府将江山船窝娼为害宿弊，实力永禁，务使驱除净尽。敝府查江山船只，不仅严属之船，贵府属下也有此船只。渔课既裁，自应一律禁止。禀明藩宪，通饬遵办。并敝府刊刻《简明告示》呈送，拟每船各发一道实帖，俾船户无不周知。现奉藩宪批准，理合备文移明。为此合移贵府，将移送告示转饬各属、各船局，颁给九姓船只实帖，俾得咸知，以杜宿弊，望速施行，须至移者。

同治五年六月□日移

钞札饬建德县免征渔课札

札建德县知悉：照得本府禀请奏裁九姓渔课，已奉臬藩宪会详，转奉抚宪批准，自五年为始，永免征输，合行钞详札饬札到该县，即便遵照。所以应征渔课一项，永远停止。特札。钞粘札稿。

同治五年五月□日札

钞详札建德县准令九姓改贱为良报官存案札

札建德县知悉：照得本府前禀九姓渔户准令削籍改业，已奉各大宪批准在案，合行钞详札饬，札到该县，即便遵照。凡有九姓之人，赴县报明，即行注册立案，毋任胥吏需索，致阻其向上之路。切切。特札。钞粘详稿。

同治五年七月□日札

给示饬建德县颁发九姓各渔船实帖札

札建德县知悉：照得本府禀裁九姓渔课，已奉各宪批准，自五年为始，永免征输。业经钞稿札饬在案。本府现刊刻《简明告示》，凡有九姓渔船，按船给发实帖，俾得周知知合行。札发。札到，该县即便遵照。特札。

计发告示三百道。

同治五年六月□日札

府示

九姓渔课钱粮，出自江山船只。
向由建邑完粮，给发门牌油票。
本府详请奏裁，已奉大宪批准。
定自五年为始，课银一概免纳。
并准改贱为良，革除九姓名目。
船中窝娼宿弊，嗣后永行禁止。
各宜凛遵毋违，妇女不许下舱。
倘敢仍蹈故习，立即严拿究办。

府示

晓谕事：照得九姓渔户课钞，向归建德县完纳，颁给油单门牌，历来课银征数无多，而胥吏差役以公济私，浮收需索，加增无数。各船妇女花粉所资，大半饱胥吏囊橐，殊堪痛恨。现本府禀裁课银，已奉各大宪批准，自五年为始，永免征输，并禁止窝娼宿弊，叠经出示晓谕。自渔课既裁之后，九姓船只住处，即由该管地方收管，无容再由建德县给发门牌。又复禀明藩宪，并札饬建德县在案。为此示九姓渔户知悉：尔等如仍以船为业，果能清白自守，凡有胥吏差役人等，无故藉端索诈，悉准指名禀供，以凭严拿究办，决不宽贷，毋违，特示。

同治五年七月□日示

臬藩宪示

布政使司杨、按察使司高为出示谕禁事：

　　照得渔课各属钱粮，顾名思义，完自捕鱼船户，岂容藉以窝娼。查有严属之建德县，年征九姓渔课九十四两五钱五分八厘，承完各户，易船名为江山，自钱江以至金衢一带，装载客商，窝留娼妓，由来已久，屡禁终难尽遏。据署严州府戴守，以永裁渔课，可除积习等情，禀奉抚宪批示核议，业经本司会同议请，自同治五年为始，永免征输。应解银款，永令该府留给办公经费项下按年提解，并饬将江山船窝娼为害宿弊，实力永禁，毋托空言，徒裁税额等情。详蒙抚宪批示，如详办理。此项渔课准自今年为始，永免征输。仰即由司出示晓谕，一面责成各该府县，将江山船窝娼船只，实力查禁，驱除净尽。其非娼船，仍不准藉端勒索，致干拿究等因。除行严州府转饬建德县免征禁逐，并通饬沿江各府县，一体查禁驱逐外，合行出示晓谕。为此示仰完纳九姓渔人等知悉：自同治五年起，渔课钱粮，永远裁革。尔等毋须完纳，惟自后不得窝娼，其有以船为家者，亦不准再作娼妓。倘敢阳奉阴违，一经查出，定即尽法究办。各宜凛遵，毋违。特示。

同治五年五月□日示

臬藩宪勒石永禁示

　　布政使司杨、按察使司王为勒石永禁事：

　　照得防淫所以止邪，移风乃能易俗。查江山船只窝娼积习，由来已久，名为九姓渔船，实则无异妓船，其扰害商旅，败坏风俗，莫此为甚。据署严州府戴守禀称，禁止江山船只窝娼，先裁九姓渔课，免藉口完税。本司业经会详抚督宪批准，自同治五年为始，永免征输，并出示严禁窝娼宿弊，通饬沿江各府一体查禁在案。嗣又据戴守禀称，准令九姓改贱为良，所有士农工贾，悉听其便。惟不得遽行报捐应试。自报官之人，下逮四世清白自守，方准报考，以符定例。又经本司详准，该九姓渔户已准除籍改业，速赴严州府建德县衙门，报名存案，袯濯旧污，各自向上。船中如再敢窝娼，即行严拿惩办，凡有狎妓之人，一并照例严办，绝不宽贷。本司访闻示禁后，各船已知敛迹，诚恐日久弊生，又蹈从前故习。为此示九姓船户知悉：尔等既为良民，毋再由邪僻之路，致干重咎，特示。

同治六年二月□日示

裁严郡九姓渔课并令改籍为良碑记

　　严郡建德县之渔课，始于明洪武年间。九姓则陈、钱、林、李、袁、孙、叶、许、何。相传陈友谅明初抗师，子孙九族家属贬入舟居，使之身为贱业，几无异于校坊之设也。由明至今数百年来，渔课照完，舟中所居之妇女，名为眷属，实则官妓。迄今日久年深，九姓之姓长存，九姓之名已难遍考。近数十年来，船只名为"江山"，各船购买妇女作为眷属，以此营生。船以奉官为名，官吏既征钱粮，即有不能禁止之势。渔课虽征银无多，而胥吏之在外浮收需索，曾不知加增几倍。今欲禁江山船只之妇女，则必裁建德县之渔课。

　　查《建德县船庄册》裁，原额征丁口银二百一十八两一钱零，雍正年间已摊入田地山塘，均匀带征，毋庸议裁。惟渔课一项，仍照旧征收，共银九十四两五钱五分八厘，除解藩司衙门马械银，无闰之年一十七两八钱一分，有闰之年一十九两六钱七分一厘。照例另行筹解外，余系府衙门修仓充饷等用，皆属可裁之款。余乃为之请于督抚诸宪，将九姓渔户课钞永远裁革，于国课无损，于人心有益，并准九姓改贱为良。查乾隆年间议准山西陕西之乐户、浙江之丐户，虽编籍由来无可确据，而其相仍托业定属卑污。雍正元年，因御史年熙、噶尔泰先后条奏，准令除籍改业，得为良民。正所以杜其邪僻之路，非即许其厕身衣冠之林也。嗣后因酌定限制，以清冒滥，如削籍之乐户，改业为良，报官存案，被濯旧污，阅时久远，为里党所共知者，自不便阻其向上之路，应以报官改业之人为始，下逮四世，本族亲支皆系清白自守，方准报捐应试，浙江九姓之渔户，悉令地方官照此办理。乃因渔课未裁，百数十年各户仍习贱业而未改。今九姓之渔课既准裁免，九姓之人可以改业矣。惟改业之户，不准遽行报捐应试，自报官之人为始，下逮四世，方准照办。至于耕读工贾，业已为良，应悉从其便。如有势豪土棍，藉端欺压讹诈者，严行查禁惩治，以儆刁风。我国家之立法至周且备，是在地方官遵而行之。从此渔课裁而九姓之妇女不准再作娼妓，所以节其流也。渔课裁而九姓之民人可以渐入士林，所以清其源也。今大府咨部裁革，诸宪亦出示严禁，庶数百年民患可除，而积习为之一变。其所以维持风化者，匪浅鲜也，是为记。

同治五年十二月□日立

详九姓各渔户报明身家清白造册通送由

为造册申送事：窃卑府前于同治五年在严州府署任内奉藩宪杨札开，会详九姓渔户改贱为良缘由，转奉抚宪马批：仰即详转饬遵办，至九姓渔户，现有何姓，每姓现有几户，并即饬令，查明造册通送备案，以资稽考等因奉此。卑府遵即转饬建德县查明开送，今于本年四月到任，查得建德县仍未造册送府，无凭转送，复又饬查。兹据建德县潘令申称，遵查此案，原卷内开于同治六年间，据明堂船户钱星源等八十八户；又渔船户陈有富等一百零八户，共计一百九十六户，先后开具三代年貌清单，禀请入册备案。前建德县沈令，编字按户入册，填给执照在案，此外并无续报渔户造具清册，申送前来。卑府查九姓渔户报明有案者，止有一百九十六户，其未报者不少。该渔户等既不报明身家清白，难免不仍旧窝娼。除再出示晓谕，各渔户迅速赴建德县报明备案，并严禁宿娼宿弊，以期化贱为良，渐革旧习，能多一清白之民，即少一窝娼之户，于风俗不无裨益。理合将已报九姓各渔户先行造册通送，俟有续报再行补送，除送申抚宪暨道藩臬宪外，为此备由，呈乞照验施行，须至申者。

九姓渔户报案花名

第一号钱星泉	第二号钱官林	第三号钱顺进
第四号钱官海	第五号钱清福	第六号钱清海
第七号钱顺招	第八号钱顺卯	第九号钱清德
第十号钱星良	十一号钱顺富	十二号钱新发

十三号钱招狗	十四号钱祥福	十五号钱官喜
十六号钱官春	十七号钱官弟	十八号钱顺三 钱顺忠
十九号钱永祥	二十号钱心寿	二十一号钱荣富 钱荣宗
二十二号钱招友	二十三号钱维元	二十四号钱小阳
二十五号钱双喜	二十六号钱官庆	二十七号钱官富
二十八号钱心月 钱心法 钱心富		二十九号孙兰凤
三十号孙招福	三十一号孙招友	三十二号孙元福
三十三号孙雨田	三十四号孙坤发	三十五号孙兆隆
三十六号孙右有	三十七号孙早坤	三十八号孙广有
三十九号孙坤泉	四十号孙瑞玉	四十一号孙早喜 孙早寿
四十二号陈子荣	四十三号陈天扬	四十四号陈阿七
四十五号陈子明	四十六号陈子寿	四十七号陈子五 陈子旺
四十八号陈闰贵	四十九号陈运泰	五十号陈招有
五十一号许学堂	五十二号许招福	五十三号许亦伍
五十四号许早高	五十五号许长财	五十六号许士友
五十七号许照红	五十八号何通纪	五十九号何通鉴
六十号何招福	六十一号何观有	六十二号何允裕
六十三号林兰春	六十四号林高隆	六十五号林阿伍
六十六号林寄奎	六十七号林寄东	六十八号林大寿
六十九号林天荣	七十号林天富	七十一号林九皋
七十二号林顺富	七十三号叶有友	七十四号叶新春
七十五号叶招钩	七十六号叶双喜	七十七号叶招福
七十八号叶招友	七十九号叶兰寿	八十号袁纪明
八十一号叶元善	八十二号叶长明	八十三号叶红毛
八十四号袁全福	八十五号袁全才	八十六号袁双喜
八十七号袁招富	八十八号袁会友	八十九号陈有富
九十号陈如芳	九十一号陈显远	九十二号陈显珠
九十三号陈足富	九十四号陈月明	九十五号陈富有
九十六号陈照狗	九十七号陈灶富	九十八号陈双有
九十九号陈照寿	一百号陈丈兰	一百一号陈子林
一百二号陈顺发	一百三号陈子通	一百四号叶记富
一百五号陈子有	一百六号陈带有	一百七号陈照狗
一百八号陈高寿	一百九号陈招弟	一百十号陈重阳
一百十一号陈天福	一百十二号陈魁洲	一百十三号陈罗寿
一百十四号陈上怀	一百十五号陈狼松	一百十六号许下涯
一百十七号许长淇	一百十八号许杨安	一百十九号许严州

一百二十号许照友　　　一百二十一号许和尚　　　一百二十二号许灶美
一百二十三号许招福　　　一百二十四号许招有　　　一百二十五号许招弟
一百二十六号许彩富　　　一百二十七号许三妹　　　一百二十八号许心荣
一百二十九号许官荣　　　一百三十号许双富　　　　一百三十一号许福贵
一百三十二号许士宝　　　一百三十三号许麻车　　　一百三十四号许阿狗
一百三十五号许化涯　　　一百三十六号许早福　　　一百三十七号许早狗
一百三十八号许早禄　　　一百三十九号许发寿　　　一百四十号许发有
一百四十一号许家富　　　一百四十二号许官元　　　一百四十三号许春财
一百四十四号许富春　　　一百四十五号钱老五　　　一百四十六号钱新友
一百四十七号钱新珠　　　一百四十八号钱春狗　　　一百四十九号钱三妹
一百五十号钱新财　　　　一百五十一号钱顺有　　　一百五十二号钱新喜
一百五十三号钱月标　　　一百五十四号钱新顺　　　一百五十五号钱新富
一百五十六号钱万春　　　一百五十七号钱文柄　　　一百五十八号钱新杨
一百五十九号钱草包　　　一百六十号钱荣荣　　　　一百六十一号钱拜友
一百六十二号钱天华　　　一百六十三号钱天寿　　　一百六十四号钱天云
一百六十五号钱天宝　　　一百六十六号钱天月　　　一百六十七号钱百年
一百六十八号钱新奎　　　一百六十九号钱长生　　　一百七十号钱新来
一百七十一号钱妹妹　　　一百七十二号钱毛良　　　一百七十三号钱顺福
一百七十四号钱双喜　　　一百七十五号钱新发　　　一百七十六号钱新高
一百七十七号钱万寿　　　一百七十八号钱清明　　　一百七十九号钱新冬
一百八十号钱早狗　　　　一百八十一号钱顺太　　　一百八十二号钱新唐
一百八十三号孙荣太　　　一百八十四号孙林寿　　　一百八十五号孙永康
一百八十六号孙祝狗　　　一百八十七号陈高富　　　一百八十八号陈魁元
一百八十九号钱有文　　　一百九十号陈福喜　　　　一百九十一号陈老六
一百九十二号许玉弟　　　一百九十三号许容高　　　一百九十四号陈如其
一百九十五号陈荣高　　　一百九十六号孙百玉

[清]戴槃辑：《裁严郡九姓渔课录》，同治六年戴槃刻本。

论堕贫

范　寅

　　天地之生人也，有尊有卑，有大有小，有君子有小人。尊君父，卑民子也；贵官长，贱工役也；大长老，小少幼也；君子守道有德，小人聋昧玩嚣也。自古圣王遵此则治，违此则乱。虽甚仁，覆只能一视同仁，不能使尊卑、贵贱、大小、君子小人毫无区别而混同也。故《易·系辞》曰："天尊地卑，乾坤定矣。卑高以陈，贵贱位矣。"卫石碏谏庄公曰："贱妨贵，少陵长，效逆速祸也。"《易》之《否》曰："君子道消，小人道长。"是谓天地不交，其终必倾，无不以遵讳验治乱者，此其中有彝伦焉，不可戡也。然天地非有意区别也，圣王非无心拔擢也。其所以自贱者，非贱于其身，乃贱于其心其性耳。孟子"性善"之言，药战国时之苦口，原非确论；韩子"性有三品"之说，乃是定评！旨哉！孔圣有言："性相近，习相远也。""唯上知与下愚不移。"今越之有堕贫，犹徽州之有小姓，严州府之有九姓，渔船浮家泛宅于金华、衢州两府间。江西贵溪县之有狗民，同是五官四支，世世锢为人役，自为婚姻，不与民齿。明才子徐秀才渭，为张宫谕元汴修《会稽县志》，谓是焦光瓒部曲以降金，故锢之。徐公大手笔，此说岂无所据？而茹逊来著《越言释》疑而议之，旁搜远绍，意谓世无与终古之罪，愿与化贱为良。此心诚仁，然偏听自惑之私见焉。窃尝有悟于九姓渔船矣。相传陈友谅部曲共九姓，明太祖锢之，不齿诸民，故其子孙岸无寸土，惟家于船，男为船户，女多流娼。同治年间，严州太守有心化理，劝谕谆谆，弃船居岸，诿曰："府有渔课无出。"为白大吏，奏除。居不数年，仍家于船为娼。嘻！此孔圣所谓"习相远"而"下愚不移"者也，韩子所谓"有性恶"者也。何尝皆善哉？又尝有悟于狗民矣。冠如狗头，世为农役，不敢取值，妻子藉养而已。夷考《贵溪县志》，其祖黄帝时为狗官正，其冠犹遗制焉。夫黄帝去今数千载矣，何尝有锢之者？此诚"下愚不移"耳。其人雷姓为多，有里父老告予曰："康乾间有雷某者，颖异出类。某绅爱之，掖归伴子侄读。认戚属，与民家缔姻。果入词林，督学某省。今其子孙世入民籍考试。"嘻！其祖若宗，非锢似锢，世为农役，"习相远"也。雷某者，"上知不移"矣。益信孟子有言："豪杰之士，无待犹兴。"乃堕贫者，徐《志》未必可疑，茹《释》终嫌其凿。前不见古人，何由质证以传信？第迹其行事，为人比周顽嚣，自为风气；不分孤寡，不恤穷匮；饮食是贪，货贿必冒；不可教训，不知话言；男不耕，女不织；贫富民家皆其畎亩，婚嫁男女譬其刈获；祭埽则乞墦间，生死必往聚敛。其境堪怜，其情堪悯，而其行实可贱焉。此不心锢而自为锢，即俗化而无由化者。非天地之有意区别，非圣王之无心拔擢，实以乃祖乃宗贪逸豫而逃勤苦，丧廉耻而习谄谀，甘居人下，安之若素。如其积习不振，贸然拔伍凡民，是率天下弃农桑而召冻馁也，是使卑逾尊，贱妨贵，少陵长，君子道消，小人道长也；是使世人皆君父而无民子，下学禽兽之无别。若是者，彝伦攸戡，天下大乱。故徐《志》秉笔直书，不失传信传疑之旨；而茹《释》煦仁孑义，尽属谀世媚世之私。抑又闻之越城三大街，堕贫开店，小康辄往徽扬商贾，潜入民籍。圣王宽大，何尝根究，不与其自新乎？在自振作，岂在人哉？沾沾焉去锢是急，是昧谋治之大道，违天地，要圣王，执一偏之私见耳。堕贫有知，其去雷狗民几何；其无知，虽有严州太守，其为类九姓渔船者，希矣。

[清]范寅：《越谚》卷下，光绪八年刻本，谷应山房藏版。

除籍为良

王庆云

雍正元年，令山西、陕西等省乐户，浙江之惰民，俱除籍为良。乐户者，始以不附靖难兵，编为乐籍，令世世不得自拔为良。惰民不知所起，或以为陈友谅之后，皆明之暴政也。五年，开除徽州府伴当、宁国府世仆，并为良民（二者江南呼细民）。八年，除苏州府之常熟、昭文二县丐籍（籍业与惰民同）。乾隆三十六年，礼部户部会议，削籍之乐户、丐户，原系改业为良，以报官改业之人为始，下逮四世，本族亲支皆系清白，方准报捐应试。若本身脱籍，或一二世，及亲伯叔姑姊尚习猥业者，概不许滥厕士类，侥幸出身。至广东之疍户、浙江之九姓渔户，及各省凡有似此者，令地方官照此办理，旧染污俗，咸与维新，而必以四世为限，盖宽大之中，尤极爱惜名器云。

[清]王庆云撰：《石渠余纪》卷三，光绪十六年龙璋刻本。

江山船联

梁章矩

浙水江山船，最为著名，船之后舱，皆有渔妇，率以艳妆对客，必称之为同年嫂。相传为前明陈友谅之族戚，为明祖贬落于此。凡九姓，限其自为婚姻，不得通至他乡，故至今未能振拔。而傅粉施朱，浅酌低唱，舟中客鲜不被其迷惑者。往往南北倒行，以拖延其时日，舟中客每昼夜酣歌而不知也。此九姓者，皆桐庐、严州人，故相呼为桐严嫂，外人乃讹桐严为同年耳。船制颇精美，两岸风景亦极佳。吾闽人由建溪通仄而来，到此忽心开目朗，坐卧甚便，且客中忽入靡曼之乡，骤得偎依之乐，故尤心醉焉。有客题船窗一联云："游目骋怀，此地有崇山峻岭，茂林修竹；赏心乐事，则为你如花美眷，似水流年。"以《兰亭序》对《玉茗词》，颇有风趣。此联相传已久，至今往来吴越江乡者能道之。又有才士题江山船联云："泛宅便为家，有红粉青蛾，长新风月；他乡忘作客，看千岩万壑，如此江山。"亦工切。

[清]梁章矩著：《楹联丛话附续话》，商务出版社1935年版。

区分良贱

吴荣光

凡籍有良贱，四民为良，奴仆及娼优隶卒为贱。山西、陕西之乐户，江南之丐户，浙江之惰民，皆于雍正元年、七年、八年，先后豁除贱籍。如报官改业后已越四世，亲支无习贱业者，准其应考出仕。其广东之疍户，浙江之九姓渔户，皆照此例。凡衙门应役之人，除库丁、斗级、民壮仍列于齐民，其皂隶、马快、小马、禁卒、门子、弓兵、仵作、粮差，及巡捕营番役，皆为贱役，长随亦与奴仆同。其奴仆经本主放出为民者，令报明地方官，咨部存案，俟放出三代后，所生子孙准与平民应考出仕。京官不得至京堂，外官不得至三品，放出后未经呈报，仍以补报之日起限。

[清]吴荣光撰：《吾学录》，中华书局1936年版。

《镜湖自撰年谱》

段光清

二月府试,严属教官皆至郡送考。有分水知县来郡,泊座船于河下,旁有头厅船一艘,乃妓船也。分水县日游其船,将先人遗下紫貂套改作女衣,送与妓家。应试童生莫不争游其船,妓船苦其烦扰,乃请分水县将签筒、笔架、刑仗安置船内,差役守住头厅,童生见之,始不敢轻上其船。后有狡滑童生谓同游者曰:"此岂县官刑杖可以吓人者之地乎?"集多人硬入其船。适分水县先在船中,其家丁仍以官势呼喝应试童生,并喊差役拿人。时考童蚁集,岂官势所能哄吓,但见刑杖、笔架、签筒纷纷掷入水中。分水县由船后逃入他舟,乌合之徒尾追逐之,其家丁趋入一室,乃坐府家丁住宅。——平时各县至郡,多在此宅假作公馆,适有桐庐县钱谷朋友来郡,算结交代,先住宅中。——分水县家丁疑其主人逃至于此,考童追入不见,疑躲在楼上,蜂拥登楼。钱谷朋友正在楼上蒙面而睡,考生疑分水县躲在被中,揭被拖出,共殴之。久之,见被殴者须发半白,惊曰:"分水县无须,误殴他人!"乃弃之如鸟兽散。分水县自船后逃出,先至府署,向本府哭诉考童闹事,殴辱官长,求本府饬教官,传廪保,查滋事考童,先除考名,再议罪名。余谓本府曰:"六县考生皆集郡城,今查滋事之人,从何查起?且自称殴辱官长,官长究在何处?被殴行凶,究因何事?本府踌躇久之,以为不加惩治,恐民风士习愈益败坏。"余曰:"欲存官体,亦须官话上可说得去。且送考乃学官事,何必知县进郡。即进郡矣,又何可以县官之威而作於名妓之船上。"本府不语。分水县遂连夜回署。各县教官皆至余署谢曰:幸为余等解难事矣,自是送考教官常来余署谈话。

[清]段光清著:《镜湖自撰年谱》,中华书局1960年版。

同年嫂

梁绍壬

江山船妇曰"同年嫂",女曰"同年妹",向不解其义,询之舟人,曰:"凡业此者,皆桐庐严州人,故名'桐严'曰'同年',字之讹也。"

[清]梁绍壬撰:《两般秋雨盦随笔》,上海古籍出版社1982年版。

画船纪艳

王韬

钱江画舫,凤著艳名。自杭州之江干溯流而上,若义桥,若富阳,若严州,若兰溪,若金华,若龙游,若衢州,至常山而止,计程六百里之遥,每处多则数十艘,少或数艘;舟中女校书或三四人,或一二人。画船之增减,视地方之盛衰。停泊处如鱼贯,如雁序,粉白黛绿,列舟而居。

每当水面风来,天心月朗,杯盘狼藉,丝竹骈罗,洵足结山水之胜缘,消旅居之客感。

个中翘楚,首推观风校书。碧玉年华,绿珠声价,丰容盛鬋,光彩照人。颀立亭亭,有玉树临风之概。工度曲,尤精琵琶。每一发声,四座倾听。性娴雅,无章台习气。喜与一二素心人煮茗清谈,娓娓不倦。

西江二仰山人随宦来盈川,平章花月,眼界颇高,独屡绳观风之美于倚玉生。生素不喜作狭邪游,姑妄听之,似未深信。

中秋之夕,仰山招诸名流宴集江船,强拉生往。时则秋水澄鲜,月明如昼,姬素妆淡服,秀媚天然,生一见倾心,两情弥洽。

华筵既启,群花纷来,燕瘦环肥,并皆佳妙。饭颗山樵时亦在座,择其尤艳者,各赠一联以奖之。赠观风云:

> 观山玩水风双桨;凤管鸾笙月一舻。

赠莲棣云:

> 莲子团栾征吉兆;棣花翩反寄相思。

莲棣生长桐庐,住桐君山下。貌秀丽,独冠一村。邻家姊妹俱以西施相目。家贫亲没,遂堕风尘,非其素志也。

赠檀香云:

> 檀板金尊,得少佳趣;香温茶熟,别有会心。

檀香居富阳之小隐山下,亦小家女子,婀娜娉婷,别饶媚态。年止十六,梳拢才一月耳。

赠翠凤云:

> 翠袖天寒曾倚竹;凤钗春暖替簪花。

翠凤,本钱塘人,住莲花峰下,小名阿凤。幼时肤白如雪,人戏以白凤凰呼之。及长,好着绿衣,因名翠凤。

赠沉香云:

> 沉鱼落雁倾城貌;香雾清辉忆旧词。

沉香乃富春江畔渔家女子,少长,态度苗条,眉目如画,秀曼风流,迥超侪类,乃使之弹筝挡笛,品竹调丝,一学便成,妙合音节,曲师自叹弗如。

山樵于时倚醉微吟,擘笺题句,挥毫染写,墨沈淋漓,无不各当其意以去,一时画舫中传为佳话。

咏花生与观凤交尤昵,曾作本事诗上下平三十绝赠之,兹录二首,以见一斑:

> 重重香雾护云鬟,杨柳腰支拟小蛮。
> 记得秋江明月夜,一樽同赏六朝山。

> 一溪新涨绿于油,檀板金樽破客愁。
> 记得日高春睡起,泥人并坐看梳头。

兰陵痴梦生,翩翩浊世佳公子也。慕桐江严陵之胜,买棹来游,遍历花丛,殊少许可。偶遇姬于烂柯山下,奇赏之,谓其秀色可餐,宝光外溢,真得山川灵淑之气者,流连匝月,缠头锦费六百缗。生虽豪侈,而姬之美丽,亦从可知矣。

岭梅香里,新船落成,开筵宴客,热闹异常,几于灯火连宵,笙歌彻夜,曾经沧海客赠以一联云:

> 倘遇咏花人,不妨载酒;
> 剧怜浣纱女,终须泛湖。

盖中寓惋惜之意,情亦深矣。

同时有莲棣者,与观凤年相若,名相埒,素面生娇,自饶馨逸,性静穆,寡言笑,如幽闺处女,不求人怜,而人自怜之。客或入一游语,面发赪不能答。篷窗多暇,刺绣自娱。咏花生眷爱尤深,芳情密缔,绮语遂多,所作《莲溪行》一篇,为时传诵。其诗云:

> 玉宇净如洗,星影销欃枪。
> 涉江揽秋色,花阴藏画艎。
> 青溪有小妹,泛宅波中央。
> 一笑生百媚,俗虑消吟肠。
> 相对各无语,罗襦闻幽香。
> 羊灯明绮夕,鸾钗艳新妆。
> 觞政不嫌虐,殷勤催酒忙。
> 银筝断复续,珠喉清且长。
> 夜静霜柝急,绿波生微凉。
> 曲终月堕水,汀雁飞成行。

莲棣得诗甚喜，置之粉盎奁之侧，时时吟诵，亦可谓深于情者矣。

他如宫妹之俊爽不群，风流自喜；凤玉之丰神旖旎，意态温柔；兰仙之娇小玲珑，动人怜惜；喜欢之面面圆到，落落大方；竹英则十五盈盈，聪明绝世；云栖则华妆绰纱，婉娩宜人；高凤则秀丽天成，不假妆饰；香媚则宛转周旋，曲如人意：皆画船后起之秀也。

丁亥四月初旬，天南遁叟作西泠之游，泛舟于六桥三竺间，蓼红荇碧，点缀生新，诸同人邀饮于三潭印月。刚值浴佛日，士女麇至，几于袂云而汗雨。俞楼外一酒家，醉者无隙座。遁叟厌其嚣，乃往灵隐。舆中见四山环合，葱倩扑人，不禁叫绝。既至，饭于方丈，蔬笋绝佳。

方偕同人散步寺前，瞥见鱼轩络绎而来。中有二女，装束艳冶，殆不类良家，珊珊诣大殿礼佛。遁叟视其一，丰神淡远，态度娉婷，秀靥承颧，长眉入鬓；其一秀丽天生，自饶柔媚，双瞳点水，两颊泛霞，斗媚争妍，堪称双绝。

同人中有相识者，曰："一为倩珠，一为漱玉，画船中姊妹花也。君既赞赏，今日何不即往钱塘城外一游？"遁叟以明晨返棹辞之。

二女游戏既毕，遂出登舆，见遁叟襟边系一红花，搴帘时，不禁向遁叟嫣然一笑。同人谓遁叟曰："君艳福几生修到哉！当他临去秋波那一转，亦足以销魂矣。"

翌日，遁叟解缆启行，夕泊临平，孤枕不眠，一灯如豆，拥衾小坐，颇有倦意。忽见仆人持柬来邀，视之，则程姚两君招往画船小饮也，并云："日间二美人已代致之矣，翩然而来，待君已久。"

遁叟遂乘飞觯而行，电掣飙驰，其去若驶。俄顷已至，竟登画船，程姚两君迎于船头，二妹果在。询其姓字，一曰绣云，一曰韵芬，并余杭人，而生长于钱塘江上者也。

韵芬顾叟而笑。绣云曰："睹君之面，似曾相识，不知从何处见来。"

韵芬曰："日间见之于佛殿中者，非耶？"

绣云恍然拍掌称奇。韵芬曰："顷邂逅于寺中，兹笑言于江上，讵非前因？"

二妹皆昵就叟，韵芬属意尤深。叟拥置之膝，韵亦不拒，柔情婉变，有如飞燕之依人。因欣然谓韵芬曰："今夕殆将偿日间一笑之缘乎？"爰絮问家世，乃知韵芬出自良家，颇娴书史，早入章台，非其所好也。

叟曰："卿既能诗，何不袖携凤稿，示我一观？"

韵曰："稿存儿所宿船上，非自往取，不能得也。请避人共往船头，佯作玩月，吟与君听，何如？"叟许之。

韵曼声吟哦，自谐音律。《消夏》三绝云：

> 水晶帘外晓凉时，懒把牙梳理鬓丝。
> 准践檀郎花后约，缄书欲报怕人知。

> 何处风来菡萏香，一番雨过一番凉。
> 午馀绣罢浑无事，起看庭花影半墙。

> 阶阴蓄卜手曾栽，瓶里双头茉梢开。
> 隔槛风过竹梢动，偏疑人为采花来。

《初秋》二绝云：

> 秋花石畔故开迟，新月窥人恰半规。
> 自有茶瓜供消遣，当风枕簟未眠时。

> 虫声咽共窗前竹，月影潜移墙上花。
> 残露无声人籁寂，当天闲看玉绳斜。

叟曰："虽是小诗，颇有思致。"语甫罢，而绣云自舱内出。转询可作诗词否？绣云曰："儿是俗人，不解掉文袋。若肯收作绛帷女弟子，授以秘传，作亦非难，恐今之都知录事辈，不足数也。"

叟见其性情慧警，教以作诗之旨。绣云倾听乐甚，颇有所悟。而程、姚两君来催入席，循环欢饮，酒罄无算爵。叟拇战辄负，绣、韵二妹，争为之代。

叟顾而乐之，曰："此虽南面王不易也！"席散更阑，叟不得归，乃偕二妹共睡，左拥右抱，谈诗达旦。

绣云曰："昨夕梦中亦得一诗，不知可否。"叟令诵之。即吟云：

> 豆花香细月微明，小院新凉络纬鸣。
> 犹忆夜深浑未睡，一灯篱角捕秋声。

叟不觉拍案叫绝。韵芬曰："通夕不眠，兹始朦胧睡着，乃又被君惊醒，抑何恶作剧哉！"以手击叟头，叟蘧然而觉，则此身仍在临平船中也。噫嘻！钱塘江上画船风景，诚不数珠海灯痕，秦淮月色也。

王韬著：《淞隐漫录》，人民文学出版社1983年版。

宝廷典试狎妓

刘体仁

宝竹坡侍郎，癸酉典浙试归，买一船妓，吴人所谓"花蒲鞋头船娘"也。入都时，别行水程，由运河至通州。及侍郎由京以车亲迓之，则人船俱杳，传为笑谈。壬午典闽试，由钱塘江往，与江山船狎妓。妓面有痘瘢，侍郎短视，不之觉也，归途娶为妾。鉴于前失，同行而北，道路指目。至袁浦，县令诘其伪，欲留质之。侍郎大惧，以平时风骨，颇结怨于人，恐疆吏发其覆，遂于道中上疏自请罪。部议褫职，报可。侍郎曾以蒲圻贺云甫尚书认市侩李春山妻为义女，劾之去。京人为诗嘲之曰："昔年浙水载空花，又见闽娘上使槎。宗室八旗名士草，江山九姓美人麻。曾因义女弹乌柏，惯逐京娼吃白茶。为报朝廷除属籍，侍郎今已婿渔家。"

刘体仁著：《异辞录》，上海书店出版社1984年版。

茭白船

林昌彝

茭白船即江山船（总名曰江山船，其实载货者曰江山船，载客者曰茭白船），船户凡九姓（如孙、何、钱、赵等九姓也），不齿编氓，老妇曰同年嫂，少妇曰同年妹（同年者，桐庐音之伪也），九姓皆桐庐、严州人，故曰"桐严"。世传陈友谅既败，其将九人，逃之睦杭间，其裔今为九姓船也。常山至杭州，山水明秀，客载其船者，江山、丝竹、画舫、笙歌，而魂销江上，往往坠其术中，彼卖笑凭栏者，实不知己身之辱贱也。向来作江山船曲，多赋艳情及儿女痴态，未克维持风化，余无取焉。亡友建宁张亨甫孝廉《三里滩》（三里滩即常山）诗云："积水仅浮舟，画船高过屋。粉黛映江山，风雨杂丝竹。朱栏小垂手，二八颜如玉。往往三五夜，华月照眉绿。目成通一顾，买笑千金逐。鸡鸣歌未阑，晓日移银烛。东行到钱塘，或泊兰溪曲。可怜少年子，销魂在水宿。借问此谁氏？九姓自姻族。匹夫为厉阶，百世犹鸩毒。骄蛊小儿女，未解淫贱辱。凝妆拣珠翠，衣被压罗縠。朝欢匿贵游，夕狎任厮仆。零落秋扇捐，春心付骨肉。造物汝何意，苦待斯人酷。老死异编氓，偷生寄涸洑。请看兹滩头，终古波斯续。流脂变芳草，断肠不盈掬。羁孤触临眺，慷慨悯衰俗。沙边双鸳鸯，哀鸣羡黄鹄。"此诗温柔敦厚，有关风化，可谓深得三百篇之旨。

［清］林昌彝辑：《射鹰楼诗话》，新文丰出版公司1987年版。

九姓渔船

包世臣

风闻浙河江山船有同年嫂、同年妹，艳丽蛊媚，或云桐严，谓嫂妹皆雇觅桐庐严州人为之。余取道武林赴西江，坐陈姓茭白舫，乃知其船有头亭、茭白两种。船户共九姓，汉王败鄱阳，其部曲九姓奔之山，到严州之建德，以渔为生，改而业船，不知所自始。今有船千六百号，名九姓渔船。建德县收其赋，其家属随船，皆习丝弦大小曲，以侑觞荐寝，而世人误称为江山船云。其真江山船，顾甚少，无女子，唯在浅滩拨货，散搭肩挑背负之客。又有船名芦鸟，形制同茭白，甚宽敞，唯旁无窗棂，乃义乌人所业。驾船之外无他事，水脚之外无他费，其不开旁窗者，殆不欲苟同于九姓船也。此道号为八省通衢，又福建之茶果纸笋、江西之夏葛磁纸、广东洋货、宁波海物，来往所必由。豪宦富贾，非头亭、茭白不乘坐，沉溺倾覆，前后相望。而十日来所见嫂妹且数百人，未尝有珠翠锦绣之饰，则知花粉所资，大多在衙前也。其船水脚，已较苏松加倍，而登舟后绝不与嫂妹通一语，无可设计交引者。杂派茶酒之费，复同正价，名曰一底一面。扰行旅，坏风俗，无有甚于此者。贵人经过，既耳习以为固然，地方官吏，复目治而莫过问。余深悔问途不审，故疏记以诏后来，其赴闽及东郡者，可雇觅芦鸟，江西、湖南、广东诸省，自有江行正路，不必迂道，自取迟滞多费也。

圣世励风化，天下无教坊。
玷箴亏行止，矜细至狎倡。
奈何九姓众，听作化外氓。
各船榜金字，自署温柔乡。
经涂七百里，宏开脂粉场。
究其缠头资，半肥盍役囊。
吁嗟尔九姓，百人器最臧。
转输自食力，俯仰未苍黄。
移其少艾者，岸居习为良。
并未使失业，不必虑更张。
嫂妹既离船，使与芦鸟行。
茶酒罢杂派，足为行旅庆。
九姓聚建德，户籍在官藏。
举此如反手，永言著斯章。

[清]包世臣著：《包世臣全集》，黄山书社1997年版。

侍郎今已婿渔家

龙顾山人

竹坡罢官，以纳江山船妓自劾。先是，旗员文某典己卯闽试，途次眷船妓，入闱病痁，不克终场，传为笑谈。次科，竹坡继往，李文正念其好色，谆勖自爱。宝文靖笑曰："竹坡必载美归矣。"既而果为桐庐舟中昵一妓，归途竟娶之，并载而北。途经袁浦，县令某诘之，不能隐。虑疆吏发其事，乃中途具疏，以条陈船政为名，附片自劾。文靖于政府先睹之，笑曰："佳文佳文，名下不虚哉。"文政就阅，始知之，恚甚，强颜曰："究是血性男儿，不欺君父，然亦无由曲庇。"卒罢吏议落职，都人为诗嘲之云："昔年浙水载空花，又见闽娘上使槎。宗室八旗名士草，江山九姓美人麻。曾因义女弹乌柏，惯逐京娼吃白茶。为报朝廷除属籍，侍郎今已婿渔家。"乌柏者，谓贺尚书（寿慈）事，时尚书以认书买李春山妇为义女被劾，诏令自陈，不承，但言"演杠日曾往阅书"。坐降调，寻被副宪。竹坡复劾罢之，是亦细纤暧昧者矣。竹坡退居，赋《江山船曲》解嘲，有云："本来钟鼎若浮云，未必裙衩皆祸水。"会有诏求才，尚颂臣阁学首荐之，被严斥。尹仰衡太守诗云：

"直言极谏荐宗卿，露竹霜条旧有名。匡济自应求国士，谪居竟为赋闲情。"盖犹隐系东山之望。

江山船。江山船通行桐严间，相传为九姓渔户，盖陈友谅余党，明时驱之入江，略同疍户。船妓相呼以同年嫂、同年妹，同年者，桐严之转音也。竹垞词云："其眠一舸听秋雨，小簟轻衾各自寒。"即桐江舟中作。梁应来《江山船曲》云："桃根桃叶驾轻艭，高卷珠帘启细窗。试问随潮来几日，儿家昨夜泊春江。春江明秀春山霁，人物江山并佳丽。朝来妆镜一齐开，要与遥峰斗鬟髻。云鬟雾髻太朦胧，不及儿家粉黛工。此际惺忪离枕席，此时明靓出帘栊。帘栊卷处人如玉，嫂太娇痴妹犟蹙。元稹情知愿作兄，陈平未免难为叔。眉山斜逗脸波横，半是无情半有情。蚁盏频斟千百篇，鹍弦时拔两三声。酒边携袖殷勤问，道是侬家船九姓。上自常山至凤山，来桡去楫浑无定。又言憔悴在江湖，未老年华色已枯。不及苏州嫩如水，妆成闲坐拥薰炉。又言侬本英雄后，明祖龙飞逐江口。点点流如水上萍，青青竟作台边柳。此语凄凉不忍听，浪浪清泪湿枯襟。居然商妇琵琶诉，莫道吴儿木石心。自古韶华不长好，飘茵坠溷知多少。谢王门第半飞花，环燕妆梳今宿草。况教风水遭萍絮，影事前尘渺何据。今日云踪雨迹来，明朝汐影潮痕去。一枝柔舻一疏篷，赢得江山图画中。檀板金尊行乐早，莫教纨扇老秋风。"

［清］龙顾山人纂：《十朝诗乘》，福建人民出版社2000年版。

袁姬

许奉恩

浙东江山船有栏杆头亭、蕉叶白等名，其陈设也华而洁，其饮馔也精而新。船各蓄美姬二三人，甫及笄者，谓之"同年妹"；齿少长者，谓之"同年嫂"。大抵桐庐、严州人居多，"同年"固桐、严之讹也。各姬有亲生者，有购养者。儿时即延师教之度曲，弦管檀槽，靡不精晓。凡仕宦客商登舟，饮食起居，皆若曹伺奉，无须厮仆。其目听眉语，类能曲如人意。往往客子被其迷惑，资馨身殉，在所不惜。故初登其舟者，无不各有戒心。以予所闻，顾生袁姬一事，则诚千载不易得之遭也。

顾生，江东人，少年俊美，抱翩翩元瑜之誉。传食于公卿间，往来钱塘江，时乘袁翁之船。翁有养女阿翠，年才破瓜，色艺冠时，生爱恋綦殷。会杭州太守聘司记室笔札，有暇即往就姬。凡栉沐饮啄，皆自为姬执役，历久不厌。如是者二年有余。生情日密，姬则淡漠遇之。每欲留宿，辄拒不纳。旁人多为不平，即袁翁与媪，亦窃窃怜生，而怪姬薄情。姬不之顾，而生亦不以为蒂芥也。

明府某公，任侠好义，素与生友善。以爱生才而怜其太痴，愿出千金，为姬脱籍。生大喜，商之翁媪，诺之。转以问姬，则抵死不肯。说之再三，始勉强应诺；并与翁媪约，亲迎之次日即归宁。凡舟中己之妆奁什物，毋许动移。叮嘱谆谆，翁媪极口许诺，然后兑金署券。

至亲迎之次日，姬请遵约归宁，下午即返。薄暮，城门已鐍，足音杳然。生竟夜徘徊，起坐太息，目不交睫。诘旦，急往寻其舟，已挂帆不知何往矣。眺望江水渺漫，烟波无际，懊恼如焚，忿欲蹈流而死。继念徒死无益，姬他日琵琶别抱，更可无忌，不如忍息以侦察之。乃嗒焉若丧，走语明府某公，求为画策。公劝生曰："既姬不愿，亦姑置之，譬嗜笼鸟野性难闲，终思飞去。以君之才，自有嘉偶。况烟花中人，有情者少，亦何必恋爱不割，而自贻伊戚哉。"生殊不以为然，遂独买舟，沿江踪迹之。

后至严州城外，见垂杨下袁舟舣焉。姬方倚门，与翁闲话；睹生至，返身遽入，若不相识。生登舟与翁媪寒暄，已呼姬，不答，恚恨莫遏，狂叫谯呵。姬四顾他语，置若罔闻。生无奈何，遂具状诉诸郡守。郡守素耳生名，拘姬至讯之；姬晓晓强辩。郡守问生究竟，意欲何如？生出券呈验，坚求合璧。郡守如判，饬令姬归，并反复开谕，以后当与生和好，无再参商。姬既归舟，怨恨之情，形于词色。翁媪从旁规劝，亦谓当赘生于舟，免招物议。姬摇首不语。劝譬再四，始与生言定：两舟相并，每夜自携衾枕过生舟就寝，日则仍回己舟。生不得已，曲从之。自是肃肃宵征，抱衾与裯，夙夜必偕，习以为常。相居半载有余，琴瑟静好。翁媪窃慰，以为从此可白首鱼水矣。

一夜，月白风清，漏二下，姬察袁舟人已睡熟，乃遍悄呼生、舟人起，戒勿高声。自于裙底出匕首一柄，长尺有半，白如霜雪，又出白金二百两，指谓众曰："公等若听妾言，请以此金相酬；不则请伏刃而死，于汝舟亦有所不利。愿公等决焉！"众相视错愕，莫知所指。金谓如能效力，敢不如命，但请相示。姬袖刃，低声告曰："若然，请公等纳金，悄将前后缆解开，切勿惊觉邻舟；乘今夜风利开帆，向杭州速发。抵岸尚不吝重犒。"舟人如言解缆，将帆拽满，兼程驰抵杭州。姬大喜，问生城中有赁屋否？曰："有。"姬乃厚犒舟人。急召人担负什物，偕生入城。笑谓生曰："妾今日方是君妇。"生问："何谓？"曰："后自知之。"

先是生舟夜发，昧爽袁舟始觉；翁媪忿甚，急张帆追至杭州。入城见姬，责其背逃之罪。姬谓："嫁夫随夫，何谓背逃？翁媪倘念旧好，请勿赘言，后日尚可往来。不则从此斩断葛藤，两为陌路矣。"翁媪以姬明决，悔恨之极，欲讼官。以前既凭媒署券，后又经郡守判断，更难翻覆，乃白眼瞪视，垂头默慨者久之。不得已，甘言强笑，订盟而别。

盖姬平日私蓄固有万余金，嫁生断难携带，必如此作为，使翁媪不觉，然后两舟相并，便好陆续携运。若稍露声色，则防察必严，丝毫莫取矣。其机甚警，而其心亦甚苦哉。姬寻出金，为生纳资县令。所在悉著政声，皆由内助之力居多焉。

里乘子曰：袁姬深得用兵欲擒先纵之法。观其平日遇生无情之状，不唯旁人不知其心，翁媪不知其心，即生亦实不知其心；及再经郡判，并舟来往，宿蓄运尽，乃召众饵以白金，劫以白刃，驰抵杭城，至是始为生妇。翁媪虽蹑迹而至，亦徒有白眼瞪视而已，又将奈姬何哉。夫如是而姬之心旁人知之，翁媪知之，而生亦始得知。古所谓将飞者翼伏，将奔者爪缩；守如处女，出如脱兔，袁姬有焉。勾栏竟有此人物，合之仙露，可称女中二豪。仙露事事从容固好，袁姬事事沉秘亦好，予乐为琐琐笔之，所以贺二生之遭也。

［清］许奉恩：《里乘》，天津古籍出版社2015年版。

九姓渔船曲

黄遵宪

炳圻案：清宝竹坡少宗伯（廷），郑邸之裔。负才玩世，脱略不羁。喜从田父野老游，携酒互酌，旁若无人。尝试士闽中，归途娶江山船人二女为妾，以倩兮盼兮名之，即上书自劾。贫居陋巷，益酣歌纵酒，有信陵之遗风（见《平等阁诗话》）。

白石青溪波作镜，翩翩自照惊鸿影。
本来此事不干卿，偏扰波澜生古井。
使君五马从天来，八闽强罗网贤才。
何图满载珊瑚后，还有西施纲载回。
西施一舸轻波软，原是官船当娃馆。
玉女青胪隔牖窥，径就郎怀歌婉转。
婉转偎郎倚郎坐，不道鲁男真不可。
此时忍俊未能禁，此夕销魂便真个。
门前乌桕天将曙，搴帷重对双星诉。
君看银潢一道斜，小星竟向鹊桥渡。
鹊桥一渡太匆匆，割臂盟寒忍负侬。
不愿邮亭才一夕，宁将歌曲换三公。
纷纷礼法言如雨，风语华言相迕误。
欲乞春阴巧护花，绿章宁向东皇诉。
略言臣到庚宗宿，大堤花艳惊人目。
为求篷室梦泉丘，敢挈阿娇贮金屋。
弹章自劾满朝惊，竟以风流微罪行。
如何铁石心肠者，偏对梨涡忽有情？
雅娘传语鸩媒妒，侬家世世横塘住。
相当应嫁弄潮儿，不然便逐浮梁贾。
张罗得鸟虽有缘，将珠抵鹊宁非误？
祸水真成薄命人，微瑕究惜《闲情赋》。
刚说高飞变凤凰，无端打散惊鸳鸯。
金钗敲断都由我，团扇遮羞怕见郎。
永丰坊柳丝丝绿，抛却一官赠双宿。
莫将破甑屡回头，且唱同舟定情曲。

［清］黄遵宪：《人境庐诗草》，朝华出版社2018年版。

江山船竹枝词

江山船竹枝词

［清］丁立诚

照水花枝各斗妍，九家姊妹两同年。
布帆无恙罗衾薄，人隔江山渺似烟。

波光镜抹绿玻璃，水卷湘帘半桁低。
底事画眉人懒起，四山忙煞画眉啼。

酒酌金华醉不辞，玉杯如雪腕凝脂。
劝侬省识鲥鱼美，须趁风吹楝子时。

无边风月定风波，灵石三生七里多。
一自客星遇仙女，泷中人唱曼声歌。

《小槐簃吟稿》卷二

江山船竹枝词

［清］沈清瑞

吴侬夸说荡湖舟，几块青钱一日游。
争似江山船子小，不多费客锦缠头。

女儿十四好梳妆，风貌天然似阿娘。
不嫁多金洛阳贾，秋来要赘棹船郎。

潮信暄来雨泊初，一家晚饭舵楼居。
停船自有双枝木，铁鹿卢家也不如。

桐江月淡路微分，小语喃喃静夜闻。
感得连朝好风色，烧香约伴拜桐君。

素纸糊来白玉光，春联对子贴中舱。
邻舟戏问同年嫂，可息今宵一炷香。

（舟人相日同年，妇日同年嫂；一柱香，隐语也）

两舫相违一丈遥,婚期说道是今宵。

艳妆新妇蒙头坐,要借银盘当鹊桥。

(舟人子昏期,男船女舫中距丈许,以浴盘坐新妇,拍流而渡,不以舆,不以舟也。)

睡起船头日矬斜,但听船尾唤烧茶。

中间不用青帘隔,船头船尾是一家。

《沈氏群峰集》卷二

江山船竹枝词

[清]官文

凤山门外好山多,江是钱塘塔六和。

渡口两行排画舫,行人从此泛清波。

同年嫂妹漫称呼,阿嫂依然未嫁夫。

每日画眉船上坐,嫂耶妹也其糊涂。

行到云溪可暂停,寺前山色草青青。

由船携得花同酒,偷叩禅关怕讲经。

灯前梦里唤芳卿,梦转芳心忆旧盟。

对境懒梳新凤髻,偷弹朱泪寄离情。

云水生成是妾家,支持心绪逐年华。

每思老大生涯淡,始悔当年早破瓜。

欸乃声声送客船,绿村红粉夕阳烟。

琵琶一曲一樽酒,醉后乘槎欲上天。

富春江上几徘徊,七里泷中乱石堆。

两岸梅花红映水,舟人指点钓鱼台。

计程明日到兰溪,奉客殷勤酒一卮。

郎过情浓奴过渡,聊将一曲寄相思。

几番请酒甚殷勤,菜不精良曲厌闻。

本是榜人罗阿睹,悔前招惹爱钗裙。

滩名万点星难过,水浅石攒路绕之。
多少舵工齐下水,看梢阿嫂笑嘻嘻。

《敦教堂粤游笔记》

江山船竹枝词

［清］彭蕴章

凤山门外水连天,好趁东风早放船。
几日身行图画里,蓬窗一枕小游仙。

霜晨水色碧于油,想见春深鸭绿浮。
两岸青山围画舫,富阳城郭水西头。

严陵台下白鱼游,桐子山头桑叶稀。
一阵寒云飘细雨,舟人齐著紫棕衣。

雅许篙师渡急滩,一川碎石水漫漫。
水清见底深三尺,不怕风波只怕干。

石塘洪底石磐陀,未许轻舟月下过。
行到兰溪船便稳,楼台十里映晴波。

霜叶山头渐染丹,西风一夜送新寒。
渚花汀草多情甚,恶与蓬窗醉客看。

鹭鸳滩畔水粼粼,行客看山过富春。
闻说龙游溪更窄,蓬莱清浅几千春。

瞳眬放棹浪潺潺,落日停舟水一湾。
共说江山名自古,行行却不到江山。

《松风阁诗钞》

江山船竹枝词

[清]瑞龙

余杭风景屡更新，行过钱塘到富春。
莫怪勾留江上客，满船俱是画眉人。

淡妆浓抹自姗姗，斜倚蓬窗午梦残。
笑语迎人多不解，相思惟有隔帘看。

《少梅诗钞》卷二

江山船竹枝词

[清]黄韶九

耶自头撑娘尾摇，调停中路有娇娇。
衢州以下杭州上，水面生涯船一条。

蓬窗花雨润茶烟，旧学琵琶新上弦。
相见休将歌妓认，须知阿妹是同年。

殷勤朝夕侍茶汤，姊妹花浓笑语香。
七站挪将半月走，侬情偏较水途长。

一到兰溪酒席供，尊将尊唱小桃红。
每嫌绛锦缠头俗，只要黄金掷手松。

郎太痴情妹转愁，迹相近处意相投。
生憎一带桐江水，流到常州便转头。

《樵说》卷二

江山船竹枝词

[清]孔继宣

九姓船开唤打篷，小娘生小自称侬。
稍娘家长何须问，养得娘儿便顺风。

头亭荚白即江山，姻表同行半里间。
待到兰溪做神福，大家齐唱九连环。

相公嫂妹几家船，未嫁身才响弄钱。
新客少年心未稳，总疑隔枕唤同年。

日来一似我家姬，夜里分明是渠儿。
听水听风都晓得，钓鱼还弄钓鱼丝。

七里泷中山水清，山山都有画眉声。
坐中添个同年妹，管领青山送客情。

富阳江上望钱塘，潮水终然到富阳。
几树垂杨几门户，柳条不短客情长。

《守瓶堂稿诗》

江山船即事戏学竹枝棹歌体

［清］史善长

船头尖尖船尾高，上滩扯纤下撑篙。
全家衣食凭烟水，不怕钱江八月涛。

下舱先烹龙井茶，低眉捧出一鬟花。
避人自觉娇难掩，窗格玲珑映玉纱。

不论嫂妹尽同年，骨肉柔情触易牵。
侥幸若逢陈孺子，与侬冠玉有前缘。

床梦缠绵碍阁门，巢泥有迹不同温。
坐迟尚惜孤眠早，酒易催醒月易昏。

被池低卷玉香收，曾见纤纤月一钩。
不是酒慵还倦起，有人帘下侍梳头。

七里泷前走白沙，扶阑笑指钓台斜。
嗔侬但说严高士，要听人夸阴丽华。

拣取花枝著意捎，蝶勾蜂引漫相嘲。

东君无赖频牵惹，未必墙红许放苞。

娇女新娘态并憨，移花接木费寻参。
春风烂漫吹都罢，犹作葳蕤豆蔻含。

兰溪城外拢帮船，赛福争烧利市钱。
携得一卮劳素手，背灯含笑拍人肩。

暗拭啼妆杂笑鞾，为夸同伴已生嗔。
偶然失口呼娇凤，莫便蛾眉不让人。

严宵絮语口脂香，明日常山别路长。
那识书生寒到骨，负伊十索似丁娘。

一声珍重上舆迟，凝睇重烦订后期。
自是相逢嫌我晚，可怜三五少年时。

《秋树读书楼遗集》卷十二

江山船棹歌

［清］舒位

不住楼台只住船，一家一水一同年。
绿波开镜低头笑，红豆安床枕手眠。

兰溪女儿荡兰舟，小语呀呀当舵楼。
故向鲤鱼风下立，碧绡裙底一双钩。

六柱船窗四面开，布帆安稳下滩来。
个侬七里泷中住，背指东西两钓台。

石笋游鱼不寄书，金华春酒就船沽。
妾心醉似金华酒，郎意空为石笋鱼。

分明嫁与弄潮儿，潮去潮来暗自知。
好便乘潮渡江去，六和塔下泊船时。

《瓶水斋诗集》卷七

江山船棹歌

［清］徐荣

山环水镜晓分明，催得新妆早日成。
泥索石螺君莫怪，试听云里画眉声。

乌石泷头浏江尾，泷中风景只关渠。
阿侬打桨郎抛网，借问官船当买鱼。

送郎送到钓台边，东台西台开杜鹃。
君看花上斑斑泪，都是离人眼泪溅。

一层云里一层山，宛转青山白玉环。
若认桃花溯流水，武陵源只在人间。

船头转过老松湾，郎爱风光坐不还。
山色在眉波在眼，何须门外看江山？

龙香杆拨紫檀槽，指上飞来白马涛。
一曲连环人定后，珊瑚滩上月轮高。

苇埭麻车路屈蟠，翻嫌苍翠塞溪湾。
画船撑过香头步，挂起倪迂一幅山。

香雾笼船天不高，朦胧月子夜生毛。
劝郎且向滩头住，明日颠风忌拔篙。

爱说佳名女步滩，滩连童子雾迷漫。
昨夜宓妃乘月出，凌波罗袜任人看。

玻璃地印月轮双，玛瑙天垂七宝幢。
船到兰溪齐请客，琵琶海里斗新腔。

含烟水作鹦哥绿，戴石滩名皂荚红。
见说春来懒梳洗，闲愁数过落花风。

滚滚清滩日夜流，下来开口上摇头。
一枝撑起曹泷塔，远树平山画越州。

缦江塔前江水骄，江云溯上如春潮。
三闻石屋容不住，九级风铃来见招。

侬心把稳石沉水，郎意无常云在天。
浮石门前舣兰桡，要郎重理定情篇。

城外春山簇九华，州前五色列人家。
晚风吹皱罗纹水，州六鸳鸯护落花。

橘绿橙红不待秋，三衢南去使人愁。
斜阳半抹玲珑树，新雨平添窈窕洲。

水南杨柳江南稀，万绿沉沉一鹭飞。
长日牵船云礁下，水声冰透葛单衣。

双江口外晓霞生，东去清河两日程。
莫去清河作闽客，霞关百丈断人行。

上尽高滩三百重，滩流如箭篙如弓。
忽惊苦角须臾过，难得朝来到地风。

芦鸟明堂俗可怜，栏杆摇不过前川。
春江花月凭衷点，只有渔家九姓船。

《杯古田舍诗节钞》

江山船棹歌

[清]张祥河

奉使渡江，当事别置官舫送行。所谓江山船者，偶寓目耳，戏作棹歌八首。

花瓜才供星妃节，人夕开江月有姿。
早雁几声过银汉，舵梢齐转小腰支。

吴语挽来亦自谐，风前絮絮话天涯。
一双水上蜻蜓翼，飞上玲珑紫玉钗。

侬家生小不知愁，萍梗随波任去留。
过雨江天新洗镜，夜凉对月更梳头。

大姑也哂小姑痴，无赖无情倦倚时。
出袖纤纤红指甲，藕丝缠罢又菱丝。

罗衫窄袖自亭亭，爱好天然出性灵。
生在富春图画里，不知山色比眉青。

乌石滩声滚滚来，江程七里暮潮回。
红裙未识先生号，道著羊裘坐钓台。

沉沉露下草头香，淡淡波翻月子黄。
不是江枫萧瑟夜，四弦如诉学浔阳。

双塔山高对夕曛，双溪水驶路中分。
妾心本是山头石，郎意争如溪口云。

《诗舲诗外》卷二

江山船棹歌

［清］韩是升

长年载客任西东，一叶全家越水中。
上滩下滩浑不怕，侬家生怕打头风。

茉莉香清贴鬓鸦，荻洲柳港认侬家。
只消三日南风利，直送郎行到若耶。

西陵渡头江水清，月圆时节夜潮生。
郎心但与潮俱信，侬在江边打桨迎。

《听钟楼诗稿》卷一
丘良任、潘超主编：《中华竹枝词全编》(四)，北京出版社2007年版。

船女良缘

苕溪某巨公未遇时，依人王粲，常在八闽，每届省觐应试之年，必泛潋水，以抵浙江，来去辄乘坐江山船，即严陵江畔所谓九姓渔船也。荡桨柔声，窥窗靓影，行客多为所迷恋。公则半肩幞被，一枕书台，偃仰讽吟，无改常度。桐严妹入舱中，捧茗碗，侍酒樽，公熟视之，若无睹也，以是船户咸敬礼之。去年初秋，公以省试旋杭，雇寻渔艇一艘，既登舟，则见主船者白发飘萧，六十余老妪也。旋见一娟好女郎，意致闲适，鬓云耸翠，粉露凝红，执拂捧壶，来侍公侧。适公倦倚枕假寐，女郎因近前为下帐钩，见公所坐案上摊有书袱，即慵坐其旁，检视袱底，得霞笺小幅上，题悼亡八绝句，吟咏再四，不觉支颐若塑。公适咳，遂匆匆掩袱起立。公本未入黑甜乡，备见其哦诗痴坐状，询之曰："汝亦颇识颉书解吟事乎？"对曰："是固童而习之者也。"问以家世，则泫然曰："奴某姓某茂才之女也，家守青箱，境逾黄蘖，忆自父母双亡之年，奴时尚幼，为族人鬻入渔船。幸此假母仁慈，抚如己出，兼以家中尚有活计，可无须作倚市态，故亦遂安之也。"公闻言，亦颇觉恻恻可怜。而女郎之铅珠欲流，颊潮半晕，则尤有情不自禁者。

须臾，女返身入帏，与老妪窃窃私语者。久之，妪忽出，笑谓公曰："老身祇此一养女，诚怜之欲其得一佳偶，不欲其久作水面生涯也。今小妮子雅慕君才富而情深，现在断弦必图鸾续，若得侍箕帚，为篷室，当亦可无白头之怨，老身甚乐观其成焉。"公闻言曰："是乌可！是乌可！无论寒家无娶船上女之事，不可以我坏其遗矩，即或勉强行之，而上有严君，势必禀命，倘若不允，不徒落此褒贬乎！且令媛慧艳而齿犹未也，宁虑其无佳婿者耶。"老妪固以请，公沉吟良久，曰："无已，则请为媒氏以执柯也，其可，我有中表某君，儒而兼贾，其才富情深，诚不相下，现知其犹未聘也，请以正室媒之，若何？"妪以告女，女摇首，若不属意者然。妪遂复于公曰："老身之愿茑萝者，以亲见风标，并观吐属，故确知为非池中物，而猥欲攀附之云耳。若曰他人胖合，则老身未敢闻命。"公亦遂笑应之。公以其既有婚姻之言，在我则有嫌疑，在彼则恐忸怩，因令其不必入舱伺候焉。

越一日，行抵兰江，公忆其戚某君，近为质库司首饰房，昨言媒妁之事，正可乘机作合。盖其戚某君者，翩翩年少，儒雅风流，特以少失怙恃，故弱冠尚未聘也。今虽未撷芹香，而会计之余，已可自立，他日再整旗鼓，未必遽逊名流，特既有老妪之言，不必复与之眈，径与某戚商之可也。计划已定，命泊舟南门码头，公摄衣登岸，访其戚于肆廛。年余阔别，异地相逢，不觉喜动颜色，促席谈心，各陈近状，坐既久，某戚留公晚饭。公曰：予舟中已治有一尊，江面月明，与君把酒，临江若何？某称妙妙。遂相携回船。至则红灯掩映，绿盏安排，船人正暖酒相待也。公延某入座，并命女郎出行酒。某但连举巨觥，而双瞳未尝斜睨。公指谓之曰：君无轻觑此小妮子，与画船歌舞者一例相看也。若家本书香，此女又能读书知大义，韩柳之文，李杜之诗，类皆上口，君试观其风范，曾有小家态度，妓船习气否耶？某亦极为叹赏，乃女郎闻其评论，反双颊嫣红，低头弄带，更觉楚楚可怜。

公以舟中未便与谈，不如俟至明日，先与戚某关说，如其有意，再竭力怂恿老妪。久之，某以不胜酒力辞。公命船人明日尚有勾当，须再停泊一日。际晓，公复往访，达其水上之语，某欣然首肯。公因回船，呼老妪语之曰："吾前所言某戚，即昨夜来饮之人也，尔视其人若何？当可为令媛良匹否，曷询之令媛可乎？"须臾妪至，面有喜色曰："小妮子亦殊觍缕，可笑人也，适传公命，渠默然不作声，忽欲得其笔墨，以观其情，再三聒老身来求公一往索之。"公笑曰："是何难之有哉，即强邀之来，出一仕女图册，属以题咏，晨册阅图，则为汉皋解佩也。"某援笔成二绝云："珊珊仙韵戞鸣璈，靓影无端映碧流。我欲往游江浦上，何人为鼓钿箜篌。如袍草色汉皋春，仙梦匆匆亦凤因。省识当年双玉佩，那堪持示合欢人。"题毕，公命传赐女郎，女得诗甚喜，竟以五十六字抵红叶之题诗焉。媒事既有成说，妪欲俟钱江返棹，始行送女合卺。某亦以船上迎亲，事殊伤雅，意中尚在狐疑。公毅然曰："如不急赋定情，将来日后一则泛宅浮家，一则为人作嫁遇合，恐反致差池，今揣老妪之意，或以奁具未备为嫌乎？"因再三开导，并出二百金赠之，以添妆，且告某曰："君嫌于船上迎亲，则某有至戚某，正司铎此邦，我为君往商，先将此女寄其署内，然后再行娶归，岂不毫无形迹乎？因即往见司铎，公备述此事。"司铎公亦大为诧异，其夫人则公之内戚也，闻之喜甚，趣使命舆召女来。妪因饰女送往，夫人一见称赏，女则亭亭下拜，举止大方。夫人命寄滕下，与女公子齿，而赘某于家焉。公命摒挡各事，作十日留。及抵杭，则主试已入帷矣。匆促进场，即于是年登贤书，历跻显宦云。夫渔船女子，人多以为路柳墙花，可以任意攀折，卒之始乱而终弃者多矣。即不然，已则漠然，而遂听其浮沉，卒令良缘错过，抱恨非天，安得谓孽非我作哉。然则如某公之深心作合，竭力成全，岂独为渔舶中佳话乎？宜其食报之隆矣。

《申报》1872年7月11日。

记桐严妹近事

　　月前予游富春，溯桐江谒严先生祠堂，钓缩项鳊佐酒，归途至六和塔下泊舟，适遇友人招饮于江干之茭白船中，蠡窗映月，蝶帐烘雪，须臾粉白黛绿者，杂沓而前。华筵遂启，盖其日正同年妹拜十姐妹之会也，其会云何，合各舟中女子之姿貌相当性情相契者，订为女史弟，每月各携酒馔一叙欢悰，仿佛秦淮旧院中盒子会故事也。群花毕集，姹紫嫣红，子几目迷五色，友人为子指示其名，并各系以绰号，以当评花之月旦。子按图索之，不觉失笑而益叹其评骘之曲当也。爰记之以博寻芳者一粲云：桂凤，一子不蚀；爱珠，二不打溜；兰花，三心两意；真珠，四平八稳；檀香，五马六羊；冬妹，六国七乱；早凤，七颠八倒；爱翠，八面圆到；桂花，九死还魂；桂香，十箱俱足。月旦评皆杭俗土语，详其语意均似有不满者，然一见其人，真觉有神情逼肖者，不可以其鄙俚而少之也。有好事者将辑钱江画舫录乎，我请为之磨墨伸纸以俟云。

《申报》1873年7月31日。

杭州禁泊花船

杭州停泊江干之头亭、茭白、闸干等船,总名为江山,又称九姓渔船。说者谓系陈友谅诸将之后,故不与齐民伍,而托于烟花也。近大宪以乡试伊迩,虑有恶棍托名滋事等弊,遂出示严禁,不准停泊螺丝埠船局门前,而令一律远徙。嗟乎彼托栖鸾,此为驱鳄,昔是无边风,今成过眼云烟。凡省踏槐黄者,谁复订板桥之记,而追踪于松柏西陵耶。然闻其徙居闸口,距原泊处仅五六里之耳。苟得白马丝缰,香车油壁,亦何不可结伴寻芳也。友人信来述是事,故略记之,以见近来系护花之铃者,少而下逐客之令者,多愿画船女子,其各自为计,而勿蹈摧残之辱也可。

《申报》1873年8月15日。

记武林计取同年妹事

渔船同年妹名兰花者,灵心犀映,秀质鸾停,居心则颇厌风尘,问齿则弥惊电火。与城内某公子者啮臂寻盟,同心有结,妮妮私语,计未出于车来逐逐,旁观势且嫌夫金尽。斯时也,欲负约而情魔颠倒,月老有灵,欲践诺而欲壑空虚,钱神无策。兰花则背人揾泪,时湿鲛绡,对客当歌,仍调鹍柱外,若洋洋之自得,中仍郁郁,以难言逐,至将褪蜂黄时,萦蛾绿公子之客某,侦知之潜,谓公子曰:"是可以计纂而取也,特红绡既得,后昆仑奴将作何酬之耶?"公子再三恳求客曰:"吾知兰花者,本非蚰之藏,腹亦非螟蛉之化身,其家本有父在,以遭乱漂流,遂托身于画舫,如海上之所谓伙计者。然其父现居杭垣,每月往索数金,以为举火之资云尔,诚能不惜资本,厚结其父,使之迎女人城,伪为嬉游,即返者,至则匿之他所。一面赴县呈案,当无不谐。"依计而行。在其父得招佳婿,喜本难支,在其女得遂私盟,心愿已足。某客对公子曰:"今日可以谢昆仑矣,否则,我能策之合,我即能策之离也,勿谓胶漆之可恃也。"公子大笑,遂命撤合酒,与之痛饮而散。

《申报》1873年8月18日。

得此戚施

浙江衢州府属江山县,毛姓为土著大族,毛老者开过载行起家,兵燹后颇饶于贤,年逾花甲矣。壮岁入武庠,捐保至候选都司加三品封。九月间,带幼子长孙到杭应武试,一日与友朋赴江山船欢宴,燕姬在前,赵女在后,筝琶迭奏,脂粉流香,忽动枯杨生稊之念,无如白发盈头,齿牙俱落,月里嫦娥爱少年,嫩柳夭桃谁肯恋,此斜阳片刻,故无一当意者。毛则积思成想,转恼为羞,以为吴客佳丽,必有可人,拼却千金,重聘何愁阿娇不为我有。爰即鼓棹到苏,央媒撮合。有王媒者,执柯好手,无论何样难题,一经布置,即可脱稿。乃邀毛老之柯代往相攸,议定吴氏女十八岁,聘金六百元,毛老一定佳期,维舟以待。前月二十八日,新人送到,修眉秀目,果有中人以上之姿。老怀欣慰,无可形究。竟不觉手之舞之，足之蹈之也。新人见老者以为翁也，然时来作殷勤，语颇涉不端私念，岂欲效新台故事耶。乃含羞问曰："子为谁？新郎何在？"毛老曰："老夫即新郎也，大骇毁妆而啼，即欲投河觅死。"其孙本回避后舱，见势将决裂，不得已出而搁阻。女瞥见即前日来相攸之人，大呼曰："此我夫也，何物癞虾蟆想吃天鹅肉，作此移花接木之计？"其时观者甚众，女奔至船头哭诉原委。途人既笑且骂，中有一人令其速唤原媒，将女送归再议。毛老气愤填胸，一言莫发，观其光景，必致人财两失矣。或有谓媒人做就圈套，以有毛老者，亦是仙人跳之变局耳。

《申报》1876年12月22日。

名妓遭殃

杭妓三宝，本桐严姝之翘楚也。去年舍舟登陆，爰至杭城赁屋于三桥址。一时香名籍甚，户外屦恒满，几有应接不暇之势。有徽州本客某，前在兰溪时，与宝相识。上月入武林，造宝庐访问，宝见似不相识者，以闭门羹待之，本客怏怏而去。一日，有某公子在宝家开宴，珠履三千，金钗十二，举座正欢，忽有十余人破门而入，哄至中堂，大呼三宝，势甚汹汹。公子见来势甚厉，急与诸客出后门而逸。桌上杯盘，房中奁镜，均毁一空。宝欲避无从，以鸡肋当尊拳，发乱钗横，不堪设想。院中仆婢，皆震慑无人理。即鸨母亦避于门左，乃穴隙相窥，见有一人，颇似本客之貌，因即上前赔罪。众始悻悻而去，犹骂不绝口也。此事与前日沪上东公兴里事绝相类，盖里中有沈匀馥校书，貌颇艳，素识某缠头锦，不名一钱，过访姬不礼焉。某怒立毁其妆阁中物而去，可见蜂狂蝶闹，易地皆同。然以追欢买笑之场，而为报怨寻仇之地，若辈真别具肺肠耶，可恶而实可笑也。

《申报》1877年5月3日。

渔色受累

杭妓詹楚珍，姿首虽不甚佳，而送旧迎新，颇得此中三昧，故徐娘已老，风韵虽衰，而车马盈门，未似商人妇之冷落也。初住斗富一桥河下，辗转移居于石牌楼之东。姘识一朱姓，赁屋而居，谢客闭门，若有终焉之志。妓女厌苦，风尘择人，而事未始非从良之美意也。岂知朱本无赖少年，楚珍亦静而思动，屡招旧邻挑粪担者之妻刘氏至室，为之延客留宿。刘有所属，言朱为说合，得身价洋一百四十元，暗纵刘氏相随遁去。楚珍时与一徽州木客有约，适欲舍朱而往，朱以拐卖刘氏，正谋远逸，遂各行其志焉。朱潜踪五日，觅舟他遁。刘夫早已闻风，请人四处觅朱，相遇于舟次，乃执而送诸县。县主讯问朱，即供出楚珍。楚珍时为木客外妇，赁屋置物所费已数十元，又付月费洋二十元，同衾枕者祇一宵耳。楚珍即为差拘监禁，木客探知事关拐卖人口，不敢到监探讯。楚珍怨其寡情，堂审时诬攀木客，而牵涉前为说合之媒媪，差拘媒媪到案。木客大惧，上下使费用洋八九十元，方免质证，遂逃回徽以避祸。楚珍于拐卖事本不知情，且夫得洋又向与差役相熟,更得木客营脱,故仅遭掌责数十,保释在外。朱则禁于监内,日夕受苦,待追到刘氏后,方可定谳。而刘实不知所之,一时断难寻获此案,故未结云。夫朱、詹心皆不良,均非善类。其受苦也本为应得之罪。惟木客祇渔色一念,仅得一宵欢合,而费去一百五六十元,几至身跪公堂,与囚为伍,其受累诚不为浅,人奈何见色而起淫心哉。

《申报》1877 年 9 月 26 日。

杭垣近事

杭郡素号繁华,久成习俗,板儿门巷瓦子人家,酒海歌场,皆堪行乐,自以赭寇以后,凡事渐已复原,而独于妓馆娼寮,厉禁久悬,将垂定例,是以十数年来,风清弊绝,虽有缠头之锦,难寻卖笑之家,访艳有人,问津无路。或有外来绅商,好作狎邪游者,则上码头有江山船,皆属泉塘之名妓。下码头有蒲鞋头,尽载清溪之小姑。逢场行乐,亦足畅叙幽情。若城厢内外,则入而问禁,实不能容,不惟宿柳眠花,无处访乞浆之路,即欲征歌邀醉,亦难寻侑酒之人,俗美风纯,于斯为盛矣。乃自去年秋闱时,辄有外来奸民,贿赂房主,勾串差保,或僦客寓为迎宾之馆,而穴中之狡兔潜藏,或借公馆为护身之符,而户外之狂蜂莫入,或者别开娃馆,潜招夜度之娘,或者洽彼比邻,近约东家之妇,或者以人作饵,得鱼而即走他方,或者借树为巢,归燕而辄寻旧主。凡兹别户分门之类,无非迎宾卖俏之家,无路不通,得门皆人,甚且有托茶灶酒垆之地,潜卧榻于他人,藉饱饧箫花檐之名,作招人之舟子,本流妓而诡云弃妇,自谓罗敷之有夫,非女冠而偏住尼庵,聊借伽蓝之护法。初则两三僻处,春色暗藏,继则十数人家,腥风渐染,门甚罗雀,恃有引雏之媒家,有故雄巧借藏龟之室,缠头易得,接踵愈多,家复一家,日盛一日,小人贪利,争唱得宝之歌。彼妇何知?惟擅数钱之技,藏奸地密,官宪之耳目难周,分润人多,差保之爪牙偏护。近有局绅数人,分段密访,东自金刚寺巷下至方谷园等地方,共有二十余处,西自铁佛寺桥下至兴忠巷等地方,共有十五六家。若以举一反三计之,则城中四隅,其数恐屈指难数。闻绅董拟禀请邑尊,会同营汛及保甲各局,密查细访,严办重惩,庶以戢淫风而革弊俗也。但事属创行,尚不知宪意若何布置耳。

《申报》1880 年 10 月 29 日。

宝廷片

九姓渔船,始自明代,即今之所谓江山船也。钱塘江中历来官员往返,皆乘此船,舍此无他船可乘也。奴才典闽试归至浙江衢州,地方官代备坐船。舟人有女年已十八,奴才已故弟兄五人皆无嗣,奴才仅有二子,不敷分嗣,遂买为妾。当时谓试竣差旋,无所关防,过后自思终属不合,后悔无及。奴才以直言侍朝廷,深蒙恩眷,他人有罪则言之,已有罪则不言,何以为直?既已缪误于前,若再欺隐于后,获罪更深,更无以仰副皇上高厚,用敢不顾罪戾,自行检举,请旨从重惩责,以为鉴戒,为比附片,自陈不胜战兢恐惧,待罪之至,伏乞圣鉴。奏奉,旨已录。

光绪九年正月二十二日京报全录
《申报》1883年3月15日。

妓船获匪

昔李敏达治浙,于娼寮妓舫不甚严禁,曰留此以觅匪人踪迹,亦为政之别裁也。日报载:某大令因访案,带同差勇微服出行,见有妓船傍岸,遂效白太傅浔阳故事,欲借此一探消息。未几,有二人跳上船头大呼,何物狂奴,不走我大呆子、小呆子门路,而敢在此行乐耶。令察其自通名姓,即访案中人也,乃招手于蓬窗之外,一时差勇从芦苇间趋出,小呆凫水遁,大呆即就缚。兹二人者,其平时鱼肉乡里,无恶不作,一旦锄而去之,居民莫不称快,而或者以为绮罗丛里现宰官身,若微伤居官之体者,则是除暴锄奸。惟授其权于蠹胥滑吏之手,而于是乎漏网者多。

《点石斋画报丑集》1884年第12期。

某公子

某公子,翩翩裙屐,顾影自怜,席祖父余资,不治生产,日从事于花天酒地,几于乐此不疲,人或以花丛惊蛱蝶呼之,不顾。薄游泉唐,与江山船某校书遇。校书本贫家女,误堕风尘,小字珍珠,鹦哥解唤,华年碧玉,燕子难瞒。时或小拨檀槽,莺喉低转,梁尘簌簌,飞堕筵前。真有曲罢常教善才服,妆成每被秋娘妒者。公子惑之甚,流连半月,形影不离,缠头之锦,动盈箧笥,始得目成心许,暗度陈仓。当低帏昵枕之时,公子昵语曰:"以卿玉貌,决不久困涸茵。鲰生虽不才,亦系世家子弟,倘肯小星三五,稳抱衾裯,则金屋深藏,可无兴彩凤随鸦之憾,未知卿其有意乎?"校书以公子不文,漫听而漫应之。顾公子之心犹未肯,实时灰败也。令人向鸨儿关说,愒以利害,啖以多金,许至身价二千余两。鸨儿已首为之肯,适家中催归,符至匆匆解缆,言旋校书私喜浪蝶,在蜂远离香径,花幡高建可无意外之忧矣。乃日前公子书至,附赠金跳脱一双,及珠翠等物,以作聘仪,并言猬事稍清,即当一棹渡江,远迎桃叶。女恚甚初,欲修札詈之,继念开罪莽儿郎,或恐覆巢焚卵,计不如婉言谢却。乃亲擘浣花笺,裁书作难,其略曰:"蒙赐多金,均已祇领,当即分赠姊妹,花使同拜公子嘉惠。妾自顾陋姿,难列锦屏之选,兼以红颜薄命,无福能消公子,徒费多金,而婢子答呼如愿,亦何必徒自碌碌也。"书甚冗长不及备录,公子至是始知流水有情,落花无意,彼心匪石,断不可以转移,乃不复作在东之请云。

《申报》1886年1月3日。

续纪妖髡拐妇事

杭垣祥符寺僧拐妇偕逃一事，前报已详细录登。兹复访闻僧名静慧，年仅三十许，长身玉立，无异慈云座下护法韦驮。而其善词令，工滑稽，又能登七宝莲花床，运粲花妙舌，参佛印大师箭机禅，以故善男信女，皆大欢喜，无不乐舍金钱。静慧遂忘却本来面目，居恒服用奢侈，袈裟衲衣皆以纺绸为之。出必乘舆，里许外不徒行也。寺本杭垣巨刹，庄严富贵，向居八大寺之中。僧自谓坐关三年，必令寺复旧观。爰请各护法广结善缘，布施巨款，择日准关封闭斗室，统计至今约已月圆廿度。

至其被拐之妇，本九姓渔户之流，钱塘江上久着艳名。昔年某巨贾见而惑之，聘以千金居之，箧室逾年，贾以病卒，遗产颇丰，即立胞侄为后，以延宗嗣，而安妇心。贾家闾范素严，伯叔弟昆咸恐妇有他志，时切提防。妇媚居十载，除绣佛长斋，外别无所事，惟月至各尼庵进香一二次而已。前年伯叔先后殂谢，继子亦就业江南。妇半老徐娘，早受须菩提戒，人咸谓其六根清净，不复再惹情魔矣。去冬忽以继子承受遗产，养膳无资，声言欲赴公庭呈控，屡经亲族劝息公议，将遗产瓜分，各自承管，母子不相顾问。妇遂将各产变卖现银，为养老之费，借住某尼庵讽经忏悔，后不知何因，移居祥符寺，致出此一重公案也。

此次僧以寺中出息甚多，且各大护法所捐巨款，大半未收，原拟携妇偕行，至瓶窑等处购屋藏娇，已则仍回本寺坐关，以为掩耳盗铃之计。遂于濒行时，嘱香火孙某紧守山门，客来以病辞之，但须十日半月，即可还山。故僧房所有铙钹钟鼓、竹笠芒鞋，概未收拾，即银洋亦未带去。惟携妇之细软，一切轻骑出门。不料，孙见僧已去，即将所有席卷一空，虚掩山门扬长而去。至天明更夫直入叫唤无人，奔告段局匹下缉查。至廿二日下午，该僧乘舆入武林门，归叩禅扉，则绀宇依然，而山门已加封锁。审视之黏有总局封条，标明十九日发贴。询之邻近，咸云段上绅董及巡查委员来此查看，饬保封锁看管，僧遂亲出觅孙，且目至荐头处吵闹。缘孙向作泥水匠由其工头荐入寺中故也。嗣闻总局有拿办之信，因又不知遁迹何往，有知之者谓僧是日潜行，扮作俗家装束，一路称为夫妇，以掩旁人耳目云。

《申报》1886年1月8日。

杭事杂录

省中候补人员，因某官进京，遂在江山船设酒饯行，肴芬酒馥，竹脆簧清。是日风雨甚大，席散时，谯楼已三鼓矣。轿夫向船索取饭钱，船中人不肯给，遂在船头争斗。有两轿夫被打落水，幸人手众多，赶即救起，不致随江潮而去。次日，由满营轿头调处息事，闻船中共费十五六元一席，酒资不敷用矣。

《申报》1887年3月24日。

鹫岭钟声

有某童者，佻达子也，胸无点墨，屡赴童子试，终未得一衿，有登徒子之好，日事狎邪游，乐而忘返。第众香国中，本是销金之窟，挥金如土，即为上客，否则白眼相加，或饷以闭门羹。若辈面目心肠，几如一丘之貉，固无足怪，而某童不悟也。前日至江山船，欲寻旧好，船中妓峻拒不纳，知童之裘敝而金尽也。童愤极，归家遽取刀，自割其势，口称天生此物，害人终身，割而去之，害且绝矣。家人瞥见，急夺其刀，而已鲜血直流，势如泉涌，赶延医生，致敷上药，未将血止住。然断者不能复续，现虽百般疗治，无如均渐溃烂，呻吟床褥，难望痊愈，真自作之孽也。

《申报》1888年5月7日。

龟子诬窃

杭州有少年六七人，于冬至节各乘骏马，驰骋江干，在江山船上开筵，赏即浅斟低唱，满座生春，其乐可知。席终人散，晚烟四起，始联辔疾驰而归。二十一日，赴饮之某少年，途遇该船龟子，向索牙柄绸洋伞一柄，谓前日误被君等携去者。少年谓既知我等所携，船中人自必眼见，当时何不说明，直至今日始在途可诘问。龟子言，当时忽忽未及问讯，旋欲追问，恐城关下钥，故迟至今日耳。某少年曰："然则可嘱眼见之人，亲至我处，我当偕赴同席各家，令其指认，庶知何人误携，可望物归原主。"龟子大声曰："尔等去后，查知洋伞已失，明被窃取，今日定索原物也。"某少年怒斥之，犹缠扰不肯走散。少年欲扭交地保，始经旁人将龟子拖开，交口咒骂，龟乃曳尾而遁。次日，某少年与同席者遇于万安桥某茶室中，备告昨事，咸谓龟子诬窃，定当兴师问罪以雪此耻，相约于次日在某处会齐，再行商议，未知后事如何，然冶游者亦可以鉴矣。

《申报》1888年12月30日。

杭谚

上月某日，有妓船数十号连樯而至，内有红顶花翎者乘舆至某署谒见，谓宦海风波，备尝辛苦，至今无以糊口，不得已出此下乘之策。某署即禀请大宪委某军门往查，则见船上尽是龟奴鸨妇，问其来意。据云由某员包揽至此，得夜度资，则瓜分耳。军门遂督饬营兵驱逐出境，空心大老官，为勾栏作护符。沪上亦复不少，然不若此之明目张胆，乱撞木钟也，岂术有工拙欤，抑势有强弱欤。

《申报》1893年7月4日。

花船绝迹

杭州江干地方素多妓艇，总名曰江山船，其中有头亭、菱白等名目，停泊于螺蛳埠一带，专以卖笑为生涯，并不载客。有雇之者要求重价，方可开行，现因瓯宁各海口，时有运解军火及调兵赴防之事，需船甚伙，虽由船局照给舟价，并无当差名目，而该船等均不愿应差，故近日均开往僻处躲避矣？

《申报》1895年1月3日。

扒城被辱

杭有世袭武职某归标后，屡得优差，学习未满，即由本营官长请保送部引见，果系才能出众耶？抑实有劳绩可稽耶？外人举不得而知之。而同营武弁辄抱不平，思以蜚语中伤之。会某有扒城被获一事，遂播为美谈。传说几遍，事为上宪所闻，因无确证，虽从宽不究，然声名自此败矣。缘某性好冶游，时至江干妓船，纵领留宿一日，出城时已昏黄，禁门早闭。某与二狎友欲从城上缒下，为守城兵士所见，当将三人获住。旋知有某在内，即行释放。某大肆咆哮，痛骂不已，言语侵及管城委员某二尹。二尹闻知，怒不可遏，饬将某等捆缚，责之曰："本委职司稽察，有犯必惩，况汝系职官，尤为知法犯法，必不轻恕。"某至此亦无可分辩，惟有长跪哀求而已。复经挽人缓颊，始得了事。某本堂堂武职，而长跪乞怜，其取辱之由，非其自取乎？

《申报》1895年7月30日。

西泠秋浪

杭州江干螺蛳埠上下一带，妓船林立，船式不等，统名之曰江山船。上年因海疆不靖，调拨兵丁往来，需封船只，该船避匿闸口以上，或上岸租屋作卖笑生涯。现在和议已成，各船渐次鳞集其间，装潢倍形华丽，外面油漆一新，舱内俱用五色花玻璃窗器皿，一切无不精巧，中有一舟改作苏州灯船式样，船身较大，分作三舱，往来游客，彼此可不会面，因此问柳寻花之辈，皆乐就焉。

《申报》1895年8月16日。

续述反目轻生

杭友泚笔寄语云："前报某公子反目轻生一事，兹悉公子系出太原，其先人曾任某县，有廉吏风，以故宦囊所遗不厚。公子之配美且贤，主持中馈，戚党交相钦重。公子幼聪颖，早入邑庠，旋食饩。惟性好冶游，所谓才子佳人，信有之也。悦江干船妓某校书，流连忘返，妻苦劝之不从，时占反目。其妻知非言可喻，乃于上月侦知所在，乘舆而往，一见即盛气相凌。讵该妓天生妩媚，笑语逢迎，妻不觉转怒为喜，大有我见犹怜之意，一意欲公子纳诸侧室。公子已允，而妓不愿为二女之同居，遂作罢论。时届端节，公子不归，一切开销均待主持，不得已托病以速之。公子既归，见非真病，不觉大怒，两相口角。正在过瘾，因取盒中生膏，约四五钱，一气吞服。其妻骇极，唤人请西医梅君前来灌救，延至一点钟之久，尚未苏醒。自念如此，不免贻人以口实，亦取阿芙蓉膏服之。逾片时，公子一吐而愈。西医别去，家下人咸周旋公子之侧，初不防其细君之暗伏祸根也。比毒发，再请西医则为时过久，毒已遍行经络，不能施救，延至是夜三更即毕，偿一生业债亦惨矣哉。此事因前录有小误，爰再泚笔志之。"

《申报》1896年7月1日。

维持风化

浙省新立租界尚未成市，而拱宸桥西则已非常热闹，道宪以在租界之外，巡捕不能管理，而宵小混迹时有所闻，因添设巡防局委员，程大令云骥为总办。大令奉札后，当即开局，带同差役四处巡察，立拿赌摊二起，各责二百板，枷号示众。晚间又查得某茶馆有女唱书二人，在彼弹唱淫词艳曲，立拿到案，各掌颊五十下，次日押令游街。又河埠有妓船数艘，亦拟往拿，讵已得知消息，潜踪而去矣。

《申报》1897年7月10日。

六桥烟柳

杭地每届春间香市之际，沪上妓女多假进香为名，雇舟来杭，藉寻旧好，兼结新知。盖以本地流娼，类皆龌龊不堪，而江干船妓又系产于衢严者，居多装束既不雅观，举止亦属粗俗。是以沪妓之来，生意颇盛，凡寻花问柳者，无不往彼小作勾留，以为快事。今年租界新辟作皮肉生涯者，欲于此间另结香巢，咸有聿来胥宇之意，故松木场一带船只较多，管弦歌唱之声，往往不绝。有某茂才，深恐匪徒混迹，致有滋事等情，禀请湖墅保甲局宪，饬差驱逐。故迩日以来，妓船已绝迹矣。彼逐臭者流，方以为大杀风景，而不知绥靖地方，正不可无此一举也。

《申报》1897年5月1日。

驱逐娼船

杭州访事人云：拱宸桥新辟商埠以后，省中绅富购地营屋，生意渐兴。而士妓流娼亦多混迹其间，时在酒馆侍宴。去年八月，巡防局程子良司马以有伤风化，出示严禁，并访拿著名窝娼之李某枷号示众，此风为之渐息。现当香市之际，各埠香船之来者，帆樯相接，辄多在此停泊，藉以游玩。而苏申妓女亦雇舟而来招揽生意，虽不敢大张旗鼓，而蜂媒蝶使，勾引多方，以致逐臭之夫趋之若鹜。事为程司马所闻，立即出差严拿，并禁香船不得在彼久留，而各妓船早已闻风开往他处矣。

《申报》1898年4月7日。

鹭岭秋云

杭省江干一带，向来妓船林立，好狭邪游者，无不趋之若鹜。现因拱宸桥新辟租界，苏沪名妓咸结伴而来，浓抹淡妆，无不合度，以视江干船妓，不啻有天渊之别。于是冶游诸人咸舍南就北。各妓船停泊江干，规费颇大，难以开销，祇得开往别埠，以博利市。故近日螺蛳埠一带，西舫东船不啻寥落如晨星也。

《申报》1898年10月15日。

领事过杭

日前英领事许德立同教会各西人，由沪来杭赴衢州追思礼，洋务局接得沪电，提调文蜀生太守暨同两首县出城，开船迎接。及领事抵拱宸桥，两县复饬办差丁役，在江干上码头预备船只，共用茭白船七八艘，均西人拣定，由官封雇，并备绿呢轿四乘，即日开船上驶云。

《大公报》1902年10月2日。

禀控船妇被逼轻生

兰溪之茭白船妇孙七妹，向与薛某有私。近因别有所欢，于上月初四日，驾舟出游，被薛得悉，遣人追至四十里外，诱令回兰，突向掌颊痛辱，以致妇羞忿自尽。各船户群抱不平，禀知局员求请昭雪。刻经人劝，薛给其夫丧费洋银四百枚，未识能免报验否。

《申报》1905年7月12日。

江山船户咸抱不平

江山船妇名七妹者，颇有艳名，近被薛某妒奸掌颊，以致羞忿自尽。各船户咸抱不平，议照前年求惩金某逼死陈芝富船妓之去，同赴宪辕求为昭雪。

《申报》1905年7月3日。

县令子游船被辱

金华县毓质夫大令之子，年逾弱冠，性好冶游，双溪河各船妓，大半为其所眷，不准应客,违则封禁。诸纨绔心颇衔恨,无奈势不能敌。某夜侯偕幕友等到船宴乐时,争以砖石抛掷,有流血受创者。闻已由大令分派兵役四出拘人矣。

《申报》1905年11月6日。

饬查测绘员之骚扰杭州

浙省矿产前经就地绅民禀请,试采者计共十余处,凡已给探照各矿,以严州、桐庐属为最多。例须遴员赴各矿地测量绘图,报部备案,由农工商矿局总办王省三观察,选派士官研究所毕业生黄超君为测绘员。不料该员到桐庐月余,仅亲历矿山一次,勒索夫马规费,沿途滋扰,往返必备妓船盛宴,种种不法,大动绅民公愤,爰联名来省上控。现经局宪批准,已严饬地方官秉公查办矣。

《申报》1908年8月7日。

争风

杭垣晋义钱庄陆同生、道生庄陈生甫等,浪游江干花舫,与船妓秀凤、小妹英二妓有啮臂盟。讵近日该舫突来一皖省豪商,匿此二妓,千金买笑,争掷缠头。两钱伙相形见绌,醋海兴波。日前各邀就地痞棍三十余人,分头埋伏,拟致皖商之死命。事为钱业领袖金某所悉,恐酿巨祸,极力调停,勒令解散。一面由皖商出资备具红烛边炮,在船局门首燃放了事。

《图画日报》1910年第381号。

钱塘江花舫乐极争风

杭垣晋义钱庄陆同生、道生庄陈生甫等,浪游江干花舫,与船妓秀凤、小妹英二妓有啮臂盟。讵近日该舫突来一皖省豪商,匿此二妓,千金买笑,争掷缠头。两钱伙相形见绌,醋海兴波。日前各邀就地痞棍三十余人,分头埋伏,拟致皖商之死命。事为钱业领袖金某所悉,恐酿巨祸,极力调停,勒令解散,一面由皖商出资在船局门首红烛边炮,籍资负荆,彼时围观者询悉原委,一笑而散。

《申报》1910年9月5日。

串拐真相

樊茂金同妻俞氏控王张氏诱拐十四岁女儿阿巧,押于杭州花船为娼等情,经公堂讯判押候,移提在案。兹樊夫妇已将伊女领回,送案讯据供称:张氏以代荐佣工为由,串令同党庄荣生等三人,送杭押娼,现知涉讼,由张氏之母同其侄赎出送回,讯之张氏亦认拐不讳,判押捕房二年,阿巧给其父母领回。

镇埠办理巡警之困难

萧山县属义桥镇,为钱江上游著名商埠,巡警成立未久,应需经费概由全镇商店捐募。当时由县照会富绅韩绍孟君充当巡董,月须赔垫洋百余元。不料旧腊西河沿典当被劫,警兵闻警,纷纷逃入妓船,洋枪号褂沿途丢弃,致合镇商民大哗,率众毁局,并相约不缴捐款。现在巡董奉裁,韩君首先辞职,要求给还垫款,由翁大令照会商务分会,限于十日内饬令各行号缴齐,否则仍须责成巡董。商会不得已分头劝导,而众商不允,咸谓设警所以卫民,今不卫民,而反扰民,何赖有此赘瘤,如果勒捐,一律罢市,致该商会颇有左右为难之势。

宝侍郎遗事

宗室宝竹坡侍郎廷,为光绪初直臣名士,风流不拘小节。壬午典闽试归,以娶江山船女为妾,自劾罢官。或赠以联曰:宗室一家名士草,江山九姓美人麻。侍郎极赏之。盖侍郎诗集名宗室一家草,而其妾则面有微麻也。某君有江山船曲,亦咏兹事略曰:乘槎归指浙东路,恰向个人船上住。铁石心肠宋广平,可怜手把梅花赋。枝头梅子岂无媒,一语诙谐要主裁。已将多士收珊网,何惜中途下玉台。又,那惜微名登白简,故留韵事记红裙。又,本来钟鼎若浮云,未必裙钗皆祸水。皆纪实也。

浙江大风潮

杭垣自十六夜半三句钟时,狂风骤雨,瓦石纷飞。十七日黎明,风雨愈急,几似倒泻银河,平地水深没踝,墙垣之被雨淋坍者,比户相望。是日,钱塘江自晨迄午,均系北风。幸有塘堤屏蔽,商船尚无大患。时交午正,倏忽改变西南风,万马奔腾,愈接愈厉,致大江南北,雪浪如山,所泊商船同时断锚,走水者不可以数计,喊救连天,哭声匝地,救生船因风狂浪紧,自顾不遑,霎时被浪击沉及互相撞沉之大小商船,至傍晚六点钟止,共计十九艘。内惟土云生、曹泰来等行所载煤油、糖包及布匹、呢绒各货为最巨,损失在万金以上。沿江木牌适值旺销,存货有限,被风飘失者,仅金华货少数。又有钱来有、陈初一等江山妓船四艘被浪击破,船只惨遭沉没。同时,有闻家堰、东江嘴等处行船,见势危急,拼命驶搁浅滩,而终被击沉者亦十二三艘。但见帆樯矗立,零物蔽江,见者为之酸恻。是日,钱江商轮见北风虽劲,因系顺风顺水,决拟由杭开驶。讵过义桥风势愈狂,即在临浦停避。由临开杭之短班,亦至义桥折回,由桐庐来杭之恒泰轮船恃船身坚大,逆风鼓轮,于下午三时到闸口。其时浪高数丈,力难拢岸,冒险在江心停候一点钟之久。风浪愈急,总公司恐酿不测,从权立饬转柁,顺势驶赴临浦守避,始于十八日晨回杭。惟各船乘客罔知利害,无理取闹,如上水之恒益轮船先到临浦备饭供客,咸怨轮船胆小,误其程限,竟将碗筷餐具抛掷江中,以图泄愤。嗣见恒泰船带客继至,众始无言。其他损失容再调查报告。

《申报》1911年8月14日。

民国资料

大总统通令开放疍户惰民等许其一体享有公权私权文

天赋人权，胥属平等。自专制者设为种种无理之法制，以凌轹斯民，而自张其毒焰，于是人民之阶级以生。前清沿数千年专制之秕政，变本加厉，抑又甚焉。若闽粤之疍户、浙之惰民、豫之丐户，及所谓发功臣暨披甲家为奴，即俗所称义民者，又若剃发者并优倡隶卒等，均有特别限制，使不得与平民齿。一人蒙垢，辱及子孙，蹂躏人权，莫此为甚。当兹共和告成，人道彰明之际，岂容此等苛令久存，为民国玷？为此特申令示，凡以上所述各种人民，对于国家社会之一切权利，公权若选举、参政等，私权若居住、言论、出版、集会、信教之自由等，均许一体享有，毋稍歧异，以重人权，而彰公理。该部接到此令之后，即行通饬所属一体遵照，并出示晓谕该省军民人等，咸喻此意。此令。

《临时政府公报》1912年第四十一号。

蒋都督通令开放疍户惰民文

本年三月十九日奉中华民国临时大总统孙令开天赋人权，胥属平等。自专制者设为种种无理之法制，以凌轹斯民，而自张其毒焰，以是人民之阶级以生。前清沿数千年专制之秕政，变本加厉，抑又甚焉。若闽粤之疍户、浙之惰民、豫之丐户，及所谓发功臣暨披甲家为奴，既俗所谓义民者，又若薙发者，并优倡隶卒等，均有特别限制，使不得与平民齿。一人蒙垢，辱及子孙，蹂躏人权，莫此为甚。当兹共和告成，人道彰明之际，岂容此等苛令久存，为民国玷？为此特申令示，凡以上所述各种人民，对于国家社会之一切权利，公权若选举、参政等，私权若居住、言论、出版、信教、集会之自由等，均许一体享有，毋稍歧异，以重人权，而彰公理。该都督奉到此令后，即行通饬所属，一体遵照，并出示晓谕该省军民人等，咸喻此意。除通令各司长既杭州警察署，并各属一体遵照，并颁发告示，合亟通令查照，并颁发告示，遍贴城镇乡，毋任遗漏，俾各周知，仍将发贴处所开报，查考此令。

《浙江军政府公报》1912年第47册。

浙江省各县查报堕民畲民等人数职业状况及改良办法

浙江省各县查报堕民畲民等人数职业状况及改良办法，如表3-1所示。

表3-1　浙江省各县查报堕民畲民等人数职业状况及改良办法一览表

(单位：人)

县别	种类	男	女	共计	职业	生活状况	改良办法
杭县	无						
海宁	无						
富阳	无						
余杭	无						
临安	无						
于潜	无						
昌化	无						
嘉兴	无						
嘉善	无						
海盐	无						
崇德	无						
平湖	无						
桐乡	无						
吴兴	无						
长兴	无						
德清	无						
武康	无						
安吉	无						
孝丰	无						
鄞县	惰民	630	476	1106	优伶、舆夫、吹手等	与普通同	注重教育之普及
慈溪	惰民			2220	剃头、抬轿、吹唱等	收益尚丰	宣传、教育、劝导
奉化	惰民	1200	800	2000	剃头、抬轿、吹唱等	与普通同	调查户口，测量土地，计划举行后方可定改良方针
镇海	惰民	746	552	1298	吹唱、演戏，间有农、商	与普通同	注重教育，革除服役旧习

县别	种类	男	女	共计	职业	生活状况	改良办法
定海	惰民	427	238	665	抬轿、剃头、奏乐、梳头	收益尚可	由强迫教育入手,并令各小学不得歧视,一面令其互通婚
象山	惰民			385	吹唱、理发、新妇、伴娘	均有产业衣食恒足	
南田	无						
余姚	惰民			383	吹唱、收租、伴娘		令其耕织改习工艺,劝令入学
上虞	惰民			3393	乐户	与平民同	筹设工厂及平民学校令得免费入学俾可发展
新昌	无						
临海	无						
宁海	无						
温岭	惰民			2112		与平民同	由警察所长协同公正绅士随时指导令其业农
仙居	无						
金华	无						
兰溪	船户					与平民同	办济良所及免费入学
东阳	惰民	1561	1303	2864	剃头、抬轿、守祠、梳头	每日所得五角至一角二分不等	令其通婚、改业、入学或做工,并优待之
义乌	惰民	1027	847	1874	抬舆、鼓乐		提倡通婚、选举平等
永康	无						
武义	无						
浦江	无						
汤溪	无						
衢县	九姓渔夫			340		执业艰困、执业不齐	
江山	无						
开化	九姓渔夫	78	60	138	捕鱼、撑船	均堪自给	
淳安	无						

县别	种类	男	女	共计	职业	生活状况	改良办法
桐庐	九姓渔夫及畲民堕民	345	297	642	捕鱼、撑排、作工或种田	自食其力	据报,除花舫一项另拟考查外,办法未定
遂安	无						
寿昌	无						
分水	无						
永嘉	无						
瑞安	无						
乐清	俗称小姓	405	314	719	抬舆、捕鱼、伴娘		
平阳	畲民			3600			平等教育
泰顺	无						
丽水	畲民	3000	3000	6000	农业、蚕织	简陋	(一) 布告待遇平等 (二) 劝谕改换特装 (三) 厉行强迫教育
青田	畲民			2000	农作	自食其力	由教育入手再与接近,并择其优秀者迁之都市
缙云	无						
松阳	畲民	191	945	1136	农作	服制、音语均与汉族异	(一) 令其着汉装 (二) 说汉族音语 (三) 与汉族结婚 (四) 令其入学
遂昌	畲民	3422	2543	5965	种植、肩挑、商业	足维生活	
龙泉	畲民	1400	1600	3000	农工	与平民同	注意宣讲及教育
庆元	无						
云和	无						
宣平	畲民	2674	2231	4905	抬舆、农夫	与齐民异	施以党化教育
景宁	畲民	10000	7400	17400	耕樵	菜饭、布衣自饶兴趣	布告开放,并令教育局劝导入学,一律容受

来源:《浙江民政月刊》1929年下册。

浙民衣食问题之研究

童振藻

此外，又有九姓渔户，散居于衢县、开化、桐庐等属，多以捕鱼、撑船为业，往来于钱塘江以及衢港、婺港一带。男子衣服，多与普通人民同；惟女子在前稍有区别。兹将杭游小志所载女子之服装，摘录于下：

> 船中人装束，始均广裾长袖，雅不入时，无论绫锦称身，外必置标蔻布衫；不裙而裤，风气然也。尔来窄袖短襟，一束抹胸，亦换为尺余马甲矣。船中人都善刺绣，而挑花尤为特色；以黑丝线密缀如齿，排列绸布方帕上，俗谓之狗牙齿，匀整细密，尉贴皆平，至于抹胸、枕衣、藕覆之类，更能别翻花样，斗色钩心；若骐骥送子，若二龙戏珠，非累月经旬，不能了此针线。

按堕民、畲民及九姓渔户，均经浙省及浙民厅先后通令各属，将该民等所守旧制，一律废除。兹将民国十六年七月，浙省府通令摘录于下：

> 照得人群进化，学术昌明，阶级之分，早应消灭。矧现当国民政府统治之下，凡属人民，悉归平等，何有贵贱之殊。乃吾浙省内部，犹有种种特殊民族，如宁绍等地则有堕民（一作惰民，约二万人），旧处州府属则有所谓畲民（蓝、雷、钟、盘四姓，约二十万人），杭衢一带，则有所谓九姓渔户（即陈、钱、林、李、袁、孙、叶、许、何九姓，俗称"江山船"），皆为社会所鄙视，齐民所不齿。执业既贱，婚姻不通，所生子女，亦不克受相当之教育。历久相传，未经改革，不特大背人道，抑且有伤国体。当此革新之初，自应即予废除，使彼等在政治、经济、教育、法律上悉处于平等地位；然后，废除此种制度之目的，方能圆满达到。为此通令各县长一体遵照，仰于奉文后先将辖内有无堕民、畲民、九姓渔民及类似此种特殊民族等居住，切实查明。其现有此类民族之各县，应将男妇人数、种类、生活状况，详细调查，并拟具此后如何改良职业，提高生活等办法，呈候核夺。该县长身膺民社，有转移风俗之责，应善体本政府维持人道之意，切实奉行，勿得视为具文，致干未便。并仰布告各该县人民一体知照，务期自兹以往，一视同仁，毋分四化畛域，是所厚望。

十八年一月，复由浙民厅通令废除特殊民族不平等之待遇，兹将原令再摘录如下：

> 查解放特殊民族，迭经通令饬遵，乃近查宁波、镇海一带仍有堕民名义；其妇女所着衣服，犹沿特殊颜色，与普通人民故示识别，殊属不合。特再重申禁令，仰各县长一体遵照，各于文到后，就该管境内，切实查明，依照迭令认真

办理，毋得再视同具文。并将遵办情形，按月于政治工作报告中一并呈报，以凭考核。

又九姓渔户及疍户，向皆以船为家，不住陆地；近则九姓渔户，仍多以船为家，间或上陆居住。疍户则上陆居住者多，兹将近时情状，分叙于下：

戴氏槃《九姓渔船考》：严郡之建德县，有所谓九姓渔船者，不知所自始。相传陈友谅明初抗师，其子孙九族，贬入舟居，以渔为生，改而业船。原编伏、仁、义、礼、智、信、捕七字号，大小船只二千三十一号。道光、咸丰年间，尚存船一千数百只。其船有头亭、茭白两种，其家属随船，皆习丝弦大小曲，以侑觞荐寝。船有同年嫂、同年妹之称。其实嫂、妹皆雇觅桐庐、严州人为之，世人误"桐严"为"同年"，故有此称。船只名为江山，实非江山船也。真江山船甚小，并无女子。又有船名为芦鸟，系义乌人所业，形制宽敞，同于茭白，惟无窗棂，殆不欲自同于九姓渔船也。余于甲寅秋九月，坐陈姓茭白船到严州。陈姓有请裁九姓渔课之请，适权严州府篆，遂详请裁革。各大宪俯如所请，并出示严禁窝娼宿弊，各船皆知敛迹。亦如芦鸟船焉。况当兵燹之后，茭白船只减少，改业芦鸟船之人甚多。其中稍知向上者，必能改贱为良。间有不肖之徒，仍染旧习，地方官如能随时查禁，无难力除净尽。

范寅《越谚》载：相传陈友谅部曲共九姓，明太祖锢之，不齿诸民。故其子孙无寸土，惟家于船，男作船户，女多流娼。同治间，严州太守有心化理，劝谕谆谆，弃船登岸。诿曰，府有渔课无出，为白大吏奏除，不数年仍家于船为娼。

按《射鹰楼诗话》载：茭白船，即江山船，船户凡九姓，不齿编氓。九姓皆桐庐严州人，世传陈友谅既败，其将九人逃至睦杭间，其裔今为九姓船也。常山至杭州，山明水秀，客载其船者，江山丝竹，画舫笙歌，往往坠其术中。亡友陈亭甫《三里滩诗》云（节录）："积水仅浮舟，画船高过屋。粉黛映江山，风雨杂丝竹。骄虫小儿女，未解淫贱辱。零落秋扇捐，春心付骨肉。造物汝何意？苦待斯人酷。老死异编氓，偷生寄洄洑。请看兹滩头，终古波斯续。流脂变芳草，断肠不盈掬。羁孤能临眺，慷慨悯衰俗。河边双鸳鸯，哀鸣羡黄鹄。"词多哀感，不啻为九姓陈情。近浙省虽令废除旧制，待遇平等，并由民厅调查九姓人口职业，筹议改良其生活，而教厅也计划特殊民族之教育，俾智识开浚。但九姓共有一八三九人，前既令弃船登岸，未能遵行，非出于强迫不可；即仍甘守旧业，仅许取鱼撑船，不准再营娼业，俾生活改良后，再加教育，方可收实效焉。

杨氏昌祚《游杭纪略》载：江干向有画舫，曰"九姓渔船"，俗呼"江山船"，又呼"茭白船"，又呼"跳板船"。相传为陈友谅部将后，明太祖贬入渔籍，多居钱塘江上游。其船女子，大率衢州产，而操严州音。初止供应徭役，清歌侑酒，嗣后风气所趋，亦为故常。今其人皆舍舟登陆，居于花牌楼，有三十余家之多。或仍有画舫停泊江干，新自上游来者。

按自兰溪县对于花舫登记取缔，并设济良所收容后，率多改业从良。自杭州市公安局对于娼妓，厉行分期抽废以期禁绝后，江干花牌楼之妓女，已纷纷自动脱籍，至十九年底,可完全绝迹矣。

《浙江省建设月刊》1930年第35期

钱江九姓渔户考

童振藻

一、绪论

浙省钱塘江流域,向有九姓渔户之一类人民,生殖其间,历年颇久。在昔该渔户等以船为家,只能往来于钱江上下游,不能移居陆地,与珠江流域之疍户同,故均浮家泛宅,飘流为生,陆地恒产,概未购置。沿至清代乾隆同治间,迭经官厅设法解放,该渔户狃于旧习,仍性耽船舶生涯,以致陆居之人,仍不及船居者众。其大多数之生活,喜于浪漫而流动,不愿固定而域于一方,岂为久居海岛渔民或向居珠闽两江疍户之苗裔,含有遗传性耶?胡为乎喜与烟波结缘,而不萦情于林园之安乐?究其原因,约有两端:(一)习于波涛,乐为水上生活,祖父子孙,皆系如此。所谓习与性成,业难转移,俨如弓冶传家,世世皆沿袭而不改。(二)暗营娼业,获利较丰,运货捕鱼,皆逊于是。且一舸逍遥,任其所之,利市徵逐,又较陆地娼家活动之范围为大。宜乎虽立严禁,提高人格,而故步自封,甘居下流而不悔。具此两因,故逐水漂泊,逐臭堕落,虽具大力者援之以手,亦不能宅干净之土,履光明之路,而享人生幸福。近因全国民族,应一律立于平等地位,屡经劝诫而不悛,不得不用强制手段,凡花舫妓寮,分别登记,并掣签解散,视畴昔较为稀少。如再进一步,为彻底铲除之计,非严订取缔办法,责由钱江流域各县府,严厉执行,咨取近事,略议梗概。爰将该渔户之来历、姓氏、人口、船舶、生计、习俗、教育及解放经过之事情,以次教养之方法,择要分胪如下,仅供奉行民主主义有心化理者之参考焉。

二、来历

在昔研考该渔户之来历者,有下之数说:

(一)见戴氏槃《严陵纪略》。戴氏《严陵纪略》第一篇《九姓渔船考》,谓:"严郡之建德县,有所谓九姓渔船者,不知所自始,相传陈友谅明初抗师,其子孙九族,贬入舟居,以渔为生,改而业船。"又第二篇《请奏裁建德渔课》禀,载:"伏查建德县之渔课,始于明洪武年间……相传陈友谅明初抗师,子孙九姓家属,贬入舟居,有明之所谓校坊,无以异也,由明至今数百年来,渔课照完。"

(二)见范氏寅《越谚》。范氏《越谚》卷下附论《论堕贫》文内载:"相传陈友谅部曲共九姓,明太祖锢之,不齿诸民,故其子孙无寸土,惟家于船。"

(三)见林氏昌彝《射鹰楼诗话》。林氏《射鹰楼诗话》卷七载:"茭白船,即江山船,船户凡九姓,不齿编氓,九姓皆桐庐严州人,世传陈友谅既败,其将九人,逃之睦杭间,其裔今为九姓船也。"

（四）见杨氏祚昌《游杭纪略》。杨氏《游杭纪略》卷下《娼寮门》载："江干向有画舫，曰九姓渔船，俗呼江山船……相传为陈友谅部将后，明太祖贬入渔籍，多居钱塘江上游。"

（五）见三衢柔夬《游杭小志》。三衢柔夬《游杭小志》第一编《钱江画舫录》载："舫中人凡九姓……或谓有明定鼎，没陈友谅眷属僚佐，以执是役，定例不得陆居，是耶非耶？"

（六）见余名铨呈文，余氏任兰溪县长，于一七年四月一九日呈报《提高生活办法》内载："查此种特殊民族之起源，盖因明之初兴，此九姓随同陈友谅抵抗最力，后明太祖乘鄱阳湖之捷，欲尽灭此九族，因刘基之谏，乃将此九族人合为一团，皆流谪于浙江之江山，今子子孙孙居船中，永远不得上陆，与齐民共正业。九族人不得已遂以渔为业，其后子孙繁衍，自江山以迄杭州，钱塘江一带水上权，均归其掌握，于是彼得结成一巩固团体，一般旅客，皆以乘此种船为安稳。是时渔船乃变为客船，而本来面目，遂不可见。"

按九姓渔户之来历，浙中省府县志，均未叙及，故《严陵纪略》第九编，前布政司杨详稿载："九姓渔户课钞银两，由府提解司库，汇入通省地丁项下造报题销……其款之来由，代远年湮，档案毁失，已无从追溯。"又第五编前布政司会详文内载："查得该府禀叙，建德九姓渔课，始于明洪武年间，相传陈友谅明初抗师，其九族贬入舟居承完各情，代远年湮，档案毁失，无从追溯，难于详考，故省府旧志，均未叙明。"省府县旧志既未叙明，故相传之说，盖无证据，不知搜索历史方面之事迹，约有四途：考诸简册以据报；系证诸金石参订；系掘诸地层以印证；系得诸口传以辑补。况民族史多为前编史书者所忽略，语焉不详，现史家多注意，于是往往怀铅握椠，向雪窖瘴乡沙碛严穴间之太古遗裔周谘博访，昕夕缀录，而矜为创获之史料。此民间故事，为采风问俗者所重视也。是则相传之说，又未可因文献无证，而谓无关史事。执此以观，则九姓渔户，相传为陈友谅及其部曲子孙之说，亦未可尽说为无稽，而不能引用。虽按诸《明史》卷一《明太祖本纪》及卷一二三《陈友谅列传》，均未载明陈之后裔及其部曲之后裔，有流谪杭睦之事。惟太祖射死友谅后，降其子封归德侯，封谅父普才为承恩侯，封谅弟友富等为伯，后理出怨望语，徙高丽，普才等亦徙滁阳。至随谅抗明师称饶将者，有张定边、丁普郎、傅友德等，亦无姓钱林李袁孙叶许何之人。岂陈氏复由滁阳徙杭睦耶？并相从有钱林李袁等之旧臣耶？或钱林等为偏裨，史故略而未载耶？抑史缺有间漏而未载耶？均未敢臆断。不过当明太祖时，陈友谅旧有江西湖广地，扼据长江中枢，当金陵上游，颇有高屋建瓴之势。又善用兵，实为劲敌，友谅不灭，有明天下，即不易底定，故鄱阳一战，歼灭陈军，太祖遂有"天下不难定"之语。相传九姓随同谅抵抗最力之说，究非无因。或谅子及其父因降而封侯，其部曲不友降者，有陈钱等九姓，因在鄱阳水上助谅力战，遂谪子杭睦之水上，不许陆居，以昭儆戒，亦未可知。况明成祖攻入南京后，凡抵抗不降之忠臣，其妻女迫入教坊为娼妓者，不一其人。安知明太祖对于敌将后裔，不深恶痛绝而沦谪之。执此以观，恐亦事之容或有者耳，故可存之以备史家之甄用焉。

三、人口

现在之九姓人口若干，可就下列各方面记载之数目以计之：

衢县男女共340人

开化县男女共138人

桐庐县男女共642人（此系合畲民计列）

　　（上系民国十七年《浙江民政年刊》第六项统计图表内《各县查报堕民等人类状况及改良办法一览表》中所列）

九姓渔户共1839人

　　（上系民国十九年九月十日《浙江民国日报》所载之数）

兰溪县男343，女395，共738人

　　（上系民国十七年四月十九日兰溪县县长余名铨呈报）

金华县男女40余人，仅孙、许二姓

　　（上系民国十六年八月二十七日金华县县长姚端呈报）

衢县33户，男146，女162，共308，常住境内

　　（上系民国十七年四月十六日衢县县长胡维鹏呈报）

开化县男78，女60，共138人

　　（上系民国十七年四月二十七日开化县长叶绍衢呈报）

汤溪县男女50余人系陈、钱、许三姓，又男女5人系许姓

　　（上系民国十七年三月三十日汤溪县县长薛达呈报）

桐庐县共84户，男285，女244，共529人

　　（上系民国十六年九月十七日桐庐县县长卢葆芳呈报）

从上列各方面调查之人数，统一列表如表3-2：

表3-2　浙江各县九姓人口一览表

（单位：人）

县别	男	女	合计
衢县	205	176	381

县别	男	女	合计
开化	78	60	138
桐庐	285	244	529
兰溪	343	395	738
金华			40余人
汤溪			50余人

上列六县男女,合计1870余人,与《浙江民国日报》所列之数,计多50余人。虽查报之年份不一,其大约人数,总在一千八百有奇。惟杭县及建德、江山、绍兴、龙游等县,亦有九姓渔户居住,惜均未查明呈报,其数目不能列入而统计之,为可惜耳。

四、姓氏

渔户共系九姓,即陈、钱、林、李、袁、孙、叶、许、何是也。兹将此九姓见于各项记载者,分别摘录于下:

戴氏槃《严陵纪略》第二篇《请裁建德县渔课禀》载:"伏查九姓,则陈、钱、林、李、袁、孙、叶、许、何。"

又《严陵纪略》第十篇《前浙江巡抚马咨户部文》载:"九姓则陈、钱、林、李、袁、孙、叶、许、何等姓。"

三衢柔夂《杭游小志》第一篇《钱江画舫录》载:"舫中人凡九姓,以陈、叶、许、何为最盛。"

浙江省政府民国十六年七月通令载:"浙江有种特殊民族,如杭衢一带,则有所谓九姓渔户,即陈、钱、林、李、袁、孙、叶、许、何。"

金华县长民国十六年八月二十七日呈报:"九姓渔户,金邑仅孙、许二姓。"

以上第将其姓氏标明,至各姓各有人口若干,据各县府所呈报者,分别另行计算,编列于下:

兰溪县:

陈姓32户,男81,女106,共187人

钱姓6户,男14,女40,共54人

李姓9户,男21,女18,共39人

袁姓2户,男3,女1,共4人

孙姓4户,男23,女32,共55人

叶姓10户,男21,女20,共41人

何姓1户,男4,女8,共12人

许姓12户,男30,女46,共76人

　　（上系就该县县长余名铨民国十七年四月二十九日呈报《调查表》所列之数，另行计算，推表中尚列有江、唐、胡、徐、施、季、潘、鲁、方、张、王、吴、越、金、黄、郎、郑、于等姓，是否为九姓赘婿，未据叙明。前人口一门中列男女各总数，系连以上各外姓也列入，兹因非在九姓之内，概行删去，以免混淆。）

衢县：

陈姓2户，男6，女10，共16人

钱姓7户，男38，女38，共76人

林姓1户，男3，女9，共12人

李姓4户，男10，女15，共25人

袁姓1户，男4，女11，共15人

孙姓8户，男45，女55，共100人

何姓3户，男19，女19，共38人

　　（上系就该县县长胡维鹏民国十七年四月十六日呈报《调查表》所列之数，另行计算编列。）

汤溪县：

陈姓

钱姓

许姓

以上三姓，男女共50余人，住洋埠、上宅两处。

许姓

以上一姓，男女共5人，住北区五家墟。

　　（上系就汤溪县长薛达民国十七年三月三十日呈报之文内摘出。）

桐庐县

陈姓9户，男29，女33，共62人

钱姓2户，男8，女6，共14人

林姓1户，男9，女4，共13人

孙姓51户，男177，女138，共315人

叶姓1户，男3，女4，共7人

何姓1户，男2，共2人

许姓17户，男59，女55，共114人

　　（上系桐庐县县长卢葆芳民国十六年九月十七日呈报之一览表所列者，另行计算编列。）

五、船舶

九姓之船身，较钱江各县为长，而幅亦较宽。其中装客装货最大之船，由首至尾，长约八十尺，中部宽约二十尺，前后各宽十余尺，而其首尾均尖削而高峭，其舱亦高在十尺左右，上覆篾篷。其次长约六七十尺，中部宽约十余尺，前后宽约数尺。各船分头中后各舱，如系装客之船，中舱船舷之里边，多装红漆矮栏，窗嵌玻璃，如开则悬细竹帘。至头舱在前必装过学政，方能采用亭式，故亦有头亭之称，如有亭，则连各舱计算，共有五舱。若系捕鱼之船，虽首尾之形式，与上叙大船相同，而船身较小，舱亦较少。桅则凡装客货之船，均视他船为高。帆用布制。其船不像江山船，亦不像乌篷船，故俗有"四不像"之称。

船逆水而上，或顺水而下，因江流弯曲，多用缆拖之，放于中流，扬帆破浪者，则罕见焉。惟逆水而上，则免桅不竖。顺水而下者，则竖桅而行耳。

捕鱼之船，有一户两船或三船者，称为子母船。

载客之船，有散载者，其舱有二十余铺。有专备雇佣者，则铺席数张。

以前纪九姓船舶之状况者，以三衢柔众《游杭纪略》中《钱江画舫录》为详，《钱江画舫录》载："画舫之式，中可容一席，几案咸备，头舱小，仅容膝，而床榻清洁，位置得宜。中舱以后，房舱具焉，罗帷绣毯，排比左右，中开一道，以通往来。再进则舫中人卧室矣。舱后锜釜筐稆，罗列井井，傅呼开宴，咄嗟可办，右肴左藏，亦复另有风味……画舫左右，皆悬竹帘，有客小坐，则低垂一桁。"

近中国旅行社编印《西子湖》书中叙述钱江画舫状况，即系节抄《钱江画舫录》所记状况，不再另录，以免重复。

又据戴氏《严陵纪略》第一篇《九姓渔船考》载：九姓渔船之状况，谓："其船有头亭、茭白两种，船只名江山，实非江山船（按《射鹰楼诗话》总名江山船，其实载货者曰江山船，载客者曰茭白船也），真江山船甚小，或在浅滩拨货，或搭肩挑过客。又有船名芦鸟，系义乌人所业，形制宽敞，同于茭白，惟无窗槅，殆不欲自同于九姓船也。由钱江而上至衢州，号为八省通衢，而福建之茶纸，江西之磁纸，广东之洋货，宁波之海货，来往必由，富商大贾，非头亭、茭白不坐，豪宦亦然。"

又《游杭小志》载："清制有船局，凡画舫皆隶其下，故金衢严各属之观察太守履新赴任，船局均以画舫为供应。至福建巨僚过镜，亦假此舫。自船局裁撤，差徭捐免，而画舫情形为之一变。"

以上系叙述船舶之状况，致船舶数目，古多今少，据戴氏《九姓渔船考》载："九姓渔船，原编伏、仁、义、礼、知、信、捕七字号，大小船只二千三十一号，道光咸丰年间，尚存一千数百只……兵燹之后，船只只有数十只。九姓亦只存三百余户。茭白船只稀少，改业芦鸟船之人甚多。"

又兰溪沿江现有九姓船舶五十余艘，除有一部分仍以捕鸟为业外，其余多操妓业（见兰溪县余县长呈报）。桐庐有九姓渔船七十六只，花舫四只（见桐庐县卢县长呈报）。

金华有九姓船四艘（见金华姚县长呈报）。此外濒于钱江各县，未据将船报明，无从计列。大致近年陆居者渐多，即仍有以船为家者，亦多改驾芦鸟等船矣。

至九姓船只的停泊处，均可列举于下，而陆居地方间亦有之。

（一）杭州市。杭州市江干区内，向有九姓渔户江山船只，现在早经改住岸上，已无江山船之称（见杭县县长蒋志证呈文）。

（二）富阳县。九姓渔户，以捕鱼为业者，间有往来经过于富春江上，亦只略事停留，并非久住（见富春县县长李光守呈文）。

（三）桐庐县。九姓渔户，多住居于桐庐县属之下港（见桐庐县县长卢葆芳呈文）。

（四）衢县。县境有九姓渔户一种，概居于西门外河埠，及沿河附廓一带，又住东乡樟树潭之村落与河沿河内，均自严州而来，寄居本邑（见衢县县长胡维鹏呈文）。

（五）汤溪县。县境内洋埠及上宅两处地方，濒临衢江，有九姓渔户陈钱许三姓住焉。又外北区王家墟地方，有九姓渔户许姓一家（见汤溪县县长薛达呈文）。

（六）兰溪县。县境内九姓渔户，陆居则散处青龙巷、水阙门、塘湾、小殿脚、后场、马岭岗、万坛区、游埠区、香溪区、艰村、马沥区、水阁堂、钟王、水竹庵、下经堂、东门城楼、三坊殿山区、方象山等处。船居则停泊张家码头、柳家码头、西门、下河、水门、河下、中洲、小桥下一带（见兰溪县县长余名铨呈报之表）。

又县境九姓渔户，花舫停泊水门、水门官财拱、水门小码头、水门码头、水门攔擺堆、西门湾、西门、西门下首、柳家码头、电青坑脚、踏布码头、药王庙、东门头、邑庙前、青龙巷、塘湾、药王庙巷、后羊一带（见兰溪县政府呈报《船妓登记一览表》）。

（七）开化县。县属华埠，有九姓渔户居住（见开化县县长叶绍衡呈文）。

（八）建德县。县属除夕，九姓渔户拢船南岸，虽远必至（王韧等编民国八年《建德县志》）。

此外戴氏《严陵纪略》第十一篇《禁止江山船只窝娼请饬杭绍金衢一体尊办禀》叙："查江山船只，建德县只有一号，系属陈姓。其余杭绍金衢四郡皆有。"又第十三篇《请出示严禁江山船只窝娼饬各府一体勒石遵办禀》叙："所有严州原课地方，以及杭州府之钱塘江，绍兴府之义桥，金华府之兰溪，衢州府之西安，向系各船聚处。"

《游杭小志·钱江画舫录》载："画舫向泊于海月桥一带，潮盛则移于闸口之九龙头，舳舻衔接，两行如雁翅排……其翘楚均聚集钱塘江畔。而绍兴之闻堰、义桥，杭属之富阳，金属之兰溪，衢属之龙游、西江，均有画舫踪迹，今之花牌楼前洋楼栉比，大都移家就岸矣……钱江潮汛，以八月十八日为最巨，每月朔望，偶有涨落，皆移泊于三郎庙或九龙头，至八月则皆陆居矣，由救生公所而上沿至水澄桥，皆为避潮地。板屏近市，椽屋瞰江，小仅如舟。"

《西子湖》载："江山船如衢属龙游西安，金属兰溪，绍属临浦、义桥、闻堰，杭属富阳，均有画舫踪迹，而在杭州市江干区之海月桥、花牌楼及闸口、九龙头等处，本有画舫停泊……舫在兰溪较盛，其停泊处，在城外官才弄、水门、西门、柳家码头、朱家码头一带。"

综上各项记载观之，九姓渔户，除陆居各地不计外，共船只停泊之处，有下之各处：

杭州市:三郎庙、九龙头、海月桥、花牌楼、闸口、水澄桥。

富阳县:富春江滨。

桐庐县:下港。

衢县:西门外河埠及沿河附廓一带,东乡樟树潭之村落,与河沿河内。

汤溪县:洋埠、上宅、北区、王家墟。

兰溪县:张家码头、柳家码头、西门下河、水门河下、中州小桥下、官才弄、朱家码头、水门小码头、水门码头、水门撅搔堆、西门、西门下首、电青坑脚、踏布码头、药王庙巷、后羊。

龙游县:未详。

开化县:华埠。

建德县:江之南岸。

绍兴县:义桥、闻堰、临浦。

六、生计

九姓生计,其初因只能船居,不准陆居,故咸以捕鱼为生。其后一部分因捕鱼所获者微,改装客货。厥后渐蓄女子,清歌侑酒,以娱商旅,未几公然卖淫。迨入民国,与齐民平等,凡营妓业者,又多改习农商及撑排等业。故其生计时有变换,并非固定不变。不过人因九姓旧业捕鱼,故以九姓渔户称之。兹就各方面调查报告其生计状况,分别叙列于下:

(一)捕鱼。捕鱼为九姓本业,故至今捕鱼者仍多,兹将九姓散在各县捕鱼之近况,分列于下:

富阳县。《浙江经济纪略》载:"各船户皆撑驾小船,是谓九姓渔船,自严东关而下。各埠皆有停泊,在县境内者,约九十余户,船以百数十计,有一户两船,有至三船者,捕得之鱼,随时出卖,但一船日用所需,三角为度,则每年所得,必有一万数千金。"

兰溪县。县长呈报县内捕鱼者有九户,内陈姓三户,许姓四户。兹将该县所报之《调查表》,摘列于下:

陈秋兰	男1	女1	捕鱼	船泊中洲
陈海根	男3	女5	捕鱼	船泊中洲
陈长根	男2	女3	捕鱼	船泊中洲
陈长寿	男1	女2	捕鱼	船泊中洲
陈根财	男2	女2	捕鱼	船泊中洲
许荣根	男3	女1	捕鱼	船泊中洲
许秀根	男1	女2	捕鱼	船泊中洲
许连根	男4	女1	捕鱼	船泊中洲
许小根	男1	女2	捕鱼	船泊中洲

衢县。县长呈列《调查表》所列九姓中业捕鱼者之姓氏及户数,摘出列下:

钱姓5户　1户捕鱼　生计中平

孙姓4户　1户捕鱼　生计中下

许姓6户　2户捕鱼　生计中下

李姓2户　1户捕鱼　生计中平

　　（以上各户之船，泊于西门外沿河及近廓一带。）

钱姓2户　均捕鱼　生计下下

袁姓1户　捕鱼　生计下下

孙姓4户　1户捕鱼　生计下下

何姓3户　1户捕鱼　生计下下

李姓2户　均捕鱼　生计下下

　　（以上各户之船，泊于樟树潭之村落及河沿河内。）

开化县。县长呈报《九姓渔户之调查表》中所列捕鱼之人如下：

渔户　男34　女26　均堪自给

汤溪县。县长呈报九姓中业渔者之生计如下：

陈、钱、许3户　均以网鱼为业　泊衢江之湾

许姓1户　亦以捕鱼为业　泊五家墟

桐庐县。县长呈报《一览表》中列有九姓业渔之户，兹摘列于下：

陈姓4户

钱姓2户

林姓1户

孙姓50户

叶姓50户

何姓1户

许姓17户

（二）业农。九姓改业农业者，惟兰溪一县为多。兹将兰溪县长呈报业农各户，摘列于下：

陈姓6户业农（兼营轿业）

（三）航务。九姓以航业谋生者，惟开化县较多，衢县次之，兹将开化县衢县两县长呈报之船户人口，摘列于下：

船户　男14　女11　生计均堪自给

　　（以上系属开化县）

李姓1户　业航　生计中平
（以上系属衢县）

（四）运木。九姓以撑运木排为生者，惟桐庐开化两县有之，兹将该两县县长呈报撑运木排之户数，摘列于下：

陈姓4户　撑排（兼捕鱼）

钱姓2户　撑排（兼捕鱼）

林姓1户　撑排（兼捕鱼）

孙姓48户　撑排（兼捕鱼）

许姓1户　撑排（兼捕鱼）

何姓1户　撑排（兼捕鱼）
（以上系桐庐）

放木排户　男30　女23　生活均堪自给。
（以上系属开化）

（五）经商。九姓近营商业者颇多。兹将衢县、桐庐县两县长呈报经营之各户，分列于下：

钱姓3户　经营商业　生计中平

孙姓4户　经营商业　生计中下

许姓4户　经营商业　生计中下
（以上属衢县）

陈姓3户　经商1户　略有财产　2户为商店职工

许姓1户　经商　略有财产
（以上系属桐庐县）

（六）抬轿。九姓除务农兼营轿业已列明不计外，其纯以抬轿为业者，以兰溪为多，兹将该县县长呈报之状况，摘列于下：

陈姓4户　轿夫

李姓8户　轿夫

叶姓9户　轿夫

（七）妓业。九姓营妓业者多，较营他业者多，兹将杭州市、兰溪、衢县、桐庐四属经营妓业之各户，分别列下：

杭州市，市内江干向有画舫，其船中女子，初止供应徭役，清歌侑酒。嗣后风气所趋,亦变故常。今其人皆舍舟登岸,居于花牌楼有30家之多。或仍有画舫停泊江干,则新自上游来者(见杨氏昌祚《游杭纪略》)。

又杭州江干娼妓,在民国十八年四月调查,计有妓院22家,妓女59人。致各妓来历,已查明者,有51人。兹将《杭州市政府十八年分社会经济统计概要》所列《江干59名妓女来历分析表》移列于下:

院主亲女　18人

院主亲戚　17人

从幼买来　14人

寄住拆账　8人

不明　2人

按前杭州市政府公安局曾订有《取缔妓女换照暨自做或拆账之分期抽废办法》,于民国十八年十一月公布施行,其办法第三条规定,江干妓女(即九姓散居花牌楼之妓女),向不领照,以自做及拆账论,依第二条各款之规定办理,兹将该办法第二条条文录下:

第二条分期抽废

总核自做暨拆账人数,分六期平均抽废,以五个月为一期。

已抽废之妓女,应将营业执照缴销,停止营业。

已抽废之妓女,如确无家可归者,酌送济良所。

一二两等妓女,各按人数分别抽废。

观右条文有酌送济良所之规定,是杭市已设有济良所,查该所系在市北之拱宸桥,江干花牌楼地区,仅有慈善团体组织妇孺救济会,以资救济。至就抽废之办法言之,民国十九年三月,曾开始举行。后因各处妓女,多自动从良,或自行回籍,所余之妓女无多,故第二次抽废之期虽届,未曾举行。延至是年十二月,据是月十一日《杭州民国日报》载:"南埠(即江干花牌楼)妓女总数,只有二十五人。盖在十二月以前,从良或回籍者甚多,可以不必抽而自废焉。"至民国二十年四月八日《中央日报》载:"杭州公娼一节,谓江干妓院尚有廿二所,妓女五十一名,其中为院主之亲女者,计十八人;为院主之亲戚者,十七人;从小买来者,十四人;寄行拆账者,八人;不明者二人。"自系据前《江干妓女来历分析表》抄登,并非民国二十年增加之状况耳。

兰溪县。兰溪九姓,营妓业者多,兹将该县县长余名铨呈报之调查表所列情形,摘列于表3-3:

表3-3 兰溪县九姓营妓业者及生活状况一览表

(单位：人)

户别	男	女	生活状况	住址
陈姓	1	5		城区青龙巷
	3	7		水阙门
	4	8		塘湾
	2	7		船泊城区张家码头
	3	6		
	2	6		柳家码头
	3	5		
	1	4		
	3	4		
	2	4		
	1	4		
	2	5		西门下河
	3	5		
	5	3		水门河下
	4	2		
	3	5		
钱姓	2	7	妓船船主	后横
	3	5		塘湾
	3	4		
	2	8		
	2	8		西门下河
	2	8		水门河下
袁姓	1	5		船泊城区张家码头
	2	5		
孙姓	6	10		柳家码头
	3	7		
	6	7		西门下河
	4	5		
	4	3		
叶姓	4	2		水门河下
许姓		4		小殿脚
	2	3		后拱
	5	8		柳家码头
	1	4		西门下河
	3	8		水门河下

户别	男	女	生活状况	住址
许姓	1	2	妓船船主	水门河下
	1	2		
	3	3		
	3	3		
	1	3		
何姓	4	8		

　　余君各于所呈提高生活办法中叙明："至清中叶，多数客船，尚领渔业牌照，缴纳税金，每年男子征银五钱，妇人征银四钱，名为渔课，各县并设置征收官，专办此项税务。当时额外追加税款，年亦征收次数，诛求颇急，而绝少反抗，盖此时所谓江山船者，多载艺妓其中，以慰客之无聊，且兼为旅客治酒馔，收入颇多，纵受额外诛求，亦不觉痛苦。至同治中，虽经免除渔税，谕禁载妓，然江山船户之厉害切身，各官吏之奉行不力，于是上谕（按仅由抚署批准未奏奉上谕）等于空文，厥后每况愈下，昔之所谓艺妓，且悉进而营皮肉生涯，陋俗相沿，虽社会群鄙夷之，而身执船业者，亦自视为固然，不以操贱业为可耻。现就兰溪一邑而论，沿江停泊，操妓业者，数达五十有奇。除一部分仍以捕鱼为业外，其所蓄之妓，或由己出，或领养女。自幼即由鸨母施以淫业上一种特殊恶化教授，世世相传，无或少异。"观此，可见九姓渔户之改营娼业，未尝非因前清承办征收渔课人员，诛求无厌，受种种压迫，不得已而出此，其情亦有可原。故前表概未依照开列各户之名，姑隐之以激生向善之心，冀其改业，至兰溪县曾办船妓登记，并设济良所及取缔花舫办法，兹再将所列船妓登记一览表，暨济良所章程大纲、取缔办法，分别摘要列于表3-4：

表3-4　兰溪船妓登记一览表（民国十七年调查）

(单位：人)

船主	己女	养女	计	籍贯	营业年限	停泊地点
陈姓		7	7	建德	30余年	水门撒擂堆
		4	4			
	3	1	4		10余年	西门湾
	1	5	6		60余年	
		4	4		30余年	西门
	3	1	4		10余年	西门下首
	3	4	7		30余年	柳家码头
	1	10	11			
		5	5			
	3	3	6			
		7	7	衢县	50余年	青龙港

船主	己女	养女	计	籍贯	营业年限	停泊地点
陈姓		8	8	衢县3、龙游4、兰溪1	10余年	塘湾
钱姓	3	6	9	建德	50余年	水门码头
	2	8	10		30余年	水门撽撽堆
	1	6	7		30余年	柳家码头
	3	1	4		30余年	电青坑脚
	2	3	5	建德4、龙游1	20余年	邑庙前
李姓	2	3	5		20余年	水门撽撽堆
袁姓		3	3		40余年	西门湾
		7	7		30余年	电青坑脚
	1	3	4		20余年	塘湾
孙姓		6	6	建德	50余年	水门小码头
	5	5	10		50余年	
	1	3	4		40余年	水门撽撽堆
	3	2	5		30余年	
	4		4		40余年	
	2	2	4		50余年	柳家码头
	1	4	5		50余年	
		4	4		20余年	药王庙
许姓	3	3	6		40余年	水门撽撽堆
		3	3		30余年	
	1	3	4		50余年	西门
		4	4	衢县2、建德1	30余年	东门头
	2	2	4	建德3、衢县1	5年	后羊
何姓	1	8	9	建德	10余年	水门
	2	1	3		3年	水门官财弄
	2	10	12		50余年	水门码头

　　观上表可知营娼业者，以陈、孙二姓为多，钱、许次之。其妓女以养女占多数。若论妓女之籍贯，则属于建德为最多，衢县次之。至营业年限，最长者为60余年，其余亦有50余年、40余年、30余年者，最近则为5年、3年。惟其中养女1人，论者谓多由购买而来，未知然否。

兰溪县济良所章程大纲

　　一、本所以收容有志从良，被鸨家居奇措阻，或被凌虐之船妓，暨被压迫之婢女、养女、童养媳，及被逼卖唱卖娼，或居奇强卖为妾之女子，授以普通生活之技能，为宗旨。

　　二、妓女被虐不愿为娼，及第一条被压迫之女子，得投警察所申请转送本所。

三、本所设所长一人,由警察所长兼充,女教习兼管理员二人,秉承所长处理所务。

四、被收容人,除被诱者得由真正亲属随时领取外,经过半年后,均应为之择配,但须得本人同意。

五、无论亲属或配偶人,领取收容人时均须开具年龄籍贯住址职业,并由殷实商铺出具并无冒领或转卖保结,函经原属机关调查属实,报由警察所核准,方准领取。

兰溪取缔花舫暂行办法

一、本办法所称花舫者,指备有舫只买蓄妓女酬客应唱者而言。

二、凡花舫内所有妓女,无论已出或领娶,如果操作第一条之营业者,均应受本办法之取缔。

三、取缔船妓,以左列办法行之:

(一)调查现有船妓人数。

(二)按照前项人数,以抽签行之,每半年抽签一次,每次抽签全数六分之一,限三年完全禁绝。

(三)被抽船妓,限期操习正当职业或择配。

(四)船主于被抽船妓,如有故意留难,或施其他不利行为者,处百元以下之过迫金,并将船妓送济良所择配,但其过失在船妓本身者,除免罚船主外,亦同。

四、未抽签之前,各花舫应悉数移泊中洲,以便清查。

五、清查船妓,照左列手续办理。

(一)公安局将船妓年龄、姓名及船主姓名,列册登记,未经登记者,不得营业,自登记后不再登记。

(二)经清查之船妓,无论年龄大小,应呈缴四寸半身照片二张,违者处三十元以下之过迫金,乃责令缴呈照片,如再抗缴,将该妓送济良所收容,按其年龄,分别择配,或令习业。

(三)船妓年龄十二岁以下者,除永远不准酬客应唱外,船主应负使之习艺之责任,违则照前项加倍处罚,并将幼妓提交济良所收容。

六、清查之后,船主不得领八岁以上养女,其系船主产生者,应随时报公安局登记。

七、船妓于清查后,及未抽签以前,除许可范围内的应酬外,不得容留亲友妇女,在船歇息,违者照违警法办理,其藉碰和名义,打牌抽头,涉及刑事范围者,并移送司法机关办理。

八、妓女抽签之船户,除自动作其他营业外,应即开离中洲,暂准登岸卖菜,以维生活,惟不得雇佣女堂倌,并限六个月内,务须上岸营业,违则处三十元以下之罚金,并勒停营业。

　　衢县。衢县九姓营妓业者,较兰溪为少。据该县县长姚瑞于一六年八月二七日呈报,因穷困者仍操乐户业,一如曩昔,即俗称茭白船者是也。兹将姚县长附报之调查表中所列乐户摘罗于表3-5:

表3-5　衢县九姓从事花舫营妓业者一览表

(单位:人)

户别	男	女	计	住址
陈姓二户	6	10	16	西门外大河内之船上
钱姓一户				西门外河岸
林姓一户	3	9	12	西门外大河内之船上
李姓一户				西门外之船上
何姓一户				樟树潭之河沿

　　桐庐县。桐庐九姓之花舫营妓业者,又较衢县为少。据该县县长卢葆芳于一六年九月一七日呈报,谓花舫一项,操业较贱,拟即考查该民族生活本能,设法改良。兹将卢县长呈报一览表中所列从事花舫业者,摘录于表3-6:

表3-6　桐庐县九姓从事花舫营妓业者一览表

(单位:人)

户别	男	女	计	生活状况
陈姓	2	6	8	
陈姓	3	6	9	营业度日
陈姓	1	5	6	
叶姓	3	4	7	

　　按妓业之画舫,在前清时富商青年,受其蛊惑而陷溺者固多,达官贵人受其蛊惑而陷溺者,亦属不少。据《九姓渔户考》有"富商大贾,非头亭茭白不坐,豪宦亦然,沉溺倾覆,迷而不悟"之说也。而清季宝竹坡(廷)纳妓珠儿事,虽不视《孽海花》中所言之甚,然《钱江画舫录》曾详载之。又沈雨三(霖)受其诱骗事,行同上海所谓拆白党之所为,《钱江画舫录》也详载之。迨入民国后,名公巨卿,入其彀中而倾倒者,亦不乏其人,《钱江画舫录》曾择要披露。然凡无关要旨者,均削而不录,惟撮录其中堪资警惕之事实。而在昔文人被其迷惑,制成诗歌,或受人讥评致可叹者,亦附录之:

　　　　船中人声价渐贬,城中驵侩若晋义宝华等钱夥,不惜掷居停资本,与士大夫相颉颃。光绪廿五年,王氏寿丰、沈氏庆余、陆氏鼎记三钱庄,不期年而先后倒闭者,皆受此种影响也。国变而后,高牙大纛,或不免见猎心喜,要不必徒责诸市井矣。骚人墨客,游倦初归,耆老达官,官余小憩,多有借画舫以遣兴者，酒阑菜罢，每好托诸吟咏，每读守彝斋（典）《江干女儿曲》，赏其清媚，未免嫌柔靡。至为个人作者，若陇西侍郎之《紫云曲》，湘乡太守《檀香曲》，桐城司马之《艳情诗》，多至百首，终觉未脱窠臼，余最爱济阳内翰七绝四首云。

此四首录下：

> 照水花枝各斗妍，九家姊妹两同年。布帆无恙罗衾薄，人隔江山渺似烟。
> 波光镜抹绿玻璃，水卷湘帘半桁低。底事画眉人懒起，四山忙煞画眉啼。
> 酒酣金华醉不归，玉杯如雪腕凝脂。劝侬省识鲥鱼美，须趁风吹楝子时。
> 无边风月定风波，灵石三生七里多。一自客星偶仙女，泷中人唱曼声歌。

按观此诗，可见当时即墨客骚人，亦多寄情而形诸吟咏，此外更可想见矣。

秋风八月，琐院抢才，若榜头淡墨，列入千佛名经，由此酢彼酬，于此中得少佳趣。曾记光绪戊子，在画舫聚会同年，是科试帖题为"瑶飞一盏贺江山"，得"遥"字，有诙谐者，戏拟八韵诗一首云。

宝竹坡侍郎（廷）纳船妓珠儿事，谈者言人人殊，其实宝以国事日变，清议不容，盖借风流罪过以免祸也。初宝与陈弢庵、张孝达诸公，均以直声振海内，亲贵侧目，屡思中伤，督学闽中时，又闻张丰顺马江之变，自闽返浙，归途抑郁，适珠儿善于伺应，酒香歌韵，为伴寂寥，用以三千金付驾长娘，偕之北上，专疏自劾，放浪江湖，信陵君近妇醇，即师此意，小说家好为妆点，殊多失实，珠儿许姓，张肖农太史曾绘其小影，往时于寿莆侯家见之。

西安令沈雨三（霖），江西宜黄人，年十七，即捷礼闱，以广常散馆，分发浙江。后奉母命回籍就姻，雇江山船顺江而下，舟行四日，即抵江干，讵五日犹未出泷也。船姬珊凤屡以目视沈，沈因结祸在即，并惕官箴，辄禁珊凤入舱，伺候者皆随身仆役。时方秋暮，雨浪浪三日不休，舱篷渗漏，适中沈床。沈于午后梦回，衾枕俱湿，口呼从人，无一应者。后舱门启，珊凤烛一荣，于舱左取油碟立榻前，引臂涂舱。沈犹强支持，珊凤亦姗姗去。次夜漏如故，涂如故，双翅踏枕，香散帷中，虽铁石心肠之宋广平，亦作《梅花赋》矣。驾长娘乘势抨击，倾其宦囊之半，似此念秧一流，不可不慎。

按上系最著之事录之，且可证小说妆点之误，为前车覆辙之鉴，其余类此者，原书记载尚多，因无关系，略而不录。

又《严陵纪略》第二篇《严州府禀请奏裁建德县渔课文》载："舟中所居之妇女，名为眷属，无异官妓。迄今日久年深，九姓之姓常存，九姓之名已难遍考。近数十年来船只名为江山，各船户大率在外购买妇女，到船作为眷属，以此营生。而来往商民，不能不坐此船，耗费日甚，淫侈者以至倾家荡产而不顾。船只愈添愈多，商民愈用愈困，船以奉官为名，官吏既征钱粮，即有不能禁止之势……至咸丰十一年兵燹之后，江山船只焚毁者不下数百只。近只存数十只，现又渐次添造，仍沿旧习，牢不可破。刻下建德渔课，尚未开征，而九姓渔船，若不趁此时革除，地方穷苦已甚，商民仍竞为淫侈，势必更形困乏。今欲禁百姓之淫侈，则必禁江山船之妇女。而欲禁江山船之妇女，则必裁建德县之渔课。"

《严陵纪略》第二篇又载奉藩杨扎奉抚宪马批："查江山船名目，自钱江起至金衢一带，所在皆有，贻害行旅，由来已久，自应严行示禁……窃以渔课钱粮，顾名思义，完自捕鱼船户，原不准藉以窝娼，惟年深日久以来，易船名为江山，装载客商，窝留娼妓，屡禁终不能遏，现当百度更新，诸求整饬之际，该守图挽敝习，维持风化，请将九姓年完渔课九十四两五钱五分八厘，奏明裁免……即准自同治五年为始，永免征输，出示晓谕，使各船户周知……此次免征渔课以后，并责该府将江山船窝娼为害宿弊，实力永禁，务使驱除，徒托空言，徒裁额税。"

观上《严陵纪略》所载两文，当时九姓窝娼，为害商民，已可概见矣。

又范氏寅《越谚》卷下附《论堕贫》文内载，九姓"男为船户，女多流娼，同治年间严州太守，有心化理，劝谕谆谆，弃船登岸，逾曰，府有渔课无出，为白大吏奏除，不数年，仍家于船为娼"。

又林氏昌彝《射鹰楼诗话》卷七载："茭白船，即江山船，船户凡九姓，不齿编氓……常山至杭州山水明秀，客载其舟者，江山丝竹，画舫笙歌，而销魂江上，往往坠其术中，彼卖笑凭栏者，实不知己身之贱辱矣，向来作江山船曲，多赋艳情及儿女痴态，未克维持风化，余无取焉，亡友张亨甫孝廉《三里泷》(即常山) 诗云……"

此诗一首录下：

> 积水仅浮舟，画船高过屋。粉黛映江山，风雨杂丝竹。朱栏小垂手，二八颜如玉。往往三五夜，华月照眉绿。目成通一顾，买笑千金逐。鸡鸣歌未阑，晓日移银烛。东行到钱塘，或泊兰溪曲。可怜少年子，销魂在水宿。借问此谁氏？九姓自娴族。匹夫为厉阶，百世犹鸩毒。骄蚩小儿女，未解淫贱辱。凝妆拣珠翠，衣被压罗縠。朝欢匿贵游，夕狎任厮仆。零落秋扇捐，春心付骨肉。造物汝何意？苦待斯人酷。老死异编氓，偷生寄洄洑。请看兹滩头，终古波断续。流脂变芳草，断肠不盈掬。羁孤触临眺，慷慨悯衰俗。沙边双鸳鸯，哀鸣美黄鹄。

林氏评此诗，谓"温柔敦厚，有关风化，可谓深得《三百篇》之旨"。余曾节录此诗于《浙民衣食住问题之研究》中，已登浙江民政厅第三十七期月刊，并谓"词多哀感，不啻为九姓陈情"。

七、习俗

九姓渔户,因不与齐民为伍者约历数百年之久,其习惯风俗,多与齐民不侔。兹将九性之习俗,分为装载、移泊、命名、称呼、歌曲、迷信、婚姻、岁时、婚丧祭祀、衣食住状况等十项,分罗于下。

(一)装载。官商雇上汛,风利不泊,直到严陵,多不过二三日,入泷出泷,船家本难自主,但所谓起程进泷诸名色,船中必在一席相飨,犒赏即有丰啬,于例万不能免(见《钱江画舫录》)。

按以前行旅,由杭州江干搭菱白船赴衢州,高铺不过铜钱七百文,低铺五百文,每日两餐,供饭备菜,每顿仅六十文而已,现在约加数倍。

由钱江而上,至衢州,号为八省通衢,而福建、江西、广东、宁波之货,来往必由,富商大贾,非头亭、菱白不坐,豪宦亦然,水脚较寻常船只,已加一倍,而登舟后杂派各费,又加一倍(见《九姓渔船考》)。

(二)移泊。画舫在杭州间泊于海月桥一带,潮盛日则移于闸口之九龙头(见《杭游小记》)。

富阳一带之九姓渔户,中有以捕鱼为业者,或以江山船谋生者,间有往来于富春江上,亦只略事停留,并非久住(见富阳政府呈报)。

衢县一带之九姓渔户,常住境内者,不过三十三户,其余均忽往忽来,迁徙无定,以舟为家,往来于钱江上下游各埠,求生活于天然水利之中,习以为常(见衢县政府呈报)。

(三)命名。渔户之命名,无论男女,均喜择两字,或一字而公同用之,兹将男女命名特异之点,分别于下:

男子多以老虎命名,如兰溪有李老虎、何老虎、钱老虎等。又多以樟字命名,如兰溪有陈樟富、陈樟寿、陈樟林、孙樟金、许樟龙,桐庐有孙樟根、孙樟富、许樟苟、许樟春等。又多以金字命名,如兰溪等有陈金根、陈金富、袁金海,桐庐有孙金东、许金海等。又多以根字命名,如兰溪有陈升根、陈新根、陈茶根、陈士根、陈海根、陈长根、钱春根、许友根、许大根、许荣根、许秀根、许连根、许小根、许有根,桐庐有陈根全、陈根根、叶荣根、许友根、许秀根、许根金等是。

女子在杭州江干者,每冠于小秀、凤英等字,而最多者为龙珠、檀香,不嫌重复。在兰溪者则下一个字用珠字甚夥。如金珠、银珠、龙珠、凤珠、宝珠、掌珠、翠珠、莲珠、香珠、彩珠等类。而用龙珠为名者亦多。此外,以香为名者亦不少,如彩香、兰香、檀香、林香、桂香、芸香、莲香、荣香、沉香、银香、素香、根香、翠香、培香等类是。

(四)称呼。九姓各项称呼,与普通人民不同,兹将不同之处,分列如下:

船主称船长,船长之妻称驾长娘(见《西子湖》)。

船中人已嫁者称"桐严嫂",未嫁者称"桐严妹",谓其来自桐庐、严州,实皆建德人也(见《钱江画舫录》)。

船有"同年嫂""同年妹"之称,其实嫂妹皆雇觅桐严人为之,世人误"桐严"为"同年”，故有此称（见《九姓渔船考》）。

老妇曰“同年嫂”，少妇曰“同年妹”，“同年”者，“桐严”音之伪也，九姓皆桐庐严州人，故曰桐严（见《射鹰楼诗话》）。

小儿曰“贱哥”，小女曰“贱囡”，男伴相怨之称曰“前世爷”，女伴相怨之称曰“同年妹”（见《民国建德县志》）。

船中人见行栈小主至船游逛者，称为“茶塌子”，或称为“木侩儿”（见《钱江画舫录》）。

船中养女几岁到船，称曰“几岁头”（见《钱江画舫录》）。

（五）歌曲。九姓船妓，皆习管弦大小曲以侑觞，如宴客叫局，俗称“陪花”，来者皆扶琵琶，近改弦子，自拉自唱，不烦乌师。惟在昔船妓雅善昆曲，自弦子盛行以后，往往取便捷，多学秦腔弋阳。至平时船上妇女，则善虽一种小调，含有江山腔，故人称“江山调”，口音与普通者不同。

（六）迷信。渔中人最畏雷神，最敬潮神，驾长娘及诸姬皆茹素。自六月朔为始，各船皆备素筵，甚有避酒不饮者。船长则日于船头燃香供烛，以祈呵护。杭州吴山旧有雷神殿，诸姬于六月廿四日晚间，必往膜拜，昧爽而乘舆而返。又船中人以八月十八日为潮生日，咸拈香于伍员庙，如闽浙船家之祷天后然（见《杭游小志》）。盖九姓船中人独畏雷神潮神而谨祀之，恐系一因船为家，终身漂泊风浪中，不得不默祷雷神潮神之默佑，俾护安全。一因在船事淫业以生活，必亵渎神人，惧其降殃，故虔祀雷潮两神而敬礼之。

（七）婚姻。九姓自明初以来，只能互相配偶，不与九姓以外之人通婚姻。入民国后，人民一律平等，如开化县之九姓，已与民众互通婚姻（见开化县呈报）。而衢县九姓，散居于四邻八镇，或各繁盛商埠者，多不承认为九姓出身，与社会婚姻相通，等于齐氏（见衢县呈报）。

（八）岁时。遇春节日，九姓当鸡初鸣时，设香案展拜之神及祖先牌位，卑幼以次叩节，平明互相致贺，惟不肃衣冠。元宵节自十三日起，至十八日止，于船头高扎竹竿，悬灯结彩，侈为美观。七月七日，普通人家中小儿，陈瓜果于庭，喃喃祝福，穿针斗巧，露坐深宵，九姓则江天水月，别饶风趣，故此风尤甚。除夕则各船均拢靠河岸，互相欢庆，虽远必至（见《建德县志》）。

（九）婚丧祭祀。婚礼凡通柬、行聘、合卺拜堂、回门等项，均与齐民同。惟此非陆居，诸多从简，娶时合两船于一处，置新妇于盆，由女船舁至男船，便成佳礼。

丧则无所谓丧礼，但其中有丰于财者，葬亲非砌砖为廓，凡近旬举殡、送殓、吊唁、守灵、做七、成服、题主、受膊、谢孝等项，亦多行之。

祭则多系祭墓，惟严州建有九姓合祠，常公祭之（见《建德县志》及衢县呈文）。

（十）衣食住状况。衣则男子衣服，多与普通人民相同。惟妇女稍有区别，在昔驾长娘多衣衢绿衢红（衢州所染红绿布，其色均佳）之布，穿绸缎者间也有之，近则多改衣新制之布，新式之绸缎，其女子装束，前均广裾长袖，且多无珠翠锦绣之饰，雅不入时，即间绫锦称身，外必罩以标扣布衫，又不裙而裤，风气使然也。嗣则改为窄袖衫短，一束抹胸,亦换为尺余马甲,近更有学时装着旗袍而革履者。

食则平素食品,与普通人民无甚歧异,惟船中所制之泡菜醋萝卜,因堪佐酒,而一至年阑,每将特制之酱肉,佐于粉干茶骰,馈赠亲友。《钱江画舫录》谓其所制酱肉,足以压倒食单,兹将《画舫录》所载制法,摘列于下:

> 酱肉制法,当霜风初起,寒威逼人,乃购豚肩豚蹄暴之,始作栗皱色,取以储诸酱瓮。酱必兰溪产,沉浸浓郁,醇乎其醇,匝月后复挈而悬诸竿,活色生香,沁人膝理,非舫中人制,恒不得法,殆亦别有秘诀矣,温水微烤,薄批细嚼,较兰薰犹胜数倍,若脔而煮之,则生啖江瑶柱矣。

《西子湖》所载制法,即系节录《画舫录》,不再摘列以避复。又船有客,看馔必备,故传呼开宴,咄嗟可办,《杭游小志》谓左殽右羞,另有风味。《钱江画舫录》谓设宴有正饭、便饭,有水果酒,自二十四元至八元不等,宴毕即须缴费。

住则在前尽以船为家,不住陆地。近来多已陆居。兹将舟居、陆居情形,分别撮列于左:

舟居如各船最后皆备卧室,其家眷无不随同居住,即喜庆事,亦多在船中举行,凡营捕鱼、运货、装客之业者,固无不以船为家,而营妓业者,亦多如是。惟《杭游小志》谓营妓业之画舫,年必一修,修必回籍,客以百金或数十金为赠,匝月即返,泊有定所。但离岸较远,则衔按跳板,客艰于步,预呼水手负之,水手知潮汛,善于避地,故画舫从不及溺,此系杭州江干之情形也。若衢县之九姓,据衢县政府呈报,县境九姓渔户,常住者计十三户,其余迁徙无定,以舟为家,往来于钱江上下游各埠。又据开化县政府呈报,九姓间有一二户,以船为家,名为弹班,类似土娼者,须加取缔,令其改业。又谓内有一户,以船为家,名为弹班者,前因警察所奉命取缔,已离开县境。

陆居如江干之船,以前当一至八月,则皆陆居,由救生公所而上,沿至水澄桥,皆为避潮地,板屏近市,椽屋瞰江,小仅如舟。又船局裁撤,诸妓以陆居为便,始有筑门墙以期巩固者,近且西式楼台,焜耀夺目(见《杭游小志》)。又江干区九姓江山渔船户,早经改住岸上(见杭县政府呈文)。衢县西门外沿河一带,及东乡樟树潭均有九姓居住(见衢县政府呈文)。开化渔户,或租住民房,与一般民众无畛域之分(见开化政府呈文)。汤溪县内洋埠及上宅五家墟渔户,居住既久,均与一般人民同化(见汤溪政府呈文)。

八、教育

近各县自奉浙省府及民厅迭令解放渔户后,均各筹划教育办法。兹将各县呈报筹办情形,撮列如下:

兰溪县。县属对于九姓,虽经历年通俗教育之诱导,而收效殊难,盖积箇已深,自拔匪易(见兰溪县政府呈文)。

金华县。县属九姓中孙许二姓所生子女，近亦就学读书，自知改业，尚无异视（见金华县政府呈文）。

衢县。县属之九姓劣根性，即在重迷信，嗜烟（系香烟、水旱烟）酒赌博，不肯向学者实居多数（见衢县政府呈文）。

汤溪县。县属九姓，在教育方面，已受同等之待遇，附近居民，亦无鄙视者（见汤溪县政府呈文）。

九、解放经过之事情

九姓自明初沉沦以后，在有明一代中，未闻有一人为援手，岂真怵于明祖功令，而爱莫能助耶？抑平等思想，明时尚未萌芽，故未提议及此耶？降及有清乾隆年间，由部议准九姓渔户，照雍正元年御史年熙、噶尔泰奏准照山陕乐户等除籍之案办理，而九姓堕落已久，狃于旧习，未能振拔，并藉口于渔课应完，不能不操猥业。直至同治五年，严州知府戴氏槃询九姓渔户之请，查案禀请布政、按察两司，详经巡抚批准，豁免渔课银九十四两五钱五分八厘。自是年起，出示严禁再营娼业，并勒石以垂久远，俾促其改业而为良民。无如渔课已裁，而业未改，与前南京秦淮之画舫、广东珠江之疍户无异。入民国后，凡属国民，无不平等。虽九姓中稍识时势者，间改营渔业、商业而为良民，与齐民通婚，自由求学，而沿营妓业者仍属不少，因之齐民对于营妓业者甚贱视之。迨民国十七年，浙省府通令各县削除不平等待遇。而杭州公安局，兰溪、衢县等属，或由抽签法，驯使妓女脱籍从良，或设济良所以资救济，或饬教育局于通俗讲演时，牖其智识，使知振拔。恐尚未能一律革面洗心，尽涤旧染。兹将清代及民国解放经过之情形，摘要分叙于下：

（一）清代解放之事情。

此项事情，以载之《学政全书》及戴氏槃《严略纪略》者为最详，摘录原文于下：

《学政全书》卷四三《区别流品》内载："乾隆三十六年议准山陕之乐户，江浙之丐户，虽编籍由来，无可确据，而其相仍托业，实属卑污。雍正元年，因御史年熙、噶尔泰等先后条奏准令脱籍改业，得为良民，正所以杜其邪辟之路，非即许其厕身衣冠之林也。嗣后应酌定年限，以清冒滥，如削籍之乐户，改业为良，报官存案，被濯旧污，阅时久远，为里党所共知者，自不便阻其向上之路，应以报官改业之人为始，下逮四世，本族亲友，皆系清白自守，方准报捐应试。该管州县，取具亲党里邻甘结，听其自便，不许无赖之徒藉端攻讦。若系本身脱籍，或仅一二世及亲伯叔姑姊尚习猥业者，一概不许侥幸出身。其广东之疍户、浙江之九姓渔户，及各省凡有似此者，悉令地方官照此办理，所有从前冒滥各生，均行斥革。再此等甫经改业之户，惟不准遽行报捐应试。至于耕读工商业，已为良民，应悉从其便。如有势豪土棍，藉端欺压讹诈者，该地方官仍严行查禁惩治，以儆刁风。"

《严陵纪略》第十一篇《禁止江山船只窝娼请饬杭绍金衢一体遵办禀》载：

前禀请裁建德县九姓渔课，奉宪台札开，转奉抚宪马批开，如详办理，准自今年为始，永免征收。仰即有司出晓谕。一面责各该府县，各将江山船窝娼船只，实力查严，驱除净尽。其非娼船，仍不准藉端勒索，至干拿究等因奉此。卑府伏查九姓渔户，设立归于建邑，纳粮向有颁给油票、门牌之列。其余别姓船只，即由该管县分办理。今渔课既奉裁减，九姓遵令改贱为良，名目永请革除。所有江山船只门牌，无庸归建德县颁给，自应由该管县分给予门牌收管。至窝娼宿弊，应令各县实力示禁。卑府现查江山船只，严郡建德县只有一号，系属陈姓。其余杭、绍、金、衢四县皆有，敬祈宪台通饬各府一体严禁，庶可以挽颓风而除恶习，除卑府出示禁止外，理合据实禀明。

除禀刊该简明告示，移行各府一律颁给实帖文载："查九姓渔户船只，向归严郡总管。现拟刊简明告示一道，分给各船实帖，俾得周知；除建德船只业经颁发外，所有杭绍金衢四府船只，拟即将告示移行各府转饬各县并各船局，一律颁给实帖。"

按此禀已由藩署批明，俟札饬杭、绍、金、衢四府一体严禁矣。批载原禀之后，特节附之。惟其后又禀请饬各府一体勒石，亦由各臬署批，已由禀札饬各府转饬勒石示禁。又由藩署批，候通饬杭、绍、金、衢、严五府，即将现颁告示勒石永禁，兹将勒石六禁告示之原文，全录于下：

布政使司杨、按察使司王为勒石永禁事：照得防淫所以止邪，移风乃能易俗。查江山船只窝娼积习，由来已久，名为九姓渔船，实则无异妓船。其扰害商旅，败坏风俗，莫此为甚。前据严州府戴守禀称，禁止江山船只窝娼，先裁九姓船课，免致借口完税，本司业经会详督抚宪批准，自同治五年为始，永免征输，并出示严禁窝娼宿弊，通饬沿江各府一体查禁在案。嗣又据戴守禀称，准令九姓改贱为良，所有士农工贾悉听其便。惟不得遽行报捐应试，自报官之人，下逮四世，清白自守，方准捐考，以符定例。又经本司详准九姓船只已准除籍改业，速赴严州府建德县衙门报名存案，袚濯旧污，各自向上。船中如再敢窝娼，即行严拿惩办。凡有狎妓之人，一并照例严办，绝不宽贷。本司访闻示禁后，各船已知敛迹。诚恐日久弊生，又蹈从前故习，为此示九姓船户知悉，尔等即为良民，毋再由邪辟之路，致干重咎，特示。（同治六年二日示）

又，《严陵纪略》第二十一篇《裁严郡九姓船课并令改贱为良碑》记载：

严郡建德县之渔课，始于明洪武年间。相传陈友谅明初抗师，子孙九族贬入舟居，使之身为贱业。由明至今数百年来，渔课照完，舟中所居之妇女名为眷属，实则官妓。迄今日久年深，九姓之姓常存，九姓之名已难稽考。近数十年来，船只名为江山，各船购买妇女，作为眷属，船以此营生，以奉官为名。官吏既征钱粮，即有不能禁止之势。渔课虽征银无多，而胥役之在外浮收需索，曾不知加增几倍。今欲禁江山船之妇女，则必裁建德县之渔课。查建德县《船庄册》载，原额征丁口银二百一十八两零，雍正年间已摊入田地山塘均已带征，无庸议裁。渔课一项仍照旧征收，共银九十四两五钱五分八厘，除解藩司衙门。无闰之年，一十七两八钱一分；有闰之年，一十九两六钱七分一厘。照例另行筹解外，余系府衙修仓充饷等用，皆属可裁之款。余乃为之请于督抚诸宪，将九姓渔户课钞，永远裁革，于国课无损，于人心有益，并准九姓改贱为良……从此渔课裁而九姓之妇女不再作娼妓，所以节其流也；渔课裁而九姓人民可以渐入士林，所以清其源也。今大府咨部裁革，诸宪亦出示严禁，庶数百年之民患可除，而积习为之一变，其所以维持风化，匪浅鲜也。是为记。同治五年十二月日立。

(二) 民国解放之事情。

此项事情，系先由浙省先后令属各属遵办，继由各县呈报解放之经过。兹亦分别摘录于下：

浙江省政府曾于民国十六年通令解放，其令文摘录于下：

"照得风俗习尚，入人最深，影响社会，良非浅鲜，建国以还，旧垢未荡，因循传袭，阻碍进化，若不力图改革，深恐有妨建设。本政府成立以来，兢兢以除旧布新为念，惟兴利之始，除弊宜先。对于各县积习弊俗，均应彻底铲除，与民更始，县长为亲民之吏，移风易俗，责无旁贷，为此根据本省最近政纲，除应详加规划次第施行者外，先行择要令发该县长等遵照，仰即切实奉行，其应革除事项，分举于下：

……

废除各地堕民及类似堕民之制度，党治之下一律平等，既无阶级，何来堕民。此种陋习自应革除，详候另文饬遵。

……

又浙省政府于民国十七年六月通令解放，其令文录下：

照得人群进化，学术昌明，阶级之分，早应消灭。矧现当国民政府统治之下，凡属人民，悉归平等，何有贵贱之殊。乃吾浙省内部，犹有种种特殊民族，如宁绍等地则有堕民 (一作惰民，约二万人)，旧处州府属则有所谓畲民 (蓝、雷、钟、盘四姓,约二十万人),杭衢一带,则有所谓九姓渔户(即陈、钱、林、李、袁、孙、叶、许、何九姓,俗称"江山船"),皆为社会所鄙视,齐民所不齿。执业既贱,婚姻不通,所生子女,亦不克受相当之教育。历久相传,未经改革,不特大背人道,抑且有伤国体。当此革新之初,自应即予废除,使彼等在政治、经济、教育、法律上悉处于平等地位;然后废除此种制度之目的,方能圆满达到。为此通令各县长一体遵照,仰于奉文后先将辖内有无堕民、畲民、九姓渔民及类似此种特殊民族等居住,切实查明。其现有此类民族之各县,应将男妇人数、种类、生活状况,详细调查,并拟具此后如何改良职业,提高生活等办法,呈候核夺。该县长身膺民社,有转移风俗之责,应善体本政府维持人道之意,切实奉行,勿得视为具文,致干未便。并仰布告各该县人民一体知照,务期自兹以往,一视同仁,毋分畛域,是所厚望。

浙省民政厅于民国十八年一月,复通令催促解放,其令文录下:

> 查解放特殊民族,迭经通令饬遵,乃近查宁波、镇海一带仍有堕民名义;其妇女所着衣服,犹沿特殊颜色,与普通人民故示识别,殊属不合。特再重申禁令,仰各县长一体遵照,各于文到后,就该管境内,切实查明,依照迭令认真办理,毋得再视同具文。并将遵办情形,按月于政治工作报告中一并呈报,以凭考核。

杭县奉文后,民国十七年七月呈报,谓:"据江干区自治委员沈震谦复称,江干区内向有九姓渔户江山船只。现在早经改住岸上,与普通人民平等。"

衢县奉文后,于民国十六年八月呈报,谓:"此种民族,在前清时代,社会甚鄙视之。颇受束缚。自辛亥光复以还,已大有改革,其中或积蓄营他业者有之,或富庶置财产者有之,或入文武各学校毕业后服务于公众者有之,均散居于四乡八镇,或各繁盛商埠,自不肯承认为承认出身,与社会婚姻相通,等于齐民,然为数不多。"

开化县奉文后,于民国十七年七月呈报,谓:"九姓渔户,居住已久,与一般民众实无畛域之分,其子女有入学读书,且与民众互成姻戚。所有职业,或放排,或撑船,或捕鱼,或经营商业,生活与一般民众不相上下,自堪自给。"

汤溪县奉文后,于民国十七年三月呈报,谓:"九姓渔户……居住既久,均与一般人同化,已立于平等地位,绝无特殊阶级之分,即法律、教育亦已受平等之待遇,附近居民亦无鄙视之者。"

桐庐县奉文后,于民国十六年九月呈报,谓:"县境以九姓渔户为多,类似工作自食其力。平时在法律上、社会上、经济上均得跻身于齐民之列,得受平等之待遇,并无贵贱之殊。"

十、以后教育之方法

据前各属据报之情形观之，似九姓渔户入民国多已解放，或入学读书，或另谋职业，不必再筹教育之方。不知住杭州花牌楼尚有营妓之人，而兰溪之营妓业者较杭州尤多，其余各县，因生活上感受困难，间营妓业者亦不乏其人，教养之方仍应由各该属官厅代为筹画。兹将各该属已经筹画之方法，据报有案者，先行分列下：

兰溪县

据兰溪县府呈报："欲提高此种民族之生活，应先改良其职业，其办法可分为两步：第一步即将现有船妓妓名，详细查明登记，令各船户此后不得再养雏妓，或将已出女为妓，违将该船驾长处罚；第二步宜于城内筹设济良所及免费小学两三处，如船妓中有年龄较大，不愿再营旧业者，准其入所，施以职业教育。凡年在十五岁以下，一律令入免费小学，施以相当之职业教育，毕业准其自由谋生。"

衢县

据衢县县府呈报，谓："此类民族……不肯向学者实居多数，县长察核，欲彻底改良此种民族，应先从牖其智识入手地步。现饬教育局长转饬通俗讲演员，于每周讲演时，择定一二周中，前往该民族居住地讲演，牖其智识，导其向学。其已成年者，劝其进平民半日学校补习；至幼年男女，勒令其进小学修业；其操乐户业者，劝导其改习他业；至操捕鱼业及航业者，由讲演员于演说时，教导其业务上之常识，如渔具之改良，及经济上种种之要义，以期发展业务，提高生活，达到废除此种制度之目的。又饬讲演员对于普通一般社会演说时，视此种民族，务须化除畛域，悉归平等，以副国民政府维持人道之至意。"

按九姓渔户，散处旧杭州、绍兴、金华、衢州、严州各属。杭州市惟公安局订有取缔娼妓，用分期抽签办法，自第一期举行之后，闻花牌楼一带陆居之九姓营娼业者大受影响，妓女中自动从良回籍及改他业者，不乏其人。惟九姓妓业停歇后，改营何业，既未闻筹有劝导催促及预备改营他业灌溉智识之各项办法，似应先行调查其住址、户口、职业、生活状况，斟酌情形，筹画一切，俾预备出路，使有代替，庶妓业停后，九姓不至因失业而陷入悲境。而妓女如未从良，签废后无业可就，难保不再赴他处复业，此皆应当顾虑而筹维者。绍兴则近来询问该属友人，谓现少营娼业之江山船入境停泊。该县奉省政府解决之文后，未曾呈报，或者因境内已无此项船舶踪迹，亦未可知。金属兰溪调查取缔及教导等各项办法，最为妥善，为各属所应仿照办理，惟仍应参照衢县办法，遴选讲员，不时就九姓现住之地，召集九姓之人，讲演何者为正当职业，何者为非正当职业，并指导现就职业之非正当者，改营正当职业。至教育又宜就九姓人所在之地，酌设平民学校，使从前不识字者抽暇入校补习。如不听从，加以强迫，亦无不可。衢属衢县虽未视兰溪调查详细，取缔登记救济等项，均有具体办法，所拟先从教育入手，最为扼要。并向普通人民讲演，使化除畛域，亦为他属所未顾及。惟对操乐户仅劝导改习他业，恐陷溺已深，劝导所能改革，非效兰溪登记取缔，强迫改业不可。

总之,欲教养此项民族,先令九姓散居境内之各属,详细调查,凡姓名、住址、人口(人口中女子及学龄儿,尤应注意调查。因女子过多,即系暗营娼业;学龄儿童查明,方可强迫就学)智识、嗜好、产业、职业、习俗、宗教等项,均应制表分发填报,方可通盘计划,此第一步之办也。第二步一面先将成人之智识缺乏者,于就近小学中附一平民学校,强迫入学,短期毕业,并输入民族图存之必要之条件,以激发其志气,开拓其思想,触动其觉悟,砥砺其人格,使改革其风化,俾颓废者可转而奋兴。而学龄儿童,则迫其入就近学校肄业。如无产业而生计困难者,概行免费,并发给教科书及应需物品。如小学毕业,并补助学费,升入中学肄业,使发动其向上之心,一面凡营航业、渔业、商业及撑排者,均仍旧贯。贫苦抬轿及业娼者,就九姓散居之适中地点设一工厂,使能工作者入厂工作,不能工作而无资本改营他业者,不妨借贷资本若干,使之择营他业。虽普通人民亦有借抬轿以谋生者,不过九姓向为社会所贱视,如再抬轿,则人仍贱视,不能以平等待遇,不得不改营他业。若娼业一项,先行登记,酌定限期,使之解散。如逾期仍营娼业,则由公安局即行封闭,并将房屋、船只拍卖充公借资惩儆。秦淮画舫、珠江蛋艇,在昔均营娼业,近来严为取缔,营娼业者均已绝迹。九姓妓船,又何不可严加取缔,视秦淮画舫、珠江艇之迫令改业。然非照前序论中所言,特订办法,严厉执行,不能将代远湮没藏垢纳污之恶习,摧陷而廓清之。若有包庇瞻徇隐匿,或召之侑酒歇息者,并严加惩罚,使之业无可营,亦促其改业。况首都及腹地各省会、各大埠,对于娼妓均严行取缔,拔其本根,洗琢污点,以成一种清白之净土,尽为社会平等之良民,更何能听九姓船妓逍遥江上,到处传播流毒社会之种子,以浊清流。故谓宜特订办法,严厉执行,俾摧毁而廓清之。

十一、结论

九姓渔户,在有清中叶,各部署及注意及之,即有明文解放。入民国后,复一再由浙府颁有明文,促跻平等。虽该族在有清时解放未能彻底,入民国后人民一律平等,业经彻底解放,况浙省政府恐人民对于九姓,犹复视有清时之贱视,一再令饬各属,化除成见,使在政治经济教育法律上悉处于平等地位。而各属奉令后,查明呈报人民对于九姓,多未歧视,间或有通婚者,已无再谋解放之必要。惟其中有少数不知自重之人,甘营娼业而自侮,不能禁人之不侮之。如为谋生无路,不得已而出此,应由政府设法以救济,并化导该族,互相劝勉,复严为防闲儆戒,双方并进,庶可出黑暗之途,上光明之路,并体察该族所处之地位,再为分别申论如下:

(一)以弱小民族,应当由政府提携论。九姓渔户,就现在所处之境遇观之,自系弱小民族之一流,不能不由政府代筹教养办法而提携之,果教育有相当办法,彼族仍不能革面洗心,甘沦卑贱而营娼业,惟有出于强迫改业之一途。虽吾国及浙省弱小民族,不仅九姓渔户之一种,不过吾国西南各省苗族,绝不售女于人而作姜婢,纵有出资千金以上,购一女子为造室者,苗族仍坚拒不纳。若论营娼业,则更无一家。其人格高尚,已可想见。即浙省畲民、堕民,虽生活艰窘,或困蛰深山,或为人服役,亦未闻有营娼业者。

九姓中人以娼为业，反苗、畲、堕民之不苦，殊堪浩叹。况九姓自有清中叶以后，政府谋舒疾苦，出示刊名，勉为良民，禁蹈邪僻，无如贪图厚利，阳奉阴违，可悯亦复可恨！如谓政府如欲提携，应施以教养而迫改他业。加以九姓不过一千人，较其他弱小民族人数之众多者有别，此千余人中营娼者复居少数，设法教养，勒停贱业，并非难事，政府似当毅然行之。

（二）以渔民熟谙江海航路，可以助维国防，应提高其生活及优加待遇论。九姓大部分仍操世传之渔业，虽鲜赴沿海捕鱼，钱江流域之情形，因祖父子孙，均在水面谋生活，凡险滩支流等项甚为熟悉。钱江中下游堪行电船，及浅水商轮、军舰，于东南国防亦有关系。该渔户既熟悉详情，一旦疆海有警，沿海分布防线，以御外侮，亦可此类渔户以备缓急之用。故以前有人建议编练渔团，近则中央规定召练组织渔会，以资联络。但既预备临时召集训练，助维国防，平时对于此类渔户，应有相当之教养，俾略悉世情，略有余蓄，激生一种爱国爱乡之心。然后再加训练，遇事部署，方可收事半功倍之效。

（三）以九姓陈钱林李袁孙叶何许等姓，均属吾国望族，理应格外发扬蹈厉，以恢复旧有之家声论。九姓均系大姓，在皖豫苏浙闽粤等省，多生闻人，占吾国历史上重要之位置。惟杭睦间之千余人，不幸沦为卑贱者，达五百余年，今方复见天日，伍于齐民，自堪庆幸。乃受其中少数人不自振拔甘堕溷浊之影响，使各姓耻辱，不克洗涤净尽，仍为不幸之事。九姓中人，对于堕入溷浊之营贱业者，应当公同要求，改营他业。如系无智识，不知所业之贱，应设法使受相当之教育，以资启迪。如系属贫乏，就他业而无资本，亦应设法为相当之伙助，俾可谋生。能如是而犹不悛改，惟有将九姓所建祠堂加以整理，各举族长，公订规约，遇有此项不能悛改之户，召赴祠堂，由各族长会同申诫。若申诫后仍不悛改，由各族长召集该族公正之人，公议逐其出宗，榜示除名，以昭儆戒，并呈报地方官署备案。是则九姓严为自治，社会中不但不能贱视，而反尊敬之。

《岭南学报》1931年第2卷第2期。

同年嫂

王揖唐

竹坡纳江山船妓事，前已纪之。忍堪《杭州杂录》之一云："桐濑江山九姓船，好姻缘是恶因缘。休官换得同年嫂，强胜邮亭一夜眠。"亦及此事。"同年嫂"，铁云诗凡数见之，自注："江船妇称同年嫂者，向不解其名义。篙师为言凡业此者，皆严郡人，盖同年耳，年、严南音无别。"戏为诗云："只知苏小是乡亲，谁识严陵亦故人。宋嫂羹汤调自好，吴娘歌曲听难真。纱窗掩雨眠双桨，罗袜裁云印一尘。惆怅芳年有华月，几钱能买此青春。"又《江山船棹歌》云："不住楼台只住船，一家一水一同年。绿波开窗低头笑，红豆安床枕手眠。"以此入诗，亦一韵事。

王揖唐著，金耀校点：《今传是楼诗话》，辽宁教育出版社2003年版。

《清稗类钞》

徐 珂

九姓渔船子孙。九姓渔船惟浙东有之，人有谓为陈友谅部曲之子孙者。凡九姓，不与齐民结婚。始以渔为业，继而饰女应客，使为妓，仍居舟中，间有购自良家者。盖友谅败于鄱阳，其部曲九姓，悉远窜，至严州之建德，而驾舟往来于杭州、严州、金华、衢州也。兄弟之名字号如一。宗室宝廷，字竹坡，光绪中官礼部侍郎，尝典试福建，以道经浙江，纳九姓渔船女为妾，罣吏议褫职。有二子，一名寿富，号伯福，别号一二；一名富寿，号仲福，别号二一。

娼妓类。杭州之妓。浙有头亭、菱白船，户凡九姓，船有妓，习丝弦大小曲，可侑觞荐寝，世人辄称之为江山船者，误，当曰九姓渔船。船妓之称同年嫂者，盖以其半皆严郡人，意谓同严耳，年、严浙音无别。舒铁云尝为诗以咏之云："只知苏小是乡亲，谁识严陵亦故人。宋嫂羹汤调自好，吴娘歌曲听难真。纱窗掩雨眠双桨，罗袜裁云印一尘。惆怅芳年有华月，几钱能买此青春。"

自杭州之江干，溯流而上，若义桥、若富阳、若严州、若兰溪、若金华、若龙游、若衢州，至常山而止，为程六百里之遥，所至皆有画舫，多至数十艘，少则数艘，船之增减，视地方之盛衰。停泊处如鱼贯，如雁序，粉白黛绿，列舟而居。每当水面风来，天心月朗，杯盘狼藉，丝竹骈罗，洵足结山水之胜缘，消旅居之客感也。光绪癸未甲申间，个中翘楚，首推观凤，丰容盛鬋，顾立亭亭，工度曲，尤精琵琶，每一发声，四座倾听，性娴雅，无章台恶习，喜与一二素心人煮茗清谈，娓娓不倦，其出应客召也，无论登陆或上船，皆以佣奴背之，作钟建之负。

兰溪之九姓渔船泊城外，游人之设席者，所赉银币，普通为四圆，增肴加二圆，便餐八圆。正餐十二圆，多至百圆，有主宾各出其半者。侑酒曰"陪花"，一圆，此就宣统末言之，若在光绪中叶，价不若是昂也。

诙谐类。沈文肃尝与友乘衢严之江山船，船有妓，沈亦偶与调笑，同行者群病为佻达。迨过桐庐，则同舟诸人亦皆牵率为欢，莫能自禁。而沈独岸然不动。及抵钱塘，各与妓咸恋恋，或有涕泣相向者。次日，舍舟登陆，以付资，妓与客计较不已，至出口相诟骂。沈悄然曰："吾之所以不动者，益早必有此。故既有今日之诟骂，则昨夕之眼泪为多事矣。"

徐珂：《清稗类钞》，民国六年刊本。

彩娟

季 庐

彩娟，江山船妓也，貌美性淫，娴识小白脸，鸨母怒之。彩娟遂从所欢李某遁。然未几，又厌李，更从他人去。李常语余以彩娟之历史，乃知彼之淫荡，固生有自来者，不足怪也。彩娟父某,为衢州商人,其母为某秀才女。夫妇皆好淫,至互订条约,彼此有自由奸人之权。闻者骇之。生子二,女一,酷似父母,夫妇子女恣为狂荡,不数年间,十余万产业尽归乌有。某夫妇先死,二子流为丐。彩娟初为大家婢,私其仆人被逐,复为某姓妾,又私其子侄,大妇怒,鬻之江山船,遂流为妓。李言时,犹有愤意。余笑慰之曰:彼人水性杨花,一至于此,度终不为汝有,天下多美妇人,安用此不祥人。为李闻言,悚然而退。

《女界宝》国华书局1917年版。

九姓渔户

白月恒

九姓渔户者,俗称"江山船",其人旧隶建德县,来往于钱塘江水之间,以船为家者也。明太祖灭陈友谅,俘其子孙九族,贬入舟居,贱同乐户,不与齐民齿。九姓则陈、钱、林、李、袁、孙、叶、许、何,原编伏、仁、义、礼、智、信、捕七字号,大小船只数千,岁纳渔课,男每丁征银五分,女每口征银四分一厘。名在尺籍,有茭白、头亭两种,装制精雅,其家属随船,皆习丝弦大小曲,以侑觞娱客。有同年嫂、同年妹之称,称同年者,桐严之讹,从其地以为称也。由杭至衢,水程几百里,富商豪客,出其途者,非头亭、茭白不坐。水脚视常船为昂。而登舟后,或无所得以管弦酒食之乐者,杂派各费,又加甚焉。方宁杭商埠未启之前,浙中无公娼,惟江山船视同官伎,故在昔游宴甚盛。顾九姓之人,既执业于此,又寄名官籍,不得自拔为良,纳渔赋,年只九十四两有奇,官取其一,而胥吏之所索,未止百倍。清同治五年,知严州戴槃(丹徒人)为请于大吏,除其赋,禁其为娼。凡九姓船只住处,即受所在地方官收管,不再由建德县编号给照。时虽许改籍为良,格于乾隆间例文,必自报官改业之人为始,下逮四世,清白自守,方准报捐与试。故赋虽除,而能自奋于正业者,卒鲜矣。

白月恒:《民国地志》(下),1921年。

浙江之特殊民族

张其昀

浙江省有三种特殊民族,为平民所不齿,曰畲民,曰惰民,曰九姓渔户,兹依次述之如下:

(一)畲民。畲民(畲音如斜),实猺族之一支,自闽粤徙来,僻处于深山穷谷之中。汉人称畲民曰"畲客",畲民称汉人曰"明家人"。浙江之畲民,多散居于括苍山脉之南部,即处州府属诸县,占处州总人口七分之一,总数约二十万。此外,衢州之龙游县,温州之泰顺县,亦有之。畲民皆未开化,生活简陋,布衣短褐,色尚蓝;以番薯为正粮,玉蜀黍次之,喜饮酒;旁山结茅,自结村落;汉人称为"畲客寮"。男女皆务耕作,大都为汉人佃户；性愚昧，汉人每欺之。汉人童谣曰："公会做，婆会做，做得有脚没有裤。"穷困可想见矣。其贫而负债者，辄尽室而行，迁徙靡有定处。有蓝雷钟盘四姓，自偶其群，不与众伍。婚姻也惟四姓世为之。畲妇以大红绳缠结，银钗阔逾寸，下垂尺许之珠络，银耳环径几二寸，犷野之态可掬。泰顺、丽水之畲民，亦多身作舆儓，出为人役。家有余财者，间能向慕文化，遣其子弟读书，然亦千百之一耳。

（二）惰民。惰民一作堕民，散处于宁绍各属者，达二万余人。其不得自列于齐民，与处州之畲民同，而社会之所以贱视之者又甚焉。惰民之原起有二说：或曰，惰民者，赵宋之苗裔也，宋既亡，子孙见哀于人，而人与之食，食之者多，遂不事生产，多以丝竹娱人，日流于惰，故曰惰民云。或曰南宋初，金兵南下，宋将焦光瓒率所部降之，金兵既退，宋人耻其降，贬其众为贱民。其人大率男子充吹手，或习贱业；妇女均为喜娘（俗呼曰"送娘子"）。凡宁绍二处之城乡，无不有堕民者；顾其所居之地，辄自相为群，平民虽贱至车夫，勿与比邻；有与通婚者，以为大辱；即惰民子弟求平民之业，且不可也。

（三）九姓渔户。九姓渔户俗称"江山船"，其人籍隶建德县，往来于钱塘江上，以船为家者也。明太祖灭陈友谅，俘其子孙九族（陈钱林李袁孙叶许何九姓）贬入舟居，不与齐民齿。"江山船"装制精雅，有头亭、菱白之称，其家属随船，皆习丝弦，以侑觞娱客。自杭至衢水程几六百里，富商豪官出其途者，非头亭、菱白不坐，水脚视常船为昂。宁杭商埠未启以前，浙中无公娼，惟"江山船"视同官妓，故往昔游宴甚盛。九姓之人例纳渔赋，年只九十四两有奇，官取其一，而胥吏之所索未止百倍。

清雍正朝尝令浙之九姓渔户与堕民等俱除籍为良，然堕民男女托业于吹手喜娘者数百年，功令虽许改业，失其所凭依，彼且无以为食；又社会上阶级之见，牢不可破，故至今犹仍旧俗云。嘉庆八年，浙抚阮元上言于朝，许处属畲民一体考试；其在温属者，道光六年亦援例求考，自是得比于齐民。故畲民已进学，士林依然不与往来。同治八年，严州知府戴槃（丹徒人）为请于大吏，除九姓渔户之赋，然赋虽除，而能自奋于正业者，卒鲜也。

张其昀编：《浙江省史地纪要》，商务印书馆1925年版。

记宝竹坡父子

前清之季，宗室中最明达者，无若宝竹坡父子。竹坡君名宝廷，痛朝政不纲，于浙督学任内娶江山船妓，复上书自劾，部议落职。竹坡往来西山，以诗酒自娱。潇然有遗世之念，尝有句云："微臣好色诚天然，只爱风流不爱官。"其佗傺可想。其子寿富，字伯福，官庶常，《告八旗子弟书》有句云："民权起而大族之祸烈，戎祸兴而大族之祸更烈。"所谓大祸者，即指八旗，亦若逆知庚子之变，与去年革命之事者。当时八旗人士皆詈伯福者盈耳，指为妖妄者，十人而九也。伯福既为书《告八旗子弟》，又与吴彦、复君、保初创知耻学会于宣武城南，奔走叫喊，所至强聒，而一般士大夫率掩耳而走。戊戌政变后，徐荫轩指为妖人，以宗室故得免诛戮，而令其妻父联元严加约束。伯福既常居岳家，以诗酒自晦。闻为联元陈说时局大势，联元甚韪之。拳乱起，联元力陈拳不可恃，遭骈戮。伯福痛其外舅为己而死矣，则大恸。联军入京，遂与其弟富寿，仰药偕殉。濒死为绝句为二首云："衮衮诸王胆气粗，竟轻一掷丧鸿图。请看国破家亡后，到底书生是丈夫。""薰莸相杂恨东林，党祸牵连竟陆沉。今日海枯见白石，两年重谤不伤心。"玩其词踌躇满志，真有视死如归之乐。伯福为人勇以自任，虑一事废一言，千人非笑不顾也，通州张季直赠诗中有句云："坐阅飞腾吾已倦，禁当非笑子能雄。商量旧学成新语，慷慨君恩有父风。"可以为伯福写照。

小横香室主人编：《清朝野史大观》卷十，中华书局1926年版。

江山妓之贾祸

辜鸿铭　孟　森

读"宗室八旗名士草，江山九姓美人麻"之韵史，桐严妹之令人颠倒，可想一斑。中表某君，曾任浙江金华府，有所眷曰七妹，山盟海誓，满拟金屋贮之矣。顾七固别有所欢，贵介公子也，为仁和相国之戚属。月夕花晨，过从甚密。发审委员某者，诇其事以告某君，且甚其词。某君乃突至七画舫中，连掌其颊。七愤甚，仰阿芙蓉以殉。某公子力为报复，时仁和方柄国，不半载，而某君以"挟妓纵酒致酿人命"八字褫职矣。

又毗陵冯竟任表兄之外舅，为令于浙省，有能名，历任繁剧。某年由会稽量移钱塘，画鹢中流，片帆风顺。其姬人固江山佳丽也，方凭窗纵眺，有邻舟摩舷而过，舟中一妹，为姬人旧日姊妹行，遥致寒暄曰："阿姐别来无恙。"姬人大怒，立饬停舟，谓："彼妹有意辱蔑，宁不知我作官太太者，而敢尔尔？"舟人慑钱塘令威势，百计劝说，令彼妹叩首于姬人前以赎罪。彼妹夙负艳名，交好者不乏大官显宦，性颇强项，"旧巢共是衔泥燕，飞上枝头变凤凰"。至此已羞愤万状，所谓钱塘令者，复大肆诟詈，谓莅临后，必重加惩治，彼妹闻言，奋身投江，风里杨花，竟作水中仙子。钱塘令到省，即得撤任之牌示，未几而革职永不叙用之命下，竟未能莅钱塘新令，并书之以为狭邪者戒，不可作江山艳屑观也。

辜鸿铭、孟森等著：《清代野史》第四卷，巴蜀书社1998年版。

钱江画舫

地点。钱江画舫俗称"茭白船"，又称"江山船"，为选色徵歌之所。衢属龙游、西安、金属兰溪、绍属临浦、义桥、闻堰、杭属富阳，均有画舫踪迹。而在杭州市江干区之海月桥、花牌楼，及闸口、九龙头等处，本有画舫停泊，舳舻相接，排若雁翅。今则花牌楼前高楼栉比，舫中人大都移家就岸矣。舫在兰溪较盛，其停泊处在城外官才弄、水门、西门、柳家码头、朱家码头一带。

费用。画舫与狎邪地异，往往非重金所能为饵，舫中摆水果酒价约四元以上，添菜加二元，便饭八元，正饭至少十二元，大夜饭由正东、副东、陪客出资者，所费约四十元至一百元，宴毕即须缴费，无患缥账。主人邀客亦可叫局，俗称"陪花"，来者皆扶琵琶，近改弦子，自拉自唱，不烦乌师，则酬以一元足矣，其在岸上者，价亦相仿。

内容。舫中人凡九姓，以程、陈、叶、许为多，船妓定名，每冠小、香、凤、英等字，而最多者曰龙珠、檀香。画舫之式，中容一席，旁则几案，头舱小而几榻精，故位置得宜。中舱以后房舱具焉。再进则为舫中人之卧室。舱后锜釜筐稆罗列有序，傅呼开宴，咄嗟可办。画舫左右各悬竹帘，以蔽邻舟视线。年必修理一次，修必回籍，匝月即返。舫有水手，熟知潮汛，善于避地，故画舫从不及溺。

一舫有驾长，驾长娘，所雇者有水手，舫妓已嫁者称"桐严嫂"，未嫁者称"桐严妹"。从前诸姬雅善昆曲，今则都学秦腔皮簧，舫中烹调相当家常，年阑酱肉足以压倒食单，或与粉干茶骰作为赠品。其他如泡菜醋萝卜，亦堪佐酒。冬时购置豚肩豚蹄，储诸酱甏，酱必兰溪产，沉浸酿郁，醇乎其醇。匝月后悬竿取燥，活色生香，沁人膝理，非舫中制，恒不得法。若脔割而煮之，则生啖江摇柱矣。昔人作有钱江画舫诗四首七绝云：

照水花枝各斗妍，九家姊妹两同年。布帆无恙罗衾薄，人隔江山渺似烟。
波光镜抹绿玻璃，水卷湘帘半桁低。底事画眉人懒起，四山忙煞画眉啼。
酒酌金华醉不归，玉杯如雪腕凝脂。劝侬省识鲥鱼美，须趁风吹楝子时。
无边风月定风波，灵石三生七里多。一自客星偶仙女，泷中人唱曼声歌。

中国旅行社编：《西子湖》，1929年版。

九姓渔船

魏颂唐

各船户皆撑驾小船，是谓九姓渔船，自严东关而下，各埠皆有停泊，在县（富阳）界内者，约九十余户，船以百数十计。有一户两船至三船者，谓之子母船。捕得之鱼，随得出卖，近年价额渐高，或系捕获减少所致，然亦时多时少，未可预言，但一船日用所需，以银洋三角为度，则每年所得，必有一万数千金，此推测各渔户生计上言之也。

魏颂唐著：《浙江经济纪略》，1929年版。

九姓渔户

白眉初

九姓渔户者，俗称江山船，其人旧隶建德县，往来于钱塘江水之间，以船为家者也。明太祖灭陈友谅，俘其子孙九姓，贬入舟居，贱同乐户，不与齐民齿。九姓则陈、钱、林、李、袁、孙、叶、许、何。原编伏、仁、义、礼、智、信、捕七字号，大小船只数千。岁纳渔课，男每丁征银五分，妇每口征银四分一厘。名在尺籍，船有茭白、头亭两种，装制精雅，其家属随船，皆习丝弦大小曲，以侑觞娱客。船有同年嫂、同年妹之称，同年者，桐严之讹，从其地以为称也。由杭至衢,水程几六百里,富商豪客,出其途者,非头亭、菱白不坐,水脚视常船为昂。而登舟后,或无所得以管弦酒食之乐者,杂派各费,又加甚焉。方宁杭商埠未启以前,浙中无公娼,惟江山船视同官妓,故在昔游宴甚盛。顾九姓之人,既执业于此,而又寄名官籍,不得自拔为良,例纳渔赋,年只九十四两有奇,官取其一。而胥吏之所索,未止百倍。清同治五年,知严州府戴槃(丹徒人),为请于大吏,除其赋,禁其为娼,凡九姓船只住处,即受所在地方官收管,不再由建德县编号给照,时虽许改籍为良,格于乾隆间例文,必自报官改业之人为始,下逮四世,清白自守,方准报捐与试,故赋虽除而能自奋于正业者卒鲜也。

白眉初:《中国人文地理》,建设图书馆1930年版。

特殊民族

徐宝山

浙江省有三种奇奇怪怪的民族,为平民所看不起的:第一种是叫作"畲民",他们散居在括苍山脉的南部,就是旧处州府属的几县。此外如衢州的龙游县,温州的泰顺县,也有得看见,他们大都只有雷、蓝、钟、盘四姓,老死不和别种民族做伴侣,婚姻也只有四姓,世世相交,畲妇们用大红绳绕着发结,贯以一寸多阔的银钗,一种旷野的风度,令人发噱,俗称"畲客婆"的便是。

第二种叫作"惰民",大半住在宁绍各属,男的做吹手、轿夫等一类微贱的职业,女的都做喜娘的居多,他们所住的地方,辄自相为群,平民也羞与做邻舍,或是通婚嫁的。

第三是叫作"九姓渔船"。就是陈、钱、林、李、袁、孙、叶、许、何便是,他们都是建德县籍的居多,往来在钱塘江上,以船为家,他们的家属,学得一手的丝弦弹吹,便令随船侑酒,买笑为生,俗称"江山船",又有"头亭""菱白"等等的名称。

以上三种民族,从前是极为平民所不齿的,可是现在国体更新,人人平等,旧时相沿的一种恶观念,也许会渐渐地打破吧。兹据民国十八年民厅调查所得,"畲民"共有44206人,"九姓渔户"共有1839人,"惰民"共有18318人。各处分布的数目,可以列成一表如表3-7:

表3-7 浙江"特殊民族"分布一览表

(单位:人)

畲民	景宁	17400
	宣平	4905
	龙泉	3000
	遂昌	6085
	松阳	1136
	青田	2000

续表

畲民	丽水	6000
	平阳	3600
九姓渔户	乐清	719
	桐庐	642
	开化	138
	衢县	342
惰民	东阳	2864
	义乌	1874
	温岭	2112
	上虞	3295
	余姚	383
	鄞县	1106
惰民	慈溪	2210
	奉化	2000
	镇海	1316
	定海	665
	象山	385

徐宝山编:《浙江省》,商务印书馆1931年版。

承天能仁寺

承天能仁寺在都亭桥东,东大桥北之承天寺弄,相传梁时卫尉陆僧瓒故宅,舍宅为重元寺;吴越钱氏时,又加缮葺,殿阁崇丽,前列怪石;宋初改名承天寺;宣和中,又改为能仁寺;元至正末年,张士诚起兵东南,占苏州,据能仁寺为宫殿,城南之王废基,亦士诚遗迹。明初复为寺,清改为承天能仁寺。

张士诚,泰州白驹亭人,有弟三人,以操舟运盐为业,轻财好施,得群辈心。元至正十三年,招盐场少年起兵占高邮,自称诚王,国号大周。逾年,由通州渡江入常熟。十六年,占苏州,即都之,以承天能仁寺为宫殿,奄有浙西及今江苏全境。后为朱元璋所败,遂降元,而又自立。二十六年,朱元璋命徐达、常遇春等统舟师二十万人,略定湖州、嘉兴等地,从太湖进围苏城,筑长围困之,以弓弩火器攻城,因士诚尚得苏民心,故被围至次年九月始由阊门失守。士诚被执,解南京,自缢死。妻刘氏先自缢死,二幼子付金姬之母奔匿山东章邱县,冒姓李氏。浙西降将贬为钱塘江九姓渔民。明太祖恨苏民助士诚守城相抗,苏之鱼鳞图籍又被士诚焚毁,田赋无稽。明太祖取沈万山租簿定额,格外加赋,故江南田税独重。苏民益感张士诚之轻征,乃于七月三十日晚,托地藏王菩萨生日之名,烧"九思香"以纪念士诚,九思者士诚之小名也。

陈日章:《京镇苏锡旅游指南》,世界地学社1932年版。

特殊民族

　　浙江特殊民族有畲民、九姓渔户、惰民三种，素为平民视为落伍民族，不与往来。畲民多散居于括苍山脉之南部，丽水、遂昌、景宁等处。九姓渔户，籍隶建德，多往来于钱塘江上，以船为家，俗呼"江山船"是也。明太祖灭陈友谅，俘其子孙九族，由陈、钱、林、李、袁、孙、叶、许、何九姓，贬入舟居。眷属多佳丽，皆习丝弦弹唱，随船侑酒，以卖笑为生。暑时停泊江干，豪华子弟，贵胄官僚，及无聊政客，多藉玩赏江景为名，酒食徵逐，脂香粉腻，娇声俏喉，每歌满江红一曲，闻者莫不为之魂销。恍然置身于秦淮河畔，极尽声色之娱欢。故畴昔华灯初上，十里江干，金迷纸醉，酒绿灯红，宛若歇浦之人肉市场。嗣后主政者以风化有关，厉行禁止，此辈可怜虫，不得不以迁地为良，或遁迹于钱江上游，或舍舟登陆，筑香巢于花牌楼一带，然为衣食所逼，依然难改老行。

《浙江省公路局萧绍段旅游指南》1932年版。

撤退时的高白船妓

　　接到总司令部的命令后，我们的队伍，都自动地沿着衢江一路撤退。所有大小船只（当时唯一的交通利器），都装着辎重、器械以及受伤的官兵。一队队的由船夫牵着绳，逆水上行。士兵官佐政治工作人员等，只好沿江跑路。同志们跑得汗流浃背时，北风送来了一阵女人的小调声，妖媚的小调，分明这小调不是革命军人所唱得像的，于是引起同志们的十分注意。大家视线都跟着这妖媚的声浪搜索目标，结果在江面荡动的小船阵中，发觉了五六船的女人，在她们的服饰上可以判明是兰溪的"高白船"妓（高白船是该地领有执照，公开营业的上等妓女所居住的大木船，船中可以设席宴客，并有房间为销魂之所）。这时候的船是运输辎重、伤病官兵唯一利器，作战的人员，都没有资格乘坐，而这些妓女却有这般的福气与特权，这里自然有个道理：二十六军周凤岐部不是刚由军阀队伍中投向革命方面来的吗？虽然该军大多数官兵，已经党化革命化，不过尚有极其少数的官佐，因为熏染军阀的习气太深了，所以他们奉令撤退路过兰溪时，便私将装运伤兵辎重的船，却装运他们娱乐的工具，并有三数腐化的官佐，夹坐在里面，式歌且舞地大享其乐。同志们查明了这段来源，大家都很愤怒，不谋而同地向着这些装有女人的船叫骂。复选择一个江流曲折，船将傍岸的场所，大家准备着石块泥沙等物，同时向装有女人的船投击，复高声质问，在这煞风景的暴风雨之下，把躲藏在船中欢乐的腐化官佐都打了出来。他们面红耳赤地认错道歉，并应允待船到镇后将妓女逐回了事。为了革命的纪律和名誉，这一种行动是必要的。

《北伐军到浙江》，《现代史料》第3集，海天出版社1934年版。

兰溪实验县县政府整顿城区花舫纪实

一、缘起

本城花舫,历史悠久。在民八九之交,为数达九十余只之多,可谓极盛时期。迨至民十六年间,因受军事影响,所有船只,移作军事浮桥,至是本城花舫,始逐渐衰落。年后复因频年政局多故,农村一跌不振,又兼杭江铁路完成,城内商业迥不如前,以故游客锐减,本城花舫营业遂致一落千丈,迄去年秋间,仅存二十五家。此等花舫,均散泊沿溪一带,与普通民船互相混杂,参差零落,毫无限制。自去年九月本府改制成立,观此情形,认为不特管理不便,且善良风俗大有妨碍。

二、第一次召集舫主训话

本府既抱整顿花舫决心,为使各舫舫主明了政府意见起见,特于本年(二十三)六月十日,召集全体花舫主人来府,由县长作恳切之训话。训话要点如下:(一)花舫为上江一带通有之现象,并非兰溪所独有。(二)本城花舫日趋衰落之原因为:(1)杭江铁路完成,水陆客人减少;(2)有人来兰后严禁烟赌,且驭下綦严,不许涉足花丛;(3)花舫之本身日趋堕落,不求改进。(三)政府认为花舫与整个社会问题有关,在未定有适当办法以前,暂不根本取缔。(四)希望各舫主信任政府之整顿,并须应用正当方法,以谋本身营业之向上等语。次复由范督察长详细说明政府整顿之意旨及办法,并分别详询各舫营业情形,以资参考。

三、举行调查

在整顿计划尚未拟定以前,对于花舫及花舫女实际情形,殊有加以调整的必要,当即印制花舫及花舫女调查表两种,派员分赴花舫详细调查,其表式如下(调查表略去):

此项调查,于六月十六日开始,同月十九日完毕。调查结果,合计花舫廿四只,舫女96人。兹分别统计如表3-8、表3-9、表3-10:

表3-8 花舫主籍贯统计

(单位:人)

合计	安徽	浙江建德	县别
24	1	23	数目
			备注

表3-9 花舫女籍贯统计

(单位:人)

合计	安徽	兰溪	汤溪	龙游	金华	建德	衢县	县别
96	2	2	4	5	6	29	48	数目
							均系县樟树乡	备注

表3-10　花舫女年龄统计

（单位：人）

合计	二十一岁至廿五岁	十九岁至二十岁	十五岁至十八岁	十岁至十四岁	年龄
96	15	12	45	24	数目
					备注

四、确定整顿计划

花舫调整既竣，即饬由公安科根据调查所得，草拟整顿计划，提出县政会议修正通过，兹将该整顿计划书附列于后：

整顿花舫计划书

（一）整顿之要旨

关于整顿花舫问题，喧嚣已久，迄今未见诸实行者，要由于本府根本政策之未由确立。现在社会一般人士对花舫之整顿，企望甚殷，甚有以本城商业之日见衰替，归咎于本府严厉取缔者，此虽不免一种时俗浅见，然本府对于花舫根本政策之亟应确立，与夫花舫整顿之不容再缓，则属无可置疑。窃以为政府每一设施，固应以高远的理想为立场，而于实施之初步，则不妨俯从当地需要，斟酌问题本身之特殊情形，徐作按部就班之改革，庶几成效易著，而群情允翕。本城花舫因具有悠久的历史，且含有极大的社会问题，根本取缔既不可能，故在未筹得妥善救济办法以前，与其空言取缔，尚不如顾全事实，作一有计划地开放，从而设法限制其营业，改善其环境，使其地位日渐提高，成为一比较高尚的娱乐场所。如此不惟无意外之流弊，且与政府既定之方策亦无若何之违背。

（二）整顿之原则

对于本城花舫，本城既采"有计划地开放"，爰订定整顿原则如下：

（1）集中区域。目前本城花舫散居沿溪各处，不惟管理困难，且与普通民船互相混杂，对于善良风俗，诸多妨碍，故整顿之第一步，首宜指定区域，集中停泊，俾使管理，而资区别。

（2）不准移设岸上。目前溪下花舫，有因舫身已毁，将全船移设岸上，照常营业者，不惟名实不符，而于整顿方针，亦属无从贯彻；故对于此种舫户，亟应令其依限移设溪下，否则取缔其营业。其次，各舫花舫女，亦应禁止上岸住宿，以杜流弊。

（3）容许游客为娱乐性质的消遣，禁止以财物为目的的赌博。过去花舫，多以供赌抽头为其生活资源。第赌博一项，事关例禁，为补救计，为只许游客为娱乐性质消遣，而于以财物为目的之赌博，则仍严令禁止，庶几法令人情，两可兼顾。

（4）改良环境。所有花舫既已集中一定区域，则此区域之环境，应令其自行集资改进，庶几环境优良，足以无形提高其营业上之地位。

（5）保障营业。集中区域以后，政府对于花舫营业，应予以相当之保障，倘有不良分子，藉端生事，应许其随时报案拘办。

（6）救济舫女。目前各舫所有舫女，大概均由舫主以养女名义，从穷乡僻壤自由购买而来，表面生活，虽颇优异，而实际则甚痛苦。政府应设法救济，使其于相当期限内，均能脱离苦海，重渡其人的生活。即应自开放之日起，资令船主按照舫女人数，缴纳福利基金，由本府指定的实银行，专款存储，以为将来解放舫女善后之用。

（三）整顿实施办法

根据上述整顿原则，拟订整顿实施办法如下：

（1）由政府出示布告，令饬各花舫依限集中。

（2）集中区域，暂定为自西门起，至南门溪下棺材衔止沿溪一带。

（3）所有移设岸上之花舫，应先行派员查明，分别饬其于一个月内。移设溪下，否则取消其营业。

（4）所有花舫及花舫女，应一律举行编号，编号以后，如有变动，应即呈报本府登记。

（5）所有花舫及花舫女，应由本府制发花章，饬令价领佩带，以资识别。如查明有未佩带花章，上岸及擅行上岸住宿情事，应以违警论科，并得酌量情节，移送救济机关教养。

（6）游客得在花舫为各种高尚之消遣与娱乐，但不得为以财物为目的之赌博。

（7）各警务人员，非奉有命令佩带证章，不得擅行进出花舫致干咎征。

（8）召集各花舫主开会，令饬依据自行集资修筑中区域之沿溪马路，其办法如下：

（a）由政府派员测绘马路图样，饬令依样修筑；

（b）所需经费由舫主自行支付，政府既不过问。马路筑成以后，应即公布账目，以昭大信。

（c）沿溪马路由政府酌植各种树木，或其他花草，以资点缀；

（d）由政府商请长明电灯公司将沿溪马路一带，装设义务排式路灯，以壮观瞻；

（9）取缔办法施行后，花舫女每月增纳花捐二元，就中除提出二成以征收费名义移作警察充赏外，其余均专款存储，作为花舫女福利储蓄金，组织保管委员会保管之。

（10）对于花舫女本身，应有下列之保障：

（a）舫主对花舫女不能虐待；

（b）花舫女有身体自由，舫主不能强迫其卖淫；

（c）花舫女应许其有自行择配权，除对于舫户损失予以相当补偿外，舫主不能为过分之干涉。

（11）根据上列各点，制定花舫营业章程，切实执行。

五、公布取缔规则

整顿花舫之原则及办法既经决定，爰即拟订取缔规则一种，公布施行。取缔规则内容如下：

兰溪实验县取缔花舫暂行规则

本县所有花舫均应遵守本规则之规定。

第一条 为管理之便利,所有花舫均应遵照本府指定地点集中停泊,非经准许不得自行迁移。前项停泊地点暂指定以西门溪下之棺材弄溪沿一带为限。

第二条 花舫一律不准移设岸上,其余已设岸上者,即于本规则公布后一个月内,自行移设溪下,如逾期不移,即取消其营业。

第三条 花舫除遵守缴纳各种捐费外,应填具本府制发之调查表,并附舫主最近照片一张,呈报本府存查,调查表式另定之。

第四条 花舫女应各填具本府制发之调查表,并附最近二寸半身相片,一张呈本府存查,调查表式另定之。

第五条 花舫自经本府编号,并指定地点停泊后,不得擅自变动,如有移设他县,或其他变动情形,应先声请核准登记。

第六条 花舫女均应佩带本府制发之银质证章,由各舫主备值具领,非经呈请准许,不得自由调换,以资识别,证章式样及佩带方法另定之。

第七条 前条所规定之证章不得遗失,如有遗失,应即呈报注销,并缴纳原价二倍,由本府制发新章,饬令佩带。

第八条 花舫女上岸时,均须佩带证章,如未佩带证章,一经查出以违警论。

第九条 花舫女不得上岸陪酒或住宿,如上岸住宿一经查出,以违警论,并得酌量情节,移送救济机关教养。

第十条 花舫得供游客为各种高尚之消遣与娱乐,但不得有左列情形事:

(一) 以财物为目的之赌博;

(二) 吸食鸦片红丸及其他代用品;

(三) 各种秘密结社及集会。

第十一条 舫主对于花舫女不得有虐待情事。

第十二条 花舫女有自行择配权,除对舫方损失应予相当之补偿外,舫主不得故意留难。

第十三条 为增进花舫及花舫女之将来福利,自本规则公布之日起,各花舫应按照该花舫女人数,每人由舫主按月缴纳福利基金一至二元,由本府指定的实银行专款存储。

第十四条 前条规定之花舫及花舫女福利基金,由政府指派人员组成花舫及花舫女福利基金保管委员会保管之,非有下列事项,呈经本府核准,不得挪用。

(一) 花舫女教育事项;

(二) 花舫女救济事项;

(三) 其他福利事项。

保管委员会组织章程及征收福利基金章程另定之。

第十五条 凡违反本规则各条之规定者,依照刑法及违警罚法切实办理外,并得酌量情节分别为左列之处置。

（一）勒令停止营业；

（二）勒令限期歇业；

（三）移送救济机关教养。

第十六条 各花舫如遇不良分子或公务人员藉故滋扰，或敲诈勒索，得随时报请本府拘办。

第十七条 本规则自公布之日起施行。

六、第二次召集舫主训话

取缔花舫规则虽经公布，仍恐舫主对于规则内容，不尽了解，复于七月初，召集全体舫主来府，由徐公安科长就规则所定各点，详为解释，大意略谓：（一）本府此次对于城区花舫采取有计划的开放政策，此种政策之决定，一系基于社会之立场，一系从各位的生计方面着想，因为娼妓是城市的副产物，自有都市以来，即有娼妓之存在，要想绝对禁止，乃为事实所不许。但一味放任，则贻害社会，将无底止，故就社会立场言，应加取缔，各位以舫女之皮肉，作谋生之工具，从任何方面言，均属非是，允宜及早觉悟，翻然改图，所可虑者，以有数十年悠久历史之花舫，一旦废止，各位生计势必发生极大影响，而各舫女遽失依靠，更难谋生，故为各位生计着想，亦只有采取缓进政策，徐图补救，政府此种苦心，务须彻底明了。（二）赌与娼乃系不可分离的两个毒物，娼无赌游客难于久留，赌无娼营业不易发达，故欲禁娼必自禁赌始，开放娼禁，势必牵及禁赌问题。本府对于禁赌早具决心，目前对于花舫虽采取有计划开放政策，而于赌博一项，仍行严厉禁止。惟为迁就事实计，准许游客得为种种高尚之娱乐，其以财物为目的之赌博一项，仍绝对不许，即此种高尚娱乐，亦须于隐蔽处所行之，此点需要大家切实做到。至于供客吸食红丸鸦片，一经查出，舫女决送救济院收养，舫主则严行惩罚，并将花舫没收。（三）所谓有计划的开放，是以渐进手段达到禁绝的目的，换言之，即对于花舫女之生计，应预为谋一妥善方法，使临时不致张皇失措，设立花舫女福利基金，其用意即在于此，亦即本计划的根本精神之所在。自集中停泊之日起，花舫女每人每月须缴纳福利基金二元，组织保管委员会，专款存储，有相当数目后，再拨作花舫女福利事项之用，或办工厂，或创学校，及其他舫女福利事宜，务使每个花舫女，皆能跳出火坑，恢复人的生活，此事期在必行，各舫主务各遵守，按月缴纳，不得延抗。（四）花舫集中停泊之后，对于四周环境，急应设法改善，现由公安科设计，将沿溪马路重新翻修，竣工之后，两旁植艺树木，放置盆花，地上培养青草，复于城垣上装置电灯。如此既有香有色，复有花有草，而夜间又明如白昼，则此区域可成为高尚之娱乐场所，游客乐于留连，各舫营业自如臻于发达。所需筑路经费，各舫主应分担一大部分，俟预算编制完竣，再行通告各位，各位应知此项布置，用意全在吸引游客，繁荣营业，对此区区路费，应踊跃输将，俾得早底于成。（五）各舫主对于花舫女，不得任意虐待，她们所以陷入火坑，愿以自己皮肉供人玩弄，实迫于生活，乃属无可奈何。尝闻舫主往往强迫卖淫，实属惨无人道！此后此种恶习，应完全革除，若再有同样事件发生，准舫女告发，本府决予严惩，此点亦希各位深切注意。

七、指定区域集中停泊

取缔花舫规则既经公布,本府即于八月六日出示布告,指定区域,限期集中。在出示布告以前,并由本府先期饬员指定各舫停泊地点,俾免纠纷。计由出示之日起至同月八日止,各舫均已集中竣事。兹将布告原文,附录于后:

为布告事,查本县花舫,向均散泊沿溪一带,漫无限制,不惟管理不便,且与普通民船互相杂处,亦非所宜,亟应从事整顿,以资统制。兹特规定集中办法三项,罗列于后,仰各花舫暨普通民船等遵照,依限迁移,毋得违移,此布!

(一)本县花舫集中区域,暂定为城外西门溪下起,至南门溪下棺材弄沿溪一带。

(二)各花舫务于本月八日以前,依照指定区域,自行集中停泊,听候编列号数,不得玩延。

(三)指定花舫集中之区域,所有普通民船,一概不得撑入停泊。

八、举行编号

各舫既依指定区域集中完毕,即由本府制就搪质舫牌,依次编定号码,以便管理。各舫号码依次如表3-11:

表3-11 花舫编号情况表

编号	舫主	编号	舫主
第一号	何锦花	第二号	钱素林
第三号	孙樟生	第四号	冯叶荷英
第五号	钱春生	第六号	陈和尚
第七号	孙金香	第八号	何品珍
第九号	钱春根	第十号	孙永发
第十一号	何老虎	第十二号	蒋小苟
第十三号	陈毛毛	第十四号	陈金根
第十五号	陈金根	第十六号	孙永新
第十七号	钱福仙	第十八号	江兰生
第十九号	孙樟金	第二十号	陈海根
第二十一号	徐金根	第二十二号	孙永泉
第二十三号	袁苟妹		

九、召集花舫女训话

各舫集中编号后,本府复饬由徐公安科长于九月七日,召集各舫女全体来府听训,大意略谓:大家同是人类,同具耳目口鼻,乃操此皮肉生涯,供人玩弄,实因生计所迫,出于万不得已,此为任何人所深知而同情者。惟是红颜易老,转瞬青春一过,即不复为人所悦。比如煤炭，当其火势熊熊之际，谁不珍贵爱护，乃至烧尽成灰，则用以填沟壑矣。各位现正年轻，游客竞相追逐，四五年后，将见色衰爱弛，求不为眷者所弃，恐不可得。诸位对于个中苦楚，当不难想象及之。结局如此，孰若及早觉悟，设法从良之为愈。不过兹事体大，决非各位个人之力所可奏功，也必由政府出面主持，才能使各位跳出火坑，恢复其人的生活。本府所以采取有计划的开放政策者，用意即在于此，需各位能明了政府的苦心，切实觉悟，及早从良，或改营他业，独立营生。再者，各位过去备受舫主虐待，忍气吞声，已非一日，自此次整顿以后，如再有此种事情发生，准其随时请求政府援助。至设立舫女福利基金，乃解放各位之根本办法，各位对于是项基金，必须监督舫主，按期缴纳，不得藉故抗延，其他应行注意各点，均一一订入取缔规则，希望大家切实遵守，免于重咎。

十、制发花舫女证章

表3-12 花舫女佩带证章号码表

花舫名称	证章号数	舫女姓名	花舫名称	证章号数	舫女姓名
何锦花花舫	1	苏红碧玉	何老虎花舫	49	孙红英
	2	张巧云	蒋小苟花舫	50	蒋樟凤
	3	陶德喜		51	蒋金香
	4	沈文秀		52	方红菱香
钱素林花舫	5	钱掌珠	陈毛毛花舫	53	陈根香
	6	邱翠凤		54	陈珍珠
	7	裘翠香		55	陈银珠
	8	钱翠珠	陈金根花舫	56	陈香英
孙樟生花舫	9	孙兰花	陈老二花舫	57	季小珍香
	10	孙彩娥		58	陈松妹
	11	孙素花		59	吴菊红
	12	徐龙凤		60	陈纯花
	13	蔡彩弟	孙永新花舫	61	许菊红
	14	张彩英		62	朱金莲
	15	胡月凤		63	陈凤玲
冯月荷花舫	16	冯彩香		64	许珍珠
	17	林满江红	钱福仙花舫	65	钱素红
	18	许美英		66	钱素芳
钱春生花舫	19	钱珍珠	江兰生花舫	67	江月仙
	20	钱兰珍		68	许章英
	21	张菊香		69	王菊仙
陈和尚花舫	22	王菊凤		70	江莲香

续表

花舫名称	证章号数	舫女姓名	花舫名称	证章号数	舫女姓名
	23	吴绿牡丹		71	李爱金
	24	陈花凤		72	王玲仙
	25	李金凤		73	杨庚花
	26	李凤金	孙樟金花舫	74	姚水凤
孙金全花舫	27	许芙蓉		75	杨夏来香
	28	孙凤月		76	孙玉琴
	29	孙翠玉		77	孙碧香
	30	戴冬香	陈海根花舫	78	吴招弟
	31	孙金花		79	余芙花
	32	孙兰仙		80	倪莲蓬
何品珍花舫	33	何翠金	徐海根花舫	81	徐满天红
	34	何爱金		82	卢彩珠
	35	许月芙蓉		83	徐雪里红
	36	毛月月红		84	胡凤珠
	37	钱菊花	孙永泉花舫	85	沈小月红
钱春根花舫	38	徐连英		86	徐白牡丹
	39	李香香		87	许小月仙
	40	许连弟		88	楼琴仙
	41	夏金娇		89	孙红仙
	42	方美英		90	孙兰仙
	43	钱宝珠	袁苟妹花舫	91	吴琴香
	44	许兰英		92	李根香
	45	吴翠花		93	易连香
孙秀发花舫	46	孙章英		94	徐根妹
	47	吴兰凤		95	吴桂红
	48	陈土凤			

十一、建筑沿溪公路

本府为改良花舫区域之环境，藉以提高花舫地位起见，特饬令各花舫，先行筹集筑路费四百元，并由本城南新游艺场拨助筑路基金四百元，合计八百元，将西门至南门溪下棺材弄一带沿溪道路，改修新式马路，加铺水泥路面，用一：三：六比例，做路五公分厚，两旁各砌各石一道，路面宽度以八英尺为标准，全路计七十一英尺，由土工陈凤光承包具筑，路面工价每英尺九元，合计须洋六百卅九元，又填筑念六公尺长，十二公尺宽花台一座，四周砌碟条石，中填泥土，与路面等高，以便栽植花木，计须洋八十一元，全部建筑共须经费七百二十元，所余八十元，用以种植花木，并于花台及沿溪一带，添设长椅，以便游人憩息。

十二、组织花舫及花舫女福利基金保管委员会

本府为增进各舫花舫女将来福利,特征收福利基金,组织保管委员会保管之。兹将保管委员会组织章程,及征收福利基金暂行办法,分附于后:

(一) 兰溪实验县花舫及花舫女福利基金保管委员会组织暂行章程

第一条 本暂行章程依据本县取缔花舫暂行规则第十五条订定之。

第二条 本会设委员三人,由本府公安科科长、教育科长暨救济院院长充任之。

第三条 本会指定公安科长为委员长。

第四条 委员长之职权如下:

一、召集常会及临时会议,

二、每月公布基金收支概况及会务报告。

第五条 本会负福利基金收付保管之责。

第六条 本会所保管之福利基金均交入本地有的实银行存储生息。

第七条 基金动支须由本会议决呈经县政府核准备案。

第八条 向存储基金银行支取基金时须由本会各委员共同签名盖章否则无效。

第九条 本会须于次月十日以前将上月基金收支概况正式公布以昭大信。

第十条 本会每月开常会一次,于每月终行之遇有必要时得由委员长召集临时会议。

第十一条 本会各委员均为义务职。

第十二条 本暂行章程自公布之日起施行。

(二) 兰溪实验县花舫及花舫女福利基金征收暂行办法

第一条 本办法依据本县取缔花舫暂行规则第十五条订定之。

第二条 福利基金以下列标准征收之。

一、花舫女未满十六岁者每人每月一元。

二、花舫女年满十六岁以上者每人每月二元。

兰溪实验县政府编:《兰溪实验县县政府整顿城区花舫纪实》,中华民国二十四年二月
兰溪实验县平民习艺所承印。

渔民生活

林书颖

钱塘江渔民可分为二种,即世居船上专以捕鱼为业之九姓渔户 (陈、钱、林、李、袁、孙、叶、许、何九姓) 及兼做捕鱼生活之沿江农民也。传说明太祖灭陈友谅,俘其子孙九族,贬入舟居,不与齐民齿。九姓渔民之中有一部专以捕鱼为业;另一部分,俗称"江山船",类皆游惰之徒,不务正业,专心丝弦,以侑觞娱客,流为娼妓,虽与渔民同族,惟不

与渔为业。九姓渔户类皆建德籍，来往于钱江之上游，散居衢县、龙游、兰溪、建德、桐庐及富阳间，富阳以下则少有其踪迹。

渔民惯于船上生活，每家必设一较大之船，专供住家眷用。此船长达三丈以上，常年驻于一定地点，非因特别事故，多年不事迁徙。如此住眷船外，视家中人口之多少，及作业之需要，另设置小船，长约一丈余至二三丈者，二三只至四五只，以供出江捕鱼或放筏载货，或搭运旅客之用。生活简单，虽家境小康，起居势不能如陆居者之丰富繁华。就普通渔民言，每日需二三角便足。但如一家男女老幼共十口，平均一日仅一元二角，而一家八口者约需一元。其生活程度之窘苦，由此可见一斑。渔民居船上无五谷及其他日需品之出产，专持以换米粮、蔬菜、衣服之财宝，仅有渔获物耳。目下鱼价低落，河中鱼介类之产量年见减少，终日劳苦，结果所获，终不能使全家一饱者，时有所闻。惟有一部分渔民，比较精干有为，能兼营放杉筏运货者，则有利可图，家境略见充裕，而船及网具之设备均得整然。

渔民散居江上，集会联络之机会极少，智识之贯通固属缺乏，更无教育可言。赤贫不能送子女入附近城市或村乡之学校读书，略称富裕者，亦因水陆往返不便，均不肯劝子弟入学，宗教信仰与普通农民无异，除虔奉祖先之外，又祀拜天后、观音之类。

农民之兼营渔业者，来往于东江至闻家堰、六和塔及海宁等处捕鱼。彼等对于渔捞技术也称精熟，无异专业渔民。每年于农事休暇时，离开家乡，暂寄于渔场附近之适合地点，如六和塔、闻家堰、海宁等地，以便早晚出江捕鱼。杭县之六和塔地方为萧山渔民（农民）集合地点之一，兼营捕鱼为业之农民约四十余人，均来自萧山东江至附近村落。在六和塔（即杭州闸口与之江大学之间），合出资本，同建房屋一所，有楼一层，楼上住人，楼下安置网具。渔民自萧山来者均寄于此。每日上午十时早饭后，驾小船，持网出江工作，直至下午三时始归。若日间不事工作，则于晚饭后，趁夜黑暗时捕鱼，次晨四五时返寄所。当晨事忙时，即弃渔归农。如此兼营二种职业。生产固可望增加，但劳苦终年，亦不过仅得一饱。图谋生产事业之不易，于此可见到矣。

林书颖：《钱塘江渔业志》，《浙江省水产试验场水产汇报》第2卷第3册，1936年5月。

九姓渔户

葛绥成

又有九姓渔户，俗叫江山船，其人籍隶建德县，往来于钱塘江上，以船为家，明太祖灭陈友谅，俘其子孙九族（即陈、钱、林、李、袁、孙、叶、许、何九姓），贬入舟居，不与齐民齿，其家属随船皆习丝弦，以侑觞娱客。其男子也有从事教坊、理发、茶寮诸业，近来因社会阶级已消除，他们已自由多了。

九姓渔户住在桐庐、建德等水上的，男子衣服和普通人同，女子广裙长袖，内衣绸缎，外罩布衫，近又多改穿时装，饮食与普通人无异，惟他善制一种风肉，为他处所无。他们从前多以船为家，近则多在陆赁屋或购屋居住，职业除打鱼、载客、运货外，其船兼为娱乐之所。以上各民族，在历史上固有各特殊的习惯，但近来交通日便，风俗渐行开通，而互相同化了。

葛绥成：《浙江分省地志》，中华书局1939年版。

九姓渔户

李絜非

九姓渔户俗称为"江山船"，其人旧隶建德县，胥陈友谅部族。及至陈友谅败亡，明太祖俘其子孙九族，诏其人以船为家，不许登岸。九姓为陈、钱、林、李、袁、孙、叶、许、何，原有船只数千，岁纳渔课。船有菱白、头亭两种，以鱼少税重，其家属则随船习弦唱，以侑觞娱客，不能自拔，习以为业。清及民国，曾数度明令改善其社会地位，今其中的妇女，已多舍舟登陆，集于兰溪、杭州等地。据浙江民政厅民国十八年九月的调查，共1839人，凡乐清719人，桐庐642人，开化138人，衢县342人，

李絜非：《浙史纪要》，正中书局1948年10月初版。

毕几庵赏识江山船妓

郑逸梅

毕几庵风流跌宕，雅慕旗人宝竹坡之所谓"宗室八旗名士草，江山九姓美人麻"句，不觉为之神往。某岁，包天笑作明圣湖之游，几庵伴之，同访江山船妓。其时有小宝贞者，尤为此中翘楚，幽娴宛妙，豆蔻含苞，而一笑一颦，别具姿态。好事者，仿花榜之例，捧之为江头大总统，于是香誉益噪。海上某杂志，且觅得其艳影，制版印诸卷首，大有画里真真，呼之欲出之概。所谓江头者，盖小宝贞辟妆阁于钱塘江畔，开窗闲眺，涵空写净，绿零生凉，有时雨散圆文，风生斜浪，厥景清绝入画，对之尘襟为之尽涤也。几庵、天笑饮于其间，彼姝殷勤劝酒，倾爵频频，几庵逸兴飚举，为题一诗云："劝酒筝琵水调新，相逢莫漫负芳辰。夕阳高阁秋如画，帘外江山帘内人。"天笑为之击节叹赏，惜乎小宝贞识字无多，不能解其隽趣也。

郑逸梅：《掌故小札》，巴蜀书社1988年版。

纪艳四

吾某为杭省第四区江干警察分署员也，到差既久，私囊颇裕，置人民违警及一切道路政治，咸不整顿，就地人民，故有署无官之说。缘江干船局上首，为九姓渔户（即俗云菱白船），临江女子，咸以卖淫为生涯，历久至今，已成习惯。然每达长夏，因修理船只，故皆舍舟登陆，一律住居"花牌楼"。而吾某则终日与彼征逐，左拥右抱，其乐陶陶，群妓赖以保障，其对于吾某称呼，非曰"干姑爷"，即曰"娘舅"，而粉白黛绿之中，夹以闪

烁金光之警服,亦政界中风流佳话也。按此则载录十月间沪上某日报,虽事之确否不可知,愿吾某有其事则改之,无其事则勉之,以清吾浙之官邪为望。

姜泣群编:《民国野史》,江苏广陵古籍刻印社1995年版。

宝竹坡侍郎

蔡云万

清代宝竹坡侍郎,任福建学政,归时乘江山船渡江,因娶船女为妾,抵京乃上书自劾,有人赠以句云:"宗室八旗名士草,江山九姓美人麻。"竹坡著有诗草一卷,美人麻者,并非美人而麻,系江山船九姓中麻姓者,按江山船为浙省江山县之别一种航业,盖即变相之花船也,与南京秦淮河之花船略相似,惟只有九家。考其历史,相传为陈友谅旧部,太祖定鼎后,不容其居于陆地,限令为船业,多往来于桐庐严滩一带,泛家浮宅,别谋生活。每有仕宦渡江,多乘其船,久之遂为此九姓之专业,并有大差小差之分,船亦有大小之分。初因生意不甚发达,遂以妇女为帜,藉使招邀,获利甚厚。由明至清,相沿未改,而船也踵事增华,门舱、中舱布置雅洁,而房舱内绣帐锦衾,尤为精美,芳泽之气袭人,末并附有火食舱,应时小吃,嗟咄立办,乘客无不称便。船中妇女多系浙中桐严产,已嫁者呼为桐严嫂,未嫁者呼为桐严妹,软玉温香,给事左右,有真是令人销魂者矣。前沪上中华图书馆,编印之游戏杂志中,曾载此则,惟觉略而不详,故特复记于此云。

蔡云万:《蛰存斋笔记》,上海书店出版社1997年版。

船妓

船妓(九姓渔船),旧时由江干、桐庐、富阳、严州、兰溪、金华、衢州,共有百余艘。船之大者,明窗净几,陈设清洁,前舱可设三五席,后舱亦有精美房间数间。船上所制肴馔,鲜美可口,别有风味。船停江干、钱江,俗称"江山船",又呼"菱白船",又呼"跳板船"。相传为陈友谅部将后,一说元鞑子裔,明太祖贬入渔籍,多居钱江上游。每船女子多者五六人,少亦有二三人,亦能唱京剧小曲,诸女子大率金衢产,而操严州口音。初止供应官差徭役,清歌侑酒,难共寝处,约有三十余家。或仍有画舫停泊沿江,夏时晚间,开宴江中,观玩江景,凉风袭腋,脂香粉腻,娇声俏喉唱《满江红》一曲,栩栩如登仙境,真不亚于粤之珠江焉。

佚名:《西湖名胜快览》,《西湖文献集成》第10册,杭州出版社2004年版。

江山船

浙东游艇,游弋于江山、衢州、金华、兰溪、严州、桐庐,而泊于杭州江干者,俗称"江山船",或谓即"九姓渔户",亦称"九姓渔船"。据《清稗类钞》《越谚》《南浦秋灯录》

诸书,九姓渔船仅浙东有之,为元陈友谅部曲之裔。凡九姓,不与岸上人通婚,以渔为业。按:友谅,沔阳人,本渔家子,于元顺帝时起兵,称帝于采石矶,国号汉,改元大义。约张士诚东西并举,谋袭建康,而败还江州。明太祖朱元璋兵至,战于鄱阳湖。友谅兵败战死,其部属陈、钱、林、袁、孙、叶、许、李、何九姓远奔严州,而驾舟往来于杭、严、金、衢等地。朱元璋称帝后,将其贬为渔户,不许上岸居住,不许与岸上居民通婚,不许读书应试,备受歧视。清初,编伏、仁、义、礼、知、信、捕七字号,有船二千余;道光咸丰年间,尚存千余船;太平天国后仅存三百余。除捕鱼外,亦营货运。家属随船,皆习丝竹歌曲,以为客侑觞荐寝。清末民初,泊于江干之江山船,人咸以"茭白船""跳板船"称之。船上之妇称"同年嫂",女称"同年妹"。"同年"者,"桐(庐)严(州)"之谐音也。狎客既可登舟宴客作乐,亦可召之上岸。跳板长而狭,有专人背负其女子上下,但例以背对背为之。

辛亥革命后,不准船户登岸居住之禁令早除。"茭白船"于是舍船登陆,群集于闸口至化仙桥一带营业,称为"半开门"。此语源于清光绪举人张大昌《板儿巷闲步》中的"雏鬟新髻绾玲珑,半扇门开夕阳红"句。按清时板儿巷多私娼也。或谓"江山船"非"九姓渔户"之属,而始于江山县之富户,明季缙绅家可自蓄歌妓。富户殁后无以为生,遂流落船上,故名"江山船"。又有一说,"江山船"为南宋亡国后士大夫之遗。此辈爱严陵山水,避世于江上,以明"薇蕨首阳,不践元土"之意。其后裔中之女子谋生乏术,沦为娼妓。二说均无实据。要或"江山船"中杂有此辈,未可知也。

钟毓龙:《说杭州》,《西湖文献集成》第11册,杭州出版社2004年版。

兰溪江上

陈 适

和朋友去游览浙西,清受兰溪江上的风景,那是月明江清初秋的一夜。

兰溪为钱塘江上游风景之一,明媚清秀,尤在月夜,幽致佳绝。从富春到此,海天孤魂,碧水和长山蜿蜒而来,杂尘无染,市声不喧。

当黄昏占领了江山之后,市中才吐出半明半暗的电灯,和天空繁星互相点头。

我们伫立江岸上,凝望苍茫的夜色和远处几星渔火,情景颇为朦胧,晚风送来阵阵暗香,仿佛是茉莉的香气,滋味是怪羞涩的。

月色清佳,渐由山头升到天空,把江山和游人都浴在江海里。江流无声,微波低诉,十数双小小的花船,泊近在江岸,更衬出几分幽美的夜色。

在此左侧的邻船里,有管弦之音和娇细的歌声,清脆宛转,如新莺出谷,乳燕归巢,回环折转,约历半小时之久,歌喉忽转,愈唱愈低,愈低愈细,那声音渐渐地就听不清了。我不知道是什么歌调,被晚风摇曳过来,只觉得一阵无限凄凉的哀怨袭浸心脾。

沿着江干向南走去,花船比较稀少了,只有两三只,但很沉寂,没有灯,也没有欢笑和歌声。坐在船头舢板上闲谈的姑娘们,很逸致地望着岸上走动的人们,像一池春水荡漾着似的。

晚风仿佛含有无分的暗香，虽然带着一种暧昧，但我心却有一层淡淡的悲哀，浸落于凄感之中。

更深市静，远林涂抹着一带黑影，横江浮来；而江面却是月色西倾，远山和对岸渐模糊了畔限。回寓的时候，挑灯起坐，写成几句小诗：

> 过去欢意，
> 当前酸味，
> 晚风船头小立。

> 灯也寂寂，
> 风也寂寂，
> 如此江湖月夜。
> 昨夜花酒，
> 今朝泪袖，
> 离绪醒来难受！

> 如此江山，
> 如此夜色，
> 玉箫纤手秋千。

> 嗟呼，谁家窈窕女？
> 红豆晚风泊江渚，
> 江渚夜来有薤露！

陈适：《陈适文存》，中国民族摄影艺术出版社2006年版。

钱阿五阿六判

钱阿五、阿六，杭之仁人也。杭城将陷，避居于乡，为奸戚赚卖于跳板船柳二官。二官无子，托言取媳，逼为娼。不从，辄棰楚继之。一日，闻邻船人系杭音，作书付之去，使回杭刺探。未几，持某戚书来，相约过船逃。甫下船而二官已觉，索之急，阿五等惧，避匿巡查武都司处。有某镇军者，二官之旧相识也，往诉之故，镇军怒，将罪武而索二女回。武无奈乃白余，余曰："急送之来，犹可为也。"比至，余仡立檐下，将二官赏责，尽吐实情，立令具结，并将阿五、阿六寄存内署。俄顷，镇军名纸来，而案已结矣。其差弁某："镇军要将阿五、阿六去。"余曰："为我语镇军，此官可不做，此女必不可归也。"

乃止，判曰：

钱阿五、阿六以深闺窈窕，值乱世仳离。偶因烽火惊心，顿至泥途失足。相煎太急，摧残连理之枝；奋飞不能，盼断乡关之路。因而渡头晚泊，借问同乡：袖里书藏，暗通消息。落花已成泥土，惟惜残痕？小鸟得脱籓笼，仍思故宇。斯亦情有可悯，而志有可嘉者矣。而乃柳二官者，既疑邻舫之串逃，复假戟门以相压。武夫无胆，几为善之不终；少者当怀，况穷民之无告。于是奋我鞭挞，晴空而雷，忽惊抉彼奸私，案定而山不动。奉檄之牙官色变，环辕之士女心欢。铜雀虽高，休望二乔深锁；明驼自在，何难于千里送还。将军弯射柳之弧，柔枝并折；宰官荷种花之锸，故土尤宜。用是选派妥丁，送归之子。欣此日脱离地狱，重看姊妹之花；况故乡已近天台，再煮胡麻之饭。

陈重业辑注：《古代判词三百篇》，上海古籍出版社 2009 年版。

宝廷好色而不好货

柴小梵

光绪初四谏，一为宗室礼部右侍郎宝廷竹坡，深明汉学，常据经义言事。世谓汉学人多好货，宋学人多好色，然其时汉学巨子洪文卿、汪柳门两侍郎，文道希学士，皆以色累。竹坡侍郎则好色而不好货。所谓好色者维何？则江山船麻美人也。侍郎满洲产，特钟情于汉妇之纤足者，遂为一段艳史张本。既由闽回皇都复命，朝论大哗，致侍郎自行检举。朝命未下，寄顿麻美人于客店，不敢即以入府，盖侍郎府第旧王府也，侍郎之先，乃一王者。美人自称原籍苏州，乃使谒江浙同乡。曾至丞相胡同武进恽文简第。时文简犹在词林，命家人礼之。侍郎既开缺，羞囊不禁挥霍，几一贫如洗。端忠敏除夕访之，则著鲁山茧帛旧棉袍，折梅蕊一枝，雪中行歌而归。忠敏问何所吟？则一小词半阕字句未妥。忠敏掌工部虞衡司印，岁入甚裕，岁末炭敬尤丰，适与岑西林京卿沿街斗富，遂大感叹，而资助侍郎。然侍郎之廉砺，有足重者。

柴小梵：《梵天庐从录》（全三册），故宫出版社 2013 年版。

钱江画舫录

三衢柔父

一、缘　起

画舫向泊于海月桥一带，潮盛则移于闸口之九龙头。舳舻衔接，两行如雁翅排。虽较之十里河房，秦淮佳丽，容有未逮，而画屏银烛，檀板金尊，未尝不尽选色征歌之乐。舫中人凡九姓，以程、陈、叶、许为最盛。或谓有明定鼎，没陈友谅眷属僚佐以执是役，定例不得陆居，是耶非耶？惟是浮家泛宅，已成习惯。其翘楚均麇叙（聚）钱塘江畔，而绍属之闻堰、之义桥，杭属之富阳，金属之兰溪，衢属之龙游、之西安，均有画舫踪迹。

惟上江殊色绝少，故寻芳者咸称钱江。今则花牌楼前洋楼栉比，娟娟此多，大都移家就岸矣。

清制设有船局，凡画舫皆隶其下，故金衢严各属之观察太守，履新赴任，船局均以画舫为供应，至福建巨僚过境，亦假此舫。故光绪实竹坡（廷）督闽学，曾有纳船妓以自劾之举。所谓"宗室八旗名士草，江山九姓美人麻"。盖画舫一称江山船，而珠儿面麻者也。若富商巨贾，赁以上溯，其值恒倍于官。自船局裁撤，差役捐免，而画舫情形之一变。

舫中人已嫁者称"桐严嫂"，未嫁者称"桐严妹"，谓其来自桐庐、严州，实皆建德人也。一舫有驾长，有驾长娘，所雇者有水手。惟驾长无女，恒买他姓女以抚之，或以他姓女为童养媳。俗称画舫为招牌船，谓其有人为饵，藉作招徕之意。然舫中人多工针黹，善烹调，不仅以弦索歌唱为能也。

画舫之式，中可容一席，几案咸备。头舱小仅容膝，而床榻精洁，位置得宜。中舱以后，房舱具焉。谷帷绣毯，排比左右。中辟一道，以通来往。再则进舫中人卧室矣。脂钿粉盏，楚楚妆台，非入幕之宾也未易许其涉足。然彼妹哝哝私语，均在此天台深处也。舱后锜釜筐筥，罗列井井。传呼开宴，咄嗟可办。左肴右蔌，亦复另有风味。

画舫左右，皆悬竹帘。有客小坐，则低垂一桁，以蔽邻船姊妹。若午窗醒倦，晚槛迎凉，半卷上钩，互通款曲。其乡音如莺啼燕语，颇觉婉转可听。至月明风定后，大率于船头列坐，絮絮话家常事。画舫年必一修，修必回籍。客或百金或数十金为赠，匝月即返。泊有定所，惟离岸较远，则衔接跳板。客艰于步，预呼水手负之。水手能知潮汛，善于避地，故画舫从不及溺。

二、俗　尚

画舫与狎邪地异，故欲圆好梦，非重金所能为饵。舫中有正饭、便饭，有水果酒，自二十四元至八元不等。宴毕，即需缴费，是以漂账极少。主人邀客，客各拥一舫中人作陪。个中人呼曰陪花，酬以一洋。来者皆挟琵琶，近始改用弦子，然能自拉自唱，不烦乌师。且豪于饮者，居大多数。拇战猜枚，均饶雅兴。由此至彼，亦谓之翻台。通宵达旦，一片嗷嘈。能于曲罢酒阑，与舫中人并肩小立，满天风露，凉袭襟袖间，亦佳境也，特非登徒子所能领略。

舫中人装束，始均广裾长袖，雅不入时。凡作陪花，无论绫锦称身，外必置标蔻布衫，以为之帜。不裙而裤，风气然也。惟凌波三寸，纤不盈握。取以效杨铁崖故事，靡不柔腻有致。惜红罗所绣，花样不新。而藕覆莲衬之间，亦殊草草，代呼憾事。迩来沪风濡染，窄袖短襟，一束抹胸，亦换为尺余马甲矣。洛妃罗袜，李妹缕鞋，令人不能无今昔之感。

浅酌低唱，半面琵琶。司马江州，青衫且湿，而况我辈。盖从前诸姬，雅善昆曲，闻者为之心醉。自弦子盛行以后，往往取其便捷，都学秦腔弋腔，赏音既稀，咸愿借此以合剧目。雏鬟三五，力竭声嘶。一歌再歌，汗涔涔下。而同侪角艺，每彼此不肯相让。脂痕粉渍，我见犹怜，彼伧方顾而乐之。妒花风雨，此亦一斑。

拇战有副帽子五忌,忌对诸名色。舫中人钩勒伸屈,别有灵心妙腕,对待诸客,否则玉山早颓也。至于点将拍七,或飞觞抢三,或列觥过桥。客有所命,均不敢辞。客或量窄,并为代饮。生张熟魏,无不一律看承。且诸客所唤陪花,来时或有参差,去时不能先后。香风一阵,莺燕齐归。临行犹一一相邀,既去更殷殷相请。以视沪壖时髦之风,奚啻霄壤。

送客留髡,眼饧心醉,此惟有情人能之。然或羊车璧人,偶邀一盼,亦许其特下一榻,谚所谓"借干铺"是也。于时舫中人淡妆散髻,枕畔相偎,必俟客人黑甜,始肯姗姗而去。冬为覆被,夏为驱蚊。语颤声娇,芗泽四溢,往时犹以阿芙蓉膏饷客。良宵苦短,强半消磨。近或以啤酒、荷兰水、勃兰地之属,使睡魔悄悄遣去。玄霜玉杵,仙露金茎,真个销魂,争此一隙。惟驾长娘防闲殊密,要在意中人两心相印而已。

舫例梳拢,要索与勾栏相等。自夜度资以外,若床帐、若被褥、若衣服、若首饰,有购自城中者,有以洋为质者。定情之夕,张筵宴客。舫中人装束如新嫁娘。雅鬟龙媪之属,以及橹夫篙手,均有赏犒。名花对坐,酒落欢肠。迨携手巫山,早经薄醉。落红狼藉,赆鼎滋多。而其时尽态极妍,恒被轻轻瞒过。即有参透消息者,亦不愿纷纷宣布。嗣后或议月包,或议年包,与驾长娘订约之后,虽曰停征谢客,而迎新送旧,故态依然。盖包者愈多,其名愈盛,岂真能羧鸾囚凤哉!

年华风信,暮去朝来。自顾秋娘,择人思事,即驾长娘亦有开笼放鹇之意。所索身价,多不过三百金,或二百金。其人每工操作,差足持家。即倚以宜男,亦或如愿。若韶花玉貌,二八风鬟。不特驾长娘以钱树相期,未许轻轻移植。即姬亦春花秋月,方在欢场。或嫌伧贾难堪,凤鸦不偶。或谓世家多宠,莺燕成群。于是唊之以货,迫之以势。雕栏曲槛,著意护持。孰知红杏出墙,依然欲关不住耶。下堂求去,比比皆是。所谓野花只合闲中看,一折归来便不香,诚有味乎言之。

舫中人都善刺绣,而挑花尤为特色。以黑丝线密缀如齿。排列绸布方帕上,俗谓之"狗牙齿"。匀整细密,熨贴皆平。用赠稔客,咸以拱璧目之。至于抹胸、枕衣、藕覆之类,更能别翻花样,斗角钩心。若麒麟送子,若二龙戏珠。非累月经旬,不能了此经线。此则扃诸箧笥,未肯轻以示人。然而星月船唇,唉唉密誓。女儿箱里,借为琼报之需,亦不觉轻轻舍去矣。

烹调之美,舫中与家常相等。惟年阑酱肉,足以压倒食单,舫中人每用为馈品,或与粉干茶骹,辉映其间。不知余皆土产,酱肉则特制也。霜风初起,寒威逼人,乃购豚肩、豚蹄曝之,始作栗皱色,取以储诸酱甕,酱必兰溪产,沉浸浓郁,醇乎其醇,匝月后复掣而悬诸竿,活色生香,沁人膝理,非舫中人制,恒不得法,殆亦别有秘诀欤。温水微烤,薄批细嚼,较兰薰犹胜数倍。若脔割而煮之,则生唊江瑶柱矣。至泡菜醋萝卜,纵可借以佐酒,要不若以此肉为佳。

钱计。囊家负责甚重,大雅君子未敢问津,亦为舫中人所不取也。

钱江潮汛,以八月十八日为最巨,每月朔望,偶有涨落,皆移泊于三郎庙,或九龙头。至八月则皆陆居矣,由救生公所而上,沿至水澄桥,皆为避潮地。板扉近市,椽屋瞰江,小仅如舟。而诸客回翔其间,颇有此间乐不思蜀情况。诸姬楼居者半,然陈设草草,几榻纵横。十八日,举国若狂,宝马香车,麇集江浒。读"相约明朝看潮去,万人空巷斗新妆"之句,庶乎相似。诸姬亦以此日速客,金迷纸醉,履舄交错,往往不知东方之白,亦盛举也。舫中人以十八日为潮生日,咸拈香于伍员庙,如闽浙船家之祷天后然。

三、游 冶

拱埠未辟以前,杭州素无女闾。所恃以点缀湖山者,惟此招展花枝,供人品评而已。北郭外湖墅有浦鞋头船,俗粉庸脂,亦解弹唱,然问鼎者鲜有佳客。缠头一掷,即可真个销魂。夜市往还,皆春揄揉簽中人也。至城中暗藏春色者,小街曲巷,抑或有之。自好不为,且易贾祸,谚称"私窠子",论者皆动色相戒。惟舫中坐花醉月,彻夜笙歌,名士美人,不少有情眷属。香添红袖,泪湿青衫,其亦为大雅所许乎。

铁轨既通,可由杭州城站购票至南星桥。或易肩舆上溯,或仅联袂步行,相距只有里余耳。未有汽车时代,城中直达江干。舆夫以三人为率,或朝出暮返,即停舆相待,亦有令舆夫先返,而主人借宿于舟。次日破晓,再行出郭迎讶者。所患雉城相隔,鱼钥辄扃,进退维谷之中,颇觉令人难堪耳。若健儿身手,策马往还,又是一种风味。今则风驰电掣,不过刹那,然亦有误视钟针,蹀躞于车站道旁者。

达官名士,巨贾富商,一入舫中,靡不倾倒。然江干所栉比者曰木行,曰茶栈,水客皆来自皖上,或衢州、严州、金华各郡者。行主设筵款待,半在舫中,播两掂斤。舫中人大半齿冷,惟少年客子不耐孤悽,虚牝黄金。及锋求试,驾长娘每索百金,数百金为贽。而雨云梦醒,羞见江东,往往有之。至于下箸万钱,赠绡一曲,别营金屋,偕与俱归,未尝不侈为美谈。而重利轻离,不几为香山窃笑耶。最可慨者,行栈小主,资本无多,鼠窃狗偷,惹此魔障,无论鸠盘茶、九子母,亦均以西王嬬相待。北方曰"冤桶",南方曰"阿木林",推断此种,我为之惋惜不置。而舫中人则称为"茶塌子",称为"木偷儿",谚语相沿,尤在可解可不解之间。

清制官场,在大人、老爷之称。捐纳既滥,此辈亦博得头衔。令诸姬呼以官称,诸姬恒狎侮之。惟驾长、驾长娘则或假以辞色,所谓"鸨儿爱钞,姐儿爱俏"也。若坠鞭公子,走马王孙,我我卿卿,欢如鱼水。此外,骚人墨客借地消愁,一扇一笺,宝如球璧。而官僚宴会,亦有假一舸行觞者。惟朝拥红颜,暮登白简,于此举每曲为之讳。其享尽艳福,不费一钱者,向惟船局中人能之,汛地官或分脔一二。今则警察林立矣,驻南星站各营,犹未敢以花姑娘目舫中人。

画舫地窄,不堪悬联。至上岸后,诸姬有哝哝相索者。犹忆庚戌秋初,有假驾涛仙馆开花榜者,以何侠飞、费蛰园、钱恨生主其事。先一日遍发传单,于次晨麇集以资评品。云鬟雾縠,水佩风裳。姗姗如洛浦妃子者,高凤也。圆姿替月,晕颊羞霞,盈盈如杨玉环者,媛媛也。揉搓无骨,轻举若毫,依依如赵飞燕者,青凤。取三姬为鼎甲,而副以秀凤、早珠、兰英、兰珍、娥嫦、云林等十七人。是日微雨淡云,轻凉一味。诸姬初至,飨以盛筵。数十来宾,夸为盛举。肥长瘦短,各摄小影而散。呜呼,根生下世久矣。侠飞、蛰园,均侨居黄浦滩头，卖文字以糊口。即诸姬中若媛媛，蓬首垢面，随灶下婢操井臼。青凤虽较得所，然河东一吼，辄致涟洏。亦舫中人相请稔客，每用水手。相馈节礼，亦用水手。即偕客入城，剪绸缎、兑金珠，无不有水手以为随从。盖水手以妓馆娘姨大姐资格，而兼外场相帮者也。尤妙于客叫局时，水手善负诸姬。姬以双手抱颈，水手以双手承足。红莲两瓣，指敛底平。蜿蜒行跳板间，直可补入图画。其距离较远者，水手棹一小舟而至。斜阳薄雾，飘飘欲仙，又是一番风景。

舫中人随客人入城，客必熟稔，且为驾长娘所特许。先一夕客宿于舫，为之傅色揣称，务合新妆。一梦黑甜，揽衣推枕。而挽髻者，画眉者，翩然至矣。水晶帘下，饱看梳头。钏影钗光，细加修饰。朝餐或莲实，或藕粉，或大兴馆炒面。双舆先后，转眴城湮，绸缎必恒丰，金珠必汇源、信源，大巷巷聚丰园开设后，每假此以进午膳。忽忽遄返，日已将西。篝水帐烟，此夜却未易消受。亦有约客至西湖东岳，礼佛拈香者。同床各梦，自思之亦堪一噱。

舫中人定名，曰小，曰凤，曰英，曰秀。而最伙者，曰龙珠，曰檀香。然驾长娘之所生者，本各有小名可呼。若养女则以几岁到舫，称曰几岁头。至群姬与客相昵，往往成胎。驾长娘询以主名，果有所属，而客亦承诺。所需数月酒赀，局赀，客固慨然输纳。即临时雇人赁产，以及调养之费，甚有多至数百元者。群雌粥粥，贺者踵接。弥月筵宴，亦颇不赀。果获宁馨，母以子贵。西施载去，何止婢学夫人。所患客本寒酸，姬多情好。匆匆坐蓐，儳舍相居。牛马吕嬴，此后必谓他人父。不则出身清白，久将卷入旋涡，不可恫耶。若狠心购麝，辣手堕麟。弱息盈盈，每至香消玉殒。则地狱之设，正为斯人。而灯炧酒阑，愿游冶者勿留种于人间也。不仅保身，且可造福。

官方雇舫上汛，舫中人必入舱相见。浓装盛里，下拜盈盈，此旧例也。若客竟屏姬弗御，风利不泊，直到严陵，多不过二三日。入泷出泷，船家本难自主。但所谓起程进泷诸名色，舫中必一席相飨。犒赏即有丰啬，于例万不能免。若稍垂青眼，添酒移灯。湘转帆随，日或仅行二三十里。方圆蝶梦，不忍鹣分，已将赤绳牢牢缚住矣。惟对厮养仆隶间，不惜以金钱相畀。失之东隅，收之桑榆。彼岂无所为而为之耶。

舫中之人声价渐贬，城中驵侩，若晋义宝华等钱伙，不惜掷居停资本，与士大夫相颉颃。光绪季年，王氏寿丰、沈氏庆余、陆氏鼎记三钱庄，不期年而先后倒闭者，皆受此种影响也。宝华刘某，以一木倾大厦。晋义为盐税收支机键，且败于韩某汪某手。区区画舫，于杭州金融大概极有关系。国变而后，高牙大纛者，或不免见猎心喜，要不必徒责诸市井矣。张绍轩之王克琴，蔡松坡之小凤仙，虽遭际不同，死生各异，而有情未免，遣此谁能？又为谈游冶者，别开生面。

两姬相角，固为一客。两客相角，亦为一姬。甲客诇乙客之至而先以酒，乙客闻甲客之酒而继以和。舫中人左右为难，实左右相祖。客则堕入五里雾中，只知博姬之欢心而后已。此仆彼起，扰至达旦。客固以互相牵制，自以为得计。孰知客囊既罄，扶倦入城，而舫中人早向华胥国去矣。曾记有一姬与三客碰和，客询姬意之所属，姬乃以目媚对座者，而叉双弓鞋分踢左右座。其时三客莫不适意，然均在笼罩之中。幻幻真真，要在各人领悟。骚人墨客,游倦初归。耆老达官,宦余小憩,多有以借画舫以遣兴者。酒阑茶罢,每好托诸吟诵。每读守彝(典)《江干女儿曲》,赏其清媚,未免嫌其柔靡。至为个人作者,若陇西侍郎之《紫云曲》,湘乡太守之《檀香曲》,桐城司马之艳情诗,多至百首,终觉未脱窠臼。余最爱济阳内翰七绝四首,云:"照水花枝各斗妍,九家姊妹两同年。布帆无恙罗衾薄,人隔江山渺似烟。""波光镜抹绿玻璃,水卷湘帘半桁低。底事画眉人懒起,四山忙煞画眉啼。""酒酌金华醉不归,玉杯如雪腕凝脂。劝侬省识鲥鱼美,须趁风吹楝子时。""无边风月定风波,灵石三生七里多。一自客星偶仙女,泷中人唱曼声歌。"绘水有声,绘花有影,真飘飘然神仙中人矣。徒登徒子好色,乌能解此。

秋风八月,琐院抡才多士,渡江人多似鲫。雅人深致,大都泛棹西湖。然名士美人,或亦借为撮合。金迷纸醉,卧听捷音。迨黄菊重阳,氍毹者固束装而返。若榜头淡墨,列入千佛名经。则此酢彼酬,于中得少佳趣。而诸姬遇此新贵,无不特垂青眼,并有愿为夫子妾者。商曾记光绪戊子,在画舫聚会同年,是科试帖题——为"遥飞一盏贺江山"",得"遥"字。有诙谐者戏拟八韵一首云:"船爱江山好,新科一一邀。飞舆来疾骤,把盏贺逍遥。音本同年协,魂宜竟夕销。诸君身入彀,若辈口开窑。亲友云泥隔,夫妻露水招。鹿鸣嫌草率,燕语助花娇。梦绕丁娘索,情输午夜潮。上林春色丽,破浪侍星轺。"此语谑而不虐,脍炙人口。讵料不及廿载,竟至琐闱茂草。白襕衫无复利市时哉!白头闲话,尚为歔欷不置。

四、轶　事

宝竹坡侍郎(廷)纳船妓珠儿事,谈者言人人殊。其实宝以国事日变,清议不容,借盖风流罪过,以冀免祸也。初宝与陈弢庵、张孝达诸公,均以直声振海内。亲贵侧目,屡忠中伤。督学闽中时,又闻张丰顺马江之变,自闽返浙,归途抑郁,适珠儿善于伺应,酒香歌韵,为伴寥寥,乃以三千金付驾长娘,偕之北上,专疏自劾,放浪江湖。信陵君近妇饮醇,即师此意。小说家好为妆点,殊多失实。珠儿许姓,长身欣立。鞋尖锐,若解结锥。衣葱带布衫,临流顾影,诚与洛水宓妃相似。特面颊有痘瘢十余,益增涡媚。张肖农太史曾图其小影,往时于寿荠侯家见之。

掌珠,为程初一船姬,十五即为钱塘王洵夫茂才所眷。茂才世家子,乃翁作牧皖南,家惟一母,极爱之,时尚未娶。闻有所恋,即轻舆赴江干,与姬相约,月助五十金,令茂才在舫读书,如得秋捷,即迎姬归。姬时已娠矣。会父解组返,深以此举为玷,迫茂才与姬绝,而另娉程氏女为媳。茂才勉强合卺,终念姬不置,姬亦以毓麟之信来告。母诉诸父,拟抱男自哺乳,父卒不允。驾长娘以茂才情断,逼姬别结他客。姬不堪其苦,服阿芙蓉殉。茂才虽一中副车,亦年不及三十而亡。在天比翼,在地连理,孰谓淤泥中不复能见青莲花哉!

陈氏姬小芸香,为纨绔儿陈氏所蛊,以八百金从之为篷。大妇狮吼,虐待倍至。时陈已中落,犹终朝为狎邪游,姬则典珥鬻钗不稍吝惜。时清季捐纳者盛,陈亦经县丞需次,卒以不检被黜,益无聊赖。有狎友谋以七百金仍璧返,酬以酒而置之画舫。姬投江者再，遇救后屏不应征。年余始从某公司贾里韩某去，今生子总角也。陈某自姬去后，家产略尽，始充征兵，后充警士。韩某本识陈者，时犹周恤之，姬亦可谓情侠。

西安令沈雨三（霖），江西宜黄人，年十七即捷礼闱，以庶常散馆，分发浙江。时抚浙者为马端愍，以其齿稚，延入幕府者年余。始于斯缺，荏苒三载。已廿二矣，奉母命回籍就姻，晋省禀辞，雇佣江山船顺流而下。舟行四日，即抵江干，诟五日犹未出泷也。船妓珊凤，慧中秀外，屡以眉目示沈。沈因结褵在即，并惕官箴。辄禁珊凤入舱，伺行者皆随行仆役。方秋暮，雨浪浪三日不休。舱篷渗漏，适中沈床。沈于午夜梦回，衾枕俱湿，口呼从人，无一应者。后舱门启，珊凤手烛檠一，于舱左取油碟立榻前。沈欲走避，而珊凤已解履上。非兰非麝，香沁脑际。身披紫罗夹袄，白衬衣只钮一扣。引臂涂舱，扣或中解。玉峰双并，晶莹毕呈。沈犹强自支持，珊凤亦姗姗去。次夜漏如故，涂如故。双翅踏枕，香散帷中。虽铁石心肠之宋广平，亦作《梅花赋》也。驾长娘乘势抨击，倾其宦囊之半。此似念秧一流，不可不慎。

高凤及第时，年只十七，丰姿秀逸，实足领袖江干。凡是一笑一颦，一衣一饰，姊妹行皆资为模范。袁某赠以额曰"春风得意"，洵不愧也。诟眷木侩宣阿耀，日令水手馈珍馐、致点果，并取所蓄者为制衣履。鸟鹈鱼鲽，欢洽平生。而阿耀拥此天仙，尚欲多方挑剔，以故寻芳使者皆不敢轻撄其锋。高凤沉溺其中，营业遂一落千丈。阿耀使君有妇，更不能别营金屋。蹉跎岁月，重利轻别离。高凤又以讼牒牵连，飘然投沪，寄庑于小花园妓寮。倡条冶时，声价回不如前。不期年，又以负亏累累，赁居旅馆。一失足而成千古恨，并不如浔阳商妇远矣。

陈伯商大吏（鼎）少随宦杭州，与舫姬名龙珠者狎。回籍后，久不通问矣。姬感太史眷，年二十余犹未偶。光绪己丑，太史奉命典浙试，撤棘后，太史遗仆至江干觅龙珠船。至曹泰来行门前，船固在也。入船叩姬名，适姬病痁，一跃而起。是夜晚间，太史微服往，卿卿我我，情绪可知。深恐蹈宝竹坡覆辙，未敢随星轺北上。然长生密约，订以秋期。诟料一梦玉楼，太史遽骑鲸而去，从未睹其人迹也。

李仲仙制军（经羲）解组后，薄游西湖，与沈半峰俱。辗转至江干访艳，乐数晨夕，编有唱和诗梓行。纸贵洛阳，一时传诵。制军所识者曰三囡，隶程姓戏下。肌莹似雪，丰腴异常。酒吻歌喉，一时罕有其匹。良宵对语，恒昵昵作儿女子态。制军颇拟量珠聘去，适朝命敦迫，匆匆北上。阁议中沮，不复再谈岁月。三囡旋被宠于某军长，从此铜琶铁板，不再作铮铮细响。秋莲两瓣，已藕花十丈大如船矣。

小兰珍与前会稽太守包竺峰（发鸾）昵，又移情于钱侩韩某。韩本晋义钱庄伙，日携主人金以供挥霍，每夜恒宿兰珍所。竺峰以渡江五马，声势回击韩某上。终于官箴所屈，未敢公然下榻。携云握雨，不过阳台小憩而已。一日，奉檄晋省，晚渡始达江浒。竺峰以为鸳鸯枕上并蒂开花，此乐当在今夕。孰知柴门甫叩，韩早鸠占鹊巢。兰珍涕泪相商，韩卒不肯退让。竺峰虽申申相詈，韩或欲以武士相响。经驾长娘叩头服礼，竺峰始悻悻而行。次晨，已暄传通国矣。同靴之结果如是，说者俱责小兰珍不善调停。

银恨生之眷媛媛，舫中姊妹咸羡媛媛不置，而媛媛漠如是。恨生世业醝，光绪间已中落。然性豪宕,怜媛媛之贫也,极意周恤之。媛媛本无舫,仅一老姬为其假母,且有阿芙蓉癖。恨生先赁屋处媛媛,而于交游中为媛媛延誉,故花榜得于第二人选。其余一桌一几,一杯一箸,靡非恨生置备。讵媛媛少得意,别与一湖墅少年狎。卜昼卜夜,形影不离,恨生犹强与周旋。后卒从少年遁。少年本一纸伙,室有大妇,且好冶游。媛媛既入樊笼,躬执庖湢厕牏之役,而大妇尚鞭棰交下。恨生后过珠儿潭,见其临流淅米,憔悴堪怜,尚有余情恋恋。后为少年鬻诸他所,闻者徒为太息而已。姐儿爱俏,往往沦落,此亦一龟鉴也。

五、古　迹

　　钱塘江即浙江,在郡城东南,以潮为盛,元时裘约舫有进退,而伸缩均恃跳板。或谓溺毙者为搬沙鬼,殆亦一说欤。

　　花牌楼在水澄楼下首,有石刻一碣,曰南宋花牌楼故址。其地瓦塌土阜,仅板屋数间,供画舫中人避潮而已。近则西式房宇,栉比皆是,并有筑水门汀泥为门兰者。按:花牌楼为南宋鬻花者所居,种植灌溉,与东西马塍相埒。朝曦初上,即压担入城。旁有牌楼,为宋宫人建,因得此名。而剩粉残脂,至今尚在,惟风景迥焉不同耳。

　　南星站在南星桥,自江干出城第一站。再上为闸口站,系浙路上游总汇处。将来驾桥渡江,或由于是。惟接筑至六和塔以上,此议仍未确定。昔人作《浙江潮候图说》,仍非实录也。惟龛赭二山,潮势一束,庶乎得之。涉江者本有义渡局,大抵均属帆渡,近乃通行轮渡,而危险较甚。画舫泊处,距潮流甚远,且遇汛即避,并无颠踬。八月十八,说者谓潮生日。然是日潮汛大小,亦未可知。杨廉夫诗所谓“八月十八睡龙死,海龟夜食罗刹水。须臾海擘龛赭开,倒卷银龙薄于纸”,盖指极盛时言耳。江中多弄潮小儿,观者尚为惴慄。

　　捍海塘筑于钱武肃王,王曾以强弩百射潮,潮果避钱塘,东击西陵。遂造竹络积巨石,植以大木。堤既成,久之乃为城邑聚落。今之平陆,皆昔时江也。柴木各行,积柴木于江浒。画舫又鳞泊于外。惟沙有涨落,故船有进退耳。船娘告俱轻入城者,至今亦姗姗其来,附车而往。惟是肥长瘦短,各有品评。尽态极妍,自成风气,又与瓜山诸姬异也。

　　驾涛仙馆,在闸口龙山上。本王氏所建,石磴十数级。缘阶而上,有楼有亭,有花木泉石。何飞侠诸人开江干诸姬花榜于此,俯瞰江流,舟帆如蚁。隔江山色,青翠扑人。亦巨观也。主人奔走富贵,无暇欣赏,故绝好佳境,门设常关。或谓主人长君,被仆狙击,主人视为凶宅,故忍恝置。是则未可信也。过此为之江学校,系基督教中人所办。

　　六和塔,宋开宝三年智觉禅师建。嗣绍兴间曹勋有记,略述塔成之故,今已久圮。塔凡七层,每层盘曲而上,均供佛像。凭窗一望,不知身在何所。画舫诸姬,往往以拈香为由,挟客登塔,然极捷者不过四层而止,弱者不及二三层。盖鞋窄足疲,裙搴汗促,殊可怜也。清光绪间已将倾仄,仁和朱茗笙侍郎(智),以修塘余资,重行葺治,焕然一新,不可谓非功德。

余辑《钱江画舫录》成,而不能无今昔之感也。往乾飔飒暮雨,舣棹夕阳。七里严濑之波,十笏春江之幛。繁弦急管,可是秦淮。添酒移灯,何妨溢浦。此情此景,疑是疑非。况乃髡醉初醒,朔饥未饱。草草巫神之梦,依依韩掾之香。懒卷珠帘,怕窥划袜。误投玉杵,笑说湔裙。与桃根桃叶俱移,呼小素小红而亦可。榜花灿烂,别开北里之春。钱树峥嵘,也借西湖之色。风流佳话,月旦新评。二十年来,那堪回首。无如云随狗幻,风趁鹤惊。遍移傍岸之船,小结临流之屋。蛮腰樊口,已过中年;李肉宋鱼,都非乡味。小鬟催酒,奚来聒耳之筝;大官征钱,亦割缠头之锦。问潮无信,流水何情。望望江干,又一境矣!仆牧之憔悴,梦境都非。白传飘零,泪痕如许。补种半园之菊,闲寻三泖之莼。潘鬓俱凋,江豪不艳。莫谈丝竹,且卧听商女后庭。同阅沧桑,好补附妥娘闺集。

郑翰献主编:《钱塘江文献集成》第27册,杭州出版社2016年版。

钱塘江的渔船

泽村幸夫

拥有富饶的资源被差别待遇的"渔户":《画船箫鼓·姐妹同年》的艳话

钱塘江是浙江诸水的代表,同时也意味着浙江的富饶。自衢州而来的衢江和流经金华婺港的两江在兰溪相汇,流入严州,与新安江相汇,然后流向东北得富春江之名,流入杭州之后得名钱塘江。位于杭州东南的闸口,江面宽约十支里。上连严州,下通绍兴,流通宁波的民船,是小蒸汽船的起点。江口的杭州湾作为近代港湾,虽然没有太大的价值,却拥有南面的灵江和瓯江无法比的水运的便利。在江的下流流域,靠近东面和北面的地方是冲击而成的平原。既有足够的水源,农田又很肥沃,养桑业也很发达,天赐的富饶的一省。细绢、美酒、美女,以及其他所有美丽的、让人喜欢的、美味的东西都因钱塘江水而被赠予。马可·波罗的日记中引用了中国的谚语"上有天堂,下有苏杭"赞美杭州,也赞美整个浙江。

江的上下流从数百年前开始,或许是更久以前,水上的船里有以给旅客慰藉为生的女人。在这之中,从以前就流传着很多艳话。竹枝词的题材特别有雅趣的是"渔船"的水上生活者。现在是人人平等的世界,中国也不再以清白为荣、贱民为耻了。但看明清的"渔船"女并没有受到公平的对待。元代来自北方蒙古人的后裔被叫作"堕民"和从南方迁移过来的"畲民"一样,社会上也好,法律上也好,都比别人低一等,处于被怜悯的地位。《画船箫鼓·姐妹同年》说的就是这渔船的女人。

船长数十尺,四周垂着湘帘,设置精致小屋,甚至还有锦帐的寝室;而且家船除了设宴款待客人用的食堂之外,还有可沏茶品酒的厨房。并且这样的一艘船肯定配有2名妙龄少女。她们都是世人津津乐道的对象,因此美女特别多。一说画舫之女马上就脱口而出的"宗室八旗名士草,江山九姓美人麻"。这话是指在清朝的同光时期,有个清朝贵族的大官叫宝竹坡侍郎,娶渔船之女为妾。讽刺其高位和让人可惜的付之一炬的半生。渔船也叫作九姓渔户。这个渔船上接江西省的江山，下至杭州、兰溪、桐庐、富阳。

〔日〕泽村幸夫：《江浙风物志》，东亚研究会1939年版。

都督批示解放九姓渔户

浙东九姓渔户，向禁岸居，苦尤甚于堕民，浮家泛宅，无一定籍贯。相传为明初陈友谅及其将佐之子孙。都督批由民政司分饬沿江各属，出示晓谕，一律准予开放，藉示同仁；一面令行建德等各县知事，一体遵办。

《汉民日报》1912年5月1日。

金华巨匪管伟伏法纪详

金华巨匪管伟，假共进会名义，设立分部，大开香堂，散卖票布，种种不法行为，据该处军队访查确凿，禀明朱都督惩办在案。兹探悉当时拿办情形，并该匪谋逆实据详述如下。

管伟，又名马德，在龙游邑庙设立共进会分部事务所。本月十五日，军队某军官带同兵士密探等数人先行抵龙，卸装县署，时已夜分，即着某队长托故邀管伟到署，本可立时就擒，因管伟随护多人，均藏暗器，署中人力单薄，不便下手。欲俟大队到后，相机行事。讵近日港水浅涸，舟行甚迟。至十六夜间，兵队尚距城十余里，不及赶上。而管伟已知风欲逃，拟于黎明赴衢。某军官探悉后，以事机紧急，不得不另筹办法。访有曾充防营某兵士，本系该匪党徒，许以自新，明定赏罚。即饬于是晚随同某队长，假探访为名，先将该匪死党黄、王、张三人计诱出城，至花舫款宴。酒过数巡，方欲动手，黄、王见势不佳，惊遁入水。该队长等急出手枪，向黄追击数发，后寂无声响，以为命中，而不见其尸，想已被其泅脱矣。王、张二人亦逃逸无踪。其时夜已过半，管伟似已知消息，不在邑庙住宿。幸有密探阴尾其后，知皆群聚于机关部余某家中。即由某军官督同兵士密探及商团十余人，先将该宅围住，遂即挖门拥入，室中灯火辉煌，群匪情急，纷纷图脱。管则潜伏榻底，被军队瞥见，上前兜拿。从匪吴华海首先拒捕，当被格毙。管伟出而抵抗受伤被缚，至署势已垂毙。并于该事务所搜获信札、票布、伪印、暗记等各项秘密证据，经某军官验明不误，宣告罪状，执行枪毙。当场并获余党徐有水、张赞勋、方玉麟、黄镜波、林茂芳等五名，立提研讯。

管伟为金衢处一带巨匪之一，自到龙（游）后十四、十五两日，开堂收入者，计有一千余人之多，并有种种谋为不轨情事，系守秘密，无从探悉。次日黎明，大队始到，地方秩序安靖如常。是役也，能于更深人静，鸡犬不惊，得此效果，足寒匪胆，实为龙邑人民万分之幸。彼愍不畏法者，当亦知所儆矣。再该匪所造伪印等据二寸见方大印一颗文曰"代天行道"，长方戳记一颗文曰"国民共进会衢处事务所戳记"，狭长印一颗文曰"重兴万云山忠义堂管印"。此外尚有"龙邑共进会分部事务所、龙邑驻册所龙游分部""入会""常年捐"等木戳,又"志愿书给奖联单""万云山忠义堂票布",其格式图样限于篇幅,不及备载。

《申报》1912年10月26日。

整饬官常

衢县县检事厅主簿徐鲁狎妓冶游,为朱督访悉,大为震怒,即饬提法司派委密查。兹据复称,事系确实,惟现已离职,应否从宽免议,呈请到府。朱督以该员不知自爱,殊堪痛恨,仍饬停委三年,以示儆戒。其批云:据呈已悉衢县县检事厅主簿徐鲁到任之初,即作冶游,实属不守官箴。迨奉本都督痛戒嫖赌训令,尤复不知悛改,乘醉闯入妓船,并与不识姓名人互相口角,似此不知自爱,实堪痛恨。虽据因病禀准辞职,仍应停委三年以示儆戒。至该厅监督检事周祖宋,事前疏于禁约,事后又不举发,亦属不合,应由该司严行儆告,以资整饬,此批。

《申报》1913年1月30日。

武林风土记

中国财赋之雄,江与浙而已矣。中国山水之奇,蜀与浙而已矣。浙江居中国海岸线七千里之中心点,实控制海陆形势之地也。浙江十一府,杭嘉湖在江之西,宁绍台金衢严温处在江之东,故有两浙之号。杭州闹市在上城,如清和坊、大井巷,皆为富商巨号荟萃之区。至下城则仍冷静异常,出产以绸纺锡箔为大宗,而茶叶尤驰名。当世通商埠头则在拱宸桥,市面反不如上城之盛。惟烟花盛集,为该邦人士游戏之场而已。其地之精华在西子一湖,山水清幽,驰名天下,为中国第一名胜,他省人不辞远道来游者,多如恒河沙数。天竺三月香市,更人多于蚁。城隍山居城中,城隍庙建于山顶。相传神即于少保,登吴山,立马望全城,烟火万家,密如蜂窠。江在其东,湖在其西,一则千军万马有勇士之威风,一则淡抹浓妆具美人之态,度同在一地之中,而水则有刚柔之别,亦一奇也。西湖之地,葬者多名臣、名将、名士、名姬,如岳少保、林和靖、苏小小、冯小青等,尤啧啧于人口者也。城中冶游处则深藏,柳色未易问津,江山船之妓,亦颇闻名于时。该处代步以马不以车,苏白堤上无不扬鞭嘚嘚而行,大有"柳外雕鞍公子骑"之慨。钱塘江中之潮至八月十八日为极盛之时,涛头矗立,如山奔腾,澎湃骇目,惊心为出奇之大观。

《自由杂志》1913年9月20日。

取销公娟之窒碍

　　杭县周知事日前奉屈使，饬知取销公娟，以安商业一案。一班营业旗营者，咸啧有烦言，周亦颇难措手。昨已将为难情形，呈复屈使。略谓杭城公娟非自今日而始创设，江干向有船妓，拱埠亦有娟寮，省城虽无公娟之名，要与公娟无异。况商会前曾函请准设公娟，振兴市场在案，出尔反尔，殊觉为难。现今公娟地点业已指定投标，房屋建筑大半若竟，取销市场，势必难成。不仅公娟投标之地大受影响，即市场投标亦颇有关碍云云。未知屈使作何办理也。

《申报》1914年7月17日。

近世花界源流变迁考

　　自教坊之制废，而中国遂无官妓，凡种种习筝琵荐枕席者，皆私娟也。综其大端可分为五：一曰艺妓；二曰色妓；三曰武妓；四曰船娘；五曰女优。天津之班子，山东之鼓儿词，苏州之女说书（即今所谓书寓之滥觞），福建之挡子班，皆艺妓也。京津名为窑，苏扬名为堂，闽粤名为寮，等级名称虽不一，皆色妓也。武妓则唐人所谓竿木家儿，宋元所谓卖解者，今淮泗皖豫之间所在多有。船娘则吴之苏州及无锡之灯舫，与浙之江山船为最著，而粤桂之花艇，则别支也。女优昔著于金陵扬州间，所谓秣陵清音、维扬小部者，今则苏沪称极盛矣。而天津、烟台、汉口亦往往有知名者，此其大略也。试随地略定其沿革焉，则先举上海。上海开埠之初，迁地而来者，粤妓为先，即今之所谓老旗娟也，呼之侑酒，每妓一金，而开宴须费百圆，盖粤人豪侈而尔日之商务盛也，今皆散处虹口，稍稍衰落矣。其次，则所谓咸水妹也。苏妓之至沪者则有书寓、有长三书寓，非今日之所谓书寓也。

《小说新报》1915年12月第1卷第11期。

赵姬

　　赵姬，兰溪船妓也，粗通文墨，能阅各种小说，作短札亦通顺。余常从友人过其妆阁，怪姬面不中人，而饶有秀气，往来眉宇间，不类庸脂俗粉者流。姬睇视余，因流泪自道其身世。姬甬人，父为鸦片商，拥资数万，娶妾三四辈，中有李妾，貌尤绝冶，工媚术，得主人爱。李本妓女，赵姬父以三千金为之脱籍，已而不安于室，辄与厮仆辈昵近。姬父渐觉之，以所嬖爱，不忍逐，微诮让之。李惭惧，挟资遁去。姬父讼之官，悬重赏捕之。而李已依曩时相好韩某者。韩方以军功为官，因往就之韩之友人某，为姬父戚，姬父因戚致意韩某，以千金为寿，得取李归，锢置一室。李因姬父自陈悔过，姬父不忘旧情，释李，又大宠之。久之，李故态复萌，潜通邻人某乙。乙父盗也，乙常从父杀人越货，习于狠毒，既通李，惧姬父知，且欲得其产，遂定计鸩杀姬父，卷现金万余遁去，不知所之。

姬父无子,死后妾侍各挟所有星散。姬母不能禁,气愤死。姬一弱女,怅怅无所依,往从其姑徐姓,怀有数千金。徐见而涎之,遂鬻姬而取其所有。姬为妓女于兹三年矣,余聆姬言既,竟顾谓友人曰:"此朵薄命花,好护持之,毋任飘零,亦积福事也。"后闻姬从某名士去不知所终。廑父曰:"姬父营业不正,故其报甚酷。吾非好为果报说也,特以吾所见,凡营业足以害人者,其人往往无好果。"吾安敢不信为天道哉。然如赵姬者,则诚天壤间可怜人也。

《小说新报》1916年9月第2卷第9期。

彩娟

季 庐

彩娟,江山船妓也,貌美性淫,姘识小白脸。鸨母怒之,彩娟遂从所欢李某遁。然未几,又厌李,更从他人去。李常语余以彩娟之历史,乃知彼之淫荡,固生有自来者,不足怪也。彩娟父某,为衡州商人,其母为某秀才女,夫妇皆好淫,至互订条约,彼此有自由姘人之权,闻者骇之。生子二女一,酷似父母,夫妇子女恣为狂荡,不数年间,十余万产业尽归乌有。某夫妇先死,二子流为丐。彩娟初为大家婢,私其仆人被逐。复为某姓妾,又私其子侄。大妇怒,鬻之江山船,遂流为妓。李言时犹有愤意。余笑慰之曰:"彼人水性杨花一至于此,度终不为汝有,天下多美妇人,安用此不祥人为?"李闻言,悚然而退。

兰溪船妓爱春,貌美而不工于唱,见人常作羞涩态。余尝从友人往饮,见而异之曰:"个小姊似非此中人也。"友有知其事者曰:"爱春本某医生女,医年五十无子,娶一妾,阴狠特甚,以计逐去大妇而代之;又仇视爱春,诬爱春与仆人通,医怒,又去爱春。爱春遁舅家,及父死,妾席卷所有遁去。爱春舅亦死,表兄某不良,半年而破其产,乃鬻爱春为人妾。大妇妒爱春貌,不令其夫近身。其夫怒,遂远游苏沪,年余不归。大妇又迁怒爱春,更售爱春于此,溯爱春为妓今才半年耳。"余闻言目睇爱春则低头脉脉,呜咽声声矣。余伤之,劝余友娶之,友谓不可,议遂息。闻爱春于是年冬间以病死矣。

《小说新报》1917年4月第3卷第4期。

联语类志

曲院联语,嵌字居多,然求其圆稳流利者,盖不数遘。近人赠如意云,都道我不如归去,试问卿于意云:何嵌合之工可云,鬼斧神斤不着痕迹。余友谭君,凤工文墨,谈吐风流,蕴藉可喜,少年时客粤,束眷一妓,名三官,雅好文墨,与君极契合,屡索一联,以为赠君,以三官二字属对不易,迄未之应。一日君将归,三官张筵为祖饯,骊歌唱彻,挥手临歧,酒半酣,君忽笑顾三官曰:"趣将纸笔来,当书赠一联以留记念。"三官大喜,亟使人入市购纸,君因于席间赠一联曰:"三山青草催归马,官道斜阳送客舟。"即景生情,可谓一时无两。

余友吴丽君,赠杭妓小云联云:"小于么风轻于燕,云想衣裳花想容。"流利圆转,一时传诵。余客富春时,与友人宴于林姓江山船中,船妓爱玉、小莲、静兰等,以余为文士,各乞一联以为赠,却之未能,为撰三联,赠爱玉云:"爱月眠迟惜花起早,玉楼宴罢金屋妆成。"赠静兰云:"静者心多妙兰不言自芳。"小莲一联则仿吴君体,其对句用莲花夫人,诗联云:"小口似樱眉似柳,莲花为号玉为腮。"三联之中,以静兰一联,语气浑成,最为恰好;至于小莲一联则东施效颦矣。

《小说新报》1917年4月第3卷第4期。

杭州快信

省议会议员俞佐新(遂安人),在江干船妓林坤忠家,呼邻妓钱高凤侑酒不到,冲突互殴,各受重伤,已由地检厅验明起诉。

《申报》1917年6月13日。

钱塘梦花仙子

阿妹同年貌出群,官人老大醉红裙。潮来潮去无心问,一曲箫声上紫云(此指江干妓船)。

《申报》1917年7月1日。

高畹芳

高畹芳隶同春坊,有木客颍川后人眷之,过从甚密,将订啮臂盟。颍川之友有萧山人,与共访畹芳,客一见即怃然若有所思,颍川异之。客潜语颍川,畹芳虽美貌,其品甚劣,吾熟知其事,请以语君:"畹芳浙之兰陵(溪)人,始为杭州江干船妓,吾郡西河先生激赏之,以千金纳之后陈,而畹芳不安于室,又以大妇妒而悍,常相冲突。畹芳遂遁去不知所之,及今二年矣,不图彼又作下堂生涯,其行如此,子安能娶之?"颍川曰:"子盍不早言?"客曰:"畹芳原名秀香,吾知秀香不识畹芳,又安能早告?"颍川默然,遂止不复言娶畹芳,而踪迹亦渐疏,未几遂绝交焉。颍川富而美容貌,畹芳后知其故,大骂某客而已。畹芳年十八来沪,颇勤招徕,业二年大获利。顿易初衷,客渐散去,既为颍川所弃,益不能自持,寻挟房侍曰小彩者,赴苏不知所终。

《小说新报》1918年第4卷第3期。

高玉兰

　　高玉兰，隶清和二巷，传者忘其籍，操苏语而有浙音，或曰玉兰，本江山船妓，得某客力挈以来沪，貌不扬，身矮而圆，好涂脂粉，益增其丑。有城北徐公眷之，近年余，城北为浙江世家子，多金而柔和，类女子，又慷爽，挥金如土。顾玉兰弗之喜，而善城北友人西河公。西河告城北，城北未之信。而玉兰房侍老四，闻其事，潜告玉兰。玉兰让西河，西河笑曰："极知负卿顾我，终不以卿故负朋友，卿解人度能谅我。"玉兰掩面娇啼，责西河薄幸。西河亦终不复告城北。既而城北，闻玉兰与某伶有染，遂绝其交，玉兰后随无赖李某云。

《小说新报》1918年4月第4卷第4期。

金秀英［秀文］

　　兰溪名妓沈小宝，小字炼娘，清华绝俗，淡雅宜人，而静默善哭。尝于灯红酒绿之场，有绿惨红愁之致，见者异之。有焦山客者，英华卓荦，隽越不群，因公来兰，尝从友人过炼娘舫，一见倾心，报以双和，睹炼娘春山眉锁，若有不得意事，灯烬酒阑，悄悄问话。炼娘乃为述其身世，一字一呜咽，一语一涕泪，琵琶一曲，湿透司马青衫矣。炼娘本暨南士人女，郁姓，其父某亦泮院中人，拥资万余，殊不愁温饱。而某风流自喜，颇事狭邪，娶勾栏中妓女李小小为妾，未及半年，小小挟三千余金遁去。某意犹未悟，更要沪妓金屋藏娇，营寓于沪，任情挥霍。曾几何时，而床头金尽，昔日情人今且下堂求去。某本达人，不以为意，笑而遣之，自此不能再羁沪上，摒挡归来，又遭回禄之灾，所有余蓄，遂荡焉无存。乃挈妻女，依其岳于京。抵京则其岳因罪被逮，家资籍没，某徘徊歧路，行止皆难。会有同乡赴京会试，挈与南下，某又死于途。幸得同乡之助，扶柩回里，未几其妻亦死。炼娘年十四，由族叔某甲携去。甲子凤无赖，艳炼娘色，诱与私，炼娘虽幼，颇具贞操，坚不从，且詈为畜类。甲子大怒，因媒孽其短于父母。父母惑之，遂恶炼娘，屈与婢为伍。炼娘不惯操作，常受杖责，甲子复语炼娘，能从我，我能拯汝。炼娘大怒不答，甲子戏以手探其乳，炼娘咬断其指，甲子痛极晕去。甲夫妇乃逐炼娘，炼娘穷无可归，行乞于途。有刘媪者，见而大悦曰："此奇货可居也。"留炼娘优待之，若为母女，伪言探戚于兰，挈炼娘俱，既至兰，则售为船妓。炼娘知受绐，大哭曰："我士人女，清洁之躯，奈何为妓？"欲觅死而鸨持之严，不得死。逼使接客，非刑所不能受，勉从之，今已二年于兹矣。焦山客聆炼娘言，竟太息曰："红颜薄命，一至于此，同是天涯沦落人，相逢岂必曾相识，吾行有以相助耳。"炼娘再拜曰："如蒙援手，援出火坑，此生死而肉骨者，婢子没齿不敢忘报。"客既回，为不欢者累，日摒挡得千金，将强为脱籍，事闻于鸨，挈炼娘他去不知所往。

　　金秀英亦兰溪船妓，貌娇艳，如解语之花，性情豪爽，谈论如风起水涌，汨汨而来。当者罔不靡生涯颇盛。有自署天涯沦落人者，订交颇密，有嫁娶约，已而其人死于疫，秀英大哭，为素服半年。其后复有王某者，亦风雅士也，与秀英交年余，两情颇洽，王欲藏之金屋，议垂成，而王又死于病。秀英大恸曰："是吾命也，夫复何言？"由此秀英居常郁郁，不自聊赖，非复前此爽朗矣。未几以呕血死。秀英有妹曰秀文，色艺不逮秀英，贾大宠之，已而正室死，秀文遂为嫡，其子年长，习商能孝事父母，秀文年六十余而死。蘑父曰："秀英多才，卒以厄死。秀文庸陋，乃有厚福，观彼姊妹事，令人感想不置。"

《小说新报》1918年4月第4卷第4期。

尊闻阁选

分送麻糍驾长差，年汤嫂妹早安排。剪余彩纸无些事，唤个同年抹纸牌（九姓船泊江干者，男称驾长，女曰同年嫂、同年妹，冬日祀神毕，捣糯米黏黑芝麻做饼，如面盆大，名曰麻糍。杂牲牢作羹，名曰年汤，分送杭人，又剪五色纸悬舵尾）。

《申报》1918年8月10日。

淫盗之媒介场

萧山、山阴两县交界之榆林关、罗门阵两处。往往于秋收后，大开宝场，哄骗愚民赌博。并招江干义桥船妓，及鹦哥淫戏，引诱赌客，为害最烈。闻近日山、萧两县衙役，规费已经讲定，故又开场，地方官亦有所闻否。

《图画日报》1909年第3册第116期。

遇女

寓杭江干某炭行之山客袁某，严州人，昔因赋闲，谋生乏计，度日甚艰，因将七岁生女，售与富户为婢。讵该富人抚育至十岁，希图厚利，转卖为妓。袁某得女身价后，薄资营生，稍有积蓄，改贩柴炭杂物为业，十余年来，获利颇厚。近旅杭州遇同乡周某，伴游妓船，置酒寻乐。船妓爱珍酬应甚至，酒后问客府居类属同乡，示以父之姓名，道及家况。袁闻之即自认为父。妓骇而不信，双方查问底细，则亲父亲女，丝毫无差，各倾十数年之积愫，殊深悲痛。闻父拟出价向船购回择配云。

《申报》1920年12月27日。

江山船之历史

江山船伎，于浙省最有名，而其所由来则罕能详知者。夷考胡元元季，陈友谅举兵自立为帝。陈袁林李孙许钱何叶九姓，皆为大僚，声势颇盛。及为明太祖所败，既夷友谅之族，复聚此九姓，将歼灭殆。刘诚意力为缓颊，得免于死。然卒遣往江山县，贬令舟居，不得与齐民伍。自是以后，九姓遂以渔为业，往来钱塘、富春、桐庐诸江，自杭至衢，六百余里，水程既熟，舟行良便，买客乃争附之。其业遂以大振，严州官吏特编列伏、仁、义、礼、智、信、捕七字，以为符号，使易识别。九姓苗裔日益繁衍，大小船只多至五六千艘，岁纳渔赋，男丁银五分，妇女四分，其入官府者，岁仅数百两耳。吏胥额外索至科乃不下万两，是亦浙省秕政之一也。

船之种类有二，一曰头亭，一曰菱白，各以装饰华美相竞。家属男女咸居舟中，客商往来，水程辽远，动辄旬日而后达。舟人为媚客计，管弦丝竹，渐次杂陈，以相娱悦。习之既久，则以声为色之媒，而渐流为一种之乐籍矣。是时，浙中无官伎，富商豪吏款宴宾客者，纨绔少年之好狭邪游者，相率以是为艳薮。而江山船之名乃大著，即在操是业者，亦早已自忘其为亡国遗民之后裔。故至沦为污贱，习为淫荡，而莫以为耻，滋可痛也。晚清之世，又渐招各地土伎，随船供客，以广招徕，而其流品乃愈杂。船中诸伎相称谓，有曰同年嫂、同年妹者，其义殊不可解，或曰同年者，桐严之讹，以伎多桐严人故也。

同治初，丹徒戴槃守严郡，许为蠲免赋课，改贱为良，劝勿复留船伎。乃九姓沉溺既久，竟不奉命，遂亦置之。今则轮舶四通内地，航业式微，江山船之生涯亦甚落寞，乃渐有迁居岸上者，而其蓄伎供客如故，亡国遗族之隐痛，良足为之心恻。今既号称民国，此种历代相传之污点，宜若可以湔除，而浙省官绅积久相传，亦未闻有计议及此者，吁可慨也。

《小说新报》1922年第7卷第3期。

宝竹坡之词翰

清宗室宝竹坡侍郎（廷）赋性奡兀，奇气不羁，故自号曰奇一子。光绪壬午典试八闽，归过浙，悦江山船伎珠儿，纳为妾，遂以此自劾去官。且赋江山船曲一首以纪其事，中有句云："乘槎归指浙东路，恰向个人船上住。铁石心肠宋广平，可怜手把梅花赋。枝头梅子岂无媒，不语诙谐要主裁。已将多士收珊网，何惜中途下玉台。"又云："哪惜微名登白简，故留韵事记红裙。"又云："本来钟鼎若浮云，未必裙屐皆祸水。"风流旖旎，为一时所传诵，有为诗以咏其事者，其句曰："宗室八旗名士草，江山九姓美人麻。"盖竹坡在翰苑时，素有草包之号；而珠儿则面有痘瘢也。竹坡见之，一笑而已。

《小说新报》1922年第7卷第3期。

徐文长轶事

程侠民

徐文长，浙之绍兴人也，放荡无羁，能诗文，常驾扁舟游西湖。一日，遇一花船，管弦之音不绝于耳。文长奇之，问于舟子，始悉为杭州太守宴客。于是文长乃谓舟子摇舟往触之，舟子摇首曰："彼太守也，吾何敢哉？"文长曰："无妨，有我在，罪有我当，又何妨也？"舟子领之，乃摇舟前犯之，花船为之震摇。差役大怒，来捕舟子，舟子如言而对。

乃捉文长上花船。太守一见，大怒曰："尔乃生员，何无礼也，今罚诗一首以示薄惩。"当有差役将纸笔铺上，文长乃持笔乱书"天天天天天天天"七字，且皆不成字形。太守大怒，谓以是之才，而乃假冒生员乎，速逐之。文长曰："少待。"乃执笔直书：天子新丧未一年，山川草木都含泪。太守西湖独放船，笔墨歌舞……太守见之，不待书毕，即去冠谢罪，并谢白银一千两。盖时值大丧，官吏臣民皆不得举乐，否则议斩，太守见文长直指其过，故不觉毛发悚然，乃谢以金。文长坦然受之，扬长而去，分其半与舟子。文长之轶事甚多，且均饶有风趣，此不过其一也。

《快活》1922 年 11 月 23 日。

浙江采集植物游记 (续)

胡先骕

江山船之由来，闻系明初陈友谅败亡时，其部下九姓，逃至衢严一带，太祖定鼎后，乃贬之为渔户，不许与试，不许登岸。衢江上游，水清石浅，渔利极薄，而仍抽重税。因之渔户不能自活，乃渐操卖笑生涯。此种苛税，清乾隆朝有一达官，询知其困苦，始奏罢其税。今业此者，皆建德人，此种妓船，以兰溪为最多，江山反无之也。其品格略似沪上长三妓，寻常泛泛留餐，谓之摆酒；正式宴客，谓之摆饭；恰与他处相反，亦可异也。

《学衡》1922 年 12 月第 12 期。

亡国之裔

渔洋山人秦淮诗有云："奋院风流数顿扬，梨园往事泪沾裳。尊前白发谈天宝，零落人间脱十娘。"注云：金陵旧院有顿脱诸姓，皆元人后，没入教坊者，国亡家破，沦为优伎，抑足悲矣！钱塘江上有九姓渔船，传闻胥张士诚部族，士诚败乃贬操贱业。名虽渔船，实仗卖倡为生。宝竹坡惑船伎，所谓"江山九姓美人麻"者，盖时又称为"江山船"，江山县名也，或以发源于此，乃有斯称。顾俗更呼之为"茭白船"，则不知何所取意矣！越州有所谓惰民者，聚族而居，人亦无与通婚嫁者，盖深贱之也。男曰惰民，司乐器，人家婚丧辄供役焉。女曰老嫚，伴新嫁娘，洽杂役，皆优为之。说者谓是亦亡国之裔也，出处不明，不知何代徙置，尚俟考。

《小说新报》1923 年 11 月 6 日。

秋澂沉珠记

溯富春江而上，轻帆柔舱，疏密相间，左右雁翅列，以达澂溪者，皆九姓渔船也。船娘均严滩及桐溪中人，已嫁曰同年嫂，未嫁曰同年妹。渔船来自衢属江山，故又称江山船，笃帘两桁，兰桨一枝，虽不能与锡山灯船、秦淮画舫并争绮丽，而金尊檀板、银烛画屏,亦令人魂销,真个也。濑溪本闹市,由皖入杭者,必取道于是,故有榷局以筦征税,而渔船即泊濑局沿岸。

有船娘掌珠者,向隶程某帜下,其驾长娘亦钟爱之,送客留髡,听其自择,不屑与之较缠头锦。珠亦葳蕤自守,必羊车璧人,始邀一盼,否则虽千金买笑,亦罕报以涡晕,罗襦锦袜,恰与盛妆丰容相称,酒阑烛跋,每喜曼声诵济济内翰绝句,所谓"照水花枝各斗妍,九家姊妹两同年。布帆无恙罗衾薄,人隔江山渺似烟"是也。每谓姊妹行曰:"吾侪既堕风尘,急宜自拔。若听秋花春月等闲过去,恐老大以后,不堪为商人妇矣。珠船泊濑三载,人海中无当珠意者。"

榷局有某掾,年甫冠,翩翩裙展,顾影自怜,偶随同人作画舫游。适与珠遇,琵琶一曲,极撚拢抹挑之殊致,与小语,某辄羞涩似闺中人。然两心叩叩,未免有情。珠于午睡初醒时,每遣舟子迓某至,藉破岑寂,灵犀一点,芗泽微闻,并肩摄影以留鸿爪。某系西湖产,曾偕珠顶礼三竺,以祝因缘圆满。而船即泊于钱塘江畔,耳珠名者,坐花醉月,乐数晨夕。珠乘间放棹归濑,于是与某卿卿我我,形影不离矣。讵上台飞檄促局长返,掾曹均星散。珠知某不能久羁,赠以挑花枕衣二,小照一,与之约曰:"君归宜速图我,璧为君碎,我璧当为君守。"

相隔者年余,某已就职莒间,虽鱼帛鸿书往来不绝,而某则依人作嫁,焉敢作量珠聘珠计。珠则盘桓一舸,自感蹉跎,驾长娘迫其改弦,珠辄泪承于睫。讵秋初某感腹疾,郁郁归杭,旋因调理失宜,竟被玉楼召去,消息至濑,驾长娘犹深秘之。奈为雏妓所泄,珠亦不言不泣,惟以素花簪鬓而已。

驾长娘知其无他,以某死事委婉相告。珠曰信矣,因信,珠于船头焚香燃烛,深深膜拜,归舱遽易艳妆,点黛涂脂,与姊妹行谈笑自若。是时,为阴历九月初七日,适有开筵召侑者,尚调月琴,歌满江红一出,夜阑人散,倦而归寝。以晨舟子整理缆索,见桅柱傍有双凫在,初疑曝而未收者。驾长娘起,呼珠不应,视其榻空矣。即泣曰:"珠何弃我而去耶?"乃暗传邻舟,于下游得其骸骨,艳妆如故,上下密缝,面色尚嫣然含笑。呜呼,在天比翼,在地连理,汉又添此殉情惨剧矣。因作秋濑沉珠记。

《申报》1926 年 10 月 30 日。

两军相持中之钱江

自二十六日起完全封锁江边,联军沿杭富路前进。杭州二十九日通信:钱江东岸发生枪声后,江干闸口一带联军,戒备极严,二龙头至六堡一带沙地,步哨紧接,义渡局及渡船等均屯扎军队,所有沿江民船,征调者征调,避匿者避匿。联军为戒备起见,在此军事期内,已将钱江江面实行封锁,无论何项船只,一概不准通过,否则即施以攻击。故江面交通自二十六日下午起完全断绝,非复前桅樯林立,往来如梭也。七里江面已如六上银河,平日半小时即可渡登彼岸者,今则由杭赴沪,转道宁绍,非四五日不能也。西岸联军防地,则由缉私营沿江往来梭巡,以防偷渡。二十七日下午,有邮差某甲，因急于返绍，雇民船偷渡，中途为联军所获，一并执送司令部。二十七日下午，有风帆一艘，由下游驶来，为联军瞥见，即开枪轰击。而东岸一师驻军，亦应声互击，幸帆顺风势，行驶如飞，得不为击中，亦云险矣。现在联军之在江干者，布置益形严密，自南星三郎庙以迄闸口沿江，均筑有临时作战防御工程，或用木箱互迭，或用牛车遮蔽，或以木板作高垒，因无庙观驻扎，故所有防御兵士，均用稻草铺垫壕内，寝食其中。惟置放大炮之盘头两旁，则掘有正式战壕，由兵士轮流扼守，往来行人盘诘极严。江干一带商店，二十六日上午因受枪声禁吓暂停营业。二十八日起，逐渐恢复原状，十分之八均开市。惟因江面交通断绝，故市面异常萧条，而沿江居民及花牌楼一带船妓，均已迁避一空，所剩不过什之二耳。亦以大军云集，搜查严厉，相率裹足不出，街上绝无妇孺影踪，萧瑟已极。幸昨日该处驻军大部均已沿杭富路前进，自闸口起至三郎庙止，沿江守卫者骤形减少，只数百人而已。

《申报》1926年12月31日。

寒江散花记

杭州九姓渔船，向泊于海月桥畔，上溯闸口，帆樯栉比，由此而上，若富阳、桐庐、严东关、兰溪，以达衢州，对江闻堰、义桥，抑或现一鳞一爪，然非上骊也。渔船有同年嫂、同年妹以供酬应，当筵一曲，闻者泠然，溢浦琵琶，秦淮歌板，庶几近之。年来移船傍岸，均筑屋于花牌楼一带，重楼迭阁，自成村落。每当华灯初上，即有弦索声、拇战声，起于其间。因其缴纳警捐，故警士皆护花使者，此固钱江之点缀品也。

前岁闽军顺流而下，轻帆短楫，一片旌旗，惟为日无多，故花事未曾蹂躏。此次三衢风鹤，船娘皆窜入下游。讵知接踵而来，并钱江亦折入旋涡，不特兰严桐富间无枝可栖，而闻堰义桥无不烽烟四逼，花牌楼诸姬深恐弹雨枪林，风云填塞，于是有避入城中者，有寄住西湖民居者，莺莺燕燕，各自寻巢，往日妆楼均邻战垒，万花丛里，遭此妒花风雨，有徒唤天公不作美而已。

近闻小桂英、小凤仙、四岁头嬉嬉，均相率来沪，住小花园；早珠、碧英、月仙，则次第至苏；三因为恋人马某，鸿兰为熟客陈某，匿居城中。此外阿桂、云仙，都与有情人成眷属，名花堕溷，本是可怜，经此焚巢，尤有无家可归之叹，但不知飞花一散，何时再作萍聚也；潮声呜咽，滚滚东流怅望寒江，为之泫然。

《申报》1927年1月10日。

严州妓船拟成立工会

妓船亦组织工会，严州建德为上游之要道，该处妓船林立，营业发达。前有名妓小银宝等，提出改良待遇解放条件，组织妓女工会，以固基础。现指定南门外大厦会址，定夏历七月初七日宣告成立。

《申报》1927年8月2日。

浙省废除特种民族之通令

杭州函省政府通令各县长云：照得人群进化，学术昌明，阶级之分，早应消灭。矧现当国民政府统治之下，凡属人民，悉归平等，何有贵贱之殊。乃吾浙省内部，犹有种种特殊民族，如宁绍等地则有堕民（一作惰民，约二万余人），旧处州府属则有所谓畲民（蓝、雷、钟、盘四姓，约二十万人），杭衢一带则有所谓九姓渔户（即陈、钱、林、李、袁、孙、叶、许、何九姓，俗称"江山船"），皆为社会所鄙视，齐民所不齿。执业既贱，婚姻不通，所生子女，亦不克受相当之教育。历久相传，未经改革，不特大背人道，抑且有伤国体。当此革新之初，自应即予废除，使彼等在政治、经济、教育、法律上悉处于平等地位；然后废除此种制度之目的，方能圆满达到。为此通令各县长一体遵照，仰于奉文后先将辖内有无堕民、畲民、九姓渔民及类似此种特殊民族等居住，切实查明。其现有此类民族之各县，应将男妇人数、种类、生活状况详细调查，并拟具此后如何改良职业，提高生活等办法，呈候核夺。该县长身膺民社，有转移风俗之责，应善体本政府维持人道之意，切实奉行，勿得视为具文，致干未便。并仰布告各该县人民一体知照，务期自兹以往，一视同仁，毋分四化畛域，是所厚望。此令。

《兴华》1927年第24卷第25期。

杭州的卖性生活者

陈 行

自来倚门卖笑的生活，从不能灭绝于世界。她们虽则被人咒称罪人，骂为贱妇，纵然有官厅与法律严厉制止之下，她们依旧不能放弃了这痛苦的生涯，她们大都是为着经济上的需要、社会的诱略，所以越是大都市，娼妓的繁殖也愈多，她们尤其喜欢拉着别的女子，走她同一的路，试想一个女子立身社会，差不多四处多是她的危机，只要一经堕落，她就深深地堕落了。咳！我们如何来拯救这些罪人，来勒住临崖的马呢？

在杭州历来对于节制卖淫，是比较的还认真。民元以后，虽则在拱宸桥商场有公娟，在江干有船妓，但是都极对限制随地营业，私娼也极少极少。所以卖淫的生涯，并没有普遍了杭州。不料到了现在——尤其是近几年——卖淫为活的，竟在突飞猛进；虽然公妓逐渐衰落，而私娼已是随在皆是。我听到旅馆的侍役说："杭州现在大约有私娟二三千人，因为一个旅馆的侍役，大概可以罗致私娟四五十人，一个私娼的营淫业地方，最多不过五处，有常在甲旅馆的私娼，不去乙旅馆的，这是常常有的，还有客人自己带引来的私娟，也要占到十之三四。这些私娼，常有不能为我们去罗致得来，杭州旅馆约一百五十余家，依这样计算还不止二三千人……"唉，仅仅是这样，我们已经是惊骇极了,但是杭州的私娼还不尽然都是去上旅馆,那么,杭州行卖淫为活的人,至少有在五千人以上了。

杭州卖性为活的,大概可以分出下列几种,她们大都是可怜的,她们要不早自拔,终于会到形销骨立才休,因为我不曾亲近过卖性的人,所以我依听人传说的说着,还只是说着一些肤浅:

(1)公娼。杭州是《马关条约》订定,拱宸桥一带。就划为通商场,日本租界也就开始经营。这时候,就成立许多公娼。公娼又分为书寓与普通娼妓几种,这与京沪一带大致相同,不过现在的通商场,市场已经十分萧条了!一班老鸨,依旧命着雏妓,每天接三四个客人,寒天雪夜,更深吠犬之时,犹见妓女踯躅街头,要是能随便地回家安息,何致夜夜餐风饮露呢?

(2)船妓。船妓的故事,据说元朝末后,有元之后裔九姓,明太祖就把这元裔九姓流放在浙江,使男的操乐堕民,女的操为贱业,名为九姓渔户,她们多在沿江一带——其实有许多已经没有船了——船妓的收入,自然又要比公娼的收入少些,所以现在存在的,也零落无几了。

(3)私娼。杭州近年来私娼之多,为从前所没有的,我不敢说革新的社会有提倡之功;但是私娼的充斥,确是近年来为尤甚。军阀打倒了,在她们卖性人的脑筋中,亦以为卖性也可自由了,加上社会上确有求过于供的形势,所以私娼骤然增多。幸而军警严厉制止,还没有变成娼世界。不过我又要说笑话了,警察的严厉制止,正如蚂蚁搬牙虫一样,今天这边搬在那边,明天那边搬到这边,结果还是吸引一些牙虫身上分泌的甜汁罢了。讲到私娼的苦痛,自然也不减于一般的妓女,我听旅馆里几个公正侍役说:"这些私娼也真可怜,她们到旅馆来卖淫。在她们所得到的代价,侍役要拿她四成,虽说是侍役要担保些风险,就是被警察捉去了,终究拿她们以身体换来的代价,觉得太多了。"私娼的支出,还不仅是侍役,同时社会上还有一班倚赖卖性者为活的人,他们的职务是专替私娼作掮客;还有一种也是倚赖卖性者为活的人,他们完全是地痞,责任专替私娼为相当的保护;至于娼妓本身所出的鸨母,这更无庸说了。所以娼妓受了如许繁重的剥削,能够纯粹收入的,真到不了十之一二,她们真想不到身命的危害、寿命的短促,在青春时期,做这些饮鸩止渴的事。

(4)兼带的卖淫。卖性生活的造因,大都因为经济压迫与受人诱惑,同时也有酷喜奢华炫耀与怠情,以及以浪漫生活为可恋的女人,这种人,她只觉得以卖性为较适合,这真是社会上的恶人了。她们不但自甘堕落,还有引诱她人暗示。杭州这一类卖性的人,现在也很多着,她们的目的,只要交换一些饰物和口福,就能满足欲望,她们有的依旧操着正当的工作,有的还在那里求着高尚的学识。唉!这种人,你就是送她到监狱里也是无法,除了她有自醒的一日。

我把上面的话说完了,至于怎样去制止卖性行为,还是让政府去做几篇官样文章罢,恕我笨拙。

《妇女旬刊》1928年第282—284期。

取缔沿江妓船

沿钱江一带之妓船到处停驻,一般无知青年,往往因此失足,故非严厉驱逐以申风化不可。刻浙江内河水上警局奉民政厅令,将江干、闻堰、义桥、临浦等处妓船,一律取缔,违者拘办。

《申报》1929年6月9日。

浙省特殊民族有畲民九姓惰民等

杭州12日通讯 浙省东隅特殊民族人数颇多,兹经民政厅确实调查,爰将人数志之如次:(甲)台属景宁畲民一万七千四百人,宣平畲民四千九百五人,龙泉畲民三千人,遂昌畲民六千八十五人,松阳畲民一千一百三十六人,青田畲民二千人,丽水畲民六千人,温属平阳畲民三千六百人,以上共计畲民四万四千二百零六人。(乙)温属乐清九姓渔户七百一十九人,严属桐庐九姓渔户三百四十七人,以上共计九姓渔户一千八百三十九人。(丙)金属东阳惰民二千八百六十四人,义乌惰民一千八百七十四人,台属温岭惰民二千一百一十二人,绍属上虞惰民三千二百九十五人,余姚惰民三百八十三人,宁属鄞县惰民一千一百零六人,慈溪惰民二千二百二十人,奉化惰民二千人,镇海惰民一千三百一十六人,定海惰民六百六十五人,象山惰民三百八十五人,以上共计惰民一万八千三百一十八人。

《益世报》1929年8月18日。

浙江特殊民族之调查

畲民四万四千二百六人,惰民一万八千三百十八人,九姓渔户一千八百三十九人

13日杭州讯 浙省东隅特殊民族人数颇多,兹经民政厅确实调查,爰将人数志之如次:(甲)台处属。景宁畲民一万七千四百人,宣平畲民四千九百五人,龙泉畲民三千人,遂昌畲民六千八十五人,松阳畲民一千一百三十六人,青田畲民二千人,丽水畲民六千人,温属平阳畲民三千六百人,以上共计畲民四万四千二百零六人。(乙)温属。乐清。九姓渔户七百一十九人,严属。桐庐九姓渔户三百四十二人,以上共计九姓渔户一千八百三十九人。(丙)金属东阳惰民二千八百六十四人,衢属开化九姓渔户一百三十八人。衢县九姓渔户三百四十人。以上共计九姓渔户一千八百三十九人。(丁)金属东阳惰民二千八百六十四人,义乌惰民一千八百七十四人,台属温岭惰民二千一百一十二人,绍属上虞惰民三千二百九十五人,余姚惰民三百八十三人,宁属鄞县惰民一千一百零六人,慈溪惰民二千二百二十人,奉化惰民二千人,镇海惰民一千三百一十六人,定海惰民六百六十五人,象山惰民三百八十五人,以上共计惰民

一万八千三百一十八人。

《华北日报》1929年8月18日。

西子湖头之娼寮杂记

　　尝读《九尾龟》及《人间地狱》诸作，见所载皆娼寮琐记，细腻熨贴，读者津津有味。近年以还，社会日趋新异，娼寮之外，复有跳舞按摩等种种新事业产生，于是操笔作社会小说者，亦多移其笔墨描写之，以肉感号召于一时。至秦楼楚馆，则以禁令森严，萧条大非昔比。花事阑珊，真不禁感慨系之矣。

　　不佞半生浪迹，身等萍飘。前年冬，离沪来浙，西子湖头，尽多丽质。而歌场舞榭之间，尤觉风情别饶，涉足其间，艳史趣闻，俯拾即是，摭述一二，以当别记，非仅足供茶余之助，亦可令后之作倡门小说者有所参考也。

　　杭垣城内无公娼，有之，则在城之外，所谓南星北拱是也。南星在江之干，昔年本多船妓，其品格虽甚下，而一和一酒，居然与沪之长三无异，今则已为当局驱逐殆尽。六和塔旁，虽尚有三数妓家，然营业一落千丈，无复旧时之盛矣。拱宸在城之北，距杭市可十余里，有公共汽车可直达，而全杭公娼，咸集中于是。妓分三等，曰长三，曰么二，其下者则为雏妓，实则所谓么二者。专在茶楼兜客，夜度资仅须三五圆，与上海之雏妓等耳。拱市有二茶楼，曰醒狮台，曰第一楼，一入下午三时后，则粉白黛绿，环燕毕陈，与上海之青莲阁，可称绝似。总计所有娼寮，可数十家，人数达三百以上。近来官厅方面，虽一再出示禁止，顾非五年之后，不能禁绝也。

　　杭垣城内虽无公娼，而土娼则甚充斥，西子湖头、游戏场中，彼革其履而旗其袍者，徜徉其间。不知者几疑为大家闺秀，实则泰半为门户中人也。浮浪少年，与之略加勾搭，即可成事。夜度资一宵，自五元以至二三十元不等，要视客之是否老白相耳。呜呼！西子蒙不洁，其信然夫！

　　旅馆中招娼侍宿，杭垣查禁綦严。然禁者自禁，招者自招，此风固未能稍减。其原因则为茶役从中牵引包庇，有以致之。盖茶房之于招妓，例有三七或四六之拆账，故不惜以身试法也。且其窝藏甚密，较大之旅馆，多有隔房密室。查夜警来检查时，只需略一隐避。不虑败露，法网虽严，又何能罗而置之法哉。

　　杭垣又有所谓私门头者，吾人初闻其名，或以为即土娼也，实则道固同而径有别。盖为土娼者，率有本家者为之包庇，土娼之营业，或为拆账，或为包账，其营业权悉皆操之本家。私门头则不然，既无本家，亦不赴旅馆应客。惟赖一己勾引之能事耳。此中人与沪妓相拟，殆亦淌白之流亚欤。

《申报》1929年11月30日。

风俗之改良

畲民、堕民、九姓渔户。本处旧处属有畲民约四万四千一百余人。旧宁绍两属有堕民约一万八千三百余人。杭衢一带有九姓渔户约一千八百余人，均为特殊民族，其风俗习惯与普通人民不类，故为社会所轻视，不能享受平等之待遇，近已明令解放之。

民族调查委员会正在拟定章程，筹备设立，以便调查全省风俗，从事改良。

《各省市各项革新与建设》1930年第2期。

杭州废娼后之琐讯

杭州市抽签废娼，以及龟鸨哗闹济良所、妓女脱逃等情，已于前函报告之矣。兹将连日所得各项琐讯，约略记之如下。

废妓脱逃后之善后，自龟鸨哗闹济良所，妓女乘乱脱逃后，连日虽曾缉回数人，顾多数已鸿飞冥冥，末由追缉。昨公安局复令三区署长，略谓送济良所之废妓，应照定章领取，其营业期满者，则勒令停止，毋任逗留。临时逃匿之妓，则吊销执照酌量处罚云云。一场纷扰，总算暂告闭幕。

江干妓娼抽签一瞥，杭州妓寮向分江南与拱北二地。拱北已于一日举行，江干定于五日举行。予昨日仍驱车往观，地址在化仙桥之自治公所内。是日计到妓女四十九人，照章抽废六分之一，应抽废者八人。结果，计抽废者，为沈兰仙、林凤英、小金宝、许琴翠、钱月华、程月英、钱凤仙、陈高凤等。抽废后，各妓均放声大恸。而尤以十二龄之陈高凤，一闻被废，如失慈母，哭不可抑。嗣由俞济民科长分别加以安慰，允准暂时交保，自行择配，始各收泪称谢。

拱埠商会筹议补救，拱娼被废后，一般商界忽大起恐慌，特联名呈请城北商会，略以被废各妓，在各商店等欠有账款，一旦抽废，均托词不还，致各商店大受损失，请求筹议补救办法云云。商会据呈后，曾一度召集会议。然而所谓补救办法者，恐亦终成画饼而已。

《申报》1930年3月12日。

渔船别史

浙江九姓渔船，说者为陈友谅暨其部眷属，凡陈、程、叶、许等九姓。明太祖恶陈，乃驱之于船，不许登岸，与粤之疍户、甬之堕氏等，以示贬也。国体既改，浙民厅始议取销旧例，由泊船各县分别调查册报，现已办有端倪。从此七里泷中、钱塘江上，不复有桂楫兰桡，往还迎送矣。

渔船都聚于江干闸口，两行雁翅，绳贯珠联，而跳板纵横，无不蜿蜒一气。船舷则珠帘半卷，凭栏者率多佳丽，已嫁者为"同年嫂"，未嫁者为"同年妹"。盖彼中多桐庐严州产，"桐严""同年"一声之转耳。清有船局以资管理，凡官吏驶赴上游者，均檄此船兼程而进,过境者亦如之。若闲泊无聊,则有裙屐少年,借为张筵之所。当时声价极重,不止一曲,笙歌一束缓也。清季局撤,诸姬亦移船傍岸,张艳帜于海月桥、花牌楼之间。

江干以外,惟兰溪、严东关各船尚不失为中驷。若衢州龙游而下,以达义桥、闻堰,虽同是渔船,而陈设应酬均有逊色。船倒而去严,格虽素稔者亦不轻易入幕,否则缠头要索,动辄万千。宝竹坡侍郎偶眷一姬,竟以五千金为聘,并自劾而罢,所谓"宗室八旗名士草,江山九姓美人麻"也。渔船一名江山船,故有是联。近虽稍事变通,措大殊未敢问鼎,一经淘汰,恢复自由,其功当胜济良所十倍。

《申报》1930年11月7日。

浙省九姓渔户之调查

浙民厅以九姓渔户为浙省之特殊民族,盖为元代蒙古遗裔也,所操之业,以教坊、茶寮、理发、执业等居多,不齿于从前阶级社会,但民国以来,经省当局迭令解放,而积习相沿,此制仍未尽革,经向各县确实调查核实该族人口,统计如下:(一) 温乐清七百一十九人;(二) 桐严庐六百四十二人;(三) 衢州三百四十人;(四) 开化一百三十八人。合计一千八百三十九人。

《兴华》1930年第27卷第9期。

渔船今话

明太祖定金华时,相传有九姓渔船者,胥张士诚部族,泊士诚兵败,太祖乃贬操贱业,以舟为家,不令登陆。名虽渔船,实赖卖笑所获为生,其停泊处多在江干,杭人名之曰"江山船"。江山县名,或云发源于此,故名。但俗呼又为"茭白船",则不审其何所取义。其已嫁者曰"同年嫂",未嫁者曰"同年妹",所谓"九家姊妹两同年"也。惟考诸《两般秋雨盦集》中,"同年"实"桐严",谐音讹耳。当时有宝竹坡侍郎,惑船妓革职,有"宗室八旗名士草,江山九姓美人麻"之句。溯江而上,曰富春、新登、桐庐、严州,凡官商经该处,斥资买舟,行旅苦闷,诸伎乃陪客侑觞,当江月上,潮平两岸,画舫载得檀郎去之时。莺莺燕燕,掩映于月光下,香口微启,檀板轻拍,个郎樽畔,围坐为乐。后舱中锦帐春暖,鸳枕双双,盖昵人销魂处也。鼎革后,同年姊妹相继舍舟登陆,结邻于海月桥花牌楼一带,已失江山船之旨矣。昨岁抽签废娟令下,意兴萧索。乃者杭市府会同省公安局复有检验妓女之令,北部检验方蒇,而南部亦将开始,一时莺莺燕燕,相顾失色。自谓体面攸关,乃由钱某等领衔分呈当道,免予检验云。

《申报》1931年6月9日。

朱姬小传

高晦斋

姬朱氏,小字兰馥,绍兴人。祖某,曾举孝廉。父茂才,服务金华某署。姬长于金华,毕业高小学校。乙丑年年十六,父死,贫无以殓。母复病剧,医药乏资。索债盈门,不得已,鬻姬于兰溪江山船。姬以堕落风尘,实非所愿,投江自杀。时三弟果斋,司榷兰溪,令巡船拯之起,询以颠末。姬曰:"为妾媵所不辞,若卖笑,则誓死弗为也。"三弟悲其遇,贷其值,留养局中。丙午春,余作严滩游,姬一见心倾,纳为小星,随归北平。余家寒素无仆媪,一切烹纫,咸姬任之,料理米盐,井井有条理。暇时教以诗歌,颇能得门径。石刹海夜纳凉有句云:"湖平风乍定,树密月疑迟。"余易以风欲定,月偏迟,一时颇为传诵。诗虽不佳,得之初学,颇不易易。余尝偕其观名伶某演《霸王别姬》,念白宁萝村误"宁"为"丁"。姬笑不可仰,顾谓余曰:"今而后始知名伶徒负虚名,固胸中无点墨也。"其颖慧如此。性柔婉,与家人相处五年,无不亲善。遇其父母忌日,必请于余,私祭如礼,笃于天伦,不失旧家风范。去春,余妻以女儿姻事,与余反目。有奸人陈某、胡某从中教唆,涉讼法庭。以世笃礼教,旧家庭遭此奇变。余愁肠百结,无生人乐趣,姬多方慰解。冬季,于君右任电召余南来。姬已病,余踌躇莫决。姬促速行,藉以排遣,力疾为余制棉布袜,以御长途之寒。余抵宁方一月,迭接家信,谓姬病日重。姬尚来函,谓可望勿药,病愈即南下,盖恐增余之忧也。四月二日夜半,忽梦姬立床前,面庞丰腴,询其病,笑而不答,惊而寤,出视天空,昏暗无光,时方月蚀也。次晨,得平电,姬已于先一夕子时逝世。梦中一现,笑而不答,魂或有知,不愿伤余之心耶。呜呼,惨矣。余挽以联云:"三千里远隔新都,讵意生离,竟成死别。廿二年遽辞浊世,卿诚薄命,天太无情。"聊志悼耳。姬生于庚戌年七月十四酉时,年二十二岁,葬北平西直门外万寿寺南三虎桥。呜呼,余愧无东坡之才华,姬实具朝云之贤淑,乌得无一言以表彰之,聊慰幽魂于地下欤!

《申报》1931年9月4日。

江山船故事

文 蔚

"昔年浙水载空花,又见闽娘上使槎。宗室八旗名士草,江山九姓美人麻。曾因义女弹乌柏,惯逐京娼吃白茶。为报朝廷除属籍,侍郎早已婿渔家。"此诗为嘲宝廷为娶江山船妓而作,不知出自何人手笔。今只宗室一联,为人传诵,全诗几无人知之,予曾见李莼客《荀学斋日记》记载甚详,其人其事,虽均卑不足道,要不失为吾浙掌故,足占《越国春秋》之一页。因摄其崖略,记之如次:

满人宝廷,字竹坡,为清帝宗室,官礼部右侍郎,性喜狎游,为纤俗诗词,以江湖才子自命,都中坊巷,日有踪迹,且屡娶狭邪,别蓄居之,故贫甚至绝炊。同治十二年典浙试归,买一船妓,入都时,别由水程至潞河,及宝廷由京城以车亲迎之,则船人俱杳也,时传以为笑。泊壬午（光绪八年），典试福建，由钱塘入闽，复与江山船妓狎，归途遂娶之。鉴于前失，同行而北，道路指目。至袁浦，有县令诘其伪，欲留质之。宝廷大惧，且恐疆吏发其事，遂道中上书自劾。略谓钱塘江有九姓渔船，始自明代，典闽试归，至衢州，坐江山船，舟人有女，年已十八，已故兄弟五人，皆无嗣，奴才（满臣奏书，例称奴才）仅有二子，不敷分继，遂买为妾云云。疏上，有旨交部严加议处，卒以此革职。好事者乃作诗嘲之，闻此妓面麻，年已二十六七，不审宝廷何以赏识如此，殆亦所谓孽缘者也。先是有副都御史贺寿慈者，认市侩李春山妻为义女，宝廷劾之去官，故诗中有曾因义女弹乌柏之义，盖纪实也。

《越国春秋》1933 年第 41 期。

杭州妓女拒检事件——不愿赤身裸体任人验看

杭州市内江干及拱埠两地的妓女，本来指定须按月赴指定地之医院检验，是否有毒，近来又改为每周检验身体一次，并不准托故不检。最近江干花牌楼妓女林素心等二十余人不愿受检，遂呈公安局第五分局，要求免检，她们所据的理由是：（一）九姓渔民之后裔遗教，只卖嘴不卖身，藉娱客中寂寞。（二）向来无毒可以过去检验证明。（三）海月桥妓女与拱埠妓女绝对不同，拱埠系来自苏州上海，以包账拆做。花牌楼则全系亲生之女，岂愿任人糟蹋。（四）自经前次检验，打针抽血之后，皆发肿罹内病。（五）谁无父母，谁无廉耻，赤身露体，任人验看，实属难堪。局长接呈检验妓女，本来是无法禁娼的一种消极办法。这一件事对于妓女本身，和一般与妓女发生关系的嫖客，都有极大之利益，做妓女的当然没有反对的理由。然而，事件每每不能如预期的这样好，在检验的办法不完善，手续不妥，常会发生种种不好的结果。如上面她们第四点中，说过去检验时，打针抽血皆发肿罹内病，这便是应该注意的一件事，如果属实，当然是检验不得其法，不然结果对于妓女的健康将有很大的害处。当局对此点，实不能忽视敷衍。至于妓女们所提出廉耻问题，那当然不能成立。受医生检查是否有伤体面，那是不消说的，这样的妓女未免太迂腐了。

《玲珑》1933 年 12 月 20 日总第 125 期。

船妓请免验措词动人，局长批示亦多妙语

江干花牌楼妓女林素心等二十余人以检验妓女期届，不堪接受，具呈公安第五分局请求免验，情词婉转，凄楚哀切动人，所持理由有六，亦甚正直。该分局长张雄潮素擅文墨，批示晓谕，尤为滑稽。兹将妓女请求理由及批示分志如下：

理由：（一）九姓渔民后裔遗教，只卖嘴不卖身，藉娱客中寂寞。（二）向来无毒，可以过去检验证明。（三）至于轻微之淋病，乃一般妇女之常病，非妓女所独有。（四）海月桥妓女与拱埠妓女绝对不同。拱埠系来自苏州、上海，以包账拆做；而花牌楼则全系亲

生之女,岂愿任人糟蹋。(五)自经前次检验,打针抽血之后,致皆发肿罹内病,有程莲英者,且病在危殆。(六)谁无父母,谁无廉耻,赤身露体,任人验看,实属难堪。

批示:神女生涯,原属可怜身世,暮迎晨送,本是北里横行,琵琶门巷,孰谓海月保贞,守砂无证,信凭医院验明,解襦退袴,未免含羞,是诚卖唱卖身,毋庸自辩得真。检查梅浊,原表尔辈乃心,晓谕群雌,功令恪守应遵,打针抽血,是否有创致病,据诉苦衷,仰候代达前情。

《论语》1934年第32期。

兰溪巡礼记

老 黄

为了某一桩公干,我到了这所谓的"当衢港婺港之会,水运利便,贸易凤盛,为钱塘江上游之大都会"的兰溪。其实自杭江铁路通车,金华早占了这邻舍的位置,兰溪在今日,已成了个破落的大户了。全是大街,全是大铺子,可是贸易全不盛。伙计们全伏着柜台瞌睡,老板和老板娘全做了《论语》的信徒,一枝在口,仰天直喷。不然,岂不闷出毛病来?霍山石斛四分,也得一块六毛大洋哩!西医是要吃鬼子药水,谁愿意?蜜枣有名,火腿也有名,香肠、香肚更有名——可是没有主顾儿上门,怎么着?又不能像太爷们那样拉夫。第三个"可是",可是你不能忽略了这兰溪是"实验县"哩!实验县一切得实验,你瞧招牌便得了。不是吗?"实验××局""实验××所""实验××处"……实验,实验,整个的兰溪仗你支撑着。因为要实验,所以需要有这么一班实验的人才,于是乎,兰溪街上,多了批西装、证章。不谈这个,谈风景吧。

风景,不能算坏。城中有座大云山,山上有座仓圣庙,庙里矗峙着座能仁寺,奇丽非凡。所谓奇丽,乃在于这塔顶上又有座一式无二的小能仁塔。大宝塔生小宝塔,斯真天下之奇观也欤,试问你贵县有不?再上是坛山,有亭翼然,凭栏可以俯视全城。在这里,可以看出我们贵中国人之崇古。因为这亭的建筑虽没几年,但这坛山上自古原有两个亭子,于是两派之争起。"永意派"从县志上查案出来,说是此亭之遗址乃古之"永意亭",因名"古永意亭";反对方的"东峰派"则搬出竹垞诗翁的"岩岩东峰亭,下有百尺潭"的句子,来做此亭应名为"古东峰亭"的根据。彼此唇枪舌剑,汲古引昔地闹着。古人全死去,谁来作证明?后来幸亏有个折中派的第三种人出来,题名"觉胜",为两家息讼止纷。双树林,据说也是个古迹。总理遗像与如来佛并列正殿,我为之欢喜赞叹。其旁,应再塑个"南无×××菩萨",三分天下,岂不猗欤盛哉?×弄内,有所"实验妇女补习学校"的大招牌,里面来补习的妇女,数来数去总数不到七个人。可是,其中有科长太太在焉。量少而质重,又有何憾。南门方山有个庙,里面原供奉着尊秉性轻佻的"淫佛"。长胡子的老者,他能说出三日三夜的故事来。现在,为实行新生活而打倒矣,新生活要能如此奉行,人民的生活是真能一新的,有厚望焉。

横山在江的那一岸。郁达夫(切实声明,并非我的朋友)在《人世间》里说起:"从兰溪市上，隔江西眺横山，每感到这座小小的山，真太平淡，真是造物的浪费。但第二日身入了此山，到山顶去向东向西向北一看，反觉得游兰溪者，这横山决不可不至了。"你初到兰溪，在柳家码头看看沿江停着几十只那些花舫，所谓"茭白船"的那些穿红着绿的卖肉女人，也感到这是造物的浪费。为什么要有那么多的"茭白船"？为什么要有那么多的穿红着绿的卖肉女人？及至后来你身体钻进了这里面，向左向右向前向后看看，再向上向下向中望望，也和郁达夫所谓反觉游兰溪者，这"茭白船"决不可不到了。挺真，是值得介绍的。这里面有政治舞台，有商场，有战壕，有各式的社会，布尔乔亚到破落。你是文人，那更好从她们嘴里所说的、身手所做的，凭你的聪明，可以读出这是公文程式，这是大众语式，这是语录式，这是文选派，这是桐城派，这是小品文和廊庙文章。当然，更有财政学大纲、世界经济史、外交术ABC（国货年，应改为外交术甲乙丙）、政治纲要、军事学教程，给你阅读许多讲义。船上一夕宿，胜读百年书，你能说不上算？（北）平沈（阳）又通车，天下太平了，如何你不行乐？君不见庐山……

把话扯远了，扯回来谈谈未了的话。城弄全是茶馆。外面是一间极湫隘的小屋子，只摆得一二张桌。要是你认为"便是这样了"，那你是"二百五"！告诉你，外面不过是个幌子，里面□□□□□□□□。"此中人语云，为不足为外人道也。"据说，这是外交秘密。一个不十分确实的报告，全城"夜度娘"，是超过了全县女学生三倍有零，漂亮的兰溪，你真够得上朋友，"素称小上海"，岂妄言哉？最后，我告诉你，这儿的猪头肉又酥又糯又香，如裹着烧饼同吃，有塘沽喝香槟滋味，是不得不尝尝滋味的，要是你到兰溪的话。

《论语》半月刊1934年第48期。

兰溪妇女的特种行业

提到兰溪妇女，我们就会想到那些以特种行业生活的女人。兰溪城外自西门至南门沿河一带，终年停泊着数十号的船只，船内的一切布置，犹如闺房。闺房中的主人，就是那些花枝招展、粉白黛绿、倚门卖笑的青年妇女，专接一班富商贵客，在其船中度春宵，醉美酒、赌博、吸烟、恣情纵乐，这就是兰溪的花舫，俗名"茭白船"。据调查所得，兰溪共有花舫三十余艘，妓女共约百余人——候补的雏妓，尚不计在内。她们的生活不用说，是学时髦的打扮，唱淫靡的小曲，对男人撒娇奉迎，她们最高的愿望，也不过是跟财主上了岸，多半是被中年以上的嫖客纳为姜——做得宠的姨太太而已。好色之徒，因此趋之若鹜，故花事得历久不阑珊，她们确实支持了本市的一部分繁荣，而成为男子们理想的应酬所、消闲地。

兰溪除茭白船外，在县西北城弄附近，还有许多茶店中雇用女堂倌，这些女堂倌浓妆艳服，倚门拉客，她们除任顾客百般地玩弄外，还干那些不可告人的勾当。据说品貌灵活的，每月也有十余元的收入，然而她们送旧迎新、敷陈色笑的生活，原也非常麻烦辛苦的，她们因为职业关系，只好牺牲色形。茶店的老板们，也因内有异性的关系，就故意把招牌也题得雅致些，如彩月楼、国香楼、聚仙楼、想月轩、彩云居、万春楼、玉凤社等，以资号召。

至于娼寮，有城东门外八角井、朱家巷、黑虎巷等处的著名娼寮。此外秘密卖淫的，有十余处之多，这些妇女都供男子作倚红偎翠的生活，加以年老色衰的从中牵引，所以除坠入彀中，颇不乏人。虽常经公安当局拘获，处以行为猥亵监禁罪，但是她们俱会再接再厉卷土重来的。兰溪的这种黑暗的妇女生活，不晓得什么时候才能解放。

《申报月刊》1935年第4卷第7号。

水妓与船娘的生活

云　鹤

风光明媚的江南，大家知道有两种求不来的胜景：一是山水，一是女人。不论苏州、嘉兴、杭州，都是以湖水著称的，因而轻嚲浅笑浓妆淡抹的水妓或者船娘也就出现了，嘉兴有名的就是那脍炙人口的所谓嘉兴海（船娘）陆（娼妓）空（尼姑）三种女人。在杭州也有西湖中的船娘，我现在把她们的生活来说一说。

以船为家。小船是船娘们唯一的生命，一枝篙是她们唯一的聚宝盆。用之不尽，取之不竭，而船舱中间地位虽小倒也分作前后。前面是一个铺位，上面安置着很鲜艳的被褥，铺前一个小方台，上面摆着化妆品和茶壶、果盘、茶盉等等，应有尽有。后舱是一个鸡皮鹤发的老妪，专司摇橹，她们兜好了生意，只有在船的时际，撑着篙子，以为进退，其余就坐在船头，或舱里和游客兜搭。

姿色美丽。船娘在现在的确进步多了，照样能够唱《桃花江》《渔光曲》《毛毛雨》《凤阳歌》，照样有着杨柳似的细腰摩登式的衣衫，蓬松的头发，浅笑轻嚲的姿态，还具着打情骂俏的绝技。有时使你说好四五钱的船娘，会发雅兴自动地增加到一元至二元，甚至沉迷于此中终日地荡来荡去，乐不思岸哩。

卖俏技能。这些船娘都是好酒量，因有游客们的宴会，可以叫她们侑酒，她们猜拳代酒，都是好技术，也是她们唯一的本领，同时也可得着额外的收入。游客们坐小船兜圈子，价目并不一定。首先，要看船娘漂亮与否，兜一个圈子，至少一块大洋，假如老太婆小洋三四角就可以了。其次，就要看你坐船头漂亮与否，假如你愿意给她们五元一次，她们也照样收下谢谢，只有啬于资而想坐着漂亮船娘船的，那就花了钱还要自寻没趣，因着她们眼光里是不是生意经，兜不着花钱的主顾，算是他们触霉头。于此可见，南湖船价是没有标准的，而船价的高低不在乎"船"而在乎"娘"，这是唯一的秘诀。同时游客们自己也应了解是游湖呢，还是船娘，须要认清才不至于自寻烦恼，否则花了钱是小事，而她们面部的表现却很难看。

每年收入。船娘们的收入，每年统计多的有四五百元，少的也有二三百元，这些还是彰明著的船资，而于私相授受的小账还不计在内。这一笔款子当然算不得少，不过她们的青春却在这种"见人欢笑背人愁"的卖笑生涯中消逝了。

《玲珑》1935年第23期。

衢州的茶娘

陆合丰

你跑进去时，她会领你到一间幽暗的房间，内设大多简单地陈列着一张台子，几条凳子，她去拿来一壶茶（十个铜板）、几盘瓜子（十个铜板一盘，但价钱不过一两个铜板），便亲热地坐在你身旁，送茶你吃，用舌尖舔瓜子肉你吃；你要摸摸她，她也不会发火，她反会笑嘻嘻的，让你摸个开心。

衢州在从前是衢属的省府，最近是浙江省的中心县，在杭江铁路上它要算是一个大站，在军事重心上它是一个要地。

在衢州现在也有黄包车，也有电灯，几家神气的店家也装着收音机，有钱的人也在效法"洋鬼子"造起了小洋房，街上公园内也可看到西装革履的摩登男女……总之，衢州一天一天地学着"摩登"起来了。

然而内在的低层，衢州也不能例外地闹着穷。过着悲惨苟延的生活的人们，差不多触目皆是。衢州的一大群茶娘就可代表这黑暗地狱生活的悲惨一页。

到过衢州的人，差不多没有不知道这批茶娘的吧？在五圣巷、西门、儿树巷、新河沿一带走过时，就有"喂，老板，进来吃茶！"一种软绵绵的声音飞进你的耳朵。

她们像上海"荐头店家"并排坐在门口（每家一个或二三个不等），身上大都穿着花绿的洋布衣衫，脸上涂得雪白而血红，也有少数效着女学生的装束。她们有时在门口低低地唱着"低级趣味"的流行"小曲"，来煽动你那颗正在跳动的心。

从前她们看见男人走过时，便要蜂拥上来拖拉。后来王县长觉得在这特别提倡礼仪廉耻的新生活运动当儿，这样的拖拖拉拉实在不太雅观。于是，下令茶娘以后不得硬拉客人，如硬拉，即作违章论，要罚钱。但话虽如此，拉还是免不了的。只要你呆呆地向她们行个"注目礼"，她们就要跃跃欲试地来动手。还有只要你在那里吃过一回茶的，她们就要认你做"老朋友"，下次走过时，她们就要老实不客气地走上来硬拉你。她们也深明心理学，晓得在这种场合下，老朋友是发不出火的。

也许有人要问："吃茶有啥吃头？"朋友，要是你真的这样发问时。那你真太老实了，那人家也许要笑你"寿头麻子""阿木林"哩？吃茶不过是个"名"，主要的自然还是在那个茶娘身上。你跑进去时，她会领你到一间幽暗的小屋里，内设大多简单地陈列着一张台子，几条凳子，她去拿来了一壶茶（十个铜板），几盘瓜子（十个铜板一盘，但价不过值一两个铜板），便亲热地坐在你身傍，送茶你吃，用舌尖舔瓜子肉你吃。你要摸摸她，她也不会发火，她反会笑嘻嘻地让你摸个开心。你要是高兴进一步的话，那你私自给她半块钱（普通不出两块钱）她就会陪你睡一夜。因此，一般"八老他""洋学生"（衢州有个初中）、"短衣人"……一切对女人怀有渴求的人，便成了她们的老朋友。

花茶店的生意，现在据说"不算退板"。一般穿长衣衫的"伪君子"认为到这些花茶店内吃茶，是难为情的卑下的事。然而，这是他们的"面具"和"门面话"，正像从前的道学先生，躲在被窝内偷偷地看着《金瓶梅》一样，他们也常常鬼鬼祟祟地闪进去混一下的。

　　从前，一般穿长衫的公子哥儿，认为到西安门外"花船"上去，才是体面的风流事。这原因无非是花船上姑娘的身价要高些。到花船上与那般姑娘"耍子"，先要打牌、摆酒，兜那么一个圈儿，花那么一笔钱。

　　但近来随着经济恐慌的深入，西安门外的花船，已经冷落得非常可怜了。不但这般穿长衫的公子哥儿也多转向这般"价廉物美"的茶娘，就是她们自己（花船上的）也有些改作茶娘了。

　　茶娘的生意虽然"不算退板"，但还成了老板们的"摇钱树"（因为茶、瓜子的本钱不过值十分之二）；相反，她们就算多受男人的"搂摸"，生活也未尝就见到"光明"。她们受雇于老板，每月的薪水不过一元（有许多还不到，顶多也不过二元，也有些是老板自己的女儿媳妇），虽然吃着老板的饭，但香粉、香水、胭脂之类化妆品要自己买的，诱人的衣衫要自己做的。试问一块钱一月，单买些化妆品还不够呢，怎么还谈到养活自己家里的人呢？于是她们只好被迫到"卖淫"那条惨痛的路。但她们所得的钱，连医"花柳病"的医药费还不够。现在已有好些达到第二期、第三期花柳病的人，就被强迫解职了。要是不幸被公安局碰到这种事体，还要倒霉，拉进局去，道你"行为不检"，非拿出"洋钿"来，你的罪还不会抵消呢（不管你是否已出花捐）。

　　因此，衣衫穿得好些的客人去吃茶，她们常要哀求着："我跟你去，帮帮你烧烧饭，洗洗衣衫好哩？"

　　然而，这哀求是她们真正的出路吗（衢州还有许多土娼，但她们的生活较之茶娘好不了许多）。

1935年4月底于衢州

《女声半月刊》第3卷第15期。

兰溪选胜

轶　刘

　　兰溪居浙江之上游，扼金衢之冲，闽北赣东皖南诸镇，船舶咸集于此。抱布贸丝，恃为转轴枢纽，故向来市肆特盛。自浙湘路成，陆运便捷，水轮代谢，而兰溪贸易，遂沦同僻壤，人事迁徙，信不可知也。兰溪之城无雉堞，高如通巷短垣，隍池迥异他处，盖不绕城外而环城内。穿城入，巨浸赫然当前，殊阔大，对岸皆石驳，轩窗四敞，人影如潮，盖皆市楼也。渡桥前行，越短巷始为通衢，石平如砥，密无机鳞，履之坚稳爽润，街衢宽广，远胜二十年之上海，内地小邑，乃逾通都，亦异事也。商肆宏伟整洁，比户列柜，净若明镜，绝无织座，肆中人衣履朴洁，不染微垢。水脉萦带，清澈明漪，小山四绕，爽秀朗润，故居民皆肌理莹洁，艳比朝霞，乐令中年，卫玠章甫，遍地皆然。尤以巾帼为最，丰若有余，柔若无骨，枇杷花下，复护门前，回眸一睐中，不知有多少销魂种子。其地密迩江山，九姓之后连樯比翼而居，土名"茭白船"，不知何所取义，予既久醉竹坡之遇，甫下车，便作问津渔父。先就饭于酒家楼，浅沼一泓，危楼半角，有略徇通其堂，登楼，玻窗环翠，四山送青，内膳堂而外茶寮，清洁明净，倚槛看山，凭轩听水，疑非市居，饱饮瀹茗，进侍者而叩之，遂得其门而入。下楼出水西关，即大江，沿江行，帆樯无数，有巨艘六七，展翼如雁行，瞰之有人亭亭，媚波欲流，遽引身下，舟中人出舱款接，眉以语，目以笑者十余辈，坐定献花，萧醇有异味，远胜绍属尼庵之鸳鸯茗，茶罢进烟，红锡包而已。既而瓜果糖点，杂然纷呈，有爇者手剥瓜仁而以舌进之，香唾未干，槟榔入口，洋洋乎欲罢不能矣，少选笑谑交作，宛转娇啼，伺喜怒如不经意者，真尤物也。稍间起行，泥人若不胜，与以钱，转作薄嗔，掷不受，盖其例并不取茶围金，仅恃宴客博资也。船舱极大，区为四五格，自鹢首而入，首为房间，铜床绡帐，方桌圆椅，洁丽特甚，中为客堂，可容五六十人，饮啄歌舞胥在是。次为更衣室，再次厨房，最后司舵所居，井然不紊。宴客肴核丰美，侑酒者清歌可达旦，不足则益以他一船，一席之需，连下脚仅十二元，碰和亦取十二元为止，以视苏锡船菜之浪费无度，相去奚啻霄壤，殆由于生活困难所致欤？船例禁亵昵，非积稔特殊者，不能真个销魂，年来商市萧寥，县令解放，率改他图，异时来者，必有人面桃花之感矣。

《申报》1936年1月8日。

浙东不幸的妇女

石 英

由兰溪西门沿江边走到南门，往西南隔江一望，那里有个棱形的青山，名叫横山，恰当衢港婺港会合的要冲，山的东麓和半腰，还有寺庙，明武宗御题"兰阴深处"的四字，就刻在半山的石壁上，把视线收回来，便见青山白寺，倒影江中，间得上下风帆的点染，真是一幅风光云影的美景画，再把视线一收，那你一定发现许多斜靠在岸边的画舫，和无数低挂在江岸的小茶楼，那就是一般富商消情纵欲的花丛，也是不幸妇女迫卖肉体的罪地。

兰溪之有花舫，不知起自何时，不过见诸记载的，却自洪杨始。此间是浙东一大水陆码头，商业日益繁盛，民国八九年之交，花舫多至九十余艘，可谓该业鼎盛时期。后至民国十六年，因受军事影响，把船只移搭浮桥，花舫便遭池鱼之殃。又到杭江铁路造成，游客锐减，花船营业更是一落千丈。去秋还有船二十七只，现在更已减至二十只。每只花舫有青年女子五六人，俗称船娘或"女船主"（有"女招牌"之意）。游客上船小坐，款待烟茶，可不花钱，若吃酒席，或令唱曲，或打麻将，往往挥霍甚巨。可是究其实际，终与善良风化大有妨碍，县府曾拟严厉取缔，惟恐舫户和舫女一时无法谋生，所以只好采取缓进政策，徐图补救。目前各舫所有舫女，都由舫主以"养女"名义，从穷乡僻壤，自小价买而来，表面生活，似乎是风花雪月地过着，实际所受的痛苦，却是人间的活地狱。此外上游衢县，也有花舫，同受商业衰微的影响，都日益加深她们非人生活的悲运。

兰溪沿江的那一排茶楼，因为建筑在江岸边，楼比街道还低七八磴。若去喝茶，与其说是上楼，毋宁说是下楼。游客一下茶楼，躺上靠椅，此间特产的茶娘（大约四五名）

就一拥而上，替你倒茶，替你剥瓜子，任意卖弄风骚，诱惑顾客。若茶客不止一人，她们更显得特别的辛苦，好像走马灯似的，来回轮着招应。假若客人要吃烟，她们还把火柴用魔术的手腕弄燃，飞快地点在你衔在口中的纸烟上。更艺术化的，就是刚好把碟底铺了一层的瓜子，一粒不多，一粒不少。前两碟不会吃完，后两碟又双双送上，你一人毕竟吃得有限，但是游串成群的她们，却不客气地连吃带藏，不消一刻钟，空碟便重迭成两尊宝塔，可知仅此瓜子收入，为数已大可观，何况小账在外。据该县商会某君谈，如此茶楼，约在二百家。凡来游的茶客，其闲情逸致，也不在茶，而在乎别一境界之间。茶娘也是乡间的贫苦妇女，由茶楼雇用，月薪仅三四元，她们对于额外收入的希望很低，故一般冶游子弟，一下茶楼，就像跌入楼外的大江，未由自拔的也极多。现县府已设法改善，不准她们出楼接客或送客，所以"不准"云者，是因一接一送之间，还另有文章在。邻县的茶楼，如金华、龙游、江山等县都早已受了蔓延之症。最近，衢县发生一桩暗杀案，查与茶楼女侍有关。当地驻军，因严令取缔，一般茫茫然如丧家犬的茶楼之花，不得已乃纷纷逃往邻县。兰溪是她们的发祥地，尤为众望所归，虽有金城汤池，莫之能御也。

兰溪、金华各县，还有"重男轻女"的恶俗，同时也是造成船娘、茶娘以及土娼的因素，一般中等人家不愿养过多的女孩，贫穷农户更不愿养女孩，因此生了女孩，竟有处以野蛮手段的（县府已早出布告禁止）或者暗地弃于富户的门前，或者写信通知育婴所来收养。近几年来，因为沪杭各埠雇请乳母的加多，此间弃儿弃女的，也更加多了。

《申报》1936年7月20日。

兰溪风月：茶娘 酒娘 船娘

游 旧

兰溪是浙中的温柔乡，那里的女人，得山水灵秀之气，特别秀丽柔媚，令人可爱，无边风月，名著艳名，游其地者，往往流连忘返。因此有人说，兰溪之繁华，多半是得力于女人的诱惑。的确，这地方是当得起"小上海"的风雅号。在过去，谁不说这是一个酒和肉交织的市场，民（国）二十二（年）改了实验县以后，在风俗方面是大大地改革和整顿了不少。可是留在人们脑子里觉得这是一个神秘的地方，尤其是曾经过这儿的异乡人，这是很浓厚地憧憬着这个桃色的城市。

兰溪立于金衢之间，自民十九年杭江路通车后，交通更便利，商业繁盛，驾乎嘉湖之上，笔者寄迹兰溪两年，各种令人销魂场所都到过，现在将这儿的茶娘、酒娘、船娘三种角色，简明地介绍一下吧。

茶 娘

兰溪的茶寮比别县多，全城统计约一百二十家，而且有普通茶寮与家庭式茶寮两种，普通的多半开设在西门城弄一带。一条带一样狭长低湿的弄堂，弄的起端到终点有八十余家，茶店房屋的结构很粗陋，低矮淋溢，那么寒酸的样儿，但是饮茶客人，偏偏依恋难舍，这不能不说是神秘吧。普通茶寮多雇佣年轻女侍，每家四人六人不等，但多半面貌平平，她们自金衢一带和本县各乡为生活压迫而干些类乎卖笑的生意，月薪视面貌好坏而定高下，至多不过六元一月，她们的小账倒往往在正薪之上。家庭式茶寮，半数设在塔岭板一带，墙门大厅，不知者或初到其地者怕不敢问津，所费茶资略贵，内中附设酒赌等事。自实验县成立，对于茶娘严格限制和登记，并不许在门前拦路拉客，所以生意冷淡了不少。便是普通茶寮雇佣女侍，也有了限制，按期抽签，只许减不许增了。

酒　娘

"酒娘"这个名称似乎很生硬，但是我们看到酒店招待客人的少女叫她为"女招待"固然可以，叫她为"酒娘"亦无不可，这样一说明，"酒娘"的相称，觉得比较"女招待"来得更神秘呢。兰溪的酒店也多半雇佣年轻女子为侍者，在东门一带更多，这种酒店有一种规矩，如果你要打算去喝一杯酒，和一个女侍谈谈，那么你走过酒店时，眼看到一个一个关着的酒室的门帘放下的话，那里面一定已有主顾，你可知趣一点，可往别家去找酒娘攀谈了。那儿的酒娘多半是自己的女儿，而且有几个很天真，会给你斟酒剥花生，你一个人喝着，旁边立着的是那么一个殷勤多情的人儿，够多么有味，安得不多喝上几杯。

船　娘

兰溪的花舫是有名的，历史也很久了，本地人多叫作"茭白船"。生意最盛时，是在民十五年至十八年几年中，最近年自浙赣路告成后，商客多不在兰溪住夜，所以他们受了致命的打击，生意一落千丈，惨淡得难于收拾残局。花舫多半泊于兰江一带，为供给旅客或当地有钱者作乐陶神之用，船中有船娘四五人六七人不等，多装束入时，丝竹赌具应有尽有，入夜是燃着白色的煤油灯，有客降临时，三数船娘即檀板轻拍歌喉婉转地唱起来了。夕阳时节，散步江岸，往往可以听到这声调。不过，现在的江边，入夜不容易找到七八年前那么灿烂的灯光和动人的歌声了，只有几片晚云，映入几只死静的冷落的花舫。

《现象》1937年第22期。

浙省特殊民族

李振茂

吾浙有特殊民族四种，曰九姓渔户，曰惰民，曰畲民，曰蜑民。自来为一般平民所不齿，惟九姓渔民与惰民，数量不多，而考其为平民所不齿的原因，前者不过因"陈友谅被灭，其子孙九族，为明太祖所俘，贬入舟居……"后者不过因"赵宋既亡，子孙见哀于人，而人与之食，食之者多，遂不事生产，多以丝竹娱人，日久流于惰，故曰惰民。"实为专制余毒，在现在青天白日之下，已上解放之轨道。至于畲民与蜑民，传为上古夷民之后裔,性质尤为径庭,兹不辞拉杂,略述各特殊民族概况如次。

蜑民。蜑或作蛋。蜑民亦称蜑户,俗呼裸蹄。传系南夷一种,多居闽广海滨,业渔。浙省象山有之,捕鱼为业,以船为家,衣食住各项自成一风,与齐民异,今则亦有错居陆地者,象山县属石浦、盐仓前及附近一带,均为若辈之居处。人口无统计,不知确数,若按照推算,总数当在万人以上。其职业男子咸以捕鱼为生,妇女则佐理家务、结网、编草帽及在轮埠贩卖食物等,吾人若由沪搭轮之温台,中途轮靠码头时,一般女子上轮叫卖煎鱼与鱼生粥等,运其珠喉,周旋于顾客之前者,即此辈蜑女也。蜑民男子装束,与普通同,惟色尚蓝,或以紫黄二色帆布为衣。此种帆布,即船上所用之帆,因年久破裂,不堪再用,乃裁制成衣,取其雨天不易受湿。裤短也仅及膝,裸足,裸蹄之名,有由来也。女子梳发作螺状,不事修饰,长衣短裤,足亦裸,故呼蜑女为裸蹄婆。今亦有短发旗装,朱唇粉面,革履丝袜,俨然时髦女子,不复当年态矣。其居处类多浮水居上,或傍海而居,屋以茅编,或以瓦盖,鳞次栉比,极其稠密,屋甚低,用避海风,屋前有广场,外围竹篱,作晒渔之用。室内牛栏鸡栅,厕所厨房,皆杂一处,触鼻尽是臭气。盖蜑民因教育关系,根本不知清洁卫生也。蜑民粮食,以米麦为正宗,蕃薯次之,菜肴除自手植外,喜食盐虾、鱼肚、蟹酱、虾酱、鱼生、虾皮等自制食品,不向外购。年则杀猪一头或两头,以盐咸之,供一年之食。蜑民又喜饮酒,入海捕鱼时,必携带一二坛,以所捕之鱼作下酒物,如逢鱼旺,所获较多,饮酒之量亦宏,酒酣则扣舷而歌,歌竟又饮,其乐陶陶,一种无忧情态,置身桃源者不啻也。

渔户。渔民仅九姓,即钱林李袁叶许孙等是。其由来乃传说不一,言人人殊。或谓本陈友谅部水师,明太祖即位时,初欲坑之,经刘基一言始解,贬为水居,而被斥为渔民,不得与齐民齿。或谓系宋亡国大夫遗族,于宋亡以后避世来此,其不肯舍舟者,即示不愿践元土也。又有谓渔户之女,多操淫业,顾施肩吾诗中曾有咏及,则唐诗早已有之矣,此类说因不知孰是孰非也。九姓渔户居于钱塘江上下游一带,自杭市江干起,经富阳、桐庐、建德、兰溪、龙游而迄衢县、江山等处,绵亘数百里,皆有其踪迹,今亦有侨居各地者。其人口因无确切统计,故尚付阙如。渔民语言,与各地方言无轩轾,其间尤以类似江山语者为最多,妇女带兰溪口音。其知识极为幼稚,盖因经济所限,及朝夕往来各地,无固定之住所,致不能令其子弟入学攻读,良可惜也。其服饰与普通相似,男子多短衣,妇女装饰,在曩昔以卖淫过活之江山船中,亦有不少婀娜妩媚之少女,惟大部崇潇湘式派,殊无健康之可言。今此辈卖淫女,自经党政当局严厉取缔后,现已逐渐淘汰也。渔民饮食,悉如常人。对于佛教,颇为信仰,每一船中,皆设龛供奉周宣灵王。传周宣灵王系司风雨之神,每遇暴雨狂风,赖之得化险为夷,故男女老幼咸祭祀之。船作长方形,前后两端稍尖,以便行驶于钱江上游,船身虽不宏轩,但日常必需应用物品皆周全。盖船每遇运输货物行驶时,已无法向他船借用物具也。渔民婚嫁礼节简便,待结婚之日,更少铺张,男女两家之船,共泊一埠,男挂灯彩,举行仪式,共埠亲友皆往志贺。又渔民生活,俗谚喻为神仙老虎狗。狗指逆风时拉牵之状,老虎指掌舵摇船之时,一遇顺风,日行数百里,静坐船端,口唱歌谣,悠悠然,其快乐状态,虽神仙不啻也。

畲民。畲民不知所自来，惟据《浙江通志》有"顺治十八年浙江巡抚朱昌祚，因闽海交证，迁海滨之民于内地，给田给牛，俾安本业"等说。又谓《处州府志》亦谓其系："由交趾迁琼州，琼州迁处州，土著者遂斥为盘瓠遗种，良因昔范蔚宗《后汉书·南蛮传》谓：'高辛氏有畜犬，曰盘瓠，尝衔犬戎将军首诣阙下，帝妻之于女，入南山，其后号曰蛮夷，自长沙武陵，至交趾咸称焉'"，故有此误也。畲民本散居旧处属十县，其后有从处州迁移至温衢者，总数约有十万，但据民国十八年时民政厅调查，全省共只四万四千一百零六人。以景宁县为最多，遂昌、丽水次之，宣平、平阳等又次之，他如龙泉、青田、松阳等处，亦均有若辈之足迹。姓氏仅蓝雷钟盘娄五姓，但娄姓绝少，故通常只知四姓。四姓之中，以蓝雷两姓为最繁衍。其行次各有一定，如雷姓系以大小伯千万为行次；蓝姓则增一念字，周而复始，不得紊乱。畲民言语，与粤音相似，与处州土音则迥不同。畲民在前清时，向不准考试，迨后嘉庆八年，仪征阮元抚浙，始开禁例，现曾受普通教育者宛若凤毛麟角，受高等教育者仅蓝绚等一二人耳。畲民多以农为业，夫妻并耕，不辞劳苦，间亦有作行郎者。行郎即舆台之属，盖贱役也。畲民以衣色之红青，分阶级之上下。其衣色之红青，则以祭祖之多寡为断。盖畲民以祭祖为荣，祭祖一次者，准穿红衣；其子又祭祖一次者，乃穿青衣。衣长三尺，袖长一尺许，镶以阔边，与僧衣大略相似，惟多系用麻布制成，寒暑不易。天寒冷时，则取薪烧火，四周围以烘之。畲妇皆服青衣，阔领小袖，用带不用钮，亦颇似僧衣，下部则多着青裙，而无裤衣，腰束赭色衣带，足登草履，并不包裹，但如在家，则改作木履，作客则另穿青鞋，鞋头绣有红花，缀以短鬃数基，大步彳行，以为美观焉。其头部，皆带有竹筒，径大寸许，长约二三寸，筒外以赭色柳条布包之，布外又镶以银质，而在后部饰以长约尺余、阔寸许之大红标布乙条，两旁缀以石珠，其珠大如绿豆，色不一致，或蓝或绿，以线贯之，有每串长至二尺许者，此为畲妇之唯一装饰品。若系女子，则仅以花布为帽，不过其色则仍以畲妇筒外所包裹者相同。畲民不知卫生，每食以无余相矜。又好饮酒，以饮酒为唯一补品，大有五柳先生风味。其为行郎者，遇有婚嫁，必须与九大碗与食，醉饱之后，杯盘狼藉，恬不为怪。其住所均以茅屋为之，或盖稻草，或盖衫皮，绝少有以砖瓦盖者。其屋又多在山麓，盖喜山林也。屋内污秽不堪，牛栏猪栅，近在咫尺，或云若与城市厕所相较，犹觉彼善于此，非过言也。畲民对于佛教，颇为信仰，每届天旱必舁神像祷祝，男女老幼咸趋之，不敢有所踟蹰也。其民风淳厚，不喜交际，对于土著，虽已二百多年之悠久历史，亦尚时抱疑惧态度，故有至其居处寻人问讯者，畲民每隐而不告。但若值天寒，彼辈取薪烘火之际，则即素昧平生者，迳往与其围坐，彼亦欣然色喜，烹茶煮饭，尊为上客。畲民婚嫁，不禁同姓，礼节极简，有以一言为定者，有仅取数千文为聘金者。结婚之日，更少铺张，凡为新人者，皆自步行至其夫家，沿途歌唱，其乐陶陶。至于妆奁，除耕具而外，别无长物。畲俗重农，于此可见矣。

惰民。本省惰民共约六万数千人，类多散居浙东一带，尤以绍兴之三大街为多。他如绍兴安昌之彭家溇、宁家桥、阳家弄、马山、夹漊以及柯桥等处，咸有若辈之部落。惰民职业大抵以开设破布行以及收集鸡毛、鸭毛、鹅毛、头发等行为最多，平日分往各处，收集废物，加以整理，即大批运往沪上等处销售之，闻获利颇丰。其他普通惰民，除耕种田地外，及学鼓手、清音及优伶（指绍剧而言），妇女等为喜庆婚丧之家作喜娘，俗称老嫚。惰民服饰，男子大率与常人无异，惟留后发颇长，额上去发甚高，盖便于化装演剧者也。惰妇衣着，亦悉如常人，惟其头发端皆扎有长约八九寸之方架，用如意簪插在发上，出外时恒带圆形竹篮一只，吾人呼为"老嫚篮"。惰民教育，本甚幼稚，自民国以来，经党国伟人蔡元培氏极力提倡，遂发起创办同仁小学，专收堕民子弟入学。近年来曾受中等教育者，颇不乏人，亦有已受高等教育者。但多数惰民，因限于经济，仍令小孩学唱绍剧，以资生活。惰民皆信"祠山大帝"，俗称"老郎菩萨"，凡关于若辈之财运、流年、祸福，莫不至祠山大帝前祈祷之，传大帝是创办梨园，发明霓裳羽衣曲之唐明皇，故尊之为剧中开山鼻祖也。

《浙江青年》1937年第4期。

杭甬段沿线的特殊民族

秦 人

我国有许多省份，因史地的特种原因，遗留下各种习俗不同的特殊民族。

浙江省地位虽不算僻远，却也有四种特殊民族。

旧金衢两府属的畲民（畲读如斜）。

象山沿海一带的疍民。

绍兴宁波一带的堕民。

钱江上游桐严一带的九姓渔户。

《京沪沪杭甬铁路日刊》1937年第1912期。

兰舫女子踊跃参加训练

当地人民的热烈情绪，也并不后于其他各地，在社会方面，县党部民教馆在各镇都有救国团体的组织，鼓励各镇居民踊跃捐款救国。记者至民教馆询问，据说他们自沪战爆发以后，便积极地组织地方民众，开始在市区，对各户居民指导防空防毒及救护的方法。现在，他们仍在进行组织民众的计划，希冀每一个兰溪的人民，都能有充分的战时智识及救国的思想。同时，妇女方面亦颇有组织，除了妇女救护班外，他们亦计划训练兰溪的花舫女，因为在兰溪江畔，有许多的花舫。据县政府最近的调查，城区有花舫二十一艘，舫女九十人，年龄大都在十八岁至二十一岁间，然在这个十九（似为九十？）舫女中，能识字的仅九人，其中略具刺绣技能者八人，其余都属不识字而毫无技能者。而且这些舫女，平时大都空闲，所以计划积极地训练她们，使她们亦能为国家服务。其次，兰溪在城内西北城弄一带（包括上溪、下街、驿前、北津街、下长街等处），有茶室八十九家，她们都雇用茶女招待茶客，共计茶女有一百三十二人。这许多的茶女，年龄在十七至十九之间最多，故亦授以救护的智识，使为国服务，同时大部的舫女及茶女，她们亦都很愿意受此训练，这种精神，委实值得敬爱的。

《申报》1939年3月21日。

浙江兰溪船娘在受训中

说起兰溪的花舫，同时使我们联想到南京秦淮河畔的画舫来。不过，前者仍在供人作游乐的场所，而后者却使人凭吊而已。立在大云山麓，那碧绿澄清的流水，远处点点的帆影，令人大有"烟笼寒水月笼纱"的意境。兰溪适当婺江、新安江、衢江的会合口，水陆交通四达，为苏浙皖赣四省通商的要津，各地货物都在这地方集散，形成了繁荣的市面，一般水客们都聚集到兰溪来购买货物，因了生意上的接洽，货主们欢喜这般大顾客，花舫于是做了他们唯一的应酬场合，请酒呵，打牌呵！每当华灯初上，丝弦歌管，猜拳喝令，把静寂的一条兰溪江闹得喧声混杂，从午夜一直到天明。花舫除了一般大商贾们作宴乐的场所以外，在前清时代也用他来迎接贵宾，当大主考来省时，到桐庐七里泷去迎接的船，就用这种花舫。有一位新任钱塘县的县知事，乘着花舫到杭州去上任，老板娘看准了这位新贵惠顾是一笔好买卖，于是在白天里扬帆向杭州前进，一至晚上，就在一片丝弦歌舞声中掉转船舵，向来路驶回，原来从建德到杭州只要三天的行程，而这艘船那么去而复返地来回走了足足三个月，这位县太爷给声色迷住了心窍，倒并不觉得这船走得慢了。

兰溪的花舫始于何时，现在已无从查考。花舫的老板都是建德县人，船娘大都是从小买了来，然后教以丝弦歌唱，虽则兰溪多的是花舫，可是船娘却没有一个是兰溪人。一艘花舫的造价平均在千元，内部布置真是富丽堂皇，每年的修理费也得花上四五百元，大的花舫有三四十人吃饭，船娘也有二十多个。停泊在兰溪西门、水门、新码头、南门、桃花坞一带的花舫，多的时候有八九十艘，现在盛况虽不如前，但也还有三四十艘。抗战使得中国妇女运动有着飞跃的进展，各阶层的妇女在抗战影响下，有不少参加实际工作，从小就在黑暗势力压制下度着悲惨生活的船娘们，在兰溪社训总队的召集下，洗去了浓厚的脂粉，热烈地来参加。这般弱不禁风的妇女，居然脱下了旗袍和高跟鞋，在曙光刚刚透出大地的时候，用大云山脚下雄壮的歌喉，振动了每个人的心弦，蓝色的衣帽，集成一支蓝色的队伍，在青葱的郊野下，像一条青龙似的蠕行着，汗水豆般地不断流下来，急促的呼吸，严肃的表情，沉重的步伐，两个月的锻炼，变成了结实的臂膀，棕黑色的肌肤。虽则，她们受生活的鞭策与环境的限制，使她们没有机会和能力来正确地认识与深切地了解抗战中的一切，但那炸弹碎片下丧生的血肉模糊的印象，已深深地印在她们弱小的心灵上，一股不可遏制的愤怒，从她们的内心透泄出来，她们将用自己的力量，担负起每个国民在抗战中对祖国应尽的责任，她们将不再甘心过那悲惨的生活，她们不是空谈的理论家，她们将是妇女工作的战斗员。

《良友画报》1939年11月第148期。

江山船女

朱太真

浙江江山船，有栏杆、头亭、蕉叶白等名，其陈设也华而洁，其饮馔也精而新。船各蓄美姬二三，甫及笄者，谓之同年妹；齿少长者，谓之同年嫂。大抵桐庐严州人居多，同年固桐严之讹也。各姬有亲生者，有购养者，儿时即延师教之度曲，弦管擅槽，靡不精晓。凡仕官客商登舟，饮食起居，皆若曹伺奉，无须厮仆。其目听眉语，类能曲如人意，往往客子被其迷惑，赀罄身殉，在所不惜。故初登其舟者，无不各有戒心。以予所闻顾生袁姬一事，则诚千载不易得之遭遇也。

顾生江东人，少年俊美，抱翩翩元瑜之誉，傅食于公卿间。往来钱塘江时，乘袁翁之船，翁有养女阿翠，年才破瓜，色艺冠时。生爱恋綦殷。会杭州太守聘书记室，笔札有暇，即往就姬，凡栉沐饮啄，皆自为姬给役，历久不厌。如是者二年有余，生情日密。姬则淡漠遇之，每欲留宿，辄拒不纳，旁人多为不平。即袁翁与媪，也窃窃怜生而怪姬薄情，姬不之顾。而生也不以为蒴也。明府某公，任侠好义，素与生友善，以爱生才而怜其太痴，愿出千金为姬脱籍。生大喜，商之翁媪，诺之，转以问姬，则抵死不肯，说之再三，始勉强应诺，并与翁媪约，亲迎之，次日即归宁，凡舟中己之妆奁什物，毋许动移。叮嘱谆谆，翁媪极口许诺，然后兑金署券，至亲迎之次日，姬请遵约归宁，下午即返。薄暮，城门已闭，足音杳然。生竟夜徘徊，起坐太息，目不交睫。

诘旦，急往寻其舟，已挂帆不知所往矣。生望江水渺漫，烟波无际，懊恼如焚，愤欲蹈流而死。继念徒死无益，姬他日琵琶别抱，更可无忌。不如忍息以侦察之。乃嗒焉若丧，走语明府某公，求为画策。公劝生：“既姬不愿，亦姑置之，比嗜笼鸟，野性难驯，终思飞去。以君之才，自人佳偶，况烟花中人，有情者少，亦何必恋不割爱，而自贻伊戚哉？”生殊不以为然。遂独买舟沿江踪迹之。后至严州城外，见城墙下袁舟舣焉。姬方倚门与翁闲话，睹生至，返舟遽入，若不相识。生登与媪翁寒暄。已呼，姬不答，愤恨莫遏，狂叫谯诃。姬四顾他语，置若罔闻。生无可奈何，遂具状诉诸郡守。郡守拘姬，至，讯之，姬哓哓强辩。郡守问生，究竟意欲何如？生出券呈验，坚求合璧。郡守如判，饬令姬归，并反复开谕，以后当与生和好，无再参商。姬既归舟，怨恨之情形于词色。翁媪从旁规劝，亦谓当赘生于舟，免遭物议。姬摇首不语，劝比再四，始与生言定，两舟相并，每夜自携衾枕过生舟就寝，日则仍回己舟。生不得已曲从之。

自是肃肃宵征，抱衾与裯，夙夜必偕，习以为常。相居半载有余，琴瑟静好，翁媪窃慰，以为可从此白首鱼水矣。一夜，月白风清，漏二下，姬察袁舟人已熟睡，乃遍悄呼生舟人起，戒务高声，自于裙底出匕首一柄，长尺有半，白如霜。又出白金二百金，指谓众曰：“公等若听妾言，请以此金相酬。不则请伏刃而死，于汝舟也有所不利，愿公等决焉。”众相顾错愕，莫知所指，金曰：“汝能效力，敢不如命，但请相示。”姬袖刃低声告曰：“若然，请公等纳金，悄将前后缆解开，切勿惊觉邻舟，乘今夜风利，开帆向杭州速发，抵岸尚不吝重犒。”舟人如言，解缆将帆拽满，兼程驰抵杭城。姬大喜，问生城中有赁屋否？

曰："有"。姬乃厚犒舟人，急招人担荷什物，偕生入城。笑谓生曰："妾今日方是君妇。生问何谓？"曰："后自知之。"

先是生舟夜发，味爽衰舟始觉，翁媪愤甚。急张帆追至杭州，入城见姬，责其背逃之罪。姬谓："嫁夫随夫，何谓背逃？翁姆尚念旧好，请勿赘言，后日尚可往来；不则从此斩断葛藤，两为陌路矣。"翁媪以姬明决，悔恨之极。欲讼官，以前既凭判署券，后又以郡守判断，更难翻覆。乃白眼瞪视，垂头黑慨者久之。不得已甘言强笑，订盟而别。盖姬平日私蓄，固有万余金，嫁生断难携带，必如此作为，使翁媪不觉，然后两舟相并，便好陆续携运。若稍露声色，则防察必严，丝毫莫敢矣。其机甚警，而其心亦甚苦矣。姬寻出金为生纳赀县令，所在悉著政声，皆由内助之力居多焉。

《五云日升楼》1940年第 2 卷第 2 期。

浙东的江山船娘

逸 虹

到过浙东的人，都知道有一种江山船，船上有一种女人，那就叫江山船娘。记得战事没有发生之前，在杭州来江山船到金华、兰溪或者衢县等地，在钱塘江上船，就可以看得见这班江山船娘坐在船头上浓妆艳抹，向着旅客们做着媚笑，这无异于勾引旅客，好乘她们的船。江山船娘，因为这些船主人以前都是衢属江山人，她们船上多的也就是江山船娘，不过，像衢县、金华、兰溪人也有，她们大半是船主的女儿，或许是养媳妇。这些船娘们，著有特别的风韵，她们在从前都是梳着长辫子，脸上微微擦了些胭脂粉，她们的身体大都是很健美，因为她们除了做笨重的工作，空了就坐着摇橹，这样一天到晚不住地运动，她们的身体是要特别的健壮了。所以，她们的肌肉发达，往往是许多城市的摩登女郎所不能及的。说也奇怪，在她们的皮肤虽然是天天给风吹日晒，可是仍然是十分白皙细腻，有时她们喜欢放开珠喉，咿咿呀呀的摇橹声中，唱着"正月里来是新春……"这可以证明一个少女，在青春期里，是一个最甜蜜的时期。近几年内，江山船娘也不似从前了，差不多的江山船上，也不时地能够发现剪短发卷的头发，穿皮袍着皮鞋的摩登姑娘，也有很多的给摩登所风靡了。

别轻视了江山船娘，她有的也很规矩。虽然在表面上她们向你做媚笑，可千万不能误会了，这是她钟情你，对于你是有意思了。往往有许多小伙子，他们都不由得误会船娘的笑，是钟情自己，爱自己，以致花费了不少的金钱和精神，结果是空费心机。因为她们向旅客卖弄风情，这也是生意眼，不外是使你第二次乘她们的船罢了，至于你要想和她们真正销魂的话，那是不很容易，至多你在她身上偷偷摸摸罢了。不过，有些人也有不少因了乘船与江山船娘结了五百年的姻缘，甚至有的船娘还能服服帖帖地跟你私奔。这些，是要看你的本领了。

《奋报》第 415 号 1940 年 5 月 26 日。

浙西之船妓

　　船妓之多,莫过于浙之四隅,而犹以金衢严三处为最盛。妓均浙产,而严籍更多,举止动作轻盈婀娜,要么本来面目,另有一味天然趣味也。余早年曾服务衢县,该地消遣娱乐之场所,公余之暇,辄与同事周旋于朝京埠之妓船。是埠为全县水陆交通之要道,其有妓船十七艘,船之大小与浦江停泊中的帆船等,舱内隔为六间,第一间为头舱间,凡初识之客,尚无大交情者,倘有客在船,则初识之客,只得坐在头舱间;第二间为摆酒碰和间;第三间为放帐间,放蚊帐间即客与妓私交成熟之时期,摆过"大夜饭",可在此间幽会;第四间为冷铺间,客与妓交情已厚,但未摆过"大夜饭",及未经鸨母之许可,只可独宿冷铺;第五间为本家间,及鸨母家属及未成年之幼妓,均居此间;第六间为厨房间。六间之内,以第一、第二、第三间陈设最洁,茶几椅子,无异于富家之客堂,铁床镜台,不亚于闺楼之绣阁,篷沿舱板,均糅黄漆,时加揩拭,光可鉴人,客入其船,辄忘其所在,真有乐而忘返之慨也。妓均不事浓妆,最喜洁净,最擅小调及金华通行之昆腔,唱者手抱琵琶,连弹带唱,嘤嘤,娓娓可听,惜纯系严州土腔,不若吴音之委婉。十七船之中,能唱京戏者,可谓凤毛麟角,仅一二人耳,且所唱只《卖马》《碌砂志》等三四剧老调,胡琴乱扯,悉不合板,初入船之幼妓,每日清晨,习学戏曲,杀猪杀羊之不入调声音,闻之殊为可厌。一船之内有妓六七人,或四五人不等,客如为择好歹声音乱取,则妓必笑,名曰"老佛倪"。"老佛倪"者衢州寿头之代名词,即上海十三点。

《奋报》1940年7月9日。

九姓渔户

　　野史说元朝末年,曾称帝的陈友谅死了,他的部将残卒逃窜,剩下的散居严州一带捕鱼撑船。刘伯温劝朱元璋免杀他们,改作渔民,但定下不许陆居,不准改业,不准读书等限制条件。因为当初贬放的只有陈、钱、袁、林、叶、孙、李、何、许这九姓,故一直喊他们为九姓渔户。九姓渔户供奉周宣灵王。

《东南日报》1945年6月28日。

江山船娘

南　风

　　浙江东南各县,地境多属山峻岭,河流狭小,往来交通工具,陆路除较重要者外,均辟有马路,汽车往来,水路除钱塘江外,余者均属小江浅滩,大舟难于行走,一切均仰仗小型之民船。由富春江溯江而上各县,其船户大都是江山籍,这种小船,因舟行缓得非凡,一县至一县路程,往往要行走三四日之久,尤其船户除一个妙龄少女任撑舵外,余系一老头或一老妇帮同而已,因之这江山的船娘,其命名由此而来了。江山船娘唯一的特点，是招呼你非常周到体贴，当你在长长的旅程中，欣赏着富春江的大自然风景之下，胸怀虽欣，但仍免不了要勾起寂寞的境地。这时候，你当着美色在前，自然要和她搭上两句，她立刻会和你谈上了，讲讲新奇的故事，唱几首流行的新歌，温香在傍，似依似依，柳下惠到了这个地步，自然而然有到混淘淘，这样由白天消磨到夜晚，她还会不断和你瞎搅，如果你有动于中，在半推半就之下，也许很可以成其美事，这里没有开需索缠头之资。无非是希望你到了目的地之后，正账之外，另行加些特别费罢了。江山的船娘不像别的地方的女人，喜欢卖弄买俏，她淡妆素抹，是纯粹的农村打扮，所以特别引人好感，她们对青春非常宝贵，一至稍有积蓄时，马上就择人而事，到了婆家就安分宗家，成为贤妻良母，所以那里娶到这种船娘的儿媳的公婆，也并不以她干过船娘，觉得并不是坏的女人。

《东南风》1946年第3期。

既健且美的浙东江山船娘

马克昌

　　大凡到过沪杭线嘉兴南湖的，无不知道在那里有着美丽青年的船娘，而到过浙东的，也都知道江山船娘的艳名。笔者旅居浙东有时，对于此中情形也略知一二。我们如果从杭州乘江山船到金华兰溪或是衢县等地，在钱塘江上船，就可以看到这班美丽青年的女子坐于江山船头上，向着旅客们做着媚笑，吸引旅客们去乘她们的船，这就是所谓浙东的江山船娘。江山船娘，她们大半是船主的女儿，或是童养媳妇（因为江山船的船主人和船娘，都是从前衢属江山人，所以简称江山船）。这些船娘们，皆有着特别的风韵，她们大都梳着两条小辫，布履粗服，脸是微擦了些脂粉。她们的身体，大都是很健美，因为他们除了做笨重的工作，空了就坐着摇橹，这样一天到夜不停地运动，当然身体是要特别的健壮了。所以她们的肌肉发达，曲线美得暴露，往往是许多都市女性所不能及的。最可怪者，就是她们的皮肤，虽然天天被风吹日晒，可是仍然是十分白净细腻。有时，他们开心了，就放开那珠喉，在咿咿呀呀的摇橹声中，唱着："头七到来哭哀哀……"的小调，使旅客们听了，也为之神往。尤其在这季里的时候，她们皆穿了一色的青蓝夏布服装，头上戴了褐色的草帽，更显出了她们的活泼美丽，在辽阔的江面上，远远望去，真有如天仙一般，如果在傍晚的时候，与美丽的晚霞相辉映，便成了一幅天然幽雅图画。她们虽然举止很轻浮，但其中也有很规矩的，很至诚的，不过无论如何规矩至诚，当向你做媚笑的时候，可千万不能误会，她是钟情于你，对你有意思了。笔者曾亲眼看见有许多青年游子，误会船娘的媚笑，以为是钟情自己，以致花费了不少的金钱和精神，结果弄得身败名裂，不堪收拾的。在这里，笔者顺便寄语青年游子，对于女色万不可迷恋，作客他乡，逢场作戏，固未为不可，然亦须步步留心。谚语云：女人如蛇蝎。诚不谬也。

《风光》1946年第16期。

富春江上的九姓渔户

叶叶风

提起富春江上的九姓渔户，先得说一大段野史。元朝末年，那个在采石矶称帝，建国号为汉的"水上英雄"之陈友谅，中了朱元璋的流矢，死在鄱阳湖中后，他的败将残卒畏忌朱元璋的威武，东逃西窜，剩下的得于不死的，就散居在浙江严州一带，捕鱼撑船，在富春江畔度他们的亡命生涯。之后，朱元璋做皇帝了，记起这笔账来，准备把这群无家可归的流浪汉活活坑死，但是军师刘伯温，却力劝朱元璋莫杀他们，改为斥作渔民——因这陈友谅是个渔民之子——并且定下许多苛刻条件，来限制他们，像：（一）永远不准陆居；（二）永远不准改业；（三）永远不准读书；等等。富春江上是依家。从此，在钱塘江的上下游一带，自杭州江干起，经桐庐、建德、兰溪、龙游，一直到衢县江南那些地方，都成了他们贬居所在。又因为当贬放的只有陈、钱、袁、林、叶、孙、李、何、许这九姓，所以直到现在就喊他们"九姓渔户"了。现在桐江水面往来的那些溪船，和停泊在两岸浓荫底下的渔舟，几乎全是九姓渔户。

在兰溪的商埠，衢县南门外的小船码头，从江山帮严州的几千溪船丛中，也三三五五地凑着些他们的船只。不过，你要不是一个惯于水行的人，无论如何分辨不出谁是江山船，谁是九姓渔船。下面，让我告诉你一些九姓渔船内部情形和他们的生活状况。

神仙、老虎、狗的生活。"狗"用来比喻九姓渔户的"安逸""勇武""辛苦"的生活状态，确是最妥当的比喻了。凡是在富春江旅行过的人，都不难回忆起，驾长们逆风撑船，和水手冒雨拉纤的勇武辛苦的情形。尤其是船进石子滩，船夫船妇们，大家裸着腿，浸身在溪水中，用肩膀把船身高高抬起，真所谓费尽九牛二虎之力，才慢慢地把船身由浅水的石滩上撑到深水的地方去。尤其是在冬天下雨飘雪的日子，驾长们的生活，真有令人起远不如狗之感。当船向下游驶去的时候，凑巧能碰到顺风的话，即使是一艘二丈长一丈宽的溪船，也只要一个水手把着船舵，凭风把船吹去，便可以日行数百里了。于是，在这些难得的日子，船娘们、驾长们，它是仰天仰在船甲板上，口哼渔歌，嘻嘻哈哈，有快乐状态真像所谓"活神仙"。

萍水姻缘。船是九姓渔户的宝，他们不管生老病死婚丧祭礼，都在船上度过，船身虽不宏敞，凡是必须用的器具都是周全，而且因为他们以船为家的缘故，生活仪礼便和陆居的大不同。有一次在建德乡间一个船埠，我很幸运地瞧到他们正在举行结婚的大礼，觉得与任何的结婚仪式迥异。那是一个清朗暖和的傍晚，夕阳残照，映在水上，耀成片片虹彩，埠头一连串拢着十余艘溪船，中间一艘船挂着彩，船上的娘儿们，披着红洋布滚边的裙子，驾长们也穿上白粗布袜儿和老布鞋子，颇像过新年的模样。新娘家的船，也就靠在新郎那船的右边，在仪式将要举行之先，男家船舱钻出一个年纪约摸四五十岁的老头子，口里念念有词，破锣连连地敲着，那拉得不规则的二胡声，杂在没有节拍的鼓声、钹声、笛声中间，充分地表现出了生活的原始。接下去就是三四个汉子，抬了一只放着一个浑身穿红的新娘的大木盆,从乙船抬到甲船里去,于是,这婚礼就宣告完毕。道贺的人,坐在甲板上,盘腿坐成一堆堆的小圈子,开始狼吞虎咽。

世世捕鱼年年撑船。经济所限,他们没有固定的田产,无法使子孙入学读书,一代一代,世世捕鱼,年年撑船,知识的低陋,令人看了真觉可怜。而且,正因为他们没有知识,无法利用人类的智慧,改革自己的生活,于是一味地依崇神物,他们每一船中,都供奉周宣灵王,每遇急浪狂风的时候,合船妇幼皆跪泣求神,翻船丧命的事毕竟是不多,于是周宣灵王也就大大地显扬神威在这一群可怜无知的渔户中间。

《大威周刊》1946年第20期。

湖上冷落天堂萧条

本报杭州廿四日。杭市近日物价飞涨,公教人员叹苦不堪。新标准定而不发,银根明平而暗紧,以致高利贷横行,市面萧条愈形严重。百货商店首当其冲,无法维持而自行停业者,已在廿家之上。周市长像贤原以最大希望寄于西子湖之繁荣,乃秋风萧飒,游客稀少,舟子船娘共聚晒太阳,湖上显呈冷落。

《申报》1946年10月25日。

旖旎风光的兰溪

马克昌

茭白船、女侍者、茶叶女。兰溪是浙江名胜之地,距离金华不到五十千米,所谓"小上海"之称,自民国廿二年改了"实验县"之后,总算稍有改革和整顿,但是留在人们的脑海里,对它至少还有些神秘的感觉,尤其是旅人和游子,经过了这桃色的城市,更添起了不少的兴奋。因为兰溪有着销魂的去处,可以使人们乐而忘返。笔者在今春三月间,也到过兰溪,在兰溪县府中,混了三个多月光景,耳闻目染觉得兰溪的风俗习惯,似乎与到处不同,现在追忆所及,记述一二在下面,以资未至其地者,得晓兰溪究竟是怎样的一个地方。

在兰溪最坏的习气,就是家家户户都备了赌具(在以前还备有烟盘),供外来的客商消遣,而趁此可以抽得一笔巨大的头钱,所以他们在平日,生活非常舒适,由舒适而造成怠惰的恶习,男的坐茶室,女的跑邻家。最可怪的是,女的都有两或三个丈夫不以为奇,所谓小老公是也。假如丈夫不幸死了,也可以不受拘束堂而皇之地改嫁,公婆没有干涉的权威。兰溪的女权超过男子,是上下咸知的事,这可说生在兰溪的女子得天独厚的造化!此外在兰溪的酒店里,可以寻出不少侑酒的少女,这种少女大家就称为"女招待"。那些侑酒的少女,大都是年轻貌美的女郎,他们藉侑酒为名,暗里和客人厮混,如此他们才有花花绿绿的钞票跑入她们装不满的袋袋。除了这批侑酒的少女外,还有所谓茶铺子里的茶花女,在兰溪的茶铺子,是稍异于别处的,普通的茶铺是在城西一带,房屋的构造很粗陋，很矮而又湿隘，但内幕的神秘，又使人有意想不到之效果。还有一种家庭式的茶铺子比较高尚而清雅，规模也比较普通的茶铺子大上几倍，不过不知者，却无从问津。"菱白船"在兰溪，也是销魂之处，和秦淮河畔的花舫，可说完全同出一轨，这种"菱白船"大都停泊兰江一带，共有二十余艘之多，船上有着三五不等的摩登少女，有来自上海的，也有来自杭州、嘉兴以及菱湖各地的，她们大都学丝竹乐器，并且能唱得一口好戏，所以能博得孤客游子的欢心。总之，兰溪是一个人沉醉的地方，也是使青年子弟容易堕落的一个场所。

《国际新闻画报》1946年第60期。

何应钦与船娘

华 生

政府现下各部队，听说只有何应钦可以统帅，原因是牌子老，关系多，尤其是优容部曲，为下属们所爱戴。所以蒋总统退休以后，李代总统三番二次地邀请何应钦到首都，从旁协助，以便综缉三军。起初，何尚趑趄不前，终于经李代总统的诚意感召，到了南京。他将来的任务，虽未发表，只要看张治中这番自兰州飞到南京，何应钦与张治中的拜会，就知道内中自有个道理。这且按下不说，现在只表何应钦与船娘的一段闲事。

何应钦的夫人王文韵女士，在现在因可左右何氏的一切，然在当年，何氏出师北伐之际，却鞭长莫及。故而何氏虽不放浪，但歌德说得好："青年男女，谁个不善钟情。"一位青年将军，未免英雄气短、儿女情长哩。富春山水，甲于天下，而严陵滩头，尤为胜景。从这里溯江而上，至兰溪一段，向有所谓菱白船，船有船娘，侑酒低吟，较嘉兴南湖的船娘更有盛名。自来名士才人，徵妓赋诗，为清静山河，生色不少。船娘多属二八年华，含苞初放，装束入时，齿牙伶俐，擅长琵琶胡琴并歌曲。客至则与交谈，或清歌一曲，不及于乱，故曰"菱白船"。等而下之的，船中设有烟盘，供客吸食，备有下女，以资遣夜，这是要凭玩客自行选择了。菱白船在清时，专设使臣，以事管理。倘逢官员过境，备船迎送，便是这位使臣的差使。入民国后，公开的差使虽然撤消，但按月征警捐征育婴堂捐，每月所纳的捐款数目也不少。而收捐的人员，无形之中，便接替了清代使臣的职务。国民革命军北伐时，何应钦率军东下，声势煊赫，不可一世。道经富春江，地方当局曾以菱白船接风，以示慰劳之意。其间有船娘明珠的，貌娟秀，体婀娜，何应钦见之，有不胜依恋之情，无奈一个是上马杀贼急切邀功的将军，一个是弱不禁风、温柔缠绵的美人，为了革命的高潮，终于把他们的一段密情冲散了。当时曾有人赠明珠长歌一首，可以想见何应钦与明珠的关系了。词曰：

侘傺归来愁怨多，桐庐江上夜轻歌。三十秋娘本素识，弹罢琵琶长太息。忆昔含眸垂鬓年，歌喉初试入管弦。娇声缭绕桐江涘，心境清如严滩水。阿母牵之习迎送，日致缠头不解情。十五盈盈情脉脉，涉江忽遇撷花客。一夜狂风吹绉眉,美人从此解弄姿。追逐浪花愁无限,对客能为青白眼。渔船歌板配红牙,冷落严陵卖酒家。生女不是赔钱货,钓鱼台下芳名播。一家醉饱暖绮罗,阿母何曾费甚么。财星高照客星吉,美人自有留髡术。停歌一笑百媚生,江上忽闻兵镝惊。官来捉船身战栗,押向上游迎渠帅。将军偏不解温柔,跃马弃舟向下流。江左名城垂手得,国旗一律改颜色。同志都知尊女权,新官有令逐伎船。普天之下皆王土,燕乱莺啼避何处。姊妹几人上陆栖,贬损胭脂堕污污。西望严陵泪偷落,间撩管弦强笑乐。缠头不足致铅黄,背人咽泣典衣裳。韵华渐逐流光去,美人鉴镜感迟暮。阿母潜教觅归艘,朦胧月色上桐江。管弦轻按板轻拍,旧人惊赏尽头白。仁人肯为诉之官,九姓渔船生计难。官亦悯妓官首肯,默许渔船泊近境。为君置酒当尽欢,渔歌依旧发严滩。诗人别有伤心处,一曲未完泪如雨。

这首诗,缠绵悱恻,是效仿白居易的《琵琶行》而作的。于此,明珠至于当时北伐军是别有一番滋味在心头了。

《政治新闻》1949年第6期。

文史资料

教育新花水上开——屯溪镇水上小学见闻

（桨声、隐现小轮马达声……混）

七月盛夏，在"屯绿"之乡，新安江上，我们走访了深受群众欢迎的屯溪镇水上公社水上小学。这所小学包括一个本部、两个分校、十三个流水船队教学班。水上小学以码头、船舱为课堂，流动在从皖南休宁的上溪口到浙江新安江大坝四百多华里的航线上，全部解决了常年生活在水上的船民子女的入学读书问题。老船民乐呵呵地说："学校跟着我们船队走，自古以来未见过，真是我们的贴心学校啊！"

（拖轮行驶声……鸣笛……渐隐作衬）

新安江上，水上公社的船队迎着朝阳在前进！

（渐出"好好学习，天天向上"……渐隐接歌声《我爱北京天安门》……混）

漫江碧透书声朗，清脆悠扬的歌声在飞荡！

这一切把风景如画的新安江点缀得多么绚丽！唐代诗人李白曾经描绘过这里的风光："人行明镜中，鸟渡屏风里。"（见弘治《徽州府志》）今日新安江，山更青，水更秀。沿江两岸，层峦叠嶂，郁郁葱葱，凌驾在高山之巅的输电铁塔，直插云天，阳光普照的江面上，碧波荡漾，粼光灿灿，白帆点点，好一派南国风光！

看到水上小学的孩子们，在这样的环境中欢度自己的童年，人们感慨万端，不禁想起那血泪斑斑的过去。中华人民共和国成立前，在"一只破船就是家，一年四季光脚丫，官差船霸似虎狼，血泪洒满新安江"的苦难岁月里，贫苦船民抬不起头，伸不直腰，背不完的纤，还不清的债，不知有多少船民被逼得妻离子散，家破人亡！有多少孩子被活活地饿死、冻死或病死在船头、河滩和他乡……船民们回忆说，旧社会上学念书哪有我们穷人的份哪！在中华人民共和国成立前夕，屯溪水上三百多户船民的孩子都没有上过学，现在年龄在四十岁以上的人，那时候也没有念过书，直到1949年，五星红旗在新安江上迎风飘扬，这苦难的历史才一去不复返！

在谈到水上小学的发展时，公社党委书记吴寿同志回顾说（出自录音讲话）："水上小学诞生已经十六年了。那是1956年，在毛主席和共产党的亲切关怀下，我们发挥了集体的力量,在屯溪创立了第一个船民子弟学校——水上小学。水上小学的创立,使船民子女第一次跨进了自己的学校,为船民走集体化道路培养了一批骨干。可是后来,由于修正主义教育路线的破坏和干扰,船民子女入学读书很困难,有的被迫离开了学校。为了从根本上解决学龄儿童入学问题,'无产阶级文化大革命'以来,我们认真学习了毛主席关于'在教育工作方面,不但要有集中的正规的小学、中学,而且要有分散的不正规的村学,读报组和识字组'的教导,狠批了修正主义路线,在深入船队调查研究的基础上,党委根据水上流动分散、点多面广的特点,先后在船队经常集中停靠的码头——歙县的深度和新安江大坝创办了学校。去年以来,为了适应社会主义革命和社会主义建设事业飞速发展的需要,我们相继在流水船队建立了三十个教学班。这样全长四百多华里的航线上,就有了上、中、下游三个教学点,常年往返在深渡和新安江大坝之间的平水船队的学生,随船流动,循环入学,到港学习,上船劳动。吨位小,速度慢,途中时间长的流水船队的学生,不仅能在船舱里入学读书,而且可以随船在屯溪或深渡分校学习。目前,我们全公社三百多个入学儿童都入了学,普及了小学五年教育。广大船民高兴地说:现在把学校办在船舱里、码头上,方便孩子们学文化,这是毛主席和共产党领导得好啊!"

(桨声……压低……引出学拼音实况……混)

看着孩子们在老师的带领下认真学拼音的情景,平时发生在他们中的为革命学文化的一桩桩往事,又重现在我们眼前。一年级学生叶利生学习拼音字母的时候,遇到不少困难,把声母"f"读成"m","t"和"th"的发音也分不开。可是,他人小志气高,迎着困难上,课堂上认真学,课后刻苦练,在老师和钱银英等同学的耐心帮助下,起早带晚苦练了好几天,后来终于发准了这几个字母的读音。在期末成绩考核时,他的语文和数学获得了良好的成绩。

水上小学的孩子们就是这样,不怕困难,勤奋好学。无论是烈日当空的盛夏,还是冰封雪飘的隆冬;不论是在竹篷遮挡的船舱里,还是在席地而坐的河滩上,孩子都能自觉地遵守学习纪律。上课时专心听讲,课后认真复习,用功作业。孩子们为什么这么用功学习呢?带着这个问题,我们访问了新安江分校红小兵叶灶发,他说(出录音讲话):

"在毛主席和共产党的亲切关怀下,我和我们水上公社的所有小朋友一样,在我们水上流动小学里,过着愉快的学习生活。可是,我们的爸爸妈妈在中华人民共和国成立前,不但上不了学,还要挨饿受冻,和他们的童年相比,我们生长在新社会的少年儿童是多么幸福!我们的幸福生活是共产党和毛主席带来的。我们决不辜负伟大领袖毛主席的期望,好好学习,天天向上,为革命为人民学好建设社会主义的本领,做无产阶级革命事业的接班人。"

是的,孩子们不仅坚持为革命而学,而且也能把所学到的文化知识运用到实际上。有些高年级的学生,在船队装卸货物的时候,常常帮助记记数、算算账。平时还帮助不识字的船民写信,打便条,辅导他们学文化。在这些"小先生"的辅导下,有的能看书读报写信了。

孩子们热爱集体、热爱劳动、助人为乐的点点滴滴，也给我们留下了深刻的印象。

教室里的桌子、板凳坏了，他们成了"小木匠"，自己动手修；放学回船，帮助大人摇橹划桨，或者替劳力少的船民洗船，烧锅煮饭。屯溪本部的学生，经常利用课余时间，在学校的菜园里施肥浇水，有的还帮助食堂洗洗菜，抬抬水，劈劈柴。在货物堆积如山的码头上，有时孩子们见工人叔叔忙不过来，就主动干些力所能及的活。工人看到他们那股热乎劲，纷纷夸奖说："真是人小风格高呀！"

拾金不昧的动人事迹，在学生中更是不胜枚举。有一次，二年级学生钱来民，在浙江省淳安县排岭镇拾到一个贵重的票夹，立刻就交给民警叔叔。半月后，失主拿着酬谢的礼物找到船上。可是，钱来民和他的父母说什么也不肯收。失主当时感动得连声称赞说："你思想好，觉悟高，真是毛主席教育出来的好孩子！"钱来民同学说："这是我应该做的。"

广大船民们看到孩子们这样健康地成长，喜在眉头，乐在心上，他们满意地说："孩子们思想好，学习好，爱劳动，是革命的好后代。"

水上小学的学生像待放的花苞，如苗壮的新苗。这是"忠诚党的教育事业"的园丁们，呕心沥血、辛勤培育的硕果！

一个寂静的夜晚，在墨蓝墨蓝的水中，倒映着一个船上的灯光，显得格外亮。灯下，一位青年女教师时而沉思，时而默读，正在精心备课。

她，就是被誉为"船民的贴心教师"叶爱珠。小叶担任水上教师以来，想船民所想，急船民所急，既当教师又做学生；工作兢兢业业，吃苦耐劳，思想和业务都进步很快。不久前，她光荣地加入了中国共产主义青年团。

在水上小学教书，叶爱珠自己有什么想法和体会呢？访问时她告诉我们（出录音讲话）：

"看到船民子女现在都能入学读书，在毛泽东思想哺育下，一个个苗壮地成长，我内心充满了喜悦，受到很大的鼓舞。中华人民共和国成立后，在毛主席和共产党的英明领导下，我们船民有了自己的学校，自己的教师。朗朗书声满江飘，做着肩负着培养无产阶级革命事业接班人的船民教师，我深深感到光荣和自豪！教师的工作是光荣的，同时任务也是艰巨的。革命实践使我体会到，要把天真烂漫的孩子逐步培养成为有社会主义觉悟的有文化的劳动者，教师必须有高度的无产阶级觉悟，深厚的无产阶级感情和一定的文化知识。只有这样，才能做到既教书又育人，较好地贯彻毛主席的教育方针。我对党的教育事业贡献很小，今后我决心和其他教师一起，努力学习马列主义、毛泽东思想，决不辜负广大船民的殷切希望，'忠诚党的教育事业'，保持船民的本色，扎根水上，把水上小学办在船民的心坎上！"

在水上小学的教师行列中，像叶爱珠这样的同志又何止一个！

在毛主席"以学为主，兼学别样"的指导指引下，为了使学生在德、智、体几方面都得到发展，逐步成为有社会主义觉悟的有文化的劳动者，教师们废寝忘食，认真备好每一节课。上课时他们按照孩子们不同的年龄和智力进行启发式教学,不让一个学生掉队。课后他们又耐心地辅导成绩比较差的学生,引导他们解决疑难问题,并且利用休息时间进行家庭访问。就这样他们夜以继日地工作,不知花了多少精力,费了多少心血!同时,他们还经常请老船民给孩子们上阶级教育课和生产知识课,带领学生到船厂、农场、茶山去学工学农。并利用新安江的天然条件,开展游泳活动,锻炼孩子们从小就不怕风雨的意志。

在党的亲切关怀和教育下,新的一代船民教师正在成长!在这里,你可以感受到水上小学教师朝气蓬勃、豪情满怀的精神面貌;你可以看到既教书又育人,既劳动又扫盲的生动局面;你还可以听到广大船民对教师的一片赞扬声!

(拖轮汽笛声……行驶声……压低混)

碧水蓝天,百舸扬帆,阳光灿烂,百花争艳,在水上小学访问的日子里,所见所闻,激动人心!"水上流动小学"这朵教育新花,沐浴着毛泽东思想的雨露阳光,在新安江上将开得更加鲜艳,万代飘香!

前进吧!水上小学!(拖轮行驶声……鸣笛……渐隐作结)

(屯溪镇革委会宣传组、屯溪镇广播站、本台记者联合采制,5月9日"联播"节目播出)

安徽人民广播电台编辑部:《广播稿选》第1辑,1973年1月。

断奶

方艳芬

放了晚学,周育兰老师手上的粉笔灰都来不及洗,就提着一个塑料袋子,到街上去买了些东西,然后匆匆赶回家去。

这时太阳已经下了山,镇上的人都在吃晚饭。她的婆婆早就抱了孙子小宝在门口焦急地等着媳妇回来呢。

"这么晚才回来?"婆婆埋怨地说。周老师笑笑,接过孩子。小宝一见妈妈可高兴啦,又是笑又是踢腿,一到妈妈手里,就把圆滚滚的脑瓜直往妈妈怀里钻。妈妈要亲亲他的小脸蛋都不肯,他吃奶要紧哩。

周老师还没有走进门,就闻到了一股香喷喷的饭菜香,婆婆早把热在炉子边的饭菜端到桌子上了。

然而,周老师却不急着吃饭,坐在一边给孩子喂奶。两眼注视着孩子那贪婪吃奶的天真神态。

婆婆感到奇怪了。平时媳妇下班回家,第一声就是:"妈,饭烧好没有?"吃了饭就往学校跑。孩子哪有这么舒舒服服地吃过奶呢!总是夹在妈妈怀里,边吃边喂,媳妇饭吃好,孙子奶也就得吃完。今天可怎么啦?

婆婆用筷子敲着饭碗说:"来吃饭啦,菜都快凉了。"

"嗯。"媳妇不抬头。

"今天晚上不到学校去啦?"

"嗯。"媳妇还是不抬头。

吃过晚饭,月亮升起来了,小宝吃饱了奶,也已甜甜蜜蜜地睡去了。婆婆望着心事重重的媳妇,不解地问:"你今天到底有什么事呀?"

媳妇抬头望了婆婆一眼,说出了自己的心事。

今天下午周老师去家庭访问时,看到一个男人,正把一个又哭又喊的孩子往船上拖,那孩子手里提着几件衣服,一边挣扎,一边叫喊着。他的爸爸一边拖,一边骂着:"哪个叫你自己不争气,谁会收你? 再跑我就打断你的腿!"那孩子倔得很,挣脱了他父亲,又向岸上逃去,一边哭喊着:"我要读书,我要读书……"

经过了解,这孩子叫钱根根,今年九岁了,和他差不多大小的伙伴,去年下半年都上岸读书了,他因为每天晚上都要尿床,家里就没送他去读书。而那些上了学的小朋友,每次回到船上来,都津津有味地议论着学校有趣的生活,只有钱根根在一旁叹气不开口。他的小伙伴十分同情他,就献计叫他逃到学校里去,并说老师很好,一定会收他的。于是,钱根根就拿了几件衣服往岸上逃去……说到这里,周老师偷偷地望了婆婆一眼。婆婆叹了口气说:"唉! 只怪这孩子没有读书的福气啊!"周老师说:"华主席号召我们为革命努力学习政治,学习文化,这孩子长大了也要去参加祖国的建设,接革命的班,不读书怎么行呢?"婆婆说:"这是没有办法的事嘛,你再难过又有什么用?"

婆婆的话也有一定的道理。周老师是在一所船民学校教书。学生的家都在船上,上岸读书就得住校。全校三百多学生,除了老师和烧饭的工人以外,就只有两个阿姨轮流值班给小同学洗洗衣服,照顾一下孩子的生活,尿床的孩子晚上是要有专门一个人照顾的。

周老师望了望婆婆,意味深长地说:"要是真心让这个孩子读书,办法是有的,只是有些困难。"婆婆吃了一惊,说:"什么办法?"周老师避开婆婆惊疑的眼光,轻轻地将小宝伸出来的一只手塞进小被子里,站起身来,慢慢地朝窗口走去。

平时心直口快的周老师,这时却感到自己要说的话对婆婆来说,是千斤的压力,这个年近六十的婆婆受得了吗?

原来,周老师下午已决定把那个尿床的孩子收到自己的班里来,今天晚上就把小宝的奶断掉,明天一早搬到学校里去。

断奶对婆婆将意味着什么呢? 周老师深深地了解自己的婆婆。她在旧社会生了六个孩子,可是饿的饿死,病的病死,到头来只剩下小宝爸爸一个。这个独生儿子长大了,参加了工作,不在自己身边,她没意见。唯一盼望的就是能让她抱上一个小孙孙。去年,小宝出世了,婆婆高兴得把小孙子当成了心肝宝贝。每天从天亮一直忙到天黑,她那布满皱纹的脸上,都挂着心满意足的笑容。晚上睡了还要起来看几次,生怕媳妇不会带孩子,压着她的小孙孙哩!

学校离家比较远。无论是天晴还是下雨,也无论刮风或下雪,婆婆都是上午一次,下午一次，按时把小宝带去吃奶。周老师怕婆婆太吃力，就说不用婆婆送来喂奶了，每天搭两顿牛奶好了。婆婆一听生气了，说："牛奶哪有人奶好，人的奶就是人参汤呢！看我们的小宝长得多好，屁股都滚圆的，就是一天抱十次我也心甘情愿！"……想到这里，周老师望了望正在低头做针线活的婆婆，又看看熟睡的孩子，把涌到嘴边的话又咽了下去。

周老师打开窗门，一股清凉的夜风扑面吹来，风里夹着花和青草的香气。多么美好的夜晚：一轮皎洁的明月挂在深蓝的天空，周围的群山酣睡在这朦胧的月光里，显得那么安静。

然而，在这群山环抱的农村小集镇及其周围，却是热气腾腾。高高的烟囱在夜空中吐着白色的烟雾，亮着灯的运输汽车流星似的在公路上奔驰，夜航轮船的汽笛划破寂静的长空……这是打倒"四人帮"以后出现的一片欣欣向荣的景象。

"老师，你别骗我哇！"忽然，一个奶声奶气的声音在周老师耳边响起。那是今天下午，当周老师对钱根根说，要他把脸洗干净，第二天就到学校里去时，钱根根顺从地站了起来，往后舱走去，可是刚走了几步，又迟疑地站住，回过头来，不相信地说："老师，你别骗我哇！"周老师严肃地说："老师是不骗人的。党和人民办了这所学校，就是为了让你们船上的孩子都能读书！"钱根根一听，高兴地笑了……

周老师关好窗门，回过头来，从带回来的那个塑料袋子里拿出两包奶粉，走到婆婆跟前，果断地说："妈，我已收下了那个尿床铺的孩子，今晚就把小宝的奶断掉，明天我搬到学校里去住！"婆婆一听呆住了："你的心肠是铁打的，就这么一个才七个月的孩子，你也狠得下心？"婆婆头也不抬，撩起衣角擦泪了。"妈，吃牛奶也是一样的呀！""牛奶哪有人奶好？你的奶水又足又好，小宝吃惯了，再吃别的奶，要拉肚子，要闹病，要瘦下去的呀！"婆婆哭了。

周老师不知道怎样安慰婆婆才好，她挨近婆婆，轻声地说："妈，这是工作的需要，我是一个老师呀！""我的小宝究竟拖累了你多少呢？长到七个月了，你抱他出去玩过几次？无非是一天吃几顿奶，晚上带他睡几小时。""妈"，周老师抱歉地说，"的确，小宝我是管得太少了，不过，我是一个人民教师，我不能把那个尿床的孩子关在校门外。""好好好，你断奶！我是个快进棺材的人了，管得了一代管不了第二代，随你把小宝丢到哪里去！"婆婆气冲冲地走进自己的房间，倒在床铺上，不响了。

周老师站在房中间，不知怎么办才好。结婚四年多了，从来没跟婆婆红过脸，更谈不上争吵。多么勤劳俭朴的婆婆啊！为了让媳妇能回家多睡会儿，总是在媳妇下班回来前就做好了饭，把里里外外打扫得干干净净，媳妇的衣服一换下来她就马上拿去洗干净。为了让媳妇晚上睡个好觉，白天她哄着小宝这里玩，那里玩，不让他白天睡得太多……现在婆婆生气了，发火了，一时还不理解做教师的媳妇的心。不过婆婆在心疼后，是会支持断奶的，周老师深信这一点。

想到这里，周老师连忙去准备冲奶粉的东西。一切都弄好了，小宝还在酣睡。她走进婆婆的房间，轻轻地叫了两声"妈"，没人答应。婆婆也许是累了，真睡着了。周老师轻轻地把婆婆的鞋子脱掉，把腿搬上床铺，打开被子给婆婆盖好，又关了窗门，拉下窗帘，熄了电灯。然后自己才轻手轻脚地走出来。

婆婆哪里睡得着啊！她等媳妇一出去，就坐了起来，看了看，又不由自主地躺下了。媳妇是个党员，几次都被评为先进工作者，对婆婆又是那么体贴入微。每月工资发来，除了自己订报以外，全部都交给婆婆。谁不夸奖她有一个好媳妇？再说不知怎地，她又想起了媳妇刚才讲起的那个尿床的孩子。是呀，也真可怜，整天关在船上不能读书，像我们这样当个睁眼瞎怎么行呀，要害他一辈子呢。唉，就是肉痛孙子啊……

周老师走进自己的房间，看看小宝还没有醒。她站在房中间，看看，想想，自己该做点什么才好呢？明天搬到学校里去以后，起码一个星期以后才能回来。小宝断奶最好不要看到妈妈，再说自己班里六十几个学生，语文算术包干，也够忙的。钱根根缺的课要抽时间给他补上……周老师又望了望摇篮里的小宝，长得多好呀，她似乎是第一次发现儿子是这么好看：漆黑的头发，高高的额角，红扑扑的脸蛋，真像一朵刚出水的荷花那里娇嫩，那样鲜艳。突然，小宝身上穿的那件小花棉袄使她记起一件事。哎哟！小宝的那件毛线衣还有一只袖子没有织好收口呢。

周老师连忙打开箱子，拿出一件大红的小开胸毛衣，一只袖口上还穿着四根毛线针呢！

窗外是明亮的月光，室内是柔和的灯光。周老师坐在摇篮边，一针又一针细心地织起毛衣来。记得一年多前的一天，小宝爸爸回家探亲，带来一斤大红色的毛线。她奇怪地问："我们家有谁能穿这样艳丽的毛线呀？"小宝爸爸调皮地一笑，说："要用发展的眼光看问题嘛。"当时她一听，脸"刷"地绯红，立即跑了出去。

不久她就怀小宝了。婆婆知道了，高兴得合不拢嘴，连忙催着手织孩子的毛线衣。可是从怀小宝到生下小宝，毛线衣还没有织完。小宝已长到半岁多了，这件毛线衣还有最后一只袖子没有织好收口呢！婆婆埋怨、唠叨过多少次了，说隔壁人家的妈妈多会打扮孩子，毛线大衣、毛线衣、毛线背心、毛线裤，红的、绿的样样都有。只有我家小宝，连一件毛线衣都没有哩……今天晚上一定要把最后这一点织好收针。春天来了，天气逐渐暖和了，总不能老叫我的小宝穿棉袄呀。

周老师把毛线衣织好，提在手里，左看看，右看看，然后细心地叠好，轻轻地放在小宝的枕头边。她站起来又看看房间里的一切，还该做些什么呢？对，把地板拖一拖，平时，多半是婆婆拖的。对面婆婆的房间门不知什么时候开了，坐在床铺上看着媳妇织完毛线衣的婆婆，再也忍不住了，跑出来，一把拖住媳妇说："好了，好了，我不要你做这些事。我是做惯了的，什么苦都吃得。你讲讲看，到底还有没有办法可以不断小宝的奶。"周老师说："有什么办法呢？""好不好叫那尿床的孩子下半年来读书，到那时我小宝一周年了，断奶我也不心疼。"周老师说："那怎么行呢？孩子已九岁了，一耽误又是一年哩！"婆婆想了想又说："实在不行，就叫那孩子到我们家里来，我每天晚上叫他起来小便好啦！"周老师崇敬地看着婆婆："妈，钱根根应该和同学们一起过集体生活，再说晚上睡了他是叫不醒的，一定要抱他起来他才肯小便，一个晚上几次，您怎么抱得动呢？""那小宝一定要断奶了？""嗯！今天晚上一定要断奶！"婆婆一听，火又上来了，气冲冲地又往自己房间里走去，边走边说："好好好，你断奶，我明天就到他表姑妈那里去，眼不见为净！"媳妇却诚恳地拉住婆婆的手："妈，你不是经常同我讲起小宝爸爸小时候读书的事吗？"婆婆一听到这句话，放慢了脚步……

婆婆抬头望了望墙上的镜框，那身材魁梧的儿子，正对着她亲切地微笑，似乎在说：妈妈呀，您还记得吗？以前我多想读书呀！可是连饭也吃不饱，家里哪有钱可供我上学！是党和毛主席给了我上学的权利。上学后我刻苦地学习，虽然每天来回要跑十多里路，天不亮吃了早饭就带中饭去，但下雨下雪我都不旷一天课。您心疼我，不叫我读书了。我哭了两天两夜，吵着要读书……要是当时我不读书，怎么能胜任现在的工作呢？妈妈呀，您应该支持小宝断奶……

这时，桌子上的闹钟已指到十二点。

不知是小宝肚子饿了，还是奶奶的说话声把他惊醒了。他伸出胖胖的小手擦擦眼睛，擦擦鼻子，像猫儿洗脸似的，然后张着嘴，把头偏到一边找奶吃哩！

周老师急忙把奶嘴塞进小宝嘴里。机灵的小宝含了下奶嘴，感到不对味，连忙吐了出来，用手把奶瓶推开。周老师慌乱地抓住小宝的手，把奶嘴硬往他嘴里塞，小宝睁大眼睛，"哇"的一声大哭起来。

周老师那拿惯了粉笔头，把惯了教孩子写字的手，这时却显得十分笨拙。小宝平时是不大哭的，一哭起来就特别厉害，手乱抓，脚乱顿。周老师手里的奶嘴瓶也十分不听话，晃来晃去，撒得小宝的脸上、头上、脖子里都是牛奶。周老师只得将孩子抱起来，用毛巾擦干净撒出来的牛奶。

妈妈在跟前，孩子是难断奶的，何况聪明的小宝这时还在妈妈的怀里！他把头直往妈妈怀里钻，两只手撕扯着妈妈的衣服，使劲地哭呀、踢呀。

小宝饿了，小宝哭了，小宝发脾气了。可是妈妈呀，今天你为什么不让小宝吃奶了呢？

十多年来，周老师遵照毛主席的教导，耐心地教好过不少顽皮的孩子，然而今天，她却没有一点办法对付自己才七个月的孩子。

儿子满头是汗，满眼是泪。妈妈也是满头是汗，满眼是泪。她狠狠心，用力拉开儿子扭住自己衣服的手，往摇篮里一放，就拼命地摇起来……

小宝逐渐变得嘶哑的哭声，就像一把钢刀，刺进了奶奶的心房。婆婆本来以为小宝哭得厉害，媳妇就会心软下来，改变断奶的念头。现在小宝又被放到摇篮里去了，最后一线希望也破灭了。媳妇做得有道理，我为什么要让她和我的小宝吃这个苦头呢？媳妇一天忙到晚，哪有半点空闲啊！我带小宝，他不会这么哭的，以前带孩子，没奶就得吃野菜汤，如今又是牛奶，又是鸡蛋……

奶奶从房间里冲出来，从摇篮里抱起哭叫着的小宝，一边拍着，一边来往走动，口里轻轻地唱起了平时哄小宝睡觉的"催眠曲"，奶奶唱得那么动听，那么温和，小宝慢慢地安静下来了，眼睛也慢慢地闭上了，只是仍然张着干涩的小嘴。婆婆不慌不忙地把奶嘴凑到小宝的嘴边,小宝迷迷糊糊地尝到了一点甜水的味道,接着就起劲地吮吸起来,一下子吃掉了大半瓶牛奶,然后像平时一样安静地睡去……

周老师擦擦脸上的汗珠,显得有点消瘦的脸上,露出了笑容。

月亮西斜,星星隐去,又迎来了祖国美好的清晨。周育兰老师深情地望了望正在甜睡中的婆婆和小宝,背上铺盖,提着袋子,像平时一样,愉快地向学校走去。

《杭州文艺》1977年6月号。

兰溪——李笠翁的家乡

钱塘江上游,一支从新安江(徽江)到了屯溪,一支从严江到了兰溪,这两处都是千山万壑中的现代化城市,也都是徽骆驼的天下。四五十年前,海内外知道有金华这样的城市,那时的金华还只是乡村少女,兰溪早已是"摩登狗儿",跟上海那样"摩登","小小兰溪比苏州",非虚语也(钱塘江上游,那么多城市,只有兰溪,才有商务印书馆的分馆,亦一证也。金华,直到抗战前夕,由于浙赣铁路的通车,才慢慢现代化,比之兰溪,已经落后三十年了)。

中国之大,十步之内,必有芳草,十室之内,必有美人。苏州的女人是可爱的,不独吴侬软语那么迷人;她们的风韵,如陈圆圆、董小宛、赛金花,都是过人一等的。在我的印象中,苏州、福州、成都这三处美人,都属于同一典型的。邓文仪先生,他以赢得了四川大学校花(成都人),对我表示十分得意(他的情敌杨人楩先生,今北京大学史学系主任,和邓氏是同乡)。那时,我们正在驰赴福州途中,我对他说:"请你把这份'得意'保留到福州再说!"他后来承认我的观点,福州、苏州与成都的小姐,伯仲之间,都太可爱了。但是普天之下人士许我说句偏心话,天下小姐,仍以兰溪的为第一。兰溪姑娘是值得我们相思的。男女私情,说是温柔乡,我想:在兰溪姑娘浅闺中,仿佛似之。她们不是卖淫妇,当然不是当垆女,却也很容易一见钟情,我们进入她们的浅闺,虽说是夏布帐、青布被,可是,你是当作"姊夫"被招待的。一夜恩情,第二天便萧郎陌路,她很早起床,煮了一碗蛋汤给你吃,有如情妇送别,使人永念不忘。她们都是小家碧玉,只有温情,没有淫佚。

我国的船妓,《官场现形记》写了杭江江干的江山船,许多人健羡不已(那位将军是给船娘迷昏了)。实在船娘之多之美,还是兰溪第一。五十年前,兰溪西门外,水码头边,停着一百多艘茭白船,这种船便是船娘的绣闺,船尾翘得很高。长时期停泊在那儿,吃花酒的就上船去。朝朝寒食,夜夜元宵,十里笙歌,仿佛秦淮河上。溪水清浅,不像秦淮河那么浑浊。姑娘当然爱俏又爱钞。可是,乡村女儿不像苏扬姑娘那么心眼多;结私情的,也用不着文士那么酸,和兰溪船娘往来过的,觉得天下佳人无颜色了。沈钧业(也是吴兴人)到兰溪任金华道尹,便为船娘所迷,量珠以去,有"温柔不住任何乡"之感。历经世变,到了抗战前期,茭白船已经绝迹,船娘移居城中,刘郎问津,容易迷途了。

三十年前,兰溪城垣未拆除时,沿垣有小茶馆数百家,家家有茶娘陪客,有如香港的点心妹。都是荆布钗裙,乡村乡女,既天真又憨痴,她们只是陪着客人吃葵花子;客人色迷。她们就连捞带吃,有如"巴狗"的喝香槟,结起账来,在城市人看来,毫不惊人。这样的茶娘,更容易结成私情迷入到她们的闺中,那就变成她们的恩客,显得十分亲热的。

当然,男女之间都是做戏,彼此都是戴着假面具,兰溪小姐多少还有那么一点温暖的感受,使人恋恋不舍的。

人杰地灵欤?地灵人杰欤?苏州、成都、福州都是水秀山明,不让浣纱溪的。而兰溪上接衢江,下连富春,如南北朝文学家吴均所说的:"风烟俱净,天山共色。从流漂荡,任意东西……奇山异水,天下独绝。水皆缥碧,千丈见底。游鱼细石,直视无碍。"就是这样美丽的自然景色。南宋诗人杨万里(江西吉水人),他有一回,从赣东应召往杭州沿衢江而下,过兰溪,写了许多诗,其中一首《江水》诗云:

> 水色本正白,积深自成绿;江妃将底(底——什么)药,软此千里玉?诗人酒未醒,快吸一川渌;无物烟清甘,和露嚼野菊。

其二,《下黄山滩头望金华山》诗,这一横山,便是兰溪西门码头对面的长沙滩,当年有名的茭白船都停在这一带。诗云:

> 篙师只管顺航流,不作前滩水石谋;却被急湍漩三转,倒将船底作船头,山恩江情不负伊,雨姿晴态总成奇;闭门觅句非诗法,只是征行自有诗(黄山谷诗:"闭门无句成无已"状作诗之艰苦)。

兰溪离金华,五十华里;金华山离兰溪二十五华里,因此,在横山滩头,可望见金华山。注杨诗的周汝昌氏,他没到过这一带,因此他在选集中,注出处的多,注实地风物的少。我是在这一带成长的,因此,句句都在眼前。

其三,《留兰溪水驿前》诗云:

> 水色秋逾白,水光夜不青;一眉画天月,万粟种江星。小酌居然醉,当风不觉醒。谁家教儿子,清诵隔疏棂。

这位重实感的诗人,他把我们所感受的都勾画出来了。以下他写《过白沙》《夜宿东渚》,便已进入严江,到了新安江口了。

兰溪,我特地指出,它是李渔(笠翁)的家乡。近四五十年中,东方的中国人,介绍给西方去的,有沈三白(复)和李笠翁。三白便是《浮生六记》的主人公。李笠翁的一家言,一种以道家老庄哲学为主的人生哲学。林语堂把它当作美国闪电人生的清凉剂来推介的,译为生活的艺术。因此,西方人知道了三百年前,有这么一个兰溪人。其实,李笠翁乃是三百年前的戏曲家,他的《闲情偶记》中的"词曲部"和"演习部",可说是戏曲史上有系统最深刻的理论批评著作之一。他的十种曲,以《蜃中楼》(即《柳毅传书》)《怜香伴》《风求凰》)为最著称,还有《玉搔头》,便是近代盛行的《游龙戏凤》。他的传奇、布局往往出奇装巧,非人所及。前人称其词为"桃源啸傲,别存天地"。

明末清初,可说南曲全盛时代,赣东浙东又是南曲孕育新派的摇篮;在金华、兰溪、义乌一带流行的婺剧,乃是弋阳腔、宜黄腔的底子上,加上昆腔的新风格,李笠翁正是这一戏曲的保姆。可惜,笠翁的最大成就,林语堂不了解;因此,西方人士也只知道李笠翁是魏晋清谈家的信徒而已。

或许我该提一句:浙东的兰溪,和湖北的兰溪,那是名同地不同的两处城镇。湖北兰溪,那是一个市镇,苏东坡谪居苏州,他所过的兰溪便是地临大江,景色也很秀丽。

在我的生命史中,浙东的兰溪,可算是最值得记忆的一页。我们从家乡到杭州去读书,兰溪乃是下船的码头,非歇脚不可的。后来读了苏东坡的诗集,才知道湖北黄州也有兰溪镇,要和浙东兰溪相比,一定差一大截的。先父一直把兰溪看作罪恶的城市,有如今日的香港,对我们管束得十分严格,不许我们住旅馆,好似撒旦就住在那些旅馆的楼下(其实先父并不知道内情的)。不过,兰溪的确是值得流连的去处,有如当年的苏扬,在钱塘江上游,该算是第一销金窟了。我曾说过:有一位绍兴的富家子弟,他从父亲那儿偷了二千现洋,出门玩世面去。他们店中伙友,告诉他父亲,说他是坐船上钱塘江上流到金华兰溪去的。那位富商就大大放心了,相信在兰溪那小城市里是花不了多少钱的。哪知他在兰溪找到这个花花公子,居然把二千块现洋都花光了。他才知道兰溪并不比绍兴更小。著名的江山船,笙管满地,烛光蔽江,声色之好,并不比苏杭差什么。

笠翁说到过的茶娘,又是一种风情;那是沿江城边的小茶馆;每一家茶馆,总有五六个小姑娘侍候你喝茶。茶客之意,当然不在喝茶;那些小姑娘,也如酒吧姑娘一样只想捞点外快。她们只是帮着你吃葵瓜子,风卷残云似的,连吃连捞,一下一碟,可在半小时中吃完十来碟。其实也有限得很,在茶馆中只能打情卖俏,如此而已。到了我青年时,江上的江山船已经绝迹了;抗战前夕,兰溪是模范县之一,茶娘也明令禁止,暗中当然存在的。先父把她们看作蛇蝎似的,他可从来没上菱白船,更没喝过城边茶馆的茶,究竟有什么好处坏处,他也说不来。其实兰溪的女人,其秀美其温柔,不在苏州、福州、成都三城之下,而最使人着迷的,乃在她们富有人情味,她们是推心置腹和你相处,使人有家庭的温暖;不过她们并不是菱白船的姑娘,也不是茶馆中的小女郎(即算是茶馆中的女郎,一到她家中做客,也就把你当作自己一家人了),而是在她们绣阁中款待你的。

这当然和那位大曲家李笠翁的《闲情偶记》绝无关系,她们并不知道清初兰溪,有过提倡人情味的大文学家;她们的待人接物却在"人情味"上做得恰到好处了。我们家乡,离开兰溪城不过六十里,但说到佳人风韵,就和兰溪截不相同,即一颦一笑,也是差得很远的。叫我用什么来解释呢?只好搁笔不说了。

在近代戏曲家中,李笠翁不仅是戏作家,而且是最好的剧评家和导演。明清二代,赣东、浙东、皖南原是南曲的摇篮,汤若士、蒋士铨、李笠翁三大作家,先后继作,他们都是唯情主义的倡导者。不知,笠翁当年对兰溪的女人作何种按语呢?

曹聚仁:《曹聚仁散文选集》,百花文艺出版社2004年版。

钱塘江上的九姓渔民

九姓渔民,是旧社会流动在钱塘江上的一种贱民,因为他们有陈、钱、袁、林、叶、孙、许、李、何九姓,且大都以捕鱼为生,因此,有"九姓渔民""九姓渔户"之称。但是,他们的名称随着地域职业的不同,也各有异。江山,称为"江山船"。建德,称为"茭白船",亦称"桐严嫂"。杭州,称为"钱江花船""画舫"。

九姓渔民的起源

九姓渔民的起源,有三种不同的说法。

一种认为他们是南宋亡国大夫,因爱严陵山水,带着眷属避世而来,专业捕鱼为生,一舟双桨,自得其乐,不与当地居民互通婚姻,以明不践元土,薇蕨首阳之意。因他们都是世代望族后裔,平日娇生惯养,故谋生乏术,只好靠着一支喉咙卖唱度日,年长日久,后来变卖唱卖身,俗称"茭白船"。

一种认为他们的祖先是陈友谅的部属,明初抗师。后来朱元璋做了皇帝,把他们贬为渔户贱民,不准上岸,不能与平民通婚,不准读书应试,上岸不准穿鞋。官家有事,还要应召服役。

一种认为江山船乃妓船,开始于江山县各富户,明朝制度,缙绅之家,都可以自蓄歌妓,后来富户一死,她们无以为生,只有流落船上干这种营生,但九姓专指渔户,与江山船不同。李经义诗:"娥眉队队斗妍华,九姓于今莫问他。如此江山怨良夜,相逢况是在天涯。多谢群公为解嘲,烟花南部可怜娇。人间那有虬髯客,一角扶馀气已销。"这是对九姓渔户的生动写照。不管怎样,他们都是被社会看不起,被人们所歧视的贱民。

九姓渔民,明朝时被贬为贱民渔民,严禁陆居,并将他们编为伏、仁、义、礼、智、信、捕七个字号,大小船只两千零三十一只。清朝道光、咸丰年间,尚有一千多只。太平天国以后,只存三百多户,他们的职业,除货运、捕鱼外,家属皆随船学习弹唱,以"侑觞荐寝"。清同治五年,严州知府戴槃看到这一败坏风俗的宿弊,呈报上司批准:"裁九姓渔课,准令他们改贱为良。"贴了告示,勒石永禁,建德还刻了"改贱为良碑记",每家每户发了"改贱为良执照"。民国后,也曾三令五申,进行教育与取缔,但一直未能绝迹。

九姓渔民的风俗习尚

九姓渔民,历代受到封建统治阶级的歧视,不准上岸定居,不准读书,不准参加科举参试。因此,他们久居水上,风俗习惯与陆上有许多不同的地方。

九姓渔民的风俗习惯:九姓渔民服饰,男人多穿兰粗布,大襟,纽扣在右,盖蓝布粗布被;妇女则广裙长袖,内衣绸缎,外罩布衫。在船上,男女多打赤脚,男子拉纤时穿草鞋,冬天笋壳草鞋。改贱为良前,上街进城不准穿鞋。

饮食:主食以米为主,很少吃面,因撑船用力,吃面不耐饥,一日四餐,休息也有吃三餐的,菜蔬与岸上同,他们善制风肉,味道很好,烧鱼喜用水氽,很少用油,但味道鲜嫩。

住宿:以前多以船为家,清同治五年(1866)后,逐渐有上岸居住者。用具简单,无桌凳。很少大型器皿。中华人民共和国成立后,已与一般群众无异。

九姓渔民的人生礼俗。生育,小儿出生前,外婆家要准备衣服、鞋、帽、抱裙之类去"催生"。催生时,担子要一头放在床上,一头放在船板上,意思是一上一下,祝愿快生。送去的鸡蛋,不能烧熟,取其"好生"。有时碰到难产,就要请一个人站在船篷上,手拿一根竹竿,在船篷上乱打;另一人在船头上播茶叶米。据他们说,凡生育都是有鬼来的,船篷一打,鬼怕起来就会逃走,茶叶米一播,投胎的小孩也就会进来了。生育后,各亲戚朋友也送红糖、鸡蛋等礼物。

小儿取名很有趣,一种是以地取名,即船到了哪里就冠以地名,如桐庐狗、马目佬、洋溪图;一种是以十二生肖取名,如老鼠、狗儿、羊儿、马儿、蛇儿。还有的以水产物取名,如虾儿、蟹儿、买鱼等。

婚嫁:明初以来,九姓渔民只能在九姓之内相互通婚,结婚仪式也较简单,嫁娶时由男船接近女船,保持三尺左右距离,新娘端坐木盘中,由女船浮至男船,便成佳礼。清同治以后至中华人民共和国成立前,婚礼逐渐复杂,有这样一些风俗。

送盘:婚姻由双方家长包办,新郎新娘不能做主。订婚时,除讲明聘金外,还要送"十六盘"或"廿四盘",困难户也要送"八盘"。十六盘的东西有猪肉、鲜鱼、山粉、索面、馒头、布匹、正鸡四盘、蹄髈(四盘)、银元(二盘)等等。订婚时,男方每年还要向女方送三节(端节、中秋、过年)。

送妆奁:结婚头三天,男方要送两担柴、两担炭,以及酒、肉给女方,以便准备嫁女之用。头一天,男方要请很多帮忙人(数字要逢双),一部分到女方,一部分在自己船上,还要请一对利市人一男一女,女的到新娘船上服务,男的在自己船上。傍晚边,开始送妆奁,男女双方船只,并排停泊,中铺跳板,女利市人站在女方船头,马上接应喊"长千金"。这样,男船上的帮忙人就把妆奁接来,传到新房里去,送一件,女方喊一句,男方接一句,声音洪亮,调子优美,看得人喜笑颜开。热闹非常,喊的利市话有规定,是这样的:

女喊"称一斤";男接"长千金"。

女喊"称二斤";男接"长万金"。

女喊"称三斤";男接"三元及第"。

女喊"称四斤";男接"四季发财"。

女喊"称五斤";男接"五子登科"。

女喊"称六斤";男接"六六顺王"。

女喊"称七斤";男接"七子八孙"。

女喊"称八斤";男接"八子成双"。

女喊"称九斤";男接"九子十三孙"。

女喊"称十斤"；男接"十子大团圆"。

男女合喊：荣华富贵万万年。

妆奁很简单，必要的有子孙桶（即马桶）、大小脚盆、红漆托盘，以及衣服、箱子等类，没有什么大型妆奁，送妆结束，女方请男方的帮忙人吃晚饭。

谢礼：结婚头一天晚上，女方新娘要进行"谢礼"活动。整个船上，挂灯结彩，红烛高烧（派专人看牢，不准吹灭），两面开锣（大铜锣），男女船上各挂一面，双方配合，齐声敲打（打十三下），整夜不息。新娘则对所有亲戚、长辈、父母、兄弟姐妹等等，边哭边拜，拜后每人都要拿出一个红纸包给新娘，称为"谢礼"。新娘哭时，母亲、姐妹等女眷都要陪着哭。哭的内容，因人而异，大约都是些依依不舍的话，长辈大都哭些利市话，以鼓励新娘。

教训女婿：新娘将要起身，岳母要进行教训女婿的活动。教训的内容，主要叫女婿不要欺负她的女儿，夫妻双双要和睦。新郎听到岳母的话，要用很快的动作，从自己船上走到新娘船上，对着岳母的面，双膝下跪，口讲："听岳母吩咐，一定记住！"讲毕，就站起来逃回自己船上，否则，要被女方亲戚朋友拉牢，罚香烟、糖果。

拜祖宗父母：女方先由利市人为新娘梳头、绞面，参拜祖宗父母，然后坐一竹团筛中等候。

吃上头饭，也叫吃"离娘饭"。新娘起身前，要吃一次离娘饭，满满的一碗饭，一碗面，数样菜，由利市人喂吃，喂一口（实际不吃，只是意思一下），讲一句利市语。如喂鸡蛋讲："鸡蛋吃到黄，走到好做娘。"喂饭时讲："吃口饭，灵通聪明更好看。"喂口鸡肉讲："吃口鸡，养鸡和鹅样。"喂肉时讲："吃块肉，养猪大如牛。"喂口面讲："吃口长寿面，百岁都康健。"等等。

抛新娘：男方接亲船，早已挂灯结彩，打扮得如同轿子一样，称为"轿船"，与女方船并立，但两船要相距一米，不得靠拢，靠拢就认为"不吉利"。抛新娘的人站在女方船上，这个人要求身强力壮，又要利市，即父母双全，夫妻和睦，经济较好，有子有女，他身着新衣，腋下捆着阔带（带子由两个人帮忙拉牢，以作保险），一脚顶住船沿，一脚在后，作马步势。新娘离娘饭刚吃好，女船利市人即打招呼，喊："千金小姐送上来。"男船利市人接喊"皇孙公子站起来，珍珠凉伞撑起来"。在喊的同时，女方要放火炮三个，第一个叫"招呼炮"，第二个叫"动手炮"，第三个叫"结束炮"。男方这时也要放两个火炮，一个叫"进门炮"，一个叫"胜利炮"。女船刚刚放第二个炮时，抛新娘的人动作敏捷地拖住新娘，一手托在背部，一手托住屁股，用力向男方船上抛去，男船接新娘的人马上拖牢，让新娘站在船头铺着的袋子上，这时早有人站在篙旁，将船马上拔起竹篙，撑起打三个圈，船上游开去。

拜天地和分大小：新郎新娘站在船头，由两个姑娘手持点燃的蜡烛，站在两边陪着新人，帮忙人拿出早已准备好的百果盒，内放红枣、花生、桂圆、莲子、炒榧、松子等，摆在船头，点起香，对天膜拜。拜时，利市人也喊："拜一拜，天长地久；拜二拜，地久天长；拜三拜，三元及第……"等原来的利市话。

天地拜好，男在前女在后，走到床前，对长辈进行跪拜，叫"分大小"。受拜的人都要拿出红纸包，作为"见面礼"。

天地、大小都拜好，两船又撑到一起，叫"并彩"。两船搭好跳板，双方欢天喜地，来来往往，大家来看新娘子，非常热闹，男方这时要拿出肉元酒，请双方亲戚及帮忙人吃。吃毕，男方把船撑到码头边去停泊，准备摆酒请客。

入洞房，新娘从船尾"出阁"，新郎也要从"船尾"入洞房。这时，新郎要爬上船篷背，爬至船尾下来进入船舱，才算入了"洞房"。

闹新房，结婚第一夜，大家闹新房，偷东西。要弄得新人一夜到天亮没有睡觉，大家才高兴快乐。如果新人失误睡去，东西给人家"偷"去，不但要用红鸡蛋、香烟、糖果去取，还要给人家笑话。

回门：三朝，新人双双到娘家拜见岳父母，叫"回门"，由岳父摆酒请新女婿，新郎去时要带一些红纸包，凡小辈来见，都要分送一个红纸包。回门酒吃好回家，整个婚事即告结束。

九姓渔民的丧葬比较简单，人死之后，即移入船头，盖上烧纸，约搁半天即放入棺内。过一天，让亲人再见一面，即封材。封材时，一家大小持香哭泣相送。经济情况较好时，约做一夜道场，困难的就烧点纸、锡箔之类的东西，请几个人（都是岸上人）问人家讨一点地，抬入山上埋葬。

九姓渔民的岁时节令习俗，基本上与汉族相同，但也有他们自己的节日内容。

春节：过年前一天，要贴好周宣灵王像，挂好"长生纸"（用红纸剪成，很长）、"元宝"，各处贴上红纸，以示吉利。把船撑到离码头较远的南峰塔下，排成扇子形，与岸上人隔离开过春节。三十日晚上用三牲还年福。还年福时，由船主进行，态度认真，凡妇女、小孩都要回避，不准讲话，为防止咳嗽，各人倒一杯水，不时喝一口。还好年福，对天及在周宣灵王前烧过纸，才可吃年饭，饭后给小孩压岁钱，盛过荤菜的碗要洗得干干净净，准备第二天用。年初一规定妇女休息，要由男的烧饭，一天不扫地，不切菜，要吃素。早上吃年糕或面，中午吃素饭，初一晚上开荤，三至四天后要去祖坟烧纸，叫上"新年坟"。从过年起，每天早晚两次在周宣灵王像前烧点香烧纸，直到元宵。

元宵：船头用红纸扎竹竿，悬灯结彩，晚上仍和还年福一样，用酒、饭、豆腐、一刀肉、一只鸡、一条鱼、一双筷、一把刀，点香烧纸后，大家团坐吃还福肉，叫"过小年"。

清明：清明时和岸上人同，也吃清明馃，到坟上堆土烧纸。

立夏：立夏规定吃红枣、鸡蛋、桂圆等补品，过去还有秤人的习俗，民国后没有了。

端午：小孩子穿新衣，全家吃雄黄酒、大蒜等，还要吃鸭蛋，不过吃一个鸭蛋要烧三个"灯草火"（用灯草火烧皮肤），有的人害怕烧灯草火，只好不吃鸭蛋了。

七月七：过去船民有过七巧节，小儿及青年女子于船头穿针斗巧，露坐深宵。抗战后此俗不存。

中秋：中秋与岸上人同，吃点月饼、酒菜等东西。

九姓渔民的信仰与禁忌

供周宣灵王，每只船都供有周宣灵王，他们认为它是司风雨之神，法力无边，是保护撑船人的。在船户中广泛流传这样一个故事：有一只巨州船从杭州上来，周宣灵王化作旅客来搭船，芦茨老相公知道了，就来同他斗法，狠命地刮西风，旅客都怕起来。周宣灵王说："不要紧，我们有八条顺风梁，就撑起风篷，从蒋家埠清之江进去，从胥口出来。"老相公一看，自己失败了，说索性助他三阵阵头风，天没有亮，就到巨州城外了。他到船背去下风篷，旅客出来一看，个个目瞪口呆，异口同声地说："真奇怪，杭州一夜到巨州，只有周宣灵王下凡差不多。"这话一讲，它就从船篷上掉下来，落入江中淹死了，巨县人民为了纪念他，给它造了一个庙。从此，每个船上都供奉周宣灵王了。

九姓渔民一般相信佛教，很多人吃素念佛，上九华山进香。也相信雷神及潮神，每年六月廿四拜雷神，八月十八拜潮神。开船时见庙要烧香，开船时在船上要烧纸，沿途有庙也要烧纸，如洋溪的潘老爷、梅城的七老爷、八郎庙、七里泷伍子胥庙、钓台严子陵、芦茨老相公等等，一直烧到杭州止。

九姓渔民的禁忌甚多。如：

（1）赶条鱼为棺材扛，鳗鱼为棺材扛索、忌食。

（2）鱼从岸边跳舱，忌食，应放生；鱼从江心跳舱者可食。

（3）女人不准走到船头上去，外人脚不洗净不得上船头。

（4）开船时大家不准讲话，不准问到哪里和什么时候到。

《浙江民俗》1985年第1，2期。

兰江花舫勾勒

郑秋兔

兰溪地处二江之汇合口，商业繁荣，抗日战争以前，沿江一带，帆樯林立。其中除交通船、货船外，尚有一种结构颇为精雅之花舫，花舫始自何时无从考据，由于舫尾设炉灶处突然耸起，故又称高拔船。舫之前后舱设小房间，作客座，左右两窗，可以凭眺江干风景。每一花舫有花舫女二三人至八九人，她们出身于穷苦之家，或被骗或被卖，各人都有一本自己的辛酸史。花舫以驾长娘为主持人，舫女受其盘剥，甚至失去了正常人的生活。舫中雇有水手若干人，以备迎送顾客、买办酒肴。当时有许多商家皆以花舫为宴客场所，酒阑奏曲，有时竟通宵达旦。每届元宵溪西灯节，或在农历四五月间周王庙、关帝庙演剧之期，花舫营业特别热闹。1926年军阀孙传芳部过兰溪，花舫中人逃避一空，孙军强行以舫衔接，架作浮桥，船只多遭损坏，花舫以此减少。1933年兰溪实行实验县以后，当局加以限制，除改业外，仅有者亦逐渐迁住民房，旧有之舫遂搁置中洲听其残毁，至抗日时期，即已销声匿迹矣。

《兰溪文史资料》第5辑1987年。

建德县九姓渔户

程秉荣

在旧社会的三江（富春江、新安江、兰江）上，生活着一批受压迫、受歧视的人民，他们就是所谓九姓渔户，即陈、钱、袁、林、叶、孙、许、李、何九姓人（建德最多的是陈、钱、孙、许四姓）。清朝初年把他们编为伏、仁、义、礼、智、信、捕七个字号，有大小船只三千一百多只，至道光、咸丰年间，尚有船一千多只，太平天国革命后，船只减少，仅存三百多户。中华人民共和国成立后，1958年合作化时，定居建德县的船户为三百六十六户，一千三百多人。他们的生活，都在水上，活动范围下至杭州、桐庐，上至兰溪、衢县、江山，西至淳安，主要在桐庐、建德、兰溪一带。

明清时期，他们的职业，除货运（当时建德梅城称为严州府，号为八省通衢要道，如福建的土产、江西的瓷器、广东的洋货、浙江沿海的水产等，都要经过这里来往）、捕鱼外，还有一个恶习，即"家属随船皆习丝竹大小曲，以侑觞荐寝"。清同治五年，严州知府戴槃看到这一败坏风俗的宿弊，呈报上司批准，"裁九姓渔课，准令他们改贱为良"。贴了"告示"，"勒石永禁"，还刻了"改贱为良碑记"，立在严州府衙内，并"为良"户发了准予改贱为良"执照"。民国后，也曾为这一问题，三令五申，但收效不大，九姓渔户依旧遭到岸上人的歧视。

一、他们的来历

一说他们的祖先是陈友谅的部属，明初抗师，后来朱元璋做了皇帝，把他们贬为渔户，不准上岸居住，不能与平民通婚，不准读书应试，上岸不准穿鞋，官家有事还要应召服役。如范寅《越谚》云："相传陈友谅部曲共九姓，明太祖锢元，不齿诸民，故其子孙无寸土，惟船于家，男作船户，女多流娼……"《南浦秋灯录》说："又有所谓江山船者，其户皆隶于建德，亦曰建德船，世言陈友谅既败于鄱阳湖，其党九人，逃之睦杭间，操舟为业，其裔乃流落为妓，今九姓自为族类……"最近倪孜耕同志在梅城船上，收集到一首渔歌，有"老子严江七十翁，年年江上住船篷。早年打败朱洪武，五百年前真威风……"。可见他们自己也承认是陈友谅部下的后代。

另一说他们是南宋亡国大夫的遗族，因爱严陵山水，带着眷属避世而来，专以捕鱼度日，一舟双桨，自得其乐，不与当地居民互通婚姻，不肯舍舟就陆，犹是"薇蕨首阳，以明不践元土"。因为他们都是世家望族的后裔，平日娇生惯养，故谋生乏术，只好靠卖唱度日，年长月久，变卖唱为卖身。也有人说九姓渔船，也叫"跳板船""茭白船"，是不卖身的，只是助人清谈而已，与"江山船"有别。江山船乃妓船，开始于江山县各富户。明朝制度，缙绅之家都可以自蓄歌妓，后来富户一死，她们无以为生，只有流落船上，干这种卖身的生涯。多数讲法以为"茭白船"（九姓渔船）、"江山船"（妓船）原是一种船，两种叫法而已。李经义有诗："娥眉队队斗妍华，九姓于今莫问他。如此江山怨良夜，相逢况是在天涯。多谢群公为解嘲，烟花南部可怜娇。人间那有虬髯客，一角扶馀气已销。"

二、关于茭白船的一些传闻

梅城南门码头的"茭白船"确实热闹过一段时间，到我们这辈人出生懂事时，已经没有了；但对茭白船的传闻还听到一些。听说清末民初时，梅城码头还有四只，东关码头还有两只这种船，它的船身宽敞，制造精致，明窗净几，红漆耀耀，上挂纱灯，内有客厅、卧室、灶间，如一座水上楼台。一些富商大贾，财主豪绅，常到船上摆酒请客，夜里灯烛辉煌，鼓乐喧天，一次花数十元至数百元。每只船上有船主（即老板）、弹唱陪客的女人（有招牌主和称为同年嫂、同年妹的），还有什么"接客乌龟""跳板乌龟"等打杂人员。这种船，名义上以陪喝酒、听弹唱为主，但只要钱花得起，也可以在那里"过夜"，不过要举行一种"点蜡烛仪式"（似结婚拜堂仪式）。另外，那时还有一种"堂子船"，这种船船只小、设备简陋，船上也有一些自拉自唱的女人，她们身价较低，没有茭白船那样"吃得开"，常常停泊在码头边，经常划着双桨撑来撑去兜生意。

三、九姓渔户过去的悲惨生活

九姓渔户过去是所谓"贱民"，处处受歧视，受压迫。一是不准入学读书。"为良"后，虽然可以入学，但那时一天劳动收入不足糊口，哪里还有条件读书。据我们接触到的，现在八十岁以上的船民，没有一个有文化的。住在新安江畔的许小根（退休船民，今年六十六岁），他的父亲六兄弟，没有一个入过学。二是不准上岸居住。个别船户撑船积点余钱，想到岸上买点地，找个窝，就会遭到岸上人干涉。三是不准穿长衫、马褂和整只鞋。到了冬天最寒冷的时候，也只能穿一件短棉袄，腰里系一根带子，虽有鞋，也不能整只穿，只能把后跟踏下去拖起来穿半只，否则，定会遭到岸上人的辱骂。四是岸上人不与她们通婚。民国后，这个禁令是没有了，但嫁岸上的姑娘还是很少，有的也只是个别人品好的，岸上嫁到船上的也只是少数贫苦人家，儿女多，无法养活，才从小把她给船上做女儿或童养媳。

四、九姓渔户的风俗习惯

在漫长的封建社会中，九姓渔户是一批受压迫受欺凌最深的人，他们没有资格与岸上人交往。因此，他们自己形成一种适合水上的风俗。自清同治五年（1866）准许"改贱为良"后，生活上起了一些变化，大多数风俗已与本地人无异，但还有一些风俗，一直保留下来。

1.婚嫁：婚嫁风俗上是保留下来比较完整而又特殊的风俗。有这样一些礼节：1.送盘。婚姻由双方家长包办，新郎新娘没有自主权。订婚时，除讲明"聘金"数目外，还要送"十六盘""二十盘"和"廿四盘"。就是困难户至少也要送"八盘"。十六盘的东西有：猪肉、鲜鱼、山粉、索面、馒头、布匹、银元（各1—2盘）、整鸡、蹄髈（各四盘）等等。订婚后至结婚前，男方每年要向女方送"三节"（端午、中秋、过年）。

2.送妆奁：结婚头三天，男方要送两担松柴、两担木炭以及酒、肉给女方，供嫁女之用。头一天，男方要请很多帮忙人（不管多少，数字一定要成双），这些帮忙人一部分派到女方去，一部分在自己船上；还要请一对利市人（要夫妻双全、多子女、经济较好的人），一男一女，女的到新娘船上服务，即为新娘梳妆、绞面、陪新娘拜祖先等，男的在自己船上。傍晚边，开始送妆奁（这与岸上风俗正相反，岸上的人认为晚边送嫁妆不吉利），男女双方两只船并排停泊，中铺跳板，女利市人站在女方船头，手拿秤钩。帮忙人送一样妆奁，女利市人用秤钩勾一下，喊一句"称一斤"，男方船上的男利市人也站在船头上，马上接喊"长千金"，这时，男船上的帮忙人就把妆奁接来，传递到新房里去。送一件，女方喊一句，男方接一句，声音洪亮，调子优美，是一支很好的民间乐曲。这是送妆奁的高潮，看得人争先恐后，喜笑颜开。喊的利市话是这样规定的：

女喊"称一斤"；男接腔"长千金"！

女喊"称两斤"；男接腔"长万金"！

女喊"称三斤"；男接腔"三元及第"。

女喊"称四斤"；男接腔"四季发财"。

女喊"称五斤"；男接腔"五子登科"。

女喊"称六斤"；男接腔"六六旺顺"。

女喊"称七斤"；男接腔"七子八孙"。

女喊"称八斤"；男接腔"八子成双"。

女喊"称九斤"；男接腔"九子十三孙"。

女喊"称十斤"；男接腔"十子大团圆"。

最后，男女合喊："荣华富贵万万年！"

妆奁比较简单，必要的有：子孙桶（即马桶）、大小脚盆、红漆托盘（最少两只、多的四至八只），以及衣服、箱子等类，没有什么桌、椅、床等大型妆奁。送妆奁结束，女方要请男方的帮忙人过船来，共饮送妆酒。

3.谢礼。出嫁头一天晚上，女方新娘要进行"谢礼"活动，整个船上，挂灯结彩，红烛高烧（红烛点燃后要派专人管牢，不准被风吹熄，以为吹灭不吉利）。两面开锣男女船上各挂一面，双方配合，齐声敲打（打十三下，十慢三快），整夜不停。新娘则对所有亲戚、长辈、父母、叔伯、兄弟姐妹边哭边拜。拜后，每人都要拿出一个红纸包给新娘，称为"谢礼"。新娘哭时，母亲、伯母、婶母、姐妹等女眷都要陪哭。哭的内容，因人而异，都是依依不舍的话。长辈大都是些利市话。预祝新娘婚后幸福、快乐等。

4.教训女婿。新娘将要起身，岳母要进行教训女婿的仪式。内容主要叫女婿婚后夫妻和睦，白头偕老，不要欺侮她的女儿，要恩恩爱爱等话。新郎听到岳母的话后，要用很快的动作，从自己船上走到新娘船上，对着岳母的面，双膝下跪，口中讲着："听岳母的话，一定牢记。"讲毕，要马上站起来逃回自己的船上，否则要被女方亲戚朋友拖牢，罚香烟、糖果、红鸡蛋、橘子之类东西。

5.拜祖先。父母，先由利市人为新娘梳头、绞面，穿好新娘的衣服，再参拜祖先、父母。完毕，搀新娘坐在一个竹制的团圈中等候时辰。这时，利市人讲"头戴凤冠，身穿霞帔，新娘看到笑眯眯,公婆看到心欢喜"等一套利市话。

6.吃高头饭。新娘起身前,先吃"高头饭"。满满的一碗饭,两个剥去壳的熟鸡蛋,一碗面,数样菜。由利市人喂新娘吃,喂一口(实际不吃,只是形式一下),讲一句利市话。喂饭时讲:"吃口饭,聪明能干多喜欢。"吃第一口讲:"头一口饭对半分,哥哥分去造屋造在村中心。"吃第二口讲:"第二口饭对半分,丈夫分去把小叔讨个新婶婶。"吃第三口讲:"第三口饭对半分,父母分去长福长寿永康宁……"喂鸡蛋时讲:"鸡蛋一口咬到黄,夫妻双双有商量。"喂鸡肉时讲:"吃口鸡,养鸡和鹅一样齐。"喂肉时讲:"吃块肉,养猪大如牛。"喂面时讲:"吃口长寿面,到老都康健。"等等。

7.抛新娘:男方接亲船,早已挂灯结彩,打扮得如同轿子一般,称为"轿船",撑到与女方的船并列,但两船要相距约一米,不得靠拢,靠拢认为不吉利。男女双方的彩船,彩布要挂到一式一样高,男船不能高于女船,女船也不能高于男船,认为高的会"发财",低的要"败落"。有时常常为两船的高低而打架。抛新娘的人站在女方船上,这个人要求身强力壮,又要利市,即父母双全、夫妻和睦、有子有女,经济富裕。他穿着整齐,雄壮威武,腋下系着一根阔带子(带子由两人拉牢,以作保险),一脚顶住船沿,一脚在后,作前后马步势。新娘高头饭刚吃好,女船上的利市人即打招呼,喊:"千金小姐送上来!"这时新娘由两个姑娘伴着从"船尾出阁",男船上利市人也喊:"王孙公子站起来,珍珠凉伞撑起来。"在喊的同时,女方要放火炮三个,第一个叫"招呼炮",第二个叫"动手炮",第三个叫"结束炮"。男方这时也要放两个火炮,一个叫"进门炮",一个叫"胜利炮"。女方刚刚放第二个炮时,抛新娘的人动作敏捷地拉住新娘,一手托住背脊,一手托着屁股,用力向新郎船上抛去,男方接新娘的人马上接牢。让新娘站在船头铺着的袋子上,从船尾进门。这时,守在船桩旁的人,迅速地拔起竹篙,将船撑起,打三个圆圈,一径向上游开去。

8.拜天地和分大小:新郎新娘站在船头,由两个姑娘手持点燃的蜡烛,站在两边陪着新人,帮忙人拿出准备好的"百果盒",内放红枣、桂圆、花生、莲子、炒榧、松子等吉祥果子,摆在船头,点起香,对天膜拜。拜时利市人要喊:"拜一拜,天长地久;拜二拜,地久天长;拜三拜,三元及第……"等利市话,天地拜好,男在前、女在后,走到床前,对长辈进行跪拜,叫"分大小"。受拜的人都要拿出红纸包作为见面礼。

9.洗和气面:天地拜好,由利市人捧来一面盆水,内放毛巾,先由新郎新娘洗,再是公婆、叔伯、妯娌、姑娘等洗,称为"洗和气面"。相传这样洗洗,以后一家人就会和和气气。

10.入洞房:新娘从船尾出阁,新郎也要从船尾入洞房。入洞房前,新郎要从船头出来,爬到船篷背,叫作"站彩台"。在站彩台时,利市人要讲:"一见新郎站彩台,好像状元出京来,升一步,高一步;高二步,凑成双;老官要交印,新官好上任……"讲好,新郎从船篷下来由船尾进入船舱,才算入了"洞房"。进洞房前,还有一番利市话。"金丝托盘送进房,新房里面闹洋洋。大红棉被丝罗帐,天官赐福挂中央,一对鸳鸯当中坐,福禄寿喜二边排,新郎新娘多高兴,美满姻缘凑成双……"。

11.挑头巾:新郎进入洞房,要把盖在新娘头上的一块方红巾,用秤杆把他挑开,挑时要讲："手拿秤杆一条心，月下老人叫我挑方巾。挑得方巾四只角，生个儿子做都督；挑得方巾圆又圆，生个儿子做状元；挑开方巾见新娘，新郎心中好欢喜；新郎新娘一条心，白头偕老万年春。"

12.闹新房：结婚第一夜，亲戚朋友要来闹新房，"偷东西"。要闹得新郎新娘一夜到天亮没有觉睡，大家才高兴快乐；如果新人失误睡去，东西被人家偷去，不但要用香烟、糖果、红鸡蛋去赎，还要让大家取笑。

13.回门。三朝，新人双双到女方娘家拜见岳父母，叫"回门"。岳父家要摆酒"请新女婿"。新郎去时要带一些食物（礼品）孝敬岳父母，还准备一些红纸包，凡小辈来见，都要分给一个，作为见面礼。回门酒吃好回家，整个婚事才告结束。

14.其他：同姓结婚的比较多，因九姓渔户是一批所谓"不齿的贱民"，不能与岸上的平民通婚，只准在九姓中结成夫妇，且九姓中最多的是陈、钱、许、孙四姓，从而造成同姓通婚。这些现象都是封建社会造成的，现在就很少了。

他们的信仰：①供奉周宣灵王。只要是九姓渔船，都供有周宣灵王，一张画像，一个香炉，一天换一杯清水，初一、十五要插一炷香，烧一些纸。他们认为，它是司风雨之神，法力无边，是专门保护撑船人的。在船民中广泛流传这样一个故事：很早很早的一年，有一只衢州船，停泊在杭州南星桥，准备开上来。周宣灵王化作一位旅客来搭船。这件事被芦茨老相公知道了，他就暗地里来同他斗法，狠命地刮西风，船一点也撑不上去，船上旅客都怕了起来。周宣灵王说，不要紧，我们有八条顺风梁（破风篷的八条筋），说着就挂起风篷，从蒋家埠清之江进去，从胥口江出来。老相公一看，晓得自己法力不如他，失败了，就索性助他三阵"阵头风"。天还没有亮，船就到衢州城外了。周宣灵王到船篷背上去下风篷，旅客出来一看，个个都目瞪口呆，异口同声地说："真奇怪，杭州一夜到衢州，只有周宣灵王下凡差不多。"这句一讲，天机已被泄漏，它就从船背上掉了下来，落入江中淹死了。衢州人民为了纪念他，给它造了一个庙，每年香火不绝。从此每只船上都供周宣灵王了。②信仰雷神（传说中的雷公）和潮神（传说伍子胥死后成为潮神），每年六月廿四拜雷神，八月十八拜潮神。③相信佛教，许多年纪大的人吃素念佛，他们把上三清山拜菩萨作为一生的大事。每次开船前，要在船头上点香、烧纸，途经洋溪的潘老爷、梅城的七郎庙、八郎庙、七里泷的伍员庙、钓台严子陵、芦茨老相公等庙宇时，都要烧纸。

他们的禁忌：①忌吃鳗鱼和赶条鱼，认为赶条为棺材杠，鳗鱼为棺材索，吃它不吉利。②由岸边跃入船舱的鱼，应把它放了，不能吃，因为他是"逃难"来的。从江心跳入船里的鱼可以吃，因为他自己来"找死"。③女人不准走到船头去，外面人脚不洗干净也不准上船头。开船时，不准大家高声讲话，更不准问到哪里和什么时候到目的地。开船时（指长途船）烧过纸，抛过茶叶米，船撑动后，谁叫喊都不能应。所以那时有句话："船上三枚钉，上船不认亲。""船上、台上（指演戏的人）、和尚不能交"，就是指这件事。

1949年，九姓渔户也和全县人民一样，得到彻底解放，翻身做了主人。合作化时，他们一部分参加了航运社，担任了水上运输的任务，他们世代相传的摇橹拉纤的木船，都改为机帆船。一部分参加了渔业社,担任了水产的养殖、捕捞任务。1958年办起了航运子弟学校,他们的子女都有了求学读书的机会,过去那种不准读书应试的时代一去不复返了。现在他们的子女中,有中学生、有大学生,也有国家干部。过去那种被压迫、被歧视的状况已成为历史陈迹了。由于他们在政治上、经济上、文化上都翻了身,在生活习惯、人情风俗方面都起了很大变化。上述种种情况,已成为历史资料。

《建德文史资料》1987年第2辑。

撑船人为啥不穿鞋

陈永干口述　徐如文、徐梦达记录整理

古时候,天下都没有人会做船。水上往来,只靠木排、竹筏。有一天,观音娘娘从如来佛那里学法回来,路过一个河边村庄,见许多人哭声连天。观音娘娘一打听,原来是一个妖魔用了法术,把河水舀光了,盛在一个水桶里。河两边的人一滴水也没有,只有哭着向妖魔求助。

观音娘娘走过来,叫妖魔把水倒入河中,妖魔不从。观音娘娘说:"你这点本事算得了什么? 来,把你的那桶水倒到我的小花瓶里,还不到半瓶哩!"妖魔不信,要和观音娘娘打赌,如果输了,情愿以后为她倒洗脚水;如果赢了,观音娘娘就给他当丫头。两人一言为定,妖魔就拎起水桶往观音的花瓶里倒,结果,只有小半瓶。妖魔连忙下跪叩头,被观音娘娘收为童子。

观音娘娘收服了妖魔,自以为法术高明,目中无人。正在这个时候,如来佛来了,他对观音娘娘说,佛法无边,不可逞能而误了前程。观音娘娘笑而不理。如来佛为了教训她一番,说道:"观音,你把小花瓶里的水,倒在我这小指甲缝中都不满。"观音娘娘不信,把小瓶一倒,果真小指甲缝也不满。观音娘娘一惊,连忙下跪求道:"师父,弟子我……"如来佛不等他说完,将手一翻,指甲里的水"哗"地一下从观音屁股后倒了下去,刚好把观音娘娘的两只鞋冲脱,众到河里去了。这两只鞋浮在水面上的变成了两只船。观音娘娘没有鞋子,只好打着赤脚。

后来,人们就依照观音娘娘的鞋样,用木头做船了。观音娘娘也成了撑船人的祖师。祖师不穿鞋子,所以船民们也从来都是打赤脚的。

淳安县民间文学集成办公室编:《中国民间文学集成浙江省杭州市(淳安县卷)》1988年。

九姓联王

陈永干讲述　徐如文、徐梦达记录整理

过去,新安江上的所有民船,后舱都供奉一个菩萨或贴上一张神像,船民称这个菩萨为"九姓联王"。

听老船工说,很早的时候,新安江上的船民,你在这里抲鱼,他在那里运货,黄牛角,水牛角，各顾各，见面也不打招呼；碰到有人跌下河去，也不去打捞。岸上的人也看不起他们。

后来，新安江上来了一只义乌船，撑船的是个白发老公公，他穿着一件破棉袄，整天酒壶不离身，船也破得不得了。但这个老头子撑船本事交关好，上徽州，下杭州，过兰溪，总比别人的船要快好几倍。他的船，好像生了双乌珠眼，哪儿水深，哪儿水浅，哪个水底下有暗礁，它都看得清清楚楚，该直就直，该转舵就转舵，从来不出差错。

有一年，腊月廿九下午，淳安县城有个商客，从金华办货来到兰溪，准备乘船回家过年。一打听，其他船都已停船过年了。商客急得要命，有许多货物要随身运去，这可怎么办呢？正在着急的时候，见有个身穿破棉袄的老头手拎酒壶，跌跌撞撞来到西门水埠头。淳安商客就问他："老伯伯，这一带有空船吗？"老头说："你有什么事？"商客就一五一十地向老头讲明白。老头听了，说："我有一只船，准备今夜开船，到梅城去过年。你有急事，那我就先送你到淳安后再转回家过年好了。"商客又问："时间来得及吗？""顶好的泥糊船，篷布八根筋，根根张风，开得飞快，明天中午前一定赶到淳安。"商客跟着老头来到了船边一看，"啊呀"大吃一惊，船篷两边箬叶乱七八糟，只剩下中间一个顶；篷布只剩八股筋，船身木头崩裂，有的地方漏洞是用黄泥糊糊的。淳安商客看了这只破船，上又不是，下又不好，犹豫不决。老头说："你放心好啦。我有四个伙计，个个二十岁，年轻力壮经验足，还怕什么？"商客听了虽然半信半疑，也只好装货上船。撑船老头把商客的货物放进船舱，又坐到后舱喝起酒来。淳安商客急得不得了，但又不好意思催他快开船。这样一来等到天黑，老头才慢慢地拔起船桩，准备开船。商客忙问："四个伙计呢？"老头笑着对商客说："我今年八十岁，不是两个四十，四个二十吗？"商客无话可说。老头扯起风篷，真的八股筋根根有力，只听得船上风声"呼呼呼"劲吹，船底水声"哗哗"作响。后来商客迷迷糊糊地睡着了。等他一觉醒来，已是第二天半午前，一看河边的山势，船已平平稳稳地停在淳安南门水埠头了。商客起好货，要请老头上岸到他店堂里去吃餐午饭再走。可是老头谢了谢，就调转船头朝下游撑去了。

再说，这个船老头在新安江上撑了十多年船，虽是个酒鬼，却从来不误事。如果碰到有谁欺侮船民，他不管三七二十一，就出来打抱不平；哪家船民生活碰到困难，他也能及时拿出一些铜钱来救济。这样一来，凡是在新安江上撑船的，拘鱼的，有陈许孙王李张余姜袁共九姓，人人都十分尊敬他。他死后，据说天上的玉皇大帝下了圣旨，派天官下凡请他上天，封为"九姓联王"。

淳安县民间文学集成办公室编：《中国民间文学集成浙江省杭州市（淳安县卷）》1988年。

兰溪九姓渔船考

胡汝明

兰溪菱白船系九姓渔民之前身。九姓渔民为陈、钱、林、李、袁、孙、叶、许、何。相传元朝中叶元幼主阿速八吉接位，苛征暴敛，人民无以为生。徐寿辉屯兵起事，陈友谅投从于徐。陈友谅势众，所占信、饶、荆、襄等广大地区，就自行称帝，国号为汉。据《明史》：陈友谅无远志，能得不能守。故后在鄱阳湖为朱元璋所袭，流矢穿眼额而亡，水军则散东下，遂隶衢、婺、睦三郡为舟师，所隶之郡官给舟符相验校，名曰邮票，且征庸焉。因此说九姓渔船原属水军一种，后因生活困难，舟中妇女大都操卖唱，男者是以捕鱼为业，漂泊于富春江、兰江、衢江一带江面上，并被视为小姓，受到种种歧视，如不准参加科举考试，不准上岸定居，不准穿布衫，不准和岸上人通婚。清同治五年（1866）《严陵记略·裁严郡九姓渔课并令改贱为良碑记》："……九姓之名已难通考，近数十年来，船只名江山……今欲禁江山船之妇女，则必裁建德县之渔课……将九姓渔户课钞永远裁革，于国课无损，于人心有益……"但旧有观念仍不免受到种种限制，该碑中有一段记："唯改业之户不准遽行报捐应试，自报官之人为始，下逮四世，方准照办。"

据《建德县志》：九姓渔户原系宋亡国大夫遗族，慕严陵山水，亡后隐居于此，其不舍舟登陆者，犹是薇蕨首阳，誓不降敌之意。因此，以捕鱼度活，所乘渔船也称茭白船。

据《浙江通志稿》：道光、咸丰间尚存船一千数百只。《射鹰楼诗话》云：茭白船即江山船，船户凡九姓，不齿编氓，九姓皆桐庐严州人。世传陈友谅既败，其将九人逃至睦杭间，其裔今为九姓渔船也。常山至杭州，山明水秀，客载其船者，江南丝竹，画舫笙歌，往往坠其术中。

兰溪茭白船，又称画舫，长三十米，船尾特高，船内陈设华丽，能办丰盛酒席，侍女都擅吹拉弹唱。据《兰溪实验县政府整顿城区花舫纪实》一书："……在民八九之交，为数达九十余只之多，可谓极盛时期……后因频年政局多变，农村一蹶不振，又兼杭江铁路完成，城内商业迥不如前，故游客锐减，花舫营业一落千丈，迄至去年（民国二十二年）秋二十五家。"时据调查有花舫主二十四人，内建德籍二十三人，安徽籍一人。花舫女九十人，其籍贯衢州四十八人，建德二十九人，金华六人，龙游五人，汤溪四人，安徽两人。年龄最小仅十岁，最大二十五岁。花舫女胸前佩有银质证章，以资识别。当时经过实验县整顿，规定花舫只能停泊在西门溪下街至南门溪下棺材弄沿溪一带，不能自行迁移或设岸营业，并谋用正常方法加以改造。

胡汝明：《兰溪纵横》，1988年。

抛新娘

钱子龙讲述　樊禹雄、韩华荣整理

相传古时候，浙皖赣一带的船民要比岸上的人低一等，同时规定，船民不得与岸上的人通婚。有一年，有个鱼妹子挑了一担鲜鱼，到开化街上卖，一个泼皮无赖硬说她的鱼变味了，丢下两枚铜板，强行抢走了一条五六斤重的大鱼。渔妹子晓得这个泼皮无赖是"地头蛇"，明知吃亏也不敢吱声。倒是旁边一个山里来的猎户看了气不过，一把揪住泼皮无赖，喝令他付足了鱼钱才让他走。

渔妹子是第一次碰到敢为他们"水上人"说话的人，心里很是感激，就一口一个大哥地叫起来。猎户为养家度日,也要经常来街上卖野物。渔妹子就和他相约,今后两人的货摆在一起卖。日子长了,两人萌生了感情。

猎户居住在深山里,家里有个病在床上的老娘,生活贫穷,年纪已过三十尚未娶妻。但是渔妹子不嫌他穷,铁心要嫁给他。猎户老娘听说儿子有了媳妇,毛病一下子好了一半。

可是,祖上定下的规矩不允许他俩结婚,好在一帮好事佬们要成全这桩好事,于是想出个办法,就是由男方雇一条船装灯结彩打扮起来,那边女方一至时辰将新娘用红绸包起来,由两名壮汉扛起来抛过来,这边新郎船上也有两名壮汉接住。新郎新娘在船上拜过天地、父母之后,就在船上分发喜果并摆酒席招待客宾。夜深宾客散去,新郎便将彩船撑到江心停泊欢度良宵。三天后,新郎带着新娘上岸回家看望父母双亲。后来,船民和岸上人家结亲,就采用这个办法,"抛新娘"的风俗也就传下来了。

开化县办公室:《中国民间文学集成浙江省衢州市(开化卷)》,1989年。

华埠的船上人

求 真

华埠船上人,主要有说严州话的"严州帮"和说江山腔的"江山帮"。本文仅谈说严州话的船上人。

一、船上人的来历

元末至正年间,沔阳渔家子陈友谅在江山以采石五通庙为行殿,即皇帝位,国号汉。朱元璋移书陈友谅:"宜却帝号,坐待真主,不则丧家灭姓,悔晚矣。"友谅不服,大战于泾江口,不幸中箭身亡。其子陈理继位,次年向朱元璋投降。朱称帝后,将陈全家及陈属子孙陈、钱、许、孙、林、袁、叶、何、李等九姓数百人流放今浙江建德,贬为舟居,世为贱役,永不得上岸。如范寅《越谚》云:"相传陈友谅部曲共九姓,明太祖锢元,不齿诸民,故其子孙无寸土,惟家于船。"《南浦秋灯录》说:"又有所谓江山船者,其中皆隶于建德,世言陈友谅既败于鄱阳湖,其党九姓,逃之睦杭间,操舟为业。"继而他们漂泊于整条钱江水系,人称"水上漂"。

地处皖、浙、赣三省交界的开化县,是个闭塞山区,山民们十分憨厚。尤其是华埠镇,流动与安定下来的居民、店商大多来自外省外县,他们以和为贵,广交朋友,相互尊重,没有客主之分,如《陈氏宗谱》云:"风俗敦庞,户尽善俗,人情朴实,里载仁声。"所以船上人来此,有如到了世外桃源,且作为当时水陆码头的华埠镇,正需要他们这样一支力量雄厚、身怀特技的劳动大军。从此,船上人安居乐业,人欢鱼跃。二百年来,为华埠的繁荣作出重要的贡献。

九姓渔民在严州主要是陈、钱、许、孙四姓,在华埠讲严州腔的船上人主要也是这四姓。到了民国初年,春节期间,华埠十个码头的各类船只竟达上千艘,熙熙攘攘,一派船上人的天地。

二、排工的贡献

船上人对华埠的繁荣有着特殊的贡献。他们已分布到各行各业,贡献是多方面的,现单说排工的贡献。

从事木排水运,是水上漂的特长。在旧社会,从华埠放排至杭每两杉木运价70—75市斤大米(两码1两=0.4909立方米),一个排可放100立方米,三个人三五天可抵杭州。由于比其他劳力收入高,所以他们争相前往。但他们要受包头的剥削(包头接到地主、木客交运的木材,压低运价转手交给排工放运)。在枯水期,无法放运木排,他们就以捕鱼捞虾,或做搬运为生。中华人民共和国成立后,在县总工会的帮助下,建立华埠区木排工会,成立了集体性质的木材放运单位,当时有工人342名,直接与木排收购站挂钩,承运木材任务,经济收益按人数平均分配。1954年,由于人员过多,经济困难,木排工会难于维持,县政府采取了措施,安排一部分剩余劳力从事农业、渔业、航运工作。保留了133名工人,改称华埠木排运输大队。1956年实行工资改革,按劳力强弱,技术高低等不同情况,划分为三个等级,后改为固定工分加评分,工人年收入在300—700元之间。

本县水运木排,相传已有200多年历史,放运工人一直多为祖籍建德县梅城镇的钱、陈、孙、许四姓之船户。据清嘉庆十五年的衢县《西安县志》记载:"杉木衢地取利最饶,而开化尤甚。有一山而鬻木数千金者。"民国初期,木材市场十分兴旺,仅华埠镇1845年就有木材商人177名,成交额约1万立方米。抗日战争胜利后的1946年上升到2.5万立方米,1949年为2.2万立方米。中华人民共和国成立后,1950—1985年,建德县木材运出2633816立方米,20世纪60年代以前,基本上全由水运承担。20世纪60年代以后,随着林区公路的开拓,木材水运量相应减少。1970年,投售木材83862立方米,其中水运66037立方米,占总数的78.7%。1984年,全水运47322立方米,占运出总数的57.3%。1985年木材市场开放以后,外地车辆直接到本县林区收购木材,华埠木运站水运量降至27263立方米。中华人民共和国成立后的35年时间,排工已为开化县水运木材2300000立方米左右,贡献卓著。

1970年初,华埠木运站为解决本站149名职工因水运业务清淡劳力剩余和子女就业问题,自筹资金,组织劳力劈山平基,盖起了开化木运站造纸厂。1975年被列为浙江省造纸行业定点厂,更名为开化县造纸厂。1985年,发展到年产80克水泥袋纸2000多吨,厂区旧地面积18400平方米,固定资产96万元,职工217人。工业总产值254.47万元(2054吨)实现利润25.27万元,上交税金37万元。水泥袋纸行销江西、江苏、河北、湖南、湖北、四川、北京、天津等省市。

三、"水上漂"的习俗

在漫长的封建社会,建德渔户是一批受压迫受欺凌最深的人。他们陆续来到华埠之后，虽与岸上人交往较密，但仍然说一口严州腔，到中华人民共和国成立前止，仍然保留着他们自己的一些独特的陋俗。不少老年人谈论起他们早年的习俗，仍滔滔不绝。

婚嫁：婚嫁风俗是保留时间较长而又特殊的风俗，有以下一些礼节。

1.送盘：婚姻由双方家长包办，新郎新娘没有自主权。订婚时，除讲明聘金数目外，还要送八盘、十六盘、二十盘。十六盘的东西主要有猪肉、鲜鱼、山粉、素面、馒头、布匹、银元（各一至两盘）、整鸡、蹄髈（各四盘）等。订婚后至结婚前，男方每年要向女方送三节（端午、中秋、过年）。

2.送妆奁：结婚头三天，男方要送两担松柴、两担木炭，以及酒、肉给女方，供嫁女之用。头一天，男方要请很多帮忙人（人数一定要成双），这些帮忙人一部分派到女方去，一部分在自己船上；还要请一对利市人（要夫妻双全，多子女，经济较好的人），男的在自己船上，女的到新娘船上服务，即为新娘梳头、绞面、陪新娘拜祖先等。到晚边，开始送妆奁，男女双方两只船并排停泊，中铺跳板，女利市人站在女方船头，手拿秤钩，帮忙人送一样妆奁，女利市人用秤钩勾一下，喊一声"长一斤"。男利市人站在男方船头上，马上接着喊"长千金"，这时，男船上的帮忙人就把妆奁接来，传递到新房里去。每送一件，女方喊一句，男方接一句，声音洪亮，调子优美，这是送妆奁的高潮，看得人争先恐后，喜笑颜开。喊的利市话一般是这样的：

女喊"称一斤！"；男接腔"长千金"！

女喊"称两斤！"；男接腔"长万金"！

女喊"称三斤！"；男接腔"三元及第"。

女喊"称四斤！"；男接腔"四季发财"。

女喊"称五斤！"；男接腔"五子登科"。

女喊"称六斤！"；男接腔"六六旺兴"。

女喊"称七斤！"；男接腔"七子八孙"。

女喊"称八斤！"；男接腔"八子成双"。

女喊"称九斤！"；男接腔"九子十三孙"。

女喊"称十斤！"；男接腔"十子大团圆"。

最后，男女合喊："荣华富贵万万年！"

妆奁比较简单，必要的有：子孙桶（即马桶）、大小脚盆、红漆托盘（最少两只、多的四至八只）以及箱子之类等类。送妆奁结束，女方要请男方的帮忙人过船来，共饮送妆酒。

3.洗澡：把新郎新娘换的新衣放在米筛中，父母给子女红包（银元），女儿还有首饰，如子女不满足，就不肯洗澡换新衣。

4.挂喜灯：男女船上各挂两盏灯，要挂得一样高，经过双方长辈，仔细目测都表示满意才行。如女方向男方要求挂得高一些，得到男方允许后，可略挂高一点，他们认为高的会发财，低的要败落。

5.谢礼：出嫁头一天晚上，新娘要进行谢礼活动。整个船上，挂灯结彩，红烛高照。

利市人要守灯，不能被风吹熄。两面开锣男女船上各挂一面，双方配合，齐声敲打（打十三下，十慢三快），整夜不停。新娘则对所有的亲戚、长辈、父母、叔伯、兄弟姐妹等边哭边拜。拜后，每人都要拿出一个红纸包给新娘，称为谢礼。新娘哭时，母亲、伯母、婶母、姐妹等女眷都要陪哭。哭的内容因人而异，多是依依不舍的话，长辈大都是"利市话"，预祝新娘婚后幸福快乐、百事如意、夫妻恩爱、子孙满堂等。

6.教训女婿。新娘将要起身，岳母要进行教训女婿的仪式。内容主要叫女婿婚后夫妻和睦，白头偕老，不要欺侮她的女儿，要恩恩爱爱等话。新郎听到岳母的话后，要用很快的动作，从自己船上走到新娘船上，双膝跪在岳母面前，口说："听岳母的话，今后跟×××好好过日子。"有时被岳母拖着再三吩咐，新郎边说"一定牢记"，俗云"讨老婆之讨，即这一跪"。

7.吃上轿饭。新娘起身前，先吃"上轿饭"。满满一碗饭，两个剥去壳的熟鸡蛋，一只鸡脚，一块猪肉，一碗面，数样菜。利市人喂新娘吃，喂一口讲一句利市话。要留下一些，不能吃光，表示以后回来还有得吃。吃第一口讲："头一口饭对半分，哥哥分吃造屋造在村中心。"吃第二口讲："第二口饭对半分，丈夫分去把小叔讨个新婶婶。"吃第三口讲："第三口饭对半分，父母分去长福长寿永康宁……"喂鸡蛋时讲："鸡蛋一口咬到黄，夫妻双双有商量。"喂鸡肉时讲："吃口鸡，养鸡和鹅一样齐。"喂肉时讲："吃块肉，养猪大如牛。"

8.抛新娘。男方接亲船，早已挂灯结彩，打扮得如同轿子一般，称为"轿船"，男方女方的船并列，但两船相距二尺许，忌靠拢或碰撞，如船较小的，常常用杉木于船底支稳。抛新娘的人在女方船上，这个人要求身强力壮且要利市，即父母双全、夫妻和睦、有子有女，经济富裕。他穿着整齐，雄壮威武，腋下系着一根阔带子（带子由两人拉牢，以作保险），一脚在后，作前后马步势。新娘上轿饭刚吃好，女船上的利市人即打招呼，喊："千金小姐送上来！"这时新娘由两个姑娘伴着从船尾出阁，男船上的利市人也喊："王孙公子站起来，珍珠凉伞撑起来。"在喊的同时，女方要放火炮三个，第一个叫"招呼炮"，第二个叫"动手炮"，第三个叫"团圆炮"。男方这时也要放两个火炮，一个叫"进门炮"，一个叫"胜利炮"。女方刚刚放第二个炮时，抛新娘的人动作敏捷地拉住新娘，一手托着屁股，用力向新郎的船上抛去，男方接新娘的人马上接牢。新娘在抛出时，必须用红线捆好的两寸长、半寸粗细的竹筒丢进水中。新娘接过船后，轻轻放在铺着袋子的船头上，利市人把三个米袋换三次，口说："后代传前代，一代接一代。"

9.拜天地和分大小。新郎新娘站在船头，由两个姑娘手持点燃的红烛，站在两边陪着新人，帮忙人拿出准备好的百果盒，内放红枣、桂园、花生、莲子、炒榧、松子等吉祥果子，摆在船头（进洞房时，撒向大家抢食），点起香，对天膜拜。拜时利市人要喊："拜一拜，天长地久；拜二拜，地久天长；拜三拜，三元及第……"等利市话讲好，天地拜好，男在前、女在后走到床前，对长辈进行跪拜，叫"分大小"。受拜的人都要拿出红纸包作为见面礼。

10.洗和气面。天地拜好，由利市人捧来一面盆水，内放毛巾，先由新郎新娘洗，再是公婆、叔伯、妯娌、姑娘等洗，称为"洗和气面"。相传这样洗洗，以后一家人就会和和气气。

11.入洞房。进洞房时，还有一番利市话："手拿花烛闹洋洋，送男送女进绣房，好男生五个，好女生一双。大公子当朝一品，二公子两国封王，三公子三元及第，四公子四海名扬，五公子年纪虽小，骑着红马赶催二十三省钱粮；大女儿千金小姐，小女儿正宫娘娘。"

12.挑头巾：新郎进入洞房，要把盖在新娘头上的一块方红巾，用秤杆把它挑开。在挑时利市人要讲："手拿秤杆一条心，月下老人叫我挑方巾。挑得方巾四只角，生个儿子做都督。挑得方巾圆又圆，生个儿子做状元。挑开方巾见新娘，新郎心中好喜欢。新郎新娘一条心，白头偕老万年春。"

13.闹新房：所谓结婚"三天无大小"，特别是洞房之夜，亲戚朋友要来闹新房"偷东西"（衣帽鞋子等），要闹的新郎新娘一夜到天亮没有睡觉，大家才高兴。如果新人失误睡去，东西被人家偷去，不但要用香烟、糖果、红鸡蛋去赎，还要让大家取笑。

14.回门。要新娘走前，新郎随后，第一先拜丈母，再拜岳父，岳父家要摆酒请新女婿。他们一定要把新郎灌醉，否则他以后要讲大话："到你家拜连酒都没吃高兴。"新郎去时要带一些礼品孝敬岳父母，同时准备一些红纸包，凡小辈来见，都要分给一个，作为见面礼。吃好回门酒回家，整个婚事才算结束。

15.其他：同姓结婚的也比较多，因九姓渔户从前不与岸上的平民通婚，只在九姓主要是陈、钱、许、孙四姓中结成夫妇，所以同姓结婚的较多。

他们的信仰：1.供奉周宣灵王。华埠船上人都供有周宣灵王，一张画像，一个香炉，一天换一杯清水，初一、十五要插一炷香，烧一些纸。他们认为，它是司风雨之神，法力无边，是专门保护撑船人的。在船民中广泛流传这样一个故事：很早很早的一年，有一只衢州船，停泊在杭州南星桥，准备开上来时，周宣灵王化作一位旅客来搭船。这件事被芦茨老相公知道了，他就暗地里来同他斗法，狠命地刮西风，船一点也撑不上去，船上旅客都怕了起来。周宣灵王说："不要紧，我们有八条顺风梁（破风篷的八条筋）。"说着就挂起风篷，从蒋家埠清之江进去，从胥口江出来。老相公一看，晓得自己法力不如他，失败了，就索性助他三阵"阵头风"。天还没有亮，船就到衢州城外了。周宣灵王到船篷背上去下风篷，旅客出来一看，个个目瞪口呆，异口同声地说："真奇怪，杭州一夜到衢州，只有周宣灵王下凡差不多。"这句一讲，点破了天机，他就从船背上掉了下来，落入江中淹死了。衢州人民为了纪念他，给他造了一个庙，每年香火不绝。从此每只船上都供周宣灵王了。华埠的周王庙主要由严州帮筹建，江山帮的捐款也不少，每年四月初八，都请金华大戏班来演戏八至十天；与此同时，江山帮也常另请戏班子在河滩里演出。2.信仰潮神（传说伍子胥死后成为潮神），排工每年八月十八都拜潮神。3.相信佛教，许多年纪大的人吃素念佛，他们把上三清山拜菩萨作为一生的大事，船上人有"三清会"，八月初八集中，并开始吃斋，说话也忌个荤字，连提到动物也要讲代名，如鱼叫"水底摆"，鸡叫"丁公"。每次开船时，要在船头上摆三牲，放火炮，经过梅城的七郎庙、八郎庙、七里泷的伍员庙,钓台严子陵、芦茨老相公等庙宇时,都要烧锡箔银锭,还要烧供鲞鱼。

他们的禁忌:1.忌吃鳗鱼、黑鱼、狗肉等。认为黑鱼是棺材杠,鳗鱼为棺材索,吃它不吉利。2.由岸边跃入船舱的鱼,应把它放了,不能吃,因为他是"逃难"来的;从江心跳入船里的鱼可以吃,因为他自己来"找死"。3.不上棕榈树搭的桥,不钻晒衣裤的竹竿,女人不准走到船头去,外面人脚不洗干净也不准上船头。开船时,不准大家高声讲话,更不准问到哪里和什么时候到目的地。开船时(指长途船)烧过纸,抛过茶叶米抽了跳板后,谁叫喊都不能应。所以那时有句话:"船上三枚钉,上船不认亲。"

1949年,华埠船上人也和全县人民一样,得到彻底解放,翻身做了主人,他们除了参加木材社外,还有参加渔业社(担任了水产的养殖、捕捞任务,继后办了耐火材料厂)、航运站(与江山帮等组织一起,担任了水上运输任务,其世代相传的摇橹拉纤的木船,大都改为机帆船,并创办了造船厂、五金厂与绸厂),以及搬运站(后为运输公司,还创办了汽车修配厂、鞋厂)。他们的子女中有中学生、大学生,也有国家干部,过去那种被压迫、被歧视的状况已成为陈迹了。由于他们在政治上、经济上、文化上都翻了身,在生活习惯、人情风俗上都发生了很大变化,上述种种带有迷信色彩的陈规陋习也已逐渐被抛弃了。

《开化文史资料》1989年第4辑。

同治十年严州府剿民为匪见者谈

倪孜耕

我祖父自清同治五年至宣统末,均在严州府照磨房为府吏(清府六房犹如今之科室,照磨房为六房之一,专司文书往来之职),生前所谈清代官衙故事甚多。

某次,我祖父曾谈到,自咸丰十年九月至同治三年年底,由于连年兵灾,加以瘟疫猖獗,是以县人十存二三,城郊四乡田地荒芜,遍地饿殍,甚至出现人相食的惨景。同治四年,严州府知府戴槃不得已乃号召外省县人来严州开垦荒地,并定例开荒为小顶,即该田地为某人所开垦种植即为小顶田,永顶为开垦者所有,但须交原业主大租,甲田五斗,乙田三斗,耕种所有权属于开垦者,并可转卖他人耕种,但受田人仍须交大租给原业主。所谓大租如小卖,即大租田只算小卖给开垦者。同时,规定开垦者可免交官粮三年。于是,同治四年到同治八年间,外省县人纷纷来严州开垦种植,今四乡先祖原籍为安庆、温州、台州等地者,皆属当时应召来严州开垦者之后裔。

戴槃这一措施收到很大效果,大片荒芜的土地有人种植了。只是开垦者花费了很多劳动力和种籽、肥料成本,但最好的田每亩收成不过两担(老秤150斤为一担),地主一俟田地有收成即来收大租;虽然免交官粮三年,但到同治八九年,仍须缴纳官粮。因此,开垦者一家大小虽种了五亩或十亩小顶田,一年起早摸黑,艰辛耕作,到了秋收,除去交大租和官粮外,所剩尚不够三四个月充饥的。有的只得挖山粉、种山薯来充饥;有少数饥寒交迫、铤而走险,欲去官府仓廪和城里王姓、方姓地主家(四乡有大租田)抢粮。同治十年五月初八,西乡梓溪坞聚集饥民近百人,将柴刀、斧头绑上长柄,并先遣人入城探听，准备行动。当时适逢府考，知府陈祖襄与知县许威均在试院扃门监考，协镇署也只有数十人守卫，其余清兵除白天各处值班，晚上都各自回家去了（当时清兵大都由居民充任，有事召唤，无事居家，届时领饷）。为此，众人认为只要五月初八三更入城，先攻下协镇署，大事即成。于是他们簇队出发，初更时分到达十里埠，进入一民宅扎了几个大火把，向大道奔驰而去。当时惊动村中，外委（清吏名）宋某即从后门骑马由小路直奔协镇署，向协镇黄中理告急。急遽中，黄中理来不及召集全城清兵，时不到二更，即令紧闭城门，并将协镇署大门敞开。黄中理手执大刀站立在大门顶上，署门两旁两尊大炮填满了弹药，用黑布盖好，由数十名清兵看守，听令开炮出击。俟计已定，饥民果然于三更过后上西门城墙破缺处爬入城来，先在擂鼓桥烧了一座草屋以壮声势，接着呼啸喊杀直奔垒石巷，只见协镇署大门敞开，衙内毫无动静，有一饥民首先冲了进去，刚进大门即被大门顶上黄中理猛力一刀砍下，将这人连头带肩劈成两爿倒下地来，后面众饥民一见，连忙退却。此时，两尊大炮随即开炮，吓得众饥民丢魂丧胆，急忙抛了刀斧，往黑弄里四散逃命，爬墙跳城，各自逃归山区。清兵不明饥民实情，不敢追击，直至天明，方看清被砍死的原来就是往常在协镇署前挑担叫卖水果的癫痫。

此事惊动了全省官绅，一致认定此次攻城的决非一般土匪。当时恰逢江西广德有地理教作乱，一定与此有关，必须清除余孽。随即由士绅们筹办团勇防守，并向巡抚杨昌浚呈报，说建德有教匪数千人，于五月初八三更入城，被协镇黄中理率兵击退，并枭贼首一名，等等。杨昌浚阅后即委张鉴南（后升任严州知府）带领洋枪队八百名（实际仅二百名，但严州府须付给八百名所需的供给）来严州剿匪。其实，严州府事后已去梓溪坞查明饥民均系从外地来此集中的，现已查无踪迹，但如今巡抚已派洋枪队来严州清剿余孽。这余孽在哪里呢？经知府、协镇和官绅们商议，知府根据"匪徒"所遗弃的武器，全是砍柴用的柴刀、斧头，遂问这些刀斧何处最多？有人答七里泷山源里一些烧炭砍柴刀工用的最多，而这些人又都是从外地四面八方来的，最靠不住，于是就认定这些人就是要清剿的余孽。于是，知府积极准备设宴款待张鉴南统领的洋枪队，派了四只大菱白船（即花舫、官妓船）及民船二十余只，每只花舫调官妓十名，摆筵席两桌。知府陈祖襄、协镇黄中理、洋枪队统带张鉴南及千总、百总、外委等各坐花舫，洋枪队与其他清兵分乘民船。花舫上众官员饮酒作乐，伴随着轻歌细乐，众船只浩浩荡荡地向七里泷进发。中午，众船只驶至长淇附近停泊，衙役禀告说由此登岸步行十余里即匪巢马铃山。于是统带张鉴南、协镇黄中理即命令洋枪队和其他清兵上岸，列队向马铃山进发。到达山脚下，众士兵持刀放枪、喊杀震地地向山上冲去，凡见山上的人不论男女老幼即刀砍枪杀，凡是居处不管是茅蓬瓦房，见屋就烧，真正做到鸡犬不留。可怜数百炭民刀工，突来飞祸，顿时成了枉死鬼。从午时直到申时，花舫上众官员见远远山上火光冲天，知已得手，乃命花舫及各民船大备酒筵，迎接凯旋的官兵。洋枪队和其他清兵洗劫马铃山后，整队挑着数十颗人头，吹打着胜利号鼓回归船来。众官兵亲自赏酒酬谢，士兵们吹嘘数十颗人头乃枭匪在格斗中所杀，并说匪巢已被全部踏平烧光。众官员闻之皆相互庆贺，并命官妓们吹弹歌唱，以助酒兴。随着轻歌细乐，众船只从七里泷慢慢向严州府城驶来，直至天色微明方到达严州府城南门大码头。得知胜利消息的城内诸官吏和众士绅等早已在码头恭候迎接。在鞭炮、鼓乐声中，洋枪队和清兵列队吹打胜利凯旋号鼓，众官员或乘大轿、或乘马，开锣喝道威风凛凛地回归各自衙门。翌日，严州府大摆宴席为张鉴南等饯行。由于剿匪有功，严州府诸官吏都荣获升调擢用，张鉴南亦旋升任严州府知府。至于广德教匪之首领，后来捉到一个云游和尚，指说他是匪首，于是，验明正身，斩首示众。至此，严州府这场所谓匪警就此了结。此事件在《官场现形记》中曾提及过。

《建德文史资料》1989年第4辑。

送接嫁妆歌

许福根讲唱　程秉荣记录

女："称一斤！"；男："长千金。"
女："称两斤！"；男："长万金。"
女："称三斤！"；男："三元及第。"
女："称四斤！"；男："四季发财。"
女："称五斤！"；男："五子登科。"
女："称六斤！"；男："六六顺王。"
女："称七斤！"；男："七子八孙。"
女："称八斤！"；男："八子成双。"
女："称九斤！"；男："九子十三孙。"
女："称十斤！"；男："十子大团圆。"
合："荣华富贵万万年。"

附记：九姓渔民结婚时男女双方二船并列，中铺跳板，女方船上站着女利市人，手拿钩秤，每钩一件嫁妆，唱一句，男方利市人接过嫁妆也接着唱一句。

建德县民间文学集成办公室编：《中国民间文学集成浙江省杭州市（建德县卷）》，1990年。

挑头巾歌

钱银花讲唱　程秉荣整理

手拿秤杆一条心，月下老人叫我挑方巾。
挑得方巾四只角，生个儿子做都督。
挑得方巾圆又圆，生个儿子中状元。
挑开方巾见新娘，新郎心中好喜欢。
新郎新娘一条心，白头偕老万年春。

附记：九姓渔民婚嫁仪式歌，由利市人边唱边挑开新娘的红盖头。

建德县民间文学集成办公室编：《中国民间文学集成浙江省杭州市（建德县卷）》，1990年。

水上婚礼

李千才

不同的历史时期，不同的民族，人们结婚时举行的仪式各不相同。建德县九姓渔民中就盛行着一种别开生面的婚礼——水上婚礼。

新安江江水泱泱，碧波涟涟，两只披红挂彩的大船并排停靠在水中央。它们当中，一只是男方的接亲船，一只是女方的送亲船，两船相距一米。

"咚咚锵——""呜哩哩——"锣鼓敲，唢呐响，婚礼开始了。在喧天的鼓乐声中，从送亲船的船舱中走出一个身强力壮、浑身簇新、腋下捆着条绸带子的男子汉，他来到船头，叉开双脚，摆成马步。这时，送亲船中有人高喊："千金小姐送出来！"接亲船中马上有人回话："王孙公子站起来，珍珠凉伞撑起来！"话音刚落，一个穿新衣新鞋的男子汉站到了船头。

"要抛新娘了！""快看抛新娘！"两只船中来喝喜酒的亲友，这时都从船舱中钻了出来，嬉笑着，议论着，有的站在船头，有的挤在船尾。

"乒——啪"鞭炮响了，是送亲船放的。这第一个鞭炮，叫"招新炮"。接着又是"乒——啪"两声，仍然是送亲船放的，这第二个鞭炮，叫"送福炮"。送福炮放过之后一个浑身鲜红的新娘子从船尾走了出来，那个原先摆着马步的男子，一见新娘立即迎上去将她抱住，将她高高举起，然后用力向接亲船抛过去。这场面是很惊险的，但不必担心。一般来说，新娘是不会被抛下江去的；万一抛下去了，也不要紧，那抛新娘的人会立即跳下去营救的，他腋下捆着的带子就是救人用的。

接亲船上那个站在船头的穿新衣新鞋的男子，双手将新娘接住，然后让她站在铺着袋子的船头上。"乒——啪！"送亲船的第三个鞭炮又响了，这叫"接亲炮"，表示抛新娘结束。

送亲船的鞭炮声响过之后，接亲船紧跟着连放两个鞭炮，它们分别是"迎新炮"和"谢亲炮"。

新娘娶来了，接亲船上有人拔起竹篙，将船撑开一点，然后在原地连打三个圈圈，弄得满船的人像喝醉了酒似的东倒西歪，这才向上游开去。船在江中缓缓航行，新郎新娘站在船头，两边由两个手捧点燃蜡烛的姑娘陪着，这时有人拿出事先准备好的装有红枣、花生、桂圆、莲子、炒榧、松子等果品的果盒，摆在船头，点起香，让新郎新娘对天膜拜。拜完天地，新郎在前，新娘在后，走到床前，对长辈进行跪拜。受拜的人都要拿出红纸包，作为见面礼。

拜完之后，接亲船又撑回来，与送亲船合到一起，叫"并彩"，两船之间搭好跳板，人们喜笑颜开地在跳板上跑来跑去，看新郎新娘，吃糖果糕点。接着摆酒请客。

当夜幕四合的时候，船上灯火通明，洞房的仪式开始了。因为新娘是从船尾出阁的，所以新郎也要从船尾进入洞房。怎么进去呢？只见新郎从船头爬上船篷，然后小心翼翼地从弧形船篷顶上一步步走过去，一直走到船尾才下来，进入船舱，入了洞房。这又是一个惊险的场面。因为船篷是用竹箬围成挡风雨和遮太阳的，而不是用来走路的，但为了入洞房，新郎却心甘情愿去冒这个险。

这真是一种富有传奇色彩的水上婚礼。爱情确实是神圣的，伟大的。青年男女要获得它，将做出一定的努力。

《建德文史资料》1990年第7辑。

七月七乞巧节

李千才

农历七月初七乞巧节是汉族共同的节日。西湖竹枝词中有首词，描写的就是江南地区姑娘们在此日向天上织女求智慧的风俗情趣。"七夕年年约女邻，戏将乞巧试银针。谁家独见龙梭影，绣出鸳鸯不度人。"

建德县的九姓渔户也是汉族，因水上生涯几百年，其风俗与岸上的百姓略有不同；又因船上姑娘在船头乞巧，其景其情更富有诗情画意。

有关牛郎织女的传说，与岸上人家所传基本相同。她们说，牛郎原是个孤儿，和兄嫂一起生活。由于嫂嫂不贤，他被哥哥赶出家门，只给了他一头老牛。这条老牛心地善良，还有法术。一天，天上织女下凡游戏，在一条山涧水中洗浴，老牛使用法术，偷来了织衣的衣裳，促成了牛郎和织女的婚姻。牛郎织女是天生的一对，地配的一双，他们婚后男耕女织，生下一男一女，生活美满幸福。天上王母娘娘知道了这件事，十分恼怒，派人抓走了织女，拆散了这对美满夫妻。老牛不忍心再看到牛郎一人孤苦伶仃地生活，撞断了一根牛角，变成一条小船，让牛郎挑着子女坐船去追赶织女。这条牛角船腾云驾雾飞得很快，眼看就要追到时，王母娘娘拔下头上的银簪，化成一道波涛汹涌的银河，挡住了牛郎的去路，牛郎和织女隔着银河对泣，谁也不愿离去。他们忠贞的爱情感动了天上的喜鹊，喜鹊啄下自己的五彩羽毛，搭成鹊桥，让他们在桥上相见。此时，老牛也赶上了天，向玉皇大帝陈述牛郎和织女真挚的爱情。王母无奈，只得同意每年七月初七由喜鹊搭桥，让牛郎和织女在银河上会面一次。

织女是天宫中有名的巧女，人间的妇女都要在这天晚上趁她离开天宫与牛郎相见的时候，向她乞求智巧，九姓渔户的姑娘们也不例外。

她们因受经济条件的限制，不可能和岸上人家的姑娘一样，买许多水果、蜜饯献给织女，只能舀一碗山涧水放在船头，让织女回忆回忆美好的往事。等到月亮升起，江面泛起银波清辉泻满船台的时候，姑娘们相约来到船头，丢一枚银针在碗里，然后各自取出带来的五彩丝线和九枚银针，开始穿针赛巧。这晚的角逐结果是保密的，谁的手最巧，谁的手次之，谁的手笨拙，只有参加赛巧的姑娘们自己知道，谁也不会泄露"天机"。当姑娘们婚后向丈夫叙述赛巧的往事时，谁都可以大胆地说："我的手最巧。"

在朦胧的月色中，融融的月光下，缀满星星的江面上，停泊着三三两两的渔船，船台上三五成群的姑娘盘坐成一圈，大家都面对着那只盛满山涧水的碗，悄悄地、默不作声地将银针一枚一枚穿入五彩丝线，穿完了一次，再来一次，直到投入碗中的那枚银针不见了影子，抱成一团，仰望着澄碧的天宇，凝神静听牛郎和织女在私语些什么。

这是个多么富有诗意的美好节日。姑娘们向织女乞求智巧，这也表明我国的妇女是多么地热爱生活和充满智慧。

施耐庵奇书救九姓

诸葛焕然讲述　诸葛教、诸葛杭记录整理

传说朱元璋在鄱阳湖进行了一场激战，打败了陈友谅，统一了全国，创立了大明江山，定都燕京。他一面论功行赏分封各有功之臣，一面打算将鄱阳湖之役俘虏来的陈友谅儿子及陈的部下钱、林、袁、孙、叶、许、李、何等八员大将，共九姓家族，老少一千余口全部斩首，以显军威国威。

这一天晚上，大明国师刘伯温赴御宴回到自己府上。因辅助皇帝创建大明江山，功劳盖世，在宴席上倍受太祖器重，此时刘伯温还洋洋自得意犹未尽。这时门上带进一位信使，风尘仆仆从江南严州府而来。信使恭恭敬敬地递上一封信，刘伯温见是同门师兄施耐庵的信，不敢怠慢，立即启封。谁知信内并无片纸只字，只倒出九粒瓜子和一条草根。刘伯温博学多才，经过一番端详，认出这九粒瓜子是中药"瓜篓仁"，那草根是草药"红毛大戟"。刘伯温收到这封奇怪的信，一时也不解其中之意，急得在府中来回踱方步，嘴中一遍又一遍地念着："瓜篓仁，瓜篓仁……"当刘伯温反复地念着，不知不觉将"瓜篓仁"三字念成了"寡留人"时，终于悟出了施耐庵寄九颗"瓜篓仁"的玄中之秘。明白同门师兄是要自己向已南面称寡的朱元璋说情保全九姓家族一千余口的生命。刘伯温悟出九粒"瓜篓仁"的隐语后自然也明白了那条"红毛大戟"的内涵。那是要他劝诫朱元璋如若以为天下已定，残杀无辜必然会招致天怒人怨，重起干戈，大明江山不稳，百姓生活不宁。

刘伯温见了施耐庵的信，顿时茅塞大开。他收下了"瓜篓仁"和"红毛大戟"，在原信内放进一颗圆滚滚的东西，交给信使带给施耐庵。

当客住在严州府郊乌龙庙里的施耐庵收到这封信后，启封一看，原来是一粒莲子。他沉吟了一会，顿时喜上眉梢，松了一口气说："九姓一千余活口得救了！"

"施先生，刘大人信中并无只言，你怎知九姓有救？"信使不解地问。

"智者见智，仁者见仁。老刘收下了'瓜篓仁'和'红毛大戟'，回寄我一颗莲子。表明他与我心连心，希望天下安定，有救九姓生灵之意，不再搞官逼民反、同室操戈的事……"

果然，时隔不久，明太祖朱元璋在刘伯温的劝谏下，免了陈、钱、林、袁、孙、叶、许、李、何等九姓一千多口的死罪，削为贱民，迁徙新安江定居。从那时起，这九姓在严州以捕鱼为业，形成我国一个特殊的水上部落。直到清朝同治年间，方由皇上下旨，改贱为良。

建德县民间文学集成办公室编：《中国民间文学集成浙江省杭州市（建德县卷）》，1990年。

渔民杀敌记

徐映璞

　　浙江九姓渔民之在衢属,以孙、钱、陈、许四姓为著;家各一滩,植箫张罗,视同世业;城东北地黄滩,则陈姓有之,分支轮管,其裔有名根士者,微矣,必十余年乃得一当值,故生涯颇窘。根士貌不扬,短小瘦黑,绰号乌烟筒,人以是呼,彼以此应,忘其为根士者。以水为家,一舟如叶,无长物,亦无长技,好酒使气,自谓擅歌舞,解拳棒,而人皆笑之;妻尤蠢拙,子女虽幼,亦顽劣如其父母,而质直精悍之色可掬也。

　　壬午年,日寇侵衢甚剧,战事方酣,敌机旦暮至,市人奔避不皇。某日,黎明,闻警,予率家人出北郊,趋浮石潭,铁雁群飞,轰炸雷发,万急中,乌烟筒栖船待,获登北岸以免。因约日来市晚餐,一醉之后,载歌载舞,久而不寐,其率性如此。

　　夏四月二十日(阳历六月三日),衢郡防线,被寇突破,江北尤急,我军背水而阵,不能反攻;时值洪水,舟筏断绝。乌烟筒夫妇,独调舟以济,凡八往返。其妇脚部中弹,流血及踵,及止;适南岸,不得死者,八十余人。

　　四月二十一日,傍岸流行十里达樟潭镇,寇氛甚炽,不得停泊。又下十里,匿北岸黄甲山,云溪港之广济桥下。终夜,闻寇部人马,逾桥而西者络绎。二十二日,昧爽,乃绝江东南十里,至下山溪,即柳阴桥侧泊焉。

　　当是时,衢城内外及沿江两岸居人,奉令携细软奔避山谷间,衣粮酒果,所在充盈;贫乏者随时取食,无所禁,乌烟筒因得觅米菽回船,煮以自给,已熟未餐而群寇至,寇一十六人,武装整肃,皆将校也。中一人尤贵,指挥诸寇,立即驱其妻子,抛其什物,迫令移船出港,即安仁铺民家,掳劫酒肉,以为大烹,群聚而餐,醉饱之余,又复强使北渡。

　　时风雨如晦,波涛汹涌,为数十年所未有,船小人多,载重逾量,乌烟筒心知其危,而寇不可以理喻,乃决计北渡,及汝皆亡。放乎中流,如浮萍入海,不觉信口高歌,歌曰:"好大的风,好大的水,好厉害的矮子鬼;乌烟筒有酒吃不醉,我们一道去见海龙王。海龙王说:'你不配,你不配!'"歌罢,得意忘形,哈哈大笑,敌寇寂坐舟中,亦有向之而笑者;小桨斜推,舟行如箭,顷刻十余里。

　　安仁江上承杨村、笠帽诸滩,及南北山溪之水,折而北,直抵高家铺前牛角口,作一大洄洑,江行之险道也;口外沿堤,多枯枫细柳。乌烟筒遥睇巨木,鼓桨横冲,刮喇一声,船身碎裂,敌我十七人同时坠水。渔家生长江中,深悉水性,紧持小桨,攀登下游高柳而踞之。敌寇载沉载浮,随波逐流,泛及树旁,复击之以桨,十六贼无一幸免者。

　　已而雨过风微,斜阳隐隐,乌烟筒乃游行近岸,趋高家镇。镇中虚阒无人,信步入一家楼上,觅酒果食之,中夜闻街前人声嘈杂,则日寇驻此打尖者也。

　　二十三日黎明,携带酒瓶,食裹西行。水退之初,道途泥泞,桥梁坍塌,寇兵又随在拉夫负载,沿北山路,列队进攻。乌烟筒自间道达芹村,于小港中得沉舟,戽水浮起,摇过大江,仍到安仁柳阴桥侧,觅获妻子,遮篷设灶,避匿港汊如故。

　　是日下午,洪水退尽。敌寇四面环攻,衢城陷落,城防军歼焉。寇军焚杀掳劫,八十余日，城内外三四十里，化为丘墟。然衢人坚强决绝，无一降志辱身，为虎作伥者，敌知势不可守，秋七月十七日（阳历八月二十七日）乃遁走。我军民次第还乡，稼穑桑床，衣食资生之具，毁掠净尽，髑髅遍地，膏血盈池，江中鱼亦臭不可食，战后乏盐，其味尤为腥恶。乌烟筒活计断绝，惟以调渡为生。

予自山中还，仍藉其船以渡。乌烟筒详述杀敌经过，并及歌词，眉飞色舞，其妻屡目而止之。予问故，其妻曰："日前有官长过此，闻而掌其颊，曰：'尔亦盗耳，有哓哓为？'以此知不合逢人便说也。予勉其尚义，时行囊尚有食盐，乃分一盂给之。"

官吏回城，省区咸来抚慰，褒功，论罪，吊死，问生，被焚被杀者有恤。予请给乌烟筒奖钞百元，终于无证件而不许。大兵之后，禾黍源空。秋，旱；粟菽皆槁，生民粒食维艰；冬，雨雪载途，御寒乏术，乌烟筒遂不知去向。

明年正月，偶见陈氏派下一渔舟，询知：去冬，乌烟筒无衣无食偶提鱼入市，小饮而还，至北郊三里碓，值大风雪，饥寒交迫，卧古冢前，病莫能兴。次日停午，始有人见之，则僵毙久矣。其族人为市桐棺瘗丛冢间，妻子皆他适。

癸未三月记。

《衢县文史资料》第3辑1991年。

淳安民船民主改革

范裕华　方显能

一

千岛湖形成之前，新安江贯穿淳安县城，自安徽歙县街口镇至建德县铜官，长70千米，县内有遂安港、东源港两条主要支流和茶园、港口、淳城、威坪、早禾埠、息村埠、牛石埠、合洋埠等12个主要码头。在浙赣铁路修通以前，它是赣东、皖南至杭州、上海等地经商贸易、民间往来的必经之途，更是淳安客货运输的大动脉。据记载，早在1934年，淳安就有7万根木料和11万根毛竹经新安江运往杭州。外运煤炭素有"上十下十"之说，即上运徽州十万担，下运金华、兰溪十万担。茶园青石更是"上穷黔歙，下彻吴会"。抗战前夕，仅茶园镇就有青石运输行6家。

新安江作为一条黄金水道，生活在这里的船工船民数以千计，他们大都来自梅城、江山、永康、义乌，主要集中在港口、城镇、威坪、茶园等地。有的为封建把头撑船、拉纤，有的用自己的"夫妻三舱船"为客户载运货物。中华人民共和国成立前，国民党政府为了加强对水上的控制，曾在船工船民最多的港口和淳城设立水保，并组织船民工会、渔业公会、海员公会、木筏公会等团体；而码头、货源和船只则利用封建把头进行控制。如狮峰乡牛石埠的吴百梁（国民党区分部委员），一人就控制王阜、宋村、管家、严家、狮峰等5个乡的货源。城区塔底埠的陈杭州，自撑大船，雇工十余人，独霸临岐、桥西两区货源和东源港。港口镇的刘天法、刘天根兄弟和孙辅汉、孙赞汉兄弟则操纵港口埠和遂安港货运。他们经常随意派缴费用，进行剥削，广大群众敢怒不敢言。此外，水上还有帮派打手经常寻衅滋事，逞凶作恶。加上新安江滩险流急（比较有名的急滩在淳安境内有28处），一篙失手或纤板失力，货船就会撞上岩礁，带来灭顶之灾。人们形容船工的生活是"逆水叫黄天，好比吃黄连"。他们在极为恶劣的环境下从事水上运输，收入却微乎其微。在威坪线上，为八舱船主卖命的船工每月所得工资不过折米100斤左右。

中华人民共和国成立初期，百废待兴。由于党和政府一时没有顾及水上管理，船工船民们仍然受封建把头的控制和剥削。1950年冬，全县开始镇压反革命运动，但对民间航运触动不大，一些不法分子为逃避打击转移到民间航运界，继续作恶，使本来就难掌握的水上政治情况更加复杂。这样，广大船工船民一方面强烈要求镇压水上反革命，政治上翻身做主，另一方面，也迫切需要组织起来，建立合作制度，依靠自己的劳动，谋求生活出路。

为了摧残民间航运界的封建把头制度，肃清潜藏的反革命分子，解放船工船民群众，并组织他们走集体化道路，以适应国家经济建设的需要，1953年，民船民主改革作为党和政府的一项重要工作，被提到议事日程。

二

为了搞好民船民主改革，公安机关首先在淳城镇开展调查。调查表明，全镇315名船工船民有政治历史问题的占27.6%。中国内河航运工会淳安分会主任、文书和淳安木业联合会副主任等均被伪职人员或匪首窃据。由于他们掌权，群众普遍不满，反映强烈。民船民主改革迫在眉睫。

1953年2月初，党和政府着手民船民主改革的组织和力量准备。在金华专区民船民主改革委员会指挥下，成立以公安局长张玉清、城工部长兼总工会主任程建伦、县府人事科长郭东森三人组成的淳安县委民船民主改革委员会，和以公安局治安股、威坪派出所负责人为正副队长的淳安民船民主改革工作队。委员会下设办公室和威坪、城镇、港口三个工作组。同时，组织船工船民群众成立民船大队，下设中队、分队、小组。随后，从公安局、总工会、航运所等部门抽调21人赴金华专署公安处学习培训，并制订了《淳安县民船民主改革具体方案》。

三

鉴于船只分散，流动性大，工作基础差，船工船民劳资、雇佣关系复杂等情况，工作队深入水上，随船行动，与船工船民同吃同住同劳动，在航行中开展工作。在不耽误运输生产的前提下，采取多种形式，深入了解情况，做过细的思想发动工作，以提高船民参与民主改革的积极性；同时进行全面调查登记。据统计，全县共有各类民船603条，其中木帆船405条、渔船98条、渡船82条、交通船2条和带筏船16条，共有船工船民2410人。

在此基础上，公安机关依靠船工中的积极分子，团结船民，以清查暗藏反革命分子和封建把头为重点,进行调查摸底,搜集材料。对罪行较重的反革命分子和封建把头进行集中处理。根据罪行大小,先后处理了封建把头和反革命分子各9人。群众反映,太阳照到了水上,水上人民翻身了。

通过民船民主改革,在船工船民中建立团支部2个,发展团员37人,建立了民船联合运输社和渔民协会。原船业工会和海员工会分别改为船民协会和内河航运工会。同时整顿了组织,清理了坏人,建立了水上治安保卫委员会和船舶户口管理制度。所有这些,都为1955年组建运输生产合作社(即现航运公司)创建了良好的基础。

(作者范裕华为淳安县公安局干部,方显智为该局副局长)

《淳安文史资料》1991年第7辑。

茭白船考

蔡 斌

中华人民共和国成立前,兰溪茭白船远近闻名,此属娱乐场所,对于娼妓应彻底铲除。但因它与文化艺术有着血缘关系,正如我国文学界著名教授马积高先生于1990年1月在《中国妓女生活史》序言中所说:"我们可以说,不了解中国的妓女生活史,也就不可能理解中国的文化史、艺术史。"

为了了解茭白船的全貌,取其精华,去其糟粕,笔者特邀请知情者座谈,并写成调查材料一份,供文化史、商业史研究者参考。

旧时兰溪游乐场所,首推茭白船。茭白船,又称花舫,远近闻名,盛行一时。创始年月无考。据称1920年间(民国九年、十年)船只达九十余只,自北门城外下卡子直到南门驿前的十处码头均有停靠,后因政局多变、城乡经济萧条,又兼浙赣铁路全线完成,兰溪只通支线,商业集散地转移,游客锐减。抗战开始,船主纷纷弃船改业,船妓有的嫁人从良,有的上岸为娼,也有的改从他业。

一、探 源

兰溪茭白船的前身为九姓渔民,以捕鱼、运货为主,常往来于常山、江山、衢州、兰溪、严州(建德)和杭州一带,人称江山船。

明清以来,商品经济发展,兰溪处于婺、衢、兰三江之滨。据《康熙兰溪县志》称:"兰溪据杭严之上游,职衢婺之门锁。南蔽瓯括,北捍徽歙。秉传之骑,漕输之楫,往往蹄相摩而相衔。"可见兰溪当时已是浙江水陆交通要纽,货物集散中心,商贾南来北往,居金、衢、严、温、台、处六府之首。江山船多汇于此。而船主生活维艰,不得不除捕鱼、运货外,也有纵使妻女在舟中卖唱,糊口度日。

南宋以来,苏杭一带,花舫早已盛行。如杭州的钱江画舫,苏州的灯船、木兰舟,嘉兴、无锡除花舫外,并有游山船、无锡船。这类船上,除蓄妓卖唱伴游外,尚有杭沪闻名的船菜,获利甚多。江山船经常来往苏杭,有的见利而为,纷纷仿效,改操花舫,称为茭白船。因兰溪地利优胜,成为船家汇聚之地,故茭白船一直称为兰溪茭白船。

二、称　谓

茭白船称呼的由来,所谈不一。有说此船方尾尖头,浮于水上,形如茭白,故称;有说操此船者,遭人白眼,称为遭白船;也有说此船常年靠码头停泊,故称靠泊船。

据谈茭白船有双开门、单开门、小八舱等三种。

双开门,中舱至船头左右边有过道,两边有栏杆,中舱水阁有玻璃窗,后舱有妆阁(招牌主住处),船头挂有红色玻璃,作为标志。船中可容纳二三十人,设席二三桌。船尾方而高翘,船中陈设斯文华丽,虽无画栋雕梁,油漆却常鲜艳。

单开门,船身略小,水阁亦有玻璃,设有妆阁,船头亦挂红灯。船中仅可容十余人,设席一二桌,陈设次于双开门。

小八舱,船身更小,属游览船,为货船所改。茗茶侍客,不设酒宴,虽有窗可观景,但无华丽陈设。有妓侍唱,或仅烹茶,或为客介绍沿江名胜古迹,类似导游。

船主人役称呼,一般是:

船主,大都是中年妇女,俗称老板娘,也有称船娘。而船妓称船主则呼亲娘,称船主丈夫为亲爹或亲爷。

船主丈夫虽人称船老板,而俗称乌龟,或称忘八,说他忘了礼仪廉耻之意。有说因明制规定,堕民男者包绿巾,状如龟头,故称。其掌管船中杂役,上岸采办物品等。

招牌主,即主妓,明清时也称花魁。妓之佼佼者,貌美艺高。明清时所称的艺,系指琴棋书画、吹拉弹唱八艺。唱皆昆曲,或自作(也有客即席作的)的乐曲,需具有一定的文学素养。并需经花客中的名人雅士、官宦官绅评议,一旦评上招牌主,便可在红玻璃灯上写上姓名(艺名),挂上头牌,身价百倍。招牌主则设席酬谢,参与评议的花客称相知,俗称相好,民国后也有称干爹的。若招牌主在伴酒联诗作对、唱曲弹奏时,如有失误(差错),称为失牌。

清末民国初年,世风变化,谈艺乏人,只凭吹拍媚态,侑博色相便可称为招牌主。那时唱的已很少昆曲古词,而是姕靡小调(时调),招牌主人数也成倍骤增。

船妓,也称花船娘,也有等级差别。除招牌主外,尚有一、二、三等,统称大姐。妓互称姐妹。招牌主与船娘,民间皆称卖胖货或婊子。

女佣,年稍长的称姨娘,年幼的也称大姐。

乐师,亦称弦索,除为妓侑酒时奏乐外,兼教幼妓学艺。

外局,非本船的招牌主。客登船后,以飞笺相召。一般都是花客的相知。清时,官宦富绅相召,妓皆乘轿。夜间并在轿前挂有"正常公务"的灯笼,表示已经纳税的官妓,与县衙灯笼相同。

明末开始,朝廷对茭白船征收课税,名曰鱼课,实为花捐。清承明制。据《嘉庆兰溪县志》载:岁鱼课十四锭四贯五百五十五文,闰月加一锭七百三十文(据查一贯兑制钱一千文,一千三百文兑纹银一两,十两为一锭)。

三、游 船

游船分为宴游、博游、清游。

秋后，外地客商纷纷来兰，往往在茭白船上谈生意（订交易合同）。据药业老辈谈，当时药行阿大（经理）为招徕顾客，拉住生意，对老主顾中的大客户，一般都在船上讲盘子。而对第一次打交道的大客户，谈完生意，也请上船宴游，作为酬谢，借此拉住来年生意。这对兰溪茭白船能闻名各地，都有一定的关系。

宴游，俗称吃水果酒。收费高昂，一般都是官绅富商，市民不敢问津。士绅中也有认为游茭白船有失面子，而不敢涉足。

船家聘有苏杭著名厨师，岸上有酒楼、菜馆，专治酒宴。苏杭菜点，由此传入兰溪。

宴席分点心席、午席和夜席。每席都有上市水果、干果和瓜子。

游客上船，先上点心席。菜肴是八盆、六炒、四粉、四面食、二台心（放在台桌中心）、二水点。八盘为下酒菜，通常是水果、瓜子、火腿、渍虾（去壳带尾）、野鸟、海蜇等。

六炒：鱼唇（鱼腹部）、五香鸽、炒虾仁、海粉烩、炒肉丝、蘑菇，用高脚小碗盛。

四粉：也称小细点，棱形蛋糕、馒头馃、荸荠饺（形如荸荠）、蒸粉馃（二甜二咸）。

四面食：烧卖、玫瑰秋叶饺、虾仁饺、煎春卷。

二点心：红焖猪肉（荷叶包卷）、肉丝或虾仁炒面。

二水点：一是芙蓉蛋，一是楂玫汤（山楂玫瑰合成）。分盛小碗，每人各一。

午席：称便席，也称中顿。菜肴除水果、干果各四盘外，并有四冷荤、四热荤、八大碗、二水点、二面食。

四冷荤：排南（厚片火腿）、白切鸡、酱鸭、羊膏。

四热荤：炒肉丁、炒鸡肫、炒腰花、炒蟹粉或炒虾仁。

八大碗：清蒸鱼翅、五香鸽、烩虾元、鸭舌汤、火腿蒸鲫鱼或醋鱼、蚶羹或蟹羹、八宝鸭（清燉全鸭）、八宝饭（甜食）或芡实莲子。

二水点：木鱼饺、瘪嘴汤包。

二面食：火腿拉糕、荷叶卷子。

夜席，称正席。水果，干果和冷荤、热荤等，品种与午席差不多。也有一拆二的，即将午席的鱼翅、全鸭，在午席、夜席上各上一种，由客挑定，定为一拆二。菜肴依季节不同而异。秋后才有冰糖煮新栗、醉蟹等。夜席的十道菜，则与午席不同。

第一道菜是恭喜发财，也叫金钱进来。以山楂粉拌面粉成圆形小片，抹上火腿，瘦肉馅两片合并醮上蛋清，油炸。其状如金钱，呈金黄色。其味既香又脆，甜咸相宜，带点酸味。轻轻一咬，松松发响，似向人道喜。

第二道菜是万事如意。豆芽去根，中夹火腿丝，沸滚片刻，因豆芽形似如意。万事则是丝的谐音，既爽口又有腿香。

第三道菜是和合利市。用的是百合、莲子，加上薄腿片，复以新鲜茶叶蒸。无百合药味，却有荷叶清香，既不垢口，倒是清爽。这也是取荷（叶）（百）合莲子谐音。

第四道菜是金银荷包。以火腿丝、韭菜白、笋丝，卷成蛋包，油炸，又酥又香。

第五道菜是珠玉满堂。火腿切成豆粒大小，肥肉也切成同样大小，油炸，盛盘后伴白糖，既甜又咸。肥肉如白玉，火腿红闪闪，满口生香。

第六道菜是百鸟朝凤。蟹黄或蛋黄放在盘当中，周围排上五香野鸟。

第七道菜是麻姑豆腐。香菇切碎，原汁烧豆腐，盛盘浇上麻油。据称麻姑系一女神。

第八道菜是金银齐至。即将火腿蹄子与鲜蹄子清燉，谐音齐至。

第九道菜是全家福禄。实际是大杂烩。内有肚片、海参、鸡块、冬笋、香菇等。

第十道菜是双鱼吉庆。两尾红烧全鱼。一般食客不动筷，意思是有吃有余。

每上一道菜，女佣必高喊菜名，所谓讨"口彩"。

如此一天船资菜肴和点心，以及酒果等，如一拆二的，民国八年时，需银币三十元。特价需二十四元，船役女佣犒赏八至十元。若不进夜宴，上午九、十时上船，下午离船，亦需二十元，犒赏四至六元。秋后旺季一拆二的却需四十元，赏十元。

据《申报》载：当时塾师（家庭教师）一年仅束脩（工资）二十四元，加端午、中秋、年节等三节敬金六至十元，商店一般伙计月工资一千文。木工、泥工日工资四十至一百文，另加烟酒钱五文。佣工月工资三百至七百文。而银元一元，可兑换制钱八百至九百文不等。游船费用之高，可想而知。

博游，除设水果酒之外，客以赌博为主，故称博游。客在船上吃午、夜两席。菜肴与宴游相仿。不过，博客入席后各需拿出二元，放桌上，称台面，为招牌主所得。船主按博桌抽头。博游到午夜止，招牌主需为博客付轿钱，每轿六百文。客如步行，也得将钱付给博客佣人。

清游，一般是文人雅士，约三五知己，乘船游览，或谈心，或品茗，或饮酒吟诗，谈古论今，或泛舟江上，游沿江名胜、寺院。如兰荫寺、香溪塔、将军岩等。如需在途中用餐，事先招呼，船家向酒楼订菜带上船，傍晚离舟。比较起来，价较便宜。

据谈者回忆，当时曾有船歌流行，惜老辈口传，记不完整，只想起几段：

兰溪秋水碧婆娑，郎是画舫奴是河。舫到河中任荡漾，河为画舫掀微波。

沿江杨柳绿条条，画舫游来为等潮。潮似郎心舫是妹，任郎高下任郎摇。

船娘驾扁舟，泛泛兰江游。倚篷看流水，忘却我忧愁。

还有首饮果酒诗："兰溪春酒碧如江，北地鹅梨白似霜。雪藕薪削浆冰水，侍唱娥眉阵阵香。"有说此句为："青梅只好点蔗霜。"

四、兴　衰

纵观茭白船的兴衰，与当时社会风情有着密切的关系。社会风情的变化，导致了茭白船的兴旺、衰落。

明末清初，在上层社会中盛行蓄声妓、置戏班之风。许多官宦士绅蓄妓取乐，并选购声妓当作礼物赠友。如清初戏剧家李渔所蓄四五十名家妓戏班中，就有许多是友人所赠。既然社会上有买卖妓女之举，妓家自然将买幼女授技艺看作谋利之途。茭白船主为舟中侍客所需，并为转买能得高价，故在舟中设有专职乐师。这些乐师，来自被入乐户的罪官妻女，也有社会上的优伶。她们负责教授幼女的吹弹歌舞和诗词戏曲一类的知识。这对当时文化艺术交流有着一定的作用。最显著的，要数太子班（后称坐唱班），并非专业戏班，系由官家公子、富户弟子和帮闲文人组成。他们经常出入茭白船，有时也演角色演奏取乐。不仅将社会上的戏曲在舟妓中传播，同时也将船妓的唱艺散播社会，不知不觉成为媒介，及至流行城乡各地。

清代中叶，兰溪工商之盛，为金华府属八县之首，商贾往来十分频繁。兰溪成为外地画舫经常停泊之地。据王韬在《淞滨琐记》中所载："钱江画舫，夙著艳名。自杭州之江干溯流而上，若义桥，若富阳，若严州，若兰溪，若金华，若龙游，若衢州，至常山而止，计程六百里之遥，每处多则数十艘，少或数艘；舟中女校书或三四人，或一二人。画船之增减，视地方之盛衰。停泊处如鱼贯，如雁序，粉白黛绿，列舟而居。每当水面风来，天心月朗，杯盘狼藉，丝竹骈罗，洵足结山水之胜缘，消旅居之客感。"

1933年，经兰溪实验县整顿，规定茭白船只能停泊西门溪下街至南门驿前码头，不能自行迁移或靠别处营业。自此茭白船日益减少，直至匿迹。据谈其原因：1.商业中心转移，市场一蹶不振，客商锐减。2.花场倾轧，且收费较低。3.原来茭白船博取游客的才艺，日渐背时。游客谈艺乏趣，妓也不懂昔日之艺，只凭色相拉客，自然淘汰。因而只得弃船上岸谋生，茭白船在抗日胜利后便已匿迹。

1990年11月于兰溪
《兰溪文史资料》第9辑1991年。

兰溪茭白船的渊源及其风俗

施怀德

茭白船，如同南京秦淮河畔的画舫，苏州冶坊滨的游山船，上海黄浦江的灯船，是昔时依存在浙江中西部、钱塘江中上游各地江畔河埠，融文化游乐、公关交流、经贸洽谈于一体的一种花船。

茭白船的前身，相传为九姓渔户。关于九姓渔户来历，据史志记载，大体有如下几种说法：《建德县志》称，九姓渔户原系南宋亡国大夫遗族，因仰慕严州山水之清丽，遂携家眷避世隐居于此，并以捕鱼为生。其不舍舟登陆，不与当地居民通婚者，就是薇蕨首相，不践元土，誓不降敌之意。《明史》与《浙江通志稿》则云，九姓渔户的祖先原是陈友谅的部属，陈友谅明初抗师，在鄱阳湖为朱元璋所袭，流矢穿眼额身亡，水军则散东下，遂隶衢婺睦三郡为舟师。后来，朱元璋做了皇帝，就把这支由陈友谅九位分姓陈、钱、林、袁、孙、叶、许、李、何姓氏将帅统领的水军贬入舟居，以渔为主，改而业船。原编伏、仁、义、礼、智、信、捕七字号，大小船只二千三十一号。清道光咸丰年间，尚有船一千数百只，其船有头亭、茭白两种。由于他们是被贬的九姓渔户，像广东疍民、绍兴堕民、金华小姓一样，受到了社会的种种歧视，如不准上岸定居，上岸不准穿长衫和鞋，不能与岸上人通婚，不准读书应试；等等。因处境艰难，为生活计，其随船家属，或自习丝弦大小曲，或蓄女卖唱伴游。茭白船文化随之得到孕育、衍生、发展。

旧时茭白船沿钱塘江上至衢州、龙游，下至杭州、桐庐沿线诸地皆有。据王韬《淞滨琐记》记载："钱江画舫，夙著艳名。自杭州江干，溯流而上，若义桥、若富阳、若严州、若金华、若龙游、若衢州，至常山而上，计程六百里之遥。每处多则数十艘，少则数艘。舟中女校书，或三四人，或一二人……停泊处，如鱼贯，如雁序，粉白黛绿，列舟而居。"而在这相距"六百里之遥"的钱塘江水域，茭白船最大最盛行者首推兰溪。现代旅港著名作家曹聚仁在散文《兰溪李笠翁的家乡》中就曾记其事云："《官场现形记》写了杭州江干的江山船，许多人健羡不已。实在……还是兰溪为第一。五十年前，兰溪城门外，水码头边上，停着一百多艘茭白船，……朝朝寒食，夜夜元宵，十里笙歌，仿佛秦淮河上。"昔日兰溪沿江花舫林立，河船烛光蔽江，溪边笙歌不绝，码头人声鼎沸，"篷船停泊，常有数千"的繁华盛况，由此可见一斑。

兰溪茭白船，也叫江山船。这种船长约三十米，两头高翘，船尾置炉灶处突然耸起，显得高大挺拔，故又叫高拔船。因船身较大，常年固定在一处停泊，一般不大行驶，故也称靠泊船。茭白船中舱设有水阁、厅堂，前后舱设有妆阁、卧室、厨房。船头挂有红色玻璃或红灯，以作标志。根据船身大小，茭白船又分为双开门、单开门、小八舱三种，其中双开门的中舱至船头左右边有过道，两边有栏杆，船尾方面高翘，船身较大，船中陈设斯文华丽，可容纳二三十人，设席二三桌。单开门，船身略小，仅可容十人，设席一二桌，陈设仅次于双开门。小八舱，船身更小，属游览船，为货船所改。茗茶待客，不设酒席，虽有窗可观景，但无华丽陈设，有女侍唱，或仅烹茶，或为客介绍沿江名胜古迹，类似导游。

从以上勾勒中，我们可以大致领略"六百之遥"的钱塘江水域茭白船存在的特有概貌，以及兰溪茭白船在历史上兴盛的事实。

兰溪茭白船作为吴越河船文化形态中出现的一种特有的民俗文化事象，它的产生与兴盛，除受到社会结构、社会关系、社会制度、社会行为、社会生活等诸多因素的影响之外，同样受到了经济基础，即社会生产力发展的制约。在这里，优越的地理环境，发达的水运优势，繁荣的商贸经济构成了兰溪社会生产力发展以及茭白船习俗培育、衍生、兴盛的三大要素。

其一是优越的地理环境。古城兰溪，依山傍水，风景秀丽，"水华千里抱域流"，一座风光如画的古城，一条潋翠岚的兰江，孕育了两山（兰荫山、大云山）、三塔（能仁、同仁、辅仁）、二浮桥（悦济、南门）等优美景观，清溪、芳洲、画舫、轻舟、塔影、古楼，人人其中，如在画里，足以使远近游者为之陶醉。这样的地缘环境，为茭白船的产生和培育，营造了一种浑然天成的文化氛围。兰溪茭白船在钱塘水域河船文化中显得一枝独秀，也是情理中的事了。

其二是发达的水运优势。"得中独厚，唯水为优。"兰溪地处衢、婺、兰、新安、富春、钱塘等"六水之腰"，古称赣、闽、皖、湘、苏及两广等"七省通衢"。其地得水域之优势，由兰江下行经新安江可沟通皖南各地，经富春可"下达吴会"至杭州、上海等地。由兰江上溯，经婺江可到东阳、义乌、永康、武义，沿衢江经由松阳江，可通龙游、常山、开化，并达云和、丽水、温州，福建浦城，以至江西玉山、上饶、广丰、河口、景德镇诸地。

由于水运渠道四通八达，兰溪成了钱塘江中上游中转物资的集散枢纽，使"乘传之骑，漕输之楫，往往蹄相摩而舳相衔"，交通显得一片繁忙。水运聚人，使兰溪"万商云集"，有效促进了茭白船的培育和发展。

其三是繁荣的商贸经济。兰溪商业贸易，远在唐代已渐兴盛，至宋元日趋繁华，到明清"近而业贾者，或货食盐，或米谷，或木材，或酒醋，或鱼肉，或布帛杂物，肆而居者籍籍也，远而从商者，或广、或闽、或川、或沛、或苏杭、或两京，以舟载比比也"，商品经济的发展已达鼎盛时期。《中国实业志》列兰溪为与杭州、宁波、永嘉、绍兴、嘉兴、吴兴并列的浙江七大商埠之一，及至民国，《浙江航政之概况》称："兰溪商业繁盛为钱塘江各商埠之冠。"《民国浦江县志稿》赞："进入兰溪如入宝地……俨然东南一都会也。"由于兰溪商业繁盛，称甲浙中，无形中推进了茭白船的发展和兴盛，使茭白船成了古城兰溪繁花的点缀。民国以降，因连年军阀混战，政局多变，商贸市场一蹶不振，又兼浙赣铁路开通，兰溪的批发行商逐渐移向金华，茭白船随之衰落，至抗日时期，即已销声匿迹。

文化的独特性，是从地理环境的特性中自然形成的。不同的自然条件对文化的衍生与发展会有不同的影响，并产生独特的文化特点。兰溪的地缘环境，山光水色、风土人情、社会风尚，提供了茭白船风俗生存的土壤和舞台，并由此孕育了具有兰溪地域特色的茭白船习俗。其中，在建筑艺术、艺文传承、饮食文化、旅游开发等方面显示出较高的文化学价值。

首先是建筑艺术价值。据研究者考，茭白船为"头尾高翘的八舱画舫"。《龙游风俗志》称茭白船"船身大小均十六舱……中间构筑如房屋，栏柱门窗雕镂精巧，室内陈设华丽高贵"。其建筑集工艺、美术、装潢、雕刻于一体，融适用、坚固、美观于一炉，红窗绿阁，光彩亮眼，工艺水平、造型特色均具有鲜明的民族风格与很高的实用价值和审美价值。

其次是艺文传承价值。据传作为茭白船女侍对于艺文，要求做到"样样都会""件件都能"。《射鹰诗话》云："客载其船者，江南丝竹，画舫笙歌，往往坠在术中。"为了满足游客高层次文化享受的需求，使茭白船鹤立于工商百业之中，茭白船女侍自幼便受到了名师的教习，或即兴谱曲，或吹拉弹唱，或吟诗作文，直以达到能与文人雅士、官宦富绅从容谈吐，自如应酬为最高境界。故有关研究家认为，茭白船的存在"于文学艺术传统，不惟无害，而且还有不少好处"。如兰溪茭白船上的歌女"唱皆昆曲"，对地方剧种的保护和传承方面，确实发挥了一定的作用。

再次是饮食文化的价值。兰溪茭白船为宴请客商、洽谈生意之场所，船家不仅在船上开辟酒厅，有的在岸上还设立酒楼、菜馆，供宴请之用。兰溪茭白船宴席，饮食名目之繁，品类之多，花样之新，堪称一流。据蔡斌《茭白船考》中记述，茭白船宴席分点心席、午席、夜席三种,每席都有上市水果、干果和瓜子。其中点心席为游客上船时所用,菜肴是八盒、六炒、四席、四面食、二台心、二水点等,品种特多。午席为便席,除"二水点"之外,有四冷菜、四热荤、八大碗、二面食等等。夜席则为正席,菜肴式样与午席相差不多,但添加的恭喜发财、万事如意、和合利市、金银荷包、珠玉满堂、百鸟朝凤、麻姑豆腐、金银齐至、全家福禄、双鱼吉庆等十道菜却特色鲜明,并包含着深邃的民俗意蕴。这些传统菜肴若经发掘,将大大丰富地方菜肴品类和兰溪饮食文化的内涵。

最后是旅游开发价值。腐朽落后的封建社会,为各种陋习的滋生发展提供了温床,茭白船风俗作为依附于旧有经济基础成长起来的一个文化载体,不可避免地受到了腐朽落后的封建文化的规范与影响。马克思哲学要求我们用辩证的观点看待世间的一切事物。对于茭白船这种民俗文化事象,在摒弃其封建糟粕的同时,只要坚持实事求是的观点,像"西湖游船""秦淮画舫"一样不因噎废食,兰溪茭白船同样可吸收其民族性的精华,并把它作为旅游开发的一个仿古活动项目,进行全方位、立体式、多层次的开发。即本着"古以商贸留游客,今靠旅游引嘉宾"的精神,在兰江沿岸重新布置各种形式的龙舟、画舫、游船、快艇,设置船上酒楼、船上歌厅、船上戏台、船上旅馆等游乐憩休设施,配备乐队、歌舞演员、导游小姐、掌勺厨师等服务人员,开展赛龙舟、赏画舫、荡游船、驾快艇等丰富多彩的水上风光游乐活动。在此基础上再建水上游乐活动管理委员会,组建治安小分队,加强对各项活动的引导与管理,这不仅能使传统的民俗文化得到弘扬,同时,以船为"媒",吸引国内外游客到这里游憩小住,"山水卖钱",还能促进兰溪商贸市场的培育和旅游经济的发展。

《中国民间文化》第13辑,学林出版社1994年版。

钱塘江的茭白船和江干的花牌楼

陈瑞芝　何永德

抗日战争以前,杭州城的南北二埠——南星桥和拱宸桥,因系水陆交通要冲,商品集散重地,客商云集,八方杂处,各种酒肆、茶坊、店铺、妓院应运而生。杭州的娼妓行业,主要集中在这一南一北两个地区,因此被杭人分别称为"南部花区"和"北部花区"。

杭州城南江干区沿钱塘江一带,上自闸口下至南星桥"十里江塘",旧时人口减少,居民大都为底层苦力。清末民初,由于木行业繁兴,过塘(转运业前身)、柴炭等行业亦相继崛起,候潮门外成为徽帮茶商集中的地方。

旧时钱塘江上游各县市,无公路铁路交通,自衢江至兰江,以及从新安江经富春江至钱塘江,沿江各地的客货靠水路运输。杭州城南沿钱塘江一带,常年舟船往来不绝。为了方便各地商旅生活,各种服务行业兴起,此地逐渐形成一个商业区,尤以海月桥地段最为繁华。兰溪、建德(今梅城)一带水上流动的"花船"(杭人时称为茭白船),也看中了这个闹区,顺流而下,常年停泊在这里,招徕玩客。民初,由于玩客日增,娼业兴盛,原有的舟船已难适应需要。因此,船主连同家人陆续舍舟登岸,集中在一处建屋定居,开设妓馆，一些为妓馆服务的烟酒、裁缝、银匠等店铺，也先后在附近开设。每当华灯初上，笙歌不绝，烟酒牌赌，通宵达旦。这一嫖客寻花问柳之地，当时杭人以"花牌楼"称之。

花船即菱白船的由来有这样一说。据说元朝末年，朱元璋曾与陈友谅交战于严州一带，久战不胜，损失惨重。陈友谅部下官兵多为陈、钱、林、李、袁、孙、叶、许、何九姓，均为严州人。明朝建立以后，明太祖朱元璋记起前仇，下旨将这九姓男女老幼一律贬入舟居，只能在船上捕鱼捉虾，从事贱业，不得上岸居住，更不许读书求仕，世人称之为"九姓渔民"。这些渔民最早在衢江一带打鱼为生，因谋生困难，又沿江而下，投泊在兰溪、建德沿途各港口，以运输为生。兰溪是金、衢、处州所属各县商货出入汇集地点，有"小上海"之称。建德为严州首府，是旧政府税收厘卡的重要关口。沿江风景秀丽，商业繁荣。这些船民均以船为家。这些船的长度均在十米以上，为了招徕顾客，船主加以悉心布置，做到窗明几净，有的还被隔成两三间，前舱可摆两席酒宴。这一来，一些富商大户，或经商外出，或游山玩水，也就乐于雇用这些船只。船老板夫妇，通称驾长和驾长娘。船上通常由驾长娘掌权，船或行或止听其指挥。他们为了讨好雇主，船主备有鸦片、赌具等，供客玩乐，甚至不惜以妻女侍宴劝酒，以博客之欢心。一些富商大户或纨绔子弟常给以重赏。船主以此有利可图，于是不惜花钱收买年轻姑娘作船女，实则做妓女，以供接客。于是，这种船就成了花船。这些姑娘名义上被认作船主的养女，但养母（驾长娘）对其控制极严，稍有不遂，即遭毒打。

起先接客侍宴，妓女以弹唱山歌小调酬客。后来，盛行京剧，于是，延请琴师，传教京剧，进而授以侍宴和劝烟玩牌等诱客"秘术"。因而玩客沉迷酒色烟赌，不惜挥霍巨金，菱白船由此艳名四播。船到之处，玩客接踵而至。从兰溪到建德东关，桐庐窄溪、萧山闻堰，到杭州江干海月桥外滩等重要商贸码头，这些妓船常年停靠，每次经常三五艘不等。

这些妓船通常"卖笑不卖身"，不留客宿夜。一般打个"茶会"，来客花上一块钱，喝杯茶，听个曲子，便起身上岸。但客人如果要在船上打麻将、吃"花酒"，一席所费则往往需十五至二十元不等，这在当时二三元可买百斤大米的情况下，所费也相当可观了。当然也有这样的事发生，船家对一些单身客人设下骗局，引诱对方"上钩"，然后"捉奸"勒索钱款，逐客上岸。

那时沿江各地州县的官员出差、旅游均征用民船。由于这些花船舱位宽大、舒适，还有妓女侍奉，因此常被征用。那些平时道貌岸然的官老爷，一登船，就都丑态毕露，肆意寻欢作乐。于是，有些被指定为常年应差的差船，挂上官府的牌子。旧时杭州知府和钱塘、仁和两县官员均有这样的差船。这些船每年应差不过数次，平时仍可自由接客，并允许领照开业，向政府缴纳"花捐"，成为正式官妓。各船将主要娼妓名字，用金漆写上招牌悬挂船头，让玩客选择，因此人们把这些船又叫作"招牌船"，妓女则被称作"招牌主"。应差船随带私货，还可逃避关卡查验。

船上男女大都为江山、兰溪、建德一带人，当地土话读作"招牌船"，杭州人听来与

"茭白船"相近,因此杭州便称之为"茭白船"。还有一种说法,是这种船头尖尾圆,形如茭白,故名。又说因为茭白色白而味鲜嫩,别具风味,比喻这是一种很别致的水上交通工具,明为交通船,实为"花船"。

民初,茭白船上的妓女开始舍舟登岸,他们在复兴街海月桥至化仙桥一带开辟新的"妓馆",直至抗战爆发时。二十多年间,在沿江各地虽还能看到"茭白船"的踪影,但其名气已逐渐被"花牌楼"所取代。

"花牌楼"兴盛时期,共约有妓馆二三十家,大都是一开间或双开间的木板楼房,其中有墙门的较大妓馆只有一二家。各妓馆妓女多则五六人,少的只有两三人。她们穿着较为朴素,不像上海的妓女那样浓艳华丽。在妓馆门口,也不像其他地方的妓馆门口那样,标着各种馆名,外观上同普通人家没有什么两样。

花牌楼妓馆,历来以"卖笑不卖身"为标榜,当家养母(鸨母)把"招牌主"(妓女)当作"摇钱树",平时管教极严,恐其一旦失身,且丑名远扬,招致门庭冷落,"树"倒财空。因此,即使妓女陪客进城游玩,亦必派心腹小婢伴随监视。如遇有为色所迷,不惜奉巨金以求一快之辈,鸨母亦会见钱眼开,指使妓女献身承欢。也有一些富商巨贾,一掷千金为其相中者赎身,娶为小妾的。

花牌楼地处江干木茶商行附近,各地来此交易的商客到花牌楼,一来便于交谈生意,二来也可在此饮酒聚赌,逍遥一番,因此生意兴隆。城内一些有钱人,也经常在此宴客作乐。花牌楼虽然外观并不引人注目,其名声在杭城却家喻户晓。

花牌楼妓馆接客,也有它的一套"规矩",对不同的来客有不同的接待方式和规格。如来者仅一二人,又非熟客,或看来并非什么富翁,便摆上清茶瓜子,让一个姑娘陪坐聊天,或者唱个曲子,来客付块把钱就走,这叫"打茶会"。如四五人结伴而来,便"开酒盘",以酒菜相待,杯盘小饮,歌妓陪侍。来人要摆宴席请客,则称"摆台面",例须丰盛全席,虽非山珍海味,却也烹调得法,且别出心裁,为一般酒家厨司所不及。一般来客都是富商,花钱在所不惜。有些来客对妓馆熟门熟路,可以指名要某妓女相陪,甚至还可以点名让其他妓馆或妓船的妓女来陪酒助兴,这称作"叫陪花"。妓女被点名陪客,则称"出堂差"。"出堂差"通常是在夜晚,灯光暗淡,妓船与江岸之间要经过一块一尺多宽、数米长的跳板,下面是江水沙滩,为防止妓女不慎跌下,船主都让船上的帮工"船伙"把妓女背着送去送回;而且严格规定,船伙与妓女只能背靠背,不能胸靠背,当时称此为"背娘舅"。今尚有人讽刺别人"低贱",常以"背娘舅"称之。

在妓馆设宴,俗称"办花酒",这是妓馆的主要收入之一,在1930年左右,办一桌"花酒"需付银元二十四元,这几乎和当时旧政府一个低级职员的月工资相等。其他如另给的赏赐还不计在内。

妓馆的另一个主要收入是设局聚赌,俗称"碰和",各妓馆一二桌、三四桌不等,鏖战通宵达旦,午夜还供应"麻将饭"(酒点),每桌可收"头金"五六十元。几家名气大些的妓馆,每夜收取的"头金"和其他赏钱,总共可达二三百元,一般的妓馆也能收取数十上百元。

各妓馆设有房间少则两三间,多则五六间,来客多时照例分开接待。有些比较"红"的妓女,有时要在同一时间于几个熟识的客人之间周旋,而且又不能让他们互相见面,以免生出麻烦,难以收拾。有的客人深夜酒醉,可以妓馆留宿,但只能独宿,妓女不奉陪,称"困干铺"。

有些有钱的熟客平时常来常往,喝杯茶听段曲子,或者一两个人来小酌一番,妓馆并不收他钱,为的是"放长线,钓大鱼"。客人欠下这份"人情",自然会"寻机相报",到时候叫上几个朋友去打场牌,吃桌酒,其开销就足够补偿了。还有的熟客,因对某个妓女感到满意,而特地在那个妓馆设宴招待各方来客,意在捧场。这些场面自然经一些小报记者加油添醋刊登于报端。结果,不但捧"红"了妓女,也扩大了这家妓馆的"知名度"。

在花牌楼鼎盛时期,常去光顾的客人,除了各业富商,也不乏风流雅士,他们在这里挥书作画,为妓馆增光添彩。大约在1924年,他们竟异想天开,纠集一批巨富小开、官僚子弟等,在杭州湖滨"大世界"举行"花选"。各妓馆的头牌妓女都浓妆艳抹,花枝招展,踊跃参赛。经过几天激烈竞争,结果花牌楼最大一家妓馆(鸨母名叫"老云香")的头牌妓女名叫"龙凤"的,被戴上"花国总统"的桂冠。从此,这家妓馆就被呼为"总统府",一时贺客盈门,轰动杭城。

杭州江干区"南部花区"自清末民初(1911年)以来,至抗战前夕开始消亡,历时二十多年。其间虽因卢齐之战和北伐战争而有过短时间的冷落,但因为杭州在战争中并未受到很大破坏,战后又很快恢复,故到了国民党统治时间,娼业发展竟有过之而无不及。

1937年抗战烽起,杭城危在旦夕,市场萧条,人心惶惶,那些达官贵人、富商大户纷纷逃避后方。这时的花牌楼妓馆,已是门庭冷落车马稀了。那些在钱塘江边游弋的茭白船,亦常被征作军用,难继旧业。不久,即作鸟兽散,另行择业。有的妓女适人而去,有的嫁给国民党军官成为官太太。老百姓讽刺那些打仗怕死、扰民有余的军官说:"烂料挂皮带,婊子当太太。"

从此,杭城"南部花区"这一代"花"市,终成历史陈迹。

《杭州文史资料》1994年第18辑。

富春江上的九姓渔户

方　向

一、九姓渔户概述

九姓渔户是封建时代浙江省境内的三种贱民之一,或称为"船上九姓人",俗称"鱼船上的","柯鱼佬"。初居严州(今建德县梅城镇),以船为家,是终生船居在富春江上的贱民。他们的经济状况尚佳,有相当于小康之家的收入,但会赚钱也肯花钱,别看他们身穿蓝色老布衣裤,足穿破拖鞋,吃起来却荤酒不断,所以赚得快,用得也快,有积蓄之家很少。即使有人富了，地方上也不许他们上岸建室安家，连乞丐甚至堕民都要公开干涉，甚至驱逐出岸方罢。九姓渔户起初都以捕鱼为业，按照我国传统伦理观，捕鱼是一种清高的职业，自古以来得到诗文歌颂，他们不可能因捕鱼之故成为贱民，更不可能成为低堕民一等的"贱民中的贱民"。对于他们的来历，民间传说有分歧，但一致认为他们最早出现于明初。九姓渔户中的大部分家庭被迫为娼，到了清朝时期则称"江山船妓"，艳名满天下。尽管清政府严禁宿娼，然阳奉阴违，偷偷摸摸者，不乏其人。有一个职位不算低的满族官员，一见入迷，竟在船上窝了一月之久，结果受到撤职为民的处分，断送了自己的前程而始终不悔，说明"江山船妓"的魅力确实很大。九姓渔户的小部分家庭，或无有眷属，或虽有女眷，却妻老女丑，这些人没有条件赚卖笑钱，无船者被妓船雇去当水手，有船者便捕鱼度日。

至于当时渔船与妓船的数量，戴槃《两浙宦游纪略》记载："道光咸丰年间，尚存船一千数百只，船以奉官为名，官吏既征课银，即有不能禁止之势……渔课一项，征银九十四两五钱五分八厘。"

"船以奉官为名"指伺候官吏的载妓江山船，"既征课银"语，反映出江山船妓的身份由"官妓"改变为合法营业的"私娼"。渔船数未记，如果按每只渔船渔课银半两计算，则渔船数不到二百只，大致占妓船的二成。

同文又说："严郡建德之渔课，始自明洪武年间。"

从详记渔课银数一事，可以肯定戴槃是查阅过九姓渔户档案的，并非出自传闻，所以他的话是完全可信的。"洪武"年（1368—1398）是明朝开国之君朱元璋的年号。建德县开始征收渔课银之岁，即九姓渔户成为贱民之年。所谓九姓，就是陈、钱、林、李、袁、孙、叶、许、何。

包括船妓在内的九姓渔户，说的是严州至桐庐一带的方言，风俗也与住在陆地上的土著差不多。由于与陆上的土著社会地位、职业不同，他们还有独特的语词、规矩、风俗和信仰，有许多现在已经没有了。

二、语词揭隐

在没有轮船的时候，富春江上只有木船，按大小可粗略地分为四型，小型的叫"三板（舢板）"，可载三四人；中小型的有渔船、渡船和农民用船，若是载客，约十人；中型的叫尖头船，载客的话，可达二十余人；大型的叫"江山船"，因产地"江山"而得名，船头必定是方形的，用有色油漆画得五颜六色，其中画有一对圆眼睛，现在只作货船用。从前分为客船和货船，如改装为妓船，连船身也画彩色花鸟，外来人称之为"花船"，热天竹帘纱巾，冷天糊上白色棉纸，后来改为玻璃窗，舱内布置得也很气派。九姓渔户原住中小型的渔船，或船尾另系一只舢板，有女眷须为水上官妓，称为渔娟或船妓，随波逐流，被陆上土著称为"推（流）来货"，并借用骂女人。渔船只有前后舱，前舱接嫖客，后舱住家人，故也叫"住家船"。父驾舟，母上灶，兄弟划桨，儿媳和女儿当娼女，顶多只能接两个嫖客。停船接客叫"做坐生意"，接客作长途航行叫"做航生意"。

本地方言反映女性下体称为"马马",月经带叫"骑马布",妻叫"老马",渔娟船的前舱门叫"马门",因妓女经常坐此处招引嫖客,传播开后,成了各地撑船人的通用语。

旧时大户人家房屋都坐北朝南,厨房在东面,故灶神叫"东厨司命",住家船以船头为南,左面船身为东,后舱外左面摆缸灶,故左面称"缸灶面"。浅水航行,水手每次用篙撑时,口叫号子:"嗨呀啦啦嗳——"若船老大接他一句"缸灶面",水手须立即换到左面来撑篙。

九姓渔户的舸鱼佬和江山船妓,彼此称呼冠以"同年"二字,已嫁女人称为"同年嫂",未嫁女人叫"同年妹",男人叫"同年哥"或"同年弟"。石阜村同年龄的朋友互称"同年交",故人把年龄不同的人结友称为"忘年交",但九姓人不管年龄大小都叫"同年"。有人不解所以然,询之舟人,曰:"凡业此者,皆桐庐严州人,故名,桐严,曰同年,字之讹也。"此说似是而非,当地方言"严"与"年"有区别,"严"音"聂焉切","年"音"尼焉切"。住在陆上的当地人,即使生活在桐庐、严州交界处,也不互称"桐严(同年)"。或云方言"年""验"音同,"同年"应作"同验",含意是大家同被政府验明身份成了贱民。起初乃是几个人之间的戏语,后来范围扩大,成为全体九姓人的日常用语。

有了足够的钱,渔娟就买一只江山船,有的后舱仍住家里人和雇工,有的另添一只住家船随行。前舱是可摆两桌酒席的客厅,上等酒席叫"十六会妻(碗席)";中舱面积最大,为三四个妓女的卧室;后舱是撑船、打杂人员轮流值班和临时休息之处。在中舱和后舱之间,有一小小的神堂,放着一尊木质神像。江山妓船摆设考究,收费也贵,据说"一两银子一杯茶"。多的时候,一个县城停泊三四十只江山船。

江山船妓要学会吹拉歌舞,技艺不好,未达谱曲要求的人,被讥笑为"不入调",后成为行为恶劣者的代名词。早先都是大脚妓女,从乾隆时起,才有裹小脚的船妓。嫖客象形地称性交为"顶",妓女则说"裹"。嫖客额外送给妓女的物品叫"私货",若是钱财则叫"私房铜钿",在众妓面前,借握手之机暗送某一妓小件高价首饰,称为"夹心宝"。

服侍妓女的女人叫"掇水","掇"方言音"得",两手掌拼贴将细小或整件的东西托起来,称为"捧";两手掌分开将整件的东西托起来,称为"掇"。受雇到江山船当水手或打杂,常能吃到酒宴的剩菜,故这种工作叫"吃剩菜",其人叫"吃剩菜的"。原住陆地上的女人到妓船上当妓女,称为"落水"。王韬《淞滨琐话》记有光绪年间江山船上的落水妓女,今摘录如下。

> 莲棣,生长桐庐,住桐君山下……家贫亲殁,遂随风尘。
> 檀香,居富阳之小隐山下,亦小家女子。
> 翠凤,本钱塘人,住莲花峰下,小名阿凤,幼时肤白如雪,人戏以白凤凰呼之,及长,好着绿衣,因名翠凤。

也有江山县陆地居民家庭,步九姓渔户后尘,经营江山妓船的。如邹子《乐生笔记》载:

> 江山近水人家,各置一巨舫,画板明窗,巨丽宏敞。父荡桨,母操舟,兄弟执缆,女任烹调。其女子率幼习歌舞,破瓜时,便使应客。

江山妓船上住的人,并非全是九姓渔户,所以"江山船妓等于九姓人"的看法是错的。"江山女人"和"九姓女人",虽然同为江山船上的妓女,但是所受的待遇不一样,县官可以批准江山籍妓女从良,而来自九姓渔户的妓女是绝对不允许从良的。

三、独特的规矩

船民有一套共同的规矩,是在水上生活形成的禁忌习俗。如船头(船的前端)被看得很神圣,禁止在船头或对着船头大小便,妇女不坐船头,供人船岸之间行走的狭长木"跳板"不许搭在船头上,应搭在船的两旁。忌说不吉利的语词,如与"滞"同音的"箸"叫作"筷"(快),与"翻"同音的"帆"叫作"风篷",但与"翻"同音的番芋、番茄的"番"不忌,看来只有船上的物名有禁忌。浮家泛宅为生的九姓渔船,江山妓船另有与众不同的独特规矩,有的规矩原本是官府的强迫命令,如不与岸上人通婚,只能在九姓之内嫁娶。

富春江上游有一段长约七华里的急流水,名"七里泷",北岸有东汉隐士严子陵的钓台,南岸有晚唐江南诗人方干故里白云源村。这里出产两种鱼,其味鲜美,极有名气,一种是长仅一厘米左右的小鱼,叫"子陵鱼",另一种是烹煮时不刮去鳞的鲥鱼。逢捕鱼季节,七里泷的渔船多达几百只,捕得的子陵鱼全卖给严州两三家老店,由店里加工成鱼干,装瓶远销,鲥鱼则整条富春江都出产,唯有产于七里泷的鲥鱼眼呈红色,滋味尤佳,成为高价的畅销货。但捕鲥鱼有一个规矩,最先捕到的第一条鱼,须专程送给桐庐县(七里泷在该县境内)的知县大人,第二条送给严州府的知府,第三条送给建德县的知县。知府、知县都不敢白吃九姓贱民的东西(会被舆论攻击为丧失官的身份),至少赏银十两。

江山妓船又有异于渔船的规矩:

"先买船桩,后接客人"。渔船前甲板有个圆孔,用篙插入孔内,直至江底,便能将船固定在近岸处,而江山妓船必须用缆系在船桩上,船桩属于岸上的设备,归码头所有,别的船可以不花代价使用,江山妓船得向管码头的人交"买桩钿(钱)",方准许停靠码头。

"只迷不骗,太平铜钿"。船妓刮嫖客的钱,自然多多益善,九姓船妓从本身比陆上妓女还要贱这一点考虑,凭着长期经营淫业的经验,形成了具有浓厚的自我保护意识的挣钱规矩:只可以色情迷惑对方,不许采取欺骗的手段。认为使嫖客沉溺于美色艳情,花光银钱也是情愿的;倘若靠欺骗捉弄,就算破财不多,嫖客也是心不甘的,将会结伙报复。陆上妓院有地头蛇保护,妓船请不到愿上船保护的岸上人,也请不到非九姓的船民,没法阻止嫖客的报复,因此就推行挣太平钱的方法。

嫖客上船吃酒,甲妓旁侍侑觞,酒后又欲留宿,未侍酒的乙妓不得接客入房,应由甲妓相陪上床,这种规矩称为"酒色连牢"。若嫖客坚持要乙妓陪宿,必须另换一桌酒菜,改由乙妓陪侍,方能实现欲望。

"拌泥加水",这是船妓的座右铭。"拌"谐音"伴","泥"指住在陆地上的嫖客,因他们生活在泥地上,得此代名词。"拌泥"的意思是陪岸上来的嫖客以维持生活。"加"谐音"嫁","水"指九姓船民。要想成家,船妓只能嫁九姓船民,继续过水上生活,否则便是空想,故妓船有谚语云:"卖身不卖心,卖心要短命。"

四、风俗二三事

总的说来,九姓人的风俗与岸上人基本相同,但因为九姓人是罪犯的子孙,明朝时归监狱官管理。说是管理,还不如说是管制。他们的活动由监狱官指挥,九姓渔人相当于官奴,其中的渔妓则是名副其实的官妓。他们穿青色短衣,妇女或外加黑背心,扎青头巾,不许缠足。到了清朝,由地方官作名义上的管理,实际上是不管,主要依靠当地人数占绝对优势的岸上人,以习惯成自然地歧视九姓人的社会压力,来监督、强制其生活方式。乾隆以后,九姓人不再是官奴、官妓,比较自由了。渔民仍穿短衣,颜色大多为青、黑、白,渔妓即江山船妓流行裹足,衣裙华丽,得风气之先,与城市的妓女无甚差别。只是他们的社会环境变化极小,依旧禁锢在贱民圈子中。

他们的节日有春节、清明、端午、七月半。春节是到亲戚家拜年和游玩赏灯的节日,桐庐县富春江南部地区,赏灯最好的地方是石阜村东南约一公里的骆村庙,灯期长达五天(正月初八至十二日),各村的灯队必须到该庙敬神,不论路途远近,要在中午之前赶到,尽情舞弄。有龙灯、狮子灯、马灯、露台(外地叫台阁)、大头和尚戏柳翠、花灯等。龙灯的品种有身体圆长、附有四爪的"时髦龙灯(百页龙灯)",用短木板串连;龙身似拱桥的"板龙灯";用布相连,龙身似"敲草榔头"的"敲草龙灯"。灯队多的时候,一个上午有十多队,下午是没有的。这座骆村庙是中型庙宇,正式名称叫"天曹府",庙内的正神称"天曹府君",本是余杭县的知县。传说有一年出蛟发大水,他仗剑入水斩蛟(一说是黄鳝精),不幸跳进蛟的口中,与蛟同归于尽,尸体冲到骆村(属余杭县),当地百姓为他建庙以作纪念,俗称骆村庙。后来有个桐庐人取神像的一段手指,回故乡另建分庙,将这段手指塑进新神像中,仍名骆村庙,其实神庙所在地并无村居,附近也没有叫骆村的村庄。庙门口题有一副对联:"昔日余杭留圣迹,今朝桐邑显神灵",概述了此庙的来历。这是九姓必去拜神看灯的地方,庙旁有"十王殿",表现阴间地狱众鬼相,其艺术水平之高,杭州灵隐寺的塑像是远不及的,可惜今已不存。

清明是扫墓、踏青的日子。九姓人的坟墓一般在山坡上,在平地上者极少。按当地传统,山的顶上是不埋坟的。端午节不赛龙舟,仅吃雄黄酒、粽子,儿童颈挂香袋。七月半是和尚道士超度孤魂的鬼节,一连三天,末了一天晚上由和尚演目连戏和驱鬼。死亡不久的人,家属或在七月半扫墓,称为"上新坟",以后则不然。

船妓为了迁就外地嫖客,也过中秋、重阳等节日,非出自传统。

每年佛诞日,船妓相约结队礼拜神佛,晨出夕归,一天要跑十座寺庙,叫"烧十庙香"。渔民则无此俗。

　　九姓人结婚，新娘不坐花轿，不是不想坐，也不是缺钱，而是岸上的贱轿夫不肯抬贱而又贱的九姓新娘。出于同样的原因，岸上的和尚、道士也不肯替死亡的人做法事，所谓"冷冷清清，抲鱼佬葬坟"。

五、信仰白眉神之谜

　　白眉神，妓女的神。后人是这样认为的。明沈德符《野获编》载：

> 近来狭邪家（妓院），多供关壮缪（关羽）像。余窃以为亵渎正神，后乃知其所不然，是名"白眉神"。长髯伟貌，骑马持刀，与关像略同，但眉白而眼赤，京师（北京）相詈指其人曰"白眉赤眼儿"者，必大恨，成贸（疑詈字之讹）者仇，其猥贱可知。狭邪讳之，乃驾名于关侯。坊曲娼女初荐枕于人（妓女中第一次卖身），必与其艾豭（应作猳，《左传·定公十四年》称老公猪为"艾豭"，这里当作嫖客的蔑称）同拜此神，然后定情，南北两京皆然也。

　　《野获编》所记为明万历年间及其以前的事，故上文中的"近来"当是万历某年，此时妓院尚多供而非皆供白眉神，说明万历年间妓院供白眉神已相当流行，但还没有达到普遍性的程度，仍有少数妓院不供此神。由此可见此神原本不是妓女信仰的自己的神。

　　江山船的神堂中，也供着木雕的白眉神，绿巾绿袍，手执大刀，若不是白眉毛、红眼睛，人们会认为此神就是"关老爷"。

　　据我的祖父方镇南说，九姓渔户开头供的是关老爷，即三国时的大将关羽。关羽的水军颇有本领，抲鱼佬对他很佩服，又因关羽两字近似"管渔"，关羽坐镇之地荆州附近的抲鱼佬，就奉他为渔神，因神像是供在船上的，一些不以抲鱼为生的撑船佬也看样学样，奉关老爷为船神，后来辗转传开，成了各处渔民日夜不离的神。

　　九姓渔户被贬船居严州境内江中后，其渔人和渔妓仍信奉关老爷。过了一段时间，地方官吏的管理放松了，抲鱼、当妓女这两种职业分开了，人员基本固定，虽然渔家可改行为娼家，但有些嫌恶娼妓生活的渔户，见官府不再强迫他们改为妓，就洁身自爱地把抲鱼当作父子相传的手艺，并不再供关老爷，以免与淫污的渔娼牵连，有损正派之风。

　　渔娼的艳名日著，嫖客中的文人也多了，他们见关羽当作妓船之神不以为然，有人戏改为白眉红眼状，说是"马氏五常，白眉最良"的马良（关羽的部下，"马良"是双关语，含有船妓的"下体好"之意，但俗人称为白眉神或红眼神）。

　　九姓人说严州、桐庐一带方言，"眼""崖"均音"厄啊"切，有些人就误以为红眼神就能具有迷惑男人的魔力，简直成了妖精，故此神也叫妖神。谈迁《枣林杂俎》引《花镇志》云："教坊白眉神，朔望用手帕、针线（此处疑有缺文），刺神面，祷之甚谨，谓之'撒帕'，看人面，则惑溺不复他去。白眉神即古洪崖先生也，一呼'祅（妖）神'。"

　　上古仙人洪崖与娼妓没有一点关系。王士禛《池北偶谈》卷十八引宋丁谓戏积云："五百青蚨（钱的别称）两家缺，赤洪崖打白洪崖。"详诗意，可能赤白两个洪崖互相拐骗铜钱,结果双方打了起来。如此二神,自然不可能合二为一受到妓女的信崇。

白眉神产生在九姓渔娟的船上,影响所及,成为晚明时中国各地妓院多数之神。

白眉神的前身关羽,谐音"管渔"被当作渔神,符合民俗心里联想规律,于理可通。只是其像被供于船上,成为船神,殊感理由不足,佐证欠缺。况船神是谁,六朝时人已有记载,明胡侍《墅谈》引梁简文帝《船神记》云:"船神名冯耳。"船神冯耳怎地变成了船神关羽,令人百思不得其解。

偶阅故严州学者戴不凡《小说见闻录》,其关公姓冯条云《坚瓠集》载关西故事说:"蒲州解梁县关公(关羽的尊称)本不姓关",因杀死欲强娶他人未婚妻为妾的县令母舅,及其帮凶县尹,逃至潼关,"关主诘问,随口指关为姓,后遂不易"。

戏曲选本《清音小集》卷四《夜看春秋》说关公原来的姓名:"姓冯,名贤,字寿长。"故事情节同《坚瓠集》,人物之名有异。

民间传说,刘备、关羽、张飞桃园三结义。三位结义兄弟中,关羽是老二,照民间习俗,可称"关二爷",即知其本姓冯,也可称"冯二爷",称"爷"可有可无,或称"冯二"。我以为"二"音近"耳",日久相泯,船神冯耳,变成船神冯二,即关羽。今舟山本岛及附近小岛上的渔民,在渔船后舱设有一间供神的"圣堂舱",其神称"船关菩萨",亦称"船关老爷",传说即三国时的关羽。此可证富春江上的九姓渔户奉关羽为船神之说,洵属事实。而改船神关羽为白眉神,具有渔娟信仰,渔民不屑一顾,知白眉神不是全体九姓人共同信仰的神。

花容玉貌侑觞荐寝的妖娟艳妓,为什么供祀一位纠纠的白眉神?现在搞清了他的来源和演变,这个谜也就揭穿了。

六、九姓渔户之"根"

大略地分类,九姓渔户属于船民。船民可分两种,一种是家住陆上只是干活时暂住船上,家庭的主要经济来源离不开船;另一种是全家常年住在船上,生产、生活或其他经营全靠船,父死子继,代代如此。九姓渔户是后一种较著名的,此外还有广东的疍户、福建的蕃獠船户,他们都生活在长江以南,共同特点是以家庭妓船占多数。

关于九姓渔户的来源众说纷纭。据我所知,有下列诸说:

1.九姓中的陈姓人为元末农民起义领袖陈友谅的后裔,其余八姓人是陈友谅部下文武"抗明派"成员的后裔。我的祖父生前多次主持别姓撰修族谱,对附近各村各姓的祖先三代了如指掌,谓陈家村的堕民(俗称"陈家佬")之祖是陈友谅。如此,则姓陈者为陈友谅后裔的说法不攻自破。

2.陈友谅与朱元璋两军大战于鄱阳湖,陈友谅身死军败,随陈友谅参战的水军将领,是九姓人的祖先,故其家属被贬舟居。就朱明朝廷而言,处置敌人必分首从,即使采取首从不分的"一刀切"的办法,水军将领的罪名顶多与陈友谅一样,其后裔的社会地位也应该相同。然九姓渔户贱于堕民一家,比朱元璋的头号敌人被贬后裔还不如,反映出九姓渔户与陈友谅无直接的牵连关系。

3.本是普通的汉族人,苦于生计,离开陆地,在水上职业中找出路,久习成俗,遭到陆上人的歧视。然而汉族人中的卑贱阶层,被瞧不起、被欺侮之事是常有的,除犯重罪被贬奴婢之外,仍享受平民的起码待遇,受社会禁锢的事是没有的。故这种说法用来解释九姓人何以丧失汉族平民地位及贱于汉族奴婢阶层,与实情不符。

4.史书称福建的先民为"蕃獠",这是一个笼统的称呼。"蕃獠"含多个少数民族,有的混同于汉人,有的成为山区的畲民,有的成为江上的疍民,后两种人有北迁至浙江省的,成为浙江的"山客"(畲民)和九姓渔户的先辈,九姓渔户的先辈已是社会贱民,因助陈友谅打击朱元璋,失败后被罚为贱于贱民的特殊民户。这是较后起的说法。

说贱民助陈友谅,被朱元璋罚为贱而又贱的九姓渔户,这种见解很新鲜,也合理,值得重视。但说九姓渔户源出"蕃獠"中的疍民,尚需商榷。蕃獠是百越之后,各部族有自己的图腾信仰,如畲民崇狗;住在闽侯县南台江上的住家船民,或称"科底人",有崇蛇之俗,清朝人作《闽南竹枝词》,以咏科底人妇女:

> 大耳环垂一滴金,四时裙服总元青。蛇头簪插田螺髻,乡下妆成别样形。
> 满绣花鞋赤足拖,绵蛮鸟语唱新歌。靓妆倚笑偎篷坐,道是南台科底婆。

科底人的语言与广东疍户(或称老龙船户)相似,同属粤语系,其风俗、信仰和生活方式也相同或类似。"蛋人神宫画蛇以祭,白云龙种(古时长江中下游以南的蛮族人称蛇为龙,浮家泛宅或住水浒,或住水澜,捕鱼而食,不事耕种,不与土人通婚。"毫无疑问,科底人就是疍户,与广东疍户同族,现已汉化,故不列于少数民族,但他们的古代祖先,是住在湖北省南部长江、汉水之间的蛮族人。

六朝时,刘宋大将德清人沈庆之,少以勇闻,善谋略,参与镇压蛮民起义,此蛮民即疍民。

《南史·沈庆之传》载:"率军讨伐江汉蛮民,前后所获蛋,并移部下(刘宋国都即今南京),以为营户(军妓户)。"这是疍户编入娼籍之开始。对后世很有影响,迟至明清两朝,南京秦淮河的船妓尤为天下娼妓之冠。南京为六朝之都,是当时汉族文化在江南的中心,生活在这里的疍民,汉化的速度甚快,崇蛇旧俗竟不见古籍记载。九姓渔户也不崇蛇,与南京疍民可能有密切关系,却与福建、广东的疍户存在着许多方面的不同,两者应该没有传承关系。

5.在九姓渔户初居之地严州,民间口传这样的故事,徐寿辉派项普略取徽州,时徽州官民过惯了太平日子,初逢兵戎手足无措,才战即逃,项普略轻易地攻克了徽州城。不久,元达子收复了州城,加强防守。五年后,朱元璋派徐达(一说是胡大海)进攻徽州,九姓渔户帮助元达子守御,双方苦战了三个月,伤亡极大,朱元璋的部队挖地道入城,取得了胜利。为纪念阵亡将士,下令在徽州至严州地区建"五神庙"(因士兵的编制"五人为伍"而得名),并将九姓渔户罚为水上贱民。九姓渔户仇恨朱元璋的部队,认为他们疯狂得令人害怕,所以决不拜"五神庙"。

从九姓渔户不拜"五神庙"事,反映出九姓渔户成为双重贱民的时间在明朝初年,其他文字记载也说明了这一点。

关于九姓渔户的来源有多种说法,但其中的一个重要环节却是相同的,即九姓渔户来自浙江以外的地方。对照语言、风俗,我认为来自徽州说最可取。

九姓人说的是严州(包括桐庐)方言,而严州方言有许多语词与徽州方言相同或类似,仅口音有点差别。

徽州人与严州人都用"炒米茶"招待客人,名为"茶",实不放茶叶,只放糖、炒米,开水冲泡即成"炒米茶"。这种特殊的茶,别的地方是不流行的,九姓渔户也以此待客。

我对徽州的情况知道得极少,无法做多方面的对照认同,上面所列少许例子,已经说明了地区性的特点,别的地区是不具备这种特点的。由此可以认定九姓渔户来自徽州说,远比来自其他地方的说法可靠。

明代九姓人的双重贱民身份,是朱元璋(一说是刘伯温)定的。那么在明代以前,九姓人当是普通的贱民,社会地位如堕民。他们是渔民,也应是渔娼,在中国古代,普通贱民的女人必定做娼妓,是娼妓又是渔民的九姓徽州人,其前身只能是相距最近的南京疍民,不可能是相距很远的福建广东疍民。福建疍民来自广东,广东疍民来自湖北江汉之间,南京疍民也来自同一地区,两者相同部族。我认为沈庆之讨伐江汉蛮民,被俘的是南京疍民,逃脱的经湖南至广东,就是未失崇蛇旧俗的广东疍民。

广东疍民有七姓:麦、濮、苏、吴、何、顾、曹。九姓也有姓何的,说明两者有着血缘纽带,同一个远祖。可见浙江的九姓渔户与广东的疍民,都是江汉蛋蛮的后裔,他们原本是少数民族,后来完全汉化了。

所以,追溯历史的渊源,九姓渔户也可称九姓疍户,与广东疍民没有父子关系,只不过是离开故乡各走各的路的"兄弟"。

在明代以前,与九姓渔户来源有关的记载很少,使得对九姓渔户历史有兴趣的探索者,老是在明清两代的文字资料里兜圈子,于是九姓人在明初由良民贬为贱民之说占了优势。

《中国民间文化》第14集,学林出版社1994年版。

脚帮、轿帮、船帮

叶浅予

乾元慎南货店兼营粮食与山货,经常和搬运业的"脚帮"打交道。到了秋收季节,零星收进,整批卖出,靠脚帮搬运。小时候看到脚帮伙计们把200斤重的谷袋扛在肩上,从船上搬到岸上,或从岸上搬到船上,腿肚子涨得板板硬,一步挨一步,实在吃力。我祖父有个长工名叫康培,身强力壮,看脚帮赚钱容易,经帮中熟人介绍,准备进帮当搬运工向祖父借钱,说是按帮会规矩,要请帮中弟兄吃顿酒席,才能进帮。祖父劝他别花这笔钱,干吗非要入帮?康培说:"你不借钱算了,干吗不叫我入帮?这顿酒席非请不可，你不借，我向别人借。"经过争吵，康培气走了。不久之后，我在船码头见到康培，背上捎了大谷袋，手上拿了两根计数的筹码，对我说："你回去告诉爷爷，我康培入帮之后，有吃有喝，日子过得好着哪。"

脚帮除了给人搬运重物赚取工资，逢到迎神赛会，抬菩萨也是个好差使。前面提到的"芦茨戏"，芦茨菩萨那座神轿，要进则进，要退则退，分量不轻，要有技术，代价不低。演戏期间，三家抢菩萨，一天抬几次，收入很可观。脚帮这行，虽属干的是粗活，社会经济活动少不了它，少了它，便活动不开。

轿帮是陆上交通工具，也是婚丧喜庆不可缺少的辅助行业。按理说，轿帮和脚帮一样是卖力气，所不同者，脚帮搬运的是货物，轿帮搬动的是人。货物自己不能动，所以要人帮；人自己能走，为什么要人帮？这里面有文章。桐庐人把轿夫叫作"抬轿佬"，语气带点轻蔑的味道。据了解，历史上只有当官的坐轿，让人抬着走。其次是财主们，可以花钱雇轿让人抬着赶路。

轿行备人雇用的一般是两人抬的乌壳轿，县太爷坐的官轿，由县衙自备，有专用的轿夫。在我懂事的年代，大清皇朝已经淘汰，县衙门改称县政府，县太爷改称县长，四人抬的专用官轿也已取消，县长出行，要来雇佣轿行的乌壳轿代步。

富春江和天目溪两条水上动脉，是桐庐县船户赖以生存的两条河流。其中为交通服务的定期航班叫作"快船"或"航船"，不定期而专为近程雇佣的叫"划船"，在江上撒网捕鱼的小艇叫"渔船"。在中华人民共和国成立前，还有一种名为"茭白船"的妓船，停靠在码头上接待社会风流人物，已被历史所淘汰。

这些在水上活动的船帮，自成为一个特殊的社会。生活习惯与语言发音和岸上人家不一样，和岸上人家不通婚，女人不缠足，和男人一样劳动。起初我以为他们是东海边的少数民族，后经了解，他们也和轿帮一样，是在元末明清时期被列为"贱民"的又一种职业。又有人说，船帮的祖先是元末严州府的降兵，"轿帮"之被戴上"贱民"帽子比这还早几个朝代。这些传说，有的已为各县的县志所证实，有的仅是口传而已。

自从公路畅通以后，江上的定期"快船"早已绝迹，为短程服务的小划船也不存在了。剩下渔船已结成小集体，每条船都装上小马达，夜出撒网，早归卖鱼，自成单一小社会的传统习惯已逐渐被冲破，水陆两家通了婚，渔民家庭搬到岸上定居了，子女当然也上学读书了。

叶浅予著，山风编：《叶浅予自叙》，团结出版社1997年版。

华埠船上人

钱自荣

一、华埠船上人的来历

关于华埠船上人的来历和历史地位，人们常有论说。其主要是说，船上人的祖先，在数百年前,为争夺皇位,惨遭失败后,而被当时的朝廷,以株连九族的罪名流放到浙江,漂流在钱江操舟为业。但因为时久远,后人对祖先当时的历史原因不得而知,只从人们流传论说中略知一二。船上人被定罪为"贱民"后,在漫长的岁月中,以船为家,水上漂泊,无固定居处。他们的谋生是很艰难的,他们的处境是"世贱役"。前辈之事无可细说。对于华埠船上人,近代的生产方式、生活习惯、民情风俗、礼节往来方面的基本情况,有的常有所见或常有所闻,老小皆知,普通常识,具体论如下。

关于华埠船上人,原籍是浙江严州建德梅城人,现在开化各地也有这部分人,而大多是华埠的船上人。所说的船上人,他们就是生活在船上、吃住在船上(连家船),他们依靠水上劳动所得为其生活的唯一来源过活的人。众所周知的船上人,指的是(陈、钱、孙、许、林、叶、袁、何、李)九姓渔民,人称"水上漂",蒙冤难民,至今相传已有数百年的历史。但如今的华埠船上人是陈、钱、孙、许的四姓渔民,讲严州腔的人。为什么九姓渔民会漂流在水上生活,据传历史故事缘由如下。

元末至正年间(约1367),沔阳渔家之子陈友谅,在江州以采石五通庙为行殿,即皇帝位,国号汉。朱元璋移书友谅,宜却帝号,坐待真主,不则丧家灭姓,悔晚矣。友谅不服,大战于泾江口,不幸中箭身亡。其子陈理即位,次年向朱元璋投降。朱称帝后,将陈全家及子孙(陈、钱、孙、许、林、袁、叶、何、李)等九姓数百人男女老少流放(充军)浙江建德沿河水上贬为舟民自居,定作为"世贱役",永远不得上岸陆住。唯以操舟为业,他们漂泊于整条钱江水系,从此人称"水上漂"。九姓渔民旧社会在严州、建德一带是所谓贱民,因为皇律下宣"四不准"所禁:即不准入学读书识字考官;不准上岸陆地定住;不准穿长衫、马褂和整只鞋;不准与岸上人通婚结亲。从此船上人如同被打入人间地狱,沿河到处漂泊谋生。

二、船上人的遭遇

船上人出现的头等大事"求婚难",婚姻成为船上人的大悲剧,他们的婚姻是不幸福的,因受岸上人通婚结亲的限制,在水上漂流的渔民,同样是要男婚女嫁繁衍后代的,因为水域择偶范围所限,很难避免近亲血统关系,在无可奈何的情况下,往往会同近亲有血缘关系的姑表之间成亲,因此造成下代人各种遗传疾病,问题相当严重。船上人还有长期在水上生产的职业病,如疯气、关节炎等,同遗传病因结合在一起成为与众不同的多种病人,如头上癞痢、脸上麻子、手疯脚拐、背驼、眼瞎、耳聋、口哑以及大肚病,对人的生命也是很大的威胁。在计生政策颁布之前,船上人的生育能力是很强的,一户人家在一般情况下,生3—4胎较为普遍,多子女生育者有5—8人的也不少见,但因为近亲生育遗传病较普遍,人的成长率并不高,凡有遗传病的人,大都夭丧在幼小时期。船上人生活状况是很难的,集中突出在"穷苦"二字上。因为"水上漂",以船为家,分散作业经营,习俗繁杂,加以旧时科技、经济、文化落后的影响,其中难免被不少封建迷信和守旧习俗等因素束缚,生产方式简单落后,收益极低,他们的衣、食、住、行都在人类的下层水平,长年累月的粗茶淡饭,并且是风餐露宿,断粮饥饿时有发生,如有疾病就无钱请医服药,只能听天由命。船上人在穿衣方面更是难上加难。春夏秋冬一年四季衣着无冬夏之分,甚至有的衣服,日当蓝衫夜当被,一衣多用,破衣、破裤、破鞋袜,衣衫褴褛,汗臭冲天,蚊蝇叮咬,虱子满身爬。一年到头千辛万苦还是两手空空。如遇家运不好,不但负债累累,还要倾家荡产,家破人亡。无穷无尽的风雨飘摇,天寒地冻,滴水成冰的生活年复一年,他们祖祖辈辈盼望有朝一日能在人间有资格平等做人,有做人的权利。经过漫长的岁月和改朝换代之后,船上人终于盼到抬头之日。直至清同治五年(1866),宣告废止禁令"赦罪贱民","出府示"立碑记,发执照"改贱为良",从此水上漂的贱民重见天日。

开化是浙江源头的山区县,全县九山半水半分田的纯山区,因为交通不便,信息不通,当时是个天高皇帝远的闭塞山区,山民们十分憨厚,尤其是华埠镇的居民,大都是来自外省外县外地人,他们都以和为贵广交朋友,互相尊重,并且没有主客之分。常年漂泊在水上靠捕鱼为生的船上人,沿河捕捞来到开化县华埠镇安身,有如到了世外桃源。特别是当时作为水陆码头的华埠街,正需他们这样一支力量雄厚、身怀特技的劳动大军。从外地来到华埠谋生的船上人,一有捕鱼技术,二有水运放排技术的劳动者,在华埠地区有了用武之地。船上人来到华埠以后,生产技能得到了充分发挥,同时自身能安居乐业,如同到了人间天堂,因而他们的生产积极性很高,二百多年来为开化、华埠的繁荣发展和社会主义建设做出了重要贡献。

三、船上人在劳动中团结奋斗

船上人的本质是勤劳本分和善良。勤劳本分的船上人,因受社会贱民地位的影响,祖祖辈辈数代人都长期漂流在水上生活。他们为了生存,生活在苦难的深渊,在死亡的边缘中挣扎,忍气吞声地做下人,他们在水上的生存条件和生产方式只能是苦力:或捕捞渔业、或木材水运业、或木船航运业、或肩挑搬运业。这些行业都是重体力劳动,他们在劳动生产中困难是很多的,每日风吹雨打太阳晒,老小同舟,而在生产劳动中,时而逆水行舟,时而顶风航行,劳动者都要付出全身力气,对抗前进,力争上游,不进则退。劳动者是聪明的,他们在困难中会动脑筋想窍门提高功效。在船、排的航行中,经常遇到逆水和顶风的自然气候,为准时到达目的地需要采取有力措施。拉纤绳,是一种好办法。拉纤绳是逆水行舟和顶风航行的主要动力,拉纤的人为了拉动船、排前进,必须把纤绳拉紧,就要低头弯腰奋力前行,不得松劲,这是一种非常艰苦的特重体力劳动。

船上人有一种团结协作的精神。在日常生产中,到处体现出来,经过长期的艰苦磨炼,形成了一种团结协作积极向上克服困难的精神,自觉运用集体智慧和力量,战胜各种困难,一方有困难、多方来帮助,在有难同当的精神指导下,哪里有困难哪里就有同行主动来帮助,如上行船行到高滩时,后面的陆行船就会派员前往去推送,前船先上滩,而先上滩的前行船又会用绳索拉上后随船,紧密合作同航行。船上人以和为贵,生产上互相交流经验,传授技术,互通信息,相互尊重,礼义往来十分重视,生在水上的各地同行,同业相见如宾亲如手足,遇到刮风、下雨、洪水,总是互相照应,互相帮助,事后不计谢酬,体现出生死相依、患难与共的兄弟情义。

四、渔民的贡献

船上人对华埠乃至全县人民消费服务有着很大的贡献,他们已分布到各行各业,特别多数为农村服务,现单说渔民的贡献。

渔民捕鱼是从古代开始相传下来的一种行业。鱼分两类:一类是海水鱼;另一类是淡水鱼。怎样区分海水鱼和淡水鱼,就是海水鱼生长在咸水的水域中,而淡水鱼生长在没有咸水的淡水中。

怎样分为海水、淡水? 就是自然界里,以动活为清淡、呆静为污咸的自然规律之分界线所形成的生态水系。

钱江上游(源头活水)都是淡水系。开化是钱江源头县,华埠船上人以捕淡水鱼为生产。捕鱼是一门技术很强而又复杂的生产作业,而劳力强弱和技术高低,捕获量就会大大不同。旧社会,渔民的捕捞生产方式,大都以个体分散经营,因而收获较低,生活贫穷困苦,其原因之一是工具落后,建德县传统渔民是渔船、竹排(鸬鹚排)、横桷。

网具类有:撒网(打网)、围网、罩网、跳网、笼网(拾网)、基功网;虾网有两种,一是拖虾网,一是铲虾网。

渔钩具:铁钓钩,分为大中小,还有滚钩、歪头钓;竹制钓,分为大中小(弹钓)。

开化渔业也有两种生产,一种是捕鱼,一种是养鱼。华埠船上人,是一部分专业渔民以捕鱼为生。

关于捕鱼的产销情况,以就地就近产销为主,捕鱼河面都是远离城镇,根据就近产销原则,90%以上鱼货都是销往农村,在农村销售鱼货,根据农村经济情况,因现金较少,都是采用以鱼交换农产品为主,如大米、玉米、大小麦、各种豆类,以及各种瓜果杂粮等,交换其价格由买卖双方面议定价成交。

中华人民共和国成立前,渔民由个体分散经营,对鱼的产销数量无人统计,但从日常生产情况来看是基本有数的。渔民每户每天捕鱼,少则3—5斤,多则20—30斤。渔民全年除去放排时间,以实际150天的捕鱼天数,按平均日产量7斤计算,根据1950年4月17日,华埠渔民户籍造册统计,163户,大小人口658人,大小渔船169只(包括全县各条内河全部渔民渔船),据此推算,全县一年捕鱼量11.4万斤。而大部分销售在农村(每户年产1050斤),也有在城镇附近的捕捞渔民自然把水产拿到城镇市场上销售,渔货价格也比农村略高一些。尤其是有些名贵的鲜鱼,如潭鱼(鳖)、鳗鱼、鲑鱼、君鱼、鲫鱼等,都是营养价值高、鲜味好的花色品种鱼类,一定要到市场上卖好价钱。城市上那些有钱的老板们,他们很讲究吃高档名贵鱼类,价格高一点也不在乎。

渔业生产是同活口打交道的一种行业,捕鱼和鱼要逃命是相对立的生死矛盾。俗话说:"不是鱼死就是网破",所以说捕鱼如同部队打仗一样,要讲究战略战术,才能消灭对方,自己才会取得胜利,他会本能地用尽一切逃命术做垂死挣扎,也就会有破网、脱钩、突围等逃命生还的鱼类,因此鱼是捕之不尽的(但要禁电、毒、炸的违法行为)。

为提高捕鱼产量,必须从捕鱼作业的疏漏中总结经验教训,改进渔具渔法,才能不断地增产增收。

中华人民共和国成立后,华埠船上人在共产党和人民政府的领导下,从1950年开始,为划分生产业务范围,船上人分别建立华埠渔业社、华埠木运站的集体所有制的组织机构,各自实行单独核算自主盈亏。华埠渔业成为开化县的专业渔民组织。自1950—1983年累计提供200余万斤鲜鱼供应城乡人民,为消费者服务做出应有的贡献。华埠船上人,对开化县特别是华埠的繁荣和建设有着特殊的贡献。他们现已分布在全县各行各业,贡献仍是多方面的。从事木材水运是水上漂的特长,本县水运木材相传已有200多年的历史,而放排水运工人,大多数为祖籍浙江建德梅城陈、钱、孙、许四姓船上人。在旧社会,从华埠放排到杭州,每两(龙泉码)杉木运价70—75斤大米(因物价一日数涨),故以大米作价保值。

旧时一两龙泉码,相等于现时0.4909立方米。

一个排工一次木材放运量在50—60,大水放排顺利一般在6—7天可到杭州,加回返华埠5—6天,一次来回时间约两星期,冬天枯水期需要一个来月。每个排工放杭一次,实得工资300—400元,根据木材运量,一个排工运杭5—7次,平均6次,全年可运木材300—350两,因放排工资收入高,每年放运旺季也吸引外地来华放排的临时工,2—3月,淡季回原处,人数20—30人。

木材流放。中华人民共和国成立前,多由产地编排撑放,至华埠售于木客,外运则由木排包头独揽,包头从木客或地主手中承包交运的木材再雇用工人放排。故工人放排要受木运包头的剥削。包头从中得利高于放排工人的实得工资,少则8—10倍,多则几十倍。1948—1950年间,华埠镇有木材水运大小包头49人。

每年春夏盛水是木材旺运期,要完成放运任务的80%—90%,到秋冬季枯水期木材需运量极少数,成为淡季阶段,他们就改以捕鱼捞虾为主和其他副业生产,克服淡季困难。

中华人民共和国成立后,船上人在县总工会的领导帮助下,于1950年成立华埠区排运工会,成为集体所有制性质的木材专运单位,当时有工人340余人;1953年经过水上民主改革和反霸斗争运动,清除了混在工人阶级内部的包头和地主7人,提捕法办封建霸头1人,纯洁工人阶级队伍,提高工人觉悟程度,发挥了工人的生产积极性。

1954年木运工人发生了很大的困难,突出在劳动力大量过剩(工人没有工作做),其主要原因有三:

第一,从1952年开始,国家逐步走上计划收购木材,放运任务减少。如森工局(当时中煤公司),1953年运出木材118953立方米(包括文图排工运),1954年国家计划收购为60000立方米,比1953年减少45%。

第二,运输效率的提高。木运工会成立后,在工人群众中开展了劳动竞赛和技术革新活动,在竞赛评比中,群众评出本单位先进生产(工作者)17人,县劳动模范5人,地区劳模2人,从而激发群众生产积极性。1952年每人每次放运木材23立方米,1953年每人每次放运30立方米,比1952年提高23.3%。

第三,运输路线缩短。森工局、木材交库地点由杭州改为衢州入库,运杭州一次的时间,可运衢州两次,因此造成木运工人大量过剩。

1954年,由于木运人员过多,经济困难,木运工会难于维持,引起县政府的重视。县总工会、县搬运站、工会与行政密切配合,采取措施,通过调查摸底后,动员和安排一部分多余劳力从事农业、渔业、搬运和航运工作。

根据1954年当时木运工人实有人数306人,1—8月有自动离职23人,有组织有计划安排转业128人,保留146人。由华埠排业工会改称华埠木排运输大队。1956年实行工资改革,按劳动强弱和技术高低等不同情况,划分为三大类九小类(一上,一中,一下,二上,二中,二下,三上,三中,三下),由群众评定等级,由原来的平均工资,改为固定工分加评分的等级制。工人工资基本合理,年收入在400—600元左右。

1950—1985年,开化县木材运出2633816立方米。1960年以前,基本上全由水运承担;1960年以后,随着林区公路的开拓,木材水运量相应减少,1970年投售的木材83862立方米,其中水运木材66037立方米,占总数的78.7%。1984年,全水运47322立方米,占运出总数的57.3%。1985年木材市场开放以后,外地木商和车辆直接进入本县林区运木材,华埠木运站水运量降至27263立方米,占21%。

水运木材量减少的另一原因与树种变化有关。杂木比重越来越大,难于用水放运,只适合陆路车运。

中华人民共和国成立后的35年,排工已为开化县水运木材2300000立方米,贡献很大。

木运工人自己办工厂,是船上人的首创,是有远见自谋职业、自找出路的切实有效措施。他们一是接受1954年劳力过多发生困难的教训,二是看到1960年后木材水运逐年减少的趋势,三是用自力更生解决家属、子女生产出路问题。木运站领导的决策,得到全站职工的一致拥护。1970年,自筹资金,组织劳力,劈山平基,工人自己动手,木工、泥工、粗工和技术工,由工人中能者为师,边学边做,盖起了开化木运站造纸厂,1975年被列为浙江造纸行业定点厂,更名为开化县造纸厂。1985年,发展到年产80克水泥袋纸2000多吨,厂区占地面积18400平方米,固定资产96万元,职员217人。工业总产值254.47万元(2054吨),实现利润25.72万元,上交税金37万元,水泥袋纸行销江西、江苏、河北、湖南、湖北、四川、北京、天津等省市。

木运工人在国家公路桥梁和水电站建设方面,响应党的号召,无偿地义务投工支援建设工程,起到了突击队的作用。他们投工数量之大、时间之长是全县有名的劳动大军,担任着最困难、最险要排头兵。中华人民共和国成立后,他们参加了华埠大桥、孔埠大桥、华丰大桥、府本大桥的建设,他们参加了华埠下星口电站和大坝的建设,参加了开化龙潭口大坝的工程建设,参加了华民大坝的建设等。

木运工人在水、防洪抢险救灾中,在打捞被洪水冲漂的国家和人民财产中,特别是被洪水围困的人民群众的生命,救护遇难人民,舍生忘死,一往直前,精神可贵,贡献卓著。

五、船上人的历史变迁

据历史记载，船上人在华埠安家落户，已有200余年。据老人说，最早来华埠的陈、钱、孙、许四姓中各派一个为代表，沿河捕鱼，于清雍正二年（1725）来到华埠镇，鱼梁摊止，数次步行到华埠街上，了解华埠能否有容身之处。然后华埠镇就由4位先行代表之引导前来华埠谋生。从事华埠水上行业，从小到大兴旺起来。现因开化的河流水系变化，推动着船上人的历史变迁。众所周知，船上人靠水生产，靠水生活和利用水资源为社会作贡献，无论是渔业、排业还是航船等行业，都离不开水，没有水就没有用武之地，也失去生存条件，更谈不上贡献。中华人民共和国成立前，华埠镇的繁荣是因为水陆码头而兴盛；中华人民共和国成立后，特别是近年来，因农田水电建设，开化的河道变化较大。水位越来越低，水路越来越短，鱼类资源越来越少，靠水行业越来越难以维持，因此变迁是难免的趋势，如航道变化如下。

马金港：1962年龙潭口大坝建成，县城以上的船筏终止航行。1966年华民水坝建成，船只过往要过船闸门。

池滩港：1964年白渡星玉坝建成，自此航道阻断。

龙山港：1957年芦在建坝蓄水，全港停航。

马廷港：中华人民共和国成立后，由于兴修水利，阻断航道，全港断航。

再从水运变化来看：

中华人民共和国成立前，物资出入县城赖以水运，船民以船为家，四处漂泊，无固定居处。1953年，水上民主改革后，航运管理站成立，船民港籍固定，始有组织。当时有木船80余艘，竹筏70余条。1960年木船增至122.48吨位。

华埠下游通航10—15吨木船，上游至城关通航3—5吨木船，支港支航2—3吨木船。

1972—1978年添置机帆船20艘，总功率为268马力，290吨位。到1985年末，仍存木船16艘，机帆船10艘。城关航运站职工全部转入灯泡厂。华埠航运公司部分转入平瓦厂和兴华绸厂，剩余82人仍操旧业。竹筏业全部淘汰，竹筏工人转入装卸队。

木材流放，在中华人民共和国成立前，多由产地编排撑放，至华埠售与木客。外运则由包头独揽，1954年，华埠成立木材水运大队（转业前），当时有职工342名，分编为13个木运小组。进入20世纪80年代，木材运输由水运转为陆运。1985年有从事木材水运的工人仍存30人，其余均转业进造纸厂。

华埠渔民近年来因河流变化，水浅鱼少，捕鱼生产范围越来越小，难于维持生活，大部分年轻力壮的渔民，各显技能，自找就业门路，尚有年老体弱、多病者生活全由其子女负担，少数生产人员还保留少量捕捞渔具，仍有小船9只，继续捕鱼为生。老虎潭住地尚有平房数间，供老年人居住。

关于华埠船上人的生活习惯、民情风俗、礼节往来方面一些基本情况，结合自身经历体验，分以下几个方面论说。

六、废除祠堂与家规

祠堂是封建社会的产物。祠堂与寺庙不同,寺庙是专门为和尚管理泥塑菩萨居住和供人们烧香拜佛的地方,而祠堂则是一个宗族议事和存放祖宗牌位与家族宗谱等的场所,祠堂里的族规很严,"族长一言堂"起代政作用,不听长辈之言就是犯族规(乡规民约),是长辈们说了算,而小辈们没有什么民主可言,所以船上人对祠堂的作用不十分重视,因此长期在水上漂流生活,也没有建造祠堂。据祖传钱姓的祠堂在常山县城,陈姓的祠堂也在常山的乡下农村一塘边村,许姓的祠堂在桐庐县卓溪镇,而孙姓的祠堂不知道在何处,所以船上人对祠堂作用都不重视。其主要原因有如下几种:首先是祠堂按族规处理事情,都不符合本族群众的要求和意见。具体地说,在对待子女的传宗接代方面存有偏见,并且规定亲生子有接代权和继承遗产权,而领养的儿子就没有接代权和继承遗产权。具体标志是亲生儿子能够牵红线,而领养儿子只能牵黄线,叫领子是野种,所以规定没有接代权和继承权,但规定有赡养父母的义务。

在对待儿女方面更是重男轻女,说什么女儿是面向外的"赔钱货",嫁出去的女儿泼出去的水,又说什么"炉灰不能冲墙,女儿不能养娘",所以女儿根本就无权继承父母的遗产。在教育方面,女儿不许读书识字,只能接受三从四德的教育,说什么,"在家从父,出嫁从夫,嫁鸡随鸡,嫁狗随狗"。特别干涉寡妇出嫁,一不准穿红衣服,二不准张扬喧闹,只能偷偷摸摸、冷冷清清出走。还规定寡妇出嫁时必须到偏僻的山边、河边或者荒地去换洗衣裤和鞋袜,然后动身,说什么在寡妇动身出嫁的地方是三年草不生的晦气地,把寡妇看作瘟疫,因此船上人对祠堂规矩不予尊重。

七、自己办学校

船上人自筹资金建房做校舍,是在1930年,地址建在华埠镇下街,今华阳村,校名叫华阳公舍,是华埠船上人的子弟学校。此校始建于1930年秋,为培养自己子女读书受教育,为子孙后代学文化知识,船上人的长辈们发动各家船户,筹集资金,而无分文外助的情况下建造的,也是船上人在陆地建房的第一座屋。校舍面积300平方米左右的平房,专供教学教室用。从此每年就有船上人的子女入学读书,学生人数80—90人,分4个年级,有专职教师3人,另有校长1人。

自从1942年秋,侵华日军来到华埠镇,学校房屋被烧毁后,国家处在抗日战争时期,社会动乱不安,从此船上人子女又一次失去读书求学的机会;同时本身也无读书条件和能力,直到中华人民共和国成立后,才有全面安定的读书机会和条件。

八、成立建德同乡会

华埠船上人组建民众团体"建德旅开同乡会",标志着船上人在政治上的一大权利。成立"建德旅开同乡会",目的就是专为华埠船上人设立的办事说话的场所。中华人民共和国成立前,由于国民党的反动统治,社会动乱不安,国民党政府和伤兵欺压人民,时常抓船抓丁抓夫,国民党政府也经常苛捐杂税搜刮民财,船上人真是有苦无处言。为保护船上人的生存权利,有人有地方说话办事,于1936年成立"建德旅开同乡会",从此船上人在华埠有了一席之地。"建德旅开同乡会"成立后,适时地由民主选举的方法,选出同乡会的办事机构,理事会和监事会。由陈高林(癫痫头荣芝)为理事会主任,由陈云林(冲之)为监事会主任。

成立同乡会,得到当地政府的认可。有了合法地位和权利后,同乡会与当地政府通过谈判协商,确定如下协议:1.当地政府如有水上义务差事,必须通过同乡会指派,不得随便乱抓船夫。2.船上人以就地服役为理由,免抽壮丁,只交壮丁费。3.船上人有义务承担各种捐税负担需要,按时交纳完成。4.成立水上保甲,管理水上船户。人员编组以10户为一甲,整个水上船只和人员为一个"水保"统一管理(保甲组织就是国民党政府的行政基层组织)。"建德旅开同乡会"在为华埠船上人说话办事方面起到了一定作用。由于有了一定的组织权利,船上人减少了许多欺压。

九、有宗教信仰的自由权

华埠船上人普遍迷信,各家各户都信奉周皇菩萨。华埠有座周皇庙,就是各户船上人共同建造的。他们每户船上各自都要立一个香火堂(小佛殿),每日点香朝拜周皇菩萨。还有一个菩萨会的组织,集体拜佛的民众团体——"清华老会"。华埠船上人无论是捕鱼的、放排的还是撑船的,一律规定每年(农历)四月初八日自动集合,从华埠出发,集体前往江西柴湖三青山拜菩萨烧香还愿,来回时间5—6天。在佛会期间,一律吃斋保素,往返一切开支费用均由"清华老佛"公益金中支付。佛会日期间相当热闹,敲锣打鼓,集体行动,一路佛旗飘扬,放火炮,但佛规纪律也很严格,规定吃素,说素话,不准说荤话,如果说错荤话,就算是犯了佛规,要受佛规处罚,说荤的东西要用代名词,如说鸡的代名词是"丁公",猪的代名是"胖汉",牛的代名词是"大力士",对于犯佛规的处理是罚香纸、蜡烛等物,一切开支由受罚者个人承担。

十、办婚事的风俗

中华人民共和国成立前,在旧的婚姻制度下,男女未婚青年大多无权自由恋爱,婚姻大事都由父母之命、媒妁之言而定。媒人一个重要作用是,在双方父母之间来回走动,互相联系双方办婚事的要求条件。订婚之前先行"对八字"。"八字"就是出生之年月日时,标以天干地支。将八字写在红纸条上,称"八字条",或称"求庚帖"。男女双方要交换八字条,请算命先生用五行之法,断其"相合",或是"相冲""相克",八字相合方可定亲。定亲后,接着"送礼单",礼单是定亲的物质条件和主要内容。把聘金和其他彩礼的数目一一写在"礼单帖"上,作为男子迎娶时送礼的依据。彩礼的名目要取吉祥,彩礼的数字要用双数。定亲和送礼之后,男方要将迎娶的日子用红纸帖送于女方,称"送日子"。然后由女方将迎娶晶子(金子)用红纸帖送于亲戚朋友,邀其届时来贺,称"接人客"。

新娘动身,船上人称"过船","女方船到男方船",过船之前新郎新娘在各自船上,自行浴身、更衣、上轿"过船",浴身更衣,各自父母要给各自的子女一个红纸包,称"浴包"。新娘"过船"之前,"新女婿"要到岳母面前双膝跪地,称"求婚""讨老婆",岳母哭着吩咐女婿日后要夫妻和睦,照顾双方父母长辈等言。新娘即吃上轿饭,动身"过船"。

单说新娘"过船"的规矩。新娘子从娘家船到婆家船之前,首先双方把板拢在一起,便于新娘子过船,但媒人的船先要夹在中间(媒中船)。为什么媒人的船要夹在双亲家船的中间,主要是在礼单提出的聘金和彩礼数目尚未完全办到,媒人有责任从中调解,帮助男方如数满足女方要求,"媒中船"才能退出。让男女双方的船直接靠拢,"挂彩灯""喜灯",彩灯双方要一样高,不能有高低之分,体现"门当户对",否则会使双方不和睦。

新娘"过船"要有双方亲人接送。具体做法很烦琐,新娘不能自行跨过婆家船(走上门),娘家送新娘的人双脚不能跨过婆家船(送上门)。婆家的接亲人双脚也不能跨过娘家船(抢新娘)。任何一方有失礼者,都会伤和气。新娘子过船后,随即举行婚礼——拜堂,经过拜堂仪式,才算正式结婚。通过传袋步行送入洞房。新娘接过船后,轻轻放在铺着袋子的船头,利市人把三个米袋换三次(后向前换),口说:"后代传前代,一代传一代。"拜天地分大小,新郎新娘站在船头,由两个姑娘手持点燃的红烛,站在两边陪着新人,帮忙人拿出准备好的"百果盒",内放红枣、桂圆、花生、莲子、炒榧、松子等吉祥果子,摆在船头(进洞房时,撒向大家抢食),点起香,对天膜拜。拜时,利市人要喊:"拜一拜,天长地久;拜二拜,地久天长;拜三拜,三元及第……"等利市话讲好,天地拜好,男在前、女在后走到床前,对长辈进行跪拜,叫"分大小"。受拜的人都要拿出红纸包作为见面礼。"洗和气面",天地拜好,由利市人捧来一面盆水,内放毛巾,由新郎新娘先洗,再是公婆、叔伯、妯娌、姑娘等洗,称为"洗和气面"。相传这样洗洗,以后一家就会和和气气。

十一、办丧事的风俗

关于船上人办丧事,与别人不同之处,大多数人都很穷苦,度日艰难,死人丧事无能为力,少数有钱人家经济宽裕,要为死者做道场,"做公德",请道士做道场超度亡灵。道场内容有死者的男女之分,超度男死者称为"干十殿",超度女死者称为"破血湖"。穷苦家庭一般都无钱为死者做道场,超度亡灵,以通常的惯例,只是把自己活人居住的船,半条拖上岸,半条在水面2—3天,等死者丧葬后,才能下河生产。为寄托哀思,小辈们要为死者披麻戴孝三年,"以白为孝",戴白帽穿白衣白鞋。"做七",指船上人为死者做七个七天的法事,从死者的第一天算起,七天一个七,叫七七四十九天,为七满日,1—7天为首七,8—14天为二七,15—21天为三七……以此类推。

十二、取名的办法

船上人取名讲究,主要是根据在水上的流动性。为了便于记忆,便于叫和减少同名,也避免与长辈们的重名,具体采用四种方法:第一,以排行为名字;第二,以生肖取名字;

第三，以沿河水上码头取名字；第四，其他。

表4-1　陈钱孙许的四姓渔民各有自己的取名排行

钱姓排行	×××××国清明自安
陈姓排行	×××××××余樟寿
许姓排行	××××××××福秀
孙姓排行	××××××××良顺

列举钱姓排行：

国字排行有：国荣、国富、国根、国民、国华

清字排行有：清明、清和、清根、清富、清福

明字排行有：明根、明兴、明荣、明龙、明森

自字排行有：自荣、自享、自林、自元、自水

安字排行有：安全、安湖、安金、安元、安平

列举陈姓排行：

余字排行有：余良、余星、余寿、余荣、余标

樟字排行有：樟民、樟兴、樟余、樟标、樟利

寿字排行有：寿元、寿棠、寿华、寿荣、寿金

列举许姓排行：

福字排行有：福标、福田、福员、福水、福良

秀字排行有：秀金、秀林、秀和、秀生、秀富

列举孙姓排行：

良字排行有：良荣、良民、良春、良弟、良顺

顺字排行有：顺洪、顺益、顺和、顺林、顺太

女性名字也有规范。

金字行有：金莲、金姣、金凤、金翠、金花、金香、金兰

凤字行有：凤香、凤姣、凤兰、凤仙、凤翠、凤英、凤菊

香字行有：香莲、香凤、香姣、香兰、香翠、香玉、香花。

仙字行有：仙姣、仙凤、仙花、仙玉、仙兰、仙女、仙红

玉字行有：玉英、玉兰、玉凤、玉莲、玉香、玉翠、玉姣

兰字行有：兰香、兰英、兰凤、兰仙、兰姣、兰菊、兰兰

和字行有：和翠、和兰、和香、和姣、和英、和女、和凤

还有以生肖取名字，比如：

老马、小马、老牛、小牛、老鼠、小老鼠、老羊、小羊、老鸡、小鸡、老猴、小猴、大蛇、小蛇、大龙、小龙、老虎、虎仔、小兔、兔子、老狗、小狗、老猪、小猪。

还有以沿河地名取名字。比如：

开化狗、华埠狗、文头狗、常山狗、衢州狗、兰溪狗、桐庐狗、富阳狗、杭州狗。

十三、结　语

华埠船上人的祖先高兴地来到华埠,安居乐业,无论何时何地,华埠船上人都是生产、工作的劳动大军,是国家建设的重要力量。在各自的行业中,在各自的工行岗位上,他们表现出勤奋、积极、任劳任怨的无私奉献精神,尤其是在水上各显技能,发挥自身特有的优势,为城乡广大人民群众服务,做出多方面应有贡献。

当今船上人的后代得到了党和政府的关怀和培养,在政治、文化、科技等方面涌现出不少人才,在社会的各行各业发挥各自的聪明才能,为社会做出了更大贡献,不愧是陈钱孙许,讲严州腔的四姓渔民的好子孙。

衢州市政协文史委编:《通衢》,中国戏剧出版社2000年。

撑篙滴珠

钱云才

一、衢江船码头

自古以来,衢州是浙、闽、赣、皖四省交通枢纽。在现代公铁路未兴起之前,衢江是一条黄金水道,木帆船是主要运输工具,至1950年前,尚有木船1119只,船员近3000名,昔日的城西水亭门船码头真是千帆竞发。凡上了年纪的老衢州人,对那时码头的热闹景象,定会有清晰的记忆。

由水亭街步出古城水亭门(又称朝京门),横跨通广路,迈步下石阶15步便到一块长方形的正铺平台,面对衢江急流,背正朝水亭门。平台上是石铺平长廊式的一连串几个码头,分别是盐码头、杀狗码头和常山码头;由平台向右拐是新码头、中码头。这个中码头,既是货船码头,又是桥安里渡船码头,码头上也铺有长方形石板平台,人离渡船走上平台再笔直往上才算爬到码头顶部——通广路;中码头平台的左角竖有一根高约一丈的粗方石柱,名曰"将军柱",传说为镇独脚灵公水妖而立,实为洪水期渡船套索和货船吊缆绳用。在20世纪90年代初,因"三江治理",自西安大桥头至四喜亭洪山坝沿衢江千余米长处兴建防洪堤坝,各船码头均填埋在衢江水泥公路和江滨公园底部。不过,市政府保护文物古迹,中码头的"将军柱"仍按原位升高,屹立在衢江江畔。

水亭门各船码头泊船数多时可达百只,但船多不乱,秩序井然。看那每只船的头或艄都插有竹篙,船上竖着粗长的杉木桅杆,刚到埠的船在降帆,要启航的船在张帆。观望整个码头,篙桅林立,百帆招展,那阵容十分壮观。

码头上干力气活的是搬运工,那铁皮的煤油桶重约400斤,抬桶的两人面朝前,一前一后,油桶在中,抬后的先发音唱道"准备吃撑腰",前者回声道"撑腰过来",这"来"字挤出嘴,两人同时挺腰而立,那卧地的大油桶被抬了起来,接着后者喊"嗨唷起步",

前者喊"起步吆得",一同迈步前进。在行进中,抬前的和抬后的互相换声唱道:"嗨唷""嘀唷"。这劳动号子声像乐队的拍子,使两人的脚步有节奏地迈步,路人闻声会自觉避让,到目的地了,前者喊"准备歇落",后者喊"歇倒"。这边厢"歇倒"落地,那边叫卖声又起。但见那位操上海口音的小姑娘,头扎两只筅帚辫子,着一身有布丁的花衣裤,右手腕上挎着一只平底大竹篮,喊"香烟要否来,柠檬香蕉糖嗳,猪油酥糖嗳麻酥糖,香烟要否——香烟"。其间,码头上走下来一位绍兴师傅,他四十出头,一顶毡帽檐下藏着一张可亲微笑的脸,身穿染成藏青色的衣裤,肩挑一副木架箱担,已染和未染的衣裤在木架上挂着,不紧不慢地迈着八字步,他喊:"染——衣裳——来"。当他"染"字喊出,立即来个乐谱上的"休止符",停两拍,待他脚迈出第三步时,嘴里突然吐出:"衣裳——来。"顾客听音如见人,说:"他来了,我去看看衣服染好没有。""豆腐花"是位白须当胸的老叟,他自做自卖豆腐花约有半个世纪,年老喉音不老,他那洪亮的叫卖声能传出百丈之外。又来一个小男孩,他手拎一只用白布盖着的竹篮,沿着码头船喊:"热辣辣烧饼开萝筋(即油条)来。""毛豆——腐噢。"这是个剃平头的中年男子,他挑的担带上一个小柴灶,平底铁锅下烧着木柴,用真菜油煎着长满白毛的毛豆腐,他边操作边叫卖。那煎毛豆腐的香味随风飘去。这毛豆腐担歇在何处,那油煎的毛豆腐夹在椒盐烧饼里,再加点辣酱进去,味道特别好。

每当回忆这些场景,我特别激动,那片片白帆驮走了岁月的沧桑,也隐去了一张张熟悉的面孔。衢江船舶运输于1992年6月停业,码头自然消失。这是社会的进步。如今衢江码头是青翠的公园,双港口、西安门两座大桥一左一右拱卫在它的身边。昔日船工、码头工人吆喝的号子,已被这里晨练、游览的人的欢声笑语替代。

二、撑船人的特点及难度

以木帆船营运谋生的船民近似自由职业者,船舶工具是自己的,驾着船漂码头,走四方,没有家却到处是家。在航行中,"哪里肚饿在哪里吃,哪里夜黑在哪里宿"。由于这一流动特点,撑船人就必须晓得各地方的风俗习惯,要学会各码头的方言(说上几句当地话办事不受欺),与人交际要察言观色,学会上茶馆、坐酒店,还要略知各码头三教九流的规矩,等等,目的是从中摸行情、交朋友、拉货源、赚运费为全家老少糊口。这是撑船人的特点。学撑船,精通山溪航运技术,难处多多。概括来说,一是撑船要从少年学起;二是撑船要学会步调一致,配合默契;三是要学会从小吃苦耐劳;四是要学会"夹着尾巴"做人。

其一,要从少年起学撑船,因为山溪航道上撑船没有理论依据,无书本知识可查(航海学除外),只能从实践中摸爬滚打中积累知识,学基本功,做到眼快手快,见风使舵,看水线识暗礁,随机应变,灵活自如操作工具。

其二,在航行中,船上与岸上(拉纤),船首与船艄,把招与摇橹,掌头篙与把艄舵要默契配合,动作协调,如一有疏忽,造成事故,那将是船毁人亡。

其三,要从小学会吃苦头。如寒冬腊月,滴水成冰的时候,航行中船突然在沙滩上搁浅，这时船员要火速脱下衣裤下水去把船撬浮弄下滩去。当船员跳进冰冷的河水中，那浸入水里的皮肉先红后紫，失去知觉，上下牙床自然打抖，全身从皮外寒冷到心窝，隆起了"鸡皮疙瘩"；骄阳似火的盛夏，露天撑船，尤其是在沙石滩上拉纤，那石子缝里飘着蛇舌似的火焰，拉纤人光着脚板踩在滚烫的沙石上，脚板烫得发红；春季，当撑船人熟睡在被窝里，突然雷雨交加，狂风掀浪，船员从被窝里一骨碌跃身而起，冲出船舱跳入水中拉住船，不使船只刮到江心浪尖上去，否则，将会船翻人亡。总之，要撑船就要学会吃苦，风里来，雨里去，到老了，风湿关节、气管炎、心脏病不请自来，将伴你终生。

其四，要学会"夹着尾巴"做人。在旧社会，有史以来撑船人的社会地位最低；从行业上说，"撑船""打铁""磨豆腐"都是苦力。对于撑船的人，管你的人，敲诈你钱财的人各码头都有，哪个码头没有封建霸头和掮客，还有官府衙门派出的船舶管理机构等。对付这些人，撑船人要学会低三下四送钱，送礼，打哈哈；否则，"船到码头，要挨拳头"，扣押你船上的风帆同纤绳，叫你寸步难行。

中华人民共和国成立前，衢江的撑船人是没有好结局的，叫作"撑船撑到老，不如一根草。撑船无路，老来摆渡。"中华人民共和国成立后，共产党的领导好，政府好，尤其是改革开放后，老艄公还有社会保障，原市航运公司360多名老船工都能拿到养老金，做到老有所养。

三、衢江船民生产与生活简况

衢江木船有江山帮和建德帮之说，这是船员的祖籍问题。我单说"九姓渔船"（九姓是姓陈、钱、许、孙、何、叶、李、袁和林），即建德帮船民。

中华人民共和国成立前，九姓渔船在建德七里泷至开化县华埠镇这段江面上，从事捕鱼、撑船和流放木排谋生，这水上三民（即渔民、船民、排民）十之八九在陆地上无根基，可谓是上无片瓦、下无寸土的水上漂人员。拿船民来说，他们全家老小同在一只船，以船为家，又以船去装运货物，收取运费谋生。其生产航线，自开化华埠到钱塘江杭州这300多公里的航道上营运，也去金华、义乌、佛堂及新安江（未建电站前）的白沙和安徽屯溪等钱江支流航道上装运。

衢江货运木船有载重量10吨左右的2舱船和载重量3—4吨的四舱划船。大八舱船上一般祖父母、父母和孙辈"三世同堂"。航行时，老者在船艄把舵撑篙，青壮年在船首撑头篙或上岸拉纤，6岁以上的孩童也要赤脚上岸跟大人一起学拉纤，用一块纤板绳搭在成人纤上，学着拉纤迈步的基本功；船撑在滩上，孩童用小竹竿代篙，在船首帮大人撑船，即学习撑篙技术。撑船要从少年学起，学会眼快手快，看风使舵，看水线水花识暗礁等基本功。到成年才学的话，撑船手脚不灵敏，难学到家。大八舱船到码头后，装卸货物由青壮年担任。老船员可上岸坐茶馆聊天，小孩自然上街玩耍。还有四舱划船，一般是夫妻船，在航行中，多半妻子在船上撑篙，丈夫上岸拉纤，过着自由自在的生活。

上述是生产方面，下面谈生活简况。

吃。全家人吃大窝饭，蔬菜一般，叫作"青菜淡饭"，以饱为满足，很少有猪肉吃。不过，船船航经兰溪市时（不分上下行），有传统规矩，按船上人头数，每人半斤猪肉以改善生活，称"做顺福"，有顺风吉祥的意思。吃饭没有桌子板凳，平铺着的腰板就是饭桌（晚上又成为床板），有盘腿而坐在腰板上吃饭的，也有手端饭碗蹲在船舷边吃的，很是随便。

拉撒。河港便是厕所（女船员用陶钵再倒入河内），但船到港埠必上岸去厕所，因在泊之船都饮港埠之水。

睡。船上无固定床位，八舱有头、中、艄舱三个床位，板上铺棕席（隔离水分）加上草席，忌铺稻草。就寝时，蚊帐挂起就等于房间，夫妻便可同床共枕。若舱内装满货物时，铺床就要因货制宜，在可压的货物上搭挡铺板成床，或到船首船艄露天过夜。

生育。女船员怀孕后仍要随船而行，因为她是撑船劳力，尤其是夫妻船。缺一，船无法航行。为生活计，就是晓得孕妇到预产期了，还是不能停船待分娩，孕妇随船劳动，到什么地方，孕妇肚子痛要生孩子了，才将船停下来去泊地村庄上寻找接生婆上船接生；假若船撑到长滩上，孕妇突然肚痛要分娩了，那把船停在滩上，到陆上找接生婆，万一周围没有人烟，找不到接生婆，那只能由孕妇自己接生，将孩子生下来简单地用襁褓包好了，产妇稍微休息一下，还得帮丈夫把船撑上滩去。女船员在船上生孩子风险很大，生死难卜，她的痛苦非一般人所能承受的。孩子生下来后，取名字很简单，在什么地方出生，就叫什么地名，例如：东关男就是在严东关码头出生的；还有乌石男，他是在乌石滩出生的，类似的还有招贤娜、航埠、洋溪等。当孩子会爬动时，母亲要撑船，将孩子腰间缚一根布带，吊在船篷横挡上，这样，孩子爬动的地方限制在安全地带。当孩子6—7岁时，要教孩子游泳了，把小孩放进河水里，手托小孩下颌，教他手划脚踢学游泳，从小学起，有了游泳技术，在船上撑船不慎落水，那是有惊无险，船头落水，船艄爬了上船。由于撑船人陆上无房屋，小孩无条件上学读书。因此，老艄公文盲多。

婚姻。九姓渔船的撑船人一般不与陆上通婚，原因是他娶的媳妇是会撑船的劳动力。陆上妇女嫁到船上再学撑船很难学精通，因是"半路出家"的船员，手脚不灵敏。为此，他们找媳妇都在船民、渔民中挑选联婚。当然，中华人民共和国成立后陆上妇女嫁到船上去撑船也是有的，但为数很少。

衢江船正因为在船民、渔民中通婚，夫妻船就多，女船员比例自然也高了。例如，1956年衢州市航运公司成立（当时叫航运社）时有总职工970人，其中女船员职工为466人，是总数的48.04%。

四、为解放衢州的官兵摆渡

1949年5月，17岁的我和父母撑一只木船，船到兰溪被国民党军队抓住，装上军用物资和随船押运的士兵及3个军官太太，5月5日下午撑到衢州船码头。此时，码头斜对岸的龚家埠，军号声四起，人喊马嘶，但见那以黄色服装为主流的人群挤上木舟铺板的浮桥朝衢城方向涌来；码头上，装运兵差的船只多，国民党的官兵也多，有官太太坐地号哭,也有太太追逐军官的,还有军官叱骂士兵的,整个码头像"一窝蜂"。傍晚时分,一个猴脸型的军官疾步走上我船扯着嗓门大喊:"太太们,团座领着部队先走了一步,命令我来传话,叫船老板马上撑船到江山去。"这个可急煞我的父亲了,他不想改撑江山,说:"长官,江山港水位浅,我的船——"话未说完,王连长早拔出手枪,把枪口顶在我父亲的脑门说:"妈拉个比,你想违抗军令?"面对这突如其来的险情,我父亲张嘴发呆,我突然急中生智地说:"长官,我父亲他脑筋有痴的,放过他,我这就开船撑到江山去。"在旁的押运士兵也说:"算了,王连长,船夫难找呢。"也许是"船夫难找"之故,猴脸连长冷笑着收回了枪,随即跳上码头,转身对太太们嬉笑着说:"你们多保重,到江山,我随同团座来接你们。"迅即又拉长了猴脸说:"开船!"说毕扬长而去。

这时,天空下起细雨来,我上岸拉纤。片刻后,夜幕完全笼罩了下来,我摸黑把船撑到双港口黄头街渡口码头宿夜。第二天即5月6日,是个大晴天,清晨押运兵催我们开船赶路,我仍然上岸拉纤。当船撑到陈家圩时,突然从落马桥村后的公路上响起了"哒哒、叭叭"的枪声,押运士兵叫我船靠岸,我见船停就收纤回船,押船兵弃船上岸,往麦地里窜逃。我快步走到船边发现4位军人由陈家圩村边朝我船走来,老远就大声说:"船老大,你们别怕,我们是人民解放军,是保护老百姓的队伍。"他们很快来到船边,笑问:"请问,哪一位是船老大,船上装的是什么?"我也笑着答话说:"是军用棉衣和弹药。"一位解放军把三位太太押走了。接着,解放军笑哈哈地说:"船老大,我们军民是一家人,现要请你们帮个忙,把船撑到对岸码头,将军用物资卸掉,为我们解放军摆渡好吗?""好的,这就撑过去。"我一边答应着一边拔篙将船撑了过去。

军用物资卸空正是8时左右,我开始为解放军摆渡。他们身穿粗布的黄布军装,戴"八一"徽的军帽,胸章上有"中国人民解放军"字样,衣裤上有泥巴痕迹,汗水湿透衣裳,散发了汗腥味,看上去解放军个个精神饱满,都是些生龙活虎的小伙子,他们很守纪律,上下船听从指挥,他们的武器有铁柄的冲锋枪、步枪、轻机枪、短枪和手榴弹。他们由船埠方向沿公路而来,都是跑步来到船边,上船过河后,又以急行军的步伐朝衢城方向开去。

摆渡到下午1时光景,一直在船上指挥过渡的那位解放军微笑着说:"辛苦你们了!这张条子给你们,明天你们进城找人民政府,见条即付大米50斤,是摆渡的辛苦钱。再次感谢你们的帮忙。再见!"父亲接过条子,站在船首目送解放军离船而去,自言自语:"都是军队,昨天的那个用枪顶着我,逼我撑船;今天的这位却说话客气,摆渡给大米,还说帮忙。唉!真是一个天,一个地啊!"

衢州市文史委编:《通衢》,中国戏剧出版社2000年版。

船民自己办学校

方文伟

中华人民共和国成立后,随着国家社会主义事业的发展,人民对文化物质生活的要求日益增长，许多厂矿企业和群众发挥积极性，自办小学，以满足子女学习的需要。1957年，我在衢县文教局工作，并兼任城关区鹿鸣中心小学辅导校长。是年春，我走访了衢县木帆船生产合作社负责人。

衢县木帆船生产合作社全社1800多人，其中80%以上是文盲。因为不识字，他们吃尽了苦头，运输货物到了船埠头，不知道往哪儿走；接到一个通知，不知道说的啥；开起小组会来，没有人当记录员。他们自己吃了没文化的苦，不愿子女再吃这个苦。可是由于船只流动不定，祖祖辈辈以船为家，老少一家人都要靠撑船赚钱，维持生活，所以孩子读书有着特殊的困难，全社学龄儿童400多人，入学的才10多人。社员便纷纷要求社里办所小学。去年，社里在克服一系列困难以后，终于把学校办起来了。

办学校要有教师。教师从哪里来呢？社里有两个高小毕业生没有升学，就请他们担任教师。他们的家长很乐意，说只要伙食就可以了。社里为了提高他们的工作积极性，每人每月发给10多元工资。他们文化水平低，工作上有一定困难，但他们能主动地找母校的老师指导，又加强学习。例如，举行学期考试时，不会出试题，他们就到母校拿了试卷来参考。领导上为了提升他们的政治觉悟，除要他们一起参加教师的政治学习外，还经常吸收他们上团课。后来社里又通过城区人民委员会文教股，从居民业余学校里找来一个业务水平较高的教师，由他负责全校教学工作。

教师请到了，还要解决校舍、设备等问题。船民协会经过研究，决定把协会用的房子让出来（地址在小西门街南侧原巨源栈房屋）作为校舍。船民们又动员社里修船的木匠，利用修理船只时拆下来的船板，做好了课桌椅。船民子弟要寄宿在学校里，有的人买不起被铺，社里便从公益基金中抽出钱来做了20条棉被，买了20条草席，3个人合一铺。为了解决学生的膳食和洗衣问题，又从社里抽出两个社员来（他们的船由别人代撑），一个当炊事员，一个担任洗衣、缝补等工作。除了每个学生每月交3角钱洗衣费外，其他经费都由社里补贴。

学校办起来了。现在共有61个学生，开设了两个班。已经建立了少先队组织，有队员50人。教师和学生晨夕相处，就是寒暑假也在一起（船民终年劳动，学校放寒暑假时，学生也不回家——船上），便能经常指导，加上学生学习积极性很高，所以他们的学习成绩很好，进步也很快，识字的巩固率很高，家长们都非常满意。许多人说："共产党、毛主席帮助我们组织了合作社，一人有难大家帮，现在帮助我们办起了学校，孩子们都能上学，读书识字，又有人管理孩子，真是生活越过越好了。"家长还非常信任老师，有一次一个学生病了，一个船民把这件事告诉学生家长，叫他们去看。他回答说："老师比我们当父亲母亲的还照顾得好。在船上哪里能照顾得这么周到！"

为了进一步满足社员子女入学的需要，学校计划在1957年秋季开学时，在不增加教师的情况下，将学员数扩充到100—120人。

《衢州文史资料选辑》2001年第22辑。

也谈兰溪茭白船

蔡甲生

兰溪的一些老前辈,在关于兰溪茭白船的回忆录或口述中,把茭白船作为兰溪旧时代的亮丽景点来谈论。茭白船早在20世纪30—40年代初逐步走向衰亡。原因有社会经济衰败和花茶店的有力竞争,以及国民党伤兵老爷的骚扰。回忆者大多是七八十岁的老人,当时他们正是孩提时代,并非"客官",真正了解茭白船的人,现在应该是百岁老人了;而且他们还应该是富商、世家纨绔,才能有接触茭白船的经历。笔者也只有七八十岁,但在小学读书时,有一群茭白船上的同学,因而有去船上玩的机会。另外在本房长辈中,有几位妻子无所出,娶了招牌主人为如夫人,而这些小姐妹从良后互有往来,我这个"腋下鬼"听听她们的回忆,对茭白船也增加了一些了解。现将情况回忆出来,作为对其他作者文章的补充。

一、打茶会

茭白船属于"官娼",是有执照准予营业的。他们又与社会势力(青红帮)拉些关系(如认头子为干爷),这样才能立定脚跟。她们标榜着"卖口不卖身",也有一些经营手段,"打茶会"即其手段之一。

所谓"打茶会",碰到初次上船的客商或纨绔子弟,招待四个冷盘,半斤绍酒,只收四角龙洋(银角子)。有兴致时,可外加唱小调、唱京剧等。但饭后打麻将就不客气了,一律要"抽头"的。抽头是茭白船上一宗较大的收入。因赌局往往较大,抽头就水涨船高,有些山客、水客、窑客,有时也会输得精光的。

二、招牌主

茭白船上的女侍主,叫"招牌主",她们的名字是挂牌的。她们挂的是艺名,如筱荷花、梅雪芳、小阿妈等。

招牌主大多是从衢州、江山买来的穷苦人家的女子,买来后加以训练,练弹琴、学拉胡琴、学唱戏、唱小调等。日常工作是陪客,类似如今的三陪女,可能比三陪还文雅一些,她们有点文化气息。这些人到了中年,色相衰落,一般都要从良,但多数做有钱人家的小妾或填房。小姐妹们在丈夫家站稳脚跟后就经常往来,茶余酒后不免回忆往事,这就是我的信息来源之一。

三、小船主

茭白船上的船主喜欢养女孩子。因为长大了加以训练,可以做招牌主。自己养的,就地取材,这类招牌主身价就要高一些。男孩子到学校里来读书,我的船上同学有姓何、姓程、姓孙等。传说他们是陈友谅及其部属的后代,与朱元璋夺天下失败后被贬为船民。但我却未见同学中有姓陈的,不知何故。学校里对这些同学并不歧视,而这些同学多数聪明伶俐,多才多艺,参加学生活动十分活跃。工作的人,中华人民共和国成立前在商界有成就的,也不乏其人,当然也有靠有权势的姐夫牵带的因素。中华人民共和国成立后当干部的、当技工的在各界出色者不少。这批人是我的同龄人,也是茭白船的知情人,他们讳莫如深宁愿不说是因为人们在背后,对他们有一个难听的称号,"小船主"是我杜撰的。旧时代多数人认为,那行业是不甚光彩的。船上的男士,如果读书少,就学烹调。船上的厨师,并不向外雇用,多数自己培训自己录用。上岸后做厨师开饭馆的也不少。

四、老板娘及老板的为人

茭白船上的主管,当然是老板娘。人们背后对她和老板都有一个不好听的称号,即旧社会或戏曲里对勾栏院里的老板娘和老板的称呼。但据我了解,他们待人接物,不是习钻、凶狠、毒辣,而是善解人意的。他们调教出来的招牌主,因善于进对应退,从良后处境也大都比较好。有一次,老师要我们为前方将士捐募寒衣,规定任务,那些商店往往只给十个铜板,实在完不成任务,我们就跑到同学家的茭白船上去,老板娘出手就是一块银元,那是三百铜板呀。这样,我们就完成了任务,多么令人高兴!

五、茭白船的消亡

1935年左右,兰溪来了一大批伤兵。这些伤兵饷银不足,生活艰苦。其中有些是老兵油子,就到社会上来找出路。小的敲老百姓的竹杠,大则做抢"公和当"(兰溪沦陷前最后一家当铺)的大动作,弄得当时的县长陈佑华,不得不到金华去请宪兵来镇压为首的兵痞。茭白船也深受伤兵之害。伤兵们声称:"老子在前方流血流汗,你们怎么能不好好慰劳!"他们上船白吃白喝,甚至白昼宣淫,将招牌主拖到后舱去睡觉。客人们当然吓得不敢到船上寻欢作乐,因而船主不得不弃船上岸。从此,"茭白船,两头翘。水烟筒,刮刮叫"的民谣,也逐渐被人们遗忘。

《兰溪文史资料》2003年第14辑。

屯溪的浮家泛宅

鲍翔立　陈安生

新安江上行驶的都是木帆船,民间俗称"严州船",严州是古代府州地名,辖区即现在的浙江淳安、建德、桐庐等县,这种船只结构简单,前后首尾尖翘,底宽舱大,船体横剖面为浅勺形,篾制船棚,长一丈五尺至一丈八尺,宽六七尺,可以挂帆。由于船体轻巧,因而操纵灵活,装卸方便,适于在山区浅水多滩的河道航行。每只船上载货多的10余吨,大船最多的可载50吨,少的只有2—3吨。清道光《休宁县志》记载:"屯溪下达杭,谓能胜二百担舟。"一般下水船或盛水季节船可满载,顺风顺水从屯溪到杭州,船快时3天可达。上水船或是枯水时,木船吃水浅,多为半载,逆水而上,行船十天半个月是家常便饭。率水、横江、新安江,沿途风光秀美,民船运输却是异常艰辛,徽州山多地势高险,水路"东涉浙江,滩险三百六十;西通彭蠡,滩险八十有四"。所以有古诗吟道:"一滩复一滩,一滩高十丈。三百六十滩,新安在天上。"

河道迂回曲折,起伏不平,有的地方潭深水缓,有的地方滩险流急,全凭船工的经验行船,绵绵几百里水路,沐风栉雨,颠连困苦,稍有疏忽,木船就有触礁搁浅之险。尤其是逆水行舟,至为艰难,要靠船民背纤而行,往往是一行船队,十余名船夫沿着河岸陡崖,口里喊着号子,奋力匍匐而行,一步一点头,艰难行进。遇到秋冬水涸,河水浅而急,上行的船队行驶缓慢,从杭州行驶屯溪要费时半个多月,从屯溪再往上游,越往上行,河道越显浅狭,行船更加困难。民间流传这样一道民谣:

> 走路到龙湾,走得一身汗。
> 坐船到龙湾,坐得眼发花。
> 背纤到龙湾,七七四十九个湾。
> 到了龙湾腰两段。

船民在屯溪已经立足数百年,他们常年吃住在船上,以船为家,以船为生,依靠在屯溪至杭州这几条航线上行船谋生,过去船民与岸上居民之间互不来往,船民有自己独特的方言,生活习俗也不相同,他们是生活于徽州和浙西水系的一个特殊群体。

屯溪船民源自何处?根据考证,他们的祖先是元朝末年曾经自命"汉王"建都江州(即今九江)称帝的陈友谅的家族。渔民出身的陈友谅称王仅仅4年,即在元朝至正二十三年(1363)被朱元璋的部队大败于鄱阳湖畔,在九江口中箭而亡。朱元璋为防止陈友谅的后人起义谋反,就将陈氏家族的陈、钱、林、李、袁、孙、叶、许、何等九姓家属,全部贬为世代从事船上生涯,以打鱼为生,永久不得上岸,称为"九姓渔船"。九姓渔民后来落户于钱塘江流域,仍然保持着舟居习俗,终年在水上漂泊,直到清朝同治年间(1862)船民才被准许与岸上居民通婚。500多年前,九姓后裔中的钱、陈、叶、汪四姓30多名男女渔民驾船从浙江建德县辗转来到屯溪,栖居于老街八家栈河边,过着打鱼捞虾、撑船摆渡的水上生活。明朝中期屯溪镇海桥建成后,商业贸易活跃,交通运输日渐繁忙,江上的渔船便成了商船和民船,船民们也由打鱼转为以水上运输为生。

新安江上的船民家庭通常是父母与子女同息一船,各司一职,父亲划桨撑篙,母亲掌舵,子女、媳妇背纤,男子除了划船,平日还要装载货物或是为客人扛运行李,妇女们闲时要打鱼、编织草鞋出卖以贴补家用。屯溪人将船民家的男主人叫驾长,女主人叫驾长娘。一条船上,驾长娘往往比驾长更加辛苦。行船中,男子在前舱甲板上撑篙,遇到浅滩,要下船涉水用肩扛船,助船前行;驾长娘则在船尾双手持篙,双脚掌舵,兼做饭带孩子。逆水行船时,合家大小都是纤夫。船到了码头,卸完货物,驾长便百事不管,腰揣几文钱,上岸去喝酒消遣了。此时却正是驾长娘最忙碌的时刻,她们要忙着拆卸舱板,在河中刷洗,再将舱板刷上桐油晾晒,又要料理家务,再涉水上岸采买航行途中所需的油盐柴米。船民为防止幼儿落水,常常是在小儿腹肚上系一个铁环,穿上绳索,再系一根从船尾拉到船头的绳子上的铁环中滑动，孩子可以由绳索拉住，在船上自由跑动。船民的穿着很有特色，不论男女，终年头戴扁圆小笠帽，帽径为一尺许，以小串珠斜系于颈间，身着青布衫裤，裤脚肥大，便于行船。妇女和儿童喜戴银饰，尤其是小儿，往往佩戴着银项圈、银手镯等。船民的生活清贫，一条木船就是一家人的起居之处，船舱中低矮狭小，除了必不可少的生活用品以外，别无他物。船民一年到头赤脚，在船上以蹲坐为主，因此罗圈腿较多。尽管如此，长年累月的野外生活却使得船民大多体魄健壮，性格乐观豁达。他们生活的船舱、甲板每日必要擦洗，总是一尘不染，油光铮亮，家用杂物放得井井有条，平日绝不允许穿鞋弄脏，即使搭船的客人也要遵守。过去每个船家都供奉船神周宣灵王的牌位。相传周宣灵王是一个孝子，死后被封为船神，能保佑船家行船平安。船民婚配仅限于九姓以内，无论是自由结合或是媒妁之言，必须以同行为对象，非船民决不嫁娶。水上婚礼颇有特色，以一条渡船代替结婚仪式中的花轿，并由钱、陈、叶、汪四姓各派一人撑船，代替"主婚人"，在一阵鞭炮、笙乐响过之后，小夫妻俩在父辈的船舱内交拜天地，再送至新船上完婚。从此，小家庭即与父母分居，并可分得一条新船，开始自食其力。船家父母去世，遗骨葬于岸上后，子女要在船上搭起灵台，祭奠先人。每年端午节是船民的传统节日，过去屯溪大桥要举行划龙舟和跳水竞赛，船民们将龙舟打扮得花枝招展，敲锣打鼓，集中在桥洞附近，每条龙舟上都有青壮年男子攀上石桥护栏，在"叮咚才！叮咚才！才、才、才、才，才才才才！"的鼓乐声中，从桥上鱼跃跳入水中，场面既惊险又壮观。

民国时期，屯溪的船民已有数千人。抗战之前，船民要占到城区人口的将近四分之一。20世纪40年代末，屯溪共有木帆船600余艘，船民约2700余人。1952年，屯溪的私营船只办运输行和个体船户组成20个联营运输社，到1955年又合并成7个水运合作社，1958年组织成立了屯溪水上运输公司，后又改名为屯溪水运公司，仍有木船338艘。20世纪70年代以后，水上运输量日益衰减，原来的船民及其后代开始转向其他行业。

中共黄山市屯溪区委宣传部编：《活动着的清明上河图——千年老街》，安徽美术出版社2005年版。

江山船名因考

徐江都

江山境内的须江为钱塘江源头之一。清末民初，江山农民因田产集中在少数地主和宗族祠堂手中，大多没有固定职业，为谋生计，沿江农民则以撑船放排为唯一出路。因此，自须江经衢江、兰江直至富春江、钱塘江，都有江山船民在沿江载客运货，驾舟往返。据徐映璞（1892—1981）《两浙史事丛稿》载：

> 自本县（江山）而衢州、龙游、兰溪、严州、桐庐、富阳，至杭州江干，上下七百里间，大小船艇，多至二三千只。钱塘江上所有船户，大抵可分四帮，以

江山帮为第一，次则义乌帮，次则徽州帮，次则桐庐帮。每遇上滩争道，篙桨纷飞，如临大敌，义乌帮承戚继光当武遗风，有时亦聚众相抗，徽桐两帮，不敢与闻也。

可见江山船帮当年在钱塘江沿岸十分出名。

然而，近代文人常将历史上被称为"江山船"的花舫，误以为即江山船帮。现代文人更是以讹传讹，望文生义地将"江山船"解释为"江山之船"。

相关链接

清戴槃《两浙宦游纪略》云：严郡建德之渔课，始自明洪武年间。九姓则陈钱林李袁孙叶许何，相传为陈友谅抗明师后的后裔及其臣属子孙，被贬入舟居，使身贱役，无异教坊。其家属随船者，皆习丝弦大小曲以侑觞荐寝，名为眷属，实则官妓。日久年深，九姓之名已难遍考，至今船只名为江山，由钱江而上至衢州，为八省通衢。富商大贾，非此船不坐，豪宦亦然。

《吴越民俗》之《茭白船考》(蔡斌) 云：兰溪茭白船的来源，众说不一。但有一点可以肯定，其前身为九姓渔民……这九姓渔民，由于经常往来往江山、衢州、兰溪、严州 (建德)、杭州一带，以捕鱼运货为生，故称江山船。……明清以来，商品经济发展，兰溪处衢婺兰三江之滨，为浙中水陆交通枢纽，货物集散中心，商贾南来北往，居上江 (金衢严温台处) 六府之首。而江山船民生活维艰，除捕鱼运货外，不得不纵使妻女在船中卖唱，糊口度日。

《对联话》云："江山船一名九姓船，传为陈友谅之戚族。明祖有天下，限九姓自为婚姻，不通士族。九姓者，皆桐庐严州人，故相呼船女为桐严嫂，讹为同年嫂，专以此蛊乘客。清宝竹坡侍郎甘为此褫职。有一船联云：'游目骋怀，此地有崇山峻岭，茂林修竹；赏心乐事，则为你如花美眷，似水流年。'……清宗室侍郎宝廷督学浙江，尝乘江山船，惑一妓，纳之自行，检查落职。或嘲以联云：'宗室八旗才子草，江山九姓美人麻。'盖侍郎尝自刊诗草，有才子之目，而所纳九姓妓，面麻故也。"

《辞海》云："江山船，旧时浙东的一种游船，亦称九姓渔船，相传元末陈友谅兵败后，其部族九姓逃至浙东，以捕鱼为业，不与他族通婚。后亦以其船装载客货，往来于杭州、严州、衢州、金华之间。见徐珂《清稗类钞》。"

《清稗类钞》云："九姓渔船，惟浙东有之，人有谓陈友谅部曲之子孙者。凡九姓，不与齐民 (大姓为齐民) 结婚。始以渔为业，继而饰女应客，使为妓，仍居舟中，间有购自良家者。盖友谅败于鄱阳，其部曲九姓悉远窜，至严州之建德，而孥舟往来于杭州、严州、金华、衢州也。"

清焦循《同年哥》云：

同年哥，竹皮为笠棕为蓑，上滩不得如滩何。

同年嫂，人言十五容颜好，容颜今共秋山老。

家住兰溪女铺（埠）东，往来送客江郎道。

江郎山接仙霞关，行人南去舟空还。

还时经过提差处，银铛系颈当差去。

垂头典卖衣与钗，哥问余钱嫂不语。

此文见《雕菰集》。作者自注：自杭州至衢，呼舟子曰"同年哥"，其妻曰"同年嫂"。实则昔钱塘江上桐庐严州籍船民甚多，彼此互呼桐严哥、同年嫂，后谐讹为同年哥、同年嫂。

当代新武侠大师梁羽生《名联趣谈》一书中云："清末有个满洲才子，叫宝竹坡（廷），同治七年进士，累迁礼部右侍郎。光绪七年，典试福建，归过江山（县名，属浙江衢州），买船女为妾。还朝自劾，罢官归隐……我因而联想到江山船的两副对联。先谈江山船的来历。江山船之名，始自明代，相传陈友谅之戚共九姓，为明太祖贬落于江山县为船户。江山船的后舱皆有渔妇，率以艳装对客，客习称之为"同年嫂"（或云因明太祖限九姓自为婚姻，皆桐庐严州人，故相呼为"桐严嫂"，外人乃讹"桐严嫂"为"同年嫂"耳）。江山船后来渐演变成制作精美的画舫，而渔妇亦多兼为舟妓，其名大彰，而江山船也不止于江山才有了。"

清李宝嘉《官场现形记》云："原来这钱塘江里有一种大船，专门承值差使的，其名叫作'江山船'。这船上的女儿、媳妇，一个个都擦脂抹粉，插花戴朵，平时无事的时候，天天坐在船头上，勾引那些王孙公子上船游玩，一旦有了差使，他们都在舱里侍候。他们船上有个口号，把这些女人叫作'招牌主'，无非说是一扇活招牌，可以招来主顾的意思。这一种船是从来单装差使，不装货的。还有一种可以装得货的，不过舱深些，至舱面上的规矩，仍同江山船一样，其名亦叫菱白船。……有人说起这江山船，名字又叫九姓渔船，只因前朝朱洪武得了天下，把陈友谅一帮人的家小统统贬在船上，犹如官妓一般，所以现在船上的人，还是陈友谅一帮人的子孙，别人是不能冒充的。"

《两浙史事丛稿》云："近代文人记述，往往以桐江花舫与江山（之）船并为一谈，如宝竹坡之娶江山船妓为妾，有'微臣好色诚天性，只爱风流不爱官'之句，或嘲之云'宗室八旗名士草，江山九姓美人麻'等，都误江山（之）船为花舫。其实，江山（之）船专以载运货物为业，舱面虽亦搭客，茶饭极简陋，与花舫之绣纬煮酒、银甲调筝者绝不相同。江山妇女，亦多从事耕织，或持篙打桨，足为劳动模范，轻歌曼舞，非其所长也。"

江山船帮

江山重要乡（集）镇，大都处在须江两岸，失地农民无固定职业，只好以撑船放排或为船行、货栈搬运货物，"挑浦成担"为生（清湖经浦城入闽，仅仙霞岭前后100千米需要陆行，其余路程均有舟楫可乘。脚夫从清湖将货物挑至浦城，俗称"挑浦城担"）。徐映璞《两浙史事丛稿》云："江山所有膏腴田亩，大部集中在祖宗祠祀之内，谓之祀产……住户因受祀产集中影响,普通人民缺乏恒业,既不能争取功名,又不易别谋生计,故游手好闲者亦多于他县,其谨愿者,则以撑船为唯一出路。"须江(即今江山港)为江山主流,发源于仙霞山脉腹地浙赣交界之苏州岭,境内流长105千米,自源头廿七都始,至清湖码头,航道约75千米,皆可流放木排竹筏;自清湖码头沿江而下,直通溇水(即今之衢江),皆可通行木船甚至帆船。

清湖码头,位于江山城南7.5千米之清湖镇,系历史上"繁盛甲于全县"的水陆码头,浙闽交通、运输、货物集散要会。尤其是清顺治十二年(1655),将原设常山县之广济渡水马驿改设于江山清湖后。"凡自浙入闽者,由清湖渡舍舟登陆,连延曲折逾(仙霞)岭而南,至浦城县城西,复舍陆登舟,以达于闽海。"(清顾祖禹《读史方舆纪要》)"凡福之丝绸、漳之纱绢、泉之蓝、福延之铁、福漳之橘、福兴之荔枝、泉漳之糖、顺昌之纸,(明以前)无日不走分水岭(崇安)及浦城小关(庙湾),下吴越如流水。"(明王世懋《闽部疏》)。因明天启三年(1623),闽藩葛寅亮报请府、按两台关闭崇安分水关,议开浦城小关,更加顺治十二年(1655)广济渡水马驿自常山县迁置江山之清湖后,福建之官商、客货无不改由仙霞岭路经清湖渡而下吴越。湖清码头由是帆樯林立,舟楫若鹜。明末清初,清湖镇有泊船、装卸码头6处,大小船只300余艘(鼎盛时达500余艘)、竹筏100多号(盛时近千);有轿行3家,设轿33扛;从事装卸搬运的脚夫达千人之众;有过塘行10余家。赣东、闽北及境内东南山区的竹木炭纸、油蜡茶漆等土特产,乃至外埠之京广百货等生活必需品,均在此集散。等待装卸货物的船只,也在这里集结。

船民撑船放排,长年累月都生活在外地(水上),为谋安全自保,不受欺侮,往往结伙成帮,一人有难、同伙相帮。江山人,素性行侠仗义,好打抱不平。因此,在外地船帮中,江山船帮名气很响,故《两浙史事丛稿》云:"钱塘江上所有船户,大抵可分四帮,以江山帮为第一,次则义乌帮,次则徽州帮,次则桐庐帮。"清末江山农民造反首领刘家福,"原拟夺取衢州后,即用舟船千艘,直趋杭州",利用的就是江山船帮。江山船帮专以载运货物为业,虽亦顺水载客,却从不饰女侍寝,"与花舫之绣帏煮酒、银甲调筝者绝不相同";船帮中之妇女,多从事体力劳动,或帮篙助桨,或洗衣煮饭,故《两浙史事丛稿》赞之曰:"江山妇女,亦多从事耕织,或持篙打桨,足为劳动模范,轻歌曼舞,非其所长也!"

江山船

"江山船"是一定历史时期的产物,昔称"花舫",俗呼"茭白船"。不了解历史和民俗者,往往望文生义,认为"江山船"就是"江山之船",误以为昔日在兰、桐、严、杭、金、衢沿江卖笑的"花舫",出自江山。近代文人也以讹传讹,将"花舫"与"江山之船"混为一谈。其中有名气大如梁羽生者,亦未幸免望文生义之咎,在他所著《名联趣谈》中,大谈"江山船"的来历,系陈友谅之族戚九姓被明太祖"贬落于江山县为船户"。

梁大师虽为"当代新武侠大师,也是于对联这一中国特有的文学形式研究有素的专家,学识渊博,熟悉掌故"(《名联趣谈》编者语),然对历史及语言学却稍欠功底。何以见得?其一,九姓渔民系陈友谅部属、戚族,被明太祖朱元璋贬至严州建德,令入舟居,禁与他族通婚,以渔为业者,并非"贬落于江山县为船户"。其二,清宗室侍郎宝竹坡途中买妾,系其"典闽试归至衢州"后,乘船回京途中的事(见宝竹坡自劾奏章),并非"归过江山买船女为妾"。其三,梁大师将宝竹坡买江山船船女为妾,曲解为买江山船之女为妾。君不见宝竹坡自劾奏章中自陈之言乎?其文曰:"钱塘江有九姓渔船,始自明代。奴才典闽试归至衢州,坐江山船,舟人有女年已十八,奴才已故弟兄五人皆无嗣,奴才仅有二子,不敷分继,遂买为妾。"已言明系钱塘江上九姓渔船之船女,非江山县之船女也。其四,梁文中前言,"江山县船户",后语"皆桐庐严州人",不亦前言不搭后语乎?

其实,江山船是明清时期的产物,史称"九姓渔船"。相传,元末陈友谅与朱元璋争天下,兵败后其部属九姓(陈、钱、林、李、袁、孙、叶、许、何)逃至浙东。朱元璋将其贬入舟居,不令上岸,不与他族通婚。始以捕鱼为业,继而饰女应客,使为妓,往来于杭、桐、严、兰、金、衢之间,俗称该花舫为茭白船。至此,何谓江山船,何谓江山之船,实已真相大白。江山之船船女,"持篙打桨,足为劳动模范";而花舫之女则乃"绣帏煮酒、银甲调筝、轻歌曼舞"者也。为何将花舫称为江山船,一曰即江山之船,故称"江山船"。此点在上述资料中已不攻自破,无须赘言。二曰该船因来往于杭、桐、严、兰、金、衢之间,其南端终点为江山,故曰江山船。然而此说似亦站不住脚。王韬的《淞滨琐话》载:"钱江画舫,凤著艳名。自杭州之江干,溯流而上,若义桥、若富阳、若严州、若兰溪、若金华、若龙游、若衢州,至常山而止,计程六百里之遥。每处多则数十艘,少或数艘。舟中女校书(艺妓),或三四人,或一二人,粉白黛绿,列舟而居。"从文中可见,其终点亦为常山,为何不呼为"常山船"?笔者认为,是九姓将自己的船称为"江山船"的,因为陈友谅部自号"大义帝",本是想与朱元璋争"江山"的,不想兵败鄱阳,部属被贬入舟居,结果九姓拥有的"江山"仅有一只船,故称该船为"江山船"。另外,九姓为改变自己贱民的地位,必须夺回失去的"江山",故称自己作为"复辟"根据地,赖以生存的船只为"江山船"。

那么,缘何后来又将"江山船"呼为"茭白船"?只因这些花舫舱位宽大舒适,又有妓女侍奉,因此常被官府征用。有些被指定常年应差的花舫,就挂上官府的牌子,以避游客误入。江山船帮唯恐人们将江山船混淆为此"江山之船",就将挂有官府牌子之船呼为"招牌船"。另外,明清时,一些无聊文人、官宦富绅常在船妓中评花魁,被评上的,船主就将该妓女名字用金漆写上招牌,悬挂船头,以示炫耀。因被评上的妓女被称为"招牌主",故此船亦呼为"招牌船"。又因江山方言之故,在杭州人听来,"招牌"音与"茭白"音近似,因此杭州人就误将此船称为"茭白船"了(后人附会出此船方尾尖头,形如茭白,故称)。又据茭白船的方音,各地又附会出"靠泊船"(说者言此船常年靠泊码头,故称),"遭白船"(说者言操此船者常遭人白眼,故称),"高拔船"(说者言此船船尾高翘,有别于普通客货船,故称)等名称,实际上这些名称纯系"招牌船"的音讹和近现代一些文人的穿凿附会。

能印证上述说法的尚有清代焦循的一首诗,其中有"桐严嫂,人言十五容颜好,容颜今共秋山老。家住兰溪女埠东,往来送客江郎道"。诗中已言明江山船上的船民来自桐、严、兰溪等地。又有《南浦秋（灯）录》说："所谓江山船者，其户皆隶于建德，亦曰建德船。世言陈友谅既败于鄱阳湖，其党九人，逃之睦杭间，操舟为业，其裔乃流落为妓，今九姓自为族类。"由此可见，江山船乃专有名词，即专指"九姓渔船"，并非"江山之船"，这是两个完全不同的概念。另外，清严州知府戴槃的《严郡九姓渔船考》有云："严郡之建德县有所谓九姓渔船者，不知所自始，相传陈友谅明初抗师，其子孙九族贬入舟居，以渔为生，改而业船。九姓则陈、钱、林、李、袁、孙、叶、许、何，原编伏、仁、义、礼、智、信、捕七字号，大小船只二千三十一号……道光咸丰年间，尚存船一千数百只，其船有头亭、菱白两种，其家属随船，皆习丝弦大小曲，以侑觞荐寝。船有同年嫂、同年妹之称，其实嫂妹皆雇觅桐庐严州人为之，世人误桐严为同年，故有此称。船只名为江山，而其实非真江山船也。真江山船甚小，并无女子，或在浅滩发货，或搭肩挑过客。又有船名芦鸟，系义乌人所业，形制宽敞，同于菱白，惟旁无窗槅，殆不欲自同于九姓船也。"该段文字，也常被近现代文人引用，然而引用者，却常将"船只名为江山，而实非真江山船也"及之后文字隐去，不知是视而不见抑或是故意为之？

据上可知，江山船帮为恐人们将江山船混淆为此"江山之船"，则将江山船呼为"招牌船"。义乌船帮为"不欲自同于九姓船"，则特意将自己的船"旁无窗槅"，以示区别。由此证明，当年钱塘江流域的船帮，均非常注意自己的声誉和形象，他们是非常不愿自己的船被人误为"江山船"的。

江山九姓美人麻

晚清落拓文人李慈铭，有一首与江山船有关的诗，其中有句云："宗室八旗名士草，江山九姓美人麻。"徐映璞《两浙史事丛稿》云："近代文人记述，往往以桐江花舫与江山（之）船并为一谈。如宝竹坡之娶船妓为妾，有'微臣好色诚天性，只爱风流不爱官'之句，或嘲之云'宗室八旗名士草，江山九姓美人麻'等，都误江山（之）船为花舫。"与人常将江山船附会为"即江山之船"有同于穿凿之妙的是，近现代文人也常将"江山九姓美人麻"这一诗句随意解释为"江山船上美女像麻一样多而贱""宝廷从江山娶回一个麻脸船女""江山九姓的美女是麻子"等不一而足。

说起这一诗句的出处，不能不提到一个人，此人就是身为满清宗室的宝廷。宝廷，字竹坡，隶满洲镶蓝旗，郑献亲王济尔哈朗八世孙，同治七年（1868）进士，选庶吉士，授编修，累迁侍读；光绪七年（1881）授内阁学士，出典福建乡试，在回京途中，搭乘"江山船"，娶一船女为妾，并携妾同归。回京后，他向慈禧太后"述职"的同时，上了一个折子，自劾归途纳妾的"罪行"。他在自劾折子中言道："钱塘江有九姓渔船，始自明代。奴才典闽试归至衢州，坐江山船，舟人有女年已十八岁。奴才已故弟兄五人皆无嗣，奴才仅有二子，不敷分继，遂买为妾。奴才以直言事朝廷，屡蒙恩眷，他人有罪则言之，已有罪则不言，何以为直？"慈禧对于这等自劾的情事，虽前后两度垂帘，听政二十年来还是第一次碰到，召见军机大臣，垂问处理意见，无人敢替宝廷说情，因此慈禧上谕"侍郎宝廷奏，途中买妾，自请从重惩责等语。宝廷奉命典试，宜如何束身自爱，乃竟于归途买妾,任意妄为,殊出情理之外,着交吏部严加议处"。最后吏部给了他一个革职处分。

在外人看来,宝廷是自作自受,他的自劾无异于"自污"。其实是,宝廷(竹坡)在维新运动前,与翁同龢、陈宝琛、张佩纶都是以直谏有声天下的朝中重臣,号称"四清流",四人间友谊甚笃。中法战争中福建马尾海军溃败,张佩纶获罪遣戍,使宝廷自危。光绪八年(1882),宝廷任福建学政满期返京,途中娶船女为妾,本来对于清廷官员,这不过是极小的、被允许的事,宝廷却以"途中买妾"罪名自劾去官,急流勇退,躲开维新前夕新旧双方矛盾旋涡。

时文人不明其志,却作嘲讽诗讽刺之。其中有李慈铭(号莼客)的诗,曰:"昔年浙水载空花,又见闽娘上使槎。宗室八旗名士草,江山九姓美人麻。曾因义女弹乌柏,惯逐京娼吃白茶。为报朝廷除属籍,侍郎今已婿渔家。"李慈铭,晚清名士,系清末同光之际有才望的学者,其人仕途蹭蹬,困顿落拓,但又清高狂放,以致遗世于"性狷介,又口多雌黄"之评。他在政见上与"四清流"不合,故抓住宝竹坡"归途纳船女"之事大做文章,尤其在他的《越缦堂日记》中,极尽诋毁之能事。上述嘲讽诗就是出自他的《日记》中。李慈铭《越缦堂日记》载:"宝廷素喜狎游,为纤俗诗词,以江湖才子自命,都中坊巷日有踪迹。癸酉(同治十二年)典试归,买一船妓,吴人所谓'花蒲鞋头船娘'也。入都时,别由水程至潞河,及宝廷由京城亲迎之,则船人俱杳然矣,时传以为笑(这就是同治十二年所谓的'昔年浙水载空花')。今由钱塘江入闽,与江山船妓狎,归途遂娶之。鉴于前失,同行而北,道路指目(这就是光绪八年的'归途纳妾',所谓'又见闽娘上使槎')。"宝廷好为诗,尝自刊诗集,名曰《宗室一家草》;同时据传,竹坡所纳之妾,面略有几点麻子,故有"宗室八旗名士草,江山九姓美人麻"之嘲联。

李慈铭《日记》又记:"宝廷尝以故工部尚书贺寿慈认市侩李春山妻为义女,及贺复起为副宪,因附会张佩纶、黄体芳等,上疏劾贺去官。"因有"曾因义女弹乌柏,惯逐京娼吃白茶"之句。乌柏,古代借指御史府,上句用的是宝廷弹劾贺寿慈的故事。下句说是攻讦宝廷"素喜狎游""屡娶狭邪"了。该《日记》又引光绪九年(1883)正月十三日《邸钞》:"(十二月)诏礼部右侍郎宝廷照吏部议,即行革职。"所以讽刺有结句:"为报朝廷除属籍,侍郎今已婿渔家。"当年,黄秋岳(浚)在《花随人圣庵摭忆》中记载道:"莼客(李慈铭)与当时四谏张箦斋(佩纶)、宝竹坡(廷)、陈弢庵(宝琛)、邓秋香(承修)皆不睦,盖莼客本不满于李高阳(鸿藻)一系者,故竹坡此案,《越缦堂日记》中丑诋之。'宗室八旗名士草,江山九姓美人麻',此诗即莼客所作,今全诗载《越缦堂日记》三十九册中。"然而,对于革职的宝廷来说,他的志趣本不在为官,根本就没把朝廷对他的处分当作一回事。他自为诗道:"江浙衡文眼界宽,两番携妓入长安。微臣好色原天性,只爱娥眉不爱官。"算是对李莼客等反对派诋毁的回应,宝竹坡另有《江山船曲》句云:"哪惜微名登白简,故留韵事纪红裙""本来钟鼎若浮云,未必裙钗皆祸水",亦可佐证。

最后,说一下李莼客《日记》中,言及的"买一船妓,吴人所谓'花蒲鞋头船娘'也"。蒲鞋,兰溪方言,即民间草编凉鞋,浅口,穿脱方便。花蒲鞋头,指蒲鞋制作特别讲究,鞋头绣花。意指虽然漂亮,毕竟是轻贱之物;又暗指花船船娘的"人穿人踩",系鄙视船女之语。今据此方言,亦可佐证:"江山船,船只名为江山,而实非江山船也。"(清严州知府戴槃《严郡九姓渔船考》语),"别人是不冒充的"(清李宝嘉《官场现形记》语)。

江山市文化广电新闻出版局:《仙霞古道丛论》,2007年。

活水码头小上海

李维松

临浦历史悠久,为千年古镇,宋代称临浦里,明代称临浦市。明清以降,临浦一直是萧绍平原的重镇。民国时期为浙江省四大名镇(塘栖、南浔、兰溪、临浦)之一,素有"小上海"之称。临浦是个古商埠,自古水陆交通便捷,因南临浦阳江,故名。

浦阳江从东往西,西小江从南往北,两条江成"丁"字状流经临浦。往浦阳江上游可至诸暨、浦江、义乌,往浦阳江下游溯富春江可至富阳、桐庐、建德,直至兰溪、衢州。西小江则与浙东运河相连,可直达绍兴、宁波。旧时,交通主要靠水路。临浦以得天独厚的地理条件,无可争议地享有"活水码头"之誉。

全盛时期,临浦有大小17个码头。临浦人把码头叫作埠,老一辈人大致还能记得西关殿埠、旱桥埠、轮船埠、航船埠、镇江楼埠、山阴埠、火神塘埠、渡船埠、柴船埠、凉亭埠、内河轮船埠、里坝兜埠等,这些码头中尤以外江(浦阳江)7个码头规模为大。临浦是个好港湾,浦阳江在这里转了个大弯,状如畚箕口,形成一个天然避风港,南来北往的商船喜欢在这里泊锚。每当傍晚,沿江数里停满了各式船只,一只挨着一只,有时多达数百艘,形成浦阳江畔的一道亮丽风景线。来自兰溪、衢州等的上江船,又叫长船,两头尖尖的;来自诸暨的滩船,船身宽宽的;绍兴的乌篷船由脚蹬手划;树三根桅杆挂三张风帆的,叫海宁大船;那缸甏船、蛇头船来自苏南;而开艄船、夜航船则是萧山本地的;还有毛竹扎成的竹排船,树木扎成的木排船……这些船上撑船的拉纤的大抵为男性,只少数大船带有家眷。男人长期单身漂泊在外,生活不便,也难免寂寞,于是便有一种叫作"荙白船"出现在江面上。这类船上的船娘,专给那些锚在江边的男性船工提供洗衣、扭痧之类的服务,据说也有"出格"的服务。

萧山市志编辑部:《萧山记忆》2008年第1辑。

在水上小学的日子里

汪巍青

毫不夸张地说,无数代船民在过去相当长的一段时期内,一直担负着老屯溪内外交通的重要责任,他们为曾有过"小上海"之称的屯溪沿新安江商业带的形成起到过无法替代的作用。中华人民共和国成立后,为船民子弟提供教育机会的"水上小学"应运而生,又随着城市陆路交通的逐渐发达,与"水上人家"一同逐渐淡出了人们的视线……

有了小学,总算上岸了!

说起"屯溪水上小学",叶灶林老师如数家珍。叶老师1948年生人,2008年7月份从屯溪区阳湖镇中心小学语文教师的岗位上退休。和所有原屯溪水上公社的船民一样,他生在船上,长在船上。在上级领导的关心与支持下,船民子弟们1956年有了自己的小学。时年8岁的叶灶林顺理成章地成为该校第一批小学生。由于常年在水上漂泊,船民们大多不识字,因而第一批有机会接受教育的孩子们倍受重视。学费和吃住都是免费的。

叶老师依稀记得第一天上学报名时的情景。他与他的表哥、表弟兄弟三人头一天便被各自的父母送到了他的外婆家。外婆年纪大了,无法承受水上颠簸的生活,家里就用旧船棚给她在当时的104农场上搭了一个只有五六平方米的小空间,好歹在整个家族当中,唯有他的外婆是住在"岸上",而且离学校所在地——阳湖镇油榨巷较近。他们的父母这天一早就要起航跑船去杭州。也就在这一天,兄弟三个算是正式"上岸",由外婆领着去了学校,开始了与父辈截然不同的生活。"当时的阳光很明媚,心情很好",叶老师回忆说。

苦中作乐的学生生涯

用叶灶林自己的话说,在水上小学读书,那是苦中作乐。水上小学当时新建了一排平房,共8间大教室,容纳了第一批"上岸"的360多号船民子弟,十来位老师与孩子们一同吃住在学校,还有专门的保姆照顾他们的饮食起居。课程与现在差不多,语文、算术、唱歌、图画、体育,到了高年级还开设有地理、历史以及自然课程。在诸多课程当中,他最喜欢的是语文和唱歌。

还没上岸之前,叶灶林就喜欢听戏,喜欢唱歌。跑了一天,回到位于今天老街一马路的"屯上港",父亲喜欢和几个朋友船头小酌一阵之后,上茶馆听戏、说鳌。茶馆是大人们消遣娱乐的主要场所,带着孩子不方便,因而父亲总是不许他去。跟着父母枯燥了一天的小家伙一到晚上同样也无聊之极,按捺不住想上岸。于是,每每父辈们在喝酒说鳌时,叶灶林便躲在船舱里偷听,留心他们约定当晚要去的时间与地点,而后抢先一步赶到目的地,等父亲他们来了就跟着"混"进去。父亲有时实在拿他没办法,便喊他和大人们坐在一起吃茶、听戏、听先生说书。久之,这船民们当初夜间唯一的消遣也成了叶灶林童年记忆中抹不去的乐趣。

童年在茶馆里听的戏也让叶灶林成了同学当中的明星。大家都住校,200多男生一齐睡在约4个教室那么大的宿舍里,有两层的大通铺。每晚睡觉前,小伙伴们都要喊"叶灶林,来一个",于是他便有模有样地来上一段。一段肯定是听不过瘾的,在众人一阵胜过一阵的"起哄"之下,叶灶林总是唱了一段又一段,最后终于没得唱了便带着大家一起扯着嗓子瞎叫唤,也不乏有人操起锅碗瓢盆跟在后头一起响。男生们即兴唱作的"交响乐"在校园里激情回荡的时候,便轮到值班老师来宿舍熄灯了。

　　不管是值班老师还是学校聘请的保姆，其实都是很负责的，对孩子们很关心。住进宿舍的孩子有大有小，自然还有的没有走出尿床的年纪。每到夜里12点，保姆会再次走进宿舍，提醒大家"起来上马桶喽！"，有感觉的便挨个起身摸黑去找马桶。即便如此，第二天一早，细心的保姆还是难免会洗到几张"地图"。

　　食堂的伙食在那个年代算好的，总能吃到新鲜的时令菜。到饭点了，伙头师傅就把菜盛好分放在一只只小竹筒里摆上桌，饭却需要孩子们自己拿碗来打。学校最初的食堂是由一间破败的神庙改成的，一下课，孩子们便打冲锋似的敲着饭碗跑到食堂，在神像的眼皮子底下吃饭。不知是因为好动容易饿所以胃口大，还是因为神像的监督作用，叶灶林从不浪费粮食，总能把饭菜吃个精光，吃饭的家伙几乎都不用洗。

　　吃饭的家伙也有讲究。个别家里比较富裕的，可以有条件用上铁碗和勺子。叶灶林和大部分孩子一样，用的是瓷钵，筷子则要自己制作。随便找一段够长的竹筒，小刀上下，一双筷子就出来了。水上人家的孩子似乎天生就会创作，有的女生还在自己削出来的筷子上刻上花鸟鱼虫。这恐怕算得上那时校园里最流行而又实用的艺术品了。

　　并非所有时候都能吃饱。在举国上下普遍饿肚皮的那几年，水上小学食堂里的粮食供应也是紧巴巴的，经常吃高粱粉，并且水很多。就这，已经算是照顾了。上趟茅房就没了，毕竟吃不饱。可叶灶林他们毕竟是从小没事就用稻草围鱼玩的船民的孩子，有办法。肚子实在饿得不行了，几个小伙伴一同去率水河里摸螺蛳、摸鱼虾、摸螃蟹，摸一切可以吃的东西。把收获来的"战利品"洗净，大家一起就在河滩上用从小店买来的两分钱一盒的火柴引火烤着吃。没有油盐酱醋，却可以两颊生津吃到撑。

　　在水上小学的日子里，孩子们课余最大的娱乐莫过于看电影和租书。父母一般在开学时就把整学期的生活费都给他们，然后四处跑船直到学期结束来接他们回船上的"家"。叶灶林当时一学期4个月的生活费是5毛钱，看电影和剃头的花费都一样，一次8分钱。在电影和剃头中间，他当然首先选择看电影，虽然当时看的电影大多是黑白的，且很难听清声音（也许因为影院里观影的孩子太多，他们常常十分兴奋和吵闹），连里头炸弹掉下来都没有声音的那种，孩子们仍然趋之若鹜。可头发长了终究要剃啊！为了省钱看电影，大家一般都是在学校里用剪刀互相剪好了极具"个性"的发型，再相约去买电影票。租书相对便宜得多。在江边的屯溪公园就有一大排书摊，1分钱能租3本，叶灶林每回都是叫上2个伙伴，3个人只用花1分钱就可以轮换着看大半天小人书，倒不用太担心预算超支。

年轻的赤脚教师

　　1962年，叶灶林小学毕业，达到阳湖初中（今屯溪二中）的录取分数线。可上初中需要每个孩子准备一把算盘，一把锄头，还要交两个月的伙食费，家里没钱置办，也就没读了，只得又回到船上，在生产队里挣工分，水上小学的第一届毕业生中80%的孩子都和他一样。当然，小学六年当中，也有一些读不下去陆续退学的。因此，作为一个小学毕业生，回到水上公社后的叶灶林还是很受重视的。

公社有3个大队，下设13个小队，父亲就在二大队四小队任队长，管着12条船。队长在队里享有绝对的权威，何况队长的儿子是受过教育的知识分子。最初叶灶林和大家一样，日出而作、日落而息，跑船背纤。

叶灶林有一张他在船舱里教书的照片，拍摄的地点在阳湖滩渡船头。老师手持《毛泽东选集》站在船头，学生们席地而坐，年龄参差不齐，其中还包括叶灶林的父亲。如果不是叶灶林提起，我们绝对不会想到这个光着脚丫的毛孩子就是今天的老叶。那一年他17岁，是水上公社13名义务宣传员之一。为宣传政策需要，按上级要求，水上公社每支小队都配有宣传员。说是宣传员，平时和大家一样上工，只有在歇工的时候随机找个场所授课，也许在船上，或者在港口。宣传员的任务也很简单，教学认生字，一起学习毛主席的最新指示。有些学生的年龄比叶灶林大多了，按理说召集大家一起上课有点困难，身为队长儿子的叶灶林倒能有这个条件聚集大家一起学习，父亲一喊，可以叫老的小的都听这位小老师的话。工作开展扎实，各项任务完成突出，他父亲的这支小队经常被评为先进，叶灶林也没少被推荐去公社做报告。出于工作方便考虑，船上人基本上不穿鞋，所以老师和学生在上课时也都光着脚丫。这张照片还是听说上头来人拍照片，一些社员才穿成这样整齐的。

从1965年试教至1970年，叶灶林就这样当了5年的赤脚教师。这期间，老叶仍然保持着他读小人书的爱好。也许是因为这项爱好花不了多少钱。水上公社的福利不错，一家人每个月都能保持30—40块钱的收入，据说年底还有分红，可钱还是不够用，因为粮食不够吃，限量供应的粮食无法填满一家几口壮劳力的肚子。想吃饱些，必须用钱买。实在想改善一下生活了，船上的小伙子就用儿时便会制作的工具——一根筷子，绑三枚绣花针，找根竹竿制成鱼叉叉鱼来吃，或者过滩去赶鱼。每逢鱼到产卵期，鱼就更多，随便放几条绳子都能缠几条。船上人把鱼都吃腻了，所以总是变着法子烧。今天如果到原来的船上人家做客，你准能尝到各式非常美味的烧法的鱼。不论是叉鱼还是赶鱼，都不能太过贪心，被渔民发现是会来干涉的。因为水上公社只管水上运输，捕鱼则是渔民的专利。

一家人的大部分收入都拿去买粮了。过年总得置办一身衣服，只有等到年底分红才可能拥有有限的闲钱，岸上旧衣装店的二手服装成了水上社员的首选。因此，当光着脚丫的社员出现在旧衣装店的时候，岸上人才知道，水上今天分红了。

庆幸正式成为教师

叶灶林庆幸自己最终选择了教师这一行，虽然有点硬着头皮上的味道。否则，他的今天也许和退休的船民们一样，仍住在阳湖上村油榨巷。

政府一向是重视水上人家的教育问题的，因为长久以来屯溪的交通主要靠船，而当时还有部分孩子因故留在船上未能接受教育；而且船民们也需要认几个字，不至于够上文盲，水上小学需要随船教师，必须从船民子弟中物色。到了1970年，叶灶林同另外两名赤脚教师一起被特招到徽州师范学校带薪培训一年。1971年9月，培训结束。叶灶林却一肚子不愿意。那时当教师一个月的收入二十几块，而他在生产队里挣工分平均一个月至少三十块，有落差，年轻的叶灶林想不通。当初教委领导赶鸭子上架，所以当教师之初，叶灶林依旧是想回生产队，回到水上公社。直到1975年，叶灶林结婚，学校给他分了一间房子，虽然是教室里砖砌起来隔成的三间，其中一个只有6平方米的小空间，但好歹有了老婆和孩子，作为船民的孩子，他在岸上有了个家。

在水上小学教书的日子里，叶灶林和其他两位随船教师一样，船队开船，也背上小黑板跟着上船，靠岸的间隙，便支起小黑板召集学生上课。与先前当赤脚教师不同的是，他们开始使用通用的课本，并且有了明确的分科，叶灶林一直是带语文课的，兼带音乐，教孩子们唱革命歌曲以及电影插曲。教学阵地也相对固定，不仅限于油榨巷本部了，在今天的深源、小川、新安江大坝等地均设有教学点，还有几处临时租用的教室。

1980年开始随着陆路交通的逐渐发达，船民这特殊的一群也从人们的视线中逐渐淡出。也就在这一年，水上小学结束了他34年的历史，合并到阳湖中心小学。叶灶林真正地上岸工作了。1971年至今，叶灶林已经在他的小学语文教师岗位上干了36个年头，连学生的孩子都从他的班上毕业了。

叶灶林退休后的打算非常简单，帮儿女带带孩子，享受天伦。当然，他绝对不会忘记那段在水上小学的日子，有可能的话，他想为曾经的水上小学做点什么。

连载于2008年4月《黄山晨刊》。

兰溪茭白船

旧时兰溪游乐场所，首推茭白船。茭白船，又称花舫，1920年前后，船只达90余只，自北门城外下卡子直到南门驿前的十处码头均有停靠。

兰溪茭白船的前身为九姓渔户以捕鱼、运货为生产的船，常来往于常山、江山、衢州、兰溪、严州（建德）和杭州一带，人称江山船。

明清以来，兰溪处于婺、衢、兰江之滨，商品经济快速发展，成为浙中水陆交通枢纽、货物集散中心，商贾南来北往，居金、衢、严、温、台、处六府之首。江山船多汇于此，船主生活维艰，除捕鱼、运货外，也有纵使妻女在舟中卖唱糊口度日。

茭白船称呼的由来，有说因此船方尾尖头，浮于水上，形如茭白；有说操此船者，遭人白眼，称为"遭白船"；也有说此船常年靠码头停泊，故称"靠泊船"。

茭白船有双开门、单开门、小八舱等三种。

双开门：中舱至船头左右边有过道，两边有栏杆，中舱水阁有玻璃窗，后舱有妆阁（招牌主住处），船头挂有红色玻璃灯，作为标志。船中可容纳二三十人，设席两三桌。船尾方而高翘。船中陈设斯文华丽，虽无画栋雕梁，油漆却常鲜艳。

单开门：船身略小，仅可容十余人，设席一两桌。

小八舱：船身更小，属游览船。有妓侍唱，或仅烹茶，或为客介绍沿江名胜古迹，类似导游。

船主大都是中年妇女,俗称老板娘或船娘。船妓称船主为亲娘,船主丈夫为亲爹或亲爷。

船主丈夫虽称船老板,而俗称乌龟,或称忘八,说他忘了礼义廉耻之意。有说因明制规定,堕民男者包绿巾,状如龟头,故称。船老板掌管船中杂役,上岸采办物品等。

招牌主,即主妓,明清时也称花魁,貌美艺高的,琴棋书画、吹拉弹唱皆能。唱皆昆曲,一旦评上招牌主,便可在红玻璃灯上写上姓名(艺名),挂上头牌,身价百倍。若在弹唱时有失误,称为"失牌"。

船妓,亦称"花船娘",有一、二、三等之分,统称大姐,民间称为"卖胖货"。

女佣,年稍长的称为姨娘,年幼的也称大姐。

乐师,亦称弦索,为妓伴奏,兼教幼妓学艺。

游船分宴游、博游、清游。

宴游,俗称"吃水果酒",游客都是官绅富商,收费高昂,市民不敢问津。船家聘有苏杭著名厨师,岸上有酒楼、菜馆,专设酒宴。宴席分点心席、午席和夜席。每席都有上市水果、干果和瓜子。点心席的菜肴是八盆、六炒、四粉、四面食、二台心(放在台桌中心)、二水点。

午席除水果、干果各四盘外,并有四冷荤、四热荤、八大碗、二水点、二面食。

夜席,称正席的,有十道菜。

第一道:恭喜发财,也叫金钱进来。

第二道:万事如意。

第三道:和合利市。

第四道:金银荷包。

第五道:珠玉满堂。

第六道:百鸟朝凤。

第七道:麻姑豆腐。

第八道:金银齐至。

第九道:全家福禄。

第十道:双鱼吉庆。

每上一道菜,女佣必高喊菜名,所谓"讨口彩"。

博游,除设水果酒外,客以赌博为主,故称博游。

清游,一般是文人雅士,约三五知己,乘船游览,或谈心品茗,或饮酒吟诗,或泛舟江上,游沿江名胜、寺院,如兰荫寺、香溪塔、将军岩等,比较便宜。

1933年,经兰溪实验县整顿,规定茭白船只能停泊溪下街至南门驿前码头,不能自行迁移或靠别处营业,自此茭白船日益减少。究其原因在于浙赣铁路通车,水运萎缩,商业中心转移,客商锐减。到了抗战胜利以后,茭白船自行匿迹。

浙江省兰溪市文化广电新闻出版局、浙江省群众艺术馆民间艺术研究中心编:
《潆水记忆——兰溪非物质文化遗产大观》,西泠印社出版社2011年版。

兰溪交通习俗

水运航俗,旧时兰溪水运发达,船民多居船上,习俗忌讳较多。撑舵者称为"船官长"。春节船上也贴对联祈求平安吉祥。船艄不能大小便。船民吃饭的筷子不能搁在碗上,讳搁滩。喝茶忌说兰溪语喝"滚汤",讳风浪。鱼要翻个面,不能说翻过来,只能说"正过来"。旅客不能问船老大几时能到,如问,船员皆不答,因为"倒"船讳翻船,是不详之语。如遇风暴或搁浅,或焚香祈神佑平安。中华人民共和国成立后,旧俗渐泯。20世纪60年代初,木橹风帆船逐渐为机动船所代替,船质有的由木质改为钢铁板,行驶航速快,风险少。因公路铁路便捷,水运衰微,不少船民上岸建宅安家。近年兰江上修筑码头,水运待兴。

浙江省兰溪市文化广电新闻出版局、浙江省群众艺术馆民间艺术研究中心编:《瀫水记忆——兰溪市非物质文化遗产大观》,西泠印社出版社2011年版。

富春江船民文化

许马尔

生活在桐庐富春江上的一批特殊群体,他们以船为家,在水上主要以运载货物为主要生活来源,一艘艘历经沧桑的古老木船,散落在境内的各个江段,每一天都在演绎着有别于岸上人家的水上生活方式。船民活动范围比较广泛,上至金衢严徽,下至杭嘉绍等地,他们的生活梦想起点,让他们不管是出航到哪儿,都有一个返回的坐埠据点,他们有自己的独特语言,有自己独特的生活习俗。

20世纪30年代后,随着浙赣铁路与杭兰铁路的建成,尤其中华人民共和国成立以后,陆上运输兴起,逐渐替代水上运输,船民也逐渐登陆转型。富春江船民古老的生活习俗也随之淡出历史。

船民的婚姻风俗

旧时,桐庐富春江船民,由于长期以船为家的特殊生活,其婚姻习俗也与岸上人不同。船民一般都在船民或渔民之间互通婚姻,很少与岸上人联姻。

船民的婚姻作合,有由家长自择,有由亲友撮合,而中裕人家以上的,则由媒婆穿媒说合,至于家境拮据者则抱童养媳。男女双方对联姻有说合之意,双方即可相互传递"年庚八字";"年庚八字"相合,男方就选择缠红的日期,俗称定亲。定亲之日,男方将向女方送聘礼,礼物之多少,视家庭经济条件而定。聘礼由礼盘盛装送入女方船上,旧称送"四色礼",每"色"四样,一般皆系金银首饰,四时果品、鸡、鱼、肉、肚子及新娘的裙袄衣裤等,有的多达三十余盘。

船民娶亲分大亲、小亲和抢亲之别,小亲又分忽亲和耗头亲等。抢亲大多为男女双方相爱,但女方家庭不同意这门亲;或双方办不起婚礼,约定用抢亲的办法成亲。抢亲时男方须叫上几个帮手,趁夜黑人静之时把小船摇到女方船旁,抢过对方船上姑娘后再迅速撑开,草率地拜过堂即成。

凡成大亲者,婚事颇为讲究。双方各将两至四条船并在一起搭台,在船首搭成用撑篙扎的彩牌,上悬红幅,中间贴上大红喜字,并挂上米筛、铜镜、万年青等,两边各挂大红灯笼及"子孙灯"。男方船在上水,女方船在下水,彩牌高低有讲究,即女家不能高于男家,如遇女方不示弱的,那就苦了说情的媒婆了。女方的彩牌再高也得比男家低三寸。

船民娶亲皆在夜晚进行,先由新郎送红绿丝线、龙凤花烛及八个火把等物到女家。女方船上此时在缸灶前置桌一张,放上糕点茶果,新郎跪在岳母面前边吃糕点茶果,边聆听岳母的吩咐,俗称"灶边三碗"。岳母吩咐的都是些今后夫妻和睦之类的话,也有厉害的岳母此时对新女婿重语相训:"我的囡肉有斤,头发有根,今后若肉少斤、头发少一根,勿要怪我娘家门里没有人。"低头下跪的新女婿只好唯唯诺诺,不敢有半点还嘴之意。此时,新娘的兄弟还用一只煮熟的鸡蛋将壳剥去后,一剖为二,并说上一句:"鸡子见黄,生个王孙公子"的祝福语。行"灶边三碗"后,新娘就要在自家船上举"退堂"仪。退堂时在香火堂前置有鱼肉等物品,烛台插上龙凤花烛。新娘跪在堂前,由兄长或父亲燃上一炷清香往香炉内插。此香一经插入香炉,新娘就不是这家人了,所以新娘在插香时哭得尤为伤心,往往要做点样子拉住兄长或父亲的手不给往香炉插香。退堂仪后,新娘的双脚就不得在娘家船上落板,只能站在麻袋或箪箕上,然后由利市婆为其沐浴(非真洗澡)。沐浴时,利市婆用两只鸡蛋往新娘的身上边擦边口中念念有词,铜钱放入脚盆念"里方外圆",一对手镯丢入脚盆念"成双搭对",将红枣、花生等七样果子掼入脚盆念"七子八孙""八仙过海"等,总之要念长串的吉祥之语。然后,利市婆为新娘戴上凤冠,披上霞帔。也有八字命算起来没有福气穿戴凤冠霞帔的,出嫁这一天就只好穿青衣蓝衫了。沐浴毕再举行吃分家饭仪式,新娘坐在灶前,手捧饭碗边吃边哭,其兄弟跪在姐姐或妹妹面前,双手兜牢长衫接新娘有意掉下来的米饭,意在留给弟兄,不能吃光。此后,新娘由长辈抱起,站在自家船艄,利市婆与新娘都开始哭。虽说是哭,但其哭诉声抑扬顿挫,似唱山歌一般,十分动听。

届时,男方在船首悬一面大铜锣,先敲三下,后接连敲十三下,此谓"催锣"(其实此锣从黄昏敲起,断断续续一直敲到天色黎明新娘接到为止)。意在通知女家,接新娘时辰已到,女方闻锣声,认为时辰到就由利市婆唱答,请男方来接新娘。此时,男方"轿船"撑到女方船旁,间隔二至三尺,双方船上都有十余人用撑篙或青柴棍相待,两船首尾均各有四人手持火把照明,两船靠拢时不得相碰;若要碰到对方,被碰方认为被欺,准以青柴棍相揍。女方船篷上还立着一人监视对方,看对方有否碰到或对方的撑篙等物有否沾上自己船。

女方从船的左边送亲,男方也从船的左边接亲,此称"并彩"。新娘由长辈抱之,站在船舷边的椅子上,新郎撑着黄伞罩罩着新娘。新郎船上利市公腰索宽带,身后有人紧拉其腰带,以防抱新娘时落水。瞬间,利市公扑向新娘船抱过新娘后,"轿船"就迅速撑开离去。然后新郎新娘在利市公念念有词的"传代归阁"等声调中,踏着用麻袋铺成的

"路",步入新房(船舱),此谓"传代"。

新郎新娘拜堂时,各自脖颈上挂有用线串成的小铜镜和红枣、花生、桂圆、荔枝及万年青等,皆有"早生贵子"等吉祥之意。

拜堂后,天已启明,男方船再撑到女家船边,双方首尾各抛一根绳系住,两船并紧,此谓"沾亲",然后两亲家人员互相走动,到对方喝糖茶、吃酒宴。男女双方的人再向左船、右舫的"邻居"每船分送两只肉圆和一碗黄酒,并向这些船上的孩子们分送红鸡蛋和花生果子等。

船民的过年风俗

旧时桐庐船民过年,有许多独特的习俗。

一般船家到农历十二月下旬,就不再载客运货,陆续回坐埠地忙于过年。一些负债船家,年关接近,日子尤为难过,为延宕躲避债务,特将船撑到桐君山后等僻静之处,俟年三十的申时后才撑回坐埠,因年三十夜有不准讨债的习惯。

十二月廿三,是民间送灶司爷的日子,船民也不例外。是日,船中长者须在后舱的灶前供上祭品,灶香插烛,燃烧纸钱,恭恭敬敬地请(撕)下旧的灶司神像,并放入火盆中烧掉,送其上天。传说灶司爷是天上玉皇大帝把他贬谪到人间,专管各家善恶之事的,负有"上天言好事,下地保平安"的使命。船民这天除了敬有好酒好菜外,还要在灶前放上一碗糖开水,目的是让灶司爷嘴巴喝得甜甜蜜蜜,希冀他上天后,在玉皇大帝面前多说些好话,使自己来年过得好些。

腊月二十四是掸尘日,家家洗汰船舱及家生(工具)杂物,本是讲清洁卫生之好事,可在旧时却有汰掉"邋遢"之意,在船舱各处及家杂上张贴吉庆红纸,桅樯顶尖贴"大将军八面威风";前门两侧贴"生意兴隆通四海,财源茂盛达三江",横批"三星高照",以及"顺风大吉"等,将"福"字倒贴,以应"福倒(到)了"。船头尖上还挂长串的"长年纸"。船头船艄各放一箍交叉贴红纸的"青龙柴",此柴是船家必不少的过年之物,用粗细均匀的青柴对劈,两头箍以竹箍,其柴外长内短,竖放时成凹型,祈神祭祖在凹处烧纸钱,谓之"青龙吉庆"。

除夕申时左右,船家都将船撑至一定的地方下椿(是一种用麻栎树制成固定船舶的活动桩型工具)停泊,谓之"停椿"。停椿后,非到年初一上午"动椿"仪式前,不得拔椿,动篙、移船位。县城的坐埠船,有成双搭对并之撑到江心放马洲"停椿"的习惯。传说放马洲有停椿洞,若能椿上此洞,来年定有好财运。

停椿后,船首两侧各挂红灯笼一盏,上书姓氏与堂号,如许姓家族在灯笼上一边书"爱敬堂",一边书"许氏",此灯笼一直挂至正月十八落灯为止。停椿后,当家男人在船头摆上三牲福礼跪拜,先行"还年福",跪拜"天老爷菩萨"和"马王菩萨(水神)",然后再行祭祖礼。礼毕,全家吃年夜饭,也曰"散年福"。是晚,最忌小孩说不吉利之语,故长辈备用草纸一张,先擦小孩屁股,然后揩一揩小孩的嘴巴。此后,小孩若讲句不吉利之语也无妨。

除夕下半夜，当家男人在船首，备有祭品，点燃元宝纸钱，接灶司神回船，此时极忌有声响，特别妇人皆要避之。

唯年初一早晨是一年中妇女享福之日，其茶水早餐均由男人操作。初一早晨吃糖醮年糕和肉粽，以应甜蜜的日子"一年高一年"和讨一个"一年到头粽油（总有）"。

初一早晨动椿颇有讲究，先鸣鞭炮三响，在船头摆上祭品，焚化纸钱，船中尊长率全家老幼叩拜"椿洞菩萨"，并由尊长拔椿。动椿仪式后，将船撑回埠头泊岸，由长辈铺好上岸跳板，在跳板头先烧纸钱，然后手拈清香三支向四面叩拜，此谓"拜四方"，即祈四方神灵保佑。拜完后，船上其他人才可上岸玩耍。接着，船中男人皆要到茶馆吃"元宝茶"，意在新年一早"吃进元宝"。所谓"元宝茶"，其实是茶水放两颗橄榄而已。

新中国成立后，船民的年节风俗也发生了根本的变化。老年船民回忆旧时愚昧、迷信的年俗颇有感慨地说："求神一年年，发财梦里见。船破烂泥糊，日脚像黄连。"这是船民对封建愚昧的旧年节风俗形象的批判和控诉。

船民的筷子风俗

筷子是天天与人们见面、餐餐要用的吃饭工具，据说已有两千多年的历史。在这漫长的岁月里，逐步形成了许多有关筷子的规矩和风俗。桐庐船民关于筷子的规矩和风俗，就颇能代表一方土地的风情，其中有的虽是陋俗，具有迷信色彩，但也不乏有用筷的文明之举。

筷子，桐庐人叫箸或筷箸，因箸与迟、滞谐音，船民撑船只求顺风快速与灵活，所以绝不叫箸而叫筷，或筷子。

在用筷时，船民讲究许多的禁忌。一忌筷子搁碗。搁，意味着搁浅、搁牢，那是撑船人最怕遇到的。二忌把筷子插在饭碗上。这被认为极不吉利的事，只有供祭死人才这样做。三忌用筷子翻鱼身或从碗底翻菜拣食。个中缘由，怕是与翻船有关。四忌拿筷子敲碗，那是唱道情讨饭人做的事，用筷敲碗被认为是一种没出息的表现；当然，除此类舔筷、举筷不定的行为等也为禁忌之例。哪家小孩如违犯这些禁忌，便被认为没教养，定会受到大人的责骂，甚至挨打。

小孩在初用筷时，船民对其的教育是很认真的。除了用筷的种种规矩之外，拿筷也颇有讲究。捏低了说是目光短浅没有出息，捏高了又怕远走高飞舍不得，一定要捏在不高不低的部位。更重要的是，筷子要捏牢，不能掉。旧有"筷落地，打不及"的说法，因为筷子捏不牢等于饭碗捧不牢，那还指望什么？

过去船上短少任何东西都可以说，可以找，唯有少了筷子既不能说也不许寻。民间传说家中少筷子是好事，那是樟树神收去的，谁家的筷子被神收去，就会受到保佑。

筷子问卦又是船民的一种风俗。谁家孩子生病或是东西遗失，他们常用筷子来问卦。其方法是用一只碗盛满清水，手拿三只筷子，边在碗中捞水，边口中念念有词，然后将三只筷往碗内的水中竖插，筷子倒向哪边，小孩生病的失魂或遗失的东西就朝哪个方向去收魂或找寻，直到筷在碗内水中竖直为止。

　　从前,船民还有为孩子讨百家饭的习俗。谁家孩子多病难养,其父母便拎只淘米篮,向东船西舫或岸上人家挨家逐户讨一把米、一双筷子。讨完一百家后,就在停船的岸边用三块石头支锅烧饭,烧饭的柴就用那讨来的一百双筷子。相传孩子吃了一百双筷子烧的百家米饭之后,便能消病化灾,健康成长。另外,谁家烧此种百家饭,其他船上的人见后也要讨些回去给自己的孩子吃,认为这是吉利的事。其实,一百双筷子烧一锅饭,火候不足,往往夹生,但也得叫孩子吃。

船民"放草船"习俗

　　按早年说法,正月十八落灯之后,家家都清除一切过年用的陈设了。十九或二十就是开印的日子,自农历十二月十九或二十封印之后,历时一个月的过年节日才算全部结束。封印即是从前官府衙门开始放假而停止视事的意思,而开印则是过好年后官府衙门正式开始办事了。开印后,教书的开始收学生,匠艺师傅收徒弟等。也就是说,各人应做各人的正事。传统说法过年是放魂的日子,人们在正月初一至十八这段节日里观花灯、闹龙灯或走亲访友,一切可尽情地玩耍、吃喝,无拘无束。而正月十九这一天则是该收魂的日子。也就是说,人们应该收心办正事了,就像现在某些单位春节后茶话会上说的,茶话会开过大家要收心了一样。

　　如今的春节后,单位第一天上班,工厂第一天开工或商店开业,大家都兴燃放焰火爆竹以示吉庆。从前,桐庐县城正月十九或二十开印后,人们除燃放爆竹外,还有一桩奇特的风俗事就是放草船。此习俗皆为县城本埠的船民所为,每年到这时候,船民中的年长者就会牵头来兴办这一风俗事。要待草船放过之后,众船家才开始载客运货。

　　草船是用稻草扎成的,长约丈余,船上除设有像篷、桅、帆等物外,还用稻草扎成一个小人,并套上小孩穿的衣裳。船民在自家船上扫点垃圾(邋遢)装入草船,然而将其抬上岸,在县城的街上或弄堂游转,到原先约定好的商店或居民家中去装垃圾。草船装好垃圾后,众人再将其抬至船埠头,并点上香烛,放入江中让其顺着富春江漂向远方。放草船按从事的说法,称为送"邋遢"。桐庐人把"邋遢"除指垃圾和不整洁的意思外,还有一层就是对野鬼的讳称。从前人们往往把生病,尤其疑难病症称为染上"邋遢",遇到不顺或晦气,也称碰到"邋遢头"。将家中的垃圾扫点装入草船送走后,企盼新的一年不会遇到"邋遢"的事,以保佑家人身体健康,万事如意。

　　桐庐船民除正月十九或二十有放草船送"邋遢"这一习俗外,平常遇到家中有久治不愈的病人,也用放草船这一习俗送"邋遢",意思是把染在病人身上的"邋遢"送走。

船民与"开口亭"

　　旧时,富春江上撑船除了在生活中有许多忌讳外,撑船时忌讳也很多。诸如"上不搭和尚,下不载婆娘"等。撑船时船上有八个人也忌讳,因为八人撑船是犯"八仙"的,若是船上遇有八人,船上当家的定会用一顶帽子套在后舵上,让它也充作一人。在种种忌讳中,最讲究的还是开船时不准出声的习俗。有民谚相讥"脚踏三只钉,撑船不认亲",

盖指船民的这一习俗。只要在拔椿开船时，岸上就是亲娘老子呼唤，船上的人是决不会应诺的，只当没听见，只顾撑自己的船。这一忌讳在富春江的船民中一代传一代，习以成俗。直到新中国成立后，时代的变迁，人们逐渐相信科学，这一习俗才慢慢消失。

旧时船民在装好货物启航前，照例须上岸买一块猪肉，船民称为"顺风肉"，用来拜请"顺风菩萨"。买顺风肉颇有讲究，在肉摊前不能作声，只能以手势交流。故旧时卖肉者，凡见此等船民买者，都要投其所好地道一声"船家长一路顺风"。这时船民哪怕拿到的是块劣肉或零钱不找，也会高兴地拿着肉就走。

在开船前，当家的先在靠岸的一头的跳板上撒茶叶米，再用"顺风肉"祭请天老爷，然后拔椿开船，一切皆在无声无息中进行。船离岸后，其"花头"顶上（货物装过船舷外部分称花头，也指堆高的货物），必有一个站着，此人名曰"叫花"，专以手势传递船首船尾之间的信息。一直要待船撑过岸上有亭子的地方后，船上的人才可以开始说话。这种亭，船民谓之"开口亭"。原来富春江沿岸村镇的不远处都有各种亭子可见，亭子本是好事者为积善德而建，是路人避雨、憩脚之地。亭以地或以景冠于雅名。而船民称之为"开口亭"，是撑船人借个理由说话而已，总不能在航行中一直不开口吧！

照理航行时船首的人要招呼船尾，船尾掌舵的要指挥船首，不能不开口。大概是船民为了默祷神灵保佑，图个顺风平安，或许是应"闷声大发财"这一俗话的吉利。但因此弄巧成拙的事也时有发生，芦茨埠就曾发生过这样一件被后人讥为笑话的"不开口悲剧"。有一装炭船从芦茨离埠去海宁，船上两个女儿在"花头"顶上，大的充当"叫花"，小的在陪着玩耍。船离芦茨埠后不久，小女儿不慎失足落水，妹妹溺水其姐姐应大声呼救，但她却默不作声，一直到船过"开口亭"后（此亭在现电厂大坝附近），她才大声呼叫妹妹落水了。其父母闻声忙问在哪里，大女儿说船撑开芦茨埠不久就落水了。当大人责问为啥不早呼叫时，女儿倒蛮有道理地回答："船还没过开口亭，我怎么能叫呢？"小女孩就这样永远葬身在七里泷的水中，多冤！

桐江船民鱼风俗

从前，桐庐富春江的鱼类资源极为丰富。生活在这条江上的船上人家吃鱼，那是近水楼台先得月，很方便的事，但他们吃鱼却有许多忌讳和约定俗成的规矩。如今再谈这些源远流长的吃鱼风俗，对现代人来说恐怕是一件趣事。

吃鱼时不翻身是船民、渔民的一大规矩。那是因为船上人对"翻"字是很忌讳的，最怕和翻船扯在一起，故平常对"翻"字十分慎用。碰到非用翻字不可的时候，也用别的字替代。如跳板翻个面，说成跳板调个面，将翻仓说成盘仓。因此，在吃鱼时上半面吃光后，也只能透过鱼刺去夹下面的鱼肉吃，绝不可将鱼翻个身，甚至连下锅烧鱼时也不翻身。

船民过年，祭请"天老爷菩萨"和"还年福"时，大鲤鱼是必不可少的祭品，有的用活鲤鱼贴上红纸设祭；有的用不除鳞，剖肚挖内脏腌后晒成的鲤鱼干贴上红纸替代；还有的船家在年前将鲜活鲤鱼用红纸封住眼睛，用线串在鱼的背鳍上，将其挂在香火堂内祭神，待年三十谢年后，再将其放生水中（传鲤鱼或鲫鱼用纸封眼后，可延长存活时间）。船民年三十晚上祭祖时的一碗鱼，一般都是两条全鱼烧成，成双搭对，有头有尾的称为"元宝鱼"。这碗鱼一般不会动筷去吃它，因为鱼和余同音，希冀年年有余，所以船家让它一直余那里，在元宵前这碗鱼是不动筷的。

过去撑船，尤其在撑江滩时，撑篙头在水中无意刺到鳖的事时有发生。船民认为，撑篙头刺到鳖是最为晦气的事，意为撑船吃瘪。若是遇到这等事，船民会连忙设法去掉篙头的鳖，并吐上三口唾沫，以避晦气。旧时吐唾沫也是避邪办法之一。

跳上船的鱼不能随意吃，又是船民的一种习俗。船停在岸边或航行中，若有鱼跳上船，这要看从哪一边跳上的，从船内侧跳上船的鱼那是逃命的鱼，船民决不会吃它，而将其从船的外侧去放生；如果是从船的外侧水中跳上船的鱼，那是送死的鱼。旧有"是个精，拿来秤；是个怪，拿来剖"的说法，对这种鱼可烧着吃，不过在吃鱼前得用秤称过，并向水中丢几枚铜钱，这样可免去吃鱼带来晦气。

早年，富春江上自然死之后漂浮在江面上的鱼时有遇见，但船民对这种漂在水上的死鱼，在打捞时也很有讲究，有的鱼哪怕很新鲜，也绝不会去捞来吃。因为，旧时的船民对漂浮在水面的死鱼都有一种比拟，如鲥鱼、白鱼象征是尸首，而鲶鱼、狗鲦鱼和鳗则代表着棺材、棺材扛和棺材绳。他们认为捞上这种鱼是极为不吉利的事，故他们总是避而远之。

桐庐有一种遗风，就是每当人到63岁那年，普遍有买条鲤鱼放生的习俗。据说这一年若放生一条鲤鱼，则可延寿。船民将鲤鱼放生时，在鱼身上吊上一红一绿两根丝线，以后有人捕到或钓到鱼身上有红绿线的鱼，都会自然将它重新放回江中去。

旧时，桐庐渔民还有一个特别风俗，渔民每年捕到的第一条鲥鱼，即要送到县衙去奉献给县官大人吃，以邀赏赐。这在渔民中是一代传一代，一直传到新中国成立以后。其实这一风俗倒不是渔民拍县官的马屁，而是渔民和送鲥鱼的人合起来"打秋风"的事情，因为县官的回礼大多要比鲥鱼的价值高出十多倍，按旧俗这种回礼岸上送鲥鱼的人是与渔民对半分的。不过有一件事至今桐庐民间仍传为美谈，桐庐刚解放的那一年的立夏前后，城中渔民将捕到的第一条鲥鱼按惯例送到县政府以后，新任县长王新三同志断然不收。后经人介绍这是桐庐人的风俗后，王县长拿自己的津贴给送鱼人几块大洋，并嘱咐渔民拿到集市上去卖掉。如今第一条鲥鱼送县官吃的风俗早已成为历史。再说富春江因自然条件的变化，鲥鱼已多年不见，桐庐人也就没有吃富春鲥鱼的口福了。

五月盛事——芦茨戏

提起社戏，人们对当年鲁迅笔下的绍兴水乡乘坐乌篷船看戏的风情颇为熟悉，但对桐江有社戏的风俗却很少有人知晓。旧时桐庐每年五月都要以舟楫迎请"芦茨菩萨"到县城"看"戏，俗称作"芦茨戏"。年复一年皆兴之，直到新中国成立前夕才逐渐衰落，乃至此风俗的完全废去。

距桐庐县城西南1500米的芦茨埠，有一祠庙，神龛里有一木塑、红颜、披袍挂甲端坐的陈老相公菩萨,民间俗称"芦茨菩萨"或"芦茨老相公"。据传芦茨菩萨为隋朝大司徒陈杲仁。大业中曾统兵讨东阳叛匪。隋亡,隐于桐浦(江)间,有功德于邑民,故后人筑庙祀之。据说菩萨十分"灵验",大凡本地人氏均对其极崇奉之,无不以虔诚笃信之心渴望菩萨福佑,祈求和祝愿丰收吉祥。旧时桐庐县城的商贾、摊贩以及居民,每年都要凑一定的份子钱,由地保轮流主持,雇船派人前往芦茨埠接神到县城。

凡轮到当年主持的地保,照例需雇大龙娘船两艘合并之,在船上搭成平台,作为供神位和演戏之用。其他地保也雇船随行,多时达五六十艘。凡迎神之船,行前都得洗净船舱,船工沐浴净身,以示对菩萨心诚。

是日,各船桅樯之顶均榜以一面绣有"陈"字的黄色大旗幡,自上而下挂长串的百子鞭炮备放。船中置有香炉、烛台,两侧插上各色旗幡。供有神位的两条大船之首各有红色灯笼一盏。届时,各船燃点鞭炮,击鼓鸣锣,浩浩荡荡地扬帆从桐庐启程,拥着迎神的主船溯江而上,但见江面片片白帆中点缀着红、黄、绿、橙各色旗幡,其景十分壮观。

在迎神的船中,两龙娘船并之搭台者,系县城名望绅士和本届社戏的主事及执事人,在船上请有戏班,一路演戏文。其他随行船只皆系各方代表或善男信女,每船也足有二十多人。船上备有桌椅,供有膳食香茗,人们一路上或品茶看戏,或玩牌聊天,或欣赏两岸风光,其情趣十分悠然,名曰迎神,不啻为享受也。

迎神船到达芦茨埠后,当晚就宿泊于此。庙中"神师",俗称神仙老头,要先行打卦,问菩萨明天进城穿什么颜色的袍甲。桐庐人总希望"芦茨菩萨"穿黄袍进城,因为黄袍预示着当年是一个风调雨顺的好年份,如是绿袍或红袍就意味着当年是洪涝或干旱的年岁。翌日,众人敲锣打鼓,放炮鸣号,簇拥着将"芦茨菩萨"的大轿抬迎上船,其神位面朝船首,停于后舱平台上,所有船只即返航县城。返航时,神像前要摆上香炉烛台,供上祭品,红烛高烧,香烟缭绕。神像四周有扮着"八仙"装束的人,谓"护神"。戏班当即在菩萨面前演起诸如《白蛇传》《山阳公主战狄青》等戏文给菩萨看。戏班以称为"三腔班"的婺剧为主,后来也有越剧、绍剧等。船队行进中,还有"爬雀杆"的竞技表演,扮成武士模样的年青人在各条船上攀到桅杆顶端,表演"金鸡独立""倒钩""荡秋千"和"童子拜观音"等技艺,形似飞雀停落杆上。前后左右随行之船敲锣打鼓。各船均配有多人摇橹划桨,顺富春江水直下桐庐,一路上人声、锣声、鼓声和摇橹划桨声交织在一起,浩浩荡荡,热闹非凡。

迎神的船队到达县城的放马洲外,船中的鼓乐鞭爆声达到高潮。城内男女老少闻听江中震耳欲聋的声音,皆纷纷涌向江畔接"神"。人群中有敲锣打鼓的,有燃放鞭炮的,还有的拈香插烛供上祭品,跪在菩萨上岸的船埠头水边候着朝拜还愿,可谓县城一年之盛景。

迎神船只在县城的水弄口泊岸后,众人将轿内的"芦茨菩萨"抬入东门土地庙。至此,县城一年一度的芦茨社戏算是开始了。

"芦茨菩萨"在东门的土地庙坐殿数天后,人们又竞相将其抬至其他的祠庙寺观。抬"芦茨菩萨"的人皆为桐江船民和放排人,坐殿时间最长要数县城的太平庙。"芦茨菩萨"坐殿时,庙中香客云集,县城或从农村四面八方赶来的善男信女们纷纷带着祭品和香烛前来烧香拜神，以求神佑。逢生日的烧"寿香"，家中病人已愈的烧"还愿香"；有向神求助的烧"许愿香"等。但见庙中红烛高烧，香烟缭绕。常常前客刚炷香插烛，后客就拔而代之。此项檀香线香长烛短烛，均归菩萨"神师"所有。长长的供桌上放满各种祭品，有茶点糕果，有鱼有肉，有全鸡、全鸭和整个猪头等。船民和渔民还有用整条新鲜鲫鱼作祭品的。对前来烧香拜神者，"芦茨菩萨"的随身"神师"会对菩萨介绍说道："某保某村某某来朝拜许愿（还愿），请菩萨保佑伊的家里平安"等语，然后"神师"用耳朵对着菩萨的嘴，装样聆听吩咐后，对着烧香朝拜者说，今朝菩萨要吃鸡，或要吃鲫鱼等，烧香的人就会把菩萨要吃的东西留下，其余供品即可带回。

"芦茨菩萨"除桐庐县城的祠庙坐殿外，还要用轿将其抬至大街小巷遨游，俗称"菩萨戏城"。在菩萨戏城前一天，会有专人沿街放出风声通知各家各户：明天"芦茨菩萨"要戏城了。届时，沿街两旁的店堂、住户均会在自家门前摆起八仙方桌，在桌上设有烛台香炉，供上祭品，等候"芦茨菩萨"的到来。菩萨所到之处，香烟缭绕，鞭炮震耳，各家的主人皆率家人向"芦茨菩萨"叩头跪拜。民间传说，菩萨经过之地，若是谁家沿街晒有衣裤之物，菩萨会生气不愿走，任你抬轿的怎么抬，总会在原地踏步；只有将晒着的衣裤收掉后，抬着的轿子才会朝前走路。若是"芦茨菩萨"要到哪家做客的话，抬轿的人会毫无知觉地朝哪家门内走，就是这家的门比轿要狭窄，菩萨坐的轿也会钻进门去。不过菩萨到谁家做客，谁家就要为"芦茨菩萨"披红，即敬献红布、红绸，而且还要出资点戏一场给菩萨看。有时抬着的菩萨轿子突然不走路了，善男信女们纷纷发红包，菩萨的轿子才会朝前走。

"芦茨菩萨"被迎请到桐庐县城后，酬神演戏多时可达八九处。当时除城隍庙、土地庙、普庙、太平庙、水神庙固有庙台外，又于洋塘、马家埠、新埠头等旷野临时搭台演出。"芦茨戏"在开演前必闹头场，尔后排八仙、跳加官、跳财神、跳魁星等，然后正式开演。县城中的绅士商贾及叶、胡、柯等姓的大房头，均要轮流请戏班为菩萨做戏文。有的则独资包台。城关撑船、放排的人们也凑份子到萧山等地请戏班。与其说是做戏给菩萨看，倒不如说是桐庐人一年中难得的一次艺术享受。旧时的"芦茨社戏"激起了县城的沸腾，开元街上并不宽畅的石板路，摩肩接踵，人流如潮，使桐庐县城构成了热闹非凡的集市盛况。人们从四面八方赶来县城，或看戏文凑热闹，或是江湖杂耍趁此机会展施一技之长；特别是县城的茶楼酒肆，南北杂货店堂在社戏庙会期间生意格外兴旺，莫不利润倍增。整个社戏庙会持续近一个月方会结束。这一个月刚好为桐庐的船民、排民及生意人度过了被称是"荒五月"的空闲，并使他们获利不菲。

此外，离县城十华里的旧县每年农历三月廿八，以及桐庐其他地方也有用舟楫迎接"芦茨菩萨"赶社戏庙会的风俗。"芦茨戏"源于何时无考，延至1949年农历五月中旬，为最后一次演出，历时7天，旋即废止。以后就没有再见到"芦茨戏"了。

桐庐船民的祖师菩萨

旧时，富春江上船民敬奉菩萨很多，但被推为祖师菩萨的周宣灵王却是被极崇奉的。船民在船后的百尺舱右边都置有一个神龛,俗称香火堂,此乃供奉周宣灵王菩萨的圣洁之地,绝不允许有沾污之举。神龛居中为周宣灵王菩萨之神位,神像前两侧供有锡制烛台一对,中间为一尊香炉,龛门前布以红帷,左右上方各斜书"供奉"两字,并在供字下书"千里眼",奉字下书"顺风耳"。此为船民希冀能眼观千里远,耳灌顺路风也。凡岁月时日,船民须按例炷香插烛,设祭供奉,合家向神像叩拜,以祈吉祥如意。平时若有急难灾异,即磕头跪拜,以求免灾。婚嫁、生育及小孩读书等时也得朝拜,希望保佑。有的自新造的船下水之日起,即在周宣灵王神龛里放入一枚包有红纸的铜钱,以后每岁除夕再加一层红纸,此铜钱有几层红纸,算是周宣灵王保佑船家撑了几年船云云。

撑船人终年漂泊在江面上,三面朝天,一面临水,春有迷雾,夏有淫霆,秋有风潮,冬有寒流,风云多变,在科技不发达之时吉凶难卜,不得不寄希望于偶像保佑,在困难危急之时,祈求菩萨消灾化险。供奉船菩萨的习俗据说各地的船民都有,只是供奉之对象不同而已。如:有的地方崇尚信义的,尊关帝为菩萨;有崇尚技能的,尊妈祖为菩萨;而富春江的船民,可谓就近择偶像,以崇拜技能者为偶像,因为民间传说周宣灵王是富春江上撑船的人,技艺高超,且有呼风唤雨之神奇本领,故所尊菩萨非他莫属。

据《中国人名大字典》载:"(周宣灵王)初名雄,后改名缪宣,字仲伟,杭州新城乡人,小受仙指,失足坠水,溯波而上,香闻数十里。后人为其建庙塑像于浙西。宋端平之年赠广平后,淳祐元年封护国广平正烈周宣灵王,加封运德海潮王。"

民间传说周宣灵王在渌渚埠坐埠,从小曾受仙人指点,其撑船技艺十分高超。后因失足落水,溺水身亡后,其尸体顺水漂流而下,几十里江面皆臭气熏天。此臭气一连三天熏得江上船民着实难受。人们纷纷议论,同是撑船人,死后还要用这难闻的臭气来熏自己人,若能显灵,就请尸体往上漂,由臭变香,香它三日三夜,到时我们撑船人还好给你厚葬,建祠立庙,当菩萨叩头供奉。次日一早江面臭气全消,周雄尸体溯江而漂,散发出一阵扑鼻异香,数十里范围江面均能闻到,连续三天方止。船民见状,甚感奇异,若非仙神之躯,怎能有如此神灵。船民不敢妄食诺言,众人捞起尸体埋葬后,在岸上为其建祠立庙,也真把他当作菩萨加以供奉,不敢怠慢,据说自南宋始,直到中华人民共和国成立。随着科技的发展,船民对船菩萨的供奉习作逐步取消,乃至全部废去。但周宣灵王是船上祖师菩萨及有关周宣灵王神奇故事的传说,至今尚在船民中流传。

富春江纤夫

小时候在船上生活,曾听父辈说富春江上纤夫的祖先,原本都是朝里做官的人。只因嫌朝笏板在手里捧着麻烦,便在朝笏板的两头钻上洞,串上绳子背在肩上省力,就这么一改,朝笏板变了纤笏板,最后成了富春江上的背纤人。其实这是船民、纤夫自嘲的一个笑话而已。纤夫是个苦行当,从前的纤夫并不像现在的流行歌曲唱得那么浪漫,他们那粗犷而黝黑的脸上,刻画着辛劳和艰难的痕迹。时过境迁,20世纪50年代以后,随着水上运输机械化程度的提高,拉纤生活也逐渐减少,如今富春江纤夫这一行当已随江水东流,它载着昔日的酸楚和辛劳远去不复回了。

过去，大凡当纤夫者，皆系家境贫寒或孤儿鳏老，无计可觅，只好充当卖力的行当，以求活命。那时在桐庐的城关、窄溪等富春江沿江的活水码头上开设的茶馆门前，常见有衣裳褴褛的人待在屋檐下墙隅边，仅有的一副铺盖加蓑衣箬帽就是全部家当，这些人就是坐等待雇的纤夫。因为茶馆内坐着的多数是船民，另外还有一种称为纤手的生意经纪人，专为货主和船民之间介绍货物的运输业务，故船民坐茶馆既是消遣又为揽生意。一旦兜到运货的生意，要请帮手的话，茶馆门前就是雇纤夫的去处。因此，每当有船民从茶馆走出，门外的人就会凑上去自荐当纤夫。如是无人受雇，他们将在屋檐下、破庙荒亭中落宿。

纤夫在船上除拉纤外，各种粗活无所不为，就连劈柴带小孩也是分内的事。拉纤可谓辛苦，无论是骄阳似火的盛夏，还是寒风凛冽的严冬，一纤上岸，光着脚板踩在灼热的卵石沙滩上，或在刺骨的泥泞的冷水中，其滋味不言而喻。他们时而放纤、收纤和过纤，日行数十里以至百余里，待至收纤泊埠，早已脚酸腰痛，精疲力竭。天未启明，从城关的马家埠拉纤上岸，黑暗中用灯笼探路，一直到清渚江口收纤。清渚江宽仅容一船，就在这船过江的须臾功夫，纤夫要吃好早饭，必须狼吞虎咽，往往饭未落肚或没有吃饱，又得放纤上岸。上岸后哪怕饥肠辘辘也得到纤路拉完，否则是不能收纤的。

纤夫受雇在船，吃饭须分食制，一定要听到船家在后艄拷梆后方可进舱用膳。过去常听到"一块腐乳从杭州吃到徽州"，可见纤夫生活的清苦。所以，多数纤夫终身未婚，鳏寡孤独，年轻时卖力充纤夫，老来"倒庙角"，非常悲惨。

富春江上的纤夫，除被船主长期或短期雇用之外，在滩流湍急的地方（如漏江滩）还有一种专门称为"打滩"的拉纤人。因为在富春江上撑船平常都是一家人一只船，只有大船雇纤。但上漏江滩这样的滩濑，光靠平常的劳力是不够的，还得另请帮手，这样就有了"打滩人"。打滩有大人，也有小孩，他们平时就在漏江滩上头戴箬笠，手拎蒲包饭，怀揣一把纤，等船待雇。一旦见有船上滩，他们就一齐涌到滩头，把纤绳抛向船主，船主要几把纤就收几把，轮不着拉上纤的只好再等下一只船的到来。当帮船拉上滩后，船主会在撑篙梢头挂着的小篮中，放入几角铜钱将工钱递给"打滩人"。打滩的纤夫仅靠这些微薄的收入赖以生存，有时数天不见船上滩，而这些打滩人也只得在滩上翘首企盼，等待着船来打滩。

桐庐快船

桐庐县位于浙西，富春江横贯境内，昌（化）於（潜）两江经分水江在桐君山与富春江汇合。自古以来，桐庐县城就是浙江内地的水运大埠。清朝末年和民国初期，桐庐县尚无汽车，往来旅客及南北杂货均靠船运，随着商品流通的增多，快船在当时已极兴盛。此船平时风雨无阻，星夜兼程，速度也极快。一般路程当天即到，兰溪等远路程也只需一天半、两天时间。快船行驶在桐庐境内的地方有芦茨、窄溪、横村、毕浦、分水、印渚等地，跨县的有上溯严州、衢州、昌化、於潜，下行富阳的渌渚、场口和杭州、闻堰、临浦等港埠。

快船一般都是龙娘船（长船）和划船，重达二十余吨，轻则七八吨，对本地江滩适航好，其货舱及住舱部位上顶装有乌篷，两侧装木质板壁并开有窗户，前大门贴红纸楹联"生意兴隆通四海，财源茂盛达三江"，横额"顺风大吉"。船桅用两杉树两连而成，高达十丈余。船工需十余人，仅纤夫就有八九人。快船快就快在纤夫的功力上。

快船开船时间很早，丑时动身。启航前账房先生手执灯笼到各客栈呼唤客家上船。逆水船上溯均靠拉纤。纤夫登岸放纤，每人备灯笼一盏，因双手时需收放及抛纤，故灯笼撑竿插在后脖颈，让灯笼悬在胸前上方探路。远远望去，近十盏灯笼连成一串，颇有巨蟒盘山绕、蛟龙依溪游之势。船行三十余里方始天亮。纤夫个个年轻力壮，尤其拉头纤的更要一副好身体，并善水性。逢溪过涧，边游水边拉纤，后面纤夫拉住头纤绳一个接一个从水中拖过。纤夫与纤夫相距六尺，步步紧跟，稍有不慎落伍，就无法跟上。

船顺水下行，顺风则扬帆。逆风用桨橹划摇，船艄两侧有大橹一支，每橹三人，前两人面对面，脚踏横高跳板，摇大橹前进后退两步半，摇小橹前进后退一步，步伐配合协调。船首左右各有一人划桨，驾长在后掌舵，船行快捷似箭。

快船一般大埠码头均要靠泊，装卸客货。途经小埠时，则用海螺鸣号，通知泊埠小舟楫赶本船。小舟楫靠近快船后以挠钩勾连，两船在江中边行边驳盘货物及乘客。当时，沿江集镇小埠专有船民用小舟为快船过驳货物。船泊埠时也吹响海螺，客栈主妇听到海螺声，会手提灯笼到埠招揽宿客。

快船的乘客及货物生意均由账房先生张罗，到一大埠（码头）即上岸到各商行、作坊及客栈去兜揽生意，并负责理货结算。

中华人民共和国成立后，由于陆上汽车运输的发展和客轮的增多，桐庐快船逐年减少，时至今日完全消失。而它在历史上所起的作用，却没有被人们忘怀，至在民间仍作为谈论交通的主要话题。

旧时的桐江钓台船

"天下佳山水，古今推富春。"风光秀丽的富春江水及严子陵钓台已名传千古，达官贵人、文人骚客纷至沓来，猎奇探胜，怀古拜谒。泛舟富春江，即景赋诗，为描绘富春江山水曾留下了众多传世名篇。

清光绪后，杭申铁路的建成和杭桐始通客轮，上海阔人及外国人接踵而至。游客从杭州乘客轮到桐庐，当晚皆宿于县城东门头的惠宾旅馆，是晚就会有船家来兜揽游客翌日去钓台的生意。当时东门埠有一种小船，每当春暖花开季节，就专为人雇用游富春江和严子陵钓台，当地人亦称"钓台船"。此种船两头甚尖，中间舱面尚宽，短舷吃水浅，历险滩能上下自如，高樯桅，阔风帆，得风疾如驷马，首尾安两桨，撑划轻捷似箭。住舱及客舱部位装有箬篷，可随时盖揭。客舱中置有八仙桌和太师椅，游客可在船中品茗膳食，十分方便。撑船者皆系本地人，可作游客向导，并能谈些沿途掌故。有年长者登钓台石阶不便，船家能为其携扶，服务周到。故凡来桐游客必雇此等船。

游船一船载十余人，溯江上行，由于途中多滩濑，水流湍急，除凭借风力外，主要靠纤夫的拉行。故凡船家揽有游客生意者，尚须雇纤夫数名相帮。自桐庐上溯去钓台，早晨出发，下午三四点即能返桐。游客中餐在船中用膳。船家为满足游客尝富春江鱼鲜，还特请县城的厨师上船烹调本地风味鱼肴。钓台和漏江滩附近渔民，把活鱼用绳拴养在舟旁，待有游船到来，就用两头舡争相划至游船旁，将活鱼卖给游客（可得高价）。船中厨师将鱼剖开放入清水氽煮，然而加上姜、醋、糖等佐料，其鱼鲜美无比，桐庐名菜"桐江醋鱼"由此而闻名。倚舷凭眺，间遇锦峰绣岭，山中杜鹃盛放，红斑无数，如嫦娥揉碎胭脂乱掷；时傍沙渚或堤岸，竿竿绿竹杨柳青翠欲滴，和麦垄、桃花、豌豆点染，红绿争艳；忽达两山夹峙，江水黛碧，游鱼可数七里泷，东汉故人严先生垂钓处就在双峰屏立的严陵山上。游客一边饱览这美好的山水风光，一边饮酒尝鲜，飘飘然如入仙境。

钓台附近，还有一种小的货郎舟楫，见有游客到来，就划至游船旁，向游客兜售严东关五加皮酒及严州酥饼等山货特产。

游罢钓台，船家还载其游客去芦茨溪乘竹排。芦茨溪水潺潺，两旁山崖陡壁，老树枯藤生长其间，显得古朴幽深。遇上雨天，烟雨缭绕，其景尤为妩媚。常有游客头戴竹笠，身披蓑衣，足着草履，坐在竹排上顺溪而下，行在这诗情画意之中，更别有一番情趣。

外国人游钓台，当时还带有猎犬和双筒猎枪。船家为使其开心，还特为其撑至沿江山中狩猎。

梅蓉船匠

如今随着富春江上木质船的逐步淘汰，桐庐传统手工艺者的船匠也行将消失。桐庐梅蓉的船匠可谓历史悠久。据县志记载，在唐宋时曾设有造船工场，清朝时期桐庐的造船已初具规模，造船技术颇为出名。光绪年间，秀峰俞氏曾造百官船5艘，能载50余吨。民国二十五年（1936），梅蓉船匠为船民陈金龙营造140吨四帆大开艄，可谓是当年钱塘江上的大船之最，该船曾出海并远涉江西九江。桐庐是造船能工巧匠辈出的地方。每年的汛期一过，便是船匠的大忙季节，工厂遍布桐江的沿岸。

船匠是修造木质船的匠艺人，有大匠、填匠及扶匠之分，大匠即修造船舶的木匠，亦称作头；填匠专司船缝填充油灰麻筋的人；扶匠则为粗活，揽拉锯，拉牵钻，夯灰及扶料等活。桐庐船匠最负盛名的要数梅蓉的罗家、滩上两村。这两村的船匠是世代相传的手工艺人，善于造大船，几乎家家都有操此业之人，可谓船匠之乡。梅蓉船匠造船其船型别致，载货稳定性好，驶风掼抢灵活，抢水好，适航性佳。尤其填匠的工夫精湛，在各地船匠中称绝，无论船板缝有多阔狭，用油灰麻筋填过后坚实无比，且不挂麻（渗水）。当年最有名的西江开艄船就出自梅蓉船匠之手。梅蓉船匠在钱塘江流域或浙东沿海等地皆有名气。故浙东沿海的渔民都要舍近求远，到桐庐梅蓉来订制渔舟的。

桐庐除梅蓉有船匠手艺人外，沿江不少地方也有做船匠手艺的。例如：修造划船，当年旧县埠有一金姓船匠是众船家所折服的大匠师傅。他所造的船不仅船型美观，而且很适合撑滩江。只要船家报一个造新船的吨位，金船匠便能不用图纸，造好船下水，载货后，其吨位数与船体容量不相上下。与众不同的是，他将船大梁、龙骨、狗脚等在江滩上排好,而底板、舷板在家中工场拼做,拼好刨平的船板抬到滩边与船骨架相镶,其墨线准确无误。他所造的船板与板之间拼缝细密无间,新船下水载货点水不渗。一次为显示其技能,把旧县埠他新造的一只划船,在未用油灰麻筋填缝的情况下,载二十余人到县城东门头看芦茨戏,而船不漏水,一度成为佳话。

过去梅蓉船匠为船家造船,凡到关键部位,如大匠做大梁、桅杆、福猪头等,船家须给以红包,连夯油灰也要送夯灰红包,填匠在填船底缝时,船家还要为其办酒水,以犒船匠。

新船落水仪式,船民是很讲究的,船首披红,边放鞭炮边向两边抛撒馒头,当然船匠亦要为船家发彩庆吉。届时,大匠会立于船舱大梁后,面朝船头,左手持墨斗挂墨,右手提斧头敲大梁上的铁钉,口中念念有词,常用颂词如"浙江严州府,桐庐县某某船。钉斧一响,生意兴旺;钉斧二响,子孙满堂;钉斧三响,金玉满舱。上行严州,下到海口,上为顺潮东风,下是山水西风,船到埠头,货等码头,埠埠不停留……"船匠做这些,一是为迎合船家所好,二是也为自己今后多揽业务做宣传。

桐庐江上放排人

放木排是当年桐庐水上运输的一种主要方式,如今这一流传千年的行当,因陆上交通的发展,已随着富春江的东流之水,载着昔日放排人的酸楚和辛苦远去。现在唯一的遗迹,就是县城东门头还有一个人们习惯叫"木排头"的地方。

桐庐是个盛产木材的县份,再说当时的昌化、於潜及分水的木材均要经分水江到桐庐港汇集,故旧时的桐庐成了钱塘江上的一个主要木材集散地。清以前木材集散地在旧县埠,清末民初移至县城的木排头。当时县城东门横街至木排头这弹丸之地就有木材过塘行30余家,坐商、山客及水客在此云集,木材生意十分繁华。木排头也由此而得名。

每年汛期,是山客将木材送往桐庐的黄金季节,但见县城横江是一派木排蔽江的场面。岸上坐商与各路水客的讨价论价声,水面上木行伙计与山客量码及放排人的唱曰声,再加上放排人撬排、拼排的吆喝声,交织在一起,其场面热闹异常。

过去山客山上采伐的木材,皆要先集聚在所在地的溪边,待山水一来扎成捆子顺溪流放入两江再到桐庐汇集,经桐庐的木材过塘行后卖给外地的水客,并由放排人做好木排放运到杭州、萧山等地。

过去放木排得有不少工具,仅吊排缚排的就有龙排、青芯、青索、花带四种。这些链均为竹篾制成。其中:龙排是一种又粗又长的链,平时用它需8人以上才能抬动,此链大多在洪水期吊排用;青芯、青索、花带链则为扎排、捆排时所用。

各地山客放到桐庐的捆子排,经放排人做成一帖帖的木排,有量码、撬排、拼排、捆排这四道工序。量码即丈量木材体积数量;撬排又称叠排、拖排,即将木材按不同尺码、材类做成两头齐整、层层用藤篾扎牢的小排;拼排即将每横小排按种类,运送目的地等归类拼成一帖大排;捆排又称撬排,是用木头作横梁,用青芯链每横排捆紧,并在排的前后捆撬各两个链擂，链擂为停泊时吊缚排及竖桅杆扬帆或拉纤用。

过去放排人的生活是很苦的，操此业者皆为当年的"九姓渔户"后裔，浮家荡宅在富春江上，虽说那时的桐庐木材较兴旺，但毕竟僧多粥少，数以百计的放排人要揽到一趟放木排的生意也是极不易的事，有的数月或半年还轮不到一趟放排的生活，无奈中只得去捕鱼或给货船主当伙计糊口。

从前，放木排风里来浪里去，遇上涨潮或大风，弄不好排散人亡。因此，放排人不得不求助神灵的保佑，如木排启放前，作头将给每个放排人吃"串肉"，以示顺风，木排不会被打散。木排掉头或出运到桐君山及富阳城坟山等有庙之处，都得朝庙方向炷香插烛拜菩萨，祈求神灵保佑。

周保尔主编：《桐庐文史资料》第13辑，杭州出版社2013年版。

严州虾灯

严州虾灯，俗称虾公灯，是古严州府所在地梅城流传已久的一种传统民间灯彩舞。有大中小之分：大虾长约6—7米，由两人擎舞，阳刚勇武，或躬或旋，威风八面；中虾长约3米，亦由两人嬉舞，或蹦或蹿，游舞灵活；小虾长约1.5米，一人独舞，以线牵动，轻巧敏捷。虾灯形象逼真而夸张，色彩艳丽。舞动时躬旋有力，进退自如，既有大开大合的阳刚之气，又有腾挪蹦蹿、活泼逗趣的仿生表演，动作舒缓强健，舞姿潇洒有韵。表演套路有平安巡游、摇头摆尾、捉对戏须、贴地盘旋、躬如满月、蹿似飞龙、跳跃腾达、穿花闹春等，舞姿与阵形多变，具有鲜明的个性。高潮时，满场虾舞，前呼后拥，动感强烈，呈现出一派生机盎然的祥瑞景象，加上婺剧鼓乐的伴奏，更显欢快喜庆、兴旺发达的"彩头"。

严州虾灯热情奔放，粗犷豪迈，具有很强的观赏性，舞动中处处闪烁着民间艺人智慧的光芒。表演时，绣有"风调雨顺""国泰民安"字样的旗幡分列两旁，虾阵随鼓乐流转顺畅，变幻自然。腾挪有致又欢愉蹿蹦的画面组合，使"虾"的肢体语言更显卓然炫彩。生命的律动与情感的抒发传递出了天地大美的意韵，展示了"小虾敢与龙共舞"的团结拼搏精神，彰显了"协同方能出彩，合力才会得胜"的朴素信念，因而深得当地百姓的喜爱和专家的好评。

严州虾灯的骨架采用两年以上竹龄的整根毛竹劈作脊（需冬至后采伐），竹根扎虾头，竹梢作虾尾；中间捆扎竹篾圈，以线相连，作为虾身。旧时骨架外糊棉纸，现改用各色闪光布，色泽靓丽且美观牢固，可重复使用。虾身下面前后各按木质手柄，以便擎舞。为方便出行，严州虾灯传承人陆涟创造性地将大虾改制成可拆卸的拼装组合型。

2001年，"严州虾灯"荣获杭州"风雅颂"民间艺术展演金奖，道具制作一等奖；同年获浙江省广场民间灯彩舞蹈大赛银奖；2011年获第六届浙江省非物质文化遗产节开幕式暨"吴越流风"浙江省传统音乐舞蹈汇演优秀表演奖。历年来，应邀出演的省市大型活动有中国绍兴黄酒节、中国杭州国际休闲博览会、中国宁波象山开渔节、中国建德新安江旅游节,以及第八届浙江非物质文化遗产开幕式暨2013年浙江省"文化遗产日"金华主场城市的演出等。

建德市文化广电新闻出版局编:《建德非遗概览》,浙江古籍出版社2014年版。

九姓渔民婚俗

九姓渔民中,建德最多的是陈、钱、孙、许四姓。清代初期,九姓渔民被编伏、仁、义、礼、智、信、捕七个字号,有小大船只2100多艘;至道光、咸丰年间,尚有1000多艘;太平天国战乱后,船只骤减,仅存300多只。1958年农业合作化时,定居建德的船户有306户,1300多人。他们长期漂泊栖息在江上,以捕鱼或从事水运为生。九姓渔民分布较广,足迹遍布钱塘江上游的新安江、富春江、婺江、兰江、衢江水域,下至省会杭州,但以古严州府城(今建德市梅城)一带最为集中。

关于九姓渔民的来历,现主要有三种说法:一说是南宋亡国大夫遗民及其后代;二说是明朝歌伎之后;三说是元末明初陈友谅与朱元璋争夺天下,兵败鄱阳湖,他的九族及后代被贬入舟居不得上岸。第三种说法最为普遍,也为九姓渔民后裔所认可。特殊的社会地位和特别的生存环境,使这个独特的水上群体世居江上,他家浮家泛宅历经数百年之久,形成了自己特有的生活方式和风俗习惯。其中,最有特色、尤显古朴有趣的,当推他们的婚嫁习俗——水上婚礼。该婚俗具有较强的观赏性,常有游客兴致勃勃地参与其中。据1986年,《建德县志》记载:"其船户自相联姻,水上仪节诸多从简,婚嫁时,合两家船于一处,新娘端坐一大盆中,由女船舁(抬)至男船便佳礼。"《梅城镇志》所载亦同。纵观整个九姓渔民婚礼,吉祥主题贯穿始终,它向我们展示了处于逆境中的所谓"贱民",他们同样有着积极乐观的人生态度和对美好生活的向往。同时,粗犷豪迈、别有情趣,别具一格的水上婚庆节目,也让亲朋好友在旅行度假中得到了一次心灵的放飞,快乐的分享和精神上的放松。

九姓渔民的水上婚礼精彩别致,由接亲、发嫁妆、吃离娘饭、抬木盆花轿、抛新娘、船头见公婆、拜天地、过船篷、进洞房等组成。因为都在水上进行,以蓝天碧水为背景,用大锣大鼓、先锋唢呐等民乐伴奏,又有火铳、鞭炮的烘托,故而显得格外喜庆热闹,再加上渔家独特的俚语俚调祝颂,使整个婚典除了喜庆的主色调之外,还蒙上了一层浓浓的神秘色彩和质朴的乡土风情。婚礼过程中最令人注目的神来之笔是抛新娘。盛妆的新娘高居木盆花轿之上,成为众人的焦点,4名渔家汉子抬着新娘和轿围着女方送亲船桅杆连打三圈,寓意"团团圆圆",然后高举高抬,递给男方接亲船上的4名渔家汉子,在亲友们的哄闹和欢乐的鼓乐声中,照样绕桅杆三圈,象征着"落地生根"。此刻,新娘头上的红盖头随着人和轿的转动,优雅浪漫地飘逸起来,使新娘更显得神秘美丽,再加上声声不断的爆竹,喜庆热闹的锣鼓,把一场别开生面的水上婚礼轰轰烈烈地推向了高潮。九姓渔民的水上婚礼犹如一幅江南质朴的山水画卷,蕴含着美在生活、妙在草根的丰富文化内涵。

世代浮家泛宅的水上环境决定了九姓渔民流动性大、生活空间小。简朴的居住条件又决定了他们朴实自然的风俗习惯。古时,由于被贬为"贱民",长期遭受政治压迫和歧视,他们几乎终生在水上生存,被剥夺了做人的一些基本权利。如不准上岸定居,不准入学读书,不准参加科考,不准戴冠穿鞋,不准穿着长衫礼服,甚至不准打纽扣,就是短衣也只能用草绳围着,更不准与岸上人通婚,"自为族类""自相联姻"……数百年间,九姓渔民成了一个相对封闭的特殊群落。他们没有"文化",每到一地就拜一处神,但他们也有自己崇拜的周宣灵王,自成一体的精神家园。他们说的唱的虽是俚语俚调,向往美好生活的祈愿却在其中表露得淋漓尽致,更显直白率真。

九姓渔民水上婚礼这一独特民俗的传承保护,有以下几方面的意义。

第一,对这一特殊群体的形成历史和他们的风俗演变等课题的研究,有着重要的历史研究价值。

第二,对展示浙江省民俗文化的多样性、丰富性和江南风情的秀美朴实有着典范作用和深远意义。

第三,有利于对青少年传统文化的教育,促进人们加深对家乡文化的了解。

第四,有较高的观赏性和参与性,符合民众的审美心理和审美情趣。

第五,丰富了"三江两岸"的旅游资源,为浙江的锦山秀水增添了一道别致独特的人文景观,有助于"世界了解浙江,浙江走向世界"。

第六,为各种文艺创作提供了富有地方特色的素材和描写对象,是浙江弥足珍贵的文化资源。

随着交通的发展,水陆空立体交通网络的形成使人们往返各地日益便捷,主要依靠水上交通运输的历史已一去不复返,尤其是在九姓渔民拥有平等权利,不再遭受迫害和歧视后,他们的生产生活条件也得到了极大的改善,不再局限于水上捕鱼劳作的生活,而是上岸定居了。特别是他们的后代,有文化、有知识、也有条件去学习和创业,他们走向了更为广阔的天地,风俗习惯也逐渐湮灭,一些古老的"做派"被逐渐抛弃,独特的生活方式已缺少原生态的生存空间。如今,"水上婚礼"在生活中已属罕见,但作为文化旅游的保留节目,在少数景点得以历史场景式的恢复展演,在一些重大活动中尚能见到其演变的多元表现形式,在央视和地方媒体上,也能见到介绍水上婚礼的精彩文字与图片。那些动人场景的渐行渐远,引起了专家学者和有识之士的担忧。

建德市文化广电新闻出版局编:《建德非遗概览》,浙江古籍出版社2014年版。

九姓渔民祭江习俗

历史上,钱塘江流域曾有一个特殊的水上群体,史称九姓渔民或九姓渔船,俗称梭浪人。梭乃舟船之标志,江上行船需借助自然风力的驱动,通常一艘船竖一杆梭。"顺风鼓帆走三江,千帆夜宿傍严州"是当时严州城外的写照。

九姓渔民以捕鱼或水运为主。数百年间,几乎过着与世隔绝的水上生活,特殊的政治背景和特别的生存空间，形成了桅浪人特异的风尚习俗，为中华民族的江河文化增添了别有情趣的生动篇章。钱广居在《建德县神庙记》一书中介绍说，船上人崇拜的"周宣灵王，初名雄，后改名缪宝，少授仙指，失足坠水，溯波而上，香闻数十里……相传宋瑞平元年赠广平侯，淳祐元年封护国广平正烈周宣灵王"，民间尊其为水神，是大部分乡土庙宇供奉的"五圣"之一，享人间祭礼香火（"五圣"是协天大帝关公、白山大帝、送子观音、药圣吕洞宾和水神周宣灵王）。钱江流域的州府县在重要的水运码头、集镇都建有规模不等的周宣灵王庙，如衢江畔、鸬鹚湾，严州古城的宣灵庙旧址在现梅城文化馆的正门内，塑有周宣灵王神像，香火不绝。不但岁时节令要去庙宇烧拜，平时，每户渔船上都供着周宣灵王神像，每逢初一、十五要烧插一炷香，每天供着一杯新添的水。这日复一日、年复一年的虔诚致敬，沉淀出九姓渔民信仰的鲜明行业个性与强烈的地域特征。

江河文化首先是人与自然的生命文化。俗话说"靠山吃山，靠水吃水"，道出了九姓渔民和江河的重要依存关系。秋冬有秋冬的鲜活，春夏有春夏的精彩。如新春捕鱼，人称"捕开江鱼"。开江意味着世间万物生命的律动和新的周期开始，九姓渔民很早就认识到这种生命的规律，并懂得敬畏自然，代代传承祭江习俗，礼祭江神，以悦神明，乞求神灵的护佑，给渔家带来鱼虾满仓、平安康泰的美好生活。这种源自家族祭礼祖先的崇拜信俗，本着"族皆有祖，人神共通"的信念，在九姓渔民的精神生活中占有重要地位，是三江文化、渔文化的重要组成部分，表现了九姓渔民终年在风浪里闯荡，穿行于三江捞生活时对美好生活的期盼。这个历经苦难的群体有着许许多多向自然索取的智慧，进而生发出敬重天地神明，善待大自然，善待养育他们的"三江两岸"，并与三江和谐相处的朴素情感。九姓渔民通过祭江活动，显示了怀古念旧，对自然深存感恩的文化情怀，这是应该大力彰扬的传统美德。

九姓渔民祭江既简朴又隆重，意在表达即将出江打鱼的桅浪人对江河母亲的恭敬和感激。首先是精心置办祭品，有洗净煮熟的猪头、公鸡各一只，一斤左右的鲤鱼或鳜鱼一条，糕点四盘，年糕两条，干面条两斤，酒杯三只，筷子三双，另备八双筷子捆成一把，老酒一瓶，红烛一对，香台各一副，祭纸与鞭炮若干。祭品中还有上好的青铜柴两捆，对开的青铜柴开面朝外，用竹条箍紧置于船头，以备祭礼中烧纸使用；青铜方言与挣铜近音，寓意来年能赚的钱财多多、收入多多。有的船民为显诚心，还备办猪右脚一只贡祭。右在方言中代表顺，祈愿新的一年一帆风顺、万事如意。

整个祭江仪式由族内德高望重的长辈主持。所有参加人均为成年男性，女性与孩童须回避。参与者须沐浴更衣，事前洗脸净手。祭品摆放这一神圣任务不可出现差错，要由主持人亲手完成，所有祭品有序陈列在祭江大船的船头舱板上，并在每件祭品上盖上一长条红纸，以增添吉祥的色彩与氛围。

祭江开始，鸣放鞭炮三响，升起风篷（帆）以恭请神明降临。主持人先点燃红蜡烛，再点着香火，分发给众人；接着领着大家向天、地、江神贡献祭酒；然后，主持人带头跪下，参与者跟着全体下跪，进入祭江仪式的最重要的程序——主持人跪念祭辞。主题是感恩天地神灵一年来的庇护,祈望众神多多关照,来年一如既往地保佑九姓渔民多打鱼、打大鱼,人人平安,家家幸福……他们祈求直白、率真,蕴含着质朴淳厚的情感表达和美在生活的丰富内涵,令人耳目一新,备觉温暖。接下来是献祭果,渔家汉子们抬起整篓的花生、核桃等五果礼品撒入江中……最后,众人捧起满碗美酒,大喝一声"干",将酒一饮而尽,祭江仪式宣告结束。这一天每户渔民都会烹制出鱼片、鱼尾、鱼茸、鱼羹、鱼汤等多种鱼宴,用以还神。整个渔民祭江活动显得别样的庄重和足够的虔诚大气,令人心里暖流涌动。

九姓渔民祭江习俗的修复重现和保护传承,将有助于丰富"三江两岸"优美景色的人文内涵;有利于对九姓渔民习俗演变和信仰崇拜的研究、发掘;有利于凝聚群体共识,增强三江流域的历史厚重感,培养民众对家族、家乡乃至国家的热爱之情,尤其是加深青少年对本土文化的认知和认同。同时,也有利于展示浙江民俗文化的多样性、丰富性,具有较好的旅游开发前景。

建德市文化广电新闻出版局编:《建德非遗概览》,浙江古籍出版社2014年版。

九姓渔民的传说

在富春江上撑船的人以陈、钱、孙、许、何、叶、林、李、袁等九姓为主。在桐庐,只要说出钱、孙、许等姓,大家一准能猜出不是撑船人就是捕鱼的。

据老一辈的船民说,富春江上的撑船人,原本都是朝里做官的,只因嫌上朝的朝笏板用手捧麻烦,就把笏板两头钻个洞,拴上绳子背着省力。就这么一改,朝笏板变成了纤笏板,做官的也就变成了富春江上背纤的撑船人了。其实,这是船民的祖先为回避一段不光彩的历史而编的故事。富春江上的九姓船民原本不是本地人,他们到富春江上安家落户是有缘故的。

九姓船民的祖先,在元朝末年的时候,曾经是陈友谅部下的大将。陈友谅占据江西、湖北、湖南,地广兵多,自立为王,国号称汉,在南方是一股强大的割据势力。他一心想吞并朱元璋占领的地盘,想要争夺天下,后来反而被朱元璋在鄱阳湖打败了。1368年,朱元璋称皇登基建立明朝。成王败寇,陈友谅九姓部属被贬罚到富春江严陵滩头为贱民,并规定以船为家,永世不得上岸落户,也不得与岸上人或九姓人以外人通婚;就连过年也必须把船撑离岸才行;甚至上岸办事也必须赤脚,如果是穿鞋上岸,凡是看到的人都可以告到官府把他们的双脚砍掉。

九姓船户当初贬罚的时候有200余人,600多年后,在富春江、新安江浮家泛宅的后代已经遍及钱塘江流域。清同治五年(1866),原严州府报朝廷后,九姓渔民才平反,在严州江边有九姓船户改贱从良碑。这以后才逐渐有人上岸从事农耕,但多数人仍然一直在江上撑船、捕鱼或以放排为营生。

虽说朱元璋的禁令早已经过时了,但九姓人仍然有着水上人家的独特生活习俗,通婚范围也只在船民或渔民之间,很少与岸上人联姻。至于赤脚上岸,那是为图方便,在中华人民共和国成立后的20世纪50年代仍普遍存在。逢年过节,还是将船三五并排停在江心,以求与世无争。

九姓船户被贬罚流放到富春江严陵滩头后,当初并不是撑船运货或捕鱼,而是专门从事称为"菱白船"的贱业,迎送过境官府豪绅和名士。"菱白船"船型为龙娘船(又称长船),用柏树木制成。油漆光亮,重的有30多吨,船上盖乌篷,篷腰的地方开有窗幔,船里设有客座和寝室,后舱有伙厨,布置清洁,有茶围、酒筵、饭筵可招待客人。"菱白船"亦称歌伎船,"菱白"即"交往清白"之意,歌伎称"菱白主"。每船都有三五个歌伎,她们装束入时,口齿伶俐,都是船家家眷。平时学习琵琶琴笛,并且喜欢歌唱吟曲。有客人到了就与客人交谈,介绍富春山水风光,或者饮酒,或者清歌一曲相娱乐。因其地位十分低下,所以经常受欺凌。诗人李经义有诗:"娥眉队队斗年华,九姓于今莫问她。如此江山怨良夜,相逢况是在天涯。"这是当时水上歌伎痛苦生活的生动而真实的写照。

九姓船户要说翻身和改变面貌,还是中华人民共和国成立后的今天。富春江上的船民、渔民已全部在陆地上定居,有的虽说工作仍在水上,但在岸上每户都有一个像模像样的家。通婚范围已不分水上岸上,只要男女相爱就可联姻。以前的贱民,现在真正当家做了主人。就桐庐而言,九姓船民的后代遍及全县各个部门,有从政、从商、从工及从军。以前的一切只成了民俗学家研究富春江民俗的话题。

浙江富春江旅游股份有限公司编:《桐庐旅游故事集》,西泠印社出版社2014年版。

九姓渔民的水上婚礼

方本昌

今年2月8日晚,千岛湖旅游集团第二届职工文艺汇演,在水之灵剧院隆重上演。整台晚会内容丰富,精彩纷呈。在演出的节目中,尤其是由县旅游公司选送的舞台剧《九姓渔民的水上婚礼》引起了笔者的浓厚兴趣。

何谓《九姓渔民的水上婚礼》,整个婚礼全过程又是怎样的? 笔者查阅了有关历史资料,原来,水上婚礼是久居新安江的九姓渔民特有的风俗。所谓九姓渔民,是指常年漂泊在新安江、富春江、兰江上的渔民。这些渔民分别是陈、钱、林、袁、孙、叶、许、李、何九家姓。他们世世代代生活在水上,以捕鱼、载客为主,很少与岸上人来往。据说,他们是元末农民起义军陈友谅的部下,因陈友谅与朱元璋争夺天下,大败于九江,被俘部属遭流放到新安江上,贬为贱民,并规定他们不得上岸居住,不准与平民通婚,不准读书应试,上岸时不准穿鞋……几乎剥夺了做人的一切权利。他们的孩子连正经名字也没有,花名册上便以阿狗、阿严、水猴、水鬼等称呼代替。虽然也有一些正直的清官为他们平反过,如清同治五年,严州知府戴槃曾给他们颁发了"改贱为良"的"执照",并立过碑,但九姓渔民仍受人歧视。中华人民共和国成立后,九姓渔民的命运有了彻底的转变,彻底平了反,与岸上人享有同样的权利,他们的聪明才智得到了充分发挥。

数百年来,九姓渔民举家泛舟,生活在水上,漂泊不定,随遇而安,过着"游渔"生活。一般每户有两艘船：一艘用于吃住，称为"娘船"（相当于"生活基地"）；另一艘则用来外出捕鱼。九姓渔民外出捕鱼，上行至安徽徽州，下行至钱塘江，晚上放网，天亮收网，赶早市，卖鱼虾，维持生计。由于他们世世代代生活在水上，以打鱼、载客为生，很少与岸上人来往，形成了自己独特的生活习俗。九姓渔民的生活习俗与岸上人颇为不同，其中最具特色的就是"抛新娘"式水上婚礼。婚礼过程由迎亲家船、送嫁妆、唱利市歌、喂离娘饭、抬新娘、拜堂、入洞房、抛喜果等情节组成。其间司仪先生的穿针引线和利市婆婆诙谐风趣的说唱，喜庆热闹，情趣盎然。整个婚礼过程大致是这样的：码头边停泊着一只披红挂彩的箬篷船，船头上缀着一个大红喜字，高高的桅杆上飘着一面旗帜，挂着一盏灯笼，旗帜和灯笼上都标有船主人姓氏；船头上的一群人穿着新衣，喜气洋洋而又忙忙碌碌。这便是马上要举行婚礼的新郎方的接亲船，俗称男船。

此时，江心响起锣鼓声，一条与男船相似装扮的彩船徐徐驶来，只是旗帜、灯笼上的姓氏可能与男船不同。这是新娘方的送亲船，俗称女船。

霎时间，男船鞭炮齐鸣，鼓乐声起，缓缓调转船头，向女船迎去，两船在江中相遇后，双双驶向预定地点，相距一米而停泊。此时，主婚的利市人宣布："过喜（抛新娘）开始！"女船上伴娘即将穿红戴花的新娘扶出，交给站在船舷边的两位亲人（叔伯或兄弟）；同一时刻，男船上两位新郎的亲人也在船头摆上马步。随之，锣鼓鞭炮声戛然而止，女船的两位亲人便一手托住新娘的背部，一手托住新娘的臀部，高高举起新娘向男船抛去，人们一片惊叫声，新娘被新郎的两位亲人稳稳地接住。随后，新郎、新娘在铺着袋子的船头并排站立，在利市人的引导下，一拜天地，二拜父母（公婆），夫妻对拜，锣鼓鞭炮声又顷刻大作，男船、女船上的人同时向岸上的观礼亲友撒柏籽、花生、红枣和糖果，让大家分享新人的喜悦。

稍后，新娘被扶入船舱，新郎则从遮阳避雨的船篷上小心翼翼地爬过去，从船后入舱与新娘相会。此时，男船与女船之间搭起了相互连接的跳板，双方亲友往来道喜。

当夜幕降临时，这对新人即下到一只小船上，劈开水波去到一个幽静的去处，欢度他们的新婚之夜，翌日早晨返回大船。

整个婚礼过程生动地表现出水上渔民的生活情趣。

《淳安史志》2015年第2期。

樟树潭——九姓渔民之福地

徐晓琴

元朝末年，各地农民起义军揭竿而起，长江以南地区朱元璋、张士诚、陈友谅各部成为抗元主力，但各自都为扩展自己的势力范围而相互攻伐。至正十七年（1357）朱元璋的大将常遇春夺取陈友谅的池州，朱陈两军攻伐加剧，樟树潭在激烈的争夺战中成为主战场。

相传南汉王陈友谅所部之所以骁勇善战，全靠许、钱、袁、陈、孙、叶、何、李、林九姓渔民组成的子弟兵。陈友谅在九江口曾迫使朱元璋自刎，实际自杀的是朱元璋的替身韩成。故朱元璋于洪武元年（1368）在南京登基后仍然旧恨难消，曾下谕旨："九姓渔民不得住我大明寸土。"可怜九姓渔民及其后裔只好沦落江河湖海从事水运、捕鱼为生。

樟树潭古埠江宽水深，是南北山区木材山货的集散中心，且渔业资源丰富，故成为九姓渔民生息繁衍的首选福地，随后逐渐在两岸及附近村庄定居，所以樟树潭沿江所居的九姓渔民颇多。以北岸溪滩村为例，全村96户312人，主姓许、钱、袁三姓就达47户144人，户数与人数分别占了49%和46%。

南岸的茶埠村、樟树潭村、沈家村、卢家村九姓渔民就更多了。户数达468户，占总户数的21.37%。人口数达1458人，占人口数的21.48%。截止到2009年底，这4个村的总户数为2093户，总人口数为6476人。具体情况见表4-2。

表4-2　樟树潭沿江九姓渔户情况

全村总数	溪滩村		茶埠村		樟树潭村		沈家村		卢家村		合计	
	户数	人口	户数	人口	户数	人口	户数	人口	户数	人口	户数	人口
	96	312	578	1986	500	1345	643	2179	372	966	2189	6788
许	21	52	0	0	38	108	2	13	1	1	62	174
钱	19	52	5	18	2	3	6	17	0	0	32	90
袁	7	20	0	0	8	23	1	1	1	3	17	47
陈	0	0	14	39	17	51	6	25	10	25	47	140
孙	0	0	14	31	2	5	1	1	0	0	17	37
叶	0	0	26	69	32	92	214	750	8	18	280	929
何	0	0	14	46	2	5	3	6	13	37	32	94
李	0	0	8	20	1	3	7	19	1	1	17	43
林	0	0	2	6	4	8	5	17	0	0	11	28
九姓合计	47	124	83	229	106	295	245	849	34	85	515	1582
占比：户数占21.37%，人数21.48%												

20世纪50年代，卢家村东江边仍有一座古庙——水口殿。据杜冬耀老人回忆，该庙面积300多平方米，殿内供着3尊神像，即南汉王陈友谅、九江王陈友必、水军元帅张定边。这应是九姓渔民后裔所建，以寄托对先贤的崇敬与怀念。

朱元璋在衢州流传的故事很多，关于樟树潭的就有两则。

1.朱元璋在樟树潭吃了败战，被陈友谅追杀而躲进一古潭的树洞中。因朱元璋王气在身，大难不死，刚躲进树洞，洞口就被蜘蛛网封住，就这样老天爷助他逃过一劫。

2.朱元璋兵败躲进金仙岩村仙岩洞，坐骑是倒退着进洞的。陈友谅追兵赶到时以为朱元璋向西逃遁，从而向西追赶，于是朱元璋逃过一劫。

2010年12月27日

徐晓琴：《记忆中的古埠乡愁——樟树潭》，现代出版社2015年版。

白沙埠渡江纪实

陈银香口述　钱国荣整理

1949年5月，中国人民解放军第二野战军，遵循毛泽东主席、朱德总司令解放全中国的命令。5月3日下午3时许，以抢占钱塘江大桥为中心的解放杭州的战斗全部结束，在群众热烈的夹道欢迎下，解放军列队进入杭州市区。

在解放大军南下杭州市区的同时，中国人民解放军浙东游击纵队金萧支队也以最快的速度，向杭州周边各县发起了进攻。从4月30日至5月6日，解放军相继解放了分水、新登、桐庐、临安等县城，并配合大军解放了富阳。5月5日，军队奉命进军萧山，保障杭州侧翼安全的63师，在花家店附近遇到残敌一部，俘敌千余人后，进入萧山县城。与此同时，渡江后经浙西山区直出浙赣线的第二野战军11，12军，第12军（代）军长兼36师师长李德生、34师师长尤太忠挥师继续追击国民党残部。

解放军第二野战军第12军34师（师长尤太忠）率部从淳安出发，于5月4日到达白沙渡埠。他们的任务是要渡江到南岸追击寿昌、兰溪、龙游方向的国民党残部。

新安江白沙渡，一直以来，都依靠摆渡过江，而江水时常泛滥，常常阻断人们南北通道。当地流传一首形容白沙渡的打油诗："走遍天下路，难上白沙渡，一撑撑到罗桐埠，一淌淌到江村埠。"过条江，上下相距五六里水路，下了几点毛毛雨，就难上白沙渡。而五月的白沙渡，正值立夏季节，梅雨来临，江水猛涨，水流湍急，给部队渡江带来很多困难。于是渡江部队派了一名官兵和侦察员由小船来到江边与一个叫钱老马的渔民商量："老乡，我们是中国人民解放军。现奉总部命令，要渡江追击敌人，解放全中国，让天下劳苦大众翻身得解放，希望得到船民、渔民兄弟的支持！帮助大部队过江。"大家一听，是穷人自己的队伍，立即表示前去支援大军渡江，随后召集了罗桐埠、庙嘴头、白沙埠3个码头的所有船工、船民，即钱、陈、袁、孙、叶、李、许、林、何等九姓船民。其中，现在能回忆出名字的有：钱根林、陈莲香夫妇，钱金生、黄有翠夫妇，陈樟法、钱香香夫妇，陈小樟贵、钱月英夫妇，陈樟林、徐莲香夫妇，陈根宝母子等。共征集了大小船只20余艘，全部集中在白沙埠码头，准备帮助解放军渡江。当时船只都是木质的，有七八吨的，也有十多吨的，最大的有20吨，全靠人力渡江。从5月5日早上开始，历时数天，前后约七八天，最后，胜利完成了渡江任务。

当时，解放军驻扎在现白沙桥南北两岸，部队在麻园里（现市政府），前到江边岸上临时搭灶做饭，供应渡江部队和渡江人员。

5月5日，解放军第二野战军第12军34师开向梅城、麻车、兰溪方向，直逼金华，追击并切断浙赣线上白崇禧、汤恩伯一部。

而第二野战军第12军34师和36师，则靠这些船民、渔民的人力划桨，撑篙摇橹，全部用人力、木船将人员、粮草、马匹、轻重武器渡过江去。

由于新安江水流湍急，流速很快，渡江木船要先撑到上游，然后斜漂至下游对岸才能完成渡河。船工们仍然不知劳苦，不怕牺牲，奋勇向前，而在船民、渔民的眼里，这支部队对百姓非常和善友好，秋毫无犯。但在整个渡江过程中也出现了意外。当时参加渡工的船工中有一名30多岁的女性，名叫陈莲香，在渡江过程中被流弹击中而牺牲。经上报总部、军部，被师政治部和寿昌县政府授予革命烈士称号。部队首长、师、团政委参加授誉和安葬仪式。

部队在白沙渡口渡过新安江后进入寿昌县更楼。当日傍晚，尤太忠率部进驻万松境（即今寿昌镇）。

《建德往事》第5辑，文汇出版社2015年版。

九姓渔民婚俗

旧时，富春江、新安江、兰江一带水域，生活着一批受歧视的特殊人群，人称"九姓渔户"，即陈、钱、林、李、袁、孙、叶、许、何九姓人。建德最多的是陈、钱、孙、许四姓。清朝初年，他们被编为伏、仁、义、礼、智、信、捕七字号，有大小船只2100多只；至道光、咸丰年间，尚有船1000多只；太平天国后，船只减少，仅存300只。1958年开展合作化运动时，定居建德的船户为306户，1300多人。他们浮家泛宅，日常生活都在水上。船只活动范围几乎遍及钱塘江流域，下杭州、桐庐，上至兰溪、衢州、江山、淳安，主要在建德、桐庐、兰溪一带。

由于特殊的生活环境，九姓渔民保留了一套独特的生活习俗，尤其是他们的婚嫁习俗与众不同。他们只能在九姓之内自相婚配，嫁娶仪礼都在船上举行。

婚姻由双方家长说定。订婚时，除讲明的聘金外，还要送十六盘、二十盘或者廿四盘。最困难的也要送八盘。主要是猪肉、鱼、番薯粉、索面、馒头、布、银圆、鸡、猪蹄等。订婚后到结婚前，每年端午、中秋、过年再送三礼。

结婚头三天，男方要送两担松柴、两担木炭，以及酒和肉给女方，以供宴请宾客之用。男方要请一对夫妻双全、多子女、经济较好的人来帮忙，一男一女，分别称为"媒公公"和"利市嬷嬷"。"媒公公"在男主船上张罗，"利市嬷嬷"则到女方船上为新娘梳头、开面。

结婚前一天，傍晚开始发"轿后担"，也就是送"嫁妆"（又叫称嫁妆）。男女双方的船并排停泊，中铺踏板。"利市嬷嬷"站在女方船头，手拿秤杆，用秤钩象征性地称一下，喊一声"称一斤"，男方船上的"媒公公"马上接应着喊一句"长千金"。男方船上的人接着就把"嫁妆"放到新船里去。送一件，唱一句。这是送嫁妆的重要环节，四周围观的人既是在看新娘嫁妆的多少与质量好坏，也是在听"媒公公"和"利市嬷嬷"唱得好听与否。

这些利市话分别由"媒公公"和"利市嬷嬷"像接吟一样你一句我一句地轮流喊："称一斤，长千金；称两斤，长万金；称三斤，三元及第；称四斤，四季发财；称五斤，五子登科；称六斤，六六大顺；称七斤，七子八孙；称八斤，八子成双；称九斤，九子十三孙；称十斤，十子大团圆。"最后，两人合喊："荣华富贵万万年！"用方言俚语声唱来，颇为动听悦耳。

九姓渔民的妆奁很简单,一般只要求最起码的子孙桶(即马桶)、大小脚盆、红漆托盆(最少2只,多的4—8只),以及衣服、箱子等。和岸上人不同,九姓渔民因为生活在船上,生活空间狭小,一般都不陪嫁桌、椅、床等大型妆奁。送妆奁结束,女方要请男方的帮忙人过来,共饮"送妆酒"。

出嫁头一天晚上,女方新娘要进行"谢礼"活动。整个船上,挂灯结彩,红烛高烧,红烛点燃后要派专人看管,不准被风吹熄,否则便被认为夫妻不能白头到老。两面开锣男女船上各挂一面,双方配合,齐声敲打十三下,十慢三快,这种锣声整夜不能停。新娘则对所有亲戚、长辈、父母、叔伯、兄弟姐妹等哭拜。拜后,每人都要拿出一个"红纸包"给新娘,称为"谢礼"。新娘哭时,母亲、伯母、婶母、姐妹等女眷都要陪哭。哭嫁歌的内容因人而异,都是依依不舍的话,长辈说的大都是些"利市话",预祝新娘婚后幸福、快乐等。

出嫁正日,来接亲的新郎把船撑到新娘家,岳母要站在自家船头,隔船对着女婿说"教训话"。基本都是希望女儿、女婿婚后夫妻和睦、白头偕老,要求女婿不要欺侮她的女儿,要恩恩爱爱等内容。新郎听完岳母的话,要很快从自己船上走到新娘船上,对着岳母的面,双膝下跪说:"听岳母的话,一定牢记。"说完马上跳起来逃回自己船上,否则就要被女方亲友拖住,就要罚糖果、红鸡蛋、橘子之类的东西。

接着新娘要拜别祖宗、父母。新娘先由"利市嬷嬷"为她梳头、绞面,穿好嫁衣,再参拜祖先、父母。拜完,"利市嬷嬷"搀新娘坐在一个竹制的团圈中等候吉时。这时候,"利市嬷嬷"还要讲"头戴凤冠,身穿霞帔,新郎官看到笑眯眯,公婆看到心欢喜"等一套"利市话"。

新娘起身前,要先吃"高头饭",又叫"离娘饭"。满满一碗饭,上有两个剥去壳的熟鸡蛋,一碗面,数样菜,由"利市嬷嬷"喂新娘吃。"利市嬷嬷"讲一句"利市话",新娘象征性地吃一口。喂饭前讲:"吃口饭,聪明能干多喜欢。"吃第一口讲:"头一口饭对半分,哥哥分去造屋造在村中心。"吃第二口讲:"第二口饭对半分,丈夫分去把小叔讨个新婶婶。"吃第三口讲:"第三口饭对半分,父母分去长福长寿永康宁。"喂鸡蛋时讲:"鸡蛋一口咬到黄,夫妻双双有商量。"喂鸡肉时讲:"吃口鸡,养鸡和鹅一样齐。"喂肉时讲:"吃块肉,养猪牛样高马样大。"喂面时讲:"吃口长寿面,到老都康健。"等等。

"抛新娘"是指新娘子正式由娘家到夫家的过程,也是整个婚礼的高潮,这是九姓渔民婚俗中最具特色的环节。抛新娘前,男方接亲船挂灯结彩,打扮得如同轿子一般,称为"轿船",敲锣打鼓、鸣放鞭炮地撑去与女方的船并列停泊,俗称"并彩"。男女双方的彩船要相距一定距离,不得碰撞,相碰被认为"不吉利",两家会争吵不断。两船的彩布要挂一样高,俗信以为高的会抢了低的一家的运势,导致一家"发",一家"败"。有时,因为这彩布挂得不好,两家甚至会当场发生争执。抛新娘的人站在女方船上,这个人要求身强力壮,又要和"媒公公""利公嬷嬷"一样"吉利"。他穿着整齐,雄壮威武,腋下系一根阔带子(带子由两人拉牢,以作保险),前脚弓,顶住船沿,后脚挺,站稳马步。

新娘离娘饭吃好，女船上的"利市嬷嬷"当即打招呼，喊："千金小姐送上来！"这时两个伴娘扶着新娘从船尾"出阁"。男船上"媒公公"接喊："王孙公子站起来，珍珠凉伞撑起来。"与此同时，女方要放火炮三个，第一个"招呼炮"，第二个"动手炮"，第三个"出门炮"。男方这时也要放两个火炮，一个叫"进门炮"，一个叫"胜利炮"。女方刚放第二个炮时，抛新娘的人敏捷地拉住新娘，一手托住背脊，一手托住臀部，用力向新郎船上抛去。男方接新娘的人早已严阵以待，接住后，就转身放下新娘，让其站在船头铺着的袋子上，从船尾"进门"。这时，守在船桩旁的人迅速地拔起竹篙，将船撑起，打三个圆圈，一径向上游撑去。

接着是拜天地和分大小。新娘在男方伴娘的搀扶下，由船尾船舱，来到船头交给等候多时的新郎，新郎新娘并排站在船头，两伴娘手持点燃的蜡烛，分立两旁陪着新人，帮忙人拿出准备好的"百果盒"，内放红枣、桂圆、花生、莲子、炒栗、松子等吉祥果子，摆放在船头香案上，新人点起香，双双对天膜拜。拜时，"利市人"要喊："拜一拜，天长地久；拜两拜，地久天长；拜三拜，三元及第……"天地拜好，男在前、女在后，走到舱门前，对长辈跪拜，称为"分大小"。受拜的人都要拿出"红包"作为"见面礼"。

天地拜好，"利市嬷嬷"捧来一脸盆水，内放毛巾，让众人洗脸。先由新郎新娘洗，再是公婆、叔伯、妯娌、姑娘等洗，称为"洗和气面"。俗信以为这样洗洗，今后一家人就会和和气气。

洗完面后，就入洞房。新娘由伴娘引导，进舱门，过船舱，从船尾"出阁"。新郎也要从船尾入"洞房"，入洞房前，新郎要爬到船篷背上，叫作"站彩台"。站彩台时，"利市人"要讲："一见新郎站彩台，好比状元出京来，升一步，高一步，升两步，凑成双，老官要交印，新官好上任……"讲好，新郎从船篷下来或手脚麻利地爬过船篷顶，由船尾进入船舱，才算入了洞房。进洞房时，还有一番"利市话"："金丝托盘送进房，新房里面闹洋洋。大红棉被丝罗帐，天官赐福挂中堂。一对鸳鸯当中坐，福禄寿喜两边排。新郎新娘多高兴，美满姻缘凑成双……"送入洞房后，新郎要给新娘挑头巾，把盖在新娘头上的一块方红巾用秤杆挑开。此时，"利市嬷嬷"唱："手拿秤杆一条心，月下老人叫我挑方巾。挑得方巾四只角，生个儿子做都督；挑得方巾圆又圆，生个儿子做状元；挑开方巾见新娘，新郎心中好喜欢；新郎新娘一条心，白头偕老万年春。"

结婚第一夜，亲戚朋友要来闹新房，"偷东西"。要闹得新郎新娘一夜到天亮没法睡觉，大家才高兴。如果新人失误睡去，东西被人"偷"去，不但要用香烟、糖果、红鸡蛋去赎，还要被大家取笑。

九姓渔民婚俗还有三朝回门，也就是婚后第三天，新人双双到女方娘家拜见岳父母，叫"回门"。岳父家要摆酒"请新女婿"。新郎去时要带一些礼品孝敬岳父母，还要准备一些红包，凡小辈见面都要分给一个，作为"见面礼"。回门酒吃好回家，整个婚事才告结束。

2006年，九姓渔民习俗列入第二批杭州市非物质文化遗产名录。2007年，九姓渔民婚俗列入第二批浙江省非物质文化遗产名录。2009年，陈根有被评为第三批浙江省非物质文化遗产项目代表性传承人。

顾希佳主编：《杭州市非物质文化遗产大观（民俗卷）》，西泠印社出版社2015年版。

十六回切

"十六回切"，又称十六会签、十六围席，是流行于浙西一带的一种传统礼仪家宴，尤以桐庐"十六回切"最负盛名。

"十六回切"的具体名称可以随菜市而变化，可称为"全鱼宴"；若头道菜或压轴菜以海参、鱼翅等高档食材制成，则可以以此命名为"海参宴""鱼翅宴"等。旧社会宴席多用于宴请重要宾客，比如达官贵人、文人墨客、生意朋友、姻亲等，也有为答谢他人而办宴席的，比如拜师、谢师、造新船、扶会谢会脚等。

据1991年版《桐庐县志》记载，该家宴最早始于南宋，到清代及民国发展成熟。民国时期，桐庐县城东门曾有一家李顺和饭店，经常为客人操办"十六回切"宴席，每桌价钱定为10块银圆，可以有海参之类的高档菜上桌。本埠船民有事都会到这家饭店办"十六回切"宴请客人，遇上订亲或者大货主到桐庐、船家扶会修船、造船等，主人就会请客人到这家饭店吃"十六回切"。

"十六回切"宴席菜肴种类、上菜程式、入座规定等都有一套相对规范的礼仪。

民国前，桐庐民间"十六回切"宴请客人，事前主人会亲自或者派家人穿着长袍马褂专程登门送请帖。

安席间主桌设6座，空出一面挂桌围，桌围上方置烛台两尊，并点燃大红蜡烛一对。席位由执事预先排定，唱名入座，上首左手为最尊，右次之。然后是左上位、右上位、左下位、右下位是陪客座位。陪客由主人的兄弟、儿子或朋友担任，主要为主桌客人斟酒及负责其他需要东家照料的事。

宴席座次习惯以居室的厅堂挂中堂方为上，天井为下，上方左座为大，右座为次。客人入席前一般都知道当天赴宴的客人中，自己排位第几，一般入席的客人表示谦让，往往会降低档次入座，直到主人盛情邀往前位上坐时，这才调换到他该坐的位子上。

宴席的执事一般由主人的近亲担任。由于其场面较大而人多事杂，主人无暇顾及，一切事务得有专人负责。旧时，帮忙的人从总管到杂役都要在红纸上写名字贴在墙上，一则可使帮忙的各司其职，同时方便来客遇事找人。富殷主人还要请堂鸣为其奏乐，有客到时或道喜时，必奏乐，礼毕而止，并在席间奏乐。曲牌一般为"小开门"等，气氛十分欢乐。

酒宴开席，主人先举箸示意客人先吃菜，以示主人真诚好客、当第一道热炒菜上桌后，主人得立起身向客人敬酒。"菜过五道""酒过三巡"后，客人之间可以随意互敬，席间不能豪饮，只能举杯小抿，主客显得温文儒雅。

"十六回切"宴席菜肴极具桐庐地方特色，多为桐庐当地传统名菜。集烩、炒、煮、炸、蒸、烧、炖、拌等烹调手艺，又讲究菜肴的色、香、味、形，而且还兼顾桐庐地方风俗习惯。

其中头道菜和压轴菜十分重要,头道菜是用料最精到的炒菜,大多是炒三鲜一类,压轴菜为"肉圆",象征着团团圆圆。菜点中常有表示吉祥的意思,用两条鱼拼盘称元宝鱼,橘子表示吉利,用甘蔗表示节节高等。

宴席菜式以四个菜点为一组,四组形成一个回合,"前道十六冷盘,中间十六热菜,后道十六茶点",山珍海味,咸酸甜辣,荤素干稀,洋洋大观。一般前道冷盘有四干果、四糕点、四冷素、四冷荤;中间热菜有四热炒、四大菜、四点心、四饭菜;最后茶点还有四水果、四蜜饯、四糖果、四茶水。

开席前冷盘已然上桌,有四干果:花生仁、西瓜子、杏仁、松子;四鲜果:橘子、甘蔗、荸荠、西瓜,也可根据时令另外选择;四冷素:八宝菜、糖醋萝卜、卤味素鸡、凉拌菊花菜;四冷荤:虾盐卤浸鸡、蒜泥白切肉、萝卜丝拌海蜇、五香牛肉。客人入座开席,先上四热炒:炒三鲜、汤爆肚尖或爆腰花、醋溜鱼块或梅子肉或炒裙鳖、油条烩蹄筋或西卤海参;四大菜:龙须㸆鸡、火腿炖老鸭、走油蹄髈、清蒸白鱼或清蒸鲥鱼;四点心:灌汤小笼、八宝饭、南乡馒头或鸡下饼、桂花栗子羹;四饭菜:炒双冬、蒸肉圆、香菇菜心、寒露㸆豆腐。此菜谱按秋季或初冬安排,有的菜可根据时令及时调整,旧时在初夏四大菜中大多会有清蒸鲥鱼一菜,而蔬菜中寒露㸆豆腐,春天可改为荠菜㸆豆腐,初夏可改为苋菜豆板㸆豆腐,冬天也可用时件㸆豆腐。

旧时宴席菜谱基本以荤菜为主,根据主人家的经济条件,可用一个回合,也可用两个或三四个以上回合。同时,还应根据时令安排菜肴,条件好的可用四山珍、四海鲜、四飞禽、四走兽等,一般人家以鱼肉鸡鸭为主要原料。桐庐民间流传最广的有四吊角、四热炒、四熬羹、四大全等组成一回合的"十六回切"宴,其中四吊角为见面菜点,一般安排四冷荤菜肴。如今,按照人们的饮食习惯,"十六回切"的宴席菜谱可选择三分之一全荤肴,三分之一为全素肴,另外三分之一则安排半荤半素的菜肴。全荤菜可在海鲜、水产和禽类中挑选。

"十六回切"宴席在桐庐流传已久。民国二十六年(1937)后才逐渐淡出人们的生活。但有关"十六回切"的口头语至今仍然很流传,比如看到熟人菜篮里拎上些鱼和肉好菜时,十有八九都会夸上一句:"哇!今朝介海威,吃十六回切啦!"又如谁家孩子在饭桌上"迷"筷,或者说嫌菜差,当父母的也会用"想吃十六回切啊,你呒有介好格福气"来数落。

1989年,叶浅予和王维乃按旧时"十六回切"的程式整理出了菜谱。2006年,杭州桐江职业技术学校按菜谱烹制了"十六回切",并将过程录入《桐江美食》,拍摄了完整的烹制过程,为传承"十六回切"宴席提供了完整的、有价值的资料。2008年十六回切被列入第二批杭州市非物质文化遗产名录。2011年许马尔被评为第三批杭州市非物质文化遗产项目代表性传承人。2012年,"十六回切"被列入第四批浙江省非物质文化遗产名录。

顾希佳主编:《杭州市非物质文化遗产大观(民俗卷)》,西泠印社出版社2015年版。

富春江渔歌

富春江为浙江中部河流,自杭州钱塘江逆流而上,流经富阳、桐庐、建德三地,全长约110千米。富春江水系很早就是杭州、上海沟通浙江内地、福建北部、安徽南部和江西东部的重要水道。

富阳市、桐庐县、建德市沿江两岸水产丰富,渔业发达,生活在江上的渔民靠捕捞和运输繁衍生息。伴随着渔业劳动生产,富春江的渔歌应运而生。

富春江上的船民历史上被称为"九姓渔民"。相传元朝末年,将军陈友谅意欲夺取天下,自立为王。朱元璋称帝后,陈友谅九姓部属陈、钱、林、袁、孙、叶、徐、李、何,被贬罚到富春江严陵滩头成为"贱民",并规定以船为家,不得上岸定居。这就是富春江沿岸早期从事捕捞和运输的渔民,这些渔民以自然捕鱼作业为主,他们以蓄养鸬鹚作为捕捞工具。在人与鸬鹚的相互配合下,以吆喝声来指挥鸬鹚下水捕鱼。久而久之,各种吆喝声就形成了捕鱼劳动号子,成为今天独具特色的富春江渔歌。

渔歌根据水流的轻重缓急、四季变换以及所捕鱼类的不同而有不同称呼,如《夏季柯甲鱼调》《春季赶鱼调》。渔歌的曲调也因地域不同而有差异,加之每个捕鱼者自身不同的嗜好,即使是相同的渔歌也有很大变化。自幼受到训练的鸬鹚,懂得号子的含义,根据主人所唱的不同音调,进行相应的操作。如《柯甲鱼调》中的"上前寻来""石礅里旋来"等词句来指挥鸬鹚的方向及捕鱼的动作等,捕鱼者通过歌唱吆喝来达到指挥鸬鹚进行捕鱼活动。

当今的桐庐富春江渔歌,主要集中在桐庐县桐君街道的渔业村。这个渔业村至今居住着20世纪50年代以来上岸定居的富春江渔民。《鸬鹚调》是其主要劳动号子,渔民根据季节,捕什么鱼吆喝什么曲调,如《吐蛋调》《夏季柯甲鱼调》《春季赶鱼调》《秋季柯水草鱼调》《冬季柯深水鱼调》等;《鸬鹚调》的歌词大部分以喔、嗬、吧、嗨、呦等衬词为主,主要用于人与鸬鹚之间的沟通,号子节奏多为散板,长短因人而异,风格粗犷。

富春江渔歌也和其他民间音乐的形式一样,通过一代代传承人绵延香火。比较典型的传承者如钱老四(1922—1983),男,小学文化,11岁从事捕捞作业,1953年参加建德地区民间文艺调演,演唱《鸬鹚调》获奖。许兴娜(1935—),男,小学文化,9岁起从事捕捞作业,善唱各种《鸬鹚调》。童忠根(1951—),男,初中文化,从事民间艺术的主要骨干。这3位都是渔民出身,并从小从事捕鱼作业,熟悉各种渔歌。

目前,由于江河淡水生态的被破坏和人工水产养殖业的不断发展,自然渔业养殖急剧衰退。据统计,桐庐境内在民国时期有渔船60多只,中华人民共和国成立初期逐年增多,但到1990年仅剩24只。渔民生活的不断变化,渔民从水路生活到陆地定居,使得依附江河捕捞作业的生产习俗逐渐消退,渔歌也随之自然消失。现在能够表演富春江渔歌的渔民所剩无几。

富阳富春江渔歌。富春江横贯富阳境内52千米,富阳渔歌过去主要集中在颧山脚下。1983年民间艺术普查时,这里仍保留有6首《鸬鹚调》(广义),即《鸬鹚调》(狭义)、

《哇蛋》《春秋捕鱼》《夏季捕甲鱼》《冬季拘鱼》2首；之后还搜集到5首与捕鱼相关的乐曲，《摇橹小唱》《撑船歌》《瓜亭观打鱼》《地上有条富春江》《春江渔鼓赋》。

20世纪80年代，在颧山一带仍有3户渔户采用鸬鹚捕鱼。但80年代之后，这种捕鱼作业方式被现代化捕鱼方式替代，鸬鹚捕鱼消失，这使得依附于此的渔歌也渐被人遗忘。当地政府为了保护传承濒临灭绝的渔歌，组织专业音乐工作者依据《鸬鹚调》，创作了合唱曲《水乡渔歌》。

目前，陈如金是富阳富春江渔歌的唯一传承人。

建德富春江渔歌。建德历史悠久，山川秀丽，江湖岩洞瀑雾等自然景观丰富多彩。境内水系属钱塘江流域，有新安江、兰江、富春江3条干流及38条中小溪流。新安江在市镇西部的芹坑埠入境，由西向东流经新安江城区、洋溪、下涯、马目、杨村桥，在梅城与兰江汇合后流入富春江；境内全长41.4千米，流域面积1291.44平方千米。兰江在三河乡入境，自南而北流经三河、麻车、大洋、洋尾，于梅城东关汇入富春江，境内23.5千米，流域面积419.38平方千米。富春江由西南流向东北，经乌石滩、七里泷，于冷水流入桐庐县；境内长19.3千米，流域面积615.75平方千米。优越的水资源，使得这一区域自古以来渔业生产活动兴旺发达，同时也孕育出了许多丰富多彩的渔歌。如《建德县志》载："七里泷……更兼以江山澄清，锦鳞游泳，时有渔歌，欸乃山谷相应。"

2009年，富春江渔歌被列入第三批浙江省非物质文化遗产名录。钱林法评为浙江省非物质文化遗产项目代表性传承人。

顾希佳主编：《杭州市非物质文化遗产大观（民间文学卷）》，西泠印社出版社2015年版。

撑乌篷船的人

钱吉昌口述　章大成整理

我孩提时就随老爷子、老爸在建德市下涯镇下涯以撑船为业。1939年，30岁的我接过老爷子的竹篙，为下涯源（大洲一带村庄）的客商装运柴炭到杭州柴炭木行销售。以前撑船，靠人力划桨、拉纤，遇上顺风，可以在船头上张挂风篷，借风力行船。如七里泷顺风七里，无风七十里，逆风更慢。船过溪滩（仅下涯埠到杭州这段航道，就有20多个溪滩），在船上撑篙的，赤着脚在水中拉纤的，都要齐心协力用尽吃奶的力气。遇上"三九"严寒，冰冻挂壁，冻得人双手红肿，两脚发麻，其中甘苦只有撑过船、拉过纤的才晓得。若遇上天旱水干，劳动强度更大，仅过一个溪滩，就够你好受的。晚上，躺在甲板上，浑身骨骼就像散了架。更可怕的是遇上狂风暴雨，稍不留神，就会发生船翻货淹，甚至溺死人的险情。每次装完货，一到晚上，就数次起床，查看船上货品淋湿了没有，船拴牢了没有，江水进了还是退了，水进船要进，水退船要退；要不然，货船就要搁浅了。有一年，都快过年了，大洲一位老板雇我的船运送松柴到杭州，本来是一笔好生意，挣点钱过个年。万万没有想到，"屋漏偏遭连夜雨，行船更遇打头风"，到晚上突然下了一场鹅毛大雪，铺天盖地压下来，加上松柴装满货舱，大雪一压，船吃不了重，往下沉。在这紧要关头，我老爸想把船上的松柴卸下一些，没想绳子一松，松柴就发疯似的骨碌碌滚到江里去了，江水很大，松柴就被江水冲走了，我爸拼命划小船打捞，哪里捞得回来？只好照价赔偿。没有钱，老板就记一笔账，在以后的运费中扣除。难怪老话这样讲："天下有三苦：撑船、打铁、磨豆腐。"这些行当里，还是我们撑船的最苦。

我们船上人娶亲是困难的。在旧社会，我们船上人是被人看不起的三种人，即"船上、台上、和尚"。岸上的姑娘谁愿意嫁到船上来？船上的姑娘嫁到岸上去也是不容易的，所以，我结婚都已是三十多岁了。还有比我大的，至今还是寺庙门前的旗杆——光杆一条。船上男人苦，女人更苦，特别是生儿育女，条件比岸上更差。如我老婆生头胎的时候，下午还要船尾摇橹，晚上喊肚子疼。在旧社会都说女人生孩子，一只脚在棺材里，一只脚在棺材外，遇到难产，往往母子都性命不保。当时我急得三脚并作两步，忙上岸请接生婆，等接生婆上船，孩子已呱呱坠地了。第二天早上，产妇照样起来帮着摇橹，没有办法休息的。我一共生了7个儿女，船小吃口重，生老大老二时，产妇还有个把鸡蛋补补，生后面几个连发的红糖票都没有钱买，她生了这么多儿女，没有坐一天的月子，更莫说吃红枣鸡蛋，吃核桃补腰，吃莲子补心的享受。

船上人的孩子也比岸上人的孩子苦，一年到头随父母风里来、雨里去，水上漂，流动性大，没法子让孩子上学。我的大孩子爱读书，每次船到下涯埠，他就跑到岸上借课本读，不识的字，不懂的句子，找岸上的孩子教，后来长大去参军，在部队开车的时候都用上了，还能给家里写信。大儿子15岁那年，一定要让弟妹读书，他瞒着我，到新安江区校给弟妹报了名。从老四开始，我的孩子才和岸上的孩子一样进了学校的大门。不是我不让孩子读书，实在是家里太穷了，都说好汉难养三口，我一条船养着儿女，能让他们粗茶淡饭填饱肚子就不错了。晚上睡觉一家大小挤在一个舱里，夫妻俩想亲热一下，说句悄悄话都不方便。小孩子出生，不会爬的还好，放在船板上，随他哭醒了睡，睡醒了哭，哪有时间哄他、抱他；等他会爬来爬去了，要么用绳捆在母亲身上，要么捆在船舱里，不会掉到水里就行了。

我妈生了我们兄弟4个，4个都不在一个码头生的，我是海宁出生，我的小名就"海宁皮"。船上人取名没有讲究的，生在洋溪的就叫"洋溪狗"；生在马目的就叫"马目狗"，船上人值不值钱，听听这些名字就晓得了。都说船上人"前纤后舱"，意思是说"前欠后拖"，过日子没有计划，到一个码头，吃一个码头，今朝有酒今朝醉，明日无米明日忧。事实上在旧社会，船上人今天有人雇你运货，今天就有钱买米买油盐，如果几天没人雇你，一家人只得饿肚皮。

20世纪60年代，国家把我们这些船上人组织起来，由梅城交管站统一管理。我们再也不用自己找工作做了，有了任务就统一分配，我们开始拿工资，虽然还是撑船，但我们的生活有保障了。春去秋来，一晃四十多个年头过去了，我和老伴陈香香都光荣退休了。1982年，我俩所在的单位航运公司，在江边新建了数幢砖混结构的三层楼房，我们俩老和其他船工都高高兴兴地搬到岸上居住，过上了安定幸福的生活。两老虽然在水里漂泊大半辈子，从未进过学堂，可外甥女和孙子都上了大学，一家大小的日子过得

比蜜还甜。说到这里老人笑了起来，黝黑的脸上，纵横交错的皱纹条条展开，把心底的
欢乐和幸福荡漾开来。

《建德往事》第8辑，文汇出版社2017年版。

贺城的船民

王召里

抗日战争时期，杭州、富阳、建德、金华、衢州相继沦陷，淳安是个深山区，地处浙
皖边境，日本鬼子只到了铜官（即现在新安江水电站坝址处），见山势连绵，两山夹一江，
山高路险，前进困难，后退无路，加上皖南一带有新四军，便不敢再进了，只龟缩在建德
梅城。因此，那时淳安贺城便成了浙、赣、皖三省商贸活动的前沿阵地，被称为"小杭州"，
屯溪则被称为"小上海"。

那时，交通不发达，公路只有两条：一条淳徽公路，从贺城到歙县；一条淳衢公路，
从贺城到开化华埠。一天两班木炭车。大量行旅和货运，均靠水路新安江木船运输，因
此，贺城的木帆船一下子增加到200多只，船民近千人。船民大体上分为以下3种。

一种是专门捕鱼的。自己有一只小木船，全家三四口吃住小船上，专门在新安江中
捕鱼为业，大约有20多只（亦称为渔民）。

一种是专门运送旅客的，人们称为"交通船"，共有8只，如贺城——威坪2只，每天
一来一去；贺城——港口4只，每天二来二去；贺城——茶园2只，每天一来一去。旅客
比较多，生意也较好。

一种是专门运输货物的，人们称为"货船"。这类船只最多，有160—170只。这类
船有大有小，大的可载4—5万斤，小的几千斤。小的都为夫妻船、父子船，这种船小灵活，
货船装了就开，来回日子短，货物周转快，大都为贺城中小店家运货。大船有的是几个
船民合作，有的是船老板个人经营的，有的拥有4—5只，有的7—8只，船工20—30人，
专门为贺城大店装运货物的，比如上半年装茶叶出去，运粮食、食盐进来；下半年运桐
油、柏油、青油、柴、炭出去，运布匹、京广货、南北货、五金、香烟、肥皂等进来。

船民们一般都比较讲信誉，商店老板也很相信他们。据说，有一次，贺城一商店从
富阳场口运来100多箱肥皂，运到点数后少了3箱，船主二话没说，当场掏钱赔上。事
后调查，原来是船在歇夜时东西被小偷偷去了。这件事在贺城一传开，船民们的信誉也
提高了。

中华人民共和国成立前，由于封建思想的影响，贺城的一些居民看不起船上人，他
们不肯与船上人通婚。这件事，据说是从明太祖朱元璋时遗传下来的，建德就有人说九
姓船民是贱民。相传元朝末年朱元璋起义时，曾一度占领了南京。后来，张士诚、陈友
谅联合起来反对朱元璋，当时陈友谅手下有9名将官，有陈孙钱袁蔡等九姓，作战勇敢，
攻下南京。朱元璋逃到安徽太平县差点被活捉，他心中恨死了这九姓人。后来做了皇
帝，就将这九姓贬为贱民，不准他们在岸上住，只能住船上。所以，后来就有九姓船民

的说法。

历史的车轮是滚滚向前的，新中国成立后，这种陋规早已革除，涤荡得无影无踪。船上人照样与岸上人通婚，照样参加工作，照样当选人民代表。

王召里：《古城忆旧》，中国文史出版社2017年版。

茭白船

钱富生讲述　杨丽萍、施怀德记录整理

早年兰江上，有个原先姓许、后来改姓白的撑船人，生有三个囡，靠摆渡过日子。他家的船又破又漏，没铜钱买新的，只好修修补补，渡人赚点铜钱混碗饭吃。

有一日，杭州有个大官到上江查访。船到兰江，一帮船夫"哼唷""哼唷"地在前头拉纤，江面上大小船只，前呼后拥，威风凛凛。这时候，姓白的渡船正好横在江中心，未等避开，就"哐当"一声，让官船撞了个百碎。姓白的一家人抓住几块船板爬上岸，急得"呜呜呜"哭成一堆。这场飞来横祸，害得一家大小，吃饭家当都撞破了。

望见这家人罪过相，官船里的跟班连忙向大官去禀报。那大官倒还通情达礼，答应新造一只船，赔偿损失，并说船的大小由姓白的人自己定。这样一来，姓白的人高兴了。

经过连日连夜的赶做，一只又高又大的船造好了。大官就吩咐跟班把这只船交给姓白的人。跟班讲，这是大官叫我们交给姓白人家的就叫作"交白船"吧！

这只船做得船尾高翘，船身很大，运货载人勿灵便，样子倒蛮有派头。这样，船停靠在码头上，每日便有不少人来望。城里的一些少爷、公子看到白家三个囡生得俏，也经常到船上来凑热闹。有的硬要姑娘唱曲，有的迫着姑娘陪酒。白家不敢得罪他们，只好一一依从。少爷、公子家里有的是铜钱，他们听了曲，喝了酒，高兴起来，就送珠花、送戒子，在姑娘面前比阔气。

日子一久，白家父女觉得也是条生财的门路，一商量，索性摆开场面做生意了。白家本来也是做官人家，只因祖上得罪了皇上，罚为水上船民，世代不准上岸。三个囡从小在船上读书练字，也学得诗词歌赋样样都会，吹拉弹唱件件都能。就靠这点技术当本钱，使得"交白船"成了少爷公子误时光、花铜钱、寻欢作乐的场所。

一日，林天官的公子也凑了几个朋友到船上嬉戏。那时正是八月初秋，三个姑娘衣衫单薄，打扮得格外娇媚。林公子看得眼都花了，拉住一个姑娘讲："哟！细皮白肉真娇嫩，像只出水香藕！"另一个接着讲："藕倒不太像，藕皮黑，我看活像剥壳茭白。""对，对，对，茭白。"大家就一齐哄开了。后来，他们一想到船上来取乐，就相互招呼着去看"茭白"。结果，"交白船"又被人们叫成了"茭白船"。

别的船户看到白家赚钱多，生意勿错，就都纷纷照白家船的样，造起了头尾高翘的八舱画舫，有的还买来姑娘，教会弹唱技艺，招徕顾客。一时，兰江沿岸的36个码头边，停靠了成排的画舫。由于这种船常年停泊不动，人们又把它称作"靠泊船"。

兰溪市民间文学集成办公室：《中国民间文学集成浙江省金华市（兰溪市卷）》，1989年。

馆驿高白船

蒋增福

　　如今有了馆驿路、馆驿新村的地方，老富阳都叫作馆驿里，是指颧山东面原吉祥寺门口沿江一带。从前没有杭富公路，富阳杭州来去，主要靠富春江航线，陆路则沿富春江的一条大路沟通。这条翻大岭、算账岭、走钱塘的大路是官道，可乘轿子或骑马而行，又因没有现代化通讯工具，传达上峰指示，或通报重要军情、匪情，都靠骑着快马的邮卒传递。他们多半走的这条道。同样，从前没有招待所和高级宾馆，外出公务者歇脚、用餐、投宿和添喂马料的驿站，也是设在官道旁的。馆驿里的地名也由此而来。其周围之陆地水上，相应地有了些市面。

　　　　　　画船三五绿杨中，隔山闻歌馆驿东。
　　　　　　生小桐严呼姐妹，拨弦解唱《满江红》。

　　这首《富春杂咏》八首之一的"馆驿高白船"诗，便是描写清末民初这一带的风情的。诗作者许正衡是本县东梓关人。宣统元年，他以拔贡朝考一等，授邮传部主事；辛亥革命后，曾任本县教育科长、劝学所劝学长等职，为当时富阳名诗人之一。他熟谙富阳县乡邦文史、民俗风情，又因有过"邮传部主事"和当教育科长的经历，故对馆驿里及其周围的一切自然是很知底里的。

　　馆驿高白船（因形似茭白，也称茭白船）一事，我在政协任职时，曾听到过一道编文史资料的朱岫云老先生说起过。北伐战争时，由于湘军带入鸦片，富阳城里沿江一带的不少店号开起了乌烟盘，也有叫"清水洋烟"和"花烟盘"的。它一度破坏了富阳勤俭、淳朴的民风，也带来了相关各业的畸形繁荣。又因富春江上通金、衢、严，下达杭州接东海、运河，故以富阳城为中心沿江一带，生意相当红火。如同改革开放，打开窗户，难免飞进苍蝇蚊子一样，不良现象也随之出现。聚赌的、嫖妓的、吸大烟的一度成风。"馆驿高白船"停泊"交易"则为其中的一例。

　　高白船多半由兰溪和新安江方向而来，这种船身长船头船尾尖尖的"长船"始作航运之用。一船山货从上游运至下游，再运回食盐、布匹等各类商货而归，靠的是顺风使帆，逆风脚划手撑和拉纤，日夜兼程，一个来回也得十天半月。他们以船为家，连家禽、肉猪也在船上饲养。这些船民视富阳为最好的停靠码头，遇有风浪进"苋浦归帆"，也有停在颧山矶头的馆驿里。船民上得岸来，买些油盐酱醋和粮食，或上茶店喝茶、歇息、聊天，故也熟谙富阳城里发生的一切。

　　"生小桐严呼姐妹，拨弦解唱《满江红》。"高级的高白船始供上任卸任的官员承载，一路上丝竹悠扬，歌声婉转，居然成了江上一景；后来盐商木客们白天在茶馆谈生意，晚上到茭白船摆酒待客；那些纨绔子弟们则借此游玩，寻欢作乐；最后竟演变到成为妓船。有些船民觉得做此营生较之撑船少力又赚钱，便有作中介引进上下游原有的茭白船，也有把自己原有的航船换成船身比较小的，并略加装饰，改业在馆驿里的水上经营起来。开始游客以文人墨客较多，约得友人三五，租得茭白船去喝喝茶，讲讲山海经，或吟诗对歌，或弹弦拉唱，作为一种雅趣。后来连那些游手好闲者，甚或地痞流氓也常去茭白船作乐。而船主不仅备以糕点果脯瓜子以赚钱，连陪唱女也相继出现，甚或可在船上议价陪宿。

这类高白船最多时竟达三四十只，形成特殊市面、特种行业，直到北伐战争后，随着陆路交通的发展，富阳失去了货物中转码头的优势，茭白船也渐渐地销声匿迹了。

1998 年 10 月 9 日

蒋增福：《恩波馀话》，云南民族出版社 2006 年版。

屯溪船民

邵弹声

一支古老而又苦难的居民群体

屯溪船民，即新安江船民，这是古徽州"一府六邑"六种方言之外的又一方言群体。屯溪本地人称其为"水上人"，又戏称"船上玩"（因他们的语言多"玩"音wàng）。他们世代浮家泛宅，以船为家，衣食住行、生丧嫁娶均在船上。屯溪船民是新安江船民中延续到最后的一支群体。他们的原始群体可能在宋代之前就已存在，后来随着新安江水运的兴起，他们与徽商的发展同步。1949 年随着徽州的解放而获得新生。最终又因新安江水运行业的枯萎而消失。

有史料显示，屯溪船民是"新安江九姓渔民"的后裔（九姓即陈、钱、林、李、袁、孙、叶、许、何）。笔者和一些屯溪老船民交谈，他们都说自己的祖先来自浙江严州的三江口（严州，即今浙江建德市的梅城；三江口，即新安江、富春江、兰江的交汇处）。并知道他们的"水上话"与严州一带的"水上话"相似；他们中的陈姓认为自己来自建德的东舟，叶姓来自桐庐（富春江七里泷下游）。屯溪船民以陈、叶、钱、汪四姓居多。关于"新安江九姓渔民"的起源，目前浙江省的文史研究者有多种说法。既有徽州土著说，桐严居民说，疍民后裔说，也有南宋士大夫遗族说，陈友谅起义军溃散部属说。笔者从众多史料中分析，认为"九姓渔民"的起源应该是这几种说法的综合。即根据时间进展的顺序，最初是由来自浙江桐庐、严州一带沿江的居民和古徽州的土著人（山越族）形成原始的新安江疍民群体。他们长期生活在以古严州府为中心的新安江、富春江、兰江一带的江面上。男子头裹绿巾，以捕鱼、水上运输货物、摆渡为生，即"以渔为业，改而业船"，女子以卖唱卖艺为业，"其家属随船，皆习丝弦大小曲"，是社会地位极为低下的居民群体。新安江疍民延续时间至少在数百年。到了南宋末年，宋朝士大夫遗族为防元兵追杀，隐入富春江；后又至元末明初，陈友谅起义军在鄱阳湖九江口被朱元璋彻底击溃，其部分残余部属东逃，进入徽州山区，抵达新安江边。当地官府上报朝廷，恐其反明，被逐入渔舟,贬为"贱民"。这样先后两支人群与原生活在新安江水面上的疍民融合,形成"九姓渔民"的最初群体。由于群体来源多处,实际上"九姓渔民"不仅仅是九姓,还有唐、汪、毛、吴、潘、姚等多姓氏。明初以来被当作反叛者的后裔,朝廷不准他们上岸定居,不准与岸上居民通婚,不准读书进仕,不准穿鞋上岸,只能世世代代栖居水上。由于长期与沿岸居民隔离,"九姓渔民"形成了自己独特的语言、服饰和生活习惯。如吃饭时,盘中的鱼不能翻边,筷子不能搁在碗上(顾忌翻船、搁浅),普通居民腊月二十四过小年,他们要到腊月二十五过小年(即所谓官三、民四、船五)。龙舟抢亲,水上婚礼及著名的"五茄皮酒"是他们文化的代表。清同治以后,朝廷虽然已允许他们岸居及与岸上居民通婚,但因他们的生活极端困苦,变化缓慢,屯溪船民直至中华人民共和国成立初期,他们讲的仍是自己的"水上话",更无与岸上居民通婚的现象。屯溪每年的端午节,老大桥下面"划龙船""边"龙船(边,土话即跳水),黎阳街每年农历八月十三汪公庙会——跑马"磨豆腐",场上划船跳水、跑马的都是水上人表演;老船民似乎都不识字,饮食上每年农历四月初八,他们有喜食"乌饭"、喝乌饭酒的习惯;成年男子结婚,必须首先要有能力添置新船,否则不能成家立业,只能帮工撑船。

民国初年,新安江下游,浙江各地强令"九姓渔民"上岸居住,此时的屯溪水运事业仍然相当兴旺,许多下游的船民不愿岸居即逆流而上,加入了屯溪船民队伍。这可能就是屯溪船民在新安江"九姓渔民"基本消失以后,还能够保持到一定数量的原因。据屯溪市志载,至中华人民共和国成立初期,屯溪仍有船民2700余人,从事运输的大小木帆船600余艘。

曾为古徽州的对外开放和徽商的振兴作出过不可或缺的贡献

如果说历史上北方移民向南方的三次大迁徙,使古徽州这块原始土地融入了中华文明,那么新安江水运事业的兴起,便是古徽州对外开放,促进徽商经济振兴的历史推力。地处层峦叠嶂的徽州山区,交通险阻,信息闭塞,历史上很长一段时间,人们靠的是古驿道骡马、独轮车等人畜力运输,效率十分低下。宋代以后,新安江航道逐渐打开,尤其是南宋迁都临安(今杭州)以后,新安江水运迅速兴旺起来。徽州人科考出仕,商人外出经商,平民子弟外出当学徒,本地大量的木材、土特产外销;长江中下游及京都先进技艺的传入及日常生活用品的输入,都依靠屯溪船民所撑的木帆船在新安江航线上上下穿梭。新安江成为古徽州人流物流进出的大通道。屯溪因其地理位置优越,明嘉靖二十七年(1548)就已成为我国著名的茶市,是徽州腹地物资集散地和新安江上游的水运中心。当时木帆船上游横江可经黟县渔亭,航线长46千米;上率水可至休宁上溪口,航线长55千米(两条航道均可通行载重40—50担的小篷船,祁门、婺源两县的部分物资也可利用此两条航线东出运输)。下游经歙县深渡、街口可直通至杭州,航线长约318千米(航道可通行载重200担的大篷船)。1985年9月屯溪河街出土的碑文证实,至迟在清嘉庆五年(1800)以前,屯溪的渔埠头就已成为最繁忙的水运码头。现中马路口的河边,是专门装卸、转运浙盐的盐埠头;现新安大桥的下首是长干墒货运码头,上首是民国初期成立的健飞水陆联运公司（有下游木帆船25艘）专用的健飞码头（1946年停用）。明清以后至民国期间，屯溪码头下水以茶叶、松板、土特产为大宗（另有大量运往江、浙的杉木原材，本地人俗称"白梭"，在高枧、闵口的率水一线，编扎成木排，待涨水下放，江面似乎堵塞）；上水以食盐、面粉、布匹、煤油、南北货为大宗。进入20世纪20年代，徽茶生产迅速恢复，屯溪因为水运交通便利，成为"屯绿"加工外销的基地。最盛时有茶号120余家。每年从屯溪码头转运外销的茶叶达12万担。有"屯溪船上客，前渡去装茶"之说。至民国二十八年（1939），屯溪仍有船行20余家。仅河街就设有"德泰""万通""仁泰""永和""汝良""广泰""义源"等7家船行。船行是屯溪船民联系客货运输的业务场所。因此，河街便成了当时船民、船行老板、商人、篾工（修船篷）、卖柴炭农民的聚合之处。街面上有酒肆、茶馆、烟酒、粮食、豆腐店和储货仓库。每当夕阳西下，夜幕降临，上下游归来的大小木帆船，云集在老大桥至长干塝一线的江面上，"舟楫穿梭，白帆映日"，落帆声、撑篙声与船民们的吆喝声响成一片；茶馆酒肆里，船行老板忙着与商人货主谈生意，商定装卸货时间、开船日期；船民们即抓紧时间购置粮食、油盐、柴炭等生活用品，及维修更新船用生产器具，以备新一轮的航程。这就是休宁县历史上著名的"海阳八景"之一的"屯浦归帆"盛景。沿江"十里樯坞"停泊大小木帆船近千艘，船民达四五千人。

在"屯浦归帆"的盛景之中，映衬的是屯溪船民繁忙、艰辛的身影。他们一家一船依靠船行承揽货物或经营少量客运。有些无船的船工则完全靠出卖苦力为生，他们帮上行的船只背纤、撑篙，日子特别艰苦。古徽民认为"撑船"是人世间最苦的行当，尤其是新安江流经崇山峻岭之间，湾多滩险，水位落差大，三百六十滩，"一滩高一丈，新安在天上"。逆水行舟阻力大，顺流而下险情多；千百年来，屯溪船民们就是在这样的环境下，祖祖辈辈，一代接一代，光着脚丫，不论寒冬酷暑，在新安江里，用自己的身躯驾驭着木帆船，为那些科考仕族进出徽州，商贾大佬营商谋利艰苦地拼搏着。古徽州历史上文化的发达，徽商经济的兴盛完全是与新安江船民的血与汗凝聚在一起的！他们默默地为古徽州曾经的辉煌做出了不可或缺的贡献。

获得解放，获得新生

1949年4月30日屯溪解放。人民政权把禁锢在新安江水上近千年的船民彻底拯救了出来，从此他们获得了新生。不仅与岸上居民一样，有了当家作主的权利，还建立了属于自己的行政管理机构。根据当时经营的不同航线，屯溪分别建立了"屯渔""屯上""屯杭"三个水上街道。1953年又将三个水上街道合并成立屯杭乡（后改新安港）。1956年设屯溪水上办事处，由船民出身的陈羊仍担任第一任办事处主任。屯溪市政府在阳湖专门创办了水上小学，祖祖辈辈不能读书进仕的屯溪船民子弟，从此有了自己读书识字的学校。从20世纪50年代开始，屯溪市政府还先后在五里亭和阳湖等地划拨土地，供他们搭建岸居住房，以结束世代栖身水上的历史。20世纪70年代以后，部分有文化的水上职工及子女开始进入屯溪其他单位工作，有的还担任了单位的领导职务。20

世纪80年代以后,屯溪船民出身的子女在本地和地、省级机关出现了不少科、处级干部;水运企业成立了党组织,不少船民加入了中国共产党,屯溪船民的政治地位得到空前提升。

在生产经营上,屯溪船民与时俱进。20世纪50年代初期,所有屯溪水上运输船舶都走了上合作化道路,结束了有史以来以家庭船只为单位的经营方式。先是几条船一组的互助合作经营,1955年、1956年又先后成立了友谊、先进、团结、前进、红星、交通和渔业7个合作社。至1961年8月统一成立屯溪水上人民公社。1958年,新安江水库大坝建成,阻断了屯溪至杭州的航线,船只只能在深渡至建德之间航行。为了提高运输效率,适应航道变化需要,逐步更新改造经营数百年的大小木帆船。1961年首次使用了徽州地区造船厂建造的第一艘60马力拖轮,开始结束屯溪水运一直靠人力撑船的历史。1963年首次使用木质和钢质驳船(单驳最大载重量达60吨)。1978年以后,屯溪水运公司正式归口屯溪市交通局管理,进一步提升了业务经营水平。1982年12月马力机动木帆船投入使用;1984年改装了3马力游览船,兼营新安江旅游观光业务;1985年购进液压挖泥船,从事河道疏淤。至年底,屯溪水运公司拥有木帆船10艘(计120吨位)、拖轮3艘(360马力)、水泥驳船24艘(计1024吨位)、机帆船1艘、游览船1艘,运力得到较大改善。

1986年,在屯溪水运公司的基础上,成立了屯溪航运公司,并在黄山黄页注册,由船民出身的叶七斤担任公司经理(兼法人代表),注册资金106万元,办公地点设在屯溪滨江西路85号(18万元购置470平方米用房)。为扭转航运缩短、货运量不足的被动局面,为解决屯溪船民的生活出路,在航运公司在交通主管部门的鼓励与支持下,党支部成员和领导班子解放思想,开拓视野,决定走出山门,进入长江、京杭运河,继续坚持水运生产。1986年下半年,他们将新安江大坝上游水面的11艘水泥驳船(计600多吨位),2艘拖轮(徽州1号,120马力;徽州8号,160马力),运用大型吊车翻下坝进入新安江下游,并通过钱塘江、京杭运河,进入长江水道经营,很快打开了局面,取得了良好的经营效益。这种大胆开拓进取、不怕吃苦、勇于探索的精神获得了省市航运主管部门的一致好评;当时的《安徽日报》曾以头版头条、通栏标题报道了他们的先进事迹(《安徽交通报》也作了报道)。

屯溪航运公司,转港生产以后,经过短短几年的奋斗,摸索了经验,积累了资金,并看准当时建筑市场的发展,需要大量装运砂石材料的潜力,大胆扩充运力,拓展航线。到1991年,他们已有了3支钢驳船队(3艘拖轮、31条驳船)共计2600多吨位。1992年又以年租金27万元租赁了芜湖县红杨乡一支驳船队(含10艘驳船1270吨位,1艘拖轮185马力);年底在省交通厅技术处的支持下,又购置了11艘驳船(计880吨位)1艘拖轮(185马力)组建了第五支船队。至此,屯溪航运公司的总运力达到了4750吨位,年最高货运量达到16万吨以上,年货运周转量达到3838万吨/千米,年营运收入达到360万元。与此同时,公司的领导与船员在外地航线营运中,遵纪守法、尊重和听从当地业务主管部门的管理,尤其与杭州地区航运管理部门建立了良好的关系,进一步得到了他们的支持与帮助, 为拓展业务创造了条件。1992年屯溪航运公司获得了屯溪区委、区政府"思想政治工作优秀企业"称号。这是屯溪船民水运事业发展的巅峰时期。

本地航运枯萎, 船民后继乏人, 屯溪船民走向消失

随着新安江水运航线的萎缩, 公路交通的不断发展, 皖赣铁路的通车, 新安江水运量降至最低点; 转港外地经营, 又后继乏人, 屯溪船民队伍终究难以为继。屯溪市政府, 从20世纪50年代就开始意识到这一问题, 相继采取了多项措施。首先, 是分流庞大的船民队伍 (当时有近3000人), 以减轻企业负担。从1954年至1969年的十余年时间里, 由当时的徽州行署协调安排, 先后分7批次, 下放安置屯溪船民1184人到祁门、太平、宁国、休宁、黟县等地从事农 (林) 生产或分流继续从事水运生产。其次, 将部分富余的中、青年船员调往钟厂、罐头食品厂、搬运公司等企业工作。再次, 为使屯溪航运公司能轻装上阵, 又对206名老年船民实行"一刀切", 由政府、交通局、企业共拿出12万元, 作为一次性安置费用, 并由航运公司每月发放生活费 (1999年后纳入社保, 享受退休待遇)。此外, 又抽调了部分船民在新潭组建了屯溪砂石厂 (后改路桥处)。这样, 真正从事水运的船民仅剩下100余人。以上措施为20世纪80年代至90年代企业的经营与发展延续了十余年的时间。

由于屯溪船民队伍群体的特殊性, 年老的船民数量逐渐减少, 年轻的船民子女不愿意继续从事水运行业, 其他社会青年更不习惯当船民。因此, 进入21世纪以后, 企业后继乏人, 生产难以为继。最后经交通主管部门研究, 屯溪区政府批准, 决定对企业进行改制处理。2003年5月, 屯溪航运公司变卖了所有资产 (包括船队、办公楼及阳湖五里亭的土地), 汇集资金400余万元, 作为改制支出费用。公司当时尚有职工147人, 其中90人达到退休年龄, 做退休处理, 其余57人买断工龄, 解除劳动合同, 自谋职业 (纳入社保)。同时对150余户住房困难户的住房进行了维修和新建 (其中阳湖油榨巷63户、白石路12户、塘尾12户、五里亭70余户); 2005年4月, 屯溪砂石厂 (路桥处)70余名船民职工也以同样方式进行了改制处理。该企业变卖土地、房产、设备共计300余万元, 其中32人被买断了工龄, 解除劳动合同、自谋职业 (纳入社保)。5年内将达到退休年龄的职工13人, 共计补助资金40余万元; 达到退休年龄的职工30人, 均办理了退休手续。

至此, 在新安江上延续千年的屯溪船民, 作为一支独立的居民群体已不复存在。之前完全依赖水运生活的屯溪船民及其后代, 也已完全融入屯溪岸上居民中, 从浙江桐庐、建德直至徽州境内300多千米新安江江面上的"九姓渔民"彻底消失。

鉴于本文所述, 笔者建议: 在今天屯溪的滨江西路 (曾经的水运码头), 或者在阳湖三江公园 (原阳湖滩屯溪船民泊船之处) 建立屯溪船民纪念建筑物 (碑、亭或雕塑), 以纪念徽州历史上这些平凡而苦难的船民, 为创造昔日徽州的辉煌做出了不可或缺的贡献! 也为纪念"新安江九姓渔民"这一历史文化最后在徽州的消失。

《黄山文史资料》2012年第4辑。

篙声縠影

自古以来,江河湖海一直是文人骚客咏志的对象,也承载了很多人生命中刻骨铭心的悲欢离合。衢江作为古代衢州最重要的交通、经济命脉,更是充满了各种各样的情感和记忆。唐末五代诗人韦庄曾在衢州暂住,并且写下了《衢州江上别李秀才》一诗:

> 千山红树万山云,把酒相看日又曛。
> 一曲离歌两行泪,更知何地再逢君。

韦庄置身江上,把酒话别,别有一番离愁。不知他当时具体在衢州江上哪一块,但是可以肯定的是,水亭门附近江面上也应该发生过类似的情景。因为,水亭门外码头连着码头,还有古老的朝京渡,专供官员使用,岸边帆船林立,因此可以想象当时其他帆船上必定也有类似的"把酒话别"的场景。

花 船

水亭门外的衢江上是否有专门卖酒、喝酒的船,已经不得而知。但是听水亭门上了年纪的老人说,以前还有花船,通常是有钱人喝酒取乐之地。《衢州文史资料》(第9辑)记载,1934年8月,衢县政府发布"花舫妓女检验办法"。谢华回忆下营街一带住着很多曾是船上的人。她隔壁的刘娘,据说就是衢江花船上。《衢州简史》中写到了"水上人家",其中这样介绍道:

> "茭白船"是明清时期钱塘江上特有的一种花舫妓船,也叫"江山船"或"九姓渔船",是一种"靠泊船",常年停泊不动,成为"水上乐厅"。相传元末陈友谅与朱元璋争天下,兵败后他的九姓部属(陈钱林李袁孙叶许何)逃到浙东。朱元璋把他们全部贬入舟居,不允许上岸,不能与其他族通婚。九姓船民开始以捕鱼为业,继而又"饰女应客,使为妓",往来于杭州到衢州之间。

花船分布在"七省通衢六水腰"之称的钱塘江上游。民国《浙江通志稿》记,道光咸丰年间,尚有船一千数百只,其船有头亭、茭白两种,其家属随航,皆习丝弦大小曲,以侑觞荐寝。与花船相近的,还有花舫、画舫这两种说法的船。关于花舫,网上的一篇博客中有如下描述:"清代,烟花粉团金陵之地,熔金销银秦淮河上,有一种船,雕饰华丽,披红挂彩,时人称其花舫。舫上有漂亮妹,精通丝竹歌舞,浓妆艳抹,极飞媚态。商富显贵,猎艳涉奇,光顾花舫,放纵声色,不知不觉,腰包掏尽。"郭沫若《南京印象·秦淮河畔》中也写道:"河上也有一些游艇,和玄武湖的艇子差不多,但有些很明显是所谓画舫,飘浮着李香君、葛嫩娘们的瘦影。"李香君为秣陵教坊名妓,秦淮八艳之一。尽管秦淮河上的画舫,花舫与水亭门外的花船的名称有差别,但是具有类似之处,即使在古代至少算得上装饰华丽的船只，其主要功能是宴饮，并常雇有歌妓。江上的游船据说分宴游、博游、清游三类。宴游、博游均提供宴席，清游一般是文人雅士所为。他们约三五知己，乘船游览，或谈心、或品茗、或饮酒吟诗，谈论古今，或泛舟江上，有舫女烹茶侍唱。白居易有诗咏花船："银勒牵骄马，花船载丽人……好住湖堤上，长留一道春。"

根据家住水亭街黄衙巷1号的郑怀槑老人回忆，水亭门外江上最多的时候有十多只花船。《西安县志》中有一幅朝京门的图。图中城门外的江面上泊着大大小小的船只，其右下角浮桥边的船，船尾盖有带顶的亭子，装潢明显比旁边的船只考究很多。钱云才老人说，花船就在浮桥头附近，那么县志图片上的这只船会不会就是人们口中的花船呢？不过衢江民国档案里确实留有一份花舫清册，一共有14只船只及其船主姓名登记在册。

水亭街的老人描述，花船的船头特别翘，比一般的货船和渔船都要大。钱云才老人说，花船的篷是用板来做的，中间是可以开门的。里面和房子一样，分一间一间的。网上有一段描写兰溪"茭白船"的文字，兰溪毗邻衢州，对于水亭门或许也能够触及一二："茭白船中间是乌漆箬棚，花格船窗红漆地板，窗明几净，布置清雅……前后舱设小房间作客座，一般30米长，可摆设两桌酒席，还有前后通。"

老人们说，船上有厨师，有说唱的，弹琴的，吹笛的，还有弹琵琶的，就是供享受的。到船上去的人，都是什么人呢？一般都是店老板、商人。他们想把这生意做好，就把老板带到船上去，开酒，吃喝玩乐。玩好了，生意也就谈成了。以前，花船要登记的，"国民党的警察他要揩油啊，他们不要花钱的，去玩一玩就走了"。

根据水亭街小和尚茶馆老板的儿子谢培松回忆，他年轻时经常看到一些歌女跟着老板去百货公司买东西，她们也会自己上水亭街购物。黄衙巷3号傅荣香老人说，歌女穿着旗袍，嘴唇很红，很漂亮的。她们还是《衢州简史》中记载的"九姓渔民"吗？郑怀槑老人说，歌女年纪小的有十三四岁，十七八岁的也有，一般情况下在20岁左右。她们主要来自乡下，家里经济条件差，养不起，所以就被卖到花船上。由此可见，那时候的歌女主要来自贫苦人家。花船上的老板娘要教她们认字、规矩和礼节，琴棋书画都教的，因为要跟客人聊天。花船里面的歌女一般会唱戏，唱昆腔、金华婺剧。客人来了，这些歌女就要和他们打牌，为他们倒水、倒酒、点烟。有些歌女长得漂亮或者服侍得好，被有钱的客人看中了，就会被赎出来当小妾。据郑杯槑老人说，柴家巷一位老人的妈妈就是当时花船上娶过来的。当问及人们对这些歌女持什么态度时，老人说当时人们不会过分歧视她们，有些歌女还会看不起贫穷的人。

茶

以前衢江船工、渔民生活不易，可谓是在江水里讨生活。偶尔得闲，船靠码头，他们会上岸或进城,喝杯茶、喝碗酒。下营街95岁老人王汉卿回忆,当时水亭街有四五家茶馆,上营街有两家 (陈元楼、留香阁),下营街有一家;城墙外有许多茶馆,一般船工都去城外的茶馆喝茶。钱云才老人说,冬天码头上很冷,渔民船工就进水亭门喝酒,酒都是热的,剥几颗花生米,喝完就不冷了。有时候也会进茶馆喝喝茶。茶馆里有绿茶 (开化龙顶)、红茶 (发酵过的铁观音)、香茶 (红茶绿茶对冲),一个位置付了钱,很长时间都可以坐下去的,茶水免费续杯,直到淡了为止。有时茶馆里还有说书的。老人记得在茶馆里听过《李逵大闹忠义堂》。说书人说到激动处会敲惊木。故事讲得好,客人茶也不喝了;说到紧要关头,总会卖个关子,"欲知后事如何,请听下回分解"。这样吊住了客人的胃口,下次还想来喝。有了说书的人,茶水的价格从一元变成一元五。所以说书人口才好,形容得好,生意就好,就可以赚钱了;说书人走了,生意就下去了。

道 情

据《唐会要》记载,道情,源于唐代的《九真》《承天》等道曲。不同于其他曲艺,道情的伴奏乐器为渔鼓和简板,始于南宋。明代王圻《三才图会》载:"渔鼓,裁竹为筒,长三四尺,以皮冒其首,颇用猪脊上之最薄者,用两指击之。又有筒子,以竹为之,长二尺许,阔四五分,厚半之,其末俱略外反。歌时用两片合击之以和者也。"

浙西道情至今还广泛地保留着古老的演唱形式。演出时,艺人左手持简板,竖抱渔鼓,右手击渔鼓,边说边唱。钱云才老人回忆少时听道情时的情景,说道情的人拿着毛竹桶,鼓用猪尿包皮包起来,两块毛竹长长的,桶夹在那个地方,唱有名的故事。老人说,道情的节拍是"嘚嘚咚""嘚嘚咚",是用兰溪调唱的。"道情也有在茶店里唱的,晚上比较多。唱道情的自己不收钱,茶店老板收钱。"

在闯荡江湖中,道情艺人有自己独特的行话。常见的有:号海,指曲艺、戏曲行业。阳花生,指道情艺人。开口饭,指道情行业。螺蛳勿吃螺蛳肉,指同行不欺同行。亲勿亲,一家亲,指同行业。开篇,指开讲。扣子,指紧要环节刹住,让听的人非继续听不可,也叫吊胃口。花郎,指演戏。长靠,指骑马打仗一类的书。短靠,指一般的书。噱头,指笑料,或指能说会道,能吸引人,也叫白痴。表,指以第三人称叙述情景、情节和描写人物。滩头,指道情艺人一人在唱长篇曲目之前加的小段演唱,等等。道情的曲目经常是来自当地重要历史事件相关,或者以当时社会的新闻事件为素材,经改编而成,针砭时事,反映了当代人的心愿,故俗称"唱新闻"。如根据衢州教案形成的《红头造反道情》这样唱:清湖失守不打紧,探子听见吃一惊。一马跑到衢州城,满身满面汗淋淋。赶快通报各衙门,吓煞了太爷洪思亮,笑煞了道台鲍祖龄,喜煞了知县吴德潇,急煞了镇台喻俊明……清康熙年间,衢州城内郑家出了件千古冤案,郑氏之妻撞死公堂为其丈夫和儿子的冤情昭雪,道情先生将之编成《铁塔传奇》,在衢城传唱。是非善恶在道情的传唱中,不断地流传开去,传承下去,如春风化雨,让人敏会于心。想当年,坐在衢江的船上,看着西安门的铁塔,听着道情《铁塔传奇》,为郑家烈妇的遭遇唏嘘叹息,这也不失为一种独特的在地"休闲"体验。

潋水船工滩行曲

天风蓬蓬吹上头，江水汩汩走下流。

十里五里作一束，三老失色长年愁。

——滩行曲

空旷的天空，汩汩的流水，嗖嗖的江风，满脸愁容的船工，《滩行曲》前四句向我们展现了一幅船工艰难行船的画面。该诗虽为清朝著名学者俞樾所作，但其呈现的衢江船工生活的剪影却是穿越了历史的隧道，蹒跚而行，直到20世纪末才渐渐收住了他的脚步。

为什么衢江会有这么多船工、船只呢？那是因为旧时衢州没有汽车、火车，交通运输都靠水运。"旧时沿江一带帆樯林立，江面上大小船只穿行如织，码头上下挑夫、脚夫肩挑背负往来如梭，再加进城投售土产品的农民，购买商品的人和停泊衢江众多的船只人群，真是车水马龙，热闹异常，呈现出一派兴旺发达的景象。"《衢州文史资料》里记载的这一段展示了水亭码头繁忙的场景，透露出当时运输业的发达。然而，在繁荣热闹的背后，衢江船工的生活却在历史的长河中鲜被提及，而他们正是衢江景象灵魂的重要赋予者。本书主要基于两位船工的口述和《衢江艄工》一书，希望能够让更多的人对此有所了解。

周士良，67岁，祖籍江山，现航埠万川村人。江山宗族多姓"陈"，此为大姓，以前都是撑船的，而周姓为少数。周士泉说，建德那边撑船的都很多。《衢州文史资料》（第四辑）记载："运输商品物资的船只，其船主和船工以建德人（称建德帮）为最多，江山人次之，当地人则属极少数。"周家是典型的船工之家。周士良爷爷周吕顺有一条八舱的船，和周士泉的叔叔、堂叔一起撑船跑运输。周士泉本人四五岁时曾在爸爸船上工作，15岁去了运输社，给公家干。两年后，转业去搞农业生产。后由文保所聘请，现在天妃宫看门。

钱云才，80岁，《衢江艄公》的作者。曾祖父为衢江渔民，祖父和祖母在衢江撑夫妻船，其父母亦是如此。其本人出生在船上，从小学撑船，1955年离船入伍，1958年回衢州航运公司副业队种田，后来渐渐成为公司的管理人员，1991年任公司副经理，至1993年退休。可以说，老人的整个人生都与船工结下了不解之缘。

"夹着尾巴做人"

撑船人的地位很低。所谓"人生有三大苦差，撑船、打铁、磨豆腐"，都是最最辛苦的行当。撑船的不但工作辛苦，而且上无片瓦下无寸土，"我们撑船的人，是这么讲的，撑船是没有家的，到处都是家，一走走四方的。撑船的人……没有资产，他只有一条船，船价值是不高的，但吃喝都在船上面"此外，还要受到来自各方的欺压。钱云才老人说，撑船的是要"夹着尾巴做人"的，码头上到处都有"管你的人，敲诈你钱财的人"。以前有国民党的船舶所，经过那个地方，就要将纤绳和帆交到楼上，然后服24小时的兵役。钱云才的爷爷就被国民党的部队抓起来运过子弹箱、长枪、棉衣，把这些东西从衢州运到兰溪发给新兵。政府作为报酬，每天给每个船员一斤糙米。可是，在船上还要好吃好喝地招待国民党押运员，其实还得倒贴，完全是义务劳动。到了兰溪以后，船又要被扣住，装兵车。钱云才老人说："这样来来去去装兵车，你一个月的生活费就没有了。"倒霉的时候，一个月会碰到两三次，船工的生活苦不堪言。当然，为了逃兵役，船工也有自己的应对策略。当看到有官兵在抓船的时候，就慢慢地把船拖到小沙丘边，将船篷拆下来放在小沙丘上，人坐在船篷里，再把整个船浸入水中，这样官兵就看不到了。等他们一走，再把船拖上来。如果被发现逃役的话，那些官兵是会开枪打人的。"看到船划过来，你不过来，他就开枪，打死人也有的哇。那时候撑船的人没有办法的，好像不是人哎，不把你当人看。"船工必须学会和三教九流的人打交道，除了那些敲诈勒索的，和强迫服兵役的官差，为了营生，得上茶楼、酒店应酬拉生意。据钱云才老人说，他父亲就经常去水亭街上的小和尚茶馆喝茶，谈生意。"中华人民共和国成立的时候我十几岁，我父亲经常在那里喝茶，要找我父亲的时候，我就到那里去找的。我那时候是17岁，我父亲也不喜欢喝茶，那茶店里呢三教九流都有的，什么人都有的，那是讲话的地方啦……茶店去听说哪个老板什么货啊，就去找他；找他以后呢，到什么地方去，请他吃一顿。你给我多少货，几时好运，到茶店里去谈的，一个茶店，一个酒馆、酒店。先茶店，后酒店。唉，就是把这个生意拉到手了。"为了拉到客户，船工要学习抽烟、喝酒，就是这样"交朋友的"。

船工的妻儿

衢江的船工不仅有男的，还有女船工，夫妻俩一起撑船。"1956年衢州航运社（即后来的航运公司）成立时，总职工有970人，其中女船员职工为466人，是总数的48.04%。"根据《衢江艄公》的介绍，女船工即使是怀孕期间也得撑船。"为生计，就是晓得孕妇到了预产期了，还是不能停船待分娩，孕妇随船劳动，到什么地方，孕妇肚子痛要生孩子了，才将船停下来，去泊地附近村庄上寻找接生婆上船接生。"如果找不到接生婆，就只好自己接生，风险很大。此书还记载了一个故事：

一对船上夫妻正配合默契，齐心过滩。丈夫在岸上拉纤，怀孕的妻子在船上把舵撑竹篙。突然间，妻子感到胎儿的躁动，怕是孩子要降生了。在这危急时刻，妻子一个左满舵将船搁在浅滩上，二话不说，进了船舱，自行分娩。丈夫以为妻子只是去上个厕所，并未注意。过了一会，突然间传来婴儿的啼哭声，这才恍然大悟。当他进入船舱的时候，妻子浑身是汗，"像刚受尽酷刑的囚犯"。

像这样的情况衢江船工中应是不足为奇的，但也是当时平民百姓难于想象的。周士泉讲述说，船上的人取名字一般是哪里生就取什么名字。比如在罗埠生的，说取名叫罗埠，常山生的就叫常山，招贤生的就叫招贤，方便，有纪念意义，寄托了父母各种期望的名字。孩子6岁以后就要跟大人学习拉纤，练习基本功，相当艰苦。

纤·花篙

撑船运货时间长的话,半年都有,各个地方都去。到杭州顺风顺水可以运2000斤的货,要四五天才能运到;回来逆水就慢了,只能运1000斤,要拉纤。跑运输的人一般长年不在家,过年才能回来,很是辛苦。老人介绍说,纤就是以前的麻绳,经过水浸泡,再到溪边上用棒锤打,打白了再开始加工,很细很牢的呢。拉纤的话,自己船上的人下去,靠边把纤拉直,拉直后,再撑开,大家要一起使劲,"嘿、嘿、嘿"地一起喊口号。钱云才老人说,衢江上拉纤和黄河边上的拉纤是不一样的。黄河边上的纤夫用肩膀背着纤绳往前拉;而衢江边上拉纤有个纤板的,好像戏里演的那个官员的朝骨,两头钻两个洞,纤绳放里面去再打个结,拉纤时胸部顶在纤板上,往前使劲。"骄阳似火的盛夏,露天撑船,尤其是在沙滩上拉纤,那石子缝里飘着蛇舌似的火焰,拉纤人光着脚板在滚烫的砂石上走,脚板烫得发红。"船民的脚底都很厚,就像一层鞋底。《西安县志》113页的图展示了当时衢江船工拉纤的场景。

船上一般有三四个人,船舱后面有把舵的,船头有撑竹篙的,中间是撑花篙的。花篙一头绑着布鞋鞋底,顶在腰际,另一头包着铁,钻在水底,这样船就不能动了,起到稳定船底的作用。《衢江艄公》中记载:"那花篙是铁篙头,杉木圆篙杆(约3米长),杆顶端有一只腰子型樟木篙帽,撑篙人在桅舱将花篙头插入河床,篙帽放在腰肚皮,双脚掌顶在前熬梁上,双手攀老鼠跳沿边。"遇到水流急的地方,船动不了,岸上拉纤的人和撑花篙的人是要一起配合的。撑花篙的稳定船体后,板一下船,拉纤的往前一拉,船头浮起来后,整个船就向前面走了。遇到水碓处,水流相当急,船通常要往后退几次,退到水软(水流缓和)的地方,再攒足力气往前。在这种情况下,通常要三四个人一起配合。周士泉说:"逢到这个到滩了,连饭也不能吃,一定要把滩撑过去。"《滩行曲》中写道:"黄头郎既觉有力,青唇女亦工操舟。而乃入险复出险,迂回不复能预谋!"尽管江上险象环生,船工们总能齐心协力将一个一个险滩困难渡过去。

潩水滩行难

一滩才过一滩又,滩声化身风飕飕。
天公有意弄奇局,乃于水底生赘瘤。

——《滩行曲》

衢江上撑船,除了难于辩测的险滩,还有各种各样需要小心提防的水文气象与险滩。在此过程中,他们积累了很多经验。比如说,平时通过看鸟、看蚯蚓来判断天气变化;燕子低飞,肯定要下雨。周士泉老人说:"这个要防牢,风大风小,在河边上他们一看就清楚的。他们马上就要到避风港去避风。"一般会到潭里避风,因为潭面比较平静,风浪较小。遇到下雨的时候,船员们穿着棕叶做的蓑衣,戴着笠帽,还得继续撑船。在谈到船工的穿着时,周士泉老人回忆说,那时候有一种头发编织成的袜子,不吸水,一从水里捞上来就干了，很适合在水上讨生活的人穿，水亭街上有卖的。可惜，现在根本看不到这种袜子了。

船在江上航行的时候，还可能遇到触礁的危险。船前面或者后面触礁，一靠就好；麻烦的是船两头浮空，中间触礁，这时一定要水性好的人游到船底，把船背出来。船在水面，稍稍用力就好。清代俞樾在《滩行曲》中写道："长鲸系舟舟不动，短篙撑舟舟仍留。竟须大力负之走，入水学作吴儿泅。"钱云才老人说，即使是寒冬腊月，滴水成冰的时候，也不得不脱下衣裤下水去把船撬浮弄下滩去。所以，开船要小心翼翼，有水花（漩涡）的地方就一定有礁石。晚上一般不开船，要停一停。周士泉回忆说，小时候在船上很害怕，特别是浪来的时候，有几只船在一起的时候就不怕了，一般至少两条船在一起的。那时候有船帮，你帮我，我帮你，关系要搞好，你吃我的，我吃你的。周士泉道："我们江山人很讲义气的。"对于"江山帮"，《历史文化研究》第4辑中记载："钱塘江上所有船户，大抵可分四帮，以江山帮为第一，次则义乌帮，次则徽州帮，次则桐严帮。"江山帮的起源是，"清末民国初，江山农民田产都在少数地主手中，为谋生计，沿江农民则以撑船放排为唯一出路"。无论其起源是什么，船帮对于身处风险的船工来说，是一个身心栖息的依托吧！

江　神

移山那有夸蛾子，贷水更无监河侯。
即使舟轻似赤马，何堪险滩如黄牛。

——《滩行曲》

"夸蛾子"指的是神话传说中的大力神，"监河侯"指是《庄子·外物》中的一个人物。这行诗说的是，船工行滩没有什么神灵或者贵人相助。但是，撑船的要拜神保佑，最信的是周王庙的神。周士泉老人小时候，他的爷爷是要拜周王的。《衢州民俗大观》记载，"周宣灵王，威灵显著，水旱疾疫，祷之辄应，被船民奉为水路保护神而代代祀拜"。这也可能是衢州的周宣灵王成为钱塘江水系共同信仰的原因吧。但是除了周宣灵王，老人说，天妃娘娘是海神，也要拜的，撑船的很相信水神海神。"衢江或其支流沿岸设有多处天妃宫。天妃又称天后，在台湾和东南亚称为妈祖，是船工、船员、客商、渔民祭祀的海神娘娘。"可以想见，当时下营街的周宣灵王庙和天皇巷的天妃宫，该是多少船工祈福的地方啊。钱云才老人说，他们船上有一个香火，再买来周王佛纸贴在船头，要开船了，三炷香，一刀纸一烧，再拜，祈求开船大吉；要从衢州到兰溪，买点猪肉再请一请，意思是"烧顺福"。3个人每人半斤肉，总共1斤半肉，再买点其他菜，萝卜啊。不管什么船都有这个习惯的。"现在下营街18号周王老佛，那个周雄他是个孝子。我们撑船的人就是信他。我们拜他以后灾难就少了，风灾，雨灾，船打破啊，就是信他。每个地方都有周王庙的，衢州有，乌溪江有，乌溪江到那个王村头也有。你到那个樟树潭也有那个周王庙。撑船的人就信这个了。"老人说，一般情况下都是在船上拜拜，到了码头靠岸了，才去庙里拜拜。

那时周士泉的爷爷有交代，船上有几个忌讳：吃饭的时候，陆地上的人可以把饭碗翻转竖起来，将水滴掉，船上的碗必须是顺放的；筷子不能放碗上面，否则就意味着船要搁浅；早上开船拔第一篙时，要拜一下的，意思是保佑这一整天撑船都平平安安的。钱云才老人说："开船的时候坏话不能说，比如什么死人了；吃鱼不能翻，那要翻船的。这些东西好像是一种迷信的说法，不过撑船的人习惯遵照这些规矩。"

水上婚礼，一摇三晃

讲到船上婚礼，周士泉老人回忆说，那时候一般年轻的船员比较帅。码头上运货老板的女儿喜欢上了就和他结婚。船上婚礼和陆地婚礼不一样。结婚的时候，新娘乘轿子到达码头，要背过跳板。就是长木板，一头搭在岸上，一头搭在船上。"新郎官把新娘子抱起来，走上去，还要'一摇三晃'。一般不是渔船上的人，娶进来的媳妇不是本省船上过生活的人，一定要'一摇三晃'，让她有个习惯，以后都是这么摇的。"然后，在船上拜天地举行婚礼，之后在岸上的饭店吃饭。周士泉老人讲的是陆地上的姑娘嫁给船工的水上婚礼。

而对于水上人家之间的婚礼，钱云才老人如此回忆："中华人民共和国成立以前我看到的，他们结婚是船对船拿来靠拢，这个船不能拼拢的，船离开的时候，把这个新娘子抛过去，他的对面有接的，很近的，船对船，板对板靠拢不行的，要离开点。"《衢州民俗大观》记载：

> 明初以来，官府严禁九姓渔户与岸上人通婚，故生活在华埠一带的船户只能在船上的四姓中择偶，婚礼只能在船上进行。这种水上婚礼逐渐形成了一套仪式。以新娘为中心的水上婚礼内容有：坐房、并彩、送妆奁、哭嫁、催身帖、浴身、吃上轿饭、抛新娘。围绕这九项内容又有许多具体的内容和形式，每一项内容称为一场，共同组合成为一个完整的水上婚礼过程。最后一场抛新娘为婚礼的高潮，非常精彩和欢乐。

可见，《衢州民俗大观》里记载的也是水上人家之间的婚礼。钱云才老人所说的也正是抛新娘这一环节。然而这九项内容的具体过程却已不为人所知了。

滩行难，何足忧

> 殷殷酌酒劳童仆，勿言巉屼今番尤。
> 平生忠信颇自负，风波虽险何足忧。
>
> ——《滩行曲》

衢江船工的生活是一个时代的缩影,代表了当时社会底层撑船人的辛酸。不过,船工与自然、与社会抗争的坚韧和乐观,是不管穿越了多少历史,至今依旧弥足珍贵的。目前,周士泉老人乐呵呵地当着天妃宫守护者,为香客行各种方便;而钱云才老人退休后,写船工回忆录、练二胡、写书法,不断地书写人生新的精彩。这份对于生活的热爱,即使是年轻人,也自愧不如。正如《滩行曲》中所写的"风波虽险何足忧",这份自信豁达,让衢江船工的生活苦中带甜,淡定致远。

江边吊脚楼

衢江靠水亭门沿岸曾经建有一长排亲水"吊脚楼"。老人们说房子没有什么特别的名字,很久以前就在了。水亭街皂木巷93岁的汪时栋老人称其为"建在江边的房子"。老人回忆说,该楼的位置从南到北,大概自小西门一直延续到西安门。《西安县志》图考85页中画的城墙外的那一排房子或许就是当时水边的"吊脚楼"。水亭街水果店老板说,在电视里看到湘西的吊脚楼,才知道那不就是我们建在河边的房子嘛!那么,衢江的"吊脚楼"是什么时候建起来的,后来为什么被拆呢?

"吊脚楼"的叫法源于湘西、鄂西、贵州等地。楼多依山就势而建,呈虎坐形,以"左青龙,右白虎,前朱雀,后玄武"为最佳屋场,吊脚楼多建于沿江集镇,多以木桩或以石为支撑,上架以楼板,四壁或用木板,或用竹排涂灰泥。屋顶铺瓦或茅草。吊脚楼窗子多向江,所以也叫望江楼。吊脚楼是远古巢居的发展。现在,具有民族特色的吊脚楼越来越成为人们旅游的向往之地。

汪时栋老人说,衢江的吊脚楼都是木结构的,背朝衢江,面朝城墙,即坐西朝东。一半建在陆地上,一半悬空,悬空部分由木柱子支撑着,柱子的底端抵在江边的大石板上。房子有一层的,也有两层的。一般来说,建在陆地上的那部分是两层的,用柱子撑着的后半部分是一层的,因为毕竟木头的承重能力有限。房子沿江而建,通风好,但房间比较小。根据老人的叙述,水亭门外的吊脚楼是由木柱支撑的,坐西朝东的半干栏式的建筑。

那这些房子具体都干什么用呢?王汉卿老人回忆说,吊脚楼有一些是开店的,有饭店、茶店、酒店、绳子店。卖船上用的竹篙底端铁头的铁店、木箱店,主要是"做水上人的生意"。当过船工的钱云才说,船上很多东西要用铁的,比如说,竹篙头、花篙头、环、钩。江边的两家铁店都很忙。除了铁店,还有盐店、茶店。有家茶店的老板叫"外国男",真名不清楚。那时候老板的真名都不告诉别人的。茶店隔壁是小麻子盐店。此外,在这排临时而建的木房子中,设有张协大、汪顺裕两家近百年的运输行。老板、伙计、管账先生在一楼临街的房子里经营生意。有客人需要运输物资的,运输行就为他们寻找运输船,中间抽取利润,类似今天中介公司。总的说来,这排吊脚楼是服务于衢州的水运业的。郑怀桉回忆,有些渔民是住在吊脚楼里的;德坪坝口上以前有个叫"防洋楼"的三层酒店,在浮桥头附近,一般都是大老板去的。他的父亲就在那边请过客。

钱云才老人说，那时船管所成立，他去那边帮忙登记船名，在吊脚楼里住过一段时间。他回忆，他住的房子在通广路，就是现在的江滨路，"房子蛮牢固的，有科学原理的，不能太重的，否则楼板要断的，比较简易。涨大水的时候，下面都是水，房子就像浮在水上一样的"。他住的那幢"吊脚楼"靠江的一层后屋是住人、烧饭、吃饭，风景比较好，夏天凉爽，但是冬天比较冷，风会从房板下面吹上来。二楼住人，有房间，也有杂物间。想象一下住在当时的吊脚楼中的一番风味：每当夕阳西下，落日照在清粼粼的江面上；船一个连一个靠在码头边上，江风阵阵，炊烟袅袅；这时偶尔有人"扑通扑通"跳入江水中畅畅快快地游泳。

王汉卿老人回忆，以前这片木房子经常会着火，"着一点，少一点，着一点，少一点"。还有老人说，这些房子是"越烧越旺"的。郑杯梾说，房子最后在建江滨路的时候被拆掉了。无论如何，水亭门外的这群吊脚楼见证了衢州水运的繁荣。他们临水而建，因水而生，最终随着水运的没落而消失在历史的长河中。

衢江渔民

垂钓图

章　典

远树寒烟古渡头，一竿深处碧潭秋。
此中乐意君知否，点点苍波起白鸥。

《西安怀旧录》卷三

衢江三民包括排民、船工和渔民，这三类人多是三面朝水的劳苦之众。渔民的生活更是艰难。据生活在柴家巷的70岁老人黄惠康介绍，他的母亲就是来自衢江渔民家庭，而他的几位舅舅也以打鱼为生。他的六舅舅陈龙标老人向我们介绍了他的经历。

陈龙标老人今年75岁，生于衢州，祖祖辈辈是渔民，主要在水亭门和小西门这一段捕鱼。陈龙标10岁就帮忙打鱼，替家里收网、抓鱼、清理石块、织渔网，婚后父亲给了一条船，老伴也是渔家女儿，从此撑着夫妻船，以打鱼为生，直到70岁。当时衢江上有700多条渔船。1949年后，成立了渔业大队，20个人一个大队，拿工资，捕多捕少一个样。钱云才七十二三岁在双港口买了房子，从农民那边买的地，现住在大儿子家里。钱云才老人说："货船弄得不好可以去抓鱼了，机动灵活，但是专门捕鱼的就不能装货，船太小了；现在渔民老人养老金200多元钱一个月，因为当时没有交养老保险。渔业大队、本电厂的领导不行，一次性给渔民7000元，(渔民)就和大队没有关系了，渔民很苦的。船工(工资)少的1100元，多的1200元。"

老人说，以前穷，生意难做，八个铜板一斤鱼，刚好糊糊口。说起渔民生活的贫困，水亭街骨科医生王德成儿子回忆，那时候他有个同学家是捕鱼的。爸爸每天出去打鱼，孩子们在家里等呀等。如果今天爸爸捕上了鱼，孩子们就会高兴，因为鱼可以换米，这样他们就有饭吃了;如果今天爸爸捕上来的是虾,孩子们就哭,因为换不了米,这一天他们就得吃虾充饥了,长大后他们一看到虾就想吐。看看今天的衢江,不是身处那个时代的人,恐怕是很难想象的。

谈起渔民一天的生活,老人说基本上都是夜里划船出去捕鱼,船上有汽油灯或者煤油灯,直到晚上12点才能休息。第二天凌晨4点就早早地起床,把鱼按照个头大小用水草或者杨柳条串起来,整理好。5点,挑着鱼到水亭街或者小西门卖。放鱼的篮子形状像元宝一样,卖不掉的就拿去晒鱼干。老人说,一般情况下鱼就直接卖给贩子了。卖完鱼后,就顺便在水亭街买菜、米回去,在船上吃午饭,之后午睡。老人说:"打鱼的人不喜欢吃鱼,也不去茶馆喝茶,运煤的、运炭的会去喝。"这样日复一日,不论春秋寒暑。

以前衢江上放木排。就是从开化砍的树,一根根并排绑起来,做成一个竹排。树多是从古田山砍来的,那里是一个"原始森林"。撑船的划着竹排、木排运到杭州。有些木头也用运输船运。说起捕鱼的工具,有一种工具叫鱼帘,用麻(麻是农民种的,外青内白,用刀子把外面的青刮掉)做的,结实得很,拦在江上,鱼就被阻碍住了。黄连国,今年61岁,他8岁就在爷爷和爸爸的渔船上帮忙,直到16岁。他回忆说,鱼帘很大,先在水流急处放一根毛竹,再在前面拦一面网,兜住;鱼游过来时只能往上跳过毛竹,这样就跳到网上。除了鱼帘,还有跳网,鱼遇到水浅的地方会跳起来,这样就跳进了事先放好的渔网里了。

黄连国说,当时有一种网是绍兴做的,叫丝网,尼龙做的,硬硬的、白白的,质量特别好。网孔的大小,决定了捕上来的鱼的大小;捕鱼的时候,把网撒到鱼群上,罩住,然后再收网。夏天,要把网撒在活水(就是流动的水)上;冬天,要把网撒在死水上,因为那时鱼在深水里。以前打鱼有一种鱼钩,挂在绳子上。一根绳子上大概挂250个鱼钩,每隔1.5米挂一个,一共2000多个鱼钩。钩子上串蚯蚓。蚯蚓是早上在田里抓的,以前田里有很多蚯蚓,大概两三小时可以抓五六百根。蚯蚓抓上来后,放在缸里,缸里放点泥,以免蚯蚓死掉。下午2点把蚯蚓都串在钩子上,晚上放钩抓鱼,因为白天鱼吃了蚯蚓是不上钩的。

那时候鲥鱼比较受欢迎,有时一条有五六斤,味道鲜美,一般7—8月份比较多。鱼一般的做法有煎、烧、晒干……有一次,把陈龙标老人捕到了85斤、长约1.5米的鳡鱼,又称为虎鱼,这种鱼会吃很多小鱼,后来被卖掉了。有一种鱼叫河豚,形拟蝌蚪,有毒,把鱼的肺去掉以后才能吃,"一斤鱼,半斤肺"。当时有一种说法,叫"拼死吃河豚",意思就是河豚毒性很大。每年梅雨季节过后的6—7月,江里的鱼比较多。那时候江水很清,一伸手就能抓到螺蛳,螺蛳没有人吃,黄蚬(一种贝类)也如此,现在螺蛳也贵了呢。以前衢江里有很多鱼,衢州涨水涨到马路上,石板路的下水沟里也有鱼、虾、鳗鱼……老人说,20世纪70年代左右,化工厂建立,还有毛猪厂,鱼就没有了。回忆以前的衢江,水亭街的很多老人眼里闪着亮光,好似聊起自己儿女一样地骄傲,但语气也带着淡淡的忧伤,"以前的肉、米、鱼都很好吃呢"。可是,无论多么美好,毕竟那是逝去的了。

其实渔民在船上不只是打鱼,还可以养猪呢。陈龙标老人回忆,以前他在船上养过猪,一次养两只或三只,但是只能养母猪,因为母猪小便的时候是解在外面的。猪是在岸上放养的,船晚上靠岸。黄连国笑着说,那时候他们家的船上也养猪,猪有时候会掉到江里去,可是猪会游泳,"游起来很快,像火箭一样"。老人说,小时候经常在衢江里游泳,"晒得黑人一样"。也在城墙上玩过,比如说放风筝。城墙上有枸杞子,蛇苗苗(长得像草莓的样子),吃之前用嘴巴哈一下气,怕蛇闻过。也有桃,一种野果子,草本植物,籽里面有毛,不好吃……

现在陈龙标老人和妻子定居在衢江百岁坊,辛苦了大半辈子后,开始享受陆地上的安静生活。在采访过程中,老人始终面露安宁慈祥,没有滔滔不绝的言谈,只是淡淡地笑,缓缓地讲述。有一种强烈的历经沧桑后的淡定感染着我们。

清朝衢州人士袁士灏《招贤晚眺》诗云:

> 澄澈空江万里天,渔翁打桨入秋烟。
> 捕鱼初罢腥风散,几个鸬鹚上钓船。

诗中描写渔翁劳作一天后开始休息的情景。其中江、天、船、烟、鸬鹚、渔翁和谐地融为一体,那样悠闲恬然令人神往。而今,当年衢江的渔翁已经渐渐老去。由于时代的变迁而非时间的流逝,衢江上难见那样的船、翁、鸬鹚,那种景象也随着时间的流逝而淡去……

水灯灿烂若星点

> 夫天下未有不读书而可与言鬼神者也,
> 未有不折衷于古昔而可以行之久远者也。
> ——《联豸徐氏家谱·乡校复礼议》

衢江不仅曾是一处生活劳作的水域,也是一片可以寄托精神的流水。"慎终追远,民德归厚矣",古人对亡者的悼念,超过对灵魂的关注,而是看成笃厚社会之风尚道德的重要活动。农历七月十五中元节,祭奠亡人,衢江最隆重的要数放水灯了。明代《酌中志》记载:"十五日中元,甜食房进供佛波罗蜜,西苑作法事,放河灯。京都寺院咸做盂兰盆追荐道场,亦放河灯于临河去处也。"刘若愚记述的是宫闱之事,亦可见放河灯起于寺院,后与儒家礼仪对接,成民间活动。水亭门《联豸徐氏家谱》记载中元节说:"惟七月盂兰盆之祀本道家言,而杂以释氏。特创不经,为地官赦罪之说。夫必有罪而后有赦,阴阳一理也。"不过当年徐氏族人对礼经所载弃之不问,"跪拜进止悉听之浮屠指挥"的现象也颇有质疑,认为这是儒释良莠不分,渐失儒家慎终之礼,感叹民心如草,唯风向之从,"是故释氏之良莠,而万世之人莫能辨其有无真伪,而相与惑于其说,是礼经可废,释氏亦可废,而惟释氏之良莠反可废也!"

衢江及至清代,放河灯已蔚为壮观。据清嘉庆年间《西安县志》记载:"中元俗称鬼节，素食祀先，沿河竞放水灯，灿烂若星点。"可见衢州当时已有颇为壮观的放河灯活动了。水灯，又叫河灯、鬼灯或荷花灯。据清《京都风俗录》记载，旧时北京"市中买各种花灯，皆以纸作莲瓣攒成，总谓之莲花灯，亦有卖带梗荷叶者，谓之荷叶灯"，全国各地水灯大小、材质及其颜色也不甚统一。那么衢州本地的水灯是什么样子的呢？清汪筱联在《竹枝词》中注释，河西有放水灯习俗，"将香烛插在木板上"。据徐文华老人描述，衢州中元夜放的水灯则是"纸做的，米糠上面用松香浸一浸"，老人一边说一边用手向我们比划着，将纸卷折糊成倒置的漏斗形状，"水灯的底是平的，正方形的四个角，也用松香胶起来，会浮起来，还能防水。这些水灯一般在香店里买的"。据郑杯棪老人回忆，"做的水灯大有大的，小有小的，里面倒点桐油、清油，保佑清清洁洁。灯草点起来，蜡烛点起来，是鬼的节日啦，保佑顺顺利利……每年都要放的，中华人民共和国成立以来取消迷信，就没有了"。

七月十五这天晚上，人们吃过晚饭走到衢江岸边，竞相观看水灯。"河两边都站满了人，小孩和大人都喜欢看，非常热闹。"徐文华老人描述放河灯时江面的景象如是说。当时衢江上有五六只船，专门有人在船上放水灯的，点一只，放一只，从双港口一直放到樟树潭，"开始的时候是一条线，慢慢慢慢地就散开了"。水灯顺着衢江水流，缓缓而下，由近及远，时分时合，倒映在水面，灯影在被风吹皱的波纹里闪闪烁烁，摇曳多姿。彼时，江面上似散落着千朵万朵金花，又似点点星光。而此刻，面朝水亭门江面的西河徐氏祠堂，正在烧锡箔灯。据其宗谱记载，每年中元节前三日祠堂东西廊芜，节孝义祠寝室等龛前就挂满锡箔，待"中元夜焚荐"。

船上除了有人放河灯，还有人一边打锣鼓，很是热闹。船上还设香案，点香烛。据老人说，当时水亭街有道士，他们坐在船上，摇铃超度孤魂野鬼，祈求平安。请道士的钱都是船老板出的。郑杯棪老人清楚地记得有个大老板叫钱生富，后来开油行，裕隆油行，是最有名的。随后，他还兴致勃勃地为我们列出了一长串船老板的名字，末了他说，"放河灯这些老板拿出来的钱最多"。船老板经营的是水上生意，为了保平安，少淹死人，放水灯，请道士，似乎也成了与经营航运生意同样重要的事。

徐文华老人回忆，旧时衢江水里经常有小孩子淹死，特别是老浮桥一带。但水亭街一带不涨水，也不会淹死人，传说是"有个和尚丢下聚宝盆，(水亭街) 是个滩，很平的，不会淹死人的"。当年有孩子淹死的人家也会去放水灯，但有些人家没有钱，就不去放灯了。大概在当时，水灯也不是穷苦人家买得起的东西。

近代女作家萧红在《呼兰河传》中写道："七月十五是个鬼节。死了的冤魂怨鬼不得托生，缠绵在地狱里非常苦，想托生，又找不到路。这一天若是有个死鬼托着一盏河灯，就得托生。"大概从阴间到阳间这一条路非常黑，若没有灯是看不见路的。所以放河灯这件事是善事。老人跟我们说，"水灯淌来淌去，人们都是让他漂去的，不会去捞"，只是望着水灯渐渐远去，不知道是不是想让灯多一盏，亮一盏，为逝去的亡魂多照亮一段夜路？

同样，在漂泊中的活人，借着中元节，也要有一番归根的寄托。客居衢州的清人胡

启宦作《中元节》一诗,收录在《西安怀旧录》。诗中描绘中元节到来时的思祖、思乡之情:

中元节届客心悲,有远难追独自知。
踏遍城头惟北望,浮云何日是归期。
唏嘘未已强归来,又见家家扫纸灰。
若能果使花蝴蝶,不妨遥荐总飞来。

作者乃"庚辛之乱侨居柯城",中元节登上衢州城墙,看着家家为亡灵烧纸钱,点水灯,想着自己有远难追,不能回故乡追思祖先,顿生悲情。于是想象那些纸灰能化成蝴蝶,飞回故乡去祭祖。由此可推,中元节放水灯包含儒家的"慎终追远,民德归厚矣"的精神内涵。

现在,90多岁的郑杯桵老人回忆放灯河的场景,眼里还闪烁着激动的神情,"好看的啦,一盏一盏,有几百、几千只咧。假如说晚上有月亮,水是透明的,那是相当好看的啦。"不过到"文革"时期,除了清明节,所有的传统节日都被取缔,中元节也没能幸免。现在,传统节日逐步回归,中元节却被冷落了。作为民间中元节民俗活动之一的放水灯自然也渐渐淡出了人们的记忆。

如今在衢州,已不见中元之夜"竞放水灯,灿烂若星点"的场面了。我们也只能借着老人们的口述,推开记忆的虚掩之门,探头望一眼昔日放水灯的星星……却不知"天下事何毁废之易,而修复之难也"。(《联豸徐氏家谱》)

吴宗杰:《坊巷遗韵——水亭门历史文化街区(上)》,商务印书馆2017年版。

渐行渐远的船工号子

许马尔

最近,在网上看了一部老片子,是1956年由赵丹、舒适、仲星火等主演的《李时珍》,这部影片在桐庐江边拍过镜头,当年父辈们还在这部电影中扮演过纤夫,他们在大滩上戴着箬帽,赤着双脚,曳着纤往前走,口中喊着"嗳…嗨…嗳…嗳嗨"的船工号子。虽然这些船工号子是后来电影制作配音加上去的,但这勾起了我的回忆,想起当年富春江上那些此起彼落的船工号子。桐江船工号子在富春江上已消失50多年了,我对富春江上的那些船工号子,怀有一种特殊感情,因为我祖上世世代代都是船民,我在船上也生活了20余年,撑过船,曳过纤,也喊过船工号子。富春江上的木帆船在20世纪50年代中期之前,只有少数"轮木结合"的船用拖轮拖之外,大多还是靠人工撑摇。撑船是力气活,如撑篙、摇橹、曳纤,还有装货抬物等更是苦力活。因此,那时船上人劳作时,常会呐喊花样不少的号子。这些号子有的清脆悦耳,有的铿锵有力,有的响如狮吼,号子抑扬顿挫,很有感召力。每当遇到逆水行驶,因为江心水流急阻力大,有经验的船工会沿着江岸边"偷慢水",这时就得有人在船头掌握水位的深浅,以防搁浅触礁,船头测量水位船民称作"了水",即了解水位。船上备有"了水杆",用一细长的竹杆制成,根据自身船的吃水深浅,在其竹杆下部扎有两个棕毛丝做成的部(结)头,船首"了水"的伙计一边"了水",一边视其"了水杆"部位的水位,然后唱出山歌般的船工号子。而船后梢掌舵的老大,则会根据船首的号子声变化,时而把转舵向。"了水"的船工号子节奏有快有慢,一般水位深时节奏较慢,所唱出的词语每个字音都会拖得很长很长,比如"了…勿…着…唉…""上…部…没…落…唉…""上部离毛一节唉!"而水位一遇浅时,船首之人神经一绷紧,其节奏就会很快,比如"下部刚没落唉!""下部离毛唉!"等。"了水"者根据水位的不同,不断变化着号子声。

富春江船工号子具有浓厚的地方色彩和鲜明的民间音乐特点,粗犷、浑厚、铿锵有力、声调高亢。这种号子在急流险滩中,起到凝聚力量、振奋精神、统一步调的作用,其实这也是一种最具实用价值的民间音乐,也可称作为"船歌",在那些全力拼搏的劳动场面都能用得上。比如:逆水行舟需用力撑篙,而且节奏要快,所以就用快拍号子;在江上顺流摇橹,因不需太大力气,节奏也无须太快,便用慢拍号子。当年船民站在船后梢的高跳板上摇橹,摇大橹前进后退均为三步,节奏较慢,从他们口中喊出的调子就是缓慢的。如果站在原地摇小橹,因为节奏快,所以会喊出"嗨哴""嗨哴"的急促号子。有时船民装运石头、段头(一段段粗木材)类货物,有不少需要靠船民自己来抬运的,抬运这些重物,从立起、起步、踏上跳板、上坡、下坡、歇落等不同场合,均要喊出不同的号子。如:"腰部挺起,嗨哟!""两脚立直,嗨哟!""起步走呦,嗨哟!""跳板走好,嗨哟!""脚步踏稳,嗨哟!""上坡当心,嗨哟!""落坡走稳,嗨哟! ""当心歇落,嗨哟!"两个人抬扛,后者为主力,由后者先发号令,如后者喊出"跳板走好!"然后两人同节奏地喊出一声"嗨哟!"这时,抬前扛的再回上一句"前扛有数",两人同节奏地再喊出"嗨哟!"还有的号子并无唱词,船工们唱的全是"哟、嘿、嗨""哟、嗨嗨"等,如在扬帆遇上风力不足时,常会用"嗬嗨""嗬嗨"来呼喊风神,有的在"嗬嗨"后还会加上一声声的"嘘……嘘……"口哨声。

塘柴是过去海宁、杭州等地填筑海塘的一种主要材料。自古以来,桐庐每年运往海宁等地的塘柴不知其数。分水江上游昌化、於潜、分水用划船运下来的塘柴,芦茨溪上游用竹排运下来的塘柴,因为需要三四十吨的大开艄或龙娘船才能运往海宁等地,当一把把塘柴从划船或者竹排上盘驳至大船时,船民们就会用上一种盘点塘柴数量的号子,这种号子的声腔趋于舒畅而优雅,节奏稍慢。比如当年东门横江一带,当一百多只昌化、於潜划船将塘柴往一只只大船上盘驳时,那种此起彼落、抑扬顿挫的号子声,简直就像一堂异常热闹的音乐会。船民一边用手中的柴叉叉起塘柴往大船上抛去,一边口中唱起数字:"一个哩个一来、两个哩个两来、三个哩个三来……"满十数后再转换"一杲枚个一来""一杲枚个二来"或"二杲枚个一来"等,唱数的号子颇像唱山歌一样好听,一直唱到六七万斤塘柴装好为止,而且数量不会有差错。当年船民在漏江滩上撑华篙所呐喊的声音,堪称富春江上最为悲壮的船工号子了。不少文人把它描写为"狮吼",这是一点也不为过的。

　　一只船逆水撑上漏江滩，虽然岸上有纤绳在曳着，但湍急的滩流还是会把船儿阻得一动也不动，这时就得靠船头那个人撑"华篙"出力了。"华篙"为一支笔直细杉木做成，粗不足10厘米，篙头为一铁尖，篙梢有一木制略长方型小托柄，此托柄抵顶胸前肩胛或腰部之用。只见船工手中的华篙头一落水，利索地将篙柄先往腰间、后往肩上一顶，扑卧着身子，双脚猛力一蹬，并"噶——啦——啦""噶——啦——啦"地一声声大吼，上滩的船儿就会顶着急流挺进几尺，硬是这样一篙篙地把船顶上了滩头。如今回想起来，当年船上人撑华篙可以说是一种气功绝活。

　　我记忆最深刻的一件事，是20世纪50年代末在杭州闸口码头一次挤泊位的事。这天码头待卸货的船舶已经挤得里一层外一层了，而被挤在外档的一只建德长船，还想从外面挤进去卸货，他们开始在船头上用盘车来绞盘，但是无济与事，船儿仍然靠不拢岸，后改成船头上一边一人用华篙来撑，只听得"噶——啦——啦"一声大吼，他们那只船就轻松地挤到了岸边，其力量比绞盘车还大，真可谓一篙顶千斤。船工号子是富春江船民们在凌波踏浪、击风搏雨的航行中逐渐创造出来的，它具有鲜明的行业特色。船工号子，不仅是船工增加力量的一种方式，其实也是船工生活的一种呐喊，他们风里来浪里去，劳动极为艰辛，号子也就成为船工们的一种发泄方式。

《今日桐庐》2014年5月23日。

话说木排头

许马尔

　　桐庐自古盛产木材，是早先钱塘江上主要的木材集散地。过去昌化、於潜、分水等地的木材均要经过分水江放到桐庐后再运往外地。民间还传说，那年杭州净慈寺遭火烧毁后，重修寺庙的木头就是济公活佛在桐庐富春山化缘后，扎成木排从富春江运至杭州的。木排头因这里是桐庐的木材集散场所在地，又居住着许多放排人而得名。其实桐庐最早的木材交易场所并不在木排头这个地方，而是在离县城10里地的旧县埠。清末有个"旧县包头"很有名，这个人叫许夏苟。"包头"即"作头"，是从前木排上的领头人，故称"排头"，常站在排的最前面指挥，统管排上一切事务。清末至民国初，"旧县包头"统揽分水江的木排放运业务。山客在旧县交割木材之后，由"旧县包头"为水客做成一张张大木排，然后将木排放运至杭州、闻家堰、义桥等地。许包头在兄弟六人中排行老大，他们一家均以放木排、捕鱼为生，而许夏苟的儿子许玉泉起先是旧县的"坐商"，即木行老板。

　　桐庐的木排头，原先是个荒凉之地，除了农田更多则是徽、绍等地生意人厝葬之地。20世纪50年代初，在这里还能见到一个个突兀的坟头包和成堆的枯骨。那里沿江一带是处州划船集聚之地，处州划船指的是分水江上游昌化、於潜、分水三县的船只，是运柴炭山货至旧县、桐庐，然后再从桐庐运食盐、杂用百货等回程的一种小划船，撑这种船的大多为处州人，与本地船民不同的是他们均为一个人撑一只船，最多时曾在这儿停泊过数百多只处州划船，在东门横街还设过一个处州会馆。后来，由于旧县河道逐渐泥沙淤阻，可以停泊排位的水域面积越来越小。再说清光绪三十年（1904）桐庐通上客轮后，外地客人乘客轮至桐庐还要转走旧县，来往十分不便。民国初年，在旧县开木行的包头许玉泉看中了桐庐县城横江蚂蟥桥里一带，打算把分水江上的木材转运市场迁移到县城蚂蟥桥头西边。怎样把人家停船的地方，占为己有停泊木排，这对当时来说也不是件容易的事。许玉泉觉得要人家主动让出地盘肯定行不通，最后想出一招就是请许氏家族人来帮忙。为此，他先准备了1000根青柴木棍，交由其六叔许福银掌管，并通过家人——通知富阳、渌渚、窄溪、桐庐、建德等地许姓家族人，定于某一天人手一根青柴木棍到桐庐横江集合。当年许氏家族有2000多人，结果聚集了不到1000人，就把别人都吓跑了，就这样停泊木排的地方轻易得手了。后来这件事还把官司打到了县公署，许玉泉通过关系，请县公署知事（县长）出面调停，县知事认为处州划船比木排灵活，它在县城任何水域都可以停靠，而木排在县城水域也只有停在这里最为合适，这么一调停总算把整个事态平息了下来，从此木排交易与停泊从旧县埠正式迁至东门横江蚂蟥桥头一带。事后，许玉泉为感谢许氏家族人的帮忙，民国十八年，由他负责完成了永安"爱敬堂"《许氏家谱》续谱事宜。

桐庐的木材中转交易市场迁至县城后，先期在此开设的木行有广聚、同和源、聚成、馀森和等几家，此后逐渐增加，一直延伸到东门横街一带，逐步形成了繁盛的木材贸易市场。民国三十五至民国三十八年（1946—1949年），木排头至横街一带有大小木行34家，从业人员达200余人，一时坐商、山客及水客云集，每年经营木材达5万—6万立方米，原先一片荒凉的田野逐渐开始热闹起来。由于木材生意的日渐繁荣，携妻带儿到此营生的人也日渐增多，尤其中华人民共和国成立以后，那些原本浮家荡宅以放排为生的水上人家，一家家上岸搭棚造房子，开始上岸定居。木排头这名字也随着木材生意的旺盛和人气集聚的增多，渐渐被人叫了开来。

当年那一带江面上木排蔽江，很有气势；岸上坐商、山客、水客们在一起讨价还价声和过票结算声此起彼落，很是热闹。在水客、纤手之间周旋的那些放排人，时刻关注着放排生意，缠着对方一刻也不会放过。而更多的是挑着馄饨担、拎着芽蚕豆、香烟瓜子篮头的小摊贩也凑热闹地大声叫卖。江面上从这木排跳到那木排的木行伙计与山客，拉着尺边量码，边唱着数的声音一声接一声，还有那撬排、拼排的吆喝声，相互交织在一起，场面异常热闹。此外，在木排上面剥树皮的场景也很热闹。山客把捆子排——放到木排头交割后，当地的妇女及孩子们就会跳上新来的木排，个个拎上一只大挂篮，手拿一把铲刀，在原木上抢剥树皮。这些剥下来的树皮，晒干后就变成了很好的烧火柴，有的家庭整年烧菜做饭就靠这些树皮。在那场"除四害、讲卫生"爱国卫生运动中，木排头还出过名，1959年被评为"全国除四害、讲卫生先进单位"，爱国卫生运动的领头人是当年水上村的妇女主任孙菊娣。木排头后来还出了一个名人，这个人3次被评上全国先进,他就是当年放排工会的支部书记孙校洪。木排头,今天已随着富春江的东流之水,载着昔日放排人的酸楚和艰辛,在我们的记忆中渐渐远去了。

《今日桐庐》2014年5月30日。

记住那段悲痛的历史

许马尔

1984年在调查桐庐航运史时,当时召集了一批老船民,他们说起抗战时期的那段亲身经历,一个个悲痛万分。"逃日本佬"是当年船上人嘴里经常说起的一个词汇,它可以生动地勾勒出桐庐沦陷之后,船上人家那种日夜不安,到处躲避,拖家带口,大包小包逃命狂奔的情景。在当时的情况下,真正能逃脱日军魔掌的船上人是不多的,他们有的被抓去当挑夫、纤夫,那一艘艘相依为命的船,有的被沉江,有的被炸毁、烧毁。如上杭、下杭渡口有33艘渡船,除5艘逃至芦茨免遭烧毁外,其余全部被日寇烧毁而化为灰烬;还有的甚至连船带人一起被日军抓走,稍不小心就挨毒打,被打成遍体鳞伤后,还要挨饿干苦役,甚至连命也带不回来。自1937年11月5日日军登陆杭州湾,至1945年9月6日侵浙日军在富阳宋殿村代表日方在投降书上签字,可以说浙江是全国较早沦陷的省份,钱塘江流域更是遭受日军侵略时间最长、遭受战争灾难范围最大、最深的一个地方。而富春江上的船民与渔民又是最先遭遇日军,最早被日军铁蹄践踏的群体之一,老百姓应对这场战争磨难与痛苦又是显得那么的无奈。

1938年2月17日,农历正月十八日下午,窄溪渔民许培新正在窄溪金勾浦一带江面收放滚钓捕鱼时,被日军飞机活活炸死。这一年的11月至次年3月,县国民兵团在富春江中(马浦至桐庐滩)用石块、木桩、沉船、水雷等物,设置6道障碍,企图阻止日军侵入,但航行的中断,也意味着一批批船民将陷入生活艰难的处境。1940年1月,日军以那场大雪为掩护,偷渡钱塘江成功,日本侵略军侵据义桥镇。我的伯父在萧山义桥江里遭遇日军,他摇着舢板为全家人逃命时,肩胛被日军一枪击中,又因战乱无处救治,后来不治身亡,死时连身上的那颗子弹也没有取出。我爷爷那艘全家人赖以生存的龙娘船被日军浇上煤油一把火烧成灰烬后,二伯父与我父亲一头担着瘦弱多病的奶奶,一头担着抢出来的那点家当,两人轮换挑着;二伯母一手拖着我堂姐,一手拎着一只竹篮,途中向好心人家乞讨充饥,全家人就这样一路往着桐庐的方向逃难。

1942年5月中旬,日军原田旅团自富阳、新登分三路进犯桐庐、分水,日军所到之处,烧杀抢掠,奸淫妇女,无恶不作。日本鬼子在桐庐整整折腾了2个月,而窄溪马浦溪里100多艘渔船,拖儿带女、受饥挨饿,逃往严坞老山脚下,在那儿整整躲了2个月,直至日军向建德方向撤退,才敢回到自己的渔船上。1942年5月15日,侵华日军发动了浙赣战役,其主战场就在浙江。浙赣战役是日本帝国主义全面侵华期间,日军在浙江进行的一次规模最大、持续时间最长、后果最为惨烈的战役。日军分三路向金华、兰溪进犯,而带给桐庐的是一大批船民、渔民重重的灾难。

旧县船民许木根生前对自己被日军抓去修炮楼（碉堡）的那段事记忆特别深刻。他说："当时桐庐有不少船民、渔民、排民被抓去当挑夫，或者当纤夫，抓到兰溪后就在那里干修炮楼的苦力，还有的连船带人一起被抓去。"在日本鬼子横行的年代，船上人不管是大人、小孩，生死之间常常是一线之隔。许木根及父亲许长友，与许炳发及父亲许关金四人，他们就是连船带人一起被抓到兰溪的。惨无人道的鬼子兵，根本不把中国人当人看待，许木根他们在兰溪饿着肚子干了2个多月苦工。他们亲眼看见有人吃不起苦而逃跑，但是，一个个逃跑的人被日本鬼子抓去后，全是脚上系一根绳在汽艇后活活拖死的，尔后绳子一刀斩断了事，鬼子兵一阵拍手狞笑。许富根是当年木排头的放排人，被日军抓去当挑夫。至兰溪后，日军疑其逃跑，竟在下卡子埠头将他拴在急驶的汽艇后面活活被拖死。船民赵金山就是在桐庐被抓去当挑夫的，也在兰溪惨遭日本鬼子活活杀害。许长友与许关金父子四人被日军抓到兰溪做苦力，实在熬不下去后，许关金丢弃了自己的那艘船，趁着一个雷雨风暴的夜晚，解了缆索一篙点开，他们4人冒着生命危险往桐庐方向逃。他们卧在许长友那只船的底板上，让船随风、随流漂荡，一直漂过游埠之后，4个人才敢爬起来，然后拼着老命往回撑。许长友回到桐庐，四处寻找家人，后来才在洋洲江岸边的杨树丛中，找到了逃难失散的妻女，四人相见，恍若隔世，一家人抱头痛哭。

当时为了躲避日本佬，我爷爷和许雪林等船全都逃到了河湾上首的杨树蓬里，但最终也是没有逃出日军的魔掌。一艘艘船被抓去后，装运日军从岸上掠夺来的物资，当时船上可以说什么东西都有，比如鸡鸭、猪牛、大米、菜油，还有红糖、黄酒、糕饼、罐头等等。而带不走的东西，如大米、菜油等，可恶的鬼子兵不是将粪便倒入，就是丢进池塘里，让人无法食用。当时我的奶奶卧病在床，日本佬指着她，再指指船外水里嚷道："色郎帮，不咚不咚"。也就是说，病老太婆没有用了，丢到江里去算了，全家人吓得连忙跪下来求饶，我的奶奶当时才逃出一命。

1942年5月，县城沦陷期间，日军在上杭埠、下杭埠等地分设了据点。日本鬼子所到之处，四处杀掠奸淫，无恶不作，船民、渔民受害更甚。据现年86岁的钱有根回忆，他们家的那只渡船就是在那一天被鬼子兵烧掉的。当天下杭、上杭、江头三个埠头可以说一片火光冲天，这次日本鬼子烧船，使上杭埠至徐家桥头一带的江面上，全是一件件被烧船上载运的货物，足足漂浮了一里多长的江面，看到这副凄惨的场景，谁都会潸然泪下。陈绥康父亲是浙江东南沿海一带船民，逃日本佬从杭州湾一路逃至桐庐江头埠也难免一劫，他们那艘外海开艄船也被付之一炬，使得他们无家可归。桐庐船民林荣生被日军抓住后，强迫其在木排头从岸上往船上背运大米，林荣生因力乏不支想回到自己船上，日军发现追来时，林荣生逃入江中，被日军连开数枪而丧命。船民方德法，在蒋家埠被抓，日本鬼子命其挑物而不从，也被活活杀死。而被日机轰炸而死的还有许多许多。

上杭渡口有个瘫痪在床的汪姓渡工，一个日本鬼子欲强奸其妻子时，船上帮工许秀马仅仅看不惯说了一句话，差点惨死在这个日本鬼子的刺刀之下。当时日本鬼子拿刺刀刺许秀马时，他跳入江中躲在小开艄的肋爿下面，鬼子追至左边肋爿，他潜过船底躲在右边肋爿下，就这样在水里东躲西藏，最后潜在后梢舵下拖泥板边，才免于一死。2015年是中国抗日战争和世界反法西斯战争胜利70周年。78年前，日本发动了"七七事变"，对中华大地进行全面入侵，使中国处于水深火热之中。在这中国抗日战争和世界反法西斯战争胜利70周年的特殊日子里，我们应该珍惜这来之不易的和平，要牢记历史、教育世人，国家只有富强统一，才能抵御外侮强敌；民众只有具有爱国血性，方能团结保家卫国。只有这样，历史的悲剧才不再重演。

《今日桐庐》2015年8月28日。

硝烟弥漫的岁月

钱云才

1942年5月中旬的一天上午，6架日军飞机突然直扑浙江衢县火车站轰炸，房屋顿时在硝烟中倒塌，人群在爆炸中死伤无数，场面惨不忍睹。同年6月7日，衢县古城沦陷。黎民百姓背井离乡，逃往深山老林，躲避日军的追杀。得悉日军占领衢城后，我做船民的祖父母与做渔民的外祖父母两家人在现今的柯城区航埠镇弃船，匆匆往常山方向的深山老林中逃难。3天后，两家人来到常山县灰埠村，在一个大岩洞里落脚。晚上，祖父对大家说："我们吃野菜野果充饥已经第三天了，几个娃饿得连哭声也没了。今天晚上我与你们外祖父决定到村口鱼塘去偷几条鱼救救急。"祖父拎鱼篓，外祖父扛渔网，还有一个叫渭泉的叔叔，他们一行三人借着星光摸进了上灰埠村。谁知刚进村，走在前面的祖父与外祖父就被鬼子抓住了。走在后面的渭泉叔反应快，转身拼命逃了出来。两家的顶梁柱被日本兵抓走，大家悲痛欲绝，母亲擦了擦泪对我父亲说："你是长子，现如今，你父亲和岳父被鬼子抓去生死难料，往后得由你拿主意怎样逃难了。"祖父、外祖父被抓后，父亲领着全家老小于第二天离开灰埠山区，沿途乞讨3天，到常山县招贤镇大溪沿村避难。

过了几天，鬼子退回金华据点，逃难的人陆续返回自己的家园。我们回到航埠悲喜交加，悲的是外祖父被鬼子枪杀了，喜的是祖父还活着，祖父与我们说起了他死里逃生的经过，原来祖父与外祖父在上灰埠村被鬼子抓住后，就成为鬼子的挑夫，一共有5个挑夫，一路上鬼子抢来的东西强迫挑夫挑着，从灰埠挑到衢县柴家村路口时，鬼子又要进村掳掠，留下1名持长枪的鬼子看守手无寸铁的挑夫们。外祖父由于年纪偏大太疲劳，坐靠在一穴坟碑前休息时睡去了，鬼子喊他两声没喊醒，就一枪把他打死在坟碑前。外祖父被打死后，他挑的东西分摊给祖父等4个挑夫，继续挑到一个村庄边时，鬼子又要进村作恶去了。这一次鬼子把4个挑夫分别用绳反绑起来，每人单独拴缚在一根松树上，相互走不到一块。之后，鬼子全部进村烧杀抢掠。祖父这一回用了一点智谋，在鬼子绑他的双手时，他将两手腕使劲挺直使中间留有空隙，待鬼子离开后，祖父便抽动起双手从绳索中挣脱出来，同时又解开了其他3个挑夫的绳索，大家一起逃出了鬼子的魔爪。

后来听说,鬼子扫荡期间,有7个鬼子从招贤改陆路为水路,坐船到大溪沿村,船一靠岸就饿狼似的进村掳掠,在一农家灶屋的稻草堆里搜出一个中年妇女和她9岁的女儿,鬼子惨无人道地轮奸了这对母女,又强暴了一名刚生产的产妇,还向甘蔗地里开枪扫射。

当我们第一次结束逃难返回到衢县航埠镇黄泥山头村时,该村的村民讲述了一个让我们振奋的故事。说鬼子在这次扫荡之前的一天下午,一个打着赤膊手持东洋刀的鬼子大模大样地向黄泥山头村里走来。这鬼子后面没有其他鬼子,全村的男女老少从四面八方赶了过来,有的背锄头,有的拿扁担,有的拿两齿叉,还有手握铁柄锅铲扭着小脚的老太太,大家对鬼子恨之入骨,一起把这个鬼子逼到一个池塘边。面对一双双仇视的眼睛,鬼子兵恐惧地背对池塘一步步后退,"轰"的一声仰身倒入池塘。紧接着愤怒的村民们捡起石块、砖头,雨点般地掷向塘中的鬼子,这个侵略者连同他的东洋刀一起沉入了塘底……如今我已是古稀老人,但70多年前日军的侵华暴行让我刻骨铭心,至死不忘。在南京大屠杀纪念日的今天,我们更应珍惜和平,珍惜当下,反对战争。我也更加坚信没有共产党就没有新中国,就没有我们幸福安定的晚年生活。

《衢州晚报》2014年12月25日。

中国渔夫智斗日本兵

钱云才

右肘勒倒一个鬼子

1942年6月的一天清晨,七母舅在开化华埠镇的街上叫卖鲜鱼。突然,头顶传来嗡嗡的飞机声,转眼间便是震耳欲聋的爆炸声,还没待人们反应过来,日本鬼子的骑兵已冲进华埠街,七母舅逃避不及被当场抓住当了挑夫。鬼子掳掠后返回金华据点,走到常山县的灰埠村时,鬼子突然将七母舅等7名挑夫双手反绑起来,押到河边的小山坡上一字排开。七母舅晓得鬼子又要杀人了,不能这么窝囊等死,得设法逃命。他偷眼望去,离小山坡一人多高的下面是块麦地,再向外三五步便是常山港。时值汛期,港道内洪水咆哮着朝东奔腾而去,似在声讨日本鬼子的滔天罪行。

这时,一个鬼子瞅了挑夫们一眼,冷笑着在本子上写着什么,另一个鬼子则张牙舞爪地去解横排第一个挑夫的绑绳,旁边还有一个持枪的鬼子在狞笑。片刻间,在挑夫的怒吼声中,一颗颗人头滚落麦地,鲜血四溅,几个日本鬼子则发出阵阵狂笑。我七母舅是最后一个,但他早就想好了对策,就在他手上的绳子被鬼子解开的瞬间,他突然一蹬一个左扭胯运气折回,出右肘部朝身后解绳鬼子的右肋部猛力一击,那鬼子怎么会提防,一下来了个四仰八叉。左后侧负责砍头的鬼子愣住了,手中已举过头顶的屠刀不知往哪里砍。那一瞬间,七母舅已纵身跳下麦地,一个箭步到河边,身后鬼子纷纷拉枪栓开枪,子弹擦着七母舅头皮而过……待鬼子再开枪时,七母舅已经一头扎进激流中,如鱼得水的他一个猛子潜入水里顺急流而去,转眼间已潜出数百米。当他浮出水面换气时,还听见远处的鬼子在朝江面上开枪。

凌迟前挣脱双手

暮色渐渐降临,七母舅一直往下游,游至距灰埠镇约4千米的白虎滩时,便摸黑上岸歇歇脚。他藏进溪滩边的杨树丛中,怀着虎口脱险的愉悦,忍着饥寒,等待着黎明的到来。第二天东方刚露出鱼肚白,七母舅就沿着河边朝下游走去,寻思着到河东横渡口找点吃的东西。可当他刚绕过河东横山岩时,眼前突然又出现了鬼子兵。七母舅想转身往回走但为时已晚,因鬼子也发现了他,并正在向他招手。无奈,他只得硬着头皮朝鬼子走去。招手的鬼子迎了上来,双手比划着,意思是问:"会撑船否?"七母舅机灵地点点头,表示会撑。这下鬼子满脸堆笑地拉他上了渡船。此时,七母舅已饥肠辘辘,朝鬼子苦着脸,用手拍拍肚皮又指指嘴巴,对方很快领会了他的意思,马上拿来两块大面包。七母舅狼吞虎咽地吃完面包,便为鬼子摆渡运兵,同时也在盘算如何逃离虎口。一波未平,一波又起。正当七母舅摆渡到黄昏边,眼看夜幕就要将临,脱逃有望时,却突然发现3个使他毛骨悚然的人走上了渡船——就是昨晚要砍他头颅的那3个鬼子,真是冤家路窄。四目相对,鬼子一眼就认出了屠刀下逃脱的他,号叫着一哄而上,将七母舅的手脚用绳子捆好扔进船舱。3个鬼子耳语一阵后,连同其他几个鬼子一道离船而去。不一会,一个身穿白大褂的鬼子和一个蓄人丹胡的鬼子手中托着搪瓷托盘(手术盘)进了船舱,还有意将托盘放在七母舅眼前晃了一晃。七母舅抬眼一瞧,只见盘内放着刀、剪、钳、叉及药水瓶等,心想,这回不能囫囵死了。

正当两个日本刽子手狞笑着在戴口罩和皮手套要对七母舅动手术解剖时,岸上忽然吹响了哨子,原来暂驻在河东横渡口的鬼子兵集合开晚饭了,一个当官模样的鬼子站在岸上,朝渡船上招手,叽里咕噜地讲了一通日本话,船上的鬼子只好放下手术器具,瞪了一眼七母舅后上岸吃晚饭去了。鬼子部队一集合,整个渡口死一般的宁静,危险也在步步逼近。

又到生死攸关的时刻,七母舅立刻抽动着双手,原来在鬼子捆缚他双手时,他机灵地将两手腕使劲向外挺着,中间留有空隙,现在几次抽动,双手便脱绳而出。时间就是生命,分秒必争,七母舅来不及去解脚上的捆绳,便立刻手攀船舷,一个引身向上,翻出船舱,钻进激流中,顺水朝常山方向快速游去……

巧藏树洞躲避追杀

俗话说,祸不单行。渡口脱险后,七母舅一直顺流快游而下,不敢耽误时间去岸边解开脚上的绳子。当然凭他的水性,用一双手在水里摆弄就足够了,无险可虑。可当他游到常山险滩时,没料到捆在脚上的绳子竟然被插在水底的渔桩给勾住了,只能头朝下脚朝上顺水倒挂着,进不能,退不是,滩上的急流直冲嘴鼻,压得他喘不过气来,死神又一次向他逼近。危急关头,七母舅临危不惧,急中生智,拼力将头抬出水面,猛吸一口气后又猛沉河底,双手摸到并抓住河床上的大石块。手有了依托,一弓腰一蹬腿,那根勾住他脚绳的木桩便被蹬倒了,他又一次死里逃生。

夜幕笼罩了整个河面,七母舅火速向三里滩游去,三里滩下面是十里潭,十里潭边有座舂米的水碓铺,暂且可以藏身。他游到那里爬进以稻草盖顶的水碓铺内,费劲地解下脚上那根差点使他命丧险滩的绳子。此刻,几次死里逃生的七母舅感到极度疲倦,在漆黑的碓铺里躺下身去,刚闭上双目想缓缓神时,忽听铺外有嘈杂声,立马跃身而起,探头张望。不得了,河两岸及水面上有十多束手电筒光柱朝碓铺方向照射过来,这分明是河东横渡口的鬼子沿江搜寻两次刀下死里逃生的他。情急之下,七母舅又想起一个绝妙的藏身之处:一棵空心的大柳树。它就在附近。

这棵大柳树长在水下的一半有一米多深,树老心空,其根部还有个大洞。以往七母舅常钻进树洞摸鱼,这回为了避险他又熟门熟路地钻进了树洞,再慢慢地将头浮出水面。正巧,柳树的上半部有个碗口大的洞口,从里面向外能看见江面上的情况。片刻,这群鬼子搜到水碓铺内发现地上有一堆湿漉漉的绳子,断定七母舅就在附近。顿时狼嚎似的乱叫起来,四下散开搜寻。鬼子兵的船就在这棵柳树边撑来撑去,手电筒的光柱在两岸照来照去,可就是不见人影。而这一切的一切,七母舅都看得真真切切。话到这里,七母舅脸上总会露出胜利者的微笑,并且自豪地说:"为了我一个中国渔夫,一大帮鬼子忙活了那么久,最终也奈何不了我!"日本投降后,七母舅还是以船为家,捕鱼为生。空闲时,他会上茶馆酒店与乡亲们闲侃上一阵子,也顺口讲讲自己在日本鬼子屠刀下死里逃生的故事。

《联谊报》2015年2月3日。

60多年前的船舱读书班

钱云才

中华人民共和国成立前,船家子弟居无定所,又无钱上学,基本上是文盲。我父母深悉"万般皆下品,唯有读书高",拼命撑船赚钱让我读了三年半的私塾,有了一丁点墨水,在船家子弟里属佼佼者。1953年,我因此当过50多天的扫盲老师,专门为船家子弟上课扫盲。8月,我们衢县航运社的部分船只运货到钱塘江源头开化华埠镇港埠,货卸空后在华埠港泊埠待装50多天。当时我们20多个青年船民都是衢县总工会职工业余学校的学生,船在衢县港埠,学生每晚可去小西门船工会大礼堂上课,有专职老师为大家上《职工识字课本》。可眼下船在华埠,没有教书老师,学业眼看就要中断,渴望读书识字早点摘掉文盲帽子的青年船民很是着急。

"云才读过3年书,文化蛮好的,上课老师一讲就懂,是不是请他当代课老师,给我们上上课?"不知道是谁提出的建议,大家竟然都同意了,还出主意说办个"船舱读书班"。

我能者为师,义不容辞地接受了大家的推荐,当起了代课老师,并且说干就干,在我父母7吨的大船船舱内,因陋就简,以船舱作教室,船首门板代黑板,横铺船板当课桌,学生自备矮凳,用工会职校发给每个人的《职工识字课本》为教课本,组织大家上课,从专职老师没有上过的章节往下上。我们还像模像样地订立了课堂纪律,规定每天下午2时上课(因上午大家要上山砍柴),4时下课,不迟到不早退,有事要先请假等。可谓麻雀虽小、五脏齐全。决定由我当代课老师的当晚,我就开始认真备课,把课本上没有上过的生字先自己读准字音,了解字义,组词或造句等。第二天下午2点,"船舱读书班"正式开课。由于是生平第一次当老师,我心里有点慌,18名男女学生端坐在矮凳上,一双双闪光的眼睛聚焦着我,我心脏怦怦怦地猛跳,于是便灵机一动说:"我先领唱一首歌,然后我们再上课。""我们是民主青年,我们是人民的先锋,毛泽东领导着我们……"唱完歌,我紧张的心情也平静了下来,接着便开始上课。

自此,我们每天按时上下课,风雨无阻。上课时,那朗朗的读书声飘出船舱回荡在广阔的江面上,引来埠头洗衣女和河边放牛娃羡慕的目光。我前后当了50多天的扫盲老师,授课百余小时,经过读书识字和造句的测验,每一个学生的成绩均在优良之间。后来,衢州总工会职工业余学校考虑到我在外埠组织学生办"船舱读书班"学文化,并取得优良成绩,将我评为1953年度的"优秀生",还给我颁发了奖品:一瓶"民生牌"蓝墨水和一本有总工会主席签名的日记本。

《联谊报》2016年9月20日。

回味无穷的挂香肉

许马尔

挂香肉,顾名思义,是通过"挂"才显示别具香味的一种肉制品。挂香肉也属于民间的腊肉,只不过此种腊肉只有在过去那种船上人家的特定环境下才能够"挂"出来的。把腌制好的腊肉挂在那支"饭篮棍"上面,上有阳光晒,旁有江风吹,下有青冈柴烟气和饭菜香味的熏染,集阳光的味道、江风的味道、柴烟的味道、饭菜的味道于一体,最终创造出与普通咸肉以及其他同类腊肉有很大的区别、并具有桐江船家浓郁异香的挂香肉味道。让我难以忘怀的是船上人家过年时,那一大块的挂香肉经水煮过后,然后一块块整齐地排列在大海碗内,一股清香扑鼻而来,切面如白玉玛瑙,十分诱人,入口糯软,咸鲜适度,使人满嘴滑润,油而不腻,直到今天我想起它的那个香劲儿,那种有滋有味的感觉,还会诡异地吞咽出一大口的口水来。

水煮挂香肉是我们船上人家的其中一种吃法,将肉洗净切成大块状,在锅内加清水并放入肉块,加黄酒、拍碎姜块后,待其煮开后撇去浮沫,再改中火煮烧,至酥烂熟透,然后捞出切成厚厚的片块状即可装盘。而毛笋烀挂香肉更是船家的春季至尊美味。此菜之所以好吃,因为毛笋除去水分及其他营养素外,几乎全是吸附油脂较强的纤维素,竹笋吸附大量油脂后能增加笋的味道,挂香肉与毛笋就是极妙的搭配。毛笋与挂香肉"二鲜"互渗入汤,使毛笋油润脆嫩,咸肉白里透红,汤汁浓白滚烫,香糯不腻,鲜咸入味,醇香十分诱人。挂香肉不仅可以烧来吃,还可用来蒸着吃、炒着吃,它与任何应季蔬菜搭配均可烹制出美味佳肴,例如蒸春笋、蒸豆腐、炒尖笋、炒蕨菜、炒青辣椒、炒蒜苗等等，一款款均妙不可言。其实，挂香肉类似桐庐民间"煮煮麦馃""素肠"的烹制，这种美食是在自身味道的基础上，再通过借用外来味道来丰富味道内涵的。桐庐人在制作煮煮麦馃时，必定会在锅内烧上一锅子菜，尤其烧上一锅鱼，然后在锅沿贴上一圈麦馃，盖上锅盖一边滚煮菜肴，一边让其麦馃熯熟，待揭开锅盖，菜肴烧好麦馃也焗熟了，麦馃内串入菜味后，不仅有麦香，而且还兼有菜的香味。又比如，过年传统菜——素肠，因豆腐衣包裹豆腐、肉末等食材，形如猪大肠而得名。人们在烹制素肠时，往往也会再借助其他食材的味道，使素肠的美味倍增。其方法就是将其一条条素肠置于锅内饭罾上，而饭罾下用来烧煮一锅腌猪头或腊肉，待锅内食物煮熟，素肠内也就吸饱了足足的腊肉香味了。

　　临冬猪肥，桐庐民间的老百姓大多开始宰猪准备过年了。船民在每年的立冬以后，也几乎都开始踏腌年菜、腌猪肉、晒鱼干等。过去，船上人腌肉的过程很讲究，猪肉要肥瘦相间，一般选三指厚五花肉为佳，而猪头选用"寿"字头的。腌肉的盐要先在锅内拌上花椒炒过，炒成烫热后，待等到不烫手时用盐、花椒在猪肉身上用力揉搓，让盐和花椒的香味尽量融入肉内部的每一个细胞。腌制咸肉开始几天需一天翻一次，一般分三次擦盐后，腌上十几天时间，就可以将腌制的咸肉用温水冲洗净，将其挂在太阳下晾晒了。晒过几个太阳，待外面水分收干，在其表层抹上麻油或菜油，然后挂于后舱百尺间缸灶上面的那支饭篮棍上晾晒。饭篮棍是船家专门悬挂饭篮、也是春节前后专门挂腊味的地方，它离灶面一米有余，使其平时烧饭烧菜时的热气、烟气能直接熏至肉上；晴天推掉船篷，让冬天的太阳直接晒到腊肉上；夜晚或阴雨天盖上船篷，仍有江风吹着，阳光、江风、烟气、热气，在腊肉上聚集，使腊肉变成了一种别有的风味。当年，看到船家那支饭篮棍上挂的挂香肉后，说明船上人家的年味已越来越浓了，这在当年可是一道特别的风景。船上人的挂香肉刀工整齐、清洁，表面无黏液，色泽油润红亮，肌肉坚实，一股沁香的香味扑鼻而来，而且时间越久其肉越醇香，直至吃完为止。

　　如今，随着现代文明脚步的不断加快，那种原始的、传统的风味有不少离我们的餐桌越来越远了，比如我们船上人家当年的那块"挂香肉"，那个"挂香猪头"，它们就随着现代文明的钢质船舶的面世，一只只传统木帆船的淘退，被消失得无影无踪了，现在再也没有机会尝到那种奇异的风味美食了。时光匆匆，转瞬即逝，旧日的往事，已被匆忙的脚步所抛弃。每每恋及昔日的贫瘠，曾经有过的点点滴滴，我就会记得当年船上那块挂香肉飘香的日子，它在我的心里仍留有一席之地，时刻提醒我要珍惜如今的生活。当然，我也会珍惜自己曾经所拥有的一切。

《今日桐庐》2017年3月12日。

衢江艄公回忆录

钱云才

我出生在船上

我的父母是靠撑船运货养家糊口的。据母亲说，1933年农历十一月十一日，父母的船停泊在衢县港墩头村埠头，已满载好运往杭州的橘子，打算天亮开船。深夜二更时分，母亲焦急地对父亲说："我的肚子痛一阵又好一阵，莫非这老二要出世了。"父亲一听此话，马上提着灯笼进村，把接生婆请上了船，烧热汤伺候着。接生婆与母亲交谈些接生平安的话，天刚蒙蒙亮（即12日）时，"喔喔——喔！"岸上响起了第一个农家公鸡的报晓声，紧接着其他公鸡也积极响应，报晓声此起彼伏，而母亲的腹痛一阵紧似一阵，痛苦的呻吟声从鼻孔中挤出，手抓篷挡做依托，汗流满面，被汗水湿透了的头发在熬痛摇晃中散开了，母亲在极度艰难中分娩，随着一阵"呱——呱！"的啼哭声，我降生在舱内船舱板上，来到了人世。

接生婆忙碌着，将我简单地包进褓裤后递给我母亲，母亲看着我的小脸蛋，深情地说："这孩子是个劳碌命。"父亲笑问："怎么看得出来呢？""孩子是属鸡的，天刚亮，雄鸡在报晓，他出世了，是勤劳的报晓鸡，还不是劳碌命吗？"父亲听后表示赞同。

一条黄鳝和石蛙救了我一条小命

我未满周岁时，得了一种叫"疳病"的疾病，症状是脸黄骨瘦，时不时屁股一歪，把屎拉在船舱腰板上，每拉一次，母亲必须要用抹布快速把屎揩擦干净，每次得把脏抹布浸入河水里洗过拧干再擦一次腰板，拉的天数和次数多了，竟让母亲手指缝内揩洗得患上霉症病。我这"疳病"也看过中医，服几帖郎中先生的草药也不见效，病的时间长，这一病啊，真的拖到奄奄一息之地步。有个名叫荣方的乘坐我父亲船的橘客，他说，这孩子能够医得好，那么咸鲞鱼也能养得活了。后来，祖母对我父母说："依我看，云才这孩子是阴亏，不妨用黄鳝汤和石蛙汤给他慢慢补一补，死马当活马医，说不定这一招还可以救活这条小命。"经祖母这一说，父亲很快用高价买来一条一斤多重的大黄鳝，由母亲熬成汤，分多次喂我喝。过了三天，母亲又熬石蛙汤给我喝。真没想到，一条黄鳝和石蛙救了我一条小命，我的"疳病"从此慢慢地被治好了。

上学读书有蛋吃

我6岁（1938年）时，父母为让我与良哥都能识字，今后有出息，决定送我俩上岸读书，跟着祖母住岸上船（祖母在衢县上河东村江岸上搁置一只有箬皮篷的四舱旧木船当房子住）以便上学。早得知村里汪先生家要招生开学（私办初级小学），父亲先将我们学费、书费交掉，晚上，母亲拿出两块正方形的蓝粗布，一根尺多长的黑布带缝缀在一只布角上，布带末端串缚一枚有方孔的铜钿，将书、填写大字的练习簿、毛笔、方形面砚和八卦牌墨平放在布块中心,再把四布角折叠成长方形布带横卷书包两圈后把铜钿一塞布带上,即可将书包夹在腋下去上学。当母亲包扎好两个书包,对我哥俩说:"明天吃过早饭,我带你们去汪先生家上学读书。现在各自把书包夹在腋下,走几步给妈看看,像不像读书的学生。"我俩真的夹着书包在船舱内来回走了起来。妈说:"很像学生,你们要用心读书,别像我们样,一个大字都不识,别人瞧不起我们。现在快睡觉吧。"到第二天吃过早饭后,母亲却找不到云良哥,只好带我一人去上学读书。到晚上,母亲对良哥说:"你不想上学就算了,可每天早上云才有一个鸡蛋吃,你是不上学没得吃。啥时想读书,啥时有鸡蛋吃,我的话是准数不变的。"就这样,每天早上吃粥时,母亲从粥锅内捞出一个鸡蛋,剥好后当着良哥的面给我吃。一连三天都如此。到第三天晚上,良哥对母亲说:"我明天跟才弟一块去读书,粥锅内可要煮两个鸡蛋呢。"这下,母亲高兴地笑了。

良哥代我挨巴掌

我上学后的第五天,因翻春气候寒冷,母亲让我俩带上一只火钵烤烤脚。我与良哥是同课桌同板凳的,火钵由我先烤脚。上课了,汪先生走进教室,班长叫"起立",我起立时心一慌,不慎踩翻了火钵,顿时灰尘弥漫开来,其他学生伸舌发愣,汪先生一下子拉长了脸,迈步朝我兄弟俩走来,我惊恐地望着先生,他走近课桌,两眼射出寒光质问:"是谁弄翻的?"我刚张嘴想说是我,却被云良哥抢先一步说:"是我不小心……"话未说完,却听见"啪"的一声,原来汪先生一伸手就给良哥小脸蛋上一记巴掌,转身就走。我目睹良哥代我挨打,就鼻子一酸,禁不住"哇——"地哭出声来。汪先生闻声止步,扭转头来瞪我一眼,凶道:"你胆敢哭!"我立马抬衣袖擦泪水,极力止住哭声,可还是止不住抽搭了几下,先生再次迈步,边走边自言自语:"挨打的没有哭,这没挨打的却要哭,真是岂有此理。"

"逃日本佬"被逼聚拢"猪娘山"

1942年春,日寇的飞机3架、6架常来衢县古城上空轰炸扫射。府山上防空警报一拉响,城里的市民立刻争先恐后地四散出城,往乡下逃命,到晚上才敢回家,未出逃的老弱病残者曾被炸伤或炸死。离县城十多里的航埠河东也幸免于难,常遭日寇飞机的侵袭,于是学校停课,我也辍学,接着我们一家10口(祖父母、父母、渭泉叔、堂娜姑母及良哥、凤妹、春弟和我)被逼上了逃难之路,又名"逃日本佬"。

为躲避鬼子,祖父和父亲各有一条木船由航埠往常山灰埠撑去。当途经招贤时被国军拦住,所有船舶泊埠待命。原来国军与日军在衢州某地开火,有伤兵要从招贤上船运往常山。约在当天后半夜,一批伤兵用担架抬上船,每条船装上10名伤兵,一装上船,押运士兵就催开船,得连夜往常山撑。父亲上岸拉纤,借暗淡星光,高一脚低一脚地用力拉纤,母亲在船艄把舵撑竹篙,我与兄妹在后舱腰板上熬夜。听着舱内伤兵在痛苦地呻吟,有的在喊爹骂娘,押运士兵则催我们将船撑快点,船在夜航中慢慢前行。天亮时才撑了20里路到马车溪口，上午撑到常山码头，伤兵马上卸完。我们两只空船向灰埠撑去。这天一早上就下起大雨，雨点在水面上打起大泡，当我船撑到陈村口时天已擦黑，河道上有黄泥水淌来，开始涨洪水了，将船撑到靠山沿边宿夜。第二天一早起床一看，这洪水涨得快也退得快，祖父的一条小船被搁浅在麦地上，一时无办法弄到河港里去，只好丢弃空船，大家同在父亲这条大船上往灰埠撑去，直撑到灰埠上游5里路的"猪娘山"山脚河边停泊。船到埠一看，这里已经泊有几十条船，光我的外祖父、母舅的小渔船就有十多条，还有从兰溪等地撑到这里的船只，其中有我大祖父钱双清、大伯父钱金水的船，等等。原因是，这猪娘山脚有条通往灰埠深山区的路，叫大坞里山区，万一鬼子来了，大家可弃船往山里逃，所以这里停泊的都是逃难船，有似船民渔民水上难民营。

背着干粮躲进山区

一天下午，鬼子进常山县城，传说要来灰埠（距常山15里）扫荡了，大人们在惊惶惊恐地谈论着鬼子的凶恶、残暴，说鬼子见有女人就追赶强奸，见房子就烧，见东西就抢走，可怕极了，大家一边谈论着一边准备往山区逃命。祖父叫我母亲煮一大锅豆放些盐，祖母扯帆布缝布袋，每只袋装进一斤多熟豆，各人自己随身背带着，祖父说："日本佬追来，如果我们逃散时，各人身边有熟豆可以充饥，这是防防的，大家不要怕。"我听了祖父说的这些话，全身寒毛凛凛的害怕，手紧抓住母亲的衣角不放。正在此刻鬼子小钢炮的炮弹接二连三地落到上下灰埠村爆炸，灰埠村已枪声四起，房子烧着了，一团团的浓烟冲上天空。"大家快走，快跟上！"祖父大声喊话大步带路领着全家人弃船上岸朝大坞里山里走去。

在奇特的山洞里过夜

走进山谷路，举目一看，弯弯曲曲的小路由低向高延伸而去，看不到尽头；仰首观望两旁，波浪式的山峦覆盖着郁郁葱葱的树叶绿草，偶有惊鸟扑翅鸣飞；低头瞧，路边山沟流水清澈见底。我一眼看见有几条花斑泥鳅在大块石之间钻进游出，水面上漂着枯枝落叶，时快时慢地向下游淌去，我晓得它们统统会淌到我们泊船的"猪娘山脚"河道里。前面领路的祖父停住脚步在与父亲交谈着什么，随即便带领着我们向路右边山坡上一条荆棘遮盖的羊肠小道走去，走了一会，大家开始手攀树枝、柴根、脚蹬岩石，你拉我手我推你背地往上爬，攀爬约半个时辰，终于爬到半山腰一块较平坦的地方，全家人喘着气席地而坐歇歇脚。"哎！大家听一听这是什么响声？"父亲似乎觉察了什么，祖父顺着响声沿路边峭壁搜寻而去，当他拨开长长的芒叶草时，发现了一个岩洞，洞口约一人多高，洞门较窄小。祖父进去一看便高兴地招呼大家进来。嗬！好大一个天然洞穴，它成椭圆形，有2人多高，可容纳好几十人。更可奇的是，洞内顶部还有一个一米见大倾斜形天窗，阳光射进天窗能照洞内全景，窗口旁边的石缝内时不时地有水珠往下滴，当从老高滴到底部水洼里时，发出"嗒、嗒、嗒"的清脆响声，我们刚进洞时，几只在水洼边嬉闹觅食的黑色扁嘴石蛙眨眼间便不见踪影。再细瞧，水洼内有好多米虾，也许受惊米虾们有的斜弹出水面又跌入水中,有的就直接斜弹进石缝躲藏起来。此情此景,堪称人间一绝。

"哎,这么高的山洞,怎么会有虾的呢?"父亲纳闷地问。渔家之女的母亲说:"虾的前后脚爪多,身子又轻巧,可顺着水中或水面的藤草往上爬,只要有水有草来引路,天上的月亮它也爬得上去。"经母亲这么一指点,高山洞里有虾就不足为奇了。大家把背上山的蓑衣、草席、棕席铺在干燥的地上,被单也分摊安顿好了,接着各人拿出自己布装里的干粮即马料黑豆吃起来,用双手到水洼里捧水喝,兴许是肚子太饿了,这顿野餐大家还吃得挺香。老祖母她不忙吃,忙的是从随身携带的毛竹筒内取出"达摩"老佛画,小心翼翼地设法挂上了崖壁,又从黄布袋里拿出铜质"观音"菩萨像,设佛堂上佛香,诵佛经祈求大慈大悲的观世音菩萨,保佑全家人平安无事,祈求老佛用佛法叫日本佬早日退回去,退到他们自己国度里去。山洞里已没有光线,夜幕降临了,母亲点亮了风雨灯。祖父与父亲商量明天的事,18岁的渭泉叔睡在洞门口。全家人第一次离开木船睡山洞,我猜想大人小孩都怀着忐忑不安的心情进入梦乡。

祖父被鬼子抓走了

全家10人在山岩洞里过了一夜,第二天早晨祖父与渭泉叔下山去打听鬼子的动向,还要去河边看一看我们的船。祖父走后不久,我就时不时去洞外探望看他们回来没有,可每次探望总是高兴而出扫兴而归,眼见夕阳余光一线一线抹去,夜幕渐渐罩了下来,还不见祖父他们的身影。岩洞里的家人由期待到担心转而成焦急,急得老祖母自言自语:"难道他俩真的出事了?"父母紧皱眉头唉声叹气。10岁的我却在这愁云密布的岩洞里悄然熟睡了。是说话声吵醒了我,起身一看天刚蒙蒙亮,见渭泉叔在讲述祖父被鬼子抓走的情景。原来祖父下山先去河边,一看我们的船不见了,却在河边碰巧遇上了外祖父他们,遂跟他们走进了另外一个山岩洞,洞也蛮大,是外祖父一家人的避难处。祖父与外祖父两位老亲家聊起日本佬的事来。他们对祖父说,鬼子是从金华出动打到衢州又杀到常山县城,尔后杀向灰埠等村庄,一路上奸淫、烧杀、抢夺无恶不作,现今是否退去还勿晓得,所以大白天人们不敢随便走动。接着大家担心鬼子不退走我们断粮要饿肚子的事。不过,大家又都会动脑筋,说可以采摘野果来充饥。说到此,外祖父插话:"我与老亲家已商定,今夜要闯进上灰埠,去池塘里偷网几条鲢鱼来填填肚皮开开荤。"年过六旬的外祖父是世代渔民,又是撒网能手,挨到夜幕降临,野外寂静,他肩扛渔网,祖父手拎圆底竹篮,渭泉叔硬要同往,一行3人借着忽明忽暗的星光摸进了上灰埠村。当悄声走进一条弄堂前行十来步时,弄堂那头突然有电筒光柱射来,是鬼子叽里哇啦号叫着迎面跑来,外祖父站定对话:"我们是渔夫,捕鱼……"渭泉叔一听,心说不好,鬼子要抓人,便迅即转身脱逃回到山洞来。老祖母悲痛得淌下眼泪,母亲早在低声哭泣。老祖母双掌合十向佛堂拜道:"观音菩萨,求你救苦救难,保佑他们逢凶化吉,南无阿弥陀佛!"接着祖母擦了擦泪,对我父亲说:"树木啊,你是长子,现如今,你父亲和岳父被抓走生死难料,往后得由你拿主意怎样逃难了。"父亲含泪回答:"是的,母亲,我们今天就走。"于是早餐后,大家收集行囊跟着父亲向深山冷坞走去,以避鬼子的追杀。

连夜逃离大溪沿村

从灰埠大坞里山洞出发,一直翻山越岭走山路、穿小村,沿途乞讨,夜宿凉亭、古庙,过着流浪者的生活。走到第三天下午,路过五里村来到常山港河边,坐渡船到对岸大溪沿村,在一家远房亲戚的柴房内安顿下来。这大溪沿村属常山县招贤镇管辖,有50余户人家近200人口的自然村,长方形的村庄面向河道,村背后约500米是衢常公路,村后及左右全是甘蔗地,这榨糖的甘蔗长势特好,有一人多高,其长条状的叶密密麻麻地铺盖在近百亩地上,叶下面有一行一行供人低头躬腰行走的垄沟。

我们住下大溪沿村,夜里睡得很好,是逃难路上睡得最安宁的一夜。天亮了,是个大晴天。母亲叫我与良哥去外面捡些柴禾回来,打算煮麦麸子粥充饥。于是我与良哥拎一只大竹篮就走,凤妹也跟了来,3人来到村东大樟树底寻捡落地的死树桠。捡到快9点钟已检满了竹篮,良哥叫我们一起回家。我们起身走出十来步时,头顶传来"嗡、嗡"的飞机声,我止步抬头一看,呀!3架飞机朝村里低飞而来,我还看清楚日军飞行员在歪着头俯视地面,但见那飞机肚皮贴近屋顶掠过,掀翻了瓦片,又盘旋回来到村东,只听"轰"的一声巨响,我双耳像震聋了,忙掩耳扭头朝后面一看,大樟树旁一头大水牛被炸倒在地,远见4只牛蹄还在痛苦地踢蹬着;凤妹则"哎哟!"一声尖叫后就放声大哭起来,原来是炸弹片削去她臀部上一层皮,血染裤外,良哥果断地蹲腿躬背将凤妹背起,并用手捂住她伤口飞快地往家里跑,我腕挎柴篮紧跟上去。此时此刻,我们在快速地奔跑,头顶有敌机盘旋发出"嗖嗖"的怪叫声;身边四周不断有尘土飞扬和啪嗒啪嗒弹头落地之声,兄妹仨真处在枪林弹雨中逃命的险境;可要说也怪,当时我的胆会这么大,没有恐惧感,清醒的大脑指挥着双脚"快跑,再快一点"!鼓足了一股劲一口气跑到了家门口。早蹲在门外的母亲,一见到我们则又惊又喜地引我们进门,凤妹忙于向母亲哭诉,母亲看了伤口安慰着说:"娜妮,天老爷保佑你的,只是擦去一点皮,很快就会好的。"边说边剪下自己的头发烧成灰,当作止血药敷在凤妹伤口上包扎好,又招呼我们躲进方桌底,以防敌机扫射和流弹的伤害。过了几分钟,敌机远去了,人们走出家门相互打听敌机丢炸弹扫机枪伤害人命的事。后来得知,飞机投弹只炸死一条大水牛和炸毁一间猪栏屋炸死2头肉猪,此外就是凤妹受了点小伤,村里的其他人均相安无事。正当大家庆幸敌机轰炸扫射无人命伤害之时,没想到灾难又一次降到了大溪沿村。

当太阳快落山时,渡工和一农民快速将渡船靠岸便下船向村里奔跑,边跑边大声喊:"鬼子坐船来了,大家快逃呀!"此喊叫声引起连锁反应,"鬼子进村来了,快逃呀!"的喊叫声此起彼伏,是村民相互传递逃生的信息。顿时,全村男女老少搀老携幼夺门而出,似潮水般涌向村后的甘蔗地内躲藏逃命。我全家人也钻进甘蔗地里,顺垄沟向内弯腰躬背快步走去。当走进百多步时,突然"叭"的一声枪响,领头的父亲迅速侧卧在地,又将脸转向后面,以手势让我们卧倒在垄沟内,睁大眼睛竖耳细听着四周的动静。不一会,距我约50米远的地方传来"天啊!"女人的哭叫声,并伴有"哇哇"孩子的哭声,同时夹有男子"哈哈"的狞笑声,再接着是女人发出绝望的"我的心肝儿啊!"哭叫声,哭叫声渐渐转弱而远去,只有孩子"哇——哇哇!"的哭声从原方位传过来。我猜想,是鬼子强硬拉走孩子的妈妈……正想到此,我忽听有"沙、沙沙"的响声从我们正前方传过来,响声越来越响距离越来越近,是农民吗?不对,是鬼子,我已看清楚那黄色的高筒军靴,是鞋头朝向我们一步又一步走来,这时我全身刹那间皱起了鸡皮疙瘩,害怕得连气都不敢透了,是魔鬼来要我们的命;我下意识地将惊恐的眼珠转向卧在身边的老祖母,但见她微合着眼睛,嘴唇不停地上下开合着;我又猜想起来,祖母在口念无声佛经,祈求大慈大悲的观世音菩萨救救我们全家人的性命,恳求菩萨施出佛法,叫东洋人滚开去,滚到他们自己国土里去。我猜想着像抓住了一根救命稻草,把眼珠由祖母脸上转向正前方,一看,哈哈!想象中的佛法管用,救命的奇迹出现了,是鬼子军靴的鞋头调转了头,现在把鞋跟朝向我们,正在一步一步离我们远去,确实是鬼子调转身朝有婴儿哭声的方向走去了。此刻,我浑身的鸡皮疙瘩逐渐消失,抬手袖擦去脸面上的汗珠;可以想象,这时我全家人9颗蹦到嗓子眼的心又回到了原位,那日寇的军靴真是生死攸关的调头。就这样,我们卧在垄沟里等待脱逃的时机,到天黑,见四周没有响动,起身摸到公路旁,再一次卧地观察公路前后寂静无声后,大家钻出甘蔗地横穿公路走进一条黄泥小路向箬溪村走去。我们连夜离开大溪沿村来不及向远房亲戚告别感到是件憾事。后来得知,那天傍晚,7个日本兵从招贤改陆路为水路,坐船到大溪沿村,船一靠岸就似饿狼扑食进村掳掠,在一农家灶屋的稻草堆里搜出2个女人,1个中年村妇和她9岁的女儿,鬼子惨无人道地轮奸了母女,她们被糟蹋得奄奄一息;鬼子还对甘蔗地开枪扫射,强暴了1名刚生产的产妇,作恶后扬长而去。

第一次逃难告结

我们钻出甘蔗地,横穿公路,走了10多里的夜路到达了招贤管辖的箬溪村。村里家家户户闭门睡大觉,父亲直接领我们到一家姓郑的农户门前坐等天亮。父亲说,这郑家农户在大前年曾带着自产的40箱橘子搭我船运到杭州卖掉,办了些食盐布匹搭我船回到航埠再去家里,既是我们的客又是较要好的朋友。在我们轻声聊天之间,不知不觉地传来了公鸡报晓声,天渐渐放亮了,郑家的大门"呀"的一声打开了,姓郑的农友跨出大门一眼便认出父亲来,赶忙脸堆微笑说:"哎呀呀!树木驾长怎么不叫门呢?快进屋歇息,马上吃粥。"我们怀着感激的心情步入大门,到堂前四方桌边的长条板凳上坐下。主妇端上咸菜,炒豆、豆腐乳等几碗粥菜放桌面上,又捧出9只碗和竹筷搁在桌子上说:"各位依客,大家去粥桶舀苞米(玉米)粥吃,没有啥好粥菜。"我们说了声"多谢了!"便吃起热乎乎的苞米粥。其间,郑农友说,鬼子连夜从公路上退去回衢州了,航埠范围太平了。接着他面对父亲说:"树木驾长,我听航埠茶店老板说,你父亲从日本佬手里逃出来了,现在租住在河东朱家贵家。"一听到这个喜讯,我们高兴得流下泪来,祖父还在呢。大家马上谢别了郑家农友,离开箬溪朝航埠走来。

箬溪到航埠不到20里路,大家心情好,走路轻松,不一会来到河西上凉亭渡船埠头,坐渡船到对岸河东埠头,一上岸直奔朱荣贵农家与祖父见了面,全家10口人今天又团聚了。祖父说,我们搁在岸上当家住的船被鬼子一把火烧掉了,所以租屋住。又说,我们全家团聚应该高兴,可我们已失去2位亲人,实在伤心啊!接着祖父面向我父亲悲痛地说:"树木,我们在逃难的前三天,你托钱清元的岳母介绍,把你4岁的儿子云福(第7个儿子)委托大塘头奶娘抚养,待逃难回来再接回家来。"父母亲焦急追问,云福怎么啦?祖父叹息着说:"唉!大塘头奶娘亲口对我说,在逃难路上,云福得了疟疾,经不起日晒雨淋而夭折了。"祖父接着又说,他与外祖父在灰埠被鬼子抓住当挑夫,从灰埠挑担到衢县柴家村路口时,鬼子要进村掳掠,留1名持长枪的日本兵看守我们。你丈人坐靠在一穴坟碑前,双眼合一合想养一养神,被鬼子看见了,就一抬枪"呼"的一声,把你岳父杀害在坟碑前。父母亲听到外祖父被害时,更悲痛地哭泣起来。祖父又将他如何从鬼子手里逃脱的经过讲了一下。原来是这样,外祖父被鬼子枪杀后,将外祖父挑的担分摊到祖父等4人挑夫担上,继续挑到一个村庄边时,鬼子又要进村作恶去了,把4个挑夫一个个用绳反绑起来,每人单独拴缚在每一根松树上,相互走不到一块。好在当鬼子绑祖父双手时,祖父将手腕使劲挺着使中间留有空隙。待鬼子走后,祖父抽动起双手便脱绳而出,迅速逃离现场来到河东租住在此等你们回来。在祖父讲述两亲人遇难时,全家人都无比悲痛和愤怒。老祖母突然掌拍大腿怒斥道:"这都是东洋鬼子作的恶作的孽造成的。古话说,恶有恶报,时辰未到,时辰一到,定要全报。要把你们这些杀人不眨眼的鬼子打入第七十二层地狱里去,叫你们永不超生不再害人。"

庆方家的高档玩具

我们返回河东不久,从衢城逃难到石梁小沟后又逃到航埠河东来的姑父一家人,也租住在我们隔壁屋朱光富农民家。一家5口人,有姑父母表姐菜仙,表弟庆方和姑父的侄女儿程月仙。当年,我们这些表姐弟都是童年,良哥与菜仙姐最大才12岁,最小是春弟才7岁,大家在一起玩踢毽子、抛铜板、铜钿、捉迷藏等游戏,都挺热闹有趣的。

我记得表弟庆方家有一件高档玩具十分有意思,好像是塑料制成的一个年轻士兵,他头戴青天白日帽徽的军帽,着草绿色军服,双脚打绑腿、单膝跪地,手端步枪,枪口朝前方,左手掌托握枪身,右手食指扣在扳机上,枪托紧贴右脸颊,闭左眼,睁大右眼呈瞄准前方欲向敌人开枪射击的姿态,乍一看活像一位威风凛凛的抗战军人。要玩时,先把钥匙插入士兵腰间的洞孔内,将安装肚内的发条顺绞绞紧。当一松开手,肚内发条开始逆转,发条带动士兵跪地膝盖下的滚轮向前移动,见士兵端枪瞄准前方徐徐朝前方前进,直到肚内发条松尽,士兵才停止不前。当年还有一首抗战的歌曲,记得唱词开头是这样写的:"枪口朝前,齐步前进……抗战的一天来到了……"

祖父勤业留生路

我们租住在河东朱荣贵家是第一次逃日本佬结束,时间是1942年秋季。那时撑船运货只能到汤溪县的洋埠码头为止,有国军泊船设关卡阻拦,说洋埠以下是日军沦陷区，日军据点在兰溪。为生计，我们要撑船运货赚运费，那买船的钱从何而来呢？幸好祖父母年轻时撑船运货勤快，无货损货差和航行事故，运输行、店家货主都信得过祖父的船，业务就比他人多赚的运费也多；加上祖父母省吃俭用，几年下来积蓄起好些银元。祖父的朋友得知祖父存银元，建议买田地好，说，战乱年也好，太平年也好，田地是万万年。因而，祖父在好友的介绍帮助下，用银元在华墅乡下买进几亩田，买下后又租给卖的农民种，协定每年秋收时每亩田交若干担稻谷即可。眼下，逃难中两只船被鬼子抢走，我们生活无着落，只有把田卖掉再买进旧木船来运货赚运费才有活路。于是，祖父决定卖田。祖父将田以半价卖给原佃农，也算是物归原主。将卖田的银元买进一只小木船给我父母亲撑，同时又买进一只四舱旧破木船搁在王天生房屋边上的空地基上，以便让祖母从朱荣贵家搬迁到岸上船内住，良哥跟祖母住可去河东小学读书，我随父母在船上学撑船。我与父母撑的小船名曰"开化鸟"船，载重量不到1吨，船的外貌很像山麻雀，短而尖的船头，后艄以两块长条椿木拼拢向后翘伸出约1米，活像喜鹊的翘尾巴，一道元宝式的樟板梁横置舱内隔成前后两舱，墙板系杉木，船底板为枫木板，它韧性好，如船过滩坝时，船底触礁搁浅，底板不易被折断受损，只会裂缝后江水从缝隙间渗入船舱；当用杂木棍把船底撬浮脱离礁石后，船底板裂缝间隙又会抿拢合缝不渗水了。故此小船适应山溪港道航行，名曰"开化鸟"船。我与父亲撑的开化鸟船营运在开化、华埠、洋埠、江山港等航区。

难忘"萝卜青菜"年

1943年农历十二月底，我船装运常山溪口镇杨家埠头农户的橘子到洋埠卸空后，橘客买上200多斤萝卜托我船运回他家。这天返航开船的早上天空阴沉沉的，后半夜刮起的东北风在增强，我船挂小帆乘风破浪逆水行舟速度挺快，从洋埠开航经桥头江、赵龙塔、生姜埠、虎头山、方门桥、龙兴殿、夜壶墩撑上滩便撑到衢县团石湾埠头宿夜，一天航程有80余里。我们吃过晚饭，父亲领我去拜见姑婆奶奶，是祖父的大姐、父亲的亲姑母，她嫁到团石湾农家，生有一女也嫁给该村农家为媳，见过这两位长辈亲人后上船睡觉。次日早上，父亲又领我去团石湾后山冈去上我的太公太婆的坟。因祖父的大姐嫁到团石村，并有后辈在村庄生活，故太公太婆相继去世后就安葬在团石湾后山冈上，图个清明、冬至节日有亲人扫墓添土而已。上坟后，回到船上开船。还是灰蒙蒙的阴天，冷飕飕的东北风越刮越强，像是要下雪的天气。我船扬帆经盈川潭撑倍风滩，过高家安仁铺撑清风滩、过黄甲山古塔入樟树潭，过徐家坞撑帝皇滩，过浮石潭撑疏木滩到龚家埠头过浮桥泊水亭门码头吃中饭，一上午航行50余里。饭后就拔篙张帆撑水亭门滩过剪刀坝，撑花园坝滩入湖柘潭，撑黄塘桥滩入汪村潭，撑万川滩入杨柳蓬潭，撑九林滩、航埠滩到河东埠头过夜，自团石到河东全天仗风力相助航行70多里。因后天是大年三十，父母商定把云良哥连夜从祖母岸上船里接到开化鸟船上来，让6口之家在小船过年。次日一早扬帆开船，由河东撑过严村、孙家、毛村三块滩进入沟溪深潭，过北圩碓坝撑过泉目山、大溪沿、招贤撑上滩进象湖长潭，过九龙山撑上滩便到杨家埠头，一上午航行40余里。客人上船挑走200斤萝卜，还留给我们5斤多萝卜外加5斤大青豆作运萝卜的船钱，推辞不掉而收下。接着将船撑到马车溪口过夜。

天亮了是大年三十，太阳从云层中露出笑脸俯视着大地万物，一忽儿又躲进云团里似在捉迷藏。我隔壁钱小猴船上的老娘歪着头对天说："这叫开雪眼，天老爷要下大雪了。"我听后抿嘴一笑。早饭后，父亲穿草鞋步行去常山县城找亲友，欲借点钱办点年货来过年。可到傍晚，父亲空手而归，白白走了40多里路。母亲强装笑脸说："今年平平过，明年买马骑，烧年菜了。"母亲切萝卜块是煮的，切萝卜丝是炒的，一碗煮青豆，一碗炒青菜，三样菜做四碗叫"四季发财"。没有荤菜，没有鞭炮声，更没有新衣裳新鞋袜和压岁钱，连年糕粽也没有，是最艰苦的素菜年。四碗年菜摆好，六人盘腿而坐在舱板上过团圆年。父亲先动筷夹菜叫大家吃年菜，母亲亦笑说："做年了，大家吃年饭！"此时，隔壁船钱小猴他娘开始数落着年菜，她说："今年平平过，明年过年的年菜有猪头啰、猪肚肠啰、蹄髈啰……"我听着听着禁不住一笑，嘴里呛出饭粒。吃年饭间，雪花悄悄飘入舱内，接着棉花块似的大雪下来了，真的应验了小猴他老娘的预言，下雪了。

一夜雪下个不停。天亮时，我船的软篷被积雪压矮下来，母亲叫我去舱外扫雪。我钻出舱外，四周全是白皑皑的雪，雪光刺痛了眼，用手指背揉了揉双眼，用篙梢将篷顶的积雪全拨入河内，再细看周围，那山上树上路上屋顶上全被厚厚的雪覆盖着。好冷啊，我进舱重新钻进被窝取暖。可人在被窝内，背脊躺在草席上，席下舱板、板下船底，侧耳能听到船底下那"潺潺"的流水声，使全身增添了寒意。后来听说，大雪封山，逼得山里的黄麂误入农家之门，它原本逃命却送了命。初三雪止，我船划回到河东埠头找货装。可一时找不到货物装船，因这里的农村人要过了元宵节，看完戏龙灯后，才肯出门做生意发新年财。

航埠正月戏龙灯

说起正月戏龙灯，在航埠区域有百年历史了，代代相传下来的风俗习惯。戏龙灯的目的听说有二：一是农民借正月农闲"看龙灯去啊！"十里八乡的男女老少汇集在河东，与亲朋好友相遇交谈闲聊；或登门拜访亲友，互相倾吐一年来的家事，高兴事、烦心事及为儿女们亲事明察暗访打基础等。二是百姓辞旧迎新的祈望，想借龙的神威绕村庄巡游一圈，农家门前要弄一番，龙能驱邪妖赶鬼怪保一方平安。每年戏龙灯由地方上"族长老倌"管理实施的。年底就开始了，把会扎龙的老篾匠请进祠堂大厅剖篾扎龙头、龙身、龙颈、龙尾和龙珠，像糊灯笼似的糊上棉纸，由会描龙画风的老先生用彩笔着彩，画龙点睛；接着是组装，龙头是单独的，龙颈龙身龙尾是连接的，若是11节龙身连颈尾共13节，每节都扎钉在龙板上，每块板长约1米，阔约30厘米，厚约3厘米，木板上置两枚插红烛的铁签，板两端凿有圆孔，板与板之间通过圆孔与圆孔相叠再插入约10厘米长的圆木棍，使每节龙身与龙颈龙尾连接起来，因直插圆木棍的作用使各节龙身旋转自如，牵龙的人手握圆木棍，肩扛龙板举步前行；单独举龙珠的人在前，举龙头的紧跟龙珠。就这样，一条10多米长的节节烛光闪闪的板龙，昂头摇尾威风凛凛地游动在河东上下街,穿游在条条弄堂里;那举龙头和耍龙珠的人要年轻力壮有技能的人担任,才能耍好"强龙抢珠"这一幕。

你看那持龙珠的小伙子将双腿盘在举龙头大汉的腰间,成两人合一,默契配合;且看龙珠在忽左忽右一上一下地翻滚,那龙头张开血盆大嘴伸着血红的长舌,睁开铜铃大眼珠:飘着长长的龙须紧追不舍。此时,锣鼓节奏加快,气氛热烈,围观者大声喝呼"好!太好了!""强龙抢珠"演得十分精彩。一条龙灯上街要"鸣锣开道",我记得锣是这样敲的:大铜锣是用鼓槌敲的,发出的声音"哐",小汤锣用竹片敲的,发出的声音"呔",两片圆铜钹合敲出的声音"锵"。当板龙灯游街出发,锣鼓队节奏响声"锵锵哐,锵锵呔,锵锵哐锵,呔锵哐,锵……"当板龙与板龙打起龙仗时,那大锣、汤锣、铜钹要连续不断地快节奏敲打,造声势,使气氛紧张热烈起来。

因何要打龙仗呢?这发生在戏龙灯的最后一天。河东村的龙是东道主,严村、金万村的客龙戏到拂晓时要回家了,河东的龙要留客再游龙,一个要回家"逃",一个要留客"拦",只见那金万的客龙飞快地往家逃,河东的板龙12人齐心协力打叉路追,"快逃"观龙灯的人群有叫快逃,有叫"拦住"!打叉路追的河东龙追到横拦金万龙的龙头,双方龙就相互碰擦,打得两败俱伤,龙的各部位打得破损,每条板龙都"遍体鳞伤",露出篾织的龙骨。"再见了!""明年再来"双方友好地道别,各自将龙的残骨牵回到各村的祠堂里架放在梁上,一年一度的龙灯节就此结束。

肚皮饿时最好吃

元宵过后,年气也算过完了。正月十八日,我船装20件衢橘划到距洋埠10余里的桥头江埠头卸空。橘客约我船在该埠等待数天装他买来的中药材返船衢州。原来橘客将20件橘子雇脚夫肩挑到罗桐埠,再装船到桐庐卖掉,再买进药材陆远(挑夫挑)到桥头江装我船回衢州。那年代没啥货物船运,我们只好等有半月光景,橘客的药材挑到桥头江装上我船运回到衢州。药材卸掉,此后我们开始撑江山港,装运商客赚运费过日子。我们开化鸟船适合撑江山港运商客,船小灵活好过滩。晚上,父亲去水亭街仁德旅馆等客栈寻找客源,各旅馆能联系上3个去江山的旅客就好了,次日天未亮就去各旅馆带领旅客上船,客齐了就拔篙开船。我上岸拉纤,父亲在船头撑篙,母亲在后艄把舵和撑篙,从水亭门码头开船,经双港口黄头街、坑西、廿里、石塘背、前河、后溪街、两丝潭、洋桥底、大溪滩、双塔底撑上滩到江山浮桥码头泊埠,一天两头黑撑船80里,父母亲与我三人都十分吃力。不过收入也不低,1个客人得付20斤大米的船钱,装运3个客人有60斤大米的收入,何乐而不为呢。

船到江山客人走了,我们才做晚饭吃。饭后父亲又得去江山城里各旅馆寻找去衢州的商客,哪怕只找到一个客人也好,反正次日放空也要划船回衢州的。那时为什么会有旅客来回江山衢州呢?是日寇盘踞在金华兰溪一带沦陷为敌区,宁绍杭的商客要陆路绕过沦陷区到衢州坐船去江山,从江山坐火车可去江西各地做生意,所以商客愿意坐船,不愿从衢州走路到江山。那时船多客少,不可能每天有客运和有货物装运,长时间无货物装运,船停泊在水亭门盐码头坐吃山空,好几天揭不开锅盖的事也会发生。

那是一个青黄不接的季节,船停盐码头已是第三天的第六餐无米下锅了,这饿肚皮的滋味至今我还记得:开始第一餐(中午)没得吃还无所谓,认为第二顿再吃,精神坦然,上岸去游戏;到晚上是第二餐没得吃有点担心,带着饿肚进入梦乡;天亮了仍然没早饭吃,父亲也带着饥饿的肚子上岸找门路借点钱,可总是空手回到船上,直到第六餐无米下锅,我已饿瘪了肚皮躺在舱内,光喝开水于事无补只会撒尿,躺着不愿动弹,连话都懒得说,总巴望这次父亲上船来会带点可以吃的东西就好了。正在想着父亲能否带点填肚皮的食物时,突然有一阵肉蒜香味飘进我船舱,又直向我的鼻腔内灌进,勾起我的食欲。这是怎么一回事呢?原来我船的前面停泊着一条大船,他们在摆酒席请客,那铁锅里烧着红烧肉,大概烧熟要起锅了加进大蒜,这肉蒜香味随着西风飘进我船舱,又偏偏飘入我的鼻腔,使我饿瘪了的肚皮更加难受。幸好,肉蒜香味折磨我不多时,父亲手拿一斤光景的湿面条有气无力地走上船递给母亲,母亲也振作起精神将面条煮熟各盛一碗,并叫大家要先喝面汤再慢慢吃面条,防止吃得快会噎住。这面条没有油,只放进几粒盐巴而已,可我们都说这面条真好吃。父亲笑说:"那是因为饿了好几顿的缘故。以后若有人问,世上什么东西最好吃?你们就说:'肚皮饿时最好吃。'"实际体会,父亲这句话似乎是一句"至理名言"。

端午节鬼子二打衢城

1944年农历四月底,我将船撑到河东,把良哥接过来,因听说鬼子又要来了,所以一家6口随船撑向华埠,将货物卸空,正赶上端午节,我们吃起端午粽。3天后,父亲在茶店听到从衢州来的人说,端午节那天中午,衢州城里国民党军队正在过端午吃馒头夹猪肉,鬼子突然从东门攻进城来,国军仓促边抵抗边向城西退,适逢衢江洪水泛滥,国军从小西门、水亭门和西安门退出城纷纷跳进衢江向对岸桥安里、龚家埠头游去,可鬼子追到城西,爬上城墙架起轻重机枪和步枪向江面上在泅水的国军扫射。这一下,被鬼子枪打死和被洪水淹死的国军不知其数,没有几个活着爬上岸的。父亲听此消息后,上船就将船往开化撑,怕鬼子会攻打华埠。第二天撑到开化上面的龙潭,这是钱塘江源头,早有十多条船泊在龙潭了。过了一夜,大家又将船划回华埠街,说鬼子烧杀抢掠之后已退回金华去了,衢州平安无事了。我将船划回到华埠停泊,找货装船过生活。

寄居华埠亲戚家

我祖母有个姐嫁在华埠街,生有一子一女,儿子叫寿堂,以流放木排谋生,女儿叫爱花,出嫁在下星口农民家,生有一子叫长林,当年是一个英俊的农家小伙子,按辈分我叫长林为表哥,因他母亲是我父亲的表姐我的表姑母。此时,鬼子退回金华兰溪据点,我们这边有了暂时的太平日子,那就该撑船运货赚运费来养活全家。因船太小人又多装不了多少货。父母亲商量好,为了提高小木船的装载率,由母亲带领我们4兄妹寄居在下星口爱花表姑母家,父亲会同船民陈世南撑小木船营运养家。

这下星口村仅有4户农民,距华埠镇约5里地,向村口走一条山边路一里路就到衢华公路,路外是华埠港河道;从村头朝山坞走进去,是通往江西玉山等地的山路。爱花姑母家房子有好多间,给我们住的是一大间,房门一打开见庭园,三面有黄泥围墙,房间后打开两扇窗门就能看见山坡上叶绿葱茏的草丛、竹木及灌木,鸟鸣花香,时见乌皂黑蛇等出没在草丛竹林中去觅食;庭园内有4只羊,一公一母和两只小羊,最逗我们发笑的是两只小羊对斗,它们面对面站好对视一下,接着双方同时抬起前蹄对准对方的羊角,四角一对撞,力小的羊东西摆跌倒,羊妈妈马上去帮助弱者站起,打斗得继续下去;留须的老公羊见此无动于衷,顾它侧卧在地晒太阳;除了4只羊,还养有看门的黄狗、耕田的大水牛、肉猪、家猫、成群的鸡鸭等等,似是什么都有的殷实农家。

我们住下星口表姑母家均有2个月光景,其间父亲船撑来时会来看望我们,买些好吃的东西分给我们,把买粮充饥的钱交给母亲,并叮咛我们要听母亲的话,外出去山坞里戏要注意山上野兽的出没和草丛中蛇蝎的动向等等。我们的生活很拮据,常去挖野菜吃,如一种叫茎树条,开有红白两种花,每天清晨我们去摘来当菜吃,次日早上去摘又能摘上一碗菜,其叶可以用来洗头发,把茎树条叶放入水盘内,用手一搓叶便有黏液出来如同肥皂沫。此外,我们会去抓小鱼小虾来开开荤。端午过后一个多月进入六月伏,要去华埠港河边洗浴。从下星口村走出横穿公路走溪滩石子路就到河边,慢步行走只需20分钟即可。母亲领我们4兄妹到河边,傍晚的夕阳洒向华埠港浅滩水面上,使后浪推着前浪的波上增添一闪一闪的金光色,煞是好看。母亲在河边观望我们下浅水洗浴。我下水后便是摸鱼,泡在激流中,见有大石头,就用右手悄悄伸进石块底部,时有如茶叶片大的老虎鱼被我手掌摸压住,迅速用拇食指掐住鱼鳃拿出水面,这时老虎鱼才晓得被捉而突然竖起背鳍,这一排针尖似的背鳍刺进你皮肤会疼痛流血,可惜老虎鱼竖鳍刺人为时已晚,因我手快,捉住它立马用鱼串竹签由它的鳃孔穿进从鱼嘴中穿出上了鱼串了。就这样,我们每趟来河边洗浴总能摸些小鱼或摸碗螺蛳什么的当菜,不会空手而归。

有天早上,我与良哥往山坞里走边看水沟里的小鱼小虾,忽然发现一个洞水坑内有好多条泥鳅在石缝间钻进钻出,我说抓泥鳅。良哥马上动手,我们用石块加毛草将洞水坑上端的流水改道断流,坑下端用石块堵死,流水改道后一下子使洞水流变成干涸坑,坑里的泥鳅自然成瓮中之鳖,我脱下外面的长裤,把裤脚打结成布袋,一条条鲜活溜溜的泥鳅被双手捧进裤管筒内,拿回家后养在陶钵内。母亲高兴地拿出一点零钱,叫良哥和我去华埠街买两块豆腐回家,中午泥鳅烧豆腐,我们娘儿五人美美吃上一顿荤菜。

在下星口的日子里,我们的生活过得清苦,但远离飞机枪炮声,听到的是山林中的鸟鸣声,牛羊鸡鸭等等的啼叫声,是我们苦中作乐的欢快时光。这爱花姑母一家人待我们也挺好,时不时给我们一些咸菜、笋干什么的,热情关切我们的生活;晚上还常来我们房间与母亲拉家常事,说要是有什么难处就直白说,我们会尽力帮助的,谁叫我们是亲戚呢。在逃难的路上遇上这般亲情的关怀确实感动,至今我还记得爱花表姑母她那可敬可亲的面容,难忘她一家人的恩情。

返回航埠租住在三根农家

1944年农历八月初的一天傍晚,父亲来下星口表姑家对母亲说:"船已停在河边,是来接你们回去与祖父母团聚的,明天就走。"还说河东岸上船已破烂不堪,祖父已租住在河西三根家。一听我们要回航埠了,我们兄妹都高兴得很。晚上与爱花表姑一家人话别,父母亲再三感谢姑母一家人对我们两个多月的各方面关照。姑母却说:"对你们关心很不够,不用谢。倒是你们今后要常来走动走动,走勤一点才像我的娘家人呢。"我们与姑母聊得很晚才睡觉。

次日一大早告别了姑母朝河边走来。清晨,山坳风带着雾气朝路边飘来飘去,山边路忽昏忽暗忽明亮。父亲领头,良哥跟后,走着走着良哥突然止步"呀!"的一声尖叫,"怎么啦?"父亲也驻足转身问良哥。良哥惊吓得说不出话来,把哆嗦的手向前方一指,父亲一看笑道:"一头牛在吃草,你还以为是山林野兽下来了。别怕,快到船边了。"良哥还是心有余悸地走过牛身边,只十来分钟就走上船,父亲拔竹篙,母亲搭桨开船。小船顺流而下航速蛮快,船划过上界首、下界首、下蚂蝗源滩、进文图潭、石门坑、长凤尾、破石潭、猪娘山脚、何家渡、灰埠、白虎滩、东响滩、河东横到达常山浮桥埠头停泊吃中饭,一上午航行50里。我有个姨娘住在常山东岸,姨夫是撑船的,表姐叫彩凤,与良哥同庚,当天船停在常山浮桥底过夜。良哥因早上见牛受惊吓而不吃中饭和晚饭,只是昏睡,还有一点烧热。请来郎中先生看病,也说受惊所致,服几帖中药会好的。

晚上父母商量,由母亲带我们4兄妹在常山大姨娘家住几天,为良哥看病休养,父亲撑船运货去,这些时日将船撑来再接我们去航埠与祖父母团聚,于是我们母子5人留在常山,吃饭在大姨娘家,夜宿在大姨父的空船上。他们一家人待我们都非常热情周到,良哥的病也一天天好起来,住个七八天,父亲的船撑到了常山,见良哥已康复,父亲与母亲商定接我们回航埠去。走的这天是个晴朗天气,早上与大姨娘一家人谢别后上了船就开航。我们的小船顺风顺水划得蛮快,从常山唐生坝离埠划过三里滩进入十里潭,放过扎六湾险滩进入水南潭,放过溪口滩进入杨家埠潭直达航埠河西码头。

船靠码头后,我们迫不及待地登上码头石铺平台拾级而上,到顶部凉亭门口,向左拐走镇公所门前过步出圆门,绕过小池塘就走到三根家与祖父母他们高兴地相见了,全家10个人皆大欢喜。至此,第二次逃日本佬,也是最后一次逃难结束了。

我赊卖烧饼有书读

从常山到航埠三根家一看可热闹了,因三根对门是其弟三田家,而樟木姑母一家人由河东朱光富家迁到河西叫三田的农民家租居,与我租居的三根家两对门,表兄弟姐妹来往方便又热闹有伴,这三根三田两兄弟,与两座泥墙屋面对面,中间一条宽十来米的路,朝路西头走直通航埠街,朝东头走出50米光景分叉路,向叉路右边走,可到达航埠镇中心小学学校,这学校可大啦!有十多间教室一字排开,有大操场,场内有篮球架、单双杠、跳远坑,操场旁有大礼堂,教室后面是食堂、厕所,再外面是河道;再说叉路左边绕池塘到河道边也可通向航埠船码头，也是渡船埠头，这码头的左右有2株古樟树，左边的那株樟树粗大的树枝以45°角向石砌沿岸伸出去，人可爬上树枝看埠头上的情景：看有几只船停靠在埠，有几个妇女在埠头上洗衣服洗菜洗猪肚肠，甚至可以看清河边上餐鲦鱼在哄抢食物；右边的那株樟树其根在溪沿很深很深，粗大的树干直升而上，根深叶茂；这码头的顶部有座凉亭，以瓦盖顶砖砌的墙，凉亭内左右两边是大树对开做的凳，一边可坐5—6个人，凉亭东拱门上端写有"航埠镇"3个醒目大字，与隔河约600米的下河东"大雄宝殿"的庙大门正相对，亭西拱门直通航埠街闹市，凉亭为过渡人挡风避雨乘凉歇脚的地方，也为有20多个石阶的船码头增添美景，不知哪年失火被烧毁了。

租住三根家，父亲撑船外出赚运费，我们在家没啥出息，想到去赊账买卖烧饼油条。这买卖要在街上找一店老板作担保，再去某店赊账烧饼油条，价格8折，先提货待卖掉再来结账付款，卖不完的可退货。记得第一天我赊20根油条20个椒盐烧饼放入竹篮，上加盖一块白色豆腐布，走街串巷去叫卖。良哥要我吆喝，我就张口大声叫卖："卖——烧饼天萝经来！"后来我们找销货的门路，打听到哪家有人赌博打麻将通宵的，我们就到弄堂深处找到了赌场，赌场主很高兴地买我的油条烧饼给赌客当早餐，还叫我明天再拎多少烧饼油条来。有一天，我赊了烧饼油条回家时，对门姑母照顾我生意买去烧饼油条。卖烧饼油条虽然只赚几个小钱，可也算自己童年能学做生意赚钱了，很有成就感，何况生意好时，我与良哥可以吃自己赚来的烧饼油条呢。赚来的小钱自然交给母亲，这样能得大人的欢心。

我卖烧饼油条的时间不太长，因航埠中心小学开学了，父母亲想尽法子去借点学费让我与良哥继续上学读书。不知从哪里借到了钱交了我俩的学费，那天晚上母亲微笑着说："明天你兄弟俩可去学校报到读书了。"我一听，高兴得双脚连跳两跳，高声喊道："我又有书读了！"这学校距三根家约500米，记得校长姓郑名朝梁，语文老师姓严的，我报名读三下年级，因第一次逃鬼子时我从河东小学三上年级读第五册停课的，时下报读第六册。读书我很用功，例如在做作文时，我曾用民间俗语："一年之计在于春，一日之计在于晨"，到寒假结业考试时，我还清楚地记得我的成绩，语文98分，数学96分，常识85分，总成绩排全班前10名。

我读书期间家境困难啊，靠父亲撑一只小木船运输，收入微薄，吃饭的人又多，那生活真的苦出渣来。记得天天吃那种发霉转红色的麦壳粥，我咽吞下喉咙却又刍回到口腔，我再使劲吞了下去，不然腹中饿得慌；还有一次，家中断粮，老祖母中午迈开三寸小脚去万川财主陈田坑家借点杂粮救救急，可人家一毛不拔，说起来财主是渭泉叔父的干爹哩，坐祖父母的船去杭州卖橘子，一连七八天吃睡在船上，酒肉大饭看待，晚上睡前祖母还煮好鸡蛋桂圆端到他手里，客气地称他"干爹"；可人情薄如纸，祖母只好空手回家。当祖母走到杨柳蓬时，见割过麦的地里有踏入泥浆中的麦穗，这是粮食可以吃，便在地里一株一株寻挖出来带回家，当晚就把麦粒摘下来煮熟后给全家人当晚餐吃。麦粒吃下肚抗饥饿，可第二天大便就糟糕了，因麦粒不易消化，大便难。那时的生活确实困难，但饥饥饱饱，再苦也得熬过来。

被迫辍学撑船谋生

1945年，我们在三根家过大年，正月完了就上学读书，我升级为四上年级。几个月读下来，快放暑假了，下学期又升为四下年级，那时我将是一个初小毕业生了。可是生活不让我毕业，只能读到第七册即四上年级为止。因父亲撑的开化鸟船太小，只能装载1000多斤货物，赚的船运费自然少，而家里负担又重，想换大一点的船可多赚些船运费来改善家里人的生活，又无财力和机会。这年秋天，适逢墩头村农民翁怀德一只五舱5吨木船要卖掉，他弃水转陆，专心务农。于是与父亲商定，他的船以最低价卖给父亲，买船款子可先付部分拖欠部分，因姓翁的是父亲撑船之友，一切好商量。这等好事岂能错过，于是父亲把小船及时卖给他人，将卖船的钱先付给翁怀德农友，余款出具借条待年底还清。

小船换大船一切停当，马上可以装货物赚运费了，可说"万事俱备，只欠东风"，这东风就是劳动力。因父母两人撑小船可以，撑5吨大船不行，缺少一人上岸拉纤，雇船工不划算，怎么办？为此父母商量儿子停学上船撑船。停谁？母亲言道："当然老二停学上船撑船好，他在船上撑过船，人又勤快会拉纤会烧饭菜，就定云才撑船吧。"母亲一锤定音，父亲附和，儿子我自然服从。自此，我辍学撑船10年，23岁因服兵役才离开父母及木帆船。1945年，祖父将卖田剩余的钱用于搭一间茅屋，地址在河东王天生屋边的空地基上，即祖母住岸上船的位置。这样，良哥跟祖母住可上学读书。祖父还将很少的钱用来批发白糖饼、葱管糖、落花生及香烟挑糖担，做点小生意。糖担挑到渡口或街头摆着卖。

日军投降我船运银行保险箱

1945年日军投降后，逃难外出的人要陆续回家，需有交通运输。而因战乱破坏，公铁路一时恢复不了元气，却给水路运输一个兴旺的良机。衢州水亭门外的运输行忙碌起来，叫伙计四处寻空船装货，到茶馆酒店找船驾长谈价钱运货物，一时间船运业务红火起来，我们逃难的苦日子像似熬出了头。那天父亲上船说，我船要装桐庐银行的保险箱办公用具，运费按船吨包船算，算5吨货物的运费3担大米（450斤）钱，现按市场价先付一半，另一半到桐庐卸货按桐庐市场米价结算。

银行的办公用具装妥后，我与父母第一次撑五吨木船，与载重量不到1吨的开化鸟船相比，真有鸟枪换大炮之感觉，再加上日寇完蛋后没有沦陷区可直通杭州，有一种鬼子输了我们赢了的喜悦感。那天一大早，由水亭门中码头解缆开船，风平浪静顺流划桨到龙游茶圩过夜，第二天离开龙游划到洋埠吃中饭，饭后开船划过五家滩经过罗埠岔口，小心谨慎地撑过河床全是黄坯石岩的皂柘洪险滩，经上横山下横山深潭到达婺江与衢江交汇处，并入兰江的马公嘴，划到兰溪南门码头过夜。第三天早上去兰溪街上买2斤左右猪肉，用于"烧顺福"，意是烧纸点香拜周皇老爷保佑撑船人平安无事。猪肉及其他蔬菜买上船就拔篙开航,从南门码头划出,过下卡到黄门滩,经万古桥过女埠街,经香头洲到险滩石舷洪。这爿石舷洪险滩的河床全是岩石,无细沙小石块,在岩石林立的当中一条七拐弯八转向的通船航道,艄公全凭看水底岩石的形状即标志,有一块像腰子的石岩,当船头接近到三尺即马上右拐弯转向另一条港道,一不小心船会误入歧路搁浅岩石上放不出滩。放过石舷洪险滩,划过山河镇的将军岩,再过白马山到达大洋镇,放过大洋滩到达石壁麻车埠,再划过严东关码头,放过乌石滩长滩便进"七里泷"在溪口过夜。

生意一桩连一桩

我们的船放下乌石滩,进了七里泷,在溪口宿夜。船泊埠后,有小船朝我们的船靠了上来,问我们需要什么。原来是只商品船来兜生意的,但见小船上有严东关致中和牌的五加皮酒,各牌子的香烟、茶圩的五香豆腐干、花生瓜子、麻酥糖等,价格比陆上贵一至二成,记得父亲只买些落花生。第二天一早,天气晴朗,我船搭桨开航,划过蓝水盘柏、鸬鹚门放下溜篙滩,划出了七里泷,再划过鹅湾,直达桐庐轮船码头宿夜,这天航行80里。第三天早上,桐庐中国银行来人到船上卸货,卸空后验收保险箱等物件无误,就把运费的余额即225斤大米按桐庐市场价给了我们,这是笔可观的船钱。在卸货时就有人来要船装空油桶,运往杭州海月桥,运费按5吨船包船一担大米。这太好了,有生意兴隆通四海的感觉,船卸空又装上百多只空油桶,因桐庐以下没有滩坝的深水航区,晚上有圆月又没有风浪,父亲决定连夜开船朝杭州划去。傍晚离开桐庐码头,航经桐君山、柴埠、窄溪、偷牛垅、东至关、场口叉、汤家埠到富阳码头天大亮,一夜航行90里,又马不停蹄地离开富阳,经渔山、里山、东江嘴、闻家堰、坛头到达钱江大桥划过闸口的火力发电厂,到达海月桥终点,天已擦黑,一夜加一天航行180里。第二天油桶卸完,运费到手又有转运行老板来船边叫我们的船划到南星桥纸花埠装运食盐80袋去兰溪和衢州,运费优厚。油桶卸空装食盐,第二天又是东北风,我船扬帆直向衢州撑来。抗战胜利后的那几年我们忙于运输赚了好些钱,还添了些新棉袄衣裤什么的,常有鱼肉荤菜吃,撑船虽然辛苦,但生活上有了改善也就有了满足感。

后 记

    《九姓渔户史料选编》终于结稿,《九姓渔户风俗研究》与《九姓渔户研究》也相继完成,即将与读者见面。此刻,笔者如释重负。笔者曾经先后两次驾车沿着钱塘江九姓渔户曾经涉足的各县追寻其遗迹,前往衢江流经的衢州、江山、常山,富春江流经的桐庐和富阳,新安江流经的建德、淳安以及安徽黄山等地的图书馆,查找有关文献。也屡次赴杭州到浙江图书馆查阅九姓渔户资料。所选史料有相当部分为中华人民共和国成立后地方文史工作者所撰写,得到有关文史工作者的大力支持和勉励,特致谢意。笔者以前仅仅从事著述,经常听见同行抱怨开展史料搜集不能穷尽的辛酸,现在自讨苦吃,花费数年完成史料的整理工作,不仅有不能穷尽史料之叹,且为尚有诸多未知的史料遗漏而惶恐。好在为他人作嫁衣裳,聊以充数,权作研究的引玉之砖,才略感宽慰。希望有更多的专家学者涉足该领域,写出更有分量的著作。

谢一彪

2022 年 11 月 20 日